Vahlen Klausurenkurs

Säcker/Wolf
UWG und Markenrecht in Fällen

UWG und Markenrecht in Fällen

Herausgegeben von

Dr. Dr. Dr. h. c. Franz Jürgen Säcker
Professor an der Freien Universität Berlin

Dr. Maik Wolf
Wiss. Assistent an der Freien Universität Berlin

Verlag Franz Vahlen München 2009

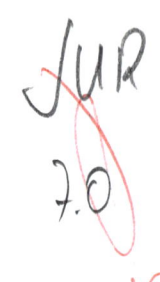

Verlag Franz Vahlen im Internet:
vahlen.de

ISBN 978 3 8006 3690 7

© 2009 Verlag Franz Vahlen GmbH
Wilhelmstraße 9, 80801 München
Druck und Bindung: Druckhaus „Thomas Müntzer" GmbH,
Neustädter Str. 1–4, 99947 Bad Langensalza

Satz: Druckerei C. H. Beck, Nördlingen
(Adresse wie Verlag)

designconcept.krön, Puchheim

Gedruckt auf säurefreiem, alterungsbeständigem Papier
(hergestellt aus chlorfrei gebleichtem Zellstoff)

> „Es ist schwieriger,
> eine vorgefasste Meinung
> zu zertrümmern als ein Atom."
>
> *(A. Einstein)*

Vorwort

Das Fallbuch bildet in 20 Fällen den für das universitäre Schwerpunktstudium des Lauterkeits- und des Markenrechts relevanten Stoff ab. Es verfolgt nicht nur das Ziel, durch exemplarische Fälle die Methodik des Klausuraufbaus im UWG und Markenrecht zu trainieren, sondern die Verfasser haben sich bemüht, die Fälle so auszuwählen, dass sich in ihnen das materiellrechtlich notwendige Prüfungswissen widerspiegelt.

Das Fallbuch ist aus den Lehrveranstaltungen zum UWG und Markenrecht hervorgegangen. Die Fälle sind in vielen Diskussionen mit den wissenschaftlichen und studentischen Mitarbeitern des Lehrstuhls entwickelt und zum großen Teil von ihnen für dieses Buch vorbereitet und geschrieben worden. Sie orientieren sich an der höchstrichterlichen Rechtsprechung, aber ohne sie sklavisch nachzuahmen und zu rechtfertigen. Das UWG, aber auch das Markenrecht basieren in ihrer heutigen Ausgestaltung auf EG-Recht. Namentlich das UWG ist daher nicht aus den am ehrbaren Kaufmann orientierten Traditionen des deutschen Lauterkeitsrechts, sondern in inhaltlicher Übereinstimmung mit dem umzusetzenden europäischen Richtlinienrecht auszulegen. Der Verlag hat deshalb eine von den Herausgebern erstellte Synopse, die der jeweiligen UWG-Vorschrift den Richtlinientext zuordnet, dessen Umsetzung sie dient, auf seiner Homepage zum kostenlosen Herunterladen bereitgestellt. Die Leser sollten dieses Angebot nutzen. Die Namen der am Buch beteiligten Mitarbeiterinnen und Mitarbeiter finden sich im Inhalts- sowie im Autorenverzeichnis. Ihnen allen sei auch an dieser Stelle für ihre engagierte Mitarbeit herzlich gedankt.

Berlin, im September 2009 *Die Herausgeber*

Inhaltsverzeichnis

	Seite
Autorenverzeichnis	IX
Abkürzungsverzeichnis	XI
Literaturverzeichnis	XIII

1. Teil. UWG

Fall 1.	Grundgesetz und UWG („Benetton") *(Säcker)*	1
Fall 2.	Warenverkehrsfreiheit und UWG *(Säcker)*	11
Fall 3.	Lauterkeits- vs. Wettbewerbsrecht *(Wolf)*	20
Fall 4.	Politische Auseinandersetzung und UWG *(Säcker)*	27
Fall 5.	Sittenwidrigkeit in UWG und BGB *(Kaeding)*	37
Fall 6.	Unlautere Irreführung *(Böcker)*	45
Fall 7.	Verletzung von Aufklärungspflichten *(Wolf)*	56
Fall 8.	Vorsprung durch Rechtsbruch *(Kaeding)*	68
Fall 9.	Anwaltswerbung *(Mohr)*	78
Fall 10.	Vergleichende Werbung *(Wolf)*	95
Fall 11.	Schutz von Kindern und Jugendlichen *(Wolf)*	111
Fall 12.	Koppelung von Warenabsatz und Gewinnspiel *(Mohr)*	119
Fall 13.	Unlauterer Preiskampf („10% billiger") *(Mengering)*	133
Fall 14.	Ergänzender wettbewerbsrechtlicher Leistungsschutz *(Wolf)*	146

2. Teil. Markenrecht

Fall 15.	Verkauf von Markenrechten *(Wolf)*	157
Fall 16.	Vereinbarungen zur Markenabgrenzung *(Wolf)*	167
Fall 17.	Metropole Verwechslungen *(Böcker/Wolf)*	179
Fall 18.	Markenmäßige Benutzung durch Adwords *(Wende)*	194
Fall 19.	Umverpacken von Arzneimitteln *(Kaeding)*	211
Fall 20.	Recht der Gleichnamigen *(Wolf)*	220
Fall 21.	Gemeinschaftsmarke *(Mendelsohn)*	233
Fall 22.	Marken- und Titelschutz gegen Domainnamen *(Heine/Mühlenbernd)*	243
Fall 23.	Geographische Herkunftsangaben („Warsteiner") *(Wolf)*	260
Fall 24.	Widerspruchs- und Löschungsverfahren *(Kaeding)*	274

Anhang: Erläuterte Aufbauskizzen

1. Teil. UWG

A. Unterlassungs- und Schadensersatzansprüche	281
B. Ergänzende Ansprüche	283

2. Teil. Markenrecht

A. Ansprüche gemäß § 14 MarkenG wegen Verletzung einer Marke	284
B. Verfahren in Markenangelegenheiten	290

	Seite
C. Ansprüche gemäß § 15 MarkenG wegen Verletzung geschäftlicher Bezeichnungen	294
D. Nationaler Schutz geographischer Bezeichnungen (§§ 126–128 MarkenG)	297
Stichwortverzeichnis	301

Autorenverzeichnis

Dr. Lina Barbara Böcker .... Wiss. Mitarbeiterin am Institut für deutsches und europäisches Wirtschafts-, Wettbewerbs- und Regulierungsrecht, Berlin

Dr. Robert Heine, LL. M. .... Rechtsanwalt in Berlin

Dr. Nadja Kaeding .... Wiss. Assistentin am Institut für deutsches und europäisches Wirtschafts-, Wettbewerbs- und Regulierungsrecht, Berlin

Juliane Mendelsohn .... Mitarbeiterin am Institut für deutsches und europäisches Wirtschafts-, Wettbewerbs- und Regulierungsrecht, Berlin

Kim Mengering .... Mitarbeiterin am Institut für deutsches und europäisches Wirtschafts-, Wettbewerbs- und Regulierungsrecht, Berlin

Dr. Jochen Mohr .... Wiss. Assistent am Institut für deutsches und europäisches Wirtschafts-, Wettbewerbs- und Regulierungsrecht, Berlin

Dr. Claudia Mühlenbernd, LL. M. Rechtsanwältin in Berlin

Prof. Dr. iur. Dr. rer. pol.
Dr. h. c. Franz Jürgen Säcker .... Direktor des Instituts für deutsches und europäisches Wirtschafts-, Wettbewerbs- und Regulierungsrecht, Berlin

Susanne Wende, LL. M. .... Wiss. Mitarbeiterin am Institut für deutsches und europäisches Wirtschafts-, Wettbewerbs- und Regulierungsrecht, Berlin

Dr. Maik Wolf .... Wiss. Assistent am Institut für deutsches und europäisches Wirtschafts-, Wettbewerbs- und Regulierungsrecht, Berlin

Abkürzungsverzeichnis

a. A.	andere Ansicht
a. a. O.	am angegebenen Ort
ABl. EG	Amtsblatt der Europäischen Gemeinschaft (bis 2003)
ABl. EU	Amtsblatt der Europäischen Union (ab 2004)
AcP	Archiv für die civilistische Praxis
AMG	Arzneimittelgesetz
AMPrVO	Arzneimittelpreisverordnung
AnwBl	Anwaltsblatt
ApoG	Apothekengesetz
Art.	Artikel
Az.	Aktenzeichen
Beschl.	Beschluss
BGB	Bürgerliches Gesetzbuch
BGH	Bundesgerichtshof
BGHZ	Entscheidungssammlung des Bundesgerichtshofs
BKartA	Bundeskartellamt
BORA	Berufsordnung für Rechtsanwälte
BPatG	Bundespatentgericht
BRAO	Bundesrechtsanwaltsordnung
BT-Drs.	Drucksache des Bundestages
BVerfG	Bundesverfassungsgericht
BVerfGE	Entscheidungssammlung des Bundesverfassungsgerichts
CR	Computer & Recht (Zeitschrift)
DPMA	Deutsches Patent- und Markenamt
EG	Europäische Gemeinschaft; EG-Vertrag (Amsterdamer Fassung)
EGBGB	Einführungsgesetz zum Bürgerlichen Gesetzbuche
EGH	Ehrengerichtshof
Entsch.	Entscheidung
EU	Europäische Union
EuG	Europäisches Gericht erster Instanz
EuGH	Europäischer Gerichtshof
EuZW	Europäische Zeitschrift für Wirtschaftsrecht (Zeitschrift)
GebrMG	Gebrauchsmustergesetz
GeschmG	Geschmacksmustergesetz
GRUR	Gewerblicher Rechtsschutz und Urheberrecht (Zeitschrift)
GRUR-RR	Gewerblicher Rechtsschutz und Urheberrecht, Rechtsprechungs-Report (Zeitschrift)
GRURInt	Gewerblicher Rechtsschutz und Urheberrecht, Internationaler Teil (Zeitschrift)
GrZS	Großer Zivilsenat
GWB	Gesetz gegen Wettbewerbsbeschränkungen (Kartellgesetz)
h. M.	herrschende Meinung
Hs.	Halbsatz
HWG	Heilmittelwerbegesetz
i. S. d.	im Sinne des
i. V. m.	in Verbindung mit

Abkürzungsverzeichnis

jew.	jeweils
JZ	Juristen-Zeitung
K & R	Kommunikation & Recht (Zeitschrift)
LFBG	Lebensmittel-, Bedarfsgegenstände- und Futtermittelgesetzbuch
LG	Landgericht
LMK	Kommentierte BGH-Rechtsprechung Lindenmaier/Möhring
LS	Leitsatz
MarkenG	Markengesetz
MarkenR	Markenrecht (Zeitschrift)
MittDPatAnw	Mitteilungen der Deutschen Patentanwälte (Zeitschrift)
MMR	Multimedia und Recht (Zeitschrift)
MRRL	Erste Richtlinie des Rates zur Angleichung der Rechtsvorschriften der Mitgliedstaaten über die Marken
m. w. N.	mit weiteren Nachweisen
NJW	Neue Juristische Wochenschrift (Zeitschrift)
NJWE-WettbR	NJW-Entscheidungsdienst Wettbewerbsrecht
NJW-RR	Neue Juristische Wochenschrift, Rechtsprechungsreport (Zeitschrift)
OLG	Oberlandesgericht
PharmR	Fachzeitschrift für das gesamte Arzneimittelrecht (Zeitschrift)
PVÜ	Pariser Verbandsübereinkunft zum Schutz des gewerblichen Eigentums
RG	Reichsgericht
RL	Richtlinie
Rn.	Randnummer(n)
Rs.	Rechtssache
RStV	Rundfunkstaatsvertrag
Slg.	Sammlung des EuGH
st. Rspr.	ständige Rechtsprechung
UFITA	Archiv für Urheber- und Medienrecht
UGP-RL	Richtlinie über unlautere Geschäftspraktiken
UKlaG	Unterlassungsklagengesetz
Urt.	Urteil
UWG	Gesetz gegen den unlauteren Wettbewerb
v.	vom
WRP	Wettbewerb in Recht und Praxis (Zeitschrift)
WuW	Wirtschaft und Wettbewerb (Zeitschrift)
WuW/E	Entscheidungssammlung der WuW

Literaturverzeichnis

Boesche .... *Boesche*, Wettbewerbsrecht, 3. Aufl., 2009

Damm/Rehbock .... *Damm /Rehbock*, Widerruf, Unterlassung und Schadensersatz in den Medien, 3. Aufl., 2008

Deutsch/Ellerbrock .... *Deutsch/Ellerbrock*, Titelschutz – Werktitel und Domainnamen, 2. Aufl., 2004

Eisenführ/Schennen .... *Eisenführ/Schennen*, Gemeinschaftsmarkenverordnung, 2. Aufl., 2007

Emmerich .... *Emmerich*, Unlauterer Wettbewerb, 8. Aufl., 2009

Epping/Hillgruber .... *Epping/Hillgruber*, GG, Beck'scher Online-Kommentar, Stand: 1. 2. 2009

Fezer, Handbuch .... *Fezer*, Handbuch der Markenpraxis, 2007

Fezer, Markenrecht .... *Fezer*, Markenrecht – Kommentar zum Markengesetz, zur Pariser Verbandsübereinkunft und zum Madrider Markenabkommen, 4. Aufl., 2009

Fezer, UWG .... *Fezer*, Lauterkeitsrecht – Kommentar zum Gesetz gegen den unlauteren Wettbewerb (UWG), 1. Aufl., 2005

FK/*Bearbeiter* .... *Glassen/v. Hahn* u. a., Frankfurter Kommentar zum Kartellrecht (Stand: 68. Ergänzungslieferung, Juni 2009)

Götting .... *Götting*, Gewerblicher Rechtsschutz, 8. Aufl., 2007

GroßkommUWG .... *Jacobs/Lindacher/Teplitzky* (Hrsg.), UWG Großkommentar zum Gesetz gegen den unlauteren Wettbewerb mit Nebengesetzen, 1991

Harte-Bavendamm/
Henning-Bodewig .... *Harte-Bavendamm/Henning-Bodewig* (Hrsg.), Gesetz gegen den unlauteren Wettbewerb, 2. Aufl., 2009

Hefermehl/Köhler/Bornkamm ...... *Köhler/Bornkamm*, Gesetz gegen den unlauteren Wettbewerb, Preisangabenverordnung, Unterlassungsklagengesetz, 27. Aufl., 2009

Hoeren/Sieber .... *Hoeren/Sieber*, Handbuch Multimedia-Recht – Rechtsfragen des elektronischen Geschäftsverkehrs, Loseblattsammlung (Stand: 20. Ergänzungslieferung, Oktober 2008)

Immenga/Mestmäcker, EG-WbR .. *Immenga/Mestmäcker* (Hrsg.), EG-Wettbewerbsrecht, 4. Aufl., 2007

Immenga/Mestmäcker, GWB ...... *Immenga/Mestmäcker* (Hrsg.), Wettbewerbsrecht, Band 2. GWB, 4. Aufl., 2007

Ingerl/Rohnke .... *Ingerl/Rohnke*, Markengesetz – Gesetz über den Schutz von Marken und sonstigen Kennzeichen, 2. Aufl., 2003

Lange .... *Lange*, Marken- und Kennzeichenrecht, 1. Aufl., 2006

Lehmler .... *Lehmler*, UWG. Kommentar zum Wettbewerbsrecht, 2007

Loewenheim/Meessen/
Riesenkampff .... *Loewenheim/Meessen/Riesenkampff* (Hrsg.), Kartellrecht, 2. Aufl., 2009

Marx .... *Marx*, Deutsches, europäisches und internationales Markenrecht, 2. Aufl., 2007

MünchKommBGB .... *Rebmann/Säcker/Rixecker* (Hrsg.), Münchener Kommentar zum Bürgerlichen Gesetzbuch, 5. Aufl., ab 2006

MünchKommEUWettbR ..... *Hirsch/Montag/Säcker* (Hrsg.), Münchener Kommentar zum Europäischen und Deutschen Wettbewerbs-

MünchKommGWB	recht (Kartellrecht), Band 1, Europäisches Wettbewerbsrecht, 2007 *Hirsch/Montag/Säcker* (Hrsg.), Münchener Kommentar zum Europäischen und Deutschen Wettbewerbsrecht (Kartellrecht), Band 2, GWB, 2008
MünchKommUWG	*Heermann/Hirsch* (Hrsg.), Münchener Kommentar zum Lauterkeitsrecht, Band 1: §§ 1–4 UWG; Band 2: §§ 5–22 UWG, 2006
Palandt/*Bearbeiter*	*Palandt,* Bürgerliches Gesetzbuch (BGB), 68. Aufl., 2009
Piper/Ohly	*Piper/Ohly,* UWG, 4. Aufl., 2006
Richter/Stoppel	*Richter/Stoppel,* Die Ähnlichkeit von Waren und Dienstleistungen, 14. Aufl., 2008
Staudinger/*Bearbeiter*	*Staudinger,* Kommentar zum BGB, 13. Aufl., 1993 ff.
Ströbele/Hacker	*Ströbele/Hacker,* Markengesetz, 8. Aufl., 2006

1. Teil. UWG

Fall 1. Grundgesetz und UWG („Benetton")

Sachverhalt*

Das Unternehmen B veröffentlicht im Rahmen einer Werbekampagne eine Werbeanzeige, die den Ausschnitt eines nackten menschlichen Gesäßes zeigt, auf das die Worte „H.I.V. POSITIVE" aufgestempelt sind. Rechts darunter am Bildrand steht in kleinerer, weißer Schrift auf grünem Grund die Unternehmensmarke „UNITED COLORS OF B". Die Anzeige ist großflächig auf öffentlichen Plakatwänden sowie unter anderem in der vom Verlag C mit Sitz in Berlin herausgegebenen Illustrierten ganzseitig abgedruckt. B gab in einer Pressemitteilung bekannt, dass man mit diesem Bild signalisieren wollte, dass B weiter an der Bereitschaft zur Einmischung festhält, indem man sich gegen die Ausgrenzung von H.I.V. Infizierten mit der gleichen Kraft wie gegen den Rassismus einsetze. Der Verein zur Bekämpfung unlauteren Wettbewerbs e.V. (V), der in die Liste qualifizierter Einrichtungen gemäß § 4 UKlaG eingetragen ist, erhob gegen C nach erfolgloser Mahnung vor dem Landgericht Berlin Klage mit dem Ziel, die Veröffentlichung der Anzeige zu unterbinden, weil sie die durch das dargestellte Leid ausgelösten Mitleidsgefühle der Verbraucher zu Wettbewerbszwecken ausnutze. Sie verletze zudem die Menschenwürde H.I.V.-Infizierter, indem sie diese stigmatisiere und als ausgegrenzt darstelle.

Wie sind die Erfolgsaussichten der Klage?

Lösung

A. Zulässigkeit der Klage

Sachlich zuständig ist gemäß § 13 Abs. 1 S. 1 UWG das Landgericht. Eine Sonderregelung der örtlichen Zuständigkeit gegenüber den §§ 12 ff. ZPO gibt § 14 UWG. Der Kläger hat grundsätzlich die Wahl zwischen den Gerichtsständen des § 14 Abs. 1 und des § 14 Abs. 2 UWG.[1] Diese ist aber für V gemäß § 14 Abs. 2 S. 2 UWG eingeschränkt, so dass V – wie auch geschehen – nur am aufgrund des Sitzes des C zuständigen Landgerichts i.S.d. § 14 Abs. 1 UWG die Klage erheben konnte.

V müsste klagebefugt sein, also berechtigt sein, einen Prozess über das behauptete Recht im eigenen Namen führen zu können. V behauptet hier Inhaber eines Unter-

---

* Der Fall beruht auf *BGH*, Urt. v. 6.7.1995, Az. I ZR 180/94, GRUR 1995, 600 – H.I.V. POSITIVE I, aufgehoben durch *BVerfG*, Urt. v. 12.12.2000, Az. 1 BvR 1762/95 u. 1 BvR 1787/95, BVerfGE 102, 347 – Benetton-Schockwerbung I; *BGH*, Urt. v. 6.12.2001, Az. I ZR 284/00, GRUR 2002, 360 – H.I.V. POSITIVE II, wiederum aufgehoben durch *BVerfG*, Beschl. v. 11.3.2003, Az. 1 BvR 426/02, BVerfGE 107, 275 – Benetton-Schockwerbung II.

[1] *Köhler*, in: Hefermehl/Köhler/Bornkamm, § 14 Rn. 1.

lassungsanspruchs gemäß § 8 Abs. 2 Nr. 3 UWG zu sein, also eines eigenen Rechtes, was für die prozessuale Befugnis ausreichend ist.
Zulässigkeitshindernisse sind im Übrigen nicht ersichtlich.

B. Begründetheit der Klage

Die Klage ist begründet, wenn V gegen C einen Anspruch auf Unterlassung der Veröffentlichung der Anzeige hat. Dieser Anspruch könnte V gemäß § 8 Abs. 1, 3 Nr. 3 UWG zustehen, gestützt auf den Vorwurf der Unzulässigkeit dieses Verhaltens gemäß § 3 Abs. 1 i.V.m. § 4 Nr. 1 UWG.

I. Aktivlegitimation

V ist gemäß § 8 Abs. 2 Nr. 3 UWG in die Liste qualifizierter Einrichtungen gemäß § 4 UKlaG eingetragen und damit auch materiell-rechtlich als Inhaber des geltend gemachten Unterlassungsanspruches anzusehen.

II. Passivlegitimation

C müsste auch passivlegitimiert sein. Richtiger Anspruchsgegner ist zum einen der unmittelbare Verletzer (Täter). An der Täterqualität des C könnte hier gezweifelt werden, da C die Werbung nicht geschaffen hat, mithin nicht Urheber[2] der Werbung ist, sondern sie lediglich für das Unternehmen B in dessen Auftrag veröffentlichte. Auf der anderen Seite ist auch eine unmittelbare Täterschaft unter dem Aspekt der eigenständigen Förderung eines fremden Geschäftsbetriebes (§ 2 Abs. 1 Nr. 1 UWG) möglich, wobei dann aber die Erfüllung des subjektiven Unlauterkeitstatbestandes fraglich erscheint.[3] Lehnte man dies ab, kommt entweder eine zumindest bedingten Vorsatz voraussetzende[4] und deshalb hier abzulehnende Teilnahme an einem fremden Wettbewerbsverstoß als Haftungsgrund oder eine Haftung unter dem Aspekt der (Mit-)Störerhaftung in Betracht, die eingreift, wenn jemand ohne Täter oder Teilnehmer zu sein in irgendeiner Weise willentlich und adäquat kausal an der Herbeiführung einer rechtswidrigen (unlauteren) Beeinträchtigung mitgewirkt hat.[5] C könnte hier jedenfalls Mitstörer sein, da trotz fehlender Urheberschaft die Veröffentlichung einer unzulässigen Anzeige der kausalen Herbeiführung eines lauterkeitsrechtlich relevanten Zustandes dient.

Entscheidend ist in allen Fällen die lauterkeitsrechtliche Unzulässigkeit der Werbung. Die Inanspruchnahme von Presseorganen kann jedoch nur unter Beachtung der verfassungsrechtlichen Vorgaben erfolgen, die als objektive Rechtsordnung auslegungsbestimmend in das einfache Recht einwirken.[6] Maßgeblich ist insoweit der Schutz der Pressefreiheit gem. Art. 5 Abs. 1 S. 2 GG, der auch das hier betroffene Anzeigengeschäft einschließt, da dieses eine für die Ausübung der meinungsbilden-

---

[2] Vgl. *Prinz*, in: Fezer, UWG, § 4-S 7 Rn. 27.
[3] So noch *BGH*, Urt. v. 30. 6. 1972, Az. I ZR 1/71, GRUR 1973, 203, 204 – Badische Rundschau. Nach der neueren Rechtsprechung ist der subjektive Unlauterkeitstatbestand kein zwingendes Erfordernis mehr (siehe dazu Fall 7).
[4] *BGH*, Urt. v. 3. 7. 2008, Az. I ZR 145/05, WRP 2008, 1182, 1184 – Kommunalversicherer m. w. N.
[5] Siehe dazu *Teplitzky*, Kap. 14 RdNr. 4 ff.
[6] *BVerfG*, Urt. v. 15. 1. 1958, Az. 1 BvR 400/51, BVerfGE 7, 198, 205 – Lüth.

den Funktion der Presse aus finanziellen Gründen unabdingliche Unterstützungswirkung hat.[7] Soweit die pressespezifische redaktionelle Tätigkeit nicht übermäßig erschwert werden darf, hat gleiches daher auch für die Anzeigentätigkeit zu gelten. Bei der danach gebotenen verfassungskonformen Auslegung ist zu berücksichtigen, dass die Presse unter Zeitdruck steht und dass eine umgehende Überprüfung und rechtliche Auswertung sämtlicher von Dritten verfassten Anzeigen auf Gesetzesverstöße die Arbeit der Presse unzumutbar erschweren würde. Die Anforderungen an das Ausmaß der Prüfung dürfen deshalb entsprechend den praktischen Notwendigkeiten des Pressewesens nicht überspannt werden. Andererseits findet die Pressefreiheit aber ihre Schranken in den Vorschriften der allgemeinen Gesetze (Art. 5 Abs. 2 GG); die Presse hat daher grundsätzlich auch die wettbewerbsrechtlichen Regelungen zu beachten. Bei der Anzeigenwerbung ist es der Presse in der Regel zumutbar, ihre Prüfungspflicht zumindest auf grobe Verstöße zu erstrecken, während die Verantwortlichen überfordert wären, wenn sie jeweils eine eingehende wettbewerbsrechtliche Überprüfung vornehmen müssten.[8] Ein Presseunternehmen haftet demnach wettbewerbsrechtlich für die Veröffentlichung einer fremden Anzeige außer im Falle des positiven Wissens um deren Unlauterkeit nur dann, wenn die Anzeige grob und unschwer erkennbar wettbewerbswidrig ist.[9] In seiner Funktion als technischer Verbreiter der Anzeige gilt dies unabhängig davon und kann daher im Ergebnis offen bleiben, welche Schuldnerqualität C hat.[10]

Im folgenden ist die Werbung daher auf ihre offensichtliche Unzulässigkeit zu prüfen. Voraussetzung ist dabei, dass überhaupt eine unzulässige Werbung vorliegt.

III. Materiellrechtliche Unzulässigkeit der Maßnahme

Die Werbung könnte unzulässig gemäß §§ 3 Abs. 1 i.V.m. § 4 Nr. 1 UWG sein.

1. Geschäftliche Handlung

§ 3 Abs. 1 UWG verlangt zunächst das Vorliegen einer geschäftlichen Handlung gemäß § 2 Abs. 1 Nr. 1 UWG.

Soweit man C lediglich als Mitstörer in Anspruch nimmt, kommt es an dieser Stelle auf die geschäftliche Handlung der B als unmittelbarer Täter an. Da die Eigenwerbung eine typische Maßnahme der Absatzförderung ist, sind die Voraussetzungen bei B gegeben.

Soweit man C als unmittelbaren Täter in Anspruch nimmt, müsste dessen Verhalten selbst die Voraussetzungen einer geschäftlichen Handlung erfüllen. Während die redaktionelle Tätigkeit regelmäßig[11] als publizistische Form der öffentlichen Meinungsbildung durch Art. 5 Abs. 1 S. 2 GG nicht als geschäftliche Handlung anzuse-

---

[7] *BVerfG*, Urt. v. 4. 4. 1967, Az. 1 BvR 414/64, BVerfGE 21, 271, 278 ff.; *BVerfG*, Urt. v. 12. 12. 2000, Az. 1 BvR 1762/95 u. 1 BvR 1787/95, BVerfGE 102, 347, 359 – Benetton-Schockwerbung I.

[8] *BGH*, Urt. v. 30. 6. 1972, Az. I ZR 1/71, GRUR 1973, 203, 204 – Badische Rundschau.

[9] St. Rspr.; vgl. *BGH*, Urt. v. 9. 11. 2000, Az. I ZR 167/98, GRUR 2001, 529, 531 – Herz-Kreislauf-Studie, m.w.N.

[10] Ob die Offensichtlichkeit für die Zukunft aus der hier im Vorfeld abgegebenen Abmahnung folgt, ist eine Frage der Wiederholungsgefahr. Vgl. *BGH*, Urt. v. 6. 12. 2001, Az. I ZR 284/00, GRUR 2002, 360, 366 – H.I.V. POSITIVE II; *BGH*, Urt. v. 30. 6. 1972, Az. I ZR 1/71, GRUR 1973, 203, 204 – Badische Rundschau.

[11] Ausnahme ist z.B. die als redaktioneller Teil getarnte Werbung, vgl. dazu *Köhler*, in: Hefermehl/Köhler/Bornkamm, § 2 Rn. 64 ff.

hen ist,[12] dient der davon zu trennende Anzeigenteil sowohl dem die Veröffentlichung einer Anzeige beauftragenden Unternehmen als auch dem sich durch das Anzeigengeschäft finanzierenden Presseunternehmen. Hinsichtlich des ersten Aspekts ist die Veröffentlichung der Anzeige daher ein Verhalten, das objektiv zugunsten eines anderen Unternehmens erfolgt und demnach die Voraussetzungen des § 2 Abs. 1 Nr. 1 UWG erfüllt. Das Presseunternehmen wird daneben auf dem Anzeigenmarkt als Dienstleister tätig. Die Veröffentlichung dient der Erfüllung der gegenüber den beauftragenden Unternehmen eingegangenen Verpflichtung. Dessen sorgsame Ausführung dient folglich auch dem eigenen Geschäftsbetrieb, sowohl in der Variante des *nach* dem zum Anzeigenauftrag führenden Geschäftsabschlusses als auch da*vor*, nämlich in Vorbereitung zukünftiger gleichgelagerter Geschäftsabschlüsse zwischen dem Verlag und werbenden Unternehmen.

Eine geschäftliche Handlung i. S. d. § 3 Abs. 1 i.V. m. § 2 Abs. 1 Nr. 1 UWG liegt daher vor, wobei auch an dieser Stelle offenbleiben kann, welche Schuldnerqualität (Täter oder Mitstörer) C haben kann.

2. Unlauterkeit gemäß § 4 Nr. 1 UWG

§ 4 Nr 1 erfasst geschäftliche Handlungen, die geeignet sind, die Entscheidungsfreiheit der Verbraucher oder sonstiger Marktteilnehmer in menschenverachtender Weise zu beeinträchtigen. Derart menschenverachtend ist unter anderem eine Verletzung der Menschenwürde i. S. d. Art 1 GG, wobei der menschenverachtende Charakter dieser Handlung geeignet sein muss, die Entscheidungsfreiheit der Verbraucher und sonstiger Marktteilnehmer zu beeinträchtigen.[13] Die fragliche von C abgedruckte Anzeige „H. I. V. POSITIVE" der B könnte einen derartigen Aussagegehalt haben. Entscheidend ist der Eindruck der angesprochenen Verkehrskreise. Da die Werbeanzeige keinen offensichtlichen begrifflich konkret fassbaren Aussagegehalt hat, ist der angesprochene Verkehrskreis zu deren Auslegung genötigt. Da die Verständnisoffenheit der Anzeige gewollt ist, muss sich B auch objektiv voraussehbare, naheliegende Möglichkeiten des Verständnisses seiner Werbemaßnahme zurechnen lassen.[14]

a) Menschenverachtende Werbeaussage?

Entscheidend ist zunächst, dass die Anzeige aufgrund der Nennung der Firma B als Werbung verstanden werden kann, auch wenn sie ein das Allgemeininteresse berührendes schweres Leid von Menschen thematisiert. Für den Betrachter kann die Werbung damit als eine Form der Aufmerksamkeitswerbung wahrgenommen werden, die aufgrund der Überreizung in der Werbepraxis zunehmende Bedeutung erlangt hat. Während Werbung ursprünglich der Hervorhebung der Qualität der beworbenen Leistungen dienen sollte, dient eine solche Reizwerbung vielmehr dazu, bei dem Verbraucher hinsichtlich der eigenen Marke und damit der eigenen Produkte einen unreflektierten aber starken Erinnerungseindruck zu vermitteln, z. B. durch das Aufführen von Emotionen. Das Unternehmen wird dadurch zum Gegenstand öffentlicher Aufmerksamkeit gemacht, um so den Verkauf der eigenen Produkte – hier vor allem Bekleidungsstücke – mittelbar zu fördern. Der Eindruck, dass es sich bei der Anzeige um diese Form der Werbung handelt, wird vor allem durch den

---

[12] Näher zum Merkmal der geschäftlichen Handlung unter Berücksichtigung verfassungsrechtlicher Wertungen in Fall 3.
[13] *Köhler*, in: Hefermehl/Köhler/Bornkamm, § 4 Rn. 1.144; ebenso *Scherer*, WRP 2007, 594, 596.
[14] BGH, Urt. v. 6. 12. 2001, Az. I ZR 284/00, GRUR 2002, 360, 365 – H. I. V. POSITIVE II.

Fall 1. Grundgesetz und UWG („Benetton")

fehlenden Produktbezug der Anzeige verstärkt. Ob diese Form der Werbung unlauter ist, hängt maßgeblich vom gewählten Thema ab, wobei dessen kommerzielle Ausnutzung ebenfalls zu berücksichtigen ist. Die Anzeige stellt einen Menschen dar, der als H.I.V.-positiv stigmatisiert wurde. Sie könnte damit die betroffene Personengruppe abstempeln und damit als aus der menschlichen Gesellschaft ausgegrenzt darstellen.[15] Sie könnte aber auch als Ausdruck der Solidarität mit den Infizierten empfunden werden. Doch selbst wenn eine Solidarisierung angenommen wird, wirkt eine solche Anzeige unter dem Eindruck als Wirtschaftswerbung zumindest maßgeblich auch als ein Mittel zum wirtschaftlichen Zweck. Wird ein solcher Aufruf zur Solidarität mit Menschen in Not mit dem Geschäftsinteresse verbunden, die eigenen Unternehmensumsätze in einem ganz anderen Bereich zu steigern, erscheint er zynisch und verletzt den Anspruch der Betroffenen auf Achtung und mitmenschliche Solidarität um ihrer selbst willen. Die Werbung könnte demnach die Menschenwürde H.I.V.-Erkrankter dadurch verletzen, dass sie die Darstellung deren Not zu kommerziellen Zwecken ausnutzt, indem sie einen „Aufschrei der Empörung" provoziert, um die Aufmerksamkeit der Öffentlichkeit auf das werbende Unternehmen zu lenken, was die Gruppe der Infizierten in der Unternehmenswerbung als Reizobjekt missbraucht.[16]

Der Unlauterkeitsaspekt könnte hier also auf der Verknüpfung von wirtschaftlichem Interesse und tätigkeitsfremdem Leid Dritter beruhen. Erforderlich ist jedoch, dass nicht nur ein unerheblicher Teil der angesprochenen Verkehrskreise die Verknüpfung auch tatsächlich erkennt. B hingegen hebt hervor, dass die Anzeige offensichtlich allein dazu diente, das Thema verstärkt in die öffentliche Aufmerksamkeit zu bringen und damit einen Diskussionsbeitrag zu liefern. Eine solche Tätigkeit könnte gemäß Art. 5 Abs. 1 S. 1 GG verfassungsrechtliche Relevanz haben.

b) Verfassungsrechtliche Konkretisierung des Lauterkeitsgebotes

Berührt eine zivilrechtliche Entscheidung die Meinungsfreiheit, so fordert Art. 5 Abs. 1 S. 1 GG, dass die Gerichte der Bedeutung dieses Grundrechts bei der Auslegung und Anwendung des Privatrechts Rechnung tragen;[17] denn beim Grundgesetz handelt es sich um eine objektive Werteordnung, die bei der Auslegung einfachen Rechtes zu berücksichtigen ist und den Richter unmittelbar kraft Verfassung bindet (Art. 1 Abs. 3 GG).[18]

aa) Eingriff in die Meinungs- und Pressefreiheit gemäß Art. 5 Abs. 1 GG. Ein auf § 3 Abs. 1 i.V.m. § 4 Nr. 1 UWG gestütztes Verbot dieser Werbung könnte zunächst ein Eingriff in die nach Art. 5 Abs. 1 S. 1 GG geschützte Meinungsfreiheit sein. Der Schutzbereich der Meinungsfreiheit ist extensiv zu verstehen. Er umfasst Werturteile (Meinungsäußerungen im engeren Sinne) und auch Tatsachenbehauptungen, wenn diese Voraussetzung für die Bildung von Meinungen sind. Keine Rolle spielt, welche Themen berührt werden. Unerheblich ist auch, ob die Äußerung als wertlos oder abwegig eingestuft wird und ob sie rational oder emotional begründet ist.

Die Anzeige müsste zunächst eine solche Meinungsäußerung sein. Dass sie keine offensichtliche Aussage enthält, sondern die Auslegung vielmehr dem Betrachter

---

[15] *BGH*, Urt. v. 6. 7. 1995, Az. I ZR 180/94, GRUR 1995, 600, 601 – H.I.V. POSITIVE I.
[16] *BGH*, Urt. v. 6. 12. 2001, Az. I ZR 284/00, GRUR 2002, 360, 365 – H.I.V. POSITIVE II.
[17] St. Rspr.; vgl. *BVerfG*, Urt. v. 15. 1. 1958, Az. 1 BvR 400/51, BVerfGE 7, 198, 206 ff. – Lüth; *BVerfG*, Beschl. v. 19. 5. 1992, Az. 1 BvR 126/85, BVerfGE 86, 122, 128 f.
[18] *BGH*, Urt. v. 10. 5. 1957, Az. I ZR 234/55, BGHZ 24, 200, 205 – Aufforderung zum Geschäftsboykott.

überlässt, führt jedenfalls nicht dazu, dass ihr die Qualität als Meinungsäußerung generell abgesprochen werden kann. Auch die Anregung, sich mit einem Thema zu befassen enthält ein von Art. 5 Abs. 1 S. 1 GG geschütztes kommunikatives Element. Anderenfalls wären kommentarlose und allein durch Bilder ausgedrückte Meinungen kaum schutzfähig. Der Schutz des Art. 5 Abs. 1 S. 1 GG erstreckt sich zudem auch auf kommerzielle Meinungsäußerungen sowie reine Wirtschaftswerbung, die einen wertenden, meinungsbildenden Inhalt hat,[19] was hier nach den oben getroffenen Feststellungen jedenfalls in Betracht kommt.

Die Anzeige der B unterfällt demnach dem Schutz des Art. 5 Abs. 1 S. 1 GG. Auf diesen kann sich auch C unter Hinweis auf die Pressefreiheit berufen; denn soweit Meinungsäußerungen Dritter, die den Schutz des Art. 5 Abs. 1 S. 1 GG genießen, in einem Presseorgan veröffentlicht werden, schließt die Pressefreiheit gemäß Art. 5 Abs. 1 S. 2 GG diesen Schutz mit ein. Einem Presseorgan darf die Veröffentlichung einer fremden Meinungsäußerung nicht verboten werden, wenn dem Meinungsträger selbst ihre Äußerung und Verbreitung zu gestatten ist, soll der Schutz der Meinungsfreiheit nicht zur Makulatur verkommen.[20]

bb) Rechtfertigung des Verbots durch den Schutz der Menschenwürde (Art. 1 Abs. 1 GG). Der Schutz aus Art. 5 Abs. 1 GG findet gemäß Abs. 2 seine Grenzen unter anderem in den einfachen Gesetzen. Darüberhinaus können auch andere Grundrechte den Schutzbereich einschränken. Ein Ausgleich zwischen kollidierenden Schutzinteressen ist dann grundsätzlich im Sinne praktischer Konkordanz herzustellen. Der Schutz der Menschenwürde gemäß Art. 1 Abs. 1 GG hingegen setzt dem Schutz der Kommunikationsgrundrechte des Art. 5 GG auch im Wettbewerbsrecht eine absolute Grenze.[21] Art. 1 Abs. 1 GG verpflichtet die staatliche Gewalt, alle Menschen gegen Angriffe auf die Menschenwürde zu schützen. Solche Angriffe können in Erniedrigung, Brandmarkung, Verfolgung, Ächtung und anderen Verhaltensweisen bestehen, die dem Betroffenen seinen Achtungsanspruch als Mensch absprechen.[22] Die Menschenwürde als Fundament aller Grundrechte ist auch mit keinem Einzelgrundrecht abwägungsfähig. Da aber die Grundrechte insgesamt Konkretisierungen des Prinzips der Menschenwürde sind, bedarf es stets einer sorgfältigen Begründung, wenn angenommen werden soll, dass der Gebrauch eines Grundrechts die unantastbare Menschenwürde verletzt.[23] Bei der Auslegung des § 4 Nr. 1 UWG gilt das insbesondere auch deshalb, weil bei Annahme eines Verstoßes gegen die Menschenwürde die sonst notwendige Rechtfertigung des Eingriffs in die Meinungsfreiheit durch einen hinreichend wichtigen Belang entfällt.

Grundlage für die Bewertung jeder Meinungsäußerung ist die Ermittlung ihres Sinns. Dabei kommt es nicht auf nach außen nicht erkennbare Absichten des Urhebers der Äußerung an, sondern auf die Sichtweise eines verständigen Empfängers unter Berücksichtigung der für ihn wahrnehmbaren, den Sinn der Äußerung mitbe-

---

[19] *BVerfG*, Beschl. v. 19. 11. 1985, Az. 1 BvR 934/82, BVerfGE 71, 162, 175 – Frischzellentherapie; *BVerfG*, Urt. v. 12. 12. 2000, Az. 1 BvR 1762/95 u. 1 BvR 1787/95, BVerfGE 102, 347, 359 – Benetton-Schockwerbung I.
[20] Vgl. *BVerfG*, Urt. v. 12. 12. 2000, Az. 1 BvR 1762/95 u. 1 BvR 1787/95, BVerfGE 102, 347, 359 – Benetton-Schockwerbung I.
[21] *BVerfG*, Urt. v. 12. 12. 2000, Az. 1 BvR 1762/95 u. 1 BvR 1787/95, BVerfGE 102, 347, 366 f. – Benetton-Schockwerbung I.
[22] *BVerfG*, Beschl. v. 19. 12. 1951, Az. 1 BvR 220/51, BVerfGE 1, 97, 104 – Hinterbliebenenrente I.
[23] *BVerfG*, Beschl. v. 10. 10. 1995, Az. 1 BvR 1476/91 u.a., BVerfGE 93, 266, 293 – Soldaten sind Mörder.

stimmenden Umstände.²⁴ Wie bestimmte Minder- oder Mehrheiten von Rezipienten die Äußerung tatsächlich verstehen, kann ein Argument, muss aber nicht entscheidend sein. Zu den verfassungsrechtlichen Anforderungen gehört, dass der Kontext berücksichtigt und der Äußerung kein zur Verurteilung führender Sinn zugeschrieben wird, den sie objektiv nicht haben kann. Umgekehrt dürfen ihr keine entlastenden Aussagegehalte abgesprochen werden, die sie objektiv hat. Bei mehrdeutigen Äußerungen müssen sich die Gerichte im Bewusstsein der Mehrdeutigkeit mit den verschiedenen Deutungsmöglichkeiten auseinander setzen und für die gefundene Lösung nachvollziehbare Gründe angeben.²⁵

Die „H.I.V. POSITIVE"-Anzeige könnte einerseits so gedeutet werden, dass sie den Infizierten als „abgestempelt" und damit als aus der menschlichen Gesellschaft ausgegrenzt darstellt. Zumindest von H.I.V.-Infizierte selbst würde die Anzeige unter diesen Umständen als grob anstößig und ihre Menschenwürde verletzend angesehen werden können. Dieser Wirkung könnten sich dann auch andere Betrachter nicht entziehen. In diesem Sinne eindeutig ist die Anzeige jedoch nicht. Sie zeigt kommentarlos einen Menschen, der als „H.I.V. POSITIVE" abgestempelt erscheint. Dass damit der skandalöse, aber nicht realitätsferne Befund einer gesellschaftlichen Diskriminierung und Ausgrenzung H.I.V.-Infizierter bekräftigt, verstärkt oder auch nur verharmlost wird, drängt sich nicht auf. Mindestens ebenso nahe liegend ist die Deutung, dass auf einen kritikwürdigen Zustand – die Ausgrenzung H.I.V.-Infizierter – in anklagender Tendenz hingewiesen werden soll. Mit dem Foto könnte demnach auch für einen H.I.V. bzw. AIDS-Kongress geworben werden. Dies wiederum degradiert H.I.V.-Infizierte in keiner Weise und könnte daher auch nicht als Verstoß gegen Art. 1 GG angesehen werden. Die Bildsprache ist zwar reißerisch und in einem konventionellen Sinne unter Umständen auch ungehörig. Von dem abgebildeten Menschen sieht man nichts als die obere Hälfte des nackten Gesäßes, auf dem in schwarzen Großbuchstaben die Abkürzung „H.I.V." und darunter, schräg versetzt, das Wort „POSITIVE" wie aufgestempelt erscheinen. Allein daraus lässt sich aber weder Zynismus noch eine affirmative Tendenz ablesen. Die Darstellung ist, dem Medium einer Werbeanzeige entsprechend, darauf angelegt, die Aufmerksamkeit des Betrachters zu fesseln.

Damit kann die Anzeige aber auch im Sinne eines kritischen Aufrufs verstanden werden. Dass ein Unternehmen der Textilbranche Imagewerbung mit ernsthaften gesellschaftspolitischen Themen betreibt, ist zwar ungewohnt und steht in auffallendem Kontrast zur branchenüblichen Selbstdarstellung der Wettbewerber. Dies mag Zweifel an der Ernsthaftigkeit der kritischen Absicht nähren und als anstößig empfunden werden. Der Eindruck indes, dass die Anzeige ihrerseits die H.I.V.-Infizierten stigmatisiere oder ausgrenze, wird auch durch den Werbekontext nicht hervorgerufen. Ihre kritische Tendenz, ihre aufrüttelnde Wirkung bleiben unübersehbar. Anders wäre es vielleicht, wenn mit der Anzeige für ein konkretes Produkt geworben würde; in der Verknüpfung mit bestimmten Gebrauchsgegenständen und Dienstleistungen könnte eine lächerlichmachende oder verharmlosende Wirkung entstehen. Der Hinweis auf das Unternehmen B allein erzeugt eine solche Wirkung jedoch nicht. Dass die Anzeige die Menschenwürde Infizierter Menschen verletzt,

---

²⁴ *BVerfG*, Beschl. v. 10. 10. 1995, Az. 1 BvR 1476/91 u. a., BVerfGE 93, 266, 295 – Soldaten sind Mörder; *BVerfG*, Beschl. v. 11. 3. 2003, Az. 1 BvR 426/02, BVerfGE 107, 275, 281 – Benetton-Schockwerbung II.
²⁵ *BVerfG*, Urt. v. 12. 12. 2000, Az. 1 BvR 1762/95 u. 1 BvR 1787/95, BVerfGE 102, 347, 367 – Benetton-Schockwerbung I; *BVerfG*, Beschl. v. 10. 10. 1995, Az. 1 BvR 1476/91 u. a., BVerfGE 93, 266, 295 f. – Soldaten sind Mörder.

erscheint folglich wesentlich weniger nahe liegend, jedenfalls ist sie nicht die einzig mögliche Auslegung.

Kommen aber mehrere gleich plausible Auslegungsvarianten in Betracht, ist in Hinblick auf den Schutz der Kommunikationsgrundrechte des Art. 5 Abs. 1 GG regelmäßig diejenige zu wählen, die diesen am effektivsten gerecht wird, insbesondere wenn anderenfalls wegen Verletzung der gem. Art. 1 Abs. 1 GG absolut geschützten Menschenwürde nicht einmal mehr eine Abwägung in Betracht käme. Ein vorschnelles Manövrieren in den abwägungsfeindlichen Raum ist vor allem auch deshalb unnötig, da auch die dem Art. 1 GG nachfolgenden Grundsätze Ausdruck der Verbürgung der Menschenwürde sind. Demnach ist die Werbung hier als Aufruf zur kritischen Thematisierung zu sehen, der nicht gegen Art. 1 Abs. 1 GG verstößt. Der Schutz der Menschenwürde kann den Eingriff in die Meinungs- und damit auch die Pressefreiheit nicht rechtfertigen.

cc) Rechtfertigung des Eingriffs aufgrund übergeordneter Allgemeininteressen. Die Meinungsfreiheit findet ihre Schranke im Schutz der allgemeinen Gesetze (Art. 5 Abs. 2 GG), zu denen auch die Vorschriften des UWG gehören.[26] Allerdings sind diese Bestimmungen im Lichte des Art. 5 Abs. 1 GG auszulegen, zwischen dem Grundrecht und der Grundrechtsschranke besteht also eine Wechselwirkung.[27] Einschränkungen des für eine freiheitliche demokratische Staatsordnung schlechthin konstituierenden Rechts der freien Meinungsäußerung bedürfen grundsätzlich einer Rechtfertigung durch hinreichend gewichtige Gemeinwohlbelange oder schutzwürdige Rechte und Interessen Dritter und müssen zum Schutz dieser Interessen geeignet, erforderlich und angemessen sein. Das gilt für kritische Meinungsäußerungen zu gesellschaftlichen oder politischen Fragen in besonderem Maße.[28]

Als maßgebliche Grundrechtsschranke kommt – wie bereits gesagt – § 3 Abs. 1 i.V.m. § 4 Nr. 1 UWG in Betracht. Dieser verbietet nur eine unangemessene Beeinträchtigung der Entscheidungsfreiheit der Verbraucher und bietet mit diesem unbestimmten Rechtsbegriff das Einfallstor für die Berücksichtigung der rückkoppelnden verfassungsrechtlichen Wertungen des Art. 5 Abs. 1 GG.[29]

Als Fall der gefühlsbetonten Werbung unzulässig könnte demnach ein Werbeverhalten sein, das mit der Darstellung schweren Leids von Menschen Gefühle des Mitleids erweckt und diese Gefühle ohne sachliche Veranlassung zu Wettbewerbszwecken ausnutzt, indem der Werbende sich dabei als gleichermaßen betroffen darstellt und damit eine Solidarisierung der Verbraucher mit seinem Namen und seiner Geschäftstätigkeit herbeiführt. Eine solche Auslegung des Unlauterkeitskeitsurteils ist als Anstandsregel durchaus billigenswert und dürfte als solche von weiten Teilen der Bevölkerung akzeptiert werden. Dahinter steckt der Wunsch, in einer Gesellschaft zu leben, in der auf Leid nicht mit gefühllosem Gewinnstreben, sondern mit Empathie und Abhilfemaßnahmen, also in einer primär auf das Leid bezogenen Weise reagiert wird. Der Wunsch allein reicht jedoch nicht. Es müssen zugleich hinreichend gewichtige öffentliche oder private Belange geschützt werden.

---

[26] *BVerfG*, Beschl. v. 15. 11. 1982, Az. 1 BvR 108/80 u. a., BVerfGE 62, 230, 245 – Boykottaufruf; *BVerfG*, Beschl. v. 11. 2. 1992, Az. 1 BvR 1531/90, BVerfGE 85, 248, 263 – Ärztliches Werbeverbot; *BVerfG*, Beschl. v. 11. 3. 2003, Az. 1 BvR 426/02, BVerfGE 107, 275, 281 – Benetton-Schockwerbung II.
[27] *BVerfG*, Urt. v. 15. 1. 1958, Az. 1 BvR 400/51, BVerfGE 7, 198, 208f. – Lüth.
[28] *BVerfG*, Urt. v. 12. 12. 2000, Az. 1 BvR 1762/95 u. 1 BvR 1787/95, BVerfGE 102, 347, 363 – Benetton-Schockwerbung I.
[29] *Säcker*, WRP 2003, 1199, 1215.

Fall 1. Grundgesetz und UWG („Benetton")

Dass von den Anzeigen eine nennenswerte Belästigung des Publikums ausgehen könnte ist nicht ersichtlich. Verletzungen des guten Geschmacks oder eine schockierende Gestaltung von Anzeigen ist unter verfassungsrechtlichen Gesichtspunkten nicht per se unzulässig. Eine belästigende Wirkung, die grundrechtsbeschränkende Regelungen rechtfertigen könnte, kann nicht schon darin liegen, dass das Publikum auch außerhalb des redaktionellen Teils der Medien durch Bilder mit unangenehmen oder mitleiderregenden Realitäten konfrontiert wird. Das gilt auch, wenn man eine allgemeine Zunahme derartiger Werbung durch einen Nachahmungseffekt in Rechnung stellt. Ein vom Elend der Welt unbeschwertes Gemüt des Bürgers ist kein Belang, zu dessen Schutz der Staat Grundrechtspositionen einschränken darf. Anders kann es zu beurteilen sein, wenn ekelerregende, furchteinflößende oder jugendgefährdende Bilder gezeigt werden, was hier aber nicht der Fall ist.

Die Anzeigen könnten als zudringlich und belästigend eingestuft werden, wenn sie mit suggestiver Kraft an Gefühle der Verbraucher appellieren, die mit den Produkten des werbenden Unternehmens oder seiner Geschäftstätigkeit in keinem Zusammenhang stehen. Allerdings ist ein Großteil der heutigen Werbung durch das Bestreben gekennzeichnet, durch gefühlsbetonte Motive Aufmerksamkeit zu erregen und Sympathie zu gewinnen. Kommerzielle Werbung mit Bildern, die mit suggestiver Kraft libidinöse Wünsche wecken, den Drang nach Freiheit und Ungebundenheit beschwören oder den Glanz gesellschaftlicher Prominenz verheißen, ist allgegenwärtig. Es mag zutreffen, dass der Verbraucher diesen Motiven gegenüber „abgehärtet" ist. Ein solcher Gewöhnungseffekt rechtfertigt es jedoch nicht, einem Appell an das bisher weniger strapazierte Gefühl des Mitleids belästigende Wirkungen zuzuschreiben. Dass kommerzielle Werbung, die inhumane Zustände anprangert (Abstempelung von H.I.V.-Infizierten), Verrohungs- oder Abstumpfungstendenzen in unserer Gesellschaft fördern und einer Kultur der Mitmenschlichkeit im Umgang mit Leid abträglich sein könnte, lässt sich jedenfalls mit Bezug auf die streitige Anzeige ebenfalls nicht feststellen.

Rechtfertigend können grundsätzlich auch Belange der Wettbewerber oder allgemeine Grundsätze des Leistungswettbewerbs sein. Dafür ist aber nichts ersichtlich. Produktunabhängige Imagewerbung hat sich eingebürgert, ohne dass der Leistungswettbewerb darunter erkennbar gelitten hat. Wettbewerber, die eine vergleichbare Werbung für geschäftsfördernd erachten, können davon ebenso Gebrauch machen wie B.

Um den Schutz der abgebildeten Person gemäß Art. 5 Abs. 2 GG kann es schon deshalb nicht gehen, weil mangels Inidiviualisierbarkeit der Person keine Rechtsbetroffenheit vorliegt.

In verfassungskonformer Auslegung bietet § 4 Nr. 1 UWG mangels Beeinträchtigung überragender Allgemeininteressen durch die beanstandete Werbung demnach keine hinreichende Grundlage für eine Eingriffsrechtfertigung i.S.d. Art. 5 Abs. 2 GG.

c) Ergebnis

Kann demnach ein Eingriff in das Recht der Meinungs- und damit auch der Pressefreiheit i.S.d. Art. 5 Abs. 1 GG durch ein stattgebendes Urteil nicht gerechtfertigt werden, ist in verfassungskonformer Auslegung diejenige Auslegung der Werbeanzeige anzulegen, die ein Unlauterkeitsurteil vermeidet. Demnach ist die Werbung nicht gemäß § 4 Nr. 1 UWG unlauter. Andere Unlauterkeitsmomente sind nicht ersichtlich.

Fehlt es schon an der Unzulässigkeit der Werbeanzeige, kommt es nicht mehr darauf an, inwieweit diese für C hätten offensichtlich sein müssen.
Die Klage ist unbegründet und hat damit keine Aussicht auf Erfolg.

Merke: Täter einer lauterkeitsrechtlich unzulässigen Wettbewerbshandlung ist, wer selbst oder durch einen Anderen (mittelbare Täterschaft) den objektiven Tatbestand einer Zuwiderhandlung im Sinne des UWG adäquat kausal verwirklicht. Täter einer Zuwiderhandlung kann nur sein, wer eine geschäftliche Handlung i. S. d. § 2 Abs. 1 Nr. 1 UWG vorgenommen hat.

Teilnehmer sind der Anstifter und der Gehilfe. Anstifter ist, wer vorsätzlich einen anderen zu dessen begangener Zuwiderhandlung bestimmt hat. Ein Bestimmen setzt eine wirkliche Einflussnahme, also die Aufforderung zu einem bestimmten Verhalten voraus. Gehilfe ist, wer vorsätzlich einem anderen zu dessen Verwirklichung des objektiven Tatbestands einer Zuwiderhandlung Hilfe geleistet hat.

Mitstörer ist, wer – ohne Täter oder Teilnehmer zu sein – in irgendeiner Weise willentlich und adäquat kausal zur Verletzung eines geschützten Gutes oder zu einer verbotenen Handlung beigetragen hat. Diese Störerhaftung, die ihre Grundlage nicht im Deliktsrecht, sondern in der Regelung über die Besitz- und die Eigentumsstörung in §§ 862 u. 1004 BGB hat, vermittelt als solche nur Abwehransprüche.

Die **redaktionelle Tätigkeit** ist regelmäßig als publizistische Form der öffentlichen Meinungsbildung gemäß Art. 5 Abs. 1 S. 2 GG nicht als geschäftliche Handlung anzusehen. Davon zu trennen ist der Anzeigenteil, da jener sowohl dem die Veröffentlichung einer Anzeige beauftragenden Unternehmen als auch dem sich durch das Anzeigengeschäft finanzierenden Presseunternehmen wirtschaftlich dient.

Ein **Presseunternehmen** haftet für die Veröffentlichung einer **fremden Anzeige** außer im Falle des positiven Wissens um deren Unlauterkeit nur dann, wenn die Anzeige **grob und unschwer erkennbar wettbewerbswidrig** ist.

Auch eine Wirtschaftswerbung kann Ausdruck der durch Art. 5 Abs. 1 S. 1 GG geschützten Meinungsfreiheit sein, sofern die kommerzielle Meinungsäußerung einen wertenden, meinungsbildenden Inhalt hat. Wo immer das Lauterkeitsrecht die freie Meinungsäußerung einschränkt, muss dies durch hinreichend gewichtige Gemeinwohlbelange bzw. Rechtsgüter Dritter konkret gerechtfertigt sein. Berücksichtigungsfähige legitime Drittinteressen können in diesem Zusammenhang nur diejenigen sein, die zum Schutzgut des UWG gehören. Das UWG dient dem Schutz der Lauterkeit des Wettbewerbs und missbilligt daher unlautere Einflussnahmen auf die freie Entschließung des Kunden sowie leistungsinkonforme Behinderungen der Konkurrenten, namentlich unfaire Nachahmung und Ausbeutung sowie die Schaffung eines Wettbewerbsvorsprungs durch Missachtung gesetzlicher Vorschriften. Es handelt sich hierbei um Verhaltensweisen, die die Funktionsfähigkeit des Wettbewerbs stören.

Ein Presseunternehmen, dass eine grundrechtliche geschützte Meinungsäußerung Dritter publiziert, partizipiert am zugunsten des Dritten bestehenden Schutzniveau.

Fall 2. Warenverkehrsfreiheit und UWG

Sachverhalt*

Die Estée Lauder Cosmetics GmbH (E) ist eine deutsche Tochtergesellschaft des amerikanischen Unternehmens Estée Lauder, die von diesem Unternehmen hergestellte kosmetische Mittel ausschließlich durch Parfümerien und Kosmetikabteilungen von Kaufhäusern vertreibt. Diese Erzeugnisse werden in ganz Europa seit vielen Jahren unter der Bezeichnung „Clinique" verkauft, außer in der Bundesrepublik Deutschland, wo sie seit ihrer Einführung im Jahre 1972 unter der Bezeichnung „Linique" vertrieben wurden. Zur Verringerung der durch diese unterschiedliche Bezeichnung verursachten Verpackungs- und Werbekosten beschloss das Unternehmen, auch die für den deutschen Markt bestimmten Erzeugnisse unter der Marke „Clinique" zu vertreiben.

Der Gewerbeverband „Verband Sozialer Wettbewerb e. V." (V), der es sich nach seiner Satzung zur Aufgabe gemacht hat, die Einhaltung der Regeln des lauteren Wettbewerbs zu überwachen und dem unter anderem 21 von 24 in Deutschland tätigen Unternehmen der Kosmetikbranche angehören, erhebt nach erfolgloser Abmahnung Klage, um E in der Bundesrepublik Deutschland die Verwendung der nicht markenrechtlich geschützten Bezeichnung „Clinique" untersagen zu lassen, da diese dazu führen könne, dass die Verbraucher den in Frage stehenden Erzeugnissen zu Unrecht medizinische Wirkungen beimessen. V stützt sich dabei sowohl auf die Vorschriften des UWG als auch auf § 27 LFGB. Eine demoskopische Umfrage, bei denen Verbrauchern die Bezeichnung „Clinique" vorgelegt wurde ergab, dass 40% der Befragten einem Produkt mit diesem Namen medizinische Wirkungen beimessen würden.

Wie ist die Rechtslage?

§ 27 LFBG (Auszug)

(1) Es ist verboten, kosmetische Mittel unter irreführender Bezeichnung, Angabe oder Aufmachung gewerbsmäßig in den Verkehr zu bringen oder für kosmetische Mittel allgemein oder im Einzelfall mit irreführenden Darstellungen oder sonstigen Aussagen zu werben. Eine Irreführung liegt insbesondere dann vor, wenn
1. einem kosmetischen Mittel Wirkungen beigelegt werden, die ihm nach den Erkenntnissen der Wissenschaft nicht zukommen oder die wissenschaftlich nicht hinreichend gesichert sind, [...]

Art. 6 Abs. 3 Unterabs. 1 RL 76/768/EWG (Kosmetikrichtlinie)

Die Mitgliedstaaten treffen die erforderlichen Maßnahmen, um sicherzustellen, dass bei der Etikettierung, der Aufmachung für den Verkauf und der Werbung für kosmetische Mittel nicht Texte, Bezeichnungen, Warenzeichen, Abbildungen und andere bildhafte oder nicht bildhafte Zeichen verwendet werden, die Merkmale vortäuschen, die die betreffenden Erzeugnisse nicht besitzen.

---

* Der Fall beruht auf *EuGH*, Urt. v. 2. 2. 1994, Rs. C-315/92, Slg. 1994, I-317 – Clinique; siehe dazu auch *EuGH*, Urt. v. 13. 1. 2000, Rs. C-220/98, Slg. 2000, I-117 – Lifting Creme.

Lösung

V könnte gegen E einen Anspruch auf Unterlassung der Verwendung „Clinique" gemäß § 8 Abs. 1, 2 Nr. 2 UWG haben, gestützt auf den Vorwurf der Unzulässigkeit dieses Verhaltens gemäß § 3 Abs. 3 UWG i. V. m. Nr. 18 des Anhangs, §§ 3 Abs. 1, 5 Abs. 1 Nr. 1 UWG sowie §§ 3 Abs. 1, 4 Nr. 11 UWG.

A. Aktivlegitimation

Um Inhaber eines Unterlassungsanspruchs gemäß § 8 Abs. 1 UWG zu sein, müsste V, der selbst kein unmittelbar Gewerbetreibender i. S. d. § 8 Abs. 3 Nr. 1 UWG ist, die Voraussetzungen für die materielle Anspruchsberechtigung von Verbänden des § 8 Abs. 3 Nr. 3 UWG[1] erfüllen, dessen Norminhalt nicht nur auf die Eröffnung der Klagebefugnis beschränkt ist.[2]

V ist als eingetragener Verein rechtsfähig (§ 21 BGB) und sein Verbandszweck ist laut seiner Satzung auch auf die Förderung gewerblicher oder selbständiger beruflicher Interessen gerichtet.

Weiterhin müssen ihm eine erhebliche Zahl von Unternehmern gemäß § 2 Abs. 1 Nr. 6 UWG angehören, die Waren oder Dienstleistungen gleicher oder verwandter Art auf demselben Markt vertreiben. Das Erfordernis der erheblichen Zahl lässt sich nur im Einzelfall und nicht abstrakt und generell bestimmen. Es kommt weder auf die Mitgliedschaft einer bestimmten Mindestanzahl oder gar der Mehrheit der Mitbewerber an. Erforderlich und ausreichend ist es, dass Gewerbetreibende aus der einschlägigen Branche auf dem maßgeblichen Markt im Verband nach Anzahl, Größe, Marktbedeutung oder wirtschaftlichem Gewicht repräsentativ vertreten sind, so dass ein missbräuchliches Vorgehen des Verbandes ausgeschlossen werden kann.[3] Bereits aufgrund der Anzahl von 21 Unternehmen der Kosmetikbranche, also nahezu aller in Deutschland tätigen, ist dessen qualitativ nicht nur geringe Bedeutung zu bejahen.

Die Mitglieder von V müssten weiterhin Waren oder Dienstleistungen gleicher oder verwandter Art auf demselben Markt vertreiben. Unter Vertreiben ist jede auf die Zuführung eines Produktes in den allgemeinen Handelsverkehr abzielende Tätigkeit zu verstehen, was bei Unternehmern grundsätzlich der Fall ist.[4]

Gleicher oder verwandter Art sind Waren dann, wenn die vertriebenen Waren oder gewerblichen Leistungen sich derart gleichen oder nahestehen, dass der Vertrieb der einen durch den Vertrieb der anderen beeinträchtigt werden kann. Die Begriffe sind weit auszulegen.[5] Die Voraussetzung ist jedenfalls erfüllt, wenn die Produkte dem gleichen nach ökonomischen Kriterien abgegrenzten sachlich relevanten Markt zuzuordnen sind.[6] Soweit die Mitglieder des V ebenfalls Kosmetikprodukte

---

[1] Vgl. *OLG Stuttgart*, Urt. v. 27. 11. 2008, Az. 2 U 60/08 – Pkw-Energieverbrauchskennzeichnungsverordnung.
[2] *BGH*, Urt. v. 16. 11. 2006, Az. I ZR 218/03, GRUR 2007, 610 – Sammelmitgliedschaft V; *Bergmann*, in: Harte-Bavendamm/Henning-Bodewig, § 8 Rn. 261.
[3] *BGH*, Urt. v. 19. 6. 1997 – I ZR 72/95, GRUR 1998, 170 – Händlervereinigung (m. w. N.).
[4] *Bergmann*, in: Harte-Bavendamm/Henning-Bodewig, § 8 Rn. 287.
[5] *BGH*, Urt. v. 30. 4. 1997, Az. I ZR 30/95, GRUR 1997, 934, 935–50% Sonder-AfA; *BGH*, Urt. v. 24. 11. 1999, Az. I ZR 189/97, GRUR 2000, 438, 440 – Gesetzeswiederholende Unterlassungsanträge.
[6] Die räumliche Marktabgrenzung erfolgt im Rahmen des Merkmals „auf demselben Markt".

vertreiben, deckt sich deren Angebot mit dem der E, so dass dieses Merkmal erfüllt ist.

Das Erfordernis der Tätigkeit auf demselben Markt verlangt eine konkurrierende Tätigkeit auf dem gleichen räumlich relevanten Markt.[7] Dabei ist von der Geschäftstätigkeit des vermeintlich unlauter handelnden Unternehmens auszugehen.[8] Im vorliegenden Fall sind sowohl die Kosmetikprodukte vertreibenden Mitglieder von V als auch E deutschlandweit tätig, so dass sich ihre geographischen Tätigkeitsbereiche decken. Auf die genaue räumliche Marktabgrenzung kommt es daher nicht mehr an.

Es bestehen keine Anhaltspunkte, dass V aufgrund seiner personellen, sachlichen und finanziellen Ausstattung nicht imstande ist, die satzungsmäßigen Aufgaben der Verfolgung gewerblicher oder selbständiger beruflicher Interessen tatsächlich wahrzunehmen.

Schließlich müssen auch die Interessen der Mitglieder berührt sein. Dies ist jedenfalls dann der Fall, wenn die Mitglieder selbst einen Unterlassungsanspruch hätten.[9] Teilweise wird gefordert, dass die Interessen nicht nur unerheblich beeinträchtigt werden.[10] Sind alle übrigen Voraussetzungen erfüllt, ist ohne gegenteilige Angaben von einer solchen Interessenberührung auszugehen. Im Übrigen wird diese Voraussetzung inhaltlich bereits im Rahmen der Interessenberührung nach § 3 Abs. 1 UWG geprüft.[11]

V ist folglich aktivlegitimiert gemäß § 8 Abs. 3 Nr. 3 UWG.

B. Materiellrechtliche Unzulässigkeit der Maßnahme

I. Unzulässigkeit gemäß § 3 Abs. 3 UWG i. V. m. Nr. 18 des Anhangs

§ 3 Abs. 3 UWG stellt in Zusammenhang mit den im Anhang aufgeführten Verhaltensweisen einen Katalog per se unzulässiger Verhaltensweisen auf. Die Rechtsfolge der Unzulässigkeit tritt unabhängig von § 3 Abs. 1 UWG ein und ist vorrangig zu prüfen.

In Betracht kommt ein Verstoß gegen Nr. 18 des Anhangs zu § 3 Abs. 3 UWG, soweit in der Produktbezeichnung „Clinique" eine unwahre Angabe über Heilwirkungen der Produkte gesehen werden kann. Allerdings findet sich auf den Produkten kein ausdrücklicher Hinweis auf derartige Wirkungen. Der Tatbestand setzt aber dem Wortlaut zufolge eine ausdrückliche, objektiv unrichtige Behauptung voraus. Bei den Tatbeständen des Anhangs wird zudem klar unterschieden zwischen „Angabe" und „Erwecken des unzutreffenden Eindrucks" (z. B. in Nr. 17).[12] Muss der Verbraucher aus den Umständen erst selbst auf die Aussage schließen, was der Fall wäre, wenn er die Bezeichnung als Wirkungshinweis auffassen würde, so reicht das für die Erfüllung des Tatbestandsmerkmals „Angabe" demnach nicht aus. Ob der Verkehr der Bezeichnung diese Aussage beimisst, kann folglich an dieser Stelle dahinstehen.

---

[7] *BGH*, Urt. v. 24. 11. 1999, Az. I ZR 189/97, GRUR 2000, 438, 440 – Gesetzeswiederholende Unterlassungsanträge.
[8] *BGH*, Urt. v. 13. 11. 2003, Az. I ZR 141/02, GRUR 2004, 251, 252 – Hamburger Auktionatoren.
[9] *Köhler*, in: Hefermehl/Köhler/Bornkamm, § 8 Rn. 3.51.
[10] *Bergmann*, in: Harte-Bavendamm/Henning-Bodewig, § 8 Rn. 298; *Köhler*, in: Hefermehl/Köhler/Bornkamm, § 8 Rn. 3.51.
[11] *Büscher*, in: Fezer, UWG, § 8 Rn. 213.
[12] *Bornkamm*, in: Hefermehl/Köhler/Bornkamm, Anh. zu § 3 Abs. 3 Rn. 18.3.

II. Unzulässigkeit gemäß §§ 3 Abs. 1, 5 Abs. 1 Nr. 1 UWG

1. Geschäftliche Handlung

Die Bezeichnung und der Vertrieb der Produkte durch E ist als absatzsteigernde Maßnahme eine geschäftliche Handlung gemäß § 2 Abs. 1 Nr. 1 UWG.

2. Unlauterkeit gemäß § 5 Abs. 1 Nr. 1 UWG

a) Irreführung gemäß § 5 Abs. 1 S. 2 Nr. 1 UWG über Zwecktauglichkeit

In Betracht kommt eine Irreführung der Verbraucher über die Zwecktauglichkeit, sofern dieser aufgrund der Bezeichnung „Clinique" den Produkten nicht nur kosmetische, sondern auch medizinische Wirkungen beimisst, obwohl diese dem Sachverhalt nach solche Wirkungen nicht haben. Eine Angabe ist irreführend i.S.v. § 5 Abs. 1 S. 2 UWG, wenn sie den von ihr angesprochenen Verkehrskreisen einen unrichtigen Eindruck vermittelt. Die Feststellung, dass ein Produkt medizinische Wirkungen hat, ist als nachprüfbare Tatsachenbehauptung eine Angabe gemäß § 5 Abs. 1 UWG. Fraglich ist daher, ob diese nicht ausdrücklich erfolgte Angabe sich dem Verbraucher aufgrund der Gesamtumstände aufdrängt. Dass die Bezeichnung „Clinique" eine sprachliche Nähe zu „klinisch" aufweist ist unverkennbar. Dieser Begriff wiederum steht in einem engen Bedeutungszusammenhang mit der Eigenschaftsbezeichnung „medizinisch". Fraglich ist daher, ob der Durchschnittsverbraucher als angesprochener Verkehrskreis diese Schlussfolgerungen zieht. Die demoskopische Umfrage, die mangels besonderer Hinweise im Sachverhalt auch nicht als an die falschen Verkehrskreise gerichtet anzusehen ist, hat ergeben, dass 40% der Befragten mit „Clinique" bezeichnete Produkte tatsächlich als medizinisch wirksam ansehen würden. Eine Quote von 40% müsste weiterhin auch als relevanter Anteil der Zielgruppe anzusehen sein, da ein Verbot der Irreführung nur unwesentlicher Teile des Verkehrs unverhältnismäßig wäre.[13] Auch wenn das Irreführungsverbot keine abweichenden Anschauungen von Minderheiten schützt,[14] so kann nahezu der Hälfte der Verkehrskreise nicht die notwendige Bedeutung abgesprochen werden. Als weiteres Korrektiv dient zudem das Merkmal der wettbewerblichen Relevanz. Insoweit ist festzustellen, dass die Wirkung von Produkten in besonderer Weise die Auswahlentscheidung des Nachfragers beeinflusst, weshalb sie auch als Regelbeispiel in § 5 Abs. 1 S. 2 Nr. 1 UWG aufgenommen wurde. Die wettbewerbliche Relevanz der Irreführung ist daher bei Annahme einer Irreführungsgefahr zu bejahen.

b) Europarechtskonforme Auslegung

Sofern E aufgrund des Irreführungsverbotes gehindert ist, die Produkte unter der Bezeichnung „Clinique" in Deutschland zu vertreiben, führt dies in Anbetracht der mit dem Vertrieb in eigens für den deutschen Markt hergestellten Verpackungen verbundenen Kostenbelastung zu einer Belastung der wirtschaftlichen Tätigkeit der E und zu einem Vertriebsverbot für die entsprechend gekennzeichneten konkreten Produkte. Fraglich ist daher, ob ein solches Ergebnis mit den höherrangigen Normen des EG-Vertrages, insbesondere mit Art. 28 EG vereinbar ist. Wäre dies nicht

---

[13] *Bornkamm*, in: Hefermehl/Köhler/Bornkamm, § 5 Rn. 2.102.
[14] *BGH*, Urt. v. 18.10.2001, Az. I ZR 193/99, GRUR 2002, 550, 552 – Elternbriefe; *BGH*, Urt. v. 26.9.2002, Az. I ZR 89/00, GRUR 2003, 247, 248 – THERMAL BAD.

der Fall, müsste – soweit möglich – eine europarechtskonforme Auslegung des § 5 UWG in Betracht gezogen werden. Folglich ist zu prüfen, ob ein Vertriebsverbot den grenzüberschreitenden Warenverkehr ungerechtfertigt behindert.

aa) Keine vorrangige Prüfung von Sekundärrecht. Grundsätzlich sind bei erschöpfenden sekundärrechtlichen Konkretisierungen des EG-Primärrechts diese vorrangig bei der Prüfung der Vereinbarkeit mitgliedstaatlichen Rechts mit EG-Recht heranzuziehen.[15] In Betracht kommt daher zunächst eine europarechtskonforme Auslegung auf der Grundlage von Art. 6 Abs. 3 RL 76/768/EWG, welche eine konkrete Regelung für die Etikettierung von Kosmetikprodukten enthält. Danach entscheidend ist, ob das Irreführungsverbot des § 5 UWG, angewendet auf diesen Fall, eine im Sinne der RL erforderliche Maßnahme eines Mitgliedstaates ist, um eine Täuschung über Produktmerkmale zu verhindern. Dabei handelt es sich um einen unbestimmten Rechtsbegriff, der seinerseits auslegungsfähig und -bedürftig sind. Abzustellen ist dazu auf die Wirkung solcher mitgliedstaatlichen Maßnahmen, die grundsätzlich zu einer Einschränkung der Binnenmarktfreiheiten führen können. Daher muss das Merkmal der „Erforderlichkeit" unter anderem im Lichte der Einschränkbarkeit der Binnenmarktfreiheiten verstanden werden. Die Richtlinie ist daher wie das gesamte abgeleitete Recht im Lichte der Bestimmungen des EG-Vertrages auszulegen, hier aufgrund der Produktbetroffenheit insbesondere denen über den freien Warenverkehr.[16]

bb) Schutzbereich des Art. 28 EG. E vertreibt die Produkte unter dem Namen „Clinique" in allen übrigen Ländern der EG rechtmäßig. Soweit die Produkte dort in den Verkehr gebracht wurden, handelt es sich folglich um Gemeinschaftsware, deren Verkehrsfähigkeit vom Schutz des Art. 28 EG geschützt wird. Vom Schutzbereich der binnenmarktbezogenen Grundfreiheiten erfasst sind zudem nur grenzüberschreitende Sachverhalte, der hier, da es um den Vertrieb der in anderen Mitgliedstaaten rechtmäßig in den Verkehr gebrachten Produkte auch in Deutschland geht, vorliegt. Die von E vertriebenen Kosmetika sind als Handelsgut auch Waren i.S.v. Art. 28 EG.

cc) Staatliche Maßnahme. Eine Vertriebsbeschränkung für die Waren würde hier aus der Anwendung einer Gesetzesnorm folgen und damit einem staatlichen Akt.

dd) Beeinträchtigung des Art. 28 EG. Eine mengenmäßige Beschränkung i.S.d. Art. 28 EG liegt hier nicht vor, da das lauterkeitsrechtliche Verbot nicht die Einfuhr der Waren der Menge oder dem Wert nach untersagt. Es könnte sich dabei aber um eine Maßnahme gleicher Wirkung wie eine mengenmäßige Beschränkung handeln. Eine solche liegt in jeder staatlichen Regelung, die geeignet ist, den zwischenstaatlichen Handel mittelbar oder unmittelbar, tatsächlich oder potentiell zu behindern.[17]

E wäre infolge eines auf § 5 UWG gestützten Verbots, in der Bundesrepublik Deutschland kosmetische Mittel unter derselben Bezeichnung in den Verkehr zu bringen, unter der sie in anderen Mitgliedstaaten vermarktet werden, gezwungen, seine Erzeugnisse allein dort unter einer anderen Bezeichnung zu vertreiben und zusätzliche Verpackungs- und Werbekosten auf sich zu nehmen. Diese Maßnahme beeinträchtigt demnach E im grenzüberschreitenden Handel und damit den freien Wa-

---

[15] *EuGH*, Urt. v. 9. 3. 2006, Rs. C-421/04, Slg. 2006, I-2303, Rn. 20 – Matratzen Concord/Hukla.
[16] *EuGH*, Urt. v. 2. 2. 1994, Rs. C-315/92, Slg. 1994, I-317, Rn. 12 – Clinique.
[17] Sog. „Dassonville-Formel" nach *EuGH*, Urt. v. 11. 7. 1974, Rs. 8/74, Slg. 1974, 837, Rn. 5 – Dassonville.

renverkehr, so dass eine Behinderung des innergemeinschaftlichen Handels im Grundsatz zu bejahen ist.

Um einer Ausuferung des Anwendungsbereichs der Grundfreiheiten vorzubeugen und nicht jede nationale Vorschrift des Gewerberechts den Grundfreiheiten zu unterstellen, sind allerdings bloße Verkaufsmodalitäten nicht als Maßnahme gleicher Wirkung erfasst. Die Anwendung nationaler Bestimmungen, die bestimmte Verkaufsmodalitäten beschränken oder verbieten, auf Erzeugnisse aus anderen Mitgliedstaaten ist danach nicht geeignet, den Handel zwischen den Mitgliedstaaten zu behindern, sofern diese Bestimmungen für alle betroffenen Wirtschaftsteilnehmer gelten, die ihre Tätigkeit im Inland ausüben, und sofern sie den Absatz der ausländischen Erzeugnisse und der Erzeugnisse aus anderen Mitgliedstaaten rechtlich wie tatsächlich in der gleichen Weise berühren.[18] § 5 UWG ist zwar nicht diskriminierend, da er nicht an die Herkunft der Produkte anknüpft. Das mit der Regelung der Bezeichnung verbundene Verbot knüpft im vorliegenden Fall aber nicht an die Umstände des Verkaufs, sondern an die Aufmachung der Ware selbst an. Daher könnte eine produktbezogene Regelung vorliegen, die eine solche Maßnahme gleicher Wirkung darstellt, für die die Keck-Ausnahme nicht gilt. Auf der anderen Seite folgt dieses Vertriebsverbot aus einem generellen Verbot irreführender Darstellung im geschäftlichen Verkehr, so dass gleichwohl von einer bloßen Verkaufsmodalität ausgegangen werden könnte. Doch selbst wenn man solch ein extensives Verständnis dem Begriff der Verkaufsmodalität entgegenbringt, fallen nationale Rechtsvorschriften, die bestimmte Verkaufsmodalitäten beschränken oder verbieten, nur dann nicht in den Anwendungsbereich von Art. 28 EG, wenn sie den Marktzugang von Erzeugnissen aus einem anderen Mitgliedstaat nicht versperren oder stärker behindern als den inländischer Erzeugnisse.[19] Die Produkte werden aber in allen anderen Mitgliedstaaten der EG unter diesem Namen rechtmäßig in den Verkehr gebracht. Zwingt eine Maßnahme dazu, eine Ware ausländischer Herkunft zu verändern, so verbleibt es daher dabei, dass es sich um eine warenbezogene Maßnahme gleicher Wirkung handelt.

ee) Rechtfertigung. Das Verbot des Art. 28 EG gilt jedoch nicht schrankenlos. Neben den ausdrücklich in Art. 30 EG aufgezählten Ausnahmetatbeständen, die hier nicht einschlägig sind, sind in Ermangelung harmonisierender Gemeinschaftsregelungen solche mitgliedstaatlichen Hemmnisse für den Binnenhandel hinzunehmen, die notwendig sind, d. h. geeignet, erforderlich und verhältnismäßig, um zwingenden Erfordernissen des Allgemeininteresses gerecht zu werden, wozu auch die Gesundheit der Menschen, die Lauterkeit des Handelsverkehrs und der Verbraucherschutz zählen.[20]

Fraglich ist daher, ob die Einschlägigkeit des Irreführungsverbotes in diesem Fall zum Schutze dieser Allgemeininteressen notwendig ist. So könnte das Verbot verhindern, dass Verbraucher den Produkten fälschlich medizinische Wirkungen beimessen könnten, was zu einer fehlerhaften Anwendung und sogar zu Gesundheitsschäden führen kann, z.B. wenn auf die Nutzung von tatsächlichen Medikamenten verzichtet wird. Das Verbot ist dazu aber nur dann überhaupt geeignet, wenn die Verbraucher auch tatsächlich irregeführt werden können.

---

[18] *EuGH*, Urt. v. 24. 11. 1993, verb. Rs. C-267/91 u. C-268/91, Slg. 1993, I-6097, Rn. 16 – Keck und Mithouard.
[19] *EuGH*, Urt. v. 15. 7. 2004, Rs. C-239/02, Slg. 2004, I-7007, Rn. 51 – Douwe Egberts.
[20] *EuGH*, Urt. v. 20. 2. 1979, Rs. 120/78, Slg. 1979, 649, Rn. 8 – Rewe/Bundesmonopolverwaltung für Branntwein (Cassis de Dijon).

Für die Bestimmung der maßgeblichen Verbrauchersicht ist grundsätzlich vom normal informierten und angemessen aufmerksamen und verständigen Durchschnittsverbraucher auszugehen.[21] Das dieser in Anbetracht der Gesamtumstände, die sich ihm geradezu aufdrängen, einer Irreführung unterliegt erscheint fraglich. Die Palette der kosmetischen Erzeugnisse des Unternehmens Estée Lauder wird in Deutschland ausschließlich durch Parfümerien und durch die Kosmetikabteilungen von Kaufhäusern vertrieben. Keines dieser Erzeugnisse ist also in Apotheken erhältlich. Die Erzeugnisse sind auch nicht als Arzneimittel aufgemacht. Dass die Aufmachung, unabhängig von der Bezeichnung der Erzeugnisse, den für kosmetische Mittel geltenden Vorschriften nicht entspricht, ist ebenfalls nicht ersichtlich. Schließlich werden diese Erzeugnisse in anderen Mitgliedstaaten rechtmäßig unter der Bezeichnung „Clinique" vertrieben, offenbar ohne dass die Verbraucher durch die Verwendung dieser Bezeichnung irregeführt würden.

Zwar besteht in Anbetracht der demoskopischen Umfrage die Gefahr, dass 40% der Verbraucher aufgrund des Namens von medizinischen Wirkungen ausgehen. Eine demoskopische Umfrage ist zudem auch bei Anwendung des eben beschriebenen Verbraucherleitbildes nicht ausgeschlossen.[22] Allerdings müsste diese Umfrage auch dem Informationsgrad eines angemessen informierten Verbrauchers gerecht werden. Da aber davon auszugehen ist, dass dieser nicht allein anhand der Bezeichnung einen Eindruck bekommt, sondern auch der Verkaufslokalitäten und der Aufmachung der Produkte, widerspricht die lediglich die Bezeichnung „Clinique" aufzeigende Umfrage dem modernen Verbraucherleitbild und kann eine zur Rechtfertigung der Beschränkung des Art. 28 EG anzunehmende Irreführungsgefahr nicht begründen. Eine aussagekräftige Studie müsste den befragten in die gleiche Situation versetzen, in der sich auch ein angemessen informierter Durchschnittsverbraucher bei seiner Kaufentscheidung befände.

Die klinische oder medizinische Konnotation des Begriffs „Clinique" reicht danach nicht aus, um dieser Bezeichnung eine irreführende Wirkung zuzusprechen. Folglich ist das durch § 5 UWG vermittelte Verbot der Verwendung dieser Bezeichnung in Deutschland nicht notwendig, um den Erfordernissen des Schutzes der Verbraucher oder der Gesundheit von Menschen gerecht zu werden.

Diese Ergebnisse sind im Wege primärrechtskonformer Auslegung auf Art. 6 Abs. 3 Unterabs. 1 RL 76/768/EWG (Kosmetikrichtlinie) zu übertragen. Da dieser wie auch die Richtlinie insgesamt den freien Warenverkehr mit kosmetischen Mitteln gewährleisten soll, unter Beachtung der Interessen am Schutze der Verbraucher und der Lauterkeit des Handelsverkehrs sowie des Ziels des Schutzes der Gesundheit von Menschen, kann die „Erforderlichkeit" von mitgliedstaatlichen Maßnahmen nach dieser Norm mit der Erforderlichkeit der Beschränkung des Art. 28 EG im oben beschriebenen Sinne gleichgesetzt werden. Folglich wäre § 5 UWG in seiner konkreten Anwendung mit der RL ebenso wie mit Art. 28 EG unvereinbar, soweit er in der Bezeichnung „Clinique" eine unzulässige Irreführung erblickt.

ff) Auslegungsfähigkeit des § 5 UWG. Eine Richtlinie kann nicht selbst Verpflichtungen für einen Bürger begründen, so dass diesem gegenüber eine Berufung auf die Richtlinie als solche nicht möglich ist. Ein nationales Recht anwendendes mitgliedstaatliches Gericht muss seine Auslegung aber soweit wie möglich am Wortlaut und

---

[21] *EuGH*, Urt. v. 22. 6. 1999, Rs. C-342/97, Slg. 1999, I-3819, Rn. 26 – Lloyd Schuhfabrik Meyer; *EuGH*, Urt. v. 13. 1. 2000, Rs. C-220/98, Slg. 2000, I-117, Rn. 27 f. – Lifting Creme.
[22] *EuGH*, Urt. v. 16. 7. 1998, Rs. C-210/96, Slg. 1998, I-4657, Rn. 35 f. – Gut Springenheide; *EuGH*, Urt. v. 13. 1. 2000, Rs. C-220/98, Slg. 2000, I-117, Rn. 31 – Lifting Creme.

Zweck der Richtlinie ausrichten, um das mit der Richtlinie verfolgte Ziel im Sinne eines „effet utile" zu erreichen.[23] Da es sich bei dem Merkmal der Irreführung in § 5 UWG um einen unbestimmten Rechtsbegriff handelt, bestehen an der Auslegungsfähigkeit keine Bedenken. Dies bedeutet im vorliegenden Fall, dass von einem verständigen Verbraucher auszugehen ist, der unter Berücksichtigung der Gesamtumstände einer Verkaufssituation den Produkten der H grundsätzlich keine medizinischen Wirkungen beimisst. Eine die Gesamtumstände berücksichtigende neue demoskopische Umfrage ist insoweit nicht erforderlich.[24]

Mangels relevanter Irreführungsgefahr ist der Vertrieb der Kosmetikprodukte unter der Bezeichnung „Clinique" nicht unzulässig gemäß § 3 Abs. 1 i.V.m. § 5 Abs. 1 S. 2 Nr. 1 UWG.

III. Unzulässigkeit gemäß §§ 3 Abs. 1, 4 Nr. 11 UWG i.V.m. § 27 LFBG

In Betracht kommt weiterhin ein unlauterer Verstoß der E gegen ein das Marktverhalten im Interesse der Marktteilnehmer regelndes gesetzliches Verbot. § 27 LFBG dient der Verhinderung der Irreführung der Verbraucher zu deren Schutze. Da die Verbraucher Marktteilnehmer gemäß § 2 Abs. 1 Nr. 2 UWG sind und die Beschriftungsvorgaben nicht den Marktzugang, sondern nur das Verhalten auf dem Markt regeln,[25] wäre ein Verstoß dagegen grundsätzlich unlauter. Allerdings dient § 27 LFBG ausweislich seines Anwendungsberichs offensichtlich auch der Umsetzung des Art. 6 Abs. 3 Unterabs. 1 RL 76/768/EWG (Kosmetikrichtlinie). Da dieser aber in primärrechtskonformer Auslegung für den hier vorliegenden Fall eine ein Verbot rechtfertigende Irreführungsgefahr ausschließt, ist auch die für § 27 LFBG erforderliche Irreführungsgefahr wie die zu § 5 Abs. 1 UWG abzulehnen.

Weitere Unlauterkeitstatbestände kommen nicht in Betracht. V hat gegen E keinen Anspruch auf Unterlassung der Kennzeichnung der Kosmetikprodukte mit der Bezeichnung „Clinique".

Merke: Für die Bestimmung der maßgeblichen Verbrauchersicht ist grundsätzlich vom normal informierten, angemessen aufmerksamen und verständigen Durchschnittsverbraucher auszugehen (modernes Verbraucherleitbild).

Lauterkeitsrechtliche Verbote sind an den zugrundeliegenden EG-Richtlinien und diese wiederum an den Grundfreiheiten des EG-Vertrages zu messen. Sie können im Sinne der Dassonville-Formel Maßnahmen gleicher Wirkung wie eine mengenmäßige Beschränkung sein und unterliegen damit dem Vorbehalt der Rechtfertigung durch Art. 30 EG bzw. durch sonstige zwingende Allgemeininteressen, da sie eine staatliche Regelung sind, die geeignet ist, den zwischenstaatlichen Handel mittelbar oder unmittelbar, tatsächlich oder potentiell zu behindern.

Durch anzuerkennende Allgemeininteressen, wie z.B. den Verbraucherschutz, können nur solche Maßnahmen gerechtfertigt werden, die zur Zielerreichung

---

[23] *EuGH*, Urt. v. 16.7.1998, Rs. C-355/96, Slg. 1998, I-4799, Rn. 36 – Silhouette.
[24] Im Verfahren kann der Richter als hinsichtlich solcher Produkte dem angesprochenen Verkehrskreis zugehörig aus eigener Sachkunde entscheiden.
[25] Die Kriterien für das Marktverhalten i.S.d. § 4 Nr. 1 UWG und denen für Vertriebsmodalitäten im Sinne der Keck-Rechtsprechung (siehe Fn. 18) zu Art. 28 EG sind aufgrund unterschiedlicher Schutzrichtung nicht identisch.

geeignet, erforderlich und angemessen sind. Ob eine Regelung zum Schutze der Verbraucher erforderlich ist und ob der Verbraucher eines Schutzes überhaupt bedarf, ist unter Beachtung des modernen Verbraucherleitbildes zu bestimmen.

Um einer Ausuferung des Anwendungsbereichs der Grundfreiheiten vorzubeugen und nicht jede nationale Vorschrift des Gewerberechts den Grundfreiheiten zu unterstellen, sind mit den Grundfreiheiten gemäß der Keck-Rechtsprechung des EuGH, die ihrerseits allerdings nicht unproblematisch ist, bloße Verkaufsmodalitäten vereinbar, die für alle im Inland tätigen Wirtschaftsteilnehmer gelten und den Absatz der ausländischen Erzeugnisse und der Erzeugnisse aus anderen Mitgliedstaaten rechtlich wie tatsächlich in der gleichen Weise berühren.

Fall 3. Lauterkeits- vs. Wettbewerbsrecht

Sachverhalt*

Der größte Teil der europäischen Hersteller von Verpackungsglas traf eine Vereinbarung („Regeln für den lauteren Wettbewerb"), die ausweislich ihrer Präambel der Vermeidung solcher Wettbewerbshandlungen dient, die nach den bestehenden Gesetzen als unlauter und wettbewerbswidrig anzusehen sind. Sie enthält unter anderem folgende Bestimmungen:

Artikel 3

(1) Es ist unlauter, die Angebote eines Mitbewerbers planmäßig zu unterbieten oder in dessen Angebote planmäßig einzutreten mit dem Ziel seiner Existenzgefährdung oder Vernichtung.

(2) Es ist unlauter, Abnehmern der gleichen Wirtschaftsstufe bei Leistungen der gleichen Art und Qualität unterschiedliche Preise, Rabatte oder Geschäftsbedingungen anzubieten oder einzuräumen und hierdurch nicht nur den Abnehmer, sondern auch den Mitbewerber unbillig zu behindern.

Artikel 6

(1) Es wird eine Meldestelle eingerichtet, welche die Veröffentlichung und Verbreitung von individuell aufgestellten Bruttopreislisten einschließlich der Rabatte koordiniert.

(2) Jede Änderung der Preis- und Rabattlisten sowie der Geschäftsbedingungen sind mitzuteilen.

(3) Auf Nachfrage sind auch Angaben über Änderungen in Einzelfällen zu machen, um Ausspielungsversuchen eines Abnehmers vorzubeugen.

Artikel 9

Wer Wettbewerbshandlungen vornimmt, die nach diesen Regeln unlauter und wettbewerbswidrig sind, kann von jedem der Unterzeichner der Regeln auf Unterlassung und Schadenersatz in Anspruch genommen werden.

Das der Vereinbarung beigetretene deutsche Unternehmen A verlangt vom italienischen Hersteller B, ebenfalls ein Unterzeichner, es zu unterlassen, in den deutschen Markt mit Hilfe von Niedrigpreisverkäufen einzudringen und damit den mit hohen Investitionen aufgebauten Kundenstamm des A zu gefährden.

Wie ist die Rechtslage?

---

* Zugrundeliegende Entscheidung: *Kommission*, Entsch. v. 15. 5. 1974, IV/400, ABl. EG 1974 Nr. L 160/1 – IFTRA-Regeln Verpackungsglas; vgl. auch *Kommission*, Entsch. v. 15. 7. 1975, IV/27.000, ABl. EG 1975 Nr. L 228/3 – IFTRA-Regeln Hüttenaluminium.

Lösung

A. Anspruch aus dem Vertrag

A könnte gegen B einen Anspruch auf Unterlassung der Unterkostenverkäufe gemäß Art. 9 i. V. m. Art. 3 des Vertrages haben. Dazu müsste dieser jedoch wirksam sein, woran hier erhebliche Zweifel bestehen. Er könnte wegen Verstoßes gegen Art. 81 EG gemäß Art. 81 Abs. 2 EG sowie wegen Verstoßes gegen § 1 GWB gemäß § 134 BGB nichtig sein.

I. Nichtigkeit gemäß Art. 81 Abs. 2 EG

Die Vereinbarung ist dann gemäß Art. 81 Abs. 2 EG nichtig, wenn sie gegen das Verbot aus Art. 81 Abs. 1 EG verstößt und nicht gemäß Art. 1 Abs. 2 VO 1/2003 i. V. m. Art. 81 Abs. 3 EG von diesem Verbot freigestellt ist.

1. Vereinbarung zwischen Unternehmen

Die Hersteller von Verpackungsglas bieten diese Leistungen auf dem Markt an und werden damit wirtschaftlich tätig, was für den funktional zu verstehenden Unternehmensbegriff des Art. 81 Abs. 1 EG ausreicht. Die „Regeln für den lauteren Wettbewerb" sind Willensübereinstimmungen mit zumindest faktischer, hier sogar rechtlicher Bindungswirkung und damit Vereinbarungen i. S. d. Vorschrift.

2. Spürbare Wettbewerbsbeschränkung bewirkt oder bezweckt

Eine Wettbewerbsbeschränkung setzt die Beschränkung wettbewerbsrelevanter Handlungsfreiheiten in einer Weise voraus, die geeignet ist, den mit der Aufrechterhaltung eines funktionierenden Wettbewerbsprozesses verfolgten Zielen des EG-Vertrages zuwiderzulaufen. Wettbewerbsrechtlich nicht zu beanstanden sind grundsätzlich solche Vereinbarungen, die lediglich einen nach dem UWG unlauteren oder anderen Gesetzen unzulässigen Wettbewerb unterbinden sollen; denn der EG-Vertrag schützt gemäß Art. 3 Abs. 1 lit. g allein den „redlichen" und „unverfälschten" Wettbewerb. Demnach genießt der unredliche, d. h. unlautere oder sonst gesetzeswidrige Wettbewerb grundsätzlich keinen Schutz, so dass Abreden und Beschlüsse von Unternehmen zur Unterbindung unlauterer Verhaltensweisen nicht gegen Art. 81 Abs. 1 EG verstoßen, ohne dass es hierzu einer Freistellung nach Art. 81 Abs. 3 EG bedarf.[1] Es genügt aber nicht, eine Vereinbarung zwischen Unternehmen als „Regeln für den lauteren Wettbewerb" zu bezeichnen, um diese der Anwendung von Art. 81 EG zu entziehen. Sie ist im Einzelfall darauf zu untersuchen, ob sie Beschränkungen enthält, die nicht lediglich den unlauteren oder sonstwie gesetzeswidrigen Wettbewerb betreffen, sondern eine den Markt beeinflussende und deshalb gegen Art. 81 EG verstoßende Beschränkung des Wettbewerbs darstellt.[2]

Art. 3 Abs. 1 und 2 des Vertrages beschränken die Unternehmen in ihrer Preissetzungsfreiheit und damit in einem für einen funktionierenden Wettbewerb wesent-

---

[1] *Emmerich*, in: Immenga/Mestmäcker, EG-WbR, Art. 81 Abs. 1 EG Rn. 168 ff.
[2] *BGH*, Urt. v. 26. 10. 1961, Az. KZR 3/61, BGHZ 36, 105 – Export ohne WBZ.

lichen Wettbewerbsparameter (Preiswettbewerb). Gleiches gilt für die Beschneidung der Konditionenfreiheit. Diese Einschränkungen, welche sogar als Regelbeispiel nach Art. 81 Abs. 1 lit. a EG erfasst werden, können nur dann vom Verbot des Art. 81 Abs. 1 EG ausgenommen werden, wenn das nach der Vereinbarung untersagte Verhalten bereits aus anderen Gründen unzulässig ist.

Soweit zwischen den einzelnen Mitgliedstaaten wesentliche Unterschiede bei den Vorschriften zur Bekämpfung des unlauteren Wettbewerbs und dem Schutz der Verbraucher bestehen, ist die Auswahl bestimmter Regeln zum Zweck der gemeinsamen Einführung durch Unternehmen mehrerer Länder zwangsläufig willkürlich. Eine Vereinbarung über die Einhaltung solcher Regeln kann somit dazu führen, dass die beteiligten Unternehmen aufgrunddessen in bestimmten Gebieten strengere Normen anwenden, als sie gesetzlich gefordert werden.[3] Zu berücksichtigen sind aber auch die Harmonisierungstendenzen durch sekundäres Gemeinschaftsrecht.[4] Entscheidend ist demnach, ob bereits in einem der betroffenen Mitgliedstaaten der EU *keine* der Vereinbarung entsprechenden gesetzlichen Verbote existieren.

Nach Art. 3 Abs. 1 des Vertrages ist es untersagt, die Angebote eines Mitbewerbers planmäßig zu unterbieten oder in dessen Angebote planmäßig einzutreten mit dem Ziel seiner Existenzgefährdung oder Vernichtung. In Deutschland existiert mit § 20 Abs. 4 GWB ein Verbot des Verkaufes unter Einstandspreis. Dessen Anwendungsbereich deckt sich jedoch nicht mit der vertraglichen Regelung, da es zum einen nur Unternehmen mit gegenüber kleinen und mittleren Wettbewerbern überlegener Marktmacht in die Pflicht nimmt, während die vertragliche Vereinbarung für alle unterzeichnenden Unternehmen gilt, unabhängig von ihrer konkreten Marktstellung. Zudem greift § 20 Abs. 4 S. 1 GWB nur bei nicht nur gelegentlichem Untereinstandspreisverkauf und lässt eine sachliche Rechtfertigung zu, beides Einschränkungen, die nicht von der Vereinbarung vorgesehen sind. Außerdem wird nach Art. 3 Abs. 1 der Vereinbarung die Unterbietung der Angebote eines Mitbewerbers sogar dann für unlauter erklärt, wenn die Unterbietung nicht unter Selbstkosten stattfindet. Der Vertrag beschreibt demnach nicht lediglich das nach § 20 Abs. 4 S. 1 GWB verbotene Verhalten.

Fraglich ist daher, ob das in Art. 3 Abs. 1 der Vereinbarung beschriebene Verhalten nach dem UWG unzulässig ist. In Betracht kommt hier ein Verstoß gegen das Verbot der gezielten Behinderung gemäß § 3 Abs. 1 i.V.m. § 4 Nr. 10 UWG. Allerdings steht es im Rahmen der geltenden marktwirtschaftlich orientierten Wirtschaftsordnung einem Unternehmen grundsätzlich frei, seine Preisgestaltung in eigener Verantwortung vorzunehmen und auch die Preise von Konkurrenten zu unterbieten.[5] Der Grundsatz der Preisunterbietungsfreiheit gilt auch beim Angebot identischer Waren.[6] Die Preisgestaltung – auch durch Unterbieten der Preise von Mitbewerbern[7] – ist vorrangiges Mittel des Wettbewerbs. Im Rahmen des zulässigen Preiswettkampfs ist es dem Unternehmer auch erlaubt, durch Preisunterbietungen Marktanteile zu erringen, ebenso wie es den Mitbewerbern erlaubt ist, darauf

---

[3] *Kommission*, Entsch. v. 15. 5. 1974, IV/400, ABl. EG 1974 Nr. L 160/1 Rn. 33 – IFTRA-Regeln Verpackungsglas.
[4] Siehe z.B. die UGP-RL sowie die Richtlinie über Irreführung und vergleichende Werbung.
[5] St. Rspr.; vgl. *BGH*, Urt. v. 30. 3. 2006, Az. I ZR 144/03, GRUR 2006, 596, 597 – 10% billiger m.w.N.
[6] *BGH*, Urt. v. 6. 10. 1983, Az. I ZR 39/83, GRUR 1984, 204, 206 – Verkauf unter Einstandspreis II.
[7] *BGH*, Urt v. 29. 9. 1982, Az. I ZR 88/80, GRUR 1983, 120, 125 – ADAC-Verkehrsrechtsschutz.

gleichfalls mit günstigen oder sogar günstigeren Preisen zu reagieren. Dieser dynamische Preisbildungsprozess ist immanenter Bestandteil des schützenswerten Wettbewerbs. Es kann auch nicht allein auf eine subjektive Verdrängungsabsicht ankommen. Zum einen ist das UWG kein Gesinnungsunrecht. Darüber hinaus ist die Verdrängung und damit auch der Wille dazu ebenfalls eine elementarer Aspekt des Wettbewerbs. Im Hinblick auf die dem Wettbewerb immanente Auslesefunktion ist es daher auch unerheblich, ob ein kleineres oder ineffizienteres Unternehmen mithalten kann.[8] Erst zusätzliche Umstände, wie die Ausnutzung von Marktmacht, welche dann an die Stelle des zur Verdrängung führenden Leistungs- bzw. Qualitätsvorsprungs rutschen, lassen das Verhalten, wie z.B. die §§ 19 u. 20 GWB zeigen, nicht mehr als schützenswerte Form des Leistungswettbewerbs erscheinen.[9] Da Art. 3 der Vereinbarung insoweit aber ein generelles Verbot aufstellt, geht er jedenfalls weiter, als es das Lauterkeitsrecht verlangt. Die Regelung beschränkt die teilnehmenden Unternehmen daher über den durch die gesetzlichen Marktverhaltensregeln gesetzten Rahmen hinaus.

Zum vertraglichen Verbot werden die in Art. 3 der Vereinbarung aufgezählten Verhaltensweisen jedenfalls durch Art. 9, da dieser die Beachtung der oben aufgeführten Einschränkungen über die jedem Beteiligten zustehende Möglichkeit sichert, Schadenersatz und Unterlassung von einem anderen Beteiligten zu verlangen, wenn dieser nach der Vereinbarung als unlauter bezeichnete Wettbewerbshandlungen vornimmt. Art. 9 ist daher in Verbindung mit Art. 3 ebenfalls als wettbewerbsbeschränkend anzusehen.

Das vertragliche Verbot findet demnach weder im Wettbewerbs- noch im Lauterkeitsrecht eine Entsprechung und ermöglicht demnach den Beteiligten – obgleich sie sich selbst den Zweck der Verhinderung von unlauterem Verhalten beimessen – gegen normale Wettbewerbshandlungen gemeinsam vorzugehen. Folglich bezwecken diese Vorschriften in Wahrheit in erster Linie eine Einschränkung vor allem des Preis-, Rabatt- und Konditionenwettbewerbs zwischen den beteiligten Unternehmen zum Nachteil der Verbraucher von Verpackungsglas. Verstärkt wird diese Wirkung durch das Preismeldesystem nach Art. 6 der Vereinbarung. Das Unternehmen, das die Einzelheiten seiner Preispolitik seinen Wettbewerbern mitteilt, tut dies nur, weil es wegen der mit den genannten Wettbewerbern getroffenen Vereinbarung hinreichend sicher ist, dass diese eine ähnliche Preispolitik bei ihren Lieferungen in den Markt verfolgen. Das Unternehmen versucht damit, die Möglichkeit etwaiger unvorhergesehener oder nicht rechtzeitig erkannter Reaktionen der Wettbewerber und damit einen großen Teil des normalen Risikos zu beseitigen, das jeder autonomen Änderung eines Marktverhaltens innewohnt.[10] Ein Unternehmen, das über die Preise seiner Wettbewerber, einschließlich etwaiger Sonderpreise und -rabatte gegenüber einzelnen Abnehmern, unterrichtet worden ist, kann seine Preispolitik dank dieser Information entsprechend anpassen.

Diese Vereinbarungen beschränken den Wettbewerb auch spürbar, da ein Großteil der europäischen Glasverpackungshersteller betroffen ist. Darüber hinaus handelt es sich um archetypische Beschränkungen des Preiswettbewerbs (Hardcore-Beschränkungen), die schon aufgrund ihrer wettbewerbsfeindlichen Qualität stets als spürbar anzusehen sind.

---

[8] So auch *BGH*, Urt. v. 11. 1. 2007, Az. I ZR 96/04, GRUR 2007, 800, 802 – Außendienstmitarbeiter.
[9] Siehe *BGH*, Urt. v. 4. 4. 1995, Az. KZR 34/93, GRUR 1995, 690 – Hitlisten-Platten.
[10] *Kommission*, Entsch. v. 15. 5. 1974, IV/400, ABl. EG 1974 Nr. L 160/1 Rn. 43 – IFTRA-Regeln Verpackungsglas.

3. Beeinträchtigung des zwischenstaatlichen Handels

Die vorgenannten Vereinbarungen betreffen den Handel mit Verpackungsglas innerhalb des Gemeinsamen Marktes. Sie üben einen unmittelbaren Einfluss auf die Gestaltung der Exportpreise dieser Erzeugnisse durch die an den Vereinbarungen beteiligten Unternehmen und somit auf die Handelsströme zwischen den Mitgliedstaaten aus. Sie sind geeignet, den Markt unter den an den Vereinbarungen beteiligten preisführenden Unternehmen der Branche aufzuteilen und somit der Verwirklichung und dem guten Funktionieren eines einheitlichen zwischenstaatlichen Marktes abträglich zu sein. Sie sind daher geeignet, den Handel zwischen den Mitgliedstaaten spürbar zu beeinträchtigen.

Die Voraussetzungen für eine Anwendung des Art. 81 Abs. 1 EG sind daher gegeben.

4. Art. 1 Abs. 2 VO 1/2003 i. V. m. Art. 81 Abs. 3 EG

Eine Vereinbarung, die zwar gegen Art. 81 Abs. 1 EG verstößt, aber die vier Voraussetzungen des Art. 81 Abs. 3 EG kumulativ erfüllt, ist gemäß Art. 1 Abs. 2 VO 1/2003 freigestellt. Die Vereinbarung muss 1) zur Verbesserung der Warenerzeugung oder -verteilung oder zur Förderung des technischen oder wirtschaftlichen Fortschritts beitragen und 2) die Verbraucher an dem entstandenen Gewinn angemessen beteiligen, 3) ohne dass den beteiligten Unternehmen Beschränkungen auferlegt werden, die für die Verwirklichung dieser Ziele nicht unerlässlich sind, oder 4) Möglichkeiten eröffnet werden, für einen wesentlichen Teil der betreffenden Waren den Wettbewerb auszuschalten.

Im vorliegenden Fall lässt die Vereinbarung schon keine angemessene Beteiligung der Verbraucher an einem etwa entstehenden Gewinn erkennen. Dass die leistungsfähigsten Unternehmen für den Fall der Lieferung in ein Gebiet mit höheren Preisen verpflichtet sind, sich den Angeboten des nationalen oder regionalen Preisführers anzupassen, bringt vielmehr Nachteile für Verpackungsglasverbraucher im betreffenden Land oder Gebiet. Die Vorschriften über Preise, Rabatte und Konditionen schalten wesentliche Wettbewerbsparameter aus. Eine solche Absprache kommt allein den beteiligten Herstellern zugute und beteiligt den Verbraucher nicht an dem Gewinn.

Die Vereinbarung gibt den beteiligten Unternehmen außerdem die Möglichkeit, den Wettbewerb durch Einschränkung bzw. Verfälschung des Preis-, Rabatt- und Konditionenwettbewerbs zwischen ihnen für einen wesentlichen Teil der betreffenden Erzeugnisse auszuschalten. Angesichts der Struktur des Verpackungsglasmarktes im Gemeinsamen Markt und der Stellung, die die beteiligten Unternehmen in diesem Markt innehaben, kommt den von ihnen getroffenen wettbewerbswidrigen Maßnahmen eine erhebliche Tragweite zu.

Die Freistellungsvoraussetzungen des Art. 81 Abs. 3 EG sind in Bezug auf die Vereinbarung über die Wettbewerbsregeln nicht erfüllt.

II. Nichtigkeit gemäß § 1 GWB i. V. m. § 134 BGB

Bei § 1 GWB handelt es sich um ein Verbotsgesetz i. S. d. § 134 BGB, so dass ein Verstoß zur Nichtigkeit führt.[11] Da §§ 1, 2 GWB an Art. 81 EG angeglichen wurden

---

[11] Vgl. *Armbrüster*, in: MünchKommBGB, § 134 Rn. 64.

und einheitlich auszulegen sind, ist ein Verstoß gegen § 1 GWB und das Fehlen der Freistellungsmöglichkeit gemäß § 2 GWB zu bejahen. Die Vereinbarung wurde auch nicht als Wettbewerbsregel gemäß §§ 24 GWB angemeldet und durch die Wettbewerbsbehörde anerkannt, was zudem gemäß § 26 Abs. 1 GWB lediglich die Behörde selbst binden würde, jedoch keinen Einfluss auf die zivilrechtliche Wirkung gemäß § 134 BGB hat.[12] Bei einer erteilten Anerkennung hätte die Wettbewerbsbehörde aufgrund des Verstoßes gegen §§ 1, 2 GWB diese auch zurückzunehmen.

III. Ergebnis

Da die Vereinbarung jedenfalls hinsichtlich der für diesen Fall anspruchsvermittelnden Klauseln nichtig ist, bestehen mangels wirksamer Verpflichtung keine vertraglichen Ansprüche.

B. Anspruch gemäß § 8 Abs. 1 UWG

In Betracht kommt weiterhin ein Anspruch des A gegen B auf Unterlassung gemäß § 8 Abs. 1 UWG, gestützt auf einen Verstoß gegen § 3 Abs. 1 i.V.m. § 4 Nr. 10 UWG.

I. Aktivlegitimation

Beide Unternehmen adressieren den gleichen Kundenkreis und stehen somit als Mitbewerber in einem konkreten Wettbewerbsverhältnis i.S.d. § 2 Abs. 1 Nr. 3 UWG, so dass A gemäß § 8 Abs. 3 Nr. 1 UWG aktivlegitimiert ist.

II. Unzulässigkeit gemäß § 3 Abs. 1 i.V.m. UWG

1. Geschäftliche Handlung

§ 3 Abs. 1 UWG fordert zunächst das Vorliegen einer geschäftlichen Handlung i.S.d. § 2 Abs. 1 Nr. 1 UWG. Das Anbieten der eigenen Leistung auf dem Markt ist die originäre Form des Wirtschaftens zur Förderung des eigenen Absatzes und erfüllt daher dessen Voraussetzungen.

2. Unlauterkeit gemäß § 4 Nr. 10 UWG

B versucht durch Niedrigpreise in den deutschen Markt einzudringen. Selbst wenn er dazu Untereinstandspreise anwenden würde, wäre dieses Verhalten nicht unlauter, soweit es allein dazu dient, auf einem Markt Fuß zu fassen, was dort letztendlich den Wettbewerb durch das Hinzutreten eines weiteren Wettbewerbers intensiviert. Für einen solchen Untereinstandspreisverkauf bietet der Sachverhalt jedoch keinen Hinweis, ebensowenig wie auf eine besondere Ausnutzung wirtschaftlicher Macht. Es kann daher vollumfänglich auf die im Rahmen des Art. 81 Abs. 1 EG gemachten Ausführungen verwiesen werden.

Das Niedrigpreisverhalten des B ist folglich auch im konkreten Fall nicht unlauter. A hat gegen B keinen Unterlassungsanspruch gemäß § 8 Abs. 1 UWG.

---

[12] Vgl. *Sack*, in: Loewenheim/Meessen/Riesenkampff, § 26 GWB Rn. 13.

C. Anspruch gemäß § 33 Abs. 1 GWB i.V.m. § 20 Abs. 4 GWB

Ein Unterlassungsanspruch gemäß § 33 Abs. 1 GWB i.V.m. § 20 Abs. 4 GWB scheidet schon deshalb aus, weil der Sachverhalt keine Anhaltspunkte dafür gibt, dass B unter dem Einstandspreis verkauft. Im Übrigen ist auch nicht ersichtlich, dass B Normadressat i.S.d. § 20 Abs. 4 GWB ist, der sich nur an Unternehmen mit gegenüber kleinen und mittleren Wettbewerbern überlegener Marktmacht richtet.

Merke: Der EG-Vertrag schützt gemäß Art. 3 Abs. 1 lit. g allein den „redlichen" und „unverfälschten" Wettbewerb. Gleiches gilt für das nationale Wettbewerbsrecht (GWB). Deshalb genießt der unredliche (unlautere) oder sonst gesetzwidrige Wettbewerb grundsätzlich keinen Schutz, so dass Abreden und Beschlüsse von Unternehmen zur Unterbindung unlauterer Verhaltensweisen keine Wettbewerbsbeschränkungen gemäß Art. 81 Abs. 1 EG und § 1 GWB darstellen. Das Wettbewerbsrecht und das Lauterkeitsrecht ergänzen sich daher bei überschneidender Schutzrichtung, soweit sie beide den funktionsfähigen Wettbewerb durch Leistung schützen und mit ihm die dadurch geschützten Interessen der Mitbewerber, der Verbraucher und der Allgemeinheit. Eine Vereinbarung mit diesem Ziel, unlauteren bzw. gesetzeswidrigen Wettbewerb auszuschalten, ist im Einzelfall darauf zu untersuchen, ob sie Beschränkungen enthält, die über die Anforderungen des Lauterkeitsrechts hinausgehen und daher eine marktbeeinflussende Beschränkung des Wettbewerbs darstellen. Bei der wettbewerbsrechtlichen Würdigung bedarf es demnach einer inzidenten Prüfung des Lauterkeitsrechts.

Fall 4. Politische Auseinandersetzung und UWG

Sachverhalt[*]

M ist Herausgeber der Wochenzeitung „Blink", die hauptsächlich im Raum Berlin verbreitet ist. B ist Herausgeber eines Großteils der Tages- und Wochenzeitungen sowie Zeitschriften, die in ganz Deutschland vertrieben werden. B plant an sämtliche Zeitschriftenhändler in Berlin ein Rundschreiben zu versenden, in dem diese aufgefordert werden, den Vertrieb solcher Zeitungen einzustellen, die sich öffentlich und unter Abdruck kompletter Wahlprogramme zur Auffassung rechtsextremer Parteien bekannten. Das Rundschreiben hat folgenden Inhalt:

Lieber Geschäftsfreund,

auch heute noch sind wir nicht vor rechtsextremistischen Positionen gefeit, welche sich gegen die Verfassung der Bundesrepublik Deutschland, insbesondere gegen Grundwerte wie Gleichheit und Rechtsstaatlichkeit richten. Wir dürfen es nicht dabei bewenden lassen, öffentliche demokratie- und rechtsstaatsfeindliche Propaganda in stummer Erbitterung nur zu registrieren und im Übrigen tatenlos zu bleiben. Jeder Einzelne hat die Pflicht, in seinem Bereich die Freiheit und Rechtsstaatlichkeit zu schützen. Auch vom deutschen Zeitungs- und Zeitschriftenhandel verlangen besondere Zeiten klare Entscheidungen. Es zeigt sich immer mehr, dass einige Zeitungen, wie z.B. „Blink" und „Lesereiter", gerade von demokratiefeindlichen Parteien als reines Propaganda-Instrument gebraucht werden. Als Bewährungsprobe unseres Volkes muss man von verantwortungsvollen Zeitungs- und Zeitschriftenhändlern erwarten, dass sie sich vom Vertrieb derjenigen Blätter distanzieren, die auch jetzt nicht bereit sind, auf den bekennenden Abdruck propagandistischer Wahlparolen zu verzichten. Das Verlagshaus B ist überzeugt davon, dass die überwältigende Mehrheit ihrer Geschäftsfreunde diese Ansicht teilt und danach handelt. Dabei kann es selbstverständlich nicht in unserem Sinne sein, dass die Einsichtigen durch ihre Haltung Nachteile haben. Sollte es deshalb einzelne Händler geben, die aus der Situation Profit schlagen möchten und trotzdem weiterhin Objekte führen, die der demokratiefeindlichen Propaganda Vorschub leisten, so werden wir prüfen, ob wir es verantworten können, zu solchen Händlern die Geschäftsbeziehungen fortzusetzen. Damit Sie Ihre Kundschaft in der geeigneten Form unterrichten können, wird Sie Ihr Großhändler mit Handzetteln versorgen. Zeigen Sie durch Ihre Haltung, dass Sie sich als Zeitungs- und Zeitschriftenhändler Ihrer Verantwortung den deutschen Lesern gegenüber bewusst sind.

Mit den besten Empfehlungen

Ihr Verlagshaus B

M erfährt durch Zufall bereits vorab von der geplanten Aktion und verlangt von B Unterlassung.

Wie ist die Rechtslage?

---

[*] Zugrundeliegende Entscheidungen: *BGH*, Urt. v. 10. 7. 1963, Az. I b ZR 214/62, NJW 1964, 29 – Blinkfüer, aufgehoben durch *BVerfG*, Beschl. v. 26. 2. 1969, Az. 1 BvR 619/63, BVerfGE 25, 256 – Blinkfüer; siehe weiterhin *BVerfG*, Urt. v. 15. 1. 1958, Az. 1 BvR 400/51, BVerfGE 7, 198 – Lüth.

Lösung

A. Anspruch gemäß § 8 Abs. 1 UWG

M könnte gegen B ein Anspruch auf Unterlassung des Aufrufes gemäß § 8 Abs. 1, 3 Nr. 1 UWG zustehen, gestützt auf den Vorwurf der Unzulässigkeit dieses Verhaltens als gezielte Behinderung gemäß § 3 Abs. 1 i.V.m. § 4 Nr. 11 UWG.

I. Aktivlegitimation

M müsste zunächst aktivlegitimiert, also materiellrechtlicher Inhaber des geltend gemachten Anspruches sein. M könnte hier als Mitbewerber i.S.d. § 2 Abs. 1 Nr. 3 UWG gemäß § 8 Abs. 3 Nr. 1 UWG aktivlegitimiert sein. Mitbewerber ist jeder Unternehmer, der mit einem oder mehreren Unternehmern als Anbieter oder Nachfrager von Waren oder Dienstleistungen in einem konkreten Wettbewerbsverhältnis steht.

Da M mit der Herausgabe der Zeitung eine geschäftliche Handlung i.S.d. § 2 Abs. 1 Nr. 1 UWG im Rahmen regelmäßiger gewerblicher Tätigkeiten vornimmt, ist M Unternehmer gemäß § 2 Abs. 1 Nr. 6 UWG.

M müsste zudem in einem konkreten Wettbewerbsverhältnis zu B stehen. Geht es wie hier um den Absatzwettbewerb, so ist ein konkretes Wettbewerbsverhältnis zwischen Unternehmen jedenfalls dann anzunehmen, wenn sie die gleichen oder gleichartige Waren oder Dienstleistungen innerhalb desselben Abnehmerkreises abzusetzen versuchen mit der Folge, dass die beanstandete geschäftliche Handlung das andere Unternehmen beeinträchtigen, d.h. in seinem Absatz behindern oder stören kann.[1] Im Interesse eines wirksamen lauterkeitsrechtlichen Individualschutzes sind an das Bestehen eines konkreten Wettbewerbsverhältnisses keine hohen Anforderungen zu stellen.[2] Ein solches ist zwischen M und B jedenfalls dann zu bejahen, wenn beide ausgehend von der Austauschbarkeit ihrer Produkte aus der Sicht der Verbraucher (Bedarfsmarktkonzept) auf dem gleichen sachlich und räumlich relevanten Markt tätig sind.[3] Hier vertreiben beide Unternehmen Wochenzeitungen in Berlin und stehen deshalb in einem solchen Konkurrenzverhältnis.

II. Geschäftliche Handlung gemäß § 2 Abs. 1 Nr. 1 UWG

Der Aufruf des B müsste weiterhin eine geschäftliche Handlung gemäß § 2 Abs. 1 Nr. 1 UWG sein. Hier könnte es sich um eine geschäftliche Handlung in Form eines Verhaltens des B zugunsten des eigenen Unternehmens handeln, das mit der Förderung des eigenen Absatzes objektiv zusammenhängt. Dafür spricht, dass der Boykottaufruf, sofern er erfolgreich ist, die Absatzmöglichkeiten für die Zeitung des M

---

[1] St. Rspr; *BGH*, Urt. v. 24. 6. 2004, Az. I ZR 26/02, GRUR 2004, 877, 878 – Werbeblocker; *BGH*, Urt. v. 3. 5. 2007, Az. I ZR 19/05, GRUR 2007, 978, 979 – Rechtsberatung durch Haftpflichtversicherer; *BGH*, Urt. v. 28. 6. 2007, Az. I ZR 49/04, GRUR 2007, 884, 887 – Cambridge Institute; *BGH*, Urt. v. 29. 3. 2007, Az. I ZR 122/04, GRUR 2007, 1079, 1080 – Bundesdruckerei.
[2] *BGH*, Urt. v. 29. 11. 1984, Az. I ZR 158/82, GRUR 1985, 550, 552 – DIMPLE; *BGH*, Urt. v. 24. 6. 2004, Az. I ZR 26/02, GRUR 2004, 877, 878 – Werbeblocker.
[3] *BGH*, Urt. v. 24. 5. 2000, Az. I ZR 222/97, GRUR 2001, 78 – Falsche Herstellerpreisempfehlung; *BGH*, Urt. v. 29. 3. 2007, Az. I ZR 122/04, GRUR 2007, 1079, 1080 – Bundesdruckerei.

einschränkt und damit potentiell geeignet ist, die freiwerdende Nachfragekapazität auf das eigene Produkt zu lenken, was dessen Absatz fördert. Eine etwaige politische Motivation erscheint dabei allenfalls als subjektives Kriterium, dass aber – anders als nach früherer Rechtslage[4] – nicht zu prüfen ist.[5]

Dieses Ergebnis erscheint jedoch in Hinblick auf das gemäß Art. 5 Abs. 1 S. 1 GG geschützte Recht politischer Meinungsäußerungen bedenklich, da somit unreflektiert auch politische Stellungnahmen in den Anwendungsbereich des UWG gezogen werden, welches die Aufgabe hat, unternehmerisches Wettbewerbsverhalten zu regeln, aber kein generelles Verhaltensrecht für Unternehmen darstellt. Auch ein Unternehmen kann sich aber z. B. von seinem unternehmerischen Marktverhalten unterscheidbaren karitativen oder politischen Tätigkeiten widmen. Ein Boykottaufruf, dem eine bestimmte Meinungskundgabe zugrunde liegt, kann durch Art. 5 Abs. 1 Satz 1 GG insbesondere dann geschützt sein, wenn er als Mittel des geistigen Meinungskampfes in einer die Öffentlichkeit wesentlich berührenden Frage eingesetzt wird, wenn ihm also keine private Auseinandersetzung, sondern die Sorge um politische, wirtschaftliche, soziale oder kulturelle Belange der Allgemeinheit zugrunde liegt.[6] So ist auch der Aufruf des B als Aufruf im Rahmen eines politischen Meinungskampfes zu werten. Bei einer rein formalen auf die objektive Wirkung dieser Maßnahme abstellenden Auslegung von § 2 Abs. 1 Nr. 1 UWG würde eine der eigenen Meinung Nachdruck verleihende Maßnahme stets dann in den Anwendungsbereich des UWG fallen, wenn ein Wettbewerber eine davon abweichende Auffassung vertritt.

Eine die verfassungsrechtlichen Wertungen berücksichtigende Auslegung stellt im Falle eines politischen Boykottaufrufes bereits die Unternehmereigenschaft des Boykottaufrufers in Frage. Ausreichend ist dafür zwar eine auf Dauer angelegte, selbstständige wirtschaftliche Betätigung, die darauf gerichtet ist, Waren oder Dienstleistungen gegen Entgelt zu vertreiben.[7] Versteht man diesen Begriff aber am Gesetzeszweck (§ 1 UWG) orientiert funktionell, so handelt B im Rahmen des Boykottaufrufes in seiner Rolle als bloßer Grundrechtsträger, der seine gemäß Art. 5 Abs. 1 S. 1 GG verfassungsrechtlich garantierten Rechtspositionen ausübt.[8] Aus dem gleichen Grund stellen z. B. eine rein hoheitliche Tätigkeit einer sich auch wirtschaftlich betätigenden Gemeinde mangels Unternehmensbezuges sowie ein ausnahmsweiser Verkauf eines Unternehmers in seiner Eigenschaft als Privatmann keine geschäftliche Handlung dar.[9] Jedenfalls an einem auch funktional zu verstehenden objektiven Zusammenhang zur Absatzförderung bzw. bereits an einem Handeln zugunsten des eigenen Unternehmens fehlt es, wenn die Handlung sich zwar

---

[4] Vgl. dazu *Köhler*, in: Hefermehl/Köhler/Bornkamm, § 2 Rn. 46.
[5] Vgl. *Henning-Bodewig*, GRURInt 2005, 629, 630; *Fezer*, WRP 2006, 781, 786; *Köhler*, GRUR 2005, 793, 795.
[6] *BVerfG*, Beschl. v. 26. 2. 1969, Az. 1 BvR 619/63, BVerfGE 25, 256, 264 – Blinkfüer; vgl. dazu auch *BVerfG*, Urt. v. 12. 12. 2000, Az. 1 BvR 1762/95 u. 1 BvR 1787/95, BVerfGE 102, 347, 363 – Benetton-Schockwerbung I.
[7] Vgl. *BGH*, Urt. v. 12. 7. 1995, Az. I ZR 85/93, GRUR 1995, 697, 699 – FUNNY PAPER; *BAG*, Urt. v. 31. 5. 2005, Az. 1 AZR 141/04, GRUR 2006, 244, 245 – Mitgliederwerbung von Gewerkschaften; *OLG Frankfurt a. M.*, Beschl. v. 27. 7. 2004, Az. 6 W 80/04, GRUR 2004, 1043, 1044 – Cartier-Stil.
[8] Offen gelassen von *LG Köln*, Urt. v. 27. 10. 1992, Az. 31 S 2/92, GRUR 1994, 741 – Rechtsradikale Musikgruppe; vgl. zur Abgrenzung *BGH*, Urt. v. 2. 2. 1984, Az. I ZR 4/82, GRUR 1984, 461, 462 – Kundenboykott; *OLG Düsseldorf*, Urt. v. 17. 11. 1998, Az. U Kart 22/98, NJWE-WettbR 1999, 123 – Boykottaufforderung eines Exmonopolisten; zu Art. 9 Abs. 3 GG *BAG*, Urt. v. 31. 5. 2005, Az. 1 AZR 141/04, GRUR 2006, 244 – Mitgliederwerbung von Gewerkschaften.
[9] Vgl. *Köhler*, in: Hefermehl/Köhler/Bornkamm, § 2 Rn. 18 f.

auf die geschäftlichen Entscheidungen von Verbrauchern und sonstigen Marktteilnehmern mittelbar auswirken kann, aber vorrangig anderen Zielen als der Förderung des Absatzes oder Bezugs dient. Das ist vor allem bei Handlungen anzunehmen, die der Unterrichtung der Öffentlichkeit, insbesondere der Verbraucher, oder weltanschaulichen, religiösen, kirchlichen, sozialen, karitativen, erzieherischen, verbraucherpolitischen, wissenschaftlichen oder künstlerischen Zielen dienen.[10] Eine derartige Zielsetzung schließt indessen nicht aus, dass die Handlung letztlich auch dem Ziel der Förderung des Absatzes oder Bezugs dient. Entscheidend ist in diesen Fällen, ob die Unternehmensförderung lediglich ein Reflex dieser Maßnahme ist. Damit ist auch den europäischen[11] und deutschen Grundrechten der Meinungs- und Informationsfreiheit Rechnung getragen.

Im vorliegenden Fall ist der Boykottaufruf an die politische Einstellung des Boykottierten gebunden. Erst diese individualisiert den Betroffenen und kann ihn auch wieder entindividualisieren. Die oben beschriebenen denkbaren Vorteile für B im Falle eines erfolgreichen Boykotts sind lediglich eine Folge des Meinungskampfes. Dafür, sie lediglich als unbeachtlichen Reflex und nicht als Schwerpunkt der objektiven Zielsetzung anzusehen, spricht zudem der Umstand, dass der Boykott sich nicht nur zugunsten des B auswirken kann, sondern auch zugunsten aller übrigen Wettbewerber und damit auch zugunsten von Konkurrenten des B.

Es fehlt demnach an einer geschäftlichen Handlung. Ein auf § 8 Abs. 1 i.V.m. § 3 Abs. 1 UWG gestützter Unterlassungsanspruch scheidet demnach aus.

B. Anspruch gemäß § 33 Abs. 1 i.V.m. § 21 GWB

M könnte gegen B weiterhin einen Anspruch auf Unterlassung gemäß § 33 Abs. 1 GWB haben, soweit der Boykottaufruf des B ein nach dem GWB oder Art. 81 f. EG verbotenes Verhalten darstellt. In Betracht kommt ein Verstoß gegen das Boykottverbot des § 21 GWB. Dieser richtet sich – ebenso wie alle anderen Verbotstatbestände des GWB – nur an Unternehmen. Der Unternehmensbegriff konkretisiert damit die den Anwendungsbereich des Wettbewerbsrechts markierende Grenzlinie.

Den Unternehmensbegriff erfüllt jedwede Tätigkeit im geschäftlichen Verkehr.[12] Charakteristisch für dieses Unternehmensverständnis ist, dass auf das konkrete Handeln im jeweiligen Fall abzustellen ist (relativ-funktionaler Unternehmensbegriff).[13] Als geschäftliche Handlung sind alle mit dem Absatz und der Nachfrage von Produkten verknüpften Tätigkeiten anzusehen. Ein Boykottaufruf kann – wie die Existenz des § 21 GWB beweist – als wettbewerbsfremde Maßnahme grundsätzlich zu einer Verschiebung der für den Wettbewerb konstituierenden Leistungsaustauschbeziehungen zu Lasten des Boykottierten führen. Allein diese Wirkung kann jedoch nicht ausschlaggebend für die Annahme einer wirtschaftlichen bzw. geschäft-

---

[10] Vgl Begründung des RegE zu § 2 UWG 2008, BT-Drucks 16/10145, S 40; vgl. auch *OLG Hamburg,* Beschl. v. 29.6.2006, Az. 3 U 12/06, GRUR-RR 2007, 206, 208 – Emissionsprospekt; *Köhler,* in: Hefermehl/Köhler/Bornkamm, § 2 UWG Rn. 51.

[11] Vgl. dazu *Skouris/Kraus,* in: MünchKommEUWettbR, Einl. Rn. 342 ff.; ausführlich *Jarass,* EU-Grundrechte, 2005, § 16.

[12] *BGH GrZS,* Beschl. v. 22.3.1976, Az. GSZ 2/75, WuW/E BGH 1469 – Autoanalyzer; *BGH,* Beschl. v. 14.3.1990, Az. KVR 4/88, WuW/E BGH 2627, 2632 – Sportübertragungen; *BGH,* Beschl. v. 11.12.1997, Az. KVR 7/96, WuW/E DE-R 17, 18 f. – Europapokalheimspiele; *BGH,* Beschl. v. 9.3.1999, Az. KVR 20/97, WuW/E DE-R 289, 291 – Lottospielgemeinschaft.

[13] Vgl. *Zimmer,* in: Immenga/Mestmäcker, GWB, § 1 Rn. 32; siehe zum Unternehmensbegriff der Art. 81 u. 82 EG *EuGH* v. 16.3.2004, verb. Rs. C-264/01 u.a., Slg. 2004, I-2493, Rn. 58 – AOK Bundesverband u.a./Kommission.

lichen Handlung sein, da sie auch ein lediglich mittelbarer Reflex von offensichtlich nicht vom GWB erfassten Verhaltensweisen sein kann, so wie z. B. jeder auch privaten Nachfragetätigkeit marktbeeinflussende Wirkung zukommt, ohne dass der nur zum eigenen Verbrauch beziehende Private deswegen dem Verdikt des GWB unterliegt. Entscheidend ist die objektive Funktion des Verhaltens, ob es wirtschaftlichen oder rein nichtwirtschaftlichen Charakter hat. Das Merkmal dient damit auch der Begrenzung des vom Wettbewerbsrecht geregelten Lebensbereichs. Als neben Wohlfahrtszielen auch die individuelle Wettbewerbsfreiheit der Marktakteure schützendes Ordnungsmodell, greift es nicht der Bewertung sonstiger Freiheitsbetätigungen vor, selbst wenn diese von Institutionen ausgeübt werden, die in anderem Zusammenhang als Unternehmen zu behandeln sind. Der Schutzzweck des Wettbewerbsrechts rechtfertigt deswegen auch keinen institutionellen, sondern nur einen funktionalen Unternehmensbegriff.[14] Aus verfassungsrechtlicher Perspektive erscheint demnach die Ausübung der durch Art. 12 und 14 GG garantierten Freiheiten, nicht aber die Ausübung anderer funktioneller Freiheitsrechte, vom Anwendungsbereich des GWB umfasst. Vor diesem Hintergrund werden z. B. Tarifabsprachen, soweit sie allein unter Herstellung der Machtparität zum Zwecke der Wahrung und Förderung der Arbeits- und Wirtschaftsbedingungen und damit im Rahmen des Sicherungszwecks von Art. 9 Abs. 3 GG erfolgen, nicht vom GWB erfasst.[15] Im vorliegenden Fall richtet sich der Boykottaufruf des B gegen den Konkurrenten M und kann daher Einfluss auf die Wettbewerbssituation zwischen ihnen haben. Allerdings ist das Verhalten des B von politischen Motiven getragen. Der Boykottaufruf dient der Teilhabe am politisch-geistigen Meinungskampf und bezweckt damit die Ausübung der von Art. 5 Abs. 1 GG garantierten Kommunikationsgrundrechte. An der rechtlichen Qualität als Meinungsäußerung bestehen insoweit keine Zweifel. B bewegt sich damit in einem Freiheitsbereich, der im konkreten Fall zwar reflexive Auswirkungen auf den vom GWB geregelten Lebensbereich haben kann. Dieser Umstand reicht jedoch nicht aus, um das Verhalten bei einer funktionalen Betrachtung als wirtschaftlich zu klassifizieren, auch wenn B im Rahmen seiner sonstigen Verlagstätigkeit regelmäßig wirtschaftlich als Unternehmen auftritt. Es ist auch nicht ersichtlich, dass die politischen Zwecke nur vorgeschoben sind.

Da der Boykottaufruf hier nur in Ausübung der grundrechtlich geschützten Freiheitsrechte zur Teilnahme am politischen Meinungskampf erfolgt, handelt B demnach nicht als Unternehmen i. S. d. GWB.

C. Anspruch gemäß §§ 1004, 823 Abs. 1 BGB analog

M könnte gegen B einen Anspruch auf Unterlassung aus § 1004 analog i. V. m. § 823 Abs. 1 BGB aufgrund eines rechtswidrigen Eingriffs in den eingerichteten und ausgeübten Gewerbebetrieb haben.

I. Analoge Anwendung des § 1004 BGB

Die Anwendung des § 1004 BGB ist anders als der Wortlaut vermuten lässt nicht auf Eigentumsbeeinträchtigungen beschränkt, sondern schon kraft ausdrücklicher

---

[14] Vgl. *BGH*, Beschl. v. 9. 3. 1999, Az. KVR 20/97, WuW/E DE-R 289, 291 f. – Lottospielgemeinschaft.
[15] H. M., vgl. *BAG*, Urt. v. 27. 6. 1989, Az. 1 AZR 404/88, WuW/E VG 347; *Säcker*, ZHR 137 (1973), 455, 466, jew. m. w. N.

Verweisungsnormen auf die Beeinträchtigung bestimmter beschränkter dinglicher Rechte erweitert.[16] Darüber hinaus wird der negatorische Schutz auch sämtlichen absoluten Rechten zuerkannt und auf alle gemäß Art. 823 Abs. 1 BGB deliktsrechtlich geschützten Rechtsgüter ausgedehnt,[17] da diese – wie schon § 823 Abs. 1 BGB selbst durch die Gleichstellung des Eigentums mit sonstigen Rechtspositionen zeigt – gleichermaßen schutzwürdig sind und kein Grund dafür ersichtlich ist, ihnen diesen zu versagen. Dies gilt grundsätzlich auch für den eingerichteten und ausgeübten Gewerbebetrieb.[18]

II. Verletzung eines geschützten Rechtsguts

Demnach müsste B zunächst eines der in § 823 Abs. 1 BGB geschützten Rechtsgüter des M verletzt haben. In Betracht kommt allenfalls ein sonstiges Recht. Wie sich aus dem Rechtscharakter der explizit in Abs. 1 aufgezählten Rechtsgüter ergibt, werden als sonstige Rechte nur absolute Rechte geschützt, also solche, die gegen jedermann wirken. In Betracht kommt hier eine Verletzung des Rechts am eingerichteten und ausgeübten Gewerbebetrieb. Dieses Recht ist grundsätzlich anzuerkennen, weil ein Unternehmen in unserer Wirtschaftsordnung mehr verkörpert, als nur eine Summe verschiedener vermögenswerter Rechtspositionen und diese Gesamtheit ansonsten keinen ausreichenden deliktischen Schutz genießen würde. Es besteht auch kein sachlicher Grund, diesen Schutz der gewerblichen Betätigung auf das Gebiet des Wettbewerbs und der gewerblichen Schutzrechte zu beschränken. Wie das Eigentum nicht nur in seinem Bestand, sondern auch in seinen einzelnen Ausstrahlungen – beispielsweise der Beeinträchtigung der unbeschränkten Verfügungsmacht – durch § 823 Abs. 1 BGB vor unmittelbaren Eingriffen geschützt ist, muss nach dieser Schutzvorschrift auch das Recht am eingerichteten und ausgeübten Gewerbebetrieb nicht nur in seinem eigentlichen Bestand, sondern auch in seinen einzelnen Erscheinungsformen, wozu der gesamte gewerbliche Tätigkeitskreis zu rechnen ist, vor unmittelbaren Störungen bewahrt bleiben.[19]

Fraglich ist, ob dieses Recht des M verletzt wurde, also in seiner typischen Funktion beeinträchtigt wurde. Da es sich hier um den Schutz eines sonstigen Rechtes handelt, das nur aufgrund einer umfassenden Interessenabwägung in den Schutzbereich des § 823 Abs. 1 BGB aufgenommen wurde, sind strenge Maßstäbe anzulegen, die sich am Schutzzweck zu orientieren haben. Eine Rechtsverletzung liegt daher nur dann vor, wenn es sich um einen betriebsbezogenen Eingriff handelt, der gerade gegen das Unternehmen als Gesamtheit gerichtet ist.

Bei der Mitteilung an die Zeitschriftenhändler handelt es sich um einen Aufruf, Zeitungen wie die der M nicht mehr zu vertreiben, also zu boykottieren. Jeder Geschäftsboykott beeinträchtigt aber nicht nur die freie Entfaltung der gewerblichen Tätigkeit, sondern gefährdet unmittelbar auch die in dem Geschäftsunternehmen verkörperten Werte. Eine gezielte Boykottaufforderung greift deshalb unmittelbar in die Interessen des betroffenen Geschäftsinhabers ein, die unter dem Schutz des Rechtes am eingerichteten und ausgeübten Gewerbebetrieb stehen.[20] Das Recht am einge-

---

[16] Vgl. z.B. §§ 1027, 1065, 1090 Abs. 2, 1227 BGB.
[17] Vgl. z.B. Staudinger/*Gursky*, 2006, § 1004 Rn. 15, 16 m.w.N.; *Medicus*, in: MünchKommBGB, § 1004 Rn. 6.
[18] Vgl. *BGH*, Urt. v. 13. 3. 1998, Az. V ZR 190/97, NJW 1998, 2058, 2059 f.
[19] *BGH*, Urt. v. 26. 10. 1951, Az. I ZR 8/51, NJW 1952, 660, 661 – Constanze.
[20] *BGH*, Urt. v. 10. 5. 1957, Az. I ZR 234/55, BGHZ 24, 200, 205 – Aufforderung zum Geschäftsboykott.

richteten und ausgeübten Gewerbebetrieb wird dadurch folglich verletzt. Die Verletzungshandlung (Boykott) ist für den erwarteten Verletzungserfolg auch kausal.

III. Rechtswidrigkeit (Widerrechtlichkeit)

Die Rechtsgutverletzung muss ebenso wie im Rahmen des § 823 Abs. 1 BGB auch für den Unterlassungsanspruch nach § 1004 BGB rechtswidrig (widerrechtlich) sein, wobei es keinen Unterschied macht, ob man dieses Erfordernis in direkter Anwendung des § 1004 Abs. 2 BGB oder als ungeschriebenes Tatbestandsmerkmal des Abs. 1 verlangt.[21] Grundsätzlich ist die Rechtswidrigkeit einer Verletzungshandlung durch den Verletzungserfolg impliziert. Der Schutz des Unternehmens bedarf jedoch einer Begrenzung, um eine ungerechtfertigte haftungsrechtliche Privilegierung des Unternehmens auszuschließen. Neben dem Erfordernis der Betriebsbezogenheit des Eingriffs ist daher die Rechtswidrigkeit des Eingriffs in jedem Einzelfall unter Heranziehung aller Umstände durch Abwägung der widerstreitenden Interessen zu prüfen. Hier ist folglich eine Abwägung zwischen den Interessen des Unternehmens (M) und denjenigen des Verletzers (B) vorzunehmen.[22]

Auf Seiten des M, der als Verleger auftritt, könnte der Schutz der grundrechtlich gewährleisteten Presse- und Meinungsfreiheit (Art. 5 Abs. 1 GG) zu berücksichtigen sein. Zugunsten des B könnte das Grundrecht der Meinungsfreiheit (Art. 5 Abs. 1 S. 1 GG) zu berücksichtigen sein. Voraussetzung dafür ist aber, dass die Grundrechte im Rahmen von § 823 Abs. 1 BGB zu berücksichtigen sind.

1. Einbeziehung der Wertungen des Grundgesetzes

Die Grundrechte sind in erster Linie dazu bestimmt, die Freiheitssphäre des Einzelnen vor Eingriffen der öffentlichen Gewalt zu sichern; sie sind Abwehrrechte des Bürgers gegen den Staat. Dem entspricht es, dass der Gesetzgeber den besonderen Rechtsbehelf zur Wahrung dieser Rechte, die Verfassungsbeschwerde, nur gegen Akte der öffentlichen Gewalt gewährt hat. Allerdings hat das Grundgesetz, das keine wertneutrale Ordnung sein will, in seinem Grundrechtsabschnitt auch eine objektive Wertordnung aufgestellt, was zu einer Verstärkung der Geltungskraft der Grundrechte führt. Dieses Wertsystem, das seinen Mittelpunkt in der innerhalb der sozialen Gemeinschaft sich frei entfaltenden menschlichen Persönlichkeit und deren Würde findet, muss als verfassungsrechtliche Grundentscheidung für alle Bereiche des Rechts gelten; Gesetzgebung, Verwaltung und Rechtsprechung empfangen von ihm Richtlinien und Impulse. So beeinflusst es selbstverständlich auch das bürgerliche Recht; keine bürgerlich-rechtliche Vorschrift darf in Widerspruch zu ihm stehen, jede muss in seinem Geiste ausgelegt werden. Der Richter hat zudem kraft Verfassungsgebots zu prüfen, ob die von ihm anzuwendenden materiellen zivilrechtlichen Vorschriften in der beschriebenen Weise grundrechtlich beeinflusst sind. Trifft das zu, dann hat er bei Auslegung und Anwendung dieser Vorschriften die sich hieraus ergebende Modifikation des Privatrechts zu beachten. Dies ist der Sinn der Bindung auch des Zivilrichters an die Grundrechte (Art. 1 Abs. 3 GG).

---

[21] Siehe dazu *Medicus*, in: MünchKommBGB, § 1004 Rn. 59.
[22] Für die rechtliche Beurteilung ist davon auszugehen, dass „Boykott" kein eindeutiger Rechtsbegriff ist, der als solcher schon eine unerlaubte (sittenwidrige) Handlung bezeichnet. Es gibt keinen fest umgrenzten Tatbestand des sittenwidrigen Boykotts. Vielmehr kommt es immer darauf an, ob ein Verhalten in seinem konkreten Zusammenhang von der Rechtsordnung missbilligt wird. Man muss sich von der Suggestivkraft des Begriffs „Boykott" freihalten und das Verhalten B im Zusammenhang mit allen seinen Begleitumständen sehen.

Der Rechtsgehalt der Grundrechte als objektive Normen entfaltet sich im Privatrecht durch das Medium der dieses Rechtsgebiet unmittelbar beherrschenden Vorschriften. Wie neues Recht im Einklang mit dem grundrechtlichen Wertsystem stehen muss, so wird bestehendes älteres Recht wie das BGB unter Berücksichtigung dieses Wertsystems ausgelegt.

Demnach hat die Interessenabwägung unter Beachtung grundrechtlicher Einflüsse zu erfolgen.

2. Interessenabwägung

Abzuwägen sind das grundsätzliche Interesse des M an einer ungestörten unternehmerischen Tätigkeit sowie der Schutz seiner ihm als Verleger grundrechtlich gewährleisteten Pressefreiheit (Art. 5 Abs. 1 S. 2 GG) mit den Interessen des B. Indem B in der Mitteilung eine politische Ansicht vertritt, gibt er auch eine Meinung kund. Das Recht auf freie Meinungsäußerung ist grundsätzlich durch Art. 5 Abs. 1 S. 1 GG geschützt. Ein Boykottaufruf, dem eine bestimmte Meinungskundgabe zugrunde liegt, kann durch Art. 5 Abs. 1 Satz 1 GG insbesondere dann geschützt sein, wenn er als Mittel des geistigen Meinungskampfes in einer die Öffentlichkeit wesentlich berührenden Frage eingesetzt wird, wenn ihm also keine private Auseinandersetzung, sondern die Sorge um politische, wirtschaftliche, soziale oder kulturelle Belange der Allgemeinheit zugrunde liegt.[23] Das Grundrecht auf freie Meinungsäußerung findet aber nach Art. 5 Abs. 2 GG seine Grenze an den allgemeinen Gesetzen, zu denen auch §§ 823 Abs. 1, 1004 Abs. 1 Satz 2 BGB gehören.[24] Diese Schrankenbestimmungen sind aber ihrerseits im Lichte der verfassungsrechtlichen Wertungen, insbesondere der für eine demokratische Rechtsordnung wesentlichen Bedeutung der Meinungs- und Pressefreiheit auszulegen. Die §§ 823 Abs. 1, 1004 Abs. 1 Satz 2 BGB sind daher nur dann geeignete Grundrechtsschranken, soweit sie ihrerseits entweder besonderen Allgemeininteressen oder der Herstellung praktischer Konkordanz zwischen widerstreitenden Grundrechtspositionen dienen. Letzteres könnte hier aufgrund der kollidierenden Grundrechte der Fall sein.

Jedoch müssen zunächst die Mittel zur Durchsetzung der Boykottaufforderung überhaupt verfassungsrechtlich zu billigen sein. Ein Boykottaufruf wird durch das Grundrecht der freien Meinungsäußerung dann nicht geschützt, wenn er nicht nur auf geistige Argumente gestützt wird, sich also auf die Überzeugungskraft von Darlegungen, Erklärungen und Erwägungen beschränkt, sondern darüber hinaus sich solcher Mittel bedient, die den Angesprochenen die Möglichkeit nehmen, ihre Entscheidung aus innerer Freiheit und ohne wirtschaftlichen Druck zu treffen. Dazu gehören insbesondere die Androhung oder Ankündigung schwerer Nachteile und die Ausnutzung sozialer oder wirtschaftlicher Abhängigkeit, wenn dies dem Boykottaufruf besonderen Nachdruck verleihen soll; denn die Freiheit der geistigen Auseinandersetzung ist eine unabdingbare Voraussetzung für das Funktionieren der freiheitlichen Demokratie, weil nur sie die öffentliche Diskussion über Gegenstände von allgemeinem Interesse und staatspolitischer Bedeutung gewährleistet. Die Ausübung wirtschaftlichen Druckes, der für den Betroffenen schwere Nachteile bewirkt und das Ziel verfolgt, die verfassungsrechtlich gewährleistete Verbreitung von Meinungen und Nachrichten zu verhindern, verletzt die Gleichheit der Chancen beim Prozess der Meinungsbildung. Sie widerspricht auch dem Sinn und dem Wesen des

---

[23] *BVerfG*, Urt. v. 15. 1. 1958, Az. 1 BvR 400/51, BVerfGE 7, 198, 212 – Lüth.
[24] Vgl. *BVerfG*, Beschl. v. 28. 7. 2007, Az. 1 BvR 2566/95, NJW-RR 2004, 1710, 1711; *BGH*, Urt. v. 11. 3. 2008, Az. VI ZR 189/06, GRUR-RR 2008, 257, 258.

Grundrechts der freien Meinungsäußerung, das den geistigen Kampf der Meinungen gewährleisten soll.[25]

Im vorliegenden Fall gab B den Zeitschriftenhändlern zu verstehen, dass bei Nichtbefolgen des Boykottaufrufes geprüft werde, ob man die Geschäftsbeziehungen fortsetzen könne. Da B jedoch einen bedeutsamen Teil der erhältlichen Zeitungen herausgibt, kann ein Zeitungshändler, wenn er eine für die Leser ansprechende Angebotsvielfalt bereitstellen will, auf deren Vertrieb nicht verzichten. B hat folglich gegenüber den Zeitschriftenhändlern eine wirtschaftliche Machtstellung. Der Hinweis auf die Prüfung der Fortsetzung von Geschäftsbeziehungen kann zudem als Drohung verstanden werden, dass die Geschäftsbeziehungen im Falle der Nichtbefolgung abgebrochen werden. Die grundsätzlich anzuerkennende Meinungskundgabe durch B ist damit an eine Ausübung wirtschaftlicher Macht gekoppelt. Zwar ist es nach der Verfassung auch dem wirtschaftlich Stärkeren nicht verwehrt, einen geistigen Meinungskampf zu führen. Er darf diese Macht jedoch nicht ausnutzen, um eine bestimmte Meinung zu erzwingen. Hier war das Verhalten von B bereits nicht geeignet, eine geistige Auseinandersetzung über Zulässigkeit und Zweckmäßigkeit der Veröffentlichung der fraglichen Programme herbeizuführen, weil die Adressaten von B wirtschaftlich abhängig waren. Die in dem Rundschreiben angesprochenen Händler waren angesichts des massiven Drucks der in Aussicht gestellten Liefersperre notwendigerweise darauf beschränkt, Vorteile und Nachteile einer Nichtbefolgung des Appells gegeneinander abzuwägen und auf Grund ausschließlich wirtschaftlicher Erwägungen zu handeln.

Seine Machtposition gegenüber den Händlern als Adressaten ihres Rundschreibens hat B daher dazu benutzt, seinem Boykottaufruf größere Wirksamkeit zu verleihen, indem er ihn mit dem Hinweis auf eine mögliche Liefersperre gegenüber Boykottbrechern verband. Hier sollte also mit wirtschaftlichen Mitteln unter Ausnutzung einer monopolartigen Stellung ein politischer Meinungskampf ausgetragen werden. Eine Abwägung der widerstreitenden Interessen unter Berücksichtigung der grundrechtlichen Wertungen ergibt daher mangels Schutzwürdigkeit der Interessenverfolgung des B ein Überwiegen der Interessen des M. Folglich ist die Verletzung des Rechtsgutes (hier der Eingriff in den eingerichteten und ausgeübten Gewerbebetrieb) rechtswidrig (widerrechtlich). Auf ein Verschulden kommt es für § 1004 BGB anders als im Rahmen des § 823 Abs. 1 BGB nicht an.

IV. Erstbegehungsgefahr

Nach § 1004 BGB müssen weitere Beeinträchtigungen zu besorgen sein. Vorausgesetzt wird demnach grundsätzlich eine Wiederholungsgefahr, die im Fall eines einmaligen Verstoßes regelmäßig indiziert wird und nur durch spezielle Maßnahmen des Störers, wie z.B. die Abgabe einer strafbewehrten Unterlassungserklärung, noch ausgeräumt werden kann. Allerdings braucht der Rechtsinhaber nicht etwa die erste rechtswidrige Beeinträchtigung abzuwarten. Vielmehr entsteht sein Unterlassungsanspruch schon, wenn diese erste Beeinträchtigung hinreichend nahe bevorsteht, da ansonsten der präventive Zweck nicht voll erreicht würde. Allerdings genügt nicht schon die bloße Möglichkeit einer Beeinträchtigung. Die Besorgnis muss

---

[25] *BVerfG*, Beschl. v. 26. 2. 1969, Az. 1 BvR 619/63, BVerfGE 25, 256, 265 – Blinkfüer. Gerade die Möglichkeit einer Ausübung wirtschaftlicher Macht begründet auch das Unwerturteil des wettbewerbsrechtlichen Boykottverbotes in § 21 GWB, vgl. *OLG München*, Urt. v. 15. 2. 1996, Az. U (K) 4338/95, NJWE-WettbR 1996, 264 f. – Postwettannahmestelle.

vielmehr auf Tatsachen und nicht nur auf subjektiven Befürchtungen beruhen.[26] Da im vorliegenden Fall der Boykottaufruf und auch schon dessen konkreter Inhalt fest und unmittelbar bevor steht, ist ein weiteres Abwarten nicht mehr hinnehmbar. Die Erstbegehungsgefahr ist daher zu bejahen.

V. Ergebnis

Folglich hat M gegen B einen Anspruch auf Unterlassung des Boykottaufrufes. Gestützt auf § 823 Abs. 1 BGB kommt zudem ein Schadensersatzanspruch in Betracht, dessen Ermittlung jedoch erheblichen Schwierigkeiten unterliegt.

Merke: Das Merkmal der geschäftlichen Handlung ist maßgebliches Kriterium zur Bestimmung des Anwendungsbereichs des UWG und zur Aussonderung von nichtwirtschaftlichen Äußerungen, wie dem reinen politischen Meinungskampf. Es fehlt dann jedenfalls an dem funktional zu verstehenden objektiven Zusammenhang zur Absatzförderung bzw. bereits an einem Handeln zugunsten des eigenen Unternehmens, wenn die Handlung sich zwar auf die geschäftlichen Entscheidungen von Verbrauchern und sonstigen Marktteilnehmern tatsächlich auswirken kann, aber ganz anderen Zielen als der Förderung des Absatzes oder Bezugs dient. Das ist vor allem bei Handlungen anzunehmen, die der Unterrichtung der Öffentlichkeit, insbesondere der Verbraucher, oder weltanschaulichen, religiösen, kirchlichen, sozialen, karitativen, erzieherischen, verbraucherpolitischen, wissenschaftlichen oder künstlerischen Zielen dienen.

Gleiches gilt für das Wettbewerbsrecht (GWB), welches für den personellen Anwendungsbereich das Vorliegen eines Unternehmens und damit eine geschäftliche Tätigkeit fordert.

Außerhalb des Anwendungsbereichs des auf die Regelung wirtschaftlicher Tätigkeiten gerichteten UWG und GWB ist das Verhalten eines Unternehmens am Recht des eingerichteten und ausgeübten Gewerbebetriebs zu messen.

Auch eine Boykottaufforderung kann ein Instrument des durch Art. 5 Abs. 1 GG geschützten Meinungskampfes sein. Diese wird durch das Grundrecht der freien Meinungsäußerung aber dann nicht geschützt, wenn sie nicht nur auf geistige Argumente gestützt wird, sich also nicht auf die Überzeugungskraft von Darlegungen, Erklärungen und Erwägungen beschränkt, sondern darüber hinaus sich solcher Mittel bedient, die den Angesprochenen die Möglichkeit nehmen, ihre Entscheidung in voller innerer Freiheit und ohne wirtschaftlichen Druck zu treffen. Ein Unternehmen darf daher seine wirtschaftliche Macht nicht zulasten eines offenen Meinungsaustausches, z. B. durch Androhung der Einstellung der Belieferung, ausnutzen.

---

[26] *Medicus*, in: MünchKommBGB, § 1004 Rn. 95 f.

Fall 5. Sittenwidrigkeit in UWG und BGB

Sachverhalt*

Der Journalist J hat es sich zur Lebensaufgabe gemacht, den öffentlich-rechtlichen Rundfunk von Schleichwerbung zu befreien. Endlich glaubt er, das Übel an der Wurzel packen zu können. Er fragt deshalb einen befreundeten Unternehmensberater A, ob er unter dessen Firma als Unternehmensberater nach außen auftreten dürfe. Er bittet A, mitzumachen und ggf. mit ihm bei anderen Unternehmen aufzutreten. A sagt zu.

J sucht das Beratungsunternehmen B auf, von dem er meint, es sei an der Plazierung von Schleichwerbung in Fernsehserien beteiligt. Er gibt sich unter falschem Namen als Mitarbeiter der Unternehmensberatung des A aus und erzählt, er berate einen großen Süßwarenhersteller. Dieser wolle sich neue und jüngere Abnehmergruppen erschließen und deshalb auch außerhalb von Fernsehwerbespots im Fernsehen zielgruppengerecht präsent sein. J, A und B tauschen sich aus, unter anderem auch schriftlich und per E-Mail. Dabei hatten J und A gegenüber B mehrfach bestätigt, dass selbstverständlich klar sei, dass alle Informationen vertraulich behandelt würden.

Als J meint, er wisse nun genug, um die aus seiner Sicht bestehenden Missstände publik machen zu können, gibt er sich gegenüber B unter Klarnamen zu erkennen und setzt sich mit Vertretern des öffentlich-rechtlichen Rundfunks in Verbindung.

Unterstellt, B wollte tatsächlich Schleichwerbung plazieren, kann B die Veröffentlichung der mit J und A ausgetauschten Informationen durch J und A verhindern?

Lösung

A. Unterlassungsanspruch B gegen J, §§ 8 Abs. 1, 3 Nr. 1, 3 Abs. 1 UWG

B könnte einen Anspruch gegen J auf Unterlassung der Veröffentlichung der Informationen haben, §§ 8 Abs. 1, 3 Nr. 1, 3 Abs. 1 UWG.

I. Aktivlegitimation des B, § 8 Abs. 3 Nr. 1 UWG

B kann gegen J einen Anspruch aus UWG geltend machen, wenn er aktivlegitimiert ist. Hier kommt allein die Aktivlegitimation des J als Mitbewerber, § 8 Abs. 3 Nr. 1 UWG, in Betracht. Mitbewerber ist, wer zum Zuwiderhandelnden in einem konkreten Wettbewerbsverhältnis steht.[1] B und J sind Mitbewerber, wenn durch das Handeln des J unmittelbar in die Rechte des B eingegriffen wird oder eingegriffen

---
* Dem Sachverhalt liegt die Entscheidung des *OLG München*, Urt. v. 22. 1. 2004, Az. 29 U 4872/03, GRUR-RR 2004, 145 ff. zugrunde.
[1] *Emmerich*, § 3 IV 2, S. 33.

werden kann.² Das ist der Fall, wenn beide Parteien gleichartige Waren oder gewerbliche Leistungen an den gleichen Endverbraucherkreis abzusetzen versuchen.³

B ist ein Beratungsunternehmen, J ist gegenüber B ebenfalls als Unternehmensberater aufgetreten. Das Auftreten als Unternehmensberater diente J dazu, Recherchen zu führen, die er als erkennbarer Journalist nicht hätte führen können. Es kann an dieser Stelle offen bleiben, ob J insoweit in einem konkreten Wettbewerbsverhältnis zu B steht. In jedem Falle handelt J bei der Veröffentlichung der Informationen nicht als Unternehmensberater, sondern als Journalist. Er wendet sich nicht mit gleichartigen Waren und Dienstleistungen an jene Verbraucherkreise, die auch B adressiert.

II. Ergebnis

B steht deshalb nicht in einem konkreten Wettbewerbsverhältnis zu J und ist nicht als Mitbewerber im Sinne des § 8 Abs. 3 Nr. 1 UWG aktivlegitimiert.

B. Anspruch auf Unterlassung gegen J aus Vertrag

B könnte J die Veröffentlichung der Informationen aufgrund einer Vertraulichkeitsvereinbarung untersagen.

I. Zustandekommen eines Vertrages

Fraglich ist, ob zwischen J und B eine Vertraulichkeitsvereinbarung zustande gekommen ist. J hatte gegenüber B mehrfach bestätigt, dass die Informationen vertraulich behandelt werden. Eine solche Vereinbarung unterliegt keinen formalen Anforderungen, sie ist deshalb zustande gekommen.

II. Wirksamkeit des Vertrages

Fraglich ist, ob die Vereinbarung wirksam ist. Der Wirksamkeit könnte § 138 BGB entgegenstehen, wenn das Verhalten des B sittenwidrig im Sinne dieser Norm ist.

Das Plazieren von Schleichwerbung verstößt gegen den Grundsatz des Verbotes getarnter Werbung, § 4 Nr. 3 UWG, § 7 Abs. 6 RStV und ist stets unlauter. Der Gesetzgeber nutzt seit der Reform des UWG im Jahre 2004 den Begriff der Sittenwidrigkeit nicht mehr, wie in den Gesetzesfassungen zuvor. Er hat den Begriff der Sittenwidrigkeit durch den der Unlauterkeit ersetzt, ohne eine inhaltliche Änderung vorzunehmen. Unlauter handelt, wer den anständigen Gepflogenheiten in Handel, Gewerbe, Handwerk oder selbständiger beruflicher Tätigkeit zuwider handelt.⁴ Ein unlauteres Handeln ist daher auch ein sittenwidriges Handeln im Sinne des Lauterkeitsrechts.

Sittenwidrig im Sinne des § 138 BGB ist jedes Handeln, dass dem Anstandsgefühl der billig und gerecht denkenden Menschen zuwiderläuft.⁵

---

² *Emmerich*, § 22 II, S. 471; *Lehmler*, § 8 Rn. 71; *BGH*, Urt. v. 24. 1. 2006, Az. XI ZR 384/03, NJW 2006, 830, 838/839 – Kirch.
³ *BGH*, Urt. v. 24. 1. 2006, Az. XI ZR 384/03, NJW 2006, 830, 838/839 – Kirch.
⁴ Begr. zum Entwurf eines Gesetzes zur Änderung des Gesetzes gegen den unlauteren Wettbewerb BT-Drs. 15/1487, S. 16.
⁵ *Armbrüster*, in: MünchKommBGB, § 138, Rn. 14; Palandt/*Heinrichs*, § 138 Rn. 1.

Die Gleichartigkeit der Definition von Sittenwidrigkeit (§ 138 BGB) und Unlauterkeit bedeutet jedoch nicht, dass ein unlauteres Handeln stets auch sittenwidrig im Sinne des § 138 BGB ist.[6] Nicht jede wettbewerbswidrige Handlung muss auch die Nichtigkeit eines Vertrages nach sich ziehen, wie auch nicht jedes sittenwidrige Handeln unlauter im Sinne des UWG sein muss. Das Merkmal der Sittenwidrigkeit ist im Sinne des jeweiligen Normzwecks auszulegen. Es kann nicht einfach auf lauterkeitsrechtliche Wertungen zurückgegriffen werden. Im Mittelpunkt des UWG steht der Schutz des Leistungswettbewerbs. Der Begriff der Unlauterkeit und der der darin aufgegangenen Sittenwidrigkeit setzen eine Vorgabe für das Verhalten der Marktteilnehmer.[7] Über den Begriff der Sittenwidrigkeit im Sinne des § 138 BGB wirkt das im Grundgesetz verkörperte Wertsystem.[8]

Handlungen können jedoch sowohl unlauter als auch sittenwidrig im Sinne des § 138 BGB sein, wenn die Wertungen zu gleichen Ergebnissen führen. Das ist bei Schleichwerbung der Fall. Das Verbot getarnter Werbung schützt wichtige Belange der Allgemeinheit. Das meint nicht nur den Schutz vor unsachlicher Beeinflussung durch Achtung des Wahrheitsgrundsatzes, sondern auch den Schutz der Persönlichkeitssphäre.[9] Der einzelne ist in seiner Privatsphäre verletzt, wenn ihm gegenüber Werbemaßnahmen nicht kenntlich gemacht werden. Er wird in seiner Entscheidungsfreiheit beeinträchtigt, sowohl hinsichtlich der Frage, ob er die Informationen überhaupt zur Kenntnis nehmen will als auch hinsichtlich der Frage, wie er die Informationen zu bewerten hat.[10] Er wird über den Werbecharakter der Information getäuscht.

Da B sich hier – unterstellt – an einem Verstoß gegen das Verbot getarnter Werbung, § 4 Nr. 3, Nr. 11 UWG i. V. m. § 7 Abs. 6 RStV, und einem Eingriff in die Privatsphäre einzelner beteiligt, die Vertraulichkeitsvereinbarung aber dazu dienen soll, dieses Vorgehen zu verbergen, widerspricht diese Vereinbarung auch dem Anstandsgefühl aller billig und gerecht Denkenden im Sinne des § 138 Abs. 1 BGB und ist unwirksam[11].

B kann aus der geschlossenen Vertraulichkeitsvereinbarung keinen Anspruch gegen J herleiten.

C. Unterlassungsanspruch gegen J aus §§ 823, 826, 1004 Abs. 1 Satz 2 BGB analog

B könnte von J die Unterlassung der Veröffentlichung der Informationen gegenüber Dritten aus §§ 826, 1004 Abs. 1 Satz 2 BGB analog verlangen.

I. Anwendbarkeit des § 826 BGB

Fraglich ist zunächst, ob die Anwendung des § 826 BGB nicht deshalb ausgeschlossen ist, weil B und J einen Vertrag geschlossen haben, den J zu brechen droht.

---

[6] *Ohly*, in: Piper/Ohly, Einf. Rn. 66.
[7] *Ohly*, in: Piper/Ohly, § 3 UWG Rn. 59.
[8] Palandt/*Heinrichs*, § 138 Rn. 4.
[9] BGH, Urt. v. 6. 7. 1995, Az. I ZR 58/93, NJW 1995, 3177, 3179 – Feuer, Eis & Dynamit I; BGH, Urt. v. 6. 7. 1995, Az. I ZR 2/94, NJW 1995, 3182 – Feuer, Eis & Dynamit II.
[10] BGH, Urt. v. 6. 7. 1995, Az. I ZR 58/93, NJW 1995, 3177, 3179 – Feuer, Eis & Dynamit I.
[11] *OLG München*, Urt. v. 22. 1. 2004, Az. 29 U 4872/03, GRUR-RR 2004, 145.

Im Falle von Vertragsverletzungen findet § 826 BGB nur bei Hinzutreten besonderer die Sittenwidrigkeit begründender Umstände Anwendung.[12] Die zwischen B und J geschlossene Vertraulichkeitsvereinbarung ist nicht wirksam, s. oben II. 2. Darüber hinaus kann gerade der Bruch von Vertrauensverhältnissen ein sittenwidriges Verhalten im Sinne des § 826 BGB darstellen.[13]

II. Unterlassungsanspruch

Einen ausdrücklichen Unterlassungsanspruch sehen die Regelungen der §§ 823 ff. BGB nicht vor. Allerdings hat die Rechtsprechung aufgrund des in den §§ 12, 862, 1004 BGB zum Ausdruck kommenden allgemeinen Rechtsgedankens das Deliktsrecht um den Unterlassungsanspruch fortgebildet.[14] Der Unterlassungsanspruch beruht auf analoger Anwendung. Der Unterlassungsanspruch setzt die unmittelbar drohende Gefahr eines objektiv widerrechtlichen Eingriffs in ein durch die §§ 823 ff. BGB geschütztes Rechtsgut voraus.[15]

1. Unmittelbar drohende Gefahr

Durch die Veröffentlichung der Informationen kann B ein Schaden entstehen, weil vertrauliche Informationen über den Geschäftsbetrieb und Vertragsinhalte bekannt werden, was die Geschäftsbeziehungen zu anderen Kunden beschädigen kann. Daneben erfahren mit B konkurrierende Unternehmen dessen Unternehmensinterna und können ihr Handeln am Markt hierauf einstellen.

Dieser Schaden droht unmittelbar.

2. Objektiv widerrechtlicher Eingriff

Ein objektiv rechtswidriger Eingriff läge vor, wenn das Handeln des J sittenwidrig im Sinne des § 826 BGB wäre. Der Begriff der Sittenwidrigkeit in § 826 BGB ist auch ein Spiegel des Wertsystems des Grundgesetzes, allerdings vor dem Hintergrund des spezifischen Deliktsrechts.[16]

Fraglich ist also, ob die Bekanntgabe der Informationen, die jedenfalls auch bewusst geschähe, vor diesem Hintergrund sittenwidrig wäre. Das Verhalten des J kann nur dann sittenwidrig sein, wenn es dem Wertsystem des Grundgesetzes widerspricht. Dabei ist zu berücksichtigen, dass das Verhalten des J dem B schadet, J aber ohne ein solches Verhalten in diesem Falle seiner journalistischen Tätigkeit nicht nachgehen könnte. Das Verhalten des J könnte durch Art. 5 Abs. 1 GG gerechtfertigt sein.

Art. 5 Abs. 1 GG gewährleistet nicht nur die Pressefreiheit als solche,[17] sondern gibt auch ein subjektives Recht, insbesondere für Journalisten.[18] Die Pressefreiheit

---

[12] Palandt/*Sprau*, § 826 Rn. 22.
[13] Palandt/*Sprau*, § 826 Rn. 22.
[14] Palandt/*Sprau*, Einf. vor § 823, Rn. 18; Palandt/*Bassenge*, § 1004 Rn. 4, 27 ff.; *BGH*, Urt. v. 6. 7. 1954, Az. I ZR 38/53, NJW 1954, 1682, 1683; *BGH*, Urt. v. 13. 3. 1998, Az. V ZR 190, 97, NJW 1998, 2058, 2059; *BAG*, Urt. v. 26. 8. 1997, Az. 9 AZR 61/96, NZA 1998, 712, 713.
[15] Palandt/*Sprau*, Vor § 823 Rn. 18.
[16] *Wagner*, in: MünchKommBGB, § 826 Rn. 10; Palandt/*Sprau*, § 826 Rn. 4.
[17] *BVerfG*, Teilurt. v. 5. 8. 1966, Az.: 1 BvR 586/62, 610/63, 512/64, NJW 1966, 1603, 1604.
[18] *Schemmer*, in: Epping/Hillgruber, Art. 5 Rn. 40.1; *BVerfG*, Teilurt. v. 5. 8. 1966, Az. 1 BvR 586/62, 610/63, 512/64, NJW 1966, 1603, 1604; *BVerfG*, Beschl. v. 8. 10. 1996, Az. 1 BvR 1183/90 NJW 1997, 386, 387 – Pressefreiheit bei Werkszeitungen.

erfasst nicht nur die Publikation von Beiträgen, sondern sämtliche Aspekte der Pressetätigkeit, insbesondere die Recherche der Informationen.[19]

J hat seine Information durch Täuschung des B erlangt. Ob und inwieweit für J die Pressefreiheit, Art. 5 Abs. 1 Satz 2 GG streitet, hängt von Zweck und Mittel des von J geplanten Artikels ab. Je weniger durch den von J geplanten Artikel eine Äußerung im geschäftlichen Verkehr zu sehen ist zur Verfolgung eigennütziger Ziele, je mehr es sich um einen Artikel handelt, der dem Meinungskampf dient, um so schwerer wiegt die Pressefreiheit.[20] J verfolgte die Schleichwerbungsthematik nicht wegen eigener finanzieller Interessen oder der Zeitung, für die er arbeitet, sondern um die Allgemeinheit aufzuklären. Das allein genügt jedoch nicht, auch das Mittel muss betrachtet werden.

J blieb als Journalist unerkannt. Er hat B über seine Eigenschaft als Vertreter der Presse getäuscht, um an interne Informationen des B zu gelangen und diese öffentlich zu machen. Der Pressekodex[21] gestattet in Ziffer 4.1 ein solches Vorgehen, wenn auf diese Weise Informationen von öffentlichem Interesse beschafft werden sollen, die auf anderem Wege nicht zugänglich wären. Von der Pressefreiheit gedeckt ist ein solches Vorgehen, in dem Unternehmensinterna durch Täuschung erlangt und schließlich unter Bruch der vertraulichen Sphäre des Unternehmens gegen dasselbe verwendet werden nur, wenn durch dieses Vorgehen Informationen öffentlich werden, deren Bedeutung für die Öffentlichkeit so groß sind, dass die damit verbundenen Nachteile zurückzutreten haben.[22] J hätte die Informationen nicht erlangt, hätte er sich gegenüber B als Journalist J ausgegeben. Handelt das betroffene Unternehmen im Einklang mit der Rechtsordnung, überwiegen die Nachteile. Bei dem hier dargestellten Sachverhalt hingegen ist davon auszugehen, dass J sich auf die Pressefreiheit berufen kann.[23]

B kann gegen J keinen Unterlassungsanspruch aus §§ 826, 1004 Abs. 1 Satz 2 BGB analog geltend machen.

D. Anspruch gegen J aus §§ 823 Abs. 1, 1004 Abs. 1 S. 2 BGB analog

B könnte gegen J einen Anspruch auf Unterlassung aus §§ 823 Abs. 1, 1004 Abs. 1 Satz 2 BGB wegen Eingriffs in den eingerichteten und ausgeübten Gewerbebetrieb haben.

Wegen des Unterlassungsanspruchs wird auf die Ausführungen unter C. II. 2. verwiesen.

§ 823 Abs. 1 BGB kann nur zur Anwendung kommen, wenn durch das Verhalten des J rechtswidrig in den eingerichteten und ausgeübten Gewerbebetrieb B eingegriffen würde. Auch das Recht am eingerichteten und ausgeübten Gewerbebetrieb ist ein offener Tatbestand, der der Konkretisierung bedarf. Wie auch im Rahmen des § 826 BGB sind deshalb der Zweck der Äußerung und das Mittel zu dessen Erreichen zu betrachten.[24] Insoweit und zum Ergebnis kann auf die Ausführungen unter C. II. 2. verwiesen.

---

[19] *BVerfG*, Urt. v. 24. 1. 2001, Az. 1 BvR 2623/95, NJW 2001, 1633, 1634 – Fernsehaufnahmen bei Gerichtsverhandlungen.
[20] *BVerfG*, Beschl. v. 25. 1. 1984, Az. 1 BvR 272/81, BVerfGE 66, 116, 139; *OLG München*, Urt. v. 22. 1. 2004, Az. 29 U 4872/03, GRUR-RR 2004, 145, 147.
[21] Abgedruckt in: *Damm/Rehbock*, Teil 4.
[22] *BVerfG*, Beschl. v. 25. 1. 1984, Az. 1 BvR 272/81, BVerfGE 66, 116, 139.
[23] So das *OLG München*, Urt. v. 22. 1. 2004, Az. 29 U 4872/03, GRUR-RR 2004, 145, 147.
[24] *OLG München*, Urt. v. 22. 1. 2004, Az. 29 U 4872/03, GRUR-RR 2004, 145, 147.

B kann deshalb auch nicht wegen eines Eingriffs in den eingerichteten und ausgeübten Gewerbebetrieb gegen J vorgehen.

E. Anspruch gegen J aus §§ 823 Abs. 2 BGB, 17 Abs. 2 Nr. 2 UWG

B könnte von J Unterlassung der Veröffentlichung der Informationen wegen Verstoßes gegen § 17 Abs. 2 Nr. 2 UWG in Verbindung mit § 823 Abs. 2 BGB verlangen.

Voraussetzung des Unterlassungsanspruches ist, dass § 17 UWG ein Schutzgesetz im Sinne des § 823 Abs. 2 BGB ist. Schutzgesetz ist eine Norm, deren Inhalt und Zweck auch darauf gerichtet ist, andere gegen die Verletzung von bestimmten Rechtsgütern zu schützen.[25] Da § 17 UWG andere schützt wie das Deliktsrecht, ist diese Norm als Schutzgesetz im Sinne des § 823 Abs. 2 BGB anerkannt.[26]

§ 823 Abs. 2 BGB setzt voraus, dass der gesamte Tatbestand des Schutzgesetzes erfüllt ist, also sowohl der objektive als auch der subjektive Tatbestand.[27]

§ 17 Abs. 2 Nr. 2 UWG schützt Betriebs- und Geschäftsgeheimnisse vor unbefugter Verschaffung und Verwertung oder vor Mitteilung von Geschäfts- und Betriebsgeheimnissen.[28] J hat sich die Informationen durch Täuschung des B verschafft. Eine Zustimmung des B zur Verwertung dieser Informationen im Sinne des J gibt es nicht.

J müsste unbefugt im Sinne des § 17 Abs. 2 Nr. 2 UWG gehandelt haben. Das ist hier fraglich. Auch der offene Begriff „unbefugt" bedarf der Konkretisierung. Diese ist hier – angesichts der gleichen Schutzrichtung der Normen – in der gleichen Weise vorzunehmen, wie innerhalb der §§ 823, 826 BGB.[29] Insoweit ist auf die dortigen Ausführungen unter C. und D. zu verweisen. B kann keinen Unterlassungsanspruch aufgrund der §§ 823 Abs. 2 BGB, 17 Abs. 2 UWG geltend machen.

F. Unterlassungsanspruch gegen A, §§ 8 Abs. 1, 3 Nr. 1, 3 Abs. 1 UWG

B könnte einen Anspruch gegen A auf Unterlassung der Veröffentlichung der Informationen haben, §§ 8 Abs. 1, 3 Nr. 1, 3 Abs. 1 UWG.

I. Aktivlegitimation des B, § 8 Abs. 3 Nr. 1 UWG

Fraglich ist, ob B aktiv legitimiert ist. Zu den Voraussetzungen der Aktivlegitimation kann auf die Ausführungen unter A. I. verwiesen werden.

A ist selbst Unternehmensberater wie B. Sie bieten am Markt gleichwertige Waren und Dienstleistungen an. Ob sich die Kundenkreise von A und B überschneiden, kann dem Sachverhalt nicht entnommen werden, ist aber anzunehmen und wegen der gleichwertigen Dienstleistungen auch wahrscheinlich. Ein konkretes Wettbewerbsverhältnis besteht; A und B sind Mitbewerber.

---

[25] Palandt/*Sprau*, § 823 Rn. 57; *Wagner*, in: MünchKommBGB, § 823 Rn. 346.
[26] *Köhler/Sprau*, in: Hefermehl/Köhler/Bornkamm, § 17 Rn. 53.
[27] Palandt/*Sprau*, § 823 Rn. 60.
[28] Ob die Informationen Betriebs- oder Geschäftsgeheimnisse darstellen, ist für die Falllösung ohne Belang.
[29] *OLG München*, Urt. v. 22. 1. 2004, Az. 29 U 4872/03, GRUR-RR 2004, 145, 147.

II. Unterlassungsanspruch aus § 3 Abs. 1 UWG

Da das Verhalten des A von einem speziellen Unlauterkeitstatbestand der §§ 4–7 UWG nicht erfasst ist, kommt hier die Generalklausel des § 3 Abs. 1 UWG zum Tragen. Danach ist jede unlautere geschäftliche Handlung verboten.

A hat sich mit J dem B als Berater eines Süßwarenherstellers vorgestellt und so vertrauliche Informationen erhalten. A hatte diese Informationen unter der Zusage der Vertraulichkeit erlangt, ohne diese Vertraulichkeit einhalten zu wollen.

Fraglich ist, ob dieses Handeln unlauter ist. Unlauter handelt, wer den anständigen Gepflogenheiten in Handel, Gewerbe, Handwerk oder selbständiger beruflicher Tätigkeit zuwider handelt.[30] Fraglich ist also, ob das Verhalten des A diesen anständigen Gepflogenheiten widerspricht. Das wäre dann nicht der Fall, wenn er sich – wie J – auf Art. 5 Abs. 1 Satz 2 GG berufen könnte.

Die Pressefreiheit gewährt nicht nur den unmittelbar im Pressewesen beschäftigten Personen ein subjektives Recht, sondern auch deren Hilfspersonen, selbst wenn deren Funktionen pressefern sind.[31] A hat sich ausschließlich deshalb an B gewandt, um J in seiner Recherchetätigkeit zu unterstützen. Art. 5 Abs. 1 Satz 2 GG ist daher auch bei Ansprüchen gegen A zu berücksichtigen. Da A gemeinsam mit J handelte, kann das Verhalten des A als Hilfsperson des J nicht anders bewertet werden, als das Verhalten des J selbst, zumal sich aus dem Sachverhalt keine Anhaltspunkte für ein Handeln des A ergeben, die über die reine Hilfstätigkeit des J hinausgehen. Da hier die Bewertung der Sittenwidrigkeit im Sinne des § 138 BGB und im Sinne des Lauterkeitsrechts eine gleiche ist, kann insoweit auf die Ausführungen unter B. II. verwiesen werden.

B kann keinen Unterlassungsanspruch gegen A geltend machen.

G. Unterlassungsanspruch gegen A aus Vertrag

Fraglich ist, ob B A die Bekanntgabe der Informationen aufgrund einer Vertraulichkeitsvereinbarung verbieten kann. Hierzu ist auf die Ausführungen unter B. II. entsprechend zu verweisen: Zwischen B und A ist eine Vertraulichkeitsvereinbarung zustande gekommen, die aber wegen Verstoßes gegen § 138 BGB unwirksam ist.

H. Unterlassungsansprüche gegen A aus §§ 823, 826, 1004 Abs. 1 Satz 2 BGB analog

Fraglich ist, ob A aufgrund der §§ 823, 826, 1004 Abs. 1 Satz 2 BGB analog zur Unterlassung verpflichtet ist. Zum Unterlassungsanspruch kann auf die Ausführungen unter C. II. verwiesen werden. Auch hier scheitert ein Anspruch an der fehlenden Rechtswidrigkeit des Handelns (§ 823 BGB) oder an der fehlenden Sittenwidrigkeit des Handelns (§ 826 BGB), da A als Gehilfe des J in gleicher Weise am Schutz der Pressefreiheit teilnimmt.

---

[30] Begr. zum Entwurf eines Gesetzes zur Änderung des Gesetzes gegen den unlauteren Wettbewerb BT-Drs. 15/1487, S. 16.
[31] *Schemmer*, in: Epping/Hillgruber Art. 5 Rn. 40.1; *BVerfG*, Beschl. v. 13. 1. 1988, Az. 1 BvR 1548/82, NJW 1988, 1833 – Pressefreiheit für Pressegrossisten.

I. Anspruch gegen A aus § 823 Abs. 2 BGB, § 17 Abs. 2 Nr. 2 UWG

B könnte von A aufgrund der §§ 823 Abs. 2 BGB, § 17 Abs. 2 Nr. 2 UWG Unterlassung verlangen.

Hinsichtlich des A käme – wie schon bei J – nur der Tatbestand der unbefugten Beschaffung oder Weitergabe der Informationen, § 17 Abs. 2 Nr. 2 UWG in Betracht. A hat sich – gemeinsam mit J – die Informationen durch Täuschung beschafft. A ist zwar nicht unter falschem Namen aufgetreten. Er hat jedoch B vorgetäuscht, er wolle die Informationen vertraulich behandeln, obwohl er die Informationen nur für J beschaffen wollte, damit J diese, A gegebenen Informationen auf seine Weise verwerten kann. Er hat J also darin unterstützt, diese Informationen zu veröffentlichen. Darüber hinaus gehende tatsächliche oder geplante Verwendungen der Informationen durch A lassen sich dem Sachverhalt nicht entnehmen. Art. 5 Abs. 1 S. 2 GG streitet für A, so dass ihm ein unbefugtes Handeln nicht vorgeworfen werden kann. Auf die Ausführungen unter E. kann insoweit entsprechend verwiesen werden.

B hat keinen Unterlassungsanspruch gegen A aus §§ 823 Abs. 2 BGB, 17 Abs. 2 Nr. 2 UWG. Er kann die Bekanntgabe der Informationen gegenüber Dritten nicht verhindern.

Merke: Sittenwidrigkeit im Sinne des BGB und Unlauterkeit im Sinne des UWG sind nicht identisch. Sachverhalte, die keine geschäftliche, sondern eine politische Meinungsäußerung darstellen, unterfallen nur der Beurteilung durch das Zivilrecht. Geschäftliche Handlungen können nach §§ 138, 826 BGB nicht zu beanstanden und gleichwohl unlauter im Sinne des UWG sein.

Berührt ein Sachverhalt das Handeln der Presse und ihrer Organe, ist bei der Prüfung der Sittenwidrigkeit im Sinne des § 138 BGB, der Unlauterkeit und der Unbefugtheit im Sinne des § 17 UWG die Pressefreiheit gemäß Art. 5 Abs. 1 S. 2 GG zu berücksichtigen

Erhebliche öffentliche Belange, der Schutz der Grundrechte führen in UWG und BGB zu einer gleichen Bewertung der Sittenwidrigkeit, da anderenfalls der Schutz dieser Belange und der Grundrechte nicht gewährleistet wäre.

Fall 6. Unlautere Irreführung

Sachverhalt[*]

N ist Inhaberin eines Onlineshops, den sie von Zuhause aus betreibt. In diesen Shop bietet sie unter anderem gebrauchte Unterhaltungselektronik und Haushaltswaren an, die sie selbst von privaten Verkäufern oder auf dem Flohmarkt erwirbt. Auf der Internetseite des Shops finden sich wahrheitsgemäße Fotos der angebotenen Waren. Möchte eine Kunde eine solche Ware kaufen, so legt er diese durch Anklicken in den sog. „Einkaufswagen", wo alle gekauften Artikel eines Einkaufs gespeichert werden, bevor der Kunde seine endgültige Bestellung abschickt. Zu diesem Zwecke gibt er seine Adresse und die Zahlungsinformationen in ein Formular ein.
Bevor er dieses abschicken kann, muss er außerdem per Klick bestätigen, dass er N's AGB akzeptiert. Dies geschieht auf einer extra aufgerufenen Seite. Über dem Kästchen, das angeklickt werden muss, um die AGB zu akzeptieren, hat N's Ehemann, der sich mit solchen Sachen gut auskennt, ein Werbebanner platziert, durch das der Kunde in blinkender, bunter Schrift erfährt, dass ihm a) ein vierzehntägiges Widerrufsrecht zusteht und dass er b) bei Mängeln der Kaufsache, die sich innerhalb von zwei Jahren zeigen, sofort vom Vertrag zurücktreten kann. Das Ganze wird als „besonders kundenfreundlich" hervorgehoben.
Überdies ist N's Ehemann, S, Inhaber eines kleinen Betriebes, in dem er Gebrauchtwagen an die Nachbarschaft verkauft. Er verwendet dafür Vertragsformulare, die er sich aus dem Internet gezogen hat. S inseriert sowohl im Internet als auch in den örtlichen Zeitungen u.a. mit dem Text: „Alle Preise inkl. gesetzlicher MwSt. Garantiert keine Preiserhöhung vier Monate ab Vertragsschluss.", allerdings ohne diesen Text besonders hervorzuheben.
K arbeitet in der Rechtsabteilung eines örtlich ansässigen Verbands, dem auch überregional zahlreiche Einzelhändler angehören. Als sie im Internet nach einem gebrauchten DVD-Spieler sucht, findet sie die Seite der N und gelangt auch zu dem Werbebanner. Dort findet sie außerdem einen Link zu S's Betrieb. Da K plant, ihrem 17-jährigen Sohn ein Auto zum 18. Geburtstag zu schenken, klickt sie auch diesen Link an. Als sie später ihrem Mann, der als Rechtsanwalt arbeitet, von der Preisgarantie erzählt, ist dieser der Auffassung, die Werbung von S sei unlauter im Sinne des neuen UWG.

K fragt nun Sie, ob ihr Mann Recht hat. Außerdem will sie wissen, was es mit dem Werbebanner der N auf sich hat. Sie will danach wissen, was für Rechtsfolgen ein Verstoß gegen das UWG haben kann und ob sie ggf. befugt wäre, diese Ansprüche geltend zu machen. Außerdem möchte sie Auskunft darüber, ob zusätzliche Anforderungen bestehen, wenn sie einen Unterlassungs- oder Schadensersatzanspruch geltend machen möchte.

---

[*] Angelehnt an *BGH*, Urt. v. 15.11.1990, Az. I ZR 30/89, NJW-RR 1991, 680 – Preisangabe einschließlich Mehrwertsteuer; *BGH*, Urt. vom 24.10.1980, Az. I ZR 74/78 – 4 Monate Preisschutz, GRUR 1981, 206.

Lösung

A. Wettbewerbsverstoß

Sowohl das Werbebanner der N als auch die Anzeige des S in der Zeitung könnten unzulässig im Sinne des UWG sein und Unterlassungs- und ggf. Schadensersatzansprüche nach sich ziehen.

I. § 3 Abs. 3 Anh. Nr. 10 UWG

1. Verhalten der N

Die N könnte dadurch, dass sie aggressiv mit dem Widerrufsrecht und dem Rücktrittsrecht ihrer Kunden wirbt, gegen § 3 Abs. 3 i. V. m. Anh. Nr. 10 UWG verstoßen haben.

a) Geschäftliche Handlung

Zunächst müsste dafür eine geschäftliche Handlung der N vorliegen. Was eine geschäftliche Handlung ist, ergibt sich aus § 2 Abs. 1 Nr. 1 UWG. Demnach ist eine geschäftliche Handlung jedes Verhalten einer Person zugunsten des eigenen oder eines fremden Unternehmens bei oder nach einem Geschäftsabschluss, das mit der Förderung des Absatzes oder des Bezugs von Waren oder Dienstleistungen objektiv zusammenhängt. Während im UWG 2004 noch ein finaler Zusammenhang zwischen Handlung und Absatzförderung erforderlich war, ist das nunmehr nicht mehr der Fall.[1] Auf diese Weise entsteht ein umfassender Schutz aller relevanten Fallgruppen.[2] Wie dieser objektive Zusammenhang auszusehen hat, richtet sich danach, wer durch die beanstandete Handlung angesprochen ist. Im hier betroffenen Verhältnis Unternehmer zu Verbraucher ist das Merkmal richtlinienkonform im Sinne eines unmittelbaren Zusammenhangs zu verstehen, vgl. Art. 2 lit. d der UPG-Richtlinie.[3] Dieser liegt unter anderem dann vor, wenn die Handlung das Ziel hat, den Absatz oder Bezug durch Beeinflussung der geschäftlichen Entscheidung der Verbraucher zu fördern. Der Unterschied zum UWG 2004 ist also in erster Linie darin zu sehen, dass keine Wettbewerbsabsicht mehr erforderlich ist.[4]

N handelte vorliegend im unmittelbaren Zusammenhang mit der Förderung des Absatzes der von ihr angebotenen Waren. Ihr Verhalten diente unter objektivem Blickwinkel betrachtet dazu, die Kauffreudigkeit der Kunden zu steigern und auf diese Weise einen größeren Absatz zu erreichen. Eventuell bestehende Restzweifel hinsichtlich des Kaufentschlusses sollten durch das Werbebanner beseitigt werden. Auf den Zeitpunkt der geschäftlichen Handlung kommt es nach dem UWG 2009 nicht mehr an, so dass die erste Voraussetzung von § 3 Abs. 3 UWG erfüllt ist.

b) Unzulässigkeit im Sinne von § 3 Abs. 3 UWG

Eine geschäftliche Handlung in diesem Sinne ist nach § 3 Abs. 3 UWG stets dann unzulässig, wenn einer der im Anhang zu dieser Vorschrift aufgeführten Tatbestände

---

[1] *Köhler*, WRP 2009, 109, 110; *Köhler*, in: Hefermehl/Köhler/Bornkamm, § 2 Rn. 47.
[2] Vgl. die Gesetzesbegründung in BT-Drs. 16/10145, S. 21.
[3] *Köhler*, WRP 2009, 109, 111; kritisch dagegen *ders.*, in: Hefermehl/Köhler/Bornkamm, § 2 Rn. 43.
[4] *Köhler*, WRP 2009, 109 ff.; *ders.*, in: Hefermehl/Köhler/Bornkamm, § 2 Rn. 46.

Fall 6. Unlautere Irreführung

erfüllt ist (sog. „schwarze Liste").[5] Im Vergleich dazu dient § 3 Abs. 2 UWG lediglich als Auffangtatbestand.[6] Hier könnte dies in Bezug auf die Nr. 10 dieses Anhangs zutreffen.[7] Die Nr. 10 des Anhangs erfasst den bisherigen Tatbestand der Werbung mit Selbstverständlichkeiten. N müsste dafür durch eine geschäftliche Handlung in unrichtiger Weise den Eindruck erweckt haben, bereits per Gesetz bestehende Rechte würden eine Besonderheit ihres Angebots darstellen. Dieser Eindruck könnte dadurch entstehen, dass N sowohl das Widerrufsrecht als auch das Rücktrittsrecht als „besonders kundenfreundlich" hervorgehoben hat. Schon durch die Verwendung des Wortes „besonders" erlangt der Kunde den Eindruck, es handele sich jedenfalls nicht um alltägliche, ohnehin bei jedem Internetkauf bestehende Rechte. Dieser Eindruck ist jedoch nur dann unrichtig, wenn die von N angepriesenen Kundenrechte tatsächlich bereits durch das Gesetz vorgegeben und damit ein selbstverständlicher Bestandteil jedes Internetkaufs sind. Hierzu müssen Widerrufsrecht und Rücktrittsrecht gesondert betrachtet werden.

aa) Das Widerrufsrecht. Ein gesetzliches Widerrufsrecht der Kunden der N könnte sich aus §§ 312 b, 312 d, 355 BGB ergeben.

Dann müsste es sich bei den Verträgen, die N abschließt, um Fernabsatzverträge im Sinne von § 312 b BGB handeln. Fernabsatzverträge sind alle Verträge über Waren und Dienstleistungen, die zwischen einem Unternehmer und einem Verbraucher unter ausschließlicher Verwendung von Fernkommunikationsmitteln im Rahmen eines für den Fernabsatz vorgesehenen Vertriebssystems abgeschlossen werden.[8] Da die Verträge der N mit ihren Kunden nur im Internet und per Email abgeschlossen werden, sind diese Voraussetzungen erfüllt. N liefert Waren im Sinne dieser Definition.

Desweiteren muss der Vertrag zwischen einem Unternehmer und einem Verbraucher abgeschlossen werden. Es ist davon auszugehen, dass zumindest die meisten Kunden der N Verbraucher im Sinne von § 13 BGB sind. Etwas schwieriger zu beantworten ist die Frage, ob es sich bei N auch um eine Unternehmerin im Sinne von § 14 BGB handelt. Hier findet die Definition aus § 2 Abs. 1 Nr. 6 UWG *keine* Anwendung, da an dieser Stelle kein Tatbestand des UWG, sondern einer des Zivilrechts geprüft wird! Die Rechtsprechung bejaht die Unternehmereigenschaft im Sinne von § 14 BGB schon dann, wenn jemand nebenberuflich, also zum Beispiel bei Onlineauktionen, planmäßig mit Wiederholungsabsicht Waren zum Kauf anbietet.[9] N ist hier Inhaberin eines Onlineshops, so dass diese Voraussetzung erfüllt ist. Hinzu kommt, dass sie mit dem Verkauf der Waren ihren Lebensunterhalt verdient und die Waren daher beruflich im Sinne des § 14 BGB verkauft.

Desweiteren müsste der Vertrag im Rahmen eines für den Fernabsatz organisierten Vertriebs- und Dienstleistungssystems abgeschlossen worden sein. Hierfür genügt es, wenn der Unternehmer planmäßig mit dem Angebot der Zusendung der Ware wirbt und er seinen Betrieb durch die personelle und sachliche Ausstattung so

---

[5] Diese Tatbestände müssen im neuen UWG stets an erster Stelle geprüft werden. Handlungen, die unter einen der dort genannten Tatbestände passen, sind ohne Rücksicht auf die Umstände des Einzelfalls unlauter. Es handelt sich also um per se Verbote ohne Wertungsmöglichkeit. Vgl. dazu *Köhler*, WRP 2009, 112; *Scherer*, NJW 2009, 324 ff. Ein großer Teil (Nr. 1–24) betrifft Irreführungstatbestände.

[6] *Köhler*, in: Hefermehl/Köhler/Bornkamm, § 3 Rn. 32.

[7] Dazu *Scherer*, NJW 2009, 324, 327.

[8] Palandt/*Grüneberg*, § 312 b Rn. 6. Grundlegend zu den Fernabsatzverträgen *Bülow/Artz*, NJW 2000, 2049.

[9] Vgl. Palandt/*Grüneberg*, § 312 b Rn. 9 m. w. N. Vgl. a. *LG Berlin*, Urt. v. 5. 9. 2006, Az. 103 O 75/06.

organisiert, dass Verträge regelmäßig im Fernabsatz abgeschlossen und abgewickelt werden können.[10] N bietet ihre Waren ausschließlich im Onlineshop an, so dass diese Voraussetzung erfüllt ist.

Damit handelt es sich bei den von N abgeschlossenen Verträgen um Fernabsatzverträge im Sinne des BGB. Damit ergibt sich ein Rücktrittsrecht der Kunden, zumindest soweit sie Verbraucher sind, aus § 312d i. V. m. § 355 BGB. Das Widerrufsrecht von Ns Kunden besteht also schon von Gesetzes wegen. Dadurch, dass N dieses Widerrufsrecht als „besonders kundenfreundlich" hervorhebt, entsteht bei ihren Kunden der falsche Eindruck, es handele sich um einen Bonus. Damit ist der Tatbestand von Anh. Nr. 10 zu § 3 Abs. 3 UWG erfüllt.

bb) Das sofortige Rücktrittsrecht. Gleiches könnte für die Werbung mit dem sofortigen Rücktrittsrecht bei einem Mangel der Kaufsache gelten. Grundsätzlich ergibt sich ein Rücktrittsrecht aus §§ 433, 434, 437 Nr. 2 BGB, so dass man auch hier annehmen könnte, dass es sich um eine unlautere Werbung mit gesetzlichen Rechten des Kunden handelt. Das Rücktrittrecht bei Sachmängeln ist jedoch nach allgemeiner Ansicht nachrangig zum Nacherfüllungsanspruch.[11] Das ergibt sich bereits aus den Voraussetzungen des Rücktritts- und des Minderungsrechts, die beide eine erfolglose Fristsetzung zur Nacherfüllung voraussetzen, vgl. § 323 Abs. 1 und § 440 BGB.

Vor diesem Hintergrund ist das Recht zum sofortigen Rücktritt bei einem Mangel in der Tat als Zugeständnis an den Kunden zu werten, welches diesem nach der Gesetzeslage nicht unmittelbar zustehen würde. Insofern ist auch die Hervorhebung als „Besonderheit" durch die N gerechtfertigt und kann nicht als unlauter angesehen werden.

c) Subjektiver Tatbestand

Liegen die objektiven Tatumstände vor, so muss bei den Per-Se-Verboten davon ausgegangen werden, dass es auf das Vorliegen subjektiver Merkmale nicht ankommt. Der Anh. zu § 3 Abs. 3 UWG enthält eine sog. „Schwarze Liste", deren Tatbestände unabhängig vom Vorliegen sonstiger Umstände verboten sein sollen. Auf die Kenntnis von den die Unzulässigkeit begründenden Umständen kann daher nicht abgestellt werden, die genannten Sachverhalte sind ohne Weiteres verboten. Schon im alten UWG wurde davon ausgegangen, dass es bei Erfüllung der objektiven Tatbestandsmerkmale einer Exkulpation bedarf, d.h. das Vorliegen des subjektiven Tatbestands wurde widerleglich vermutet.[12]

2. Verhalten des S

a) Geschäftliche Handlung

Auch S müsste eine geschäftliche Handlung im Sinne von § 2 Abs. 1 Nr. 1 UWG vorgenommen haben.[13] S handelte ebenso wie N im unmittelbaren Zusammenhang mit der Förderung seines Absatzes, denn die Zeitungsanzeige diente gerade dazu, diesen zu steigern. Auch S hat also geschäftlich gehandelt.

---

[10] *BGH,* Urt. v. 21. 10. 2004, Az. III ZR 380/03, NJW 2004, 3699.
[11] *BGH,* Urt. v. 23. 2. 2005, Az. VIII ZR 100/04, NJW 2005, 1348, 1350; vgl. auch Palandt/*Weidenkaff,* § 437 Rn. 4.
[12] Vgl. dazu u. a. *BGH,* Urt. v. 23. 5. 1991, Az. I ZR 286/89, GRUR 1991, 914, 915 – Kastanienmuster; *BGH,* Urt. v. 27. 1. 1994, Az. I ZR 326/91, GRUR 1995, 693, 693 – Indizienkette.
[13] Dazu oben unter I. 1. a) aa).

Fall 6. Unlautere Irreführung

b) Unzulässigkeit im Sinne von § 3 Abs. 3 Anh. Nr. 10 UWG

S müsste weiterhin ebenfalls einen unrichtigen Eindruck über bereits bestehende gesetzliche Rechte seiner Kunden erweckt haben.

aa) Werbung mit „alle Preise inkl. gesetzlicher Mehrwertsteuer". Die Werbung mit der Einbeziehung der gesetzlichen Mehrwertsteuer könnte unlauter sein, wenn dadurch der unrichtige Eindruck erweckt wird, hierbei handele es sich um etwas Besonderes. Das könnte sich daraus ergeben, dass gemäß § 1 Abs. 1 PAngV bei der von Gewerbetreibenden an private Letztverbraucher gerichteten Werbung stets die Preise anzugeben sind, die einschließlich der Umsatzsteuer zu zahlen sind, es also sogar gesetzlich vorgeschrieben ist, die Preise so anzugeben, wie S dies in seiner Werbung tut. Fraglich ist jedoch, ob dabei ein unrichtiger Eindruck bei den Kunden des S hervorgerufen wird. Abzulehnen ist dies nämlich vor allem dann, wenn der Mehrwertsteuerhinweis werbemäßig betont wird.[14] Der Verkehr misst der Angabe einer Selbstverständlichkeit in der Werbung nur dann eine über den erläuternden Charakter hinausgehende Bedeutung zu, wenn eine Hervorhebung in besonderem Maße stattfindet.

Das ist vorliegend jedoch nicht der Fall. S hat die Angabe zu der Einbeziehung der gesetzlichen Mehrwertsteuer in seine Preise nicht besonders hervorgehoben, so dass der Zusatz lediglich als erläuternde Angabe zu verstehen ist. Ein durchschnittlicher Kunde wird diesem Ansatz keine besondere Bedeutung zumessen, sondern ihn genau so verstehen.

bb) Viermonatige „Preisgarantie". Allerdings könnte die Werbung mit einer viermonatigen Preisbindung unlauter im beschriebenen Sinne sein.[15] S könnte dadurch den Eindruck beim Verbraucher erweckt haben, hierbei handele es sich um eine Besonderheit, die ihn von anderen Kfz-Anbietern abhebe und die sich nicht bereits aus dem Gesetz ergibt.

Die viermonatige Preisbindung ergibt sich indessen zwingend aus § 309 Abs. 1 Nr. 1 BGB. Die Vorschrift schreibt die absolute Unwirksamkeit von Vertragsklauseln vor, die Preiserhöhungen für Waren und Dienstleistungen enthalten, die innerhalb von vier Monaten nach Vertragsschluss geliefert werden sollen. Damit besteht ein faktisches Verbot von Preisänderungsvorbehalten in Angeboten oder Werbung für jeden Händler.[16]

Wenn diese Klausel auf die von S abgeschlossenen Verträge Anwendung findet, so handelt es sich bei der Werbung mit einer viermonatigen Preisgarantie um die Werbung mit einer gesetzlichen Selbstverständlichkeit. Dazu müsste zunächst die AGB-Kontrolle anwendbar sein. Um Allgemeine Geschäftsbedingungen im Sinne der §§ 305 ff. BGB handelt es sich dann, wenn S für mehrere Verträge vorformulierte Vertragsbedingungen verwendet. Das ist der Fall, da S Vertragsformulare verwendet, die er aus dem Internet hat. § 309 findet indessen keine Anwendung, wenn die AGBs gegenüber Unternehmern verwendet werden, § 310 BGB. S verkauft seine Fahrzeuge jedoch vornehmlich an Privatpersonen, so dass § 309 BGB Anwendung findet.

---

[14] *BGH,* Urt. v. 15. 11. 1990, Az. I ZR 30/89, NJW-RR 1991, 680 – Preisangabe einschließlich Mehrwertsteuer; *BGH,* Urt. v. 24. 10. 1980, Az. I ZR 74/78 – 4 Monate Preisschutz, GRUR 1981, 206.

[15] Vgl. hierzu bereits *BGH,* Urt. v. 24. 10. 1980, Az. I ZR 74/78 – 4 Monate Preisschutz, GRUR 1981, 206.

[16] Vgl. *BGH,* Urt. v. 24. 10. 1980, Az. I ZR 74/78 – 4 Monate Preisschutz, GRUR 1981, 206; *Kieninger,* in: MünchKommBGB, § 309 Nr. 1 Rn. 6, 12.

S müsste weiterhin Waren im Sinne dieser Vorschrift vertreiben. Da er Fahrzeuge verkauft, ist das der Fall. Fraglich ist allerdings, ob die Fahrzeuge auch innerhalb von vier Monaten nach Vertragsschluss geliefert werden sollen. Eine ausdrückliche Regelung der Lieferzeit ist nicht ersichtlich. In solchen Fällen gilt allerdings § 271 Abs. 1 BGB, d.h. die geschuldete Leistung wird sofort fällig. Damit ist davon auszugehen, dass die Lieferung der bei S gekauften Kfz innerhalb von vier Monaten erfolgen soll und § 309 Nr. 1 BGB einschlägig ist.

Desweiteren müsste bei S's Kunden der Eindruck entstehen, die für vier Monate feststehenden Preise würden deswegen herausgestellt, weil es sich um eine Besonderheit handelt. Dies könnte unter anderem deshalb der Fall sein, weil eine werbemäßige Hervorhebung in Bezug auf die Werbung mit der Mehrwertsteuer bereits abgelehnt wurde, s. o. Bei einem unvoreingenommenen Leser entsteht bei der Lektüre der Anzeige der Eindruck, S gewähre im Gegensatz zu anderen Anbietern für die ersten vier Monate nach Vertragsschluss garantierte Preise. Da dies aber gesetzlich vorgeschrieben ist, ist dieser Eindruck unrichtig. Damit ist der Tatbestand von Anh. Nr. 10 zu § 3 Abs. 3 UWG erfüllt.

c) Subjektiver Tatbestand

Zum subjektiven Tatbestand gilt das oben Gesagte.[17]

3. Zwischenergebnis

Sowohl N als auch S handelten unlauter im Sinne von § 3 Abs. 1 i.V.m. Abs. 3 Anh. Nr. 10 UWG.

II. Irreführung, §§ 3 Abs. 1 i.V.m. §§ 5, 5a UWG

Fraglich ist, ob sie auch unlauter im Sinne von § 5 bzw. 5a UWG handelten. Unlauter handelt auch, wer mit irreführenden Angaben wirbt, wenn die entsprechende Handlung dazu geeignet ist, die Interessen der Mitbewerber, Verbraucher oder sonstigen Marktteilnehmer spürbar zu beeinträchtigen. Irreführend ist eine geschäftliche Handlung dann, wenn sie unwahre oder zur Täuschung geeignete Angaben enthält (§ 5 Abs. 1 S. 2 UWG).

Abzugrenzen ist hier zunächst, ob eine Irreführung durch aktives Tun oder durch Unterlassen im Sinne von § 5a UWG vorliegt. Eine Irreführung durch Unterlassen liegt dann vor, wenn dem Verbraucher die für die geschäftliche Entscheidung wesentlichen Informationen vorenthalten werden und dies geeignet ist, diesen zu der Entscheidung zu veranlassen.[18] Zwar könnte man hier darauf abstellen, dass N und S es unterlassen, ihre Kunden darauf hinzuweisen, dass es sich bei den oben festgestellten Aspekten um gesetzliche Selbstverständlichkeiten und nicht um besonders kundenfreundliche Angebote handelt. Der Schwerpunkt liegt hier jedoch weniger in dem Unterlassen dieser Information, als in der Werbung als solcher und mithin in einem aktiven Tun. Zu prüfen ist daher ausschließlich § 5 UWG.

Es ist allerdings fraglich, ob der vorliegende Fall überhaupt neben seiner ausdrücklichen Regelung im Anh. Nr. 10 zu § 3 Abs. 3 UWG auch im Rahmen der Irreführung erfasst werden soll. Dass dies der Fall ist, ergibt sich jedoch daraus, dass

---

[17] Oben A. I. 1. c).
[18] BT-Drs. 16/10145, S. 17. Vgl. zum neuen Tatbestand auch *Bornkamm*, in: Hefermehl/Köhler/Bornkamm, § 5a Rn. 8ff.

der umfassende Katalog im Anh. zu § 3 Abs. 3 UWG in erster Linie größtmögliche Transparenz und Rechtssicherheit sicherstellen soll und in vielen Fällen lediglich Kodifikationen von schon bisher als regelungsbedürftig eingestuften Sachverhalten enthält. Dabei enthalten die Nr. 1–24 vor allem Tatbestände, die früher unter dass allgemeine Irreführungsverbot in § 5 UWG gefasst wurden. An der Einstufung dieser Fälle als Irreführung sollte die „schwarze Liste" jedoch nichts ändern. Dies gilt insbesondere für die Nr. 10. Die Werbung mit gesetzlichen Selbstverständlichkeiten wird schon lange als unlauter eingestuft.[19] Die ausdrückliche Regelung spricht somit nicht dagegen, solche Tatbestände weiterhin auch unter das Irreführungsverbot zu fassen. Größtmöglicher Verbraucherschutz gebietet dies sogar. Wie bereits festgestellt, wird durch die auffällige Werbung mit dem Widerrufsrecht der Eindruck erweckt, es handele sich um ein besonders günstiges und attraktives Angebot. Hierdurch wird der Kaufentschluss des Abnehmers beeinflusst, so dass der Tatbestand der Nr. 3 erfüllt ist.

1. Verhalten der N

a) § 5 Abs. 1 S. 2 Nr. 2

Irreführung könnte sich vorliegend aus § 5 Abs. 1 S. 2 Nr. 2 UWG ergeben. N's Werbung mit Widerrufs- und Rücktrittsrecht könnte eine irreführende Behauptung über die Bedingungen, unter denen geliefert wird, darstellen. Mit dieser Norm sollen in erster Linie Fälle erfasst werden wie die unwahre Werbung mit Schluss- oder Jubiläumsverkäufen und das Hervorrufen des Eindrucks, es handele sich um ein besonders günstiges Geschäft. Es soll verhindert werden, dass der Verbraucher durch einen vermeintlichen besonderen Vorteil zum Kaufentschluss verleitet wird.[20] Da die Werbung mit dem sofortigen Rücktrittsrecht wie festgestellt tatsächlich einen besondere Vorteil für die Kunden der N enthält, kommt hierfür nur die Werbung mit dem bereits auf gesetzlicher Grundlage bestehenden Widerrufsrecht in Betracht.

b) § 5 Abs. 1 S. 2 Nr. 7

Außerdem könnte die Werbung mit dem Widerrufsrecht den Tatbestand von § 5 Abs. 1 S. 2 Nr. 7 erfüllen, da es sich um irreführende Behauptungen über Rechte des Verbrauchers handeln könnte. Von dieser Vorschrift sind insbesondere auch Behauptungen über Gewährleistungsrechte erfasst, wenn diese dazu geeignet sind, eine Täuschung hervorzurufen.[21] Dass dies bei der Werbung mit gesetzlichen Selbstverständlichkeiten der Fall ist, wurde bereits festgestellt. Insofern gilt das oben Gesagte. Auch der Tatbestand der Nr. 7 ist daher erfüllt.

c) Geschäftliche Relevanz

Die Irreführung müsste außerdem geschäftlich relevant gewesen sein, d. h. die irreführende Handlung muss geeignet sein, die betroffenen Interessen zu beeinträchtigen.[22] Dieses Merkmal dient auch im UWG 2009 dazu, das Irreführungsverbot auf Wettbewerbshandlungen von einigem Gewicht einzugrenzen und ist Bestandteil des

---

[19] *BGH*, Urt. v. 15. 11. 1990, Az. I ZR 30/89, NJW-RR 1991, 680 – Preisangabe einschließlich Mehrwertsteuer; *BGH*, Urt. v. 24. 10. 1980, Az. I ZR 74/78 – 4 Monate Preisschutz, GRUR 1981, 206.
[20] BT-Drs. 16/10 145, S. 24; *Bornkamm*, in: Hefermehl/Köhler/Bornkamm, § 5 a Rn. 9.
[21] BT-Drs. 16/10 145, S. 24.
[22] Allgemein zur Spürbarkeit einer Irreführung *Köhler*, GRUR 2005, 1, 7 ff.

Irreführungstatbestandes.[23] Im Verhältnis zum Verbraucher ist die Voraussetzung erfüllt, wenn die Irreführung einen Durchschnittsverbraucher zu einer geschäftlichen Handlung veranlassen kann, die er ansonsten nicht getroffen hätte.[24] Wie bereits beschrieben, dient die Hervorhebung des Widerrufsrechts gerade dazu, Restzweifel beim Verbraucher zu beseitigen und damit eine Entscheidung zu treffen, die er bei voller Kenntnis der Umstände so möglicherweise nicht getroffen hätte.

d) Subjektiver Tatbestand

Auch ist davon auszugehen, dass N die Umstände, die zur Lauterkeit führen, kannte, so dass der subjektive Tatbestand erfüllt ist.

2. Verhalten des S

a) Irreführung

Auch die Werbung des S könnte irreführend im Sinne des § 5 UWG sein. In Betracht kommt hier ebenfalls der Tatbestand des § 5 Abs. 1 Nr. 2 UWG. Die Nr. 2 erfasst wie festgestellt vor allem Fälle, in denen beim Verbraucher der Eindruck erweckt wird, es handele sich um ein besonders günstiges Angebot. Dieser Eindruck könnte vorliegend durch die Werbung mit der viermonatigen Preisgarantie entstehen. Wie festgestellt, ergibt sich ein Verbot von Preisänderungsvorbehalten bereits aus § 309 Nr. 1 BGB, so dass es sich tatsächlich nicht um ein außergewöhnlich günstiges Angebot handelt. Beim Kunden entsteht daher ein falscher Eindruck.

b) Geschäftliche Relevanz

Das Verhalten des S war geschäftlich relevant im oben beschrieben Sinne. Die viermonatige „Preisgarantie" diente dazu, auch noch unentschlossene Verbraucher vom Kauf zu überzeugen.

c) Subjektiver Tatbestand

Auch ist davon auszugehen, dass N die Umstände, die zur Unlauterkeit führen, kannte.

III. Ergebnis

Sowohl die Werbung der N als auch die Zeitungsanzeige des S stellen Wettbewerbsverstöße im Sinne von § 3 Abs. 1 UWG dar. Bei der N betrifft dies die Werbung mit einem bereits gesetzlich vorgeschriebenen Widerrufsrecht, bei S die Werbung mit einer gesetzlich zwingenden viermonatigen Preisbindung.

B. Rechtsfolgen

K will auch wissen, was für Rechtsfolgen derartige Verstöße haben können. Die Rechtsfolgen von Wettbewerbsverstößen ergeben sich aus den §§ 8 bis 10 UWG. Demnach bestehen grds. sich Unterlassungs- und Beseitigungsansprüche (§ 8 Abs. 1 UWG), Auskunftsansprüche (§ 8 Abs. 5 UWG i.V.m. § 13 Abs. 1 UKlaG), Scha-

---

[23] *Bornkamm*, in: Hefermehl/Köhler/Bornkamm, § 5 Rn. 2.172 ff.
[24] BT-Drs. 16/10 145, S. 23. Zur geschäftlichen Relevanz ausführlich *Bornkamm*, in: Hefermehl/Köhler/Bornkamm, § 5 Rn. 2.20 f., 2.169 ff.

densersatzansprüche (§ 9 UWG) sowie ggf. ein Gewinnabschöpfungsanspruch aus § 10 UWG. Darüber hinaus kann ein Aufwendungsersatzanspruch gemäß § 12 Abs. 1 S. 2 UWG bestehen sowie ein Bereicherungsanspruch auf das durch den Wettbewerbsverstoß ohne Rechtsgrund Erlangte.[25]

C. Aktivlegitimation der K

K will auch wissen, ob sie befugt wäre, ggf. weitere bestehende Ansprüche geltend zu machen. Dazu müsste sie aktivlegitimiert sein.

I. Beseitigungs- und Unterlassungsansprüche

In Bezug auf den Beseitigungs- und Unterlassungsanspruch ergibt sich die Aktivlegitimation aus § 8 Abs. 3 UWG. Ansprüche stehen demnach jedem Mitbewerber (Nr. 1), rechtsfähigen Verbänden zur Förderung gewerblicher oder selbständiger beruflicher Interessen, soweit ihnen eine erhebliche Zahl von Unternehmern angehört, die Waren oder Dienstleistungen gleicher oder verwandter Art auf demselben Markt vertreiben, soweit sie insbesondere nach ihrer personellen, sachlichen und finanziellen Ausstattung imstande sind, ihre satzungsmäßigen Aufgaben der Verfolgung gewerblicher oder selbständiger beruflicher Interessen tatsächlich wahrzunehmen und soweit die Zuwiderhandlung die Interessen ihrer Mitglieder berührt (Nr. 2), qualifizierten Einrichtungen, die nachweisen, dass sie in die Liste qualifizierter Einrichtungen nach § 4 des Unterlassungsklagengesetzes oder in dem Verzeichnis der Kommission der Europäischen Gemeinschaften nach Artikel 4 der Richtlinie 98/27/EG des Europäischen Parlaments und des Rates vom 19. Mai 1998 über Unterlassungsklagen zum Schutz der Verbraucherinteressen (ABl. EG Nr. L 166 S. 51) eingetragen sind (Nr. 3) sowie den Industrie- und Handelskammern oder den Handwerkskammern (Nr. 4) zu.[26]

K kann ihre Aktivlegitimation allenfalls darauf stützen, dass sie in der Rechtsabteilung eines Verbraucherverbandes arbeitet und den Anspruch im Rahmen ihrer Verbandstätigkeit geltend machen kann (Nr. 2). Allerdings bedeutet die bloße Zugehörigkeit zu einem Verband nicht, dass alle seine Mitglieder aktiv legitimiert sind, sondern diese betrifft nur den Verband selbst, wenn die übrigen Voraussetzungen der Nr. 2 erfüllt sind. Dazu müssten allerdings dem Verband Unternehmen angehören, die Waren oder Dienstleistungen gleicher oder verwandter Art auf demselben Markt anbieten, wie das Unternehmen, dem die Verletzungshandlung vorgeworfen wird. Bei dem Verband, dem die K angehört, handelt es sich um einen Verband von Einzelhändlern, so dass diese Voraussetzung nicht erfüllt ist. K kann den Unterlassungs- und Beseitigungsanspruch daher nicht geltend machen.

II. Schadensersatzanspruch

Gleiches gilt für den Schadensersatzanspruch, der gemäß § 9 UWG nur Mitbewerbern zusteht. Mitbewerber ist gemäß § 2 Abs. 1 Nr. 3 jeder Unternehmer, der

---

[25] Vgl. dazu ausführlich *Boesche*, Rn. 84 ff.
[26] Legitimiert sind zum Beispiel auch der „Deutsche Schutzverband gegen Wirtschaftskriminalität e. V.", dazu *BGH*, Urt. v. 2. 2. 1995, Az. I ZR 39/93, WRP 1995, 591, 593 f. – Gewinnspiel II sowie Kammern der freien Berufe, dazu *BGH*, Urt. v. 26. 10. 1989, Az. I ZR 242/87, BGHZ 109, 153, 155 f. – Rechtsanwaltskammer; *BGH*, Urt. v. 20. 5. 1999, Az. I ZR 42/97, GRUR 1999, 1104, 1105 – Privatärztlicher Bereitschaftsdienst.

mit einem oder mehreren Unternehmern als Anbieter oder Nachfrager von Waren oder Dienstleistungen in einem konkreten Wettbewerbsverhältnis steht. Das ist hier nicht der Fall, da zwischen K und M und S überhaupt kein Konkurrenzverhältnis besteht.

III. Gewinnabschöpfungsanspruch

Die Aktivlegitimation für den Gewinnabschöpfungsanspruch entspricht derjenigen für den Unterlassungs- und Beseitigungsanspruch. Insoweit kann nach oben verwiesen werden.

D. Zusätzliche Anspruchsvoraussetzungen bei Unterlassung und Schadensersatz

I. Wiederholungsgefahr beim Unterlassungsanspruch

N könnte einen Unterlassungsanspruch nach § 8 Abs. 1 S. 1 i. V. m. § 3 UWG geltend machen. Dafür müsste außerdem Wiederholungsgefahr vorliegen.[27] Sie besteht, wenn die Wiederholung des wettbewerbswidrigen Verhaltens oder eines zumindest im Kern gleichartigen Verhaltens objektiv möglich ist und ernsthaft droht. Liegt wie in diesem Fall bereits ein Wettbewerbsverstoß vor, so wird dies tatsächlich und widerlegbar vermutet[28] und die Wiederholungsgefahr entfällt nur, wenn der Verpflichtete das Gegenteil beweist oder eine strafbewehrte Unterlassungserklärung abgibt. Beides ist vorliegend nicht geschehen, und zwar weder durch S noch durch N, so dass von Wiederholungsgefahr ausgegangen werden kann.

II. Schadensersatzanspruch

1. Verschulden

Für einen Schadensersatzanspruch müssten N und S außerdem schuldhaft gehandelt haben. Dabei gilt grundsätzlich der Maßstab des § 276 BGB, d. h. der Verletzte haftet für vorsätzliches und fahrlässiges Verhalten.[29] Allein die Kenntnis der die Unlauterkeit begründenden Umstände reicht jedoch nicht.[30] S und N handelten vorliegend zumindest fahrlässig, denn sie hätten erkennen können, dass es sich bei den von ihnen herausgestellten besonders kundenfreundlichen Aspekten um gesetzliche Vorgaben handelt, deren Hervorhebung einen falschen Eindruck beim Verbraucher hervorzurufen geeignet ist. Damit haben sie die im Verkehr übliche Sorgfalt außer Acht gelassen. Die Verschuldensvoraussetzung ist also erfüllt.

2. Kausaler Schaden

Desweiteren müsste ein kausaler Schaden entstanden sein, d. h. ein eventueller Schaden müsste durch die unlautere Wettbewerbshandlung verursacht worden sein.

---

[27] Der sog. vorbeugende Unterlassungsanspruch nach § 8 Abs. 1 S. 2 i. V. m. § 3 UWG fordert stattdessen eine Erstbegehungsgefahr, d.h. die hinreichende Wahrscheinlichkeit eines bevorstehenden erstmaligen Verstoßes durch eine Wettbewerbshandlung, § 2 Abs. 1 Nr. 1 UWG.
[28] *BGH*, Urt. v. 5. 12. 1975, Az. I ZR 122/74, GRUR 1976, 256 f. – Rechenscheibe; *BGH*, Urt. v. 25. 10. 2001, Az. I ZR 29/99, GRUR 2002, 717, 719 – Anwalts-GmbH; *Bornkamm*, in: Hefermehl/Köhler/Bornkamm, § 8 Rn. 1.33 ff. Dazu auch *Boesche*, Rn. 87.
[29] *Köhler*, in: Hefermehl/Köhler/Bornkamm, § 9 Rn. 1.17; *Piper*, in: Piper/Ohly, § 9 Rn. 5.
[30] *Köhler*, in: Hefermehl/Köhler/Bornkamm, § 9 Rn. 1.17.

Merke: Das UWG 2009 enthält im Anhang zu § 3 Abs. 3 eine „schwarze Liste" mit verbraucherschützenden per se-Verboten. Die dort enthaltenen Tatbestände sind stets an erster Stelle zu prüfen und ohne Rücksicht auf die sonstigen Umstände des Falles sowie ohne Spürbarkeitsprüfung, wie sie § 3 Abs. 1 UWG verlangt, unzulässig. Das dort beschriebene Verhalten kann zusätzlich auch nach den anderen Tatbeständen des UWG unlauter sein.

Im Anschluss erfolgt eine Prüfung des § 3 Abs. 1 i.V.m. §§ 4–6 UWG. Im Verhältnis dazu stellt § 3 Abs. 2 UWG in Umsetzung der Generalklausel in Art. 5 Abs. 2 UGP-RL einen Auffangtatbestand für alle nicht erfassten Fälle dar, die Verbraucherinteressen verletzen.

Spürbarkeit im Sinne des Art. 3 Abs. 1 UWG liegt immer dann vor, wenn eine Handlung geeignet ist, die Interessen von Verbrauchern oder Mitbewerbern zu beeinträchtigen. Dies ist der Fall, wenn Handlungs- und Entscheidungsfreiheiten eingeschränkt werden.

Fall 7. Verletzung von Aufklärungspflichten

Sachverhalt

A handelt mit Elektronikprodukten, die er günstig durch Direktimporte aus China erwirbt und sowohl in seinem Ladengeschäft als auch auf der elektronischen Handelsplattform *ebay* vertreibt. Er bietet seine Produkte ausschließlich über sogenannte Auktionen an. Dabei können angemeldete Nutzer der Plattform bis zum vorher festgelegten Ende der Auktionsdauer ihre Höchstgebote abgeben. Der im Laufe der Auktion sich ändernde Preis des angebotenen Produktes errechnet sich immer nach dem zweithöchsten Gebot, erhöht um den Mindestgebotsschritt, zugunsten des Höchstbietenden. Den Zuschlag erhält der zum Zeitpunkt des Angebotsendes Höchstbietende zu dem nach diesem System angezeigten Preis, welcher also eventuell auch unter dem Höchstgebot, aber jedenfalls über dem zweithöchsten Gebot liegt. Der Plattformbetreiber hat ein Bewertungssystem eingerichtet, wonach die Käufer den Verkäufer nach abgeschlossener Transaktion anhand einer Bewertungsskala bewerten können. Die Anzahl der Bewertungen wird hinter dem Mitgliedsnamen angezeigt und beträgt bei A 346 Bewertungen.

Alle Angebotsseiten enthalten automatisch einen Hinweis darauf, ob der Anbieter als gewerblicher oder privater Verkäufer angemeldet ist. In Übereinstimmung mit den Angaben, die A bei der Anmeldung gegenüber dem Plattformbetreiber angegeben hatte, wird in Auktionen auf seine Anmeldung als privater Verkäufer hingewiesen. A fügt jeder Auktion auch einen Hinweis bei, wonach die gesetzlichen Gewährleistungspflichten ausgeschlossen sind, da es sich um ein privates Angebot handelt. Weitere Hinweise enthalten seine Angebote nicht.

A erweiterte sein Geschäft um gebrauchte Geräte. Diese erwirbt er ebenfalls auf der Handelsplattform *ebay* über einen weiteren nur zum Einkauf bestimmten Account, zu dem er sich ebenfalls als Privatperson anmeldet und als solche die Transaktionen mit den Verkäufern durchführt.

Der zweitgrößte Verbraucherverband Deutschlands V wird von X, der zufällig sowohl als Verkäufer als auch Käufer jeweils als Privatmann gegenüber A auftrat, auf diese Umstände hingewiesen. V beauftragt einen Anwalt damit, dem A eine Abmahnung sowie eine Aufforderung zur Abgabe einer strafbewehrten Unterlassungserklärung im Namen des V zuzusenden, da die eigene Rechtsabteilung des V zu dem Zeitpunkt ausgelastet war.

A gibt die gleichzeitig mit der Abmahnung geforderte strafbewehrte Unterlassungserklärung schriftlich sofort und direkt gegenüber V ab, weist aber die Abmahnung selbst gegenüber dem von V beauftragten Rechtsanwalt unverzüglich zurück, da dieser keine Vollmachtsurkunde beigelegt hatte.

Geläutert stellt A daraufhin seinen Geschäftsbetrieb bei *ebay* zeitweise ein. Er plant einen Neuanfang und meldet zwei neue gewerbliche Accounts an. Da sein Geschäftsbetrieb inzwischen soweit gewachsen war, dass er ihn als Einzelperson nicht mehr stemmen kann, stellt er einen zusätzliche Mitarbeiter (M) ein. Dieser soll ihm in Zukunft insbesondere mit der Angebotserstellung helfen. A beauftragt ihn damit, die neuen, um eine Vielzahl von Informationen erweiterten Auktionsangebote über einen der beiden gewerblichen Accounts zu starten. Infolge einer Unaufmerksamkeit nutzt

Fall 7. Verletzung von Aufklärungspflichten 57

M jedoch die alten Auktionsvorlagen und auch den alten Account. Die Angebote erscheinen daher in der ursprünglichen Form. Noch bevor A diesen Fehler bemerkt, erhebt V Klage vor dem Landgericht Berlin mit dem Antrag auf Unterlassung des bereits in der ersten Abmahnung umschriebenen Verhaltens und fordert A zur Zahlung der vereinbarten Vertragsstrafe auf.
1. *Hat V gegen A einen Anspruch auf Erstattung der Abmahnkosten?*
2. *Hat V einen Anspruch auf Zahlung der Vertragsstrafe?*
3. *Hat V gegen A aufgrund des Verhaltens des M einen Anspruch auf Unterlassung?*

Lösung

A. Anspruch auf Ersatz der Abmahnkosten

Ein Anspruch des V gegen A auf Ersatz der Abmahnkosten kann sich aus § 12 Abs. 1 S. 2 UWG ergeben. Erstattungsfähig sind grundsätzlich nur die erforderlichen Kosten einer begründeten und berechtigten Abmahnung. Eine Abmahnung ist begründet, wenn ihr ein Unterlassungsanspruch zugrunde liegt; sie ist berechtigt, wenn sie erforderlich ist, um dem Schuldner einen Weg zu weisen, den Gläubiger ohne Inanspruchnahme der Gerichte klaglos zu stellen.[1]

I. Fehlende Erforderlichkeit der geltend gemachten Kosten

Bereits an der Erforderlichkeit der geltend gemachten Kosten könnte es hier unabhängig vom Bestehen eines Anspruches dem Grunde nach fehlen, weil V einen externen Rechtsanwalt statt der eigenen Rechtsabteilung beauftragt hat. Ein Unternehmen kann regelmäßig die für eine Abmahnung entstandenen Anwaltskosten ersetzt verlangen, selbst wenn es über eine eigene Rechtsabteilung verfügt, die aber mit anderen Bereichen als dem Wettbewerbsrecht befasst ist.[2] Ein Verband hingegen ist gemäß § 8 Abs. 3 Nr. 2 UWG nur klage- und anspruchsbefugt, wenn er nach seiner personellen, sachlichen und finanziellen Ausstattung imstande ist, die satzungsmäßigen Aufgaben der Verfolgung gewerblicher oder selbstständiger beruflicher Interessen tatsächlich wahrzunehmen. Er muss daher selbständig in der Lage sein, das Wettbewerbsgeschehen zu beobachten und zu bewerten und damit auch ohne anwaltlichen Rat typische und durchschnittlich schwer zu verfolgende Wettbewerbsverstöße erkennen und abmahnen können.[3] Demnach sind Kosten für einen externen Anwalt nur in absoluten Ausnahmefällen erforderlich. Die Arbeitsüberlastung des Verbandes könnte einen solchen Ausnahmefall darstellen. Allerdings ist die Hinzuziehung eines Anwalts aus diesen Gründen nicht im Interesse des Abgemahnten, sondern dient allein dem Verein, da er nur dadurch seinem Verbandszweck gerecht wird. In eigener Sache entstandene Kosten sind aber nicht mehr im Interesse des Abgemahnten und daher nicht mehr erforderlich.[4] Folge ist allerdings kein

---
[1] *BGH*, Urt. v. 22. 1. 2009, Az. I ZR 139/07, WRP 2009, 441, 442 – pcb; *Bornkamm*, in: Hefermehl/Köhler/Bornkamm, § 12 Rn. 1.80.
[2] *BGH*, Urt. v. 8. 5. 2008, Az. I ZR 83/06, NJW 2008, 2651, 2652.
[3] *BGH*, Beschl. v. 18. 12. 2003, Az. I ZB 18/03, GRUR 2004, 448 – Auswärtiger Rechtsanwalt IV.
[4] Diese Interessenanbindung folgt aus der Herkunft des Anspruchs auf Ersatz der Abmahnkosten, der ursprünglich auf die GoA gestützt wurde, was z.B. im Markenrecht immer noch der Fall ist (siehe dazu Fall 15).

gänzlicher Ausschluss des Kostenanspruchs. Er ist lediglich beschränkt auf eine angemessene Pauschale in Höhe von 100 bis 200 €,[5] so dass ein Zahlungsanspruch deshalb nur der Höhe nach, nicht aber dem Grunde nach scheitert.

II. Fehlende Berechtigung der Abmahnung

Die Abmahnung könnte aber unberechtigt sein, was der Fall ist, wenn sie nicht erforderlich ist, um den Schuldner A einen Weg zu weisen, den V ohne Inanspruchnahme der Gerichte klaglos zu stellen. An der Erforderlichkeit könnte es fehlen, wenn die Abmahnung aufgrund der Zurückweisung durch A gemäß § 174 BGB unwirksam wäre.

§ 174 BGB müsste auf die wettbewerbsrechtliche Abmahnung Anwendung finden.[6] Da diese nicht auf die Herbeiführung einer bestimmten Rechtsfolge gerichtet und damit kein Rechtsgeschäft ist, scheidet eine direkte Anwendung aus. § 174 BGB findet aber über seinen Wortlaut hinaus auch auf die Vornahme rechtsgeschäftsähnlicher Handlungen Anwendung.[7] Rechtsgeschäftsähnliche Handlungen sind insbesondere Aufforderungen und Mitteilungen, die auf Ansprüche oder Rechtsverhältnisse Bezug nehmen und im Bewusstsein der dadurch ausgelösten Rechtsfolgen ausgesprochen werden, jedoch im Unterschied zu einseitigen Rechtsgeschäften nicht unmittelbar auf den Eintritt dieser Rechtsfolgen gerichtet sind oder gerichtet sein müssen.[8] Auch eine Abmahnung begründet nicht unmittelbar einen Anspruch, z.B. auf Erstattung der Abmahnkosten. Sie konkretisiert aber das gesetzliche Schuldverhältnis, welches durch die Verletzungshandlung zwischen Gläubiger und Schuldner entstanden ist und löst damit weitere Rechtsfolgen aus.[9] Aus dieser Sonderverbindung erwachsen dem Abgemahnten z.B. Aufklärungs- und Antwortpflichten.[10] Sie ist demnach eine rechtsgeschäftsähnliche Handlung. Die Beifügung eines Angebots auf ein vertragliches (zweiseitiges) Strafversprechen ändert an der Rechtsnatur der Abmahnung nichts, da es nur neben die Abmahnung tritt und sowohl formal als auch inhaltlich vollkommen unabhängig von der Verpflichtung des Abgemahnten zur Abgabe einer solchen Erklärung ist.[11] Der Anwendbarkeit des § 174 BGB kann jedenfalls nicht die Notwendigkeit von telefonischen Eilabmahnungen entgegengehalten werden.[12] Es bleibt dem Vertretenen in diesen Fällen unbenommen und ist

---

[5] Diese Pauschale beträgt derzeit laut *Bornkamm*, in: Hefermehl/Köhler/Bornkamm, § 12 Rn. 1.98 für die Zentrale zur Bekämpfung unlauteren Wettbewerbs (Wettbewerbszentrale), die einen umfangreichen gemeinnützigen Zweckbetrieb für den Abmahnbereich unterhält, 195,00 € zzgl. 7% MWSt.

[6] Umstritten, siehe dazu den Überblick bei *Schneider*, UFITA 2009, Heft 3.

[7] Vgl. Palandt/*Heinrichs*, § 174 Rn. 2 m.w.N. Daher findet § 174 BGB etwa auf die Mahnung, Mieterhöhungserklärungen i.S.d. § 558a BGB und Fristsetzungen entsprechend Anwendung.

[8] *BGH*, Urt. v. 17. 10. 2000, Az. X ZR 97/99, NJW 2001, 289, 290.

[9] *BGH*, Urt. v. 19. 6. 1986, Az. I ZR 65/84, GRUR 1987, 54, 55 – Aufklärungspflicht des Abgemahnten; *BGH*, Urt. v. 5. 5. 1988, Az. I ZR 151/86, GRUR 1988, 716, 717 – Aufklärungspflicht gegenüber Verbänden; *BGH*, Urt. v. 1. 12. 1994, Az. I ZR 139/92, GRUR 1995, 167, 169 – Kosten bei unbegründeter Abmahnung; *Bornkamm*, in: Hefermehl/Köhler/Bornkamm, § 12 Rn. 1.11; *Büscher*, in: Fezer, UWG, § 12 Rn. 31; *Piper*, in: Piper/Ohly, § 12 Rn. 19 f.

[10] *Bornkamm*, in: Hefermehl/Köhler/Bornkamm, § 12 Rn. 1.61 f. So ist der Abgemahnte etwa verpflichtet, den Zweitabmahner über eine bereits abgegebene Unterlassungserklärung gegenüber einem Erstabmahner und den damit verbundenen Wegfall der Wiederholungsgefahr zu unterrichten, will er sich nicht schadensersatzpflichtig machen.

[11] *Piper*, in: Piper/Ohly, § 12 Rn. 9.

[12] So aber *Brüning*, in: Harte-Bavendamm/Henning-Bodewig, § 12 Rn. 31.

ihm auch zumutbar, fernmündlich auf die Bevollmächtigung hinzuweisen,[13] was gemäß § 174 S. 2 BGB die Zurückweisungsbefugnis ausschließt.

Findet § 174 BGB Anwendung, ist die von A mangels beigefügter Vollmacht unverzüglich zurückgewiesene Abmahnung unwirksam. Fraglich ist jedoch, ob sie deshalb auch nicht berechtigt da nicht erforderlich i.S.d. § 12 Abs. 1 S. 2 UWG war. Dagegen spricht, dass auch die rechtsunwirksame Abmahnung ihre Funktion erfüllt hat; denn A hat durch Abgabe der Unterlassungserklärung eine etwaige bestehende Wiederholungsgefahr ausgeräumt und ist damit einem Gerichtsverfahren entgangen. Auf der anderen Seite dient die Abmahnung auch dem Schutz des Abgemahnten. Nur dieser Umstand rechtfertigt eine Kostenerstattung. Zwar hat A gegenüber dem richtigen Gläubiger eine strafbewehrte Unterlassungserklärung abgegeben, also demjenigen, der auch bereit ist, den Verstoß gerichtlich zu verfolgen. Ein solcher ernsthafter Verfolgungswille im Falle eines Verstoßes gegen die Unterlassungsverpflichtung ist zwingende Voraussetzung für die Ausräumung einer Wiederholungsgefahr durch Abgabe einer solchen Erklärung.[14] Allerdings konnte er sich dessen nicht sicher sein. Er wusste nicht, ob V wirklich an der Verfolgung des Verstoßes interessiert war, da er nicht genau wissen konnte, ob dieser den handelnden Anwalt beauftragt und bevollmächtigt hatte, so dass die Abmahnung dem A auch keinen sicheren Weg zur Vermeidung eines Prozesses aufzeigte. Die Abgabe der Erklärung erfolgte auf eigenes Risiko. Demnach führt die zivilrechtliche Unwirksamkeit der Abmahnung gemäß § 174 BGB hier auch zu einem Wegfall der Erforderlichkeit i.S.d. § 12 Abs. 1 S. 2 UWG.[15]

V hat keinen Anspruch gegen A auf Ersatz der Abmahnkosten.[16]

B. Anspruch auf Zahlung der Vertragsstrafe

V könnte gegen A einen Anspruch auf Zahlung einer Vertragsstrafe aufgrund der von A abgegebenen strafbewehrten Unterlassungserklärung haben.

I. Wirksames Strafversprechen

Die neben einem Strafversprechen eingegangene Unterlassungsverpflichtung des Schuldners ist ein abstraktes Schuldversprechen, dessen Annahme durch den Gläubiger ein Dauerschuldverhältnis begründet.[17] Das Strafversprechen ist daher ein unselbständiges i.S.d. § 339 BGB und von der Wirksamkeit der Unterlassungsverpflichtung abhängig (§ 344 BGB). Diese unterliegt dem Formzwang des § 780 BGB, dem hier durch schriftliche Abfassung der Erklärung jedoch genügt ist. Weitere Wirksamkeitshindernisse sind weder für die Unterlassungsverpflichtung noch das Vertragsstrafeversprechen ersichtlich.

---

[13] Vgl. *Schramm*, in: MünchKommBGB, § 174 Rn. 7 ff. mit zahlreichen Nachweisen; *Piper*, in: Piper/Ohly, § 12 Rn. 9.
[14] Vgl. *Bornkamm*, in: Hefermehl/Köhler/Bornkamm, § 12 Rn. 1.146.
[15] Auch einer Mahnung, die gemäß § 174 BGB zu Recht zurückgewiesen wurde, misst der BGH keine Wirkungen bei (*BGH*, Urt. v. 25. 11. 1982, Az. III ZR 92/81, NJW 1983, 1542).
[16] Wer hier zu einem anderen Ergebnis kommt, muss bereits im Rahmen des Kostenerstattungsanspruchs inzident das unter III. und IV. Geprüfte ansprechen, da eine berechtigte Abmahnung das Bestehen von Unterlassungsansprüchen verlangt.
[17] *BGH*, Urt. v. 12. 7. 1995, Az. I ZR 176/93, GRUR 1995, 678, 679 – Kurze Verjährungsfrist; *BGH*, Urt. v. 5. 3. 1998, Az. I ZR 202/95, GRUR 98, 953, 954 – Altunterwerfung III.

II. Verwirkung der Strafe

Die Strafe ist dann verwirkt, wenn gegen die geschuldete Unterlassung schuldhaft[18] zuwidergehandelt wurde (§ 339 S. 2 BGB). Geschuldet war, keine Auktionen im alten Stil auf der Handelsplattform ebay zu veranstalten.

Selbst hat A nicht gegen dieses Versprechen verstoßen, sondern sein Mitarbeiter. Dieser ist jedoch als Arbeitnehmer ein Erfüllungsgehilfe des A gemäß § 278 BGB. Dessen Verschulden wird A folglich zugerechnet, so dass die Vertragsstrafe als verwirkt anzusehen ist.

V hat gegen A einen Anspruch auf Zahlung der vereinbarten Vertragsstrafe aus dem vereinbarten Vertragsstrafeversprechen.

C. Unterlassungsanspruch wegen Verstoßes gegen Nr. 23 des Anhangs zu § 3 Abs. 3 UWG

Neben dem Anspruch auf Vertragsstrafe kommt auch ein Unterlassungsanspruch gemäß § 8 Abs. 1 u. 3 Nr. 2 UWG wegen Verstoßes gegen Nr. 23[19] des Anhangs zu § 3 Abs. 3 UWG in Betracht.[20] § 3 Abs. 3 UWG stellt in Zusammenhang mit den im Anhang aufgeführten Verhaltensweisen einen Katalog per se unzulässiger Verhaltensweisen auf. Die die Rechtsfolge der Unzulässigkeit tritt unabhängig von § 3 Abs. 1 UWG ein und ist vorrangig zu prüfen.

I. Unzulässige Angebotstätigkeit

A könnte durch seine Angebote über seine Eigenschaft als Unternehmer eine unwahre Angabe i.S.d. Nr. 23 gemacht haben, die eine Konkretisierung des Irreführungsgebotes darstellt.[21] Im vorliegenden Fall hat jedoch nicht A selbst, sondern M entgegen seinen Anweisungen die Angebote erstellt. Allerdings könnte dessen Verhalten dem A zuzurechnen sein. Darauf kommt es jedoch nur dann an, wenn das Verhalten des M gegen § 3 Abs. 3 i.V.m. Nr. 23 des Anhangs verstößt.

§ 3 Abs. 3 UWG fordert das Vorliegen einer geschäftlichen Handlung.[22] Die Auktionen startete M im Namen des A. Sie dienten mithin dessen Absatzförderung und erfolgten damit zugunsten eines fremden Unternehmens i.S.d. § 2 Abs. 1 Nr. 1 UWG.

Die Angebote müssten eine unwahre Angabe enthalten. Bei diesen findet sich hinter dem Namen des Verkäufers, unter dem er auf der Handelsplattform auftritt, auch ein Hinweis über die (Nicht-)Gewerblichkeit des jeweiligen Verkäufers. Entsprechend seiner Anmeldung ist A in seinen Angeboten als privater Verkäufer gekennzeichnet.

---

[18] *Gottwald*, in: MünchKommBGB, § 339 Rn. 38.
[19] Die Regelung entspricht der Nr. 22 des Anhangs I der UGP-RL.
[20] Zur parallelen Geltung *Bornkamm*, in: Hefermehl/Köhler/Bornkamm, § 12 Rn. 1.157. Hinsichtlich der unmittelbaren gerichtlichen Geltendmachung kann aufgrund der Historie auf eine Abmahnung gemäß § 12 Abs. 1 S. 1 UWG verzichtet werden. Der erneute Verstoß trotz Unterlassungsvertrag ist einer Berühmung der Rechtmäßigkeit eines Verhaltens gleichzustellen.
[21] *Bornkamm*, in: Hefermehl/Köhler/Bornkamm, Anh. zu § 3 Abs. 3 Rn. 23.2.
[22] Im Normalfall kann diese Prüfung inzident im Unternehmerbegriff erfolgen, da alle Verhaltensweisen die eines Unternehmers (§ 2 Abs. 1 Nr. 6 i.V.m. Nr. 1 UWG) gegenüber einem Verbraucher sein müssen.

Fall 7. Verletzung von Aufklärungspflichten

A könnte aber bei den Angeboten als Unternehmer gemäß § 2 Abs. 1 Nr. 6 i. V. m. Nr. 1 UWG gehandelt haben, was eine geschäftliche Handlung auch des A verlangt. Speziell hinsichtlich der ebay-Plattform, auf der sowohl Private als auch Gewerbetreibende in gleicher Weise tätig sein können, liegt eine solche jedenfalls bei Fallgestaltungen nahe, in denen ein Anbieter wiederholt mit gleichartigen, insbesondere auch neuen Gegenständen handelt. Auch wenn ein Anbieter von ihm zum Kauf angebotene Gegenstände erst kurz zuvor erworben hat, spricht dies für eine entsprechende Gewinnerzielungsabsicht und damit für ein Handeln im geschäftlichen Verkehr. Schließlich deutet auch die Tatsache, dass der Anbieter ansonsten gewerblich tätig ist, auf eine geschäftliche Tätigkeit hin.[23] Soweit A hier mit seiner regelmäßigen Händlertätigkeit im Rahmen seines Geschäftsbetriebes tätig wurde, handelte er als Unternehmer i. S. d. § 2 Abs. 1 Nr. 6 i. V. m. Nr. 1 UWG.

Demnach hat M mit den Angeboten über die Tätigkeit des A als Gewerbetreibender ausdrücklich getäuscht. Die Unlauterkeit ist damit abschließend beurteilt. Es bedarf keiner gesonderten Feststellung der Spürbarkeit. Auch die Rechtswidrigkeit der Maßnahme darf ebenso wie ein subjektives Moment der Unlauterkeit nicht gesondert geprüft werden, da eine uneingeschränkte Verbotswirkung nicht nur dem Wortlaut des § 3 Abs. 3 UWG entspricht, sondern auch durch den Richtliniengesetzgeber so vorgesehen ist.

II. Unzulässige Nachfragetätigkeit

Anders als die zugrundeliegende Richtlinienbestimmung[24] findet der Anhang zu § 3 Abs. 3 UWG aufgrund der erweiterten Definition der geschäftlichen Handlung in § 2 Abs. 1 Nr. 1 UWG in zulässiger Weise[25] auch auf die Nachfragetätigkeit eines Unternehmers Anwendung. Da Nr. 23 des Anhangs insoweit über die Richtlinie hinausgeht, kann sie weitgehend richtlinienunabhängig ausgelegt werden.

Indem A auf der Handelsplattform ebay als privater Bieter aufgetreten ist, hat er eine unwahre Angabe gemacht bzw. zumindest den Eindruck vermittelt, er handele nicht im Rahmen seines Gewerbes.

Fraglich ist jedoch, ob dies allein zur Unzulässigkeit des Verhaltens führt. Das Auftreten des A als Privatmann ändert nämlich an der Situation eines privaten Verkäufers nichts. Dieser hat nur einen begrenzten Einfluss darauf, wer auf seine Auktionen bietet. Er kann im Vorfeld den potentiellen Kundenkreis nicht auf nichtgewerbliche Bieter beschränken. Ein gültiger Vertrag kommt daher unabhängig davon zustande, ob der Käufer gewerblich oder privat handelt. Auch die Vertragsbedingungen (Gewährleistung etc.) bleiben gleich. Da auch Gebote im letzten Moment möglich sind, hat auch der Anbieter keine Möglichkeit, vor Ablauf der Auktion die Gebote von Gewerbetreibenden für ungültig zu erklären, wobei die Rechtswirksamkeit dieses Verhaltens wegen § 145 BGB ohnehin fraglich erscheint.[26] Selbst eine Anfechtung wegen Irrtums über die Eigenschaft als Gewerbetreibender gemäß § 119 Abs. 2 BGB kommt nicht in Betracht, da das Auktionssystem von vornherein ein relevantes „Gedankenmachen" darüber nicht zulässt. Sofern ein Anbieter nicht

---

[23] *BGH*, Urt. v. 19. 4. 2007, Az. I ZR 35/04, GRUR Int 2007, 933, 935 – Internet-Versteigerung II.
[24] Nr. 22 des Anhangs I der UGP-RL.
[25] *Köhler/Bornkamm*, in: Hefermehl/Köhler/Bornkamm, Anh. zu § 3 Abs. 3 Rn. 0.11.
[26] Das *LG Berlin*, Urt. v. 20. 7. 2004, Az. 4 O 293/04, NJW 2004, 2831, 2832, weist darauf hin, dass das mit dem Einstellen abgegebene Angebot zum Vertragsschluss mit dem Höchstbietenden gemäß § 145 BGB bindend ist (ebenso *LG Cottbus*, Beschl. v. 18. 10. 2004, Az. 1 S 116/04).

ausdrücklich in seinem Angebot auf den Ausschluss von Gewerbetreibenden hinweist, was hier jedoch in keinem Fall passiert ist und woran der Anbieter regelmäßig auch kein Interesse hat,[27] hat das Verhalten des A auf der Auktionsplattform ebay keinen Einfluss auf die Entscheidung des anbietenden Verbrauchers. Allenfalls gegenüber Gewerbetreibenden könnte das Nichtkenntlichmachen der Unternehmenseigenschaft die Gefahr der missbräuchlichen Inanspruchnahme von Verbraucherrechten (z. B. des Widerrufsrechts) begründen. Auf diese Konstellation findet Nr. 23 gemäß § 3 Abs. 3 UWG aber keine Anwendung, der nur geschäftliche Handlungen gegenüber Verbrauchern erfasst.

Fraglich ist daher, ob ein ungeschriebenes Merkmal der Marktrelevanz zu fordern ist, mit dem offensichtlich folgenlose Verstöße wie im vorliegenden Fall vom Anwendungsbereich des per se-Verbotes ausgenommen werden können. Dagegen spricht, dass ein solches auch bei der Angebotstätigkeit nicht gefordert wird und es somit zu einer systematischen Spaltung bei der Anwendung des Unlauterkeitsrechts kommt. Anders als bei der Verschleierung gewerblicher Nachfragetätigkeit besteht aber bei der nicht offengelegten gewerblichen Angebotstätigkeit von vornherein die Gefahr der Vorenthaltung von Verbraucherrechten. Als Gefahrenabwehrtatbestand macht ein per se-Verbot daher durchaus Sinn. Anders ist dies jedoch – wie dieser Fall exemplarisch zeigt – im Falle der Nachfrage. Zwar könnte der Gewerbetreibende im Einzelfall seine überlegene Fachkenntnis in unlauterer Weise verbergen, allerdings liegt der Vorwurf dann nicht in der fehlenden Offenlegung als solche, sondern der Irreführung und des Ausnutzens von Schwächen des Vertragspartners. Ein Verbot ohne Gefahr für irgendwelche Interessen der Marktteilnehmer würde auch nicht mehr vom Schutzzweck des § 1 UWG gedeckt sein. Daher ist für die Nachfragetätigkeit und damit außerhalb des Anwendungsbereichs der UGP-RL eine einschränkende Auslegung vorzunehmen und um das ungeschriebene Tatbestandsmerkmal der Marktrelevanz zu ergänzen.

Da die fehlende Kundgabe im konkreten Fall das Verhalten der Verbraucher nicht beeinflusst hat oder beeinflussen konnte, ist die Marktrelevanz zu verneinen. Ein Unterlassungsanspruch des V kann folglich nicht zusätzlich auf eine unzulässige Nachfragetätigkeit gestützt werden.

III. Weitere Anspruchsvoraussetzungen

Die für einen Unterlassungsanspruch erforderliche Wiederholungsgefahr wird durch den einmaligen Verstoß indiziert. V ist gemäß § 8 Abs. 3 Nr. 2 UWG aktivlegitimiert.

A müsste auch der richtige Anspruchsgegner sein (Passivlegitimation). Ein Unterlassungsanspruch richtet sich grundsätzlich gegen den Zuwiderhandelnden, wobei zwischen Täter und Teilnehmer zu unterscheiden ist. Täter ist, wer die Zuwiderhandlung willentlich selbst oder durch einen Anderen (mittelbare Täterschaft) begeht. Teilnehmer (Anstifter oder Gehilfe) ist, wer einen solchen Verstoß eines Dritten bewusst fördert. Da A hier keine Kenntnis von dem Verstoß hatte und auch nicht damit rechnen musste, kommt er als unmittelbarer Verletzer nicht in Betracht. Er könnte jedoch als sonstiger mittelbarer Verursacher (Störer) anzusehen sein, dessen Haftung ein für die Wettbewerbshandlung adäquat kausales Verhalten, die Möglichkeit der Verhinderung des Erfolges und die Vernachlässigung einer dahingehen-

---

[27] Sofern er nicht andere als finanzielle Interessen verfolgt, ist er an einem großen Bieterkreis interessiert, der einen höheren Endpreis verspricht.

Fall 7. Verletzung von Aufklärungspflichten

den Prüfungspflicht voraussetzt. Hier könnte den A als Unternehmensinhaber eine solche Prüfungspflicht treffen. Ob gegen derartige Pflichten verstoßen wurde kann jedoch offen bleiben,[28] wenn A jedenfalls gemäß § 8 Abs. 2 UWG als Unternehmensinhaber der richtige Anspruchsgegner ist. Dabei handelt es sich um eine Erfolgshaftung ohne Entlastungsmöglichkeit, so dass es auch auf die Kenntnis des A nicht ankommt.[29] Hier hat ein Verhalten seines Mitarbeiters M zu dem Verstoß geführt. Da A auch als Unternehmensinhaber auftritt, hat V gegen A einen Anspruch auf zukünftige Unterlassung derartiger Angaben in seinen Online-Angeboten.

D. Unterlassungsanspruch gemäß § 8 Abs. 1 i. V. m. § 3 Abs. 1 i. V. m. §§ 4, 5, 5 a UWG

V könnte gegen A auch ein Unterlassungsanspruch gemäß § 8 Abs. 1 u. 3 Nr. 2 UWG wegen Verstoßes gegen § 3 Abs. 1 UWG, konkretisiert durch einen der Unlauterkeitstatbestände des §§ 4 und 5, 5 a UWG, zustehen.

I. Unlauterkeit gemäß § 4 Nr. 11 UWG i. V. m. § 312 c Abs. 1 S. 1 BGB

Ein Anspruch des V gemäß § 8 Abs. 3 Nr. 2 UWG könnte sich auch aufgrund eines Verstoßes gegen §§ 3 Abs. 1, 4 Nr. 11 UWG i. V. m. § 312 c Abs. 1 S. 1 BGB ergeben. Auch hier kommt wieder eine Zurechnung des Verhaltens des M in Betracht, der als Mitarbeiter ebenfalls im geschäftlichen Verkehr handelte. Er müsste weiterhin gegen eine gesetzliche Vorschrift verstoßen haben, die im Interesse der Marktteilnehmer das Marktverhalten regelt.

1. Verstoß gegen eine gesetzliche Vorschrift

In Betracht kommt ein Verstoß gegen § 312 c Abs. 1 S. 1 BGB, da die Angebote des A keinerlei Angaben über die Rechte des Käufers enthielten, also auch nicht über ein etwaiges Widerrrufsrecht. Nach § 312 c Abs. 1 S. 1 BGB hat der Unternehmer bei Fernabsatzverträgen dem Verbraucher rechtzeitig vor Abgabe von dessen Vertragserklärung in einer dem eingesetzten Fernkommunikationsmittel entsprechenden Weise klar und verständlich die Informationen zur Verfügung zu stellen, für die dies nach Art. 240 EGBGB i. V. m. § 1 Abs. 1 Nr. 10 BGB-InfoV bestimmt ist, also auch Informationen über die Rechtsfolgen des Widerrufs. Diese fehlen bei A, obwohl A Unternehmer i. S. d. § 14 BGB ist, sein Angebot sich jedenfalls auch an Verbraucher richtet und das Anbieten über das Internet unter Einsatz von Fernkommunikationsmitteln erfolgt.

Jedoch könnte die Hinweispflicht gemäß § 312 d Abs. 4 Nr. 5 BGB ausgeschlossen sein. Dann müsste es sich bei der Auktion um eine Versteigerung gemäß § 156 BGB handeln. Nach § 156 S. 1 BGB kommt bei einer Versteigerung der Vertrag erst durch den Zuschlag zustande. Der Zuschlag ist die Willenserklärung eines Auktionators, mit der dieser das Gebot eines Bieters annimmt.[30] Zweifel an der Anwend-

---

[28] Bejaht werden kann sie mit dem Hinweis auf die Unerfahrenheit des M, welche A erhöhte Sorgsamkeitsanforderungen abverlangt.
[29] Diese strenge Regelung dient dazu, dass der Unternehmensinhaber sich nicht durch die Ausgestaltung seiner Unternehmensstruktur der Haftung entziehen kann, er sich also nicht hinter Mitarbeitern oder von ihm beauftragten Dritten „versteckt".
[30] *BGH*, Urt. v. 24. 4. 1998, Az. V ZR 197/97, NJW 1998, 2350.

barkeit von § 156 BGB bestehen aber deshalb, weil es an einem individuell steuernden Auktionator fehlt. Vielmehr wird die Auktion in einem technischen Vorgang automatisch nach Zeitablauf beendet. Zwar könnte man den Vertrag als im Wege des „Zuschlags durch Zeitablauf" zustande gekommen ansehen, indem der Zuschlag als Annahmeerklärung durch den Zeitablauf der Auktion ersetzt worden sei. Dagegen spricht jedoch, dass der Zuschlag als Voraussetzung des Vertragsschlusses gemäß § 156 BGB eine Willenserklärung verlangt, also die auf die Herbeiführung eines rechtsgeschäftlichen Erfolgs gerichtete Äußerung einer Person, im vorliegenden Fall einer dritten Person, nämlich des Auktionators. Der bloße Zeitablauf, mit dem die Internet-Auktion endet, ist aber keiner dritten Person zurechenbar. Vielmehr bestimmt A mit der Festlegung der Laufzeit der Internet-Auktion gemäß § 148 BGB eine Frist für die Annahme seines Angebots durch den Meistbietenden. Er hat das Ingangsetzen der im Voraus genau bestimmten Bedingungen für den Vertragsschluss in der Hand. Die vertragliche Bindung der Parteien beruht folglich nicht auf dem Ablauf dieser Frist, sondern auf ihren – innerhalb der Laufzeit der Auktion wirksam abgegebenen – Willenserklärungen. Das Angebot ist dabei an den Meistbietenden gerichtet. Dass damit erst nach Auktionsende feststeht, wer als Meistbietender Vertragspartner des A geworden war, berührt die Wirksamkeit eines Angebots nicht. Zwar richtete es sich damit nicht an eine konkret bezeichnete Person (ad incertam personam). Sie genügte aber dem Bestimmtheitserfordernis, weil zweifelsfrei erkennbar war, mit welchem Auktionsteilnehmer der A abschließen wollte, nämlich nur mit dem, der innerhalb des festgelegten Angebotszeitraumes das Höchstgebot abgibt, der zudem nur ein angemeldeter Nutzer der ebay-Plattform sein kann.[31]

Der bei der Internet-Auktion geschlossene Kaufvertrag kommt damit nicht nach § 156 BGB durch den Zuschlag eines Auktionators zustande, sondern durch zwei korrespondierende Willenserklärungen in Form des Angebots und der Annahme gemäß §§ 145 ff. BGB. § 312 c Abs. 1 BGB findet mithin Anwendung.

2. Marktverhaltensregelung im Interesse der Marktteilnehmer

Diese Vorschrift müsste auch das Marktverhalten regeln, um beachtlich im Sinne des § 4 Nr. 11 UWG zu sein. Als Marktverhalten ist jede Tätigkeit auf einem Markt anzusehen, durch die ein Unternehmer auf die Mitbewerber, Verbraucher oder sonstige Marktteilnehmer einwirkt. Erforderlich ist demnach eine Verpflichtung mit Außenwirkung. Dazu gehört insbesondere auch das Hinwirken auf den Abschluss von Verträgen.[32] § 312 c Abs. 1 BGB ist somit eine Marktverhaltensregelung. Diese müsste auch im Interesse der Marktteilnehmer bestehen. § 312 c Abs. 1 BGB ist eine Transparenzvorschrift, die dem Aufklärungsinteresse des Verbrauchers dient, der gemäß § 2 Nr. 2 UWG zu den Marktteilnehmern zählt. Folglich ist der Verstoß beachtlich i. S. d. § 4 Nr. 11 UWG.

II. Unlauterkeit gemäß §§ 3 Abs. 1 i.V.m. § 5 Abs. 1 S. 1, S. 2 Nr. 7 UWG

A hat ausdrücklich einen Ausschluss der in § 437 BGB geregelten Gewährleistungsrechte ausgesprochen, obwohl dies gemäß § 475 BGB nicht wirksam ist. Diese unwahre Angabe kann den nicht juristisch geschulten Verbraucher von der Geltendmachung seiner Rechte abhalten. Gleiches gilt für den Geschulten, da die Un-

---

[31] *BGH*, Urt. v. 7. 11. 2001, Az. VIII ZR 13/01, NJW 2002, 363, 364 – ricardo.de; *BGH*, Urt. v. 3. 11. 2004, Az. VIII ZR 375/03, NJW 2005, 53, 54 f.
[32] *Köhler*, in: Hefermehl/Köhler/Bornkamm, § 4 Rn. 11.34.

VII. Wiederholungsgefahr

Die von § 8 Abs. 1 S. 1 UWG geforderte Wiederholungsgefahr ist aufgrund des erneuten Verstoßes gegeben. A ist gemäß § 8 Abs. 2 UWG auch passivlegitimiert soweit die Verstöße durch M begangen wurden. V hat gegen A die geltend gemachten Unterlassungsansprüche.

> **Merke:** Ein Anspruch auf Ersatz der Abmahnkosten ergibt sich aus § 12 Abs. 1 S. 2 UWG. Erstattungsfähig sind nur die erforderlichen Kosten einer begründeten und berechtigten Abmahnung. Eine Abmahnung ist begründet, wenn ihr ein Unterlassungsanspruch zugrunde liegt; sie ist berechtigt, wenn sie erforderlich ist, um dem Schuldner einen Weg zu weisen, den Gläubiger ohne Inanspruchnahme der Gerichte klaglos zu stellen.
> § 174 BGB findet auf die Abmahnung Anwendung (str.), so dass eine mangels beigefügter Vollmacht unverzüglich zurückgewiesene Abmahnung unwirksam ist. Eine aufgrund einer wirksamen Abmahnung i.S.d. § 12 Abs. 1 S. 1 UWG abgegebene vertragliche Unterlassungsverpflichtung ist ein abstraktes Schuldversprechen, das dem Formzwang des § 780 BGB unterliegt und dessen Annahme durch den Gläubiger ein Dauerschuldverhältnis begründet. Das daneben regelmäßig abgegebene, aber rechtlich zu trennende Strafversprechen ist ein unselbständiges Versprechen i.S.d. § 339 BGB und von der Wirksamkeit der Unterlassungsverpflichtung abhängig (§ 344 BGB).
> Die Vertragsstrafe ist bei Zuwiderhandlung, egal ob selbst oder durch einen Erfüllungsgehilfen (§ 278 BGB), verwirkt. Die Unterlassungs- und Schadensersatzansprüche der §§ 8, 9 UWG sind daneben parallel anwendbar.
> Bei Unterlassungsansprüchen gewährt § 8 Abs. 2 UWG im Falle eines Verstoßes gegen das UWG durch einen Mitarbeiter eine eigene Anspruchsgrundlage gegen den Unternehmensinhaber, unabhängig von dessen Kenntnis oder entgegenstehendem Willen.
> Die per se-Verbote des Anhangs zu § 3 Abs. 3 UWG erfassen anders als die UGP-RL auch die Nachfragetätigkeit. Dies kann aber zu teleologisch unbeabsichtigten Ergebnissen führen, bei denen die einzelnen Tatbestände einschränkend auszulegen sind, um Fälle auszusondern, bei denen nicht einmal eine abstrakte Gefahr der Verletzung von Verbraucherinteressen vorliegt.
> § 3 UWG fordert für Unterlassungsansprüche, ausgehend vom Schutzzweck des UWG, nicht das Vorliegen eines subjektiven Tatbestandes in Form der Kenntnis der unlauterkeitsbegründenden Umstände.
> Das Lauterkeitsrecht als Sonderdeliktsrecht verlangt auch die Rechtswidrigkeit einer verletzenden Handlung, die grundsätzlich durch die Unlauterkeit indiziert ist und nur bei Vorliegen besonderer Rechtfertigungsgründe entfallen kann.

Fall 8. Vorsprung durch Rechtsbruch

Sachverhalt[*]

Der Inhaber A der Rathaus Apotheke analysiert eines Abends seine wirtschaftliche Situation und findet, er müsse mehr tun, um im Wettbewerb der Innenstadtapotheken besser zu bestehen. Ihm ist aufgefallen, dass ihn zunehmend Patienten aufsuchen, die Rezepte vorlegen über Arzneimittel, die in Deutschland nicht zugelassen sind und aus dem Ausland bezogen werden müssen. Andere Apotheker in der Innenstadt haben sich nach Kundenaussagen geweigert, diese Arzneimittel einzuführen. Außerdem ist A schon seit langem von den überall aufkommenden Kundenbindungssystemen begeistert und will ein solches in gleicher Weise umsetzen. Vor diesem Hintergrund lässt er den nachfolgenden Handzettel drucken und verteilen:

Ihre Rathaus-Apotheke – immer nah am Kunden!

Das Team der Rathaus-Apotheke bietet exzellenten Service:

... Am 1. 4. beginnt unsere große Rathaus–Groschen-Aktion: Jeder Kunde, der im Frühling ab dem 1. 4. ein Arzneimittel in unserer Apotheke erwirbt, erhält einen Rathaus-Groschen im Werte von einem Euro. Wer mehr als 5 Rathaus-Groschen gesammelt hat, kann diese bis zum Herbst beim Kauf eines Produktes in unserer Apotheke (mit Ausnahme verschreibungspflichtiger Arzneimittel) einlösen. Sammeln Sie mit!

Ihr Rathaus-Apotheken-Team

Schließlich wird A vom Pharmahersteller X eine Kooperation angeboten, die darin besteht, die verschreibungspflichtigen und generischen Arzneimittel des X vorrangig abzugeben, wenn und soweit A nicht verpflichtet ist, andere Arzneimittel bei Vorlage eines Rezeptes abzugeben. X sagt zu, sich erkenntlich zu zeigen.

Kann der ortsansässige und nach Maßgabe des Unterlassungsklagengesetzes als qualifizierte Einrichtung eingetragene Apothekerverband K von A Unterlassung der Rathaus-Groschen-Aktion verlangen? Kann K Gewinnabschöpfung wegen der Abgabe der verschreibungspflichtigen Arzneimittel des X verlangen?

§ 78 Abs. 1 AMG (Auszug)

(1) Das Bundesministerium für Wirtschaft und Technologie wird ermächtigt [...] durch Rechtsverordnung mit Zustimmung des Bundesrates
1. Preisspannen für Arzneimittel, die im Großhandel, in Apotheken oder von Tierärzten im Wiederverkauf abgegeben werden,
2. Preise für Arzneimittel, die in Apotheken oder von Tierärzten hergestellt und abgegeben werden, sowie für Abgabegefäße,
3. Preise für besondere Leistungen der Apotheken bei der Abgabe von Arzneimitteln festzusetzen. [...]

---

[*] Dem Sachverhalt liegen unter anderem die Entscheidungen des *OLG Frankfurt a. M.*, Urt. v. 20. 10. 2005, Az. 6 U 201/04, GRUR-RR 2006, 233 – Family Taler; *OLG Köln*, Beschl. v. 20. 9. 2005, Az. 6 W 112/05, GRUR 2006, 88 – Gutschein bei Arzneimittelkauf; *OLG Naumburg*, Urt. v. 26. 8. 2005, Az. 10 U 16/05, GRUR-RR 2006, 336 ff. – Einkauf-Gutschein zugrunde.

§ 1 Abs. 1 AMPrVO (Auszug)

(1) Für Arzneimittel, die im voraus hergestellt und in einer zur Abgabe an den Verbraucher bestimmten Packung in den Verkehr gebracht werden (Fertigarzneimittel) und deren Abgabe nach § 43 Abs. 1 des Arzneimittelgesetzes den Apotheken vorbehalten ist, werden durch diese Verordnung festgelegt
1. die Preisspannen des Großhandels bei der Abgabe im Wiederverkauf an Apotheken oder Tierärzte (§ 2),
2. die Preisspannen sowie die Preise für besondere Leistungen der Apotheken bei der Abgabe im Wiederverkauf (§§ 3, 6 und 7),
3. die Preisspannen der Tierärzte bei der Abgabe im Wiederverkauf an Tierhalter (§ 10).

§ 3 Abs. 1 AMPrVO (Auszug)

(1) Bei der Abgabe von Fertigarzneimitteln, die zur Anwendung bei Menschen bestimmt sind, durch die Apotheken sind zur Berechnung des Apothekenabgabepreises ein Festzuschlag von 3 Prozent zuzüglich 8,10 Euro sowie die Umsatzsteuer zu erheben. Soweit Fertigarzneimittel, die zur Anwendung bei Menschen bestimmt sind, durch die Apotheken zur Anwendung bei Tieren abgegeben werden, dürfen zur Berechnung des Apothekenabgabepreises abweichend von Satz 1 höchstens ein Zuschlag von 3 Prozent zuzüglich 8,10 Euro sowie die Umsatzsteuer erhoben werden. Bei der Abgabe von Fertigarzneimitteln, die zur Anwendung bei Tieren bestimmt sind, durch die Apotheken dürfen zur Berechnung des Apothekenabgabepreises höchstens Zuschläge nach Absatz 3 oder 4 sowie die Umsatzsteuer erhoben werden.

§ 10 ApoG (Auszug)

Der Erlaubnisinhaber darf sich nicht verpflichten, bestimmte Arzneimittel ausschließlich oder bevorzugt anzubieten oder abzugeben oder anderweitig die Auswahl der von ihm abzugebenden Arzneimittel auf das Angebot bestimmter Hersteller oder Händler oder von Gruppen von solchen zu beschränken.

Lösung

A. Rathaus-Groschen-Aktion

I. Unterlassungsanspruch aus §§ 8 Abs. 1, 3 Nr. 3, 4 Nr. 11 UWG

K könnte von A verlangen die Rathaus-Groschen-Aktion zu unterlassen, §§ 8 Abs. 1, 3 Nr. 3, 4 Nr. 11 UWG, § 78 AMG, § 1 AmPrVO, § 7 HWG.

1. Aktivlegitimation, § 8 Abs. 3 Nr. 2 UWG

K kann einen Anspruch wegen unlauteren Handelns im Wettbewerb nur geltend machen, wenn er aktivlegitimiert ist. Die Aktivlegitimation bestimmt sich nach § 8 Abs. 3 UWG. K ist ein Apothekerverband und eine qualifizierte Einrichtung im Sinne des Unterlassungsklagengesetzes. K ist nach § 8 Abs. 3 Nr. 3 UWG aktivlegitimiert.

2. Geschäftliche Handlung, § 2 Abs. 1 Nr. 1 UWG

Der Anwendungsbereich des UWG ist nur eröffnet, wenn eine geschäftliche Handlung im Sinne des § 2 Abs. 1 Nr. 1 UWG vorliegt.[1]

---
[1] *Köhler,* in: Hefermehl/Köhler/Bornkamm, § 2 Rn. 3.

Die geschäftliche Handlung setzt das Verhalten einer natürlichen oder juristischen Person voraus. Erfasst sind alle menschlichen Verhaltensweisen, insbesondere Äußerungen, Tun und Unterlassen, rechtliche und tatsächliche Handlungen.[2]

A ist Apotheker und eine natürliche Person. A's Rathaus-Groschen-Aktion müsste als Verhalten einen Unternehmensbezug aufweisen und dem eigenen oder einem fremden Unternehmen dienen.[3] Die Rathaus-Groschen-Aktion dient dem Unternehmen des A, der von ihm betriebenen Apotheke.

Schließlich muss es sich um ein Verhalten vor, bei oder nach einem Geschäftsabschluss handeln. Geschäftsabschluss sind nur solche Vereinbarungen, die zwischen einem Unternehmen mit einem Verbraucher oder einem sonstigen Marktteilnehmer im Vertikalverhältnis geschlossen werden.[4] Die Rathaus-Groschen-Aktion dient der Verbesserung der Geschäftsabschlüsse zwischen A und dessen Kunden. Umgesetzt wird die Aktion bei Abschluss von Verträgen, das ergibt sich aus der Ankündigung des A. Deshalb ist die Rathaus-Groschen-Aktion eine Aktion vor und bei Geschäftsabschluss.

Schließlich muss das Verhalten im Sinne einer geschäftlichen Handlung, § 2 Abs. 1 Nr. 1 UWG eine Marktbezug aufweisen, also nach außen in Erscheinung treten und nicht auf unternehmensinterne Vorgänge beschränkt bleiben.[5] Der Marktbezug der Rathaus-Groschen-Aktion ist klar ersichtlich.

Schließlich muss zwischen dem Verhalten und der Absatzförderung ein objektiver Zusammenhang bestehen. Dieser ist gegeben, wenn das Verhalten das Ziel hat, die Entscheidungen des Verbrauchers zu beeinflussen, wobei eine unmittelbare Kausalität zwischen Verhalten und Absatzförderung nicht erforderlich ist.[6] Eine objektiver Zusammenhang zwischen Verhalten des A und der Absatzförderung seiner Produkte ist hier gegeben.

Eine geschäftliche Handlung des A im Sinne des § 2 Abs. 1 Nr. 1 UWG liegt vor, der Anwendungsbereich des UWG ist eröffnet.

3. Zuwiderhandlung gegen eine gesetzliche Vorschrift, § 4 Nr. 11 UWG

Unlautere geschäftliche Handlungen sind verboten, § 3 Abs. 1 UWG. Fraglich ist, ob die Rathaus-Groschen-Aktion eine unlautere geschäftliche Handlung darstellt. Durch die §§ 4ff. UWG wird der Begriff der unlauteren geschäftlichen Handlung konkretisiert.[7]

A könnte mit seiner Rathaus-Groschen-Aktion gegen gesetzliche Vorschriften verstoßen und dadurch gegenüber anderen rechtstreuen Apothekern einen Wettbewerbsvorsprung erlangen. A könnte mit seiner Aktion gegen § 4 Nr. 11 UWG verstoßen.

a) Verstoß gegen das Arzneimittelpreisrecht

aa) § 78 AMG, AMPrVO als gesetzliche Vorschriften im Sinne des § 4 Nr. 11 UWG. A könnte gegen die Vorschriften des Arzneimittelpreisrechts verstoßen. Die Vorschriften des Arzneimittelpreisrechts sind nur dann Vorschriften im Sinne des § 4 Nr. 11 UWG, wenn sie eine marktverhaltensregelnde Funktion im Interesse der Marktteilnehmer haben. Marktverhalten ist jedes Verhalten, mit dem auf die

---
[2] *Köhler*, in: Hefermehl/Köhler/Bornkamm, § 2 Rn. 11.
[3] *Köhler*, in: Hefermehl/Köhler/Bornkamm, § 2 Rn. 17.
[4] *Köhler*, in: Hefermehl/Köhler/Bornkamm, § 2 Rn. 33.
[5] *Köhler*, in: Hefermehl/Köhler/Bornkamm, § 2 Rn. 35 f.
[6] *Köhler*, in: Hefermehl/Köhler/Bornkamm, § 2 Rn. 45, 47.
[7] *Köhler*, in: Hefermehl/Köhler/Bornkamm, § 4 Rn. 0.2.

Fall 8. Vorsprung durch Rechtsbruch

Marktbeteiligten eingewirkt wird.[8] Darüber hinaus muss die Vorschrift auch eine Schutzfunktion zugunsten der Marktteilnehmer haben.[9] Das ist bei den Vorschriften über das Arzneimittelpreisrecht der Fall.[10] Aufgabe des Arzneimittelpreisrechtes ist es, den Preiswettbewerb der Pharmahersteller gegenüber den Verbrauchern auszuschließen,[11] um einen Wettbewerb, der die Gesundheit der Bevölkerung außer Acht lässt, zu verhindern.

bb) Verstoß gegen §§ 1 Abs. 1 Nr. 2, 3 AMPrVO, § 78 AMG. Ein Verstoß gegen eine Vorschrift im Sinne des § 4 Nr. 11 UWG setzt voraus, dass der Tatbestand dieser Vorschrift erfüllt ist.

A bietet in seiner Rathaus-Groschen-Aktion an, auf jedes erworbene Arzneimittel einen Rathaus-Groschen zu verteilen, der einen Wert von einem Euro hat. Fünf solcher Rathaus-Groschen können in der Rathaus-Apotheke des A eingelöst werden, allerdings nicht auf verschreibungspflichtige Arzneimittel. Die Rathaus-Groschen sind also Gutscheine, die A beim Verkauf eines Arzneimittels an seine Patienten verteilt. Ein Gutschein ist ein Preisnachlass beim Wareneinkauf.[12]

Fraglich ist, ob diese Aktion gegen die Arzneimittelpreisverordnung verstoßen kann. Diese regelt auf der Grundlage des § 78 AMG die Preisbildung für verschreibungspflichtige Arzneimittel.

A könnte durch seinen Rathaus-Groschen gegen die Arzneimittelpreisverordnung, § 1 Abs. 1 Nr. 2, § 3 verstoßen haben. Die Arzneimittelpreisverordnung bestimmt in diesen Regelungen, in welcher Höhe Preisaufschläge durch den Apotheker auf die an Endverbraucher zu verkaufenden Arzneimittel vorzunehmen sind.

Gegen einen Verstoß gegen die Vorschriften der Arzneimittelpreisverordrung spricht, dass der Gutschein erst dann einen Nachlass gewährt, wenn er eingelöst wird.[13] Das ist der Fall bei einem der Abgabe des verschreibungspflichtigen Arzneimittels folgenden Einkauf. Ausdrücklich lässt A es nicht zu, die Rathaus-Groschen auch beim Erwerb verschreibungspflichtiger Arzneimittel einzulösen. Bei der Abgabe der verschreibungspflichtigen Arzneimittel wird der nach Maßgabe der Arzneimittelpreisverordnung zu verlangende Preis nicht unterschritten.

Dieser Auffassung wird entgegengehalten, dass schon bei Ausgabe des Rathaus-Groschens die Gegenleistung des Patienten für ein verschreibungspflichtiges Arzneimittel sich in Höhe des Wertes des Rathaus-Groschens verringert.[14] Tatsächlich aber kann der Rathaus-Groschen erst eingelöst werden, wenn mindestens fünf gesammelt wurden. Ein Groschen allein ist für sich wertlos. Darüber hinaus realisiert sich der Wert des Gutscheins erst, wenn der Patient auch tatsächlich sammelt. Es

---

[8] *Köhler*, in: Hefermehl/Köhler/Bornkamm, § 4 Rn. 11.34
[9] *Köhler*, in: Hefermehl/Köhler/Bornkamm, § 4 Rn. 11.35 b; *BGH*, Urt. v. 7. 11. 1980, Az. I ZR 160/78. GRUR 1981, 424, 426 – Tag der offenen Tür II.
[10] *OLG Naumburg*, Urt. v. 26. 8. 2005, Az. 10 U 16/05, GRUR-RR 2006, 336, 337 – Einkaufs-Gutschein; *Köhler*, in: Hefermehl/Köhler/Bornkamm, § 4 Rn. 11.138; a. A. *OLG Hamburg*, Urt. v. 26. 7. 2007, Az. 3 U 21/07, GRUR-RR 2007, 403, 404 – SAARTALER, das wohl davon ausgeht, dass die Arzneimittelpreisvorschriften mangels Verbotsregelung keine Marktverhaltensregelung enthalten.
[11] *OLG Frankfurt a. M.*, Urt. v. 20. 10. 2005, Az. 6 U 201/04, GRUR-RR 2006, 233 – Family Taler.
[12] *BGH*, Urt. v. 22. 5. 2003, Az. I ZR 8/01, NJW 2003, 3632 – Einkaufsgutschein I; *BGH*, Urt. v. 18. 12. 2003, Az. I ZR 84/01, NJW 2004, 1665 – Einkaufsgutschein II.
[13] *BGH*, Urt. v. 22. 5. 2003, Az. I ZR 8/01, NJW 2003, 3632 – Einkaufsgutschein I; *BGH*, Urt. v. 18. 12. 2003, Az. I ZR 84/01, NJW 2004, 1665 – Einkaufsgutschein II.
[14] *OLG Frankfurt a. M.*, Urt. v. 20. 10. 2005, Az. 6 U 201/04, GRUR-RR 2006, 233 – Family Taler; *OLG Köln*, Beschl. v. 20. 9. 2005, Az. 6 W 112/05, GRUR 2006, 88 – Gutschein bei Arzneimittelkauf.

wäre also verfehlt, allein die Ausgabe des Gutscheins als ein den Preis des Arzneimittels mindernden Nachlass anzusehen.[15] Insoweit kann allein in der Ausgabe des Rathaus-Groschens kein Verstoß gegen die Arzneimittelpreisvorschriften gesehen werden.[16]

b) Verstoß gegen § 7 HWG

Die Rathaus-Groschen-Aktion könnte gegen § 7 Abs. 1 HWG verstoßen, der die Nachlässe und Rabatte auf Arzneimittel regelt.

§ 7 HWG regelt die Wertreklame für Arzneimittel und ist deshalb eine Vorschrift im Sinne des § 4 Nr. 11 UWG.[17]

Fraglich ist, ob auch ein Verstoß gegen § 7 HWG vorliegt. § 7 HWG findet nur Anwendung, wenn es sich um eine produktbezogene Werbung, also Produkt- und Absatzwerbung für Arzneimittel handelt. Eine allgemeine Imagewerbung für Unternehmen unterfällt dem Anwendungsbereich des HWG nicht.[18] Die Rathaus-Groschen-Aktion ist aber nicht auf den Absatz konkreter Arzneimittel gerichtet. Es fehlt ein Produktbezug zu einem konkreten Arzneimittel oder den Arzneimitteln eines konkreten Herstellers. Es handelt sich bei der Rathaus-Groschen-Aktion vielmehr um eine Imagewerbung zugunsten der Apotheke des A.

§ 7 HWG findet keine Anwendung.

K kann von A die Unterlassung der Rathaus-Groschen-Aktion nicht verlangen.

II. Unzulässige Wertreklame, § 4 Nr. 1 UWG

K könnte die Rathaus-Groschen-Aktion des A verbieten lassen, wenn diese § 4 Nr. 1 UWG widerspräche. § 4 Nr. 1 UWG erfasst auch die unzulässige Wertreklame.

1. Aktivlegitimation, § 8 Abs. 3 Nr. 3 UWG

K ist als qualifizierte Einrichtung im Sinne des Unterlassungsklagengesetzes aktivlegitimiert.

2. Geschäftliche Handlung, § 2 Abs. 1 Nr. 1 UWG

Eine geschäftliche Handlung liegt vor, insoweit kann auf die Ausführungen unter A. I. 2. verwiesen werden.

3. Unzulässige Wertreklame, § 4 Abs. 1 UWG

Werbung ist dann unzulässig, wenn die Art und Weise der Werbung zu einer unangemessenen und unsachlichen Beeinflussung der Verbraucher führen kann. Der Verbraucher muss durch die Werbung zu irrationalem Verhalten veranlasst werden.[19] Gleichzeitig ist aber zu berücksichtigen, dass durch § 4 Nr. 1 UWG die abge-

---

[15] Das entspricht nicht der herrschenden Auffassung.
[16] Bei entsprechender Argumentation kann auch die gegenteilige Auffassung vertreten werden.
[17] *Köhler*, in: Hefermehl/Köhler/Bornkamm, § 4 Rn. 11.134; *BGH*, Urt. v. 3. 12. 1998, Az. I ZR 119/96, GRUR 1999, 1128, 1129 – Hormonpräparate.
[18] *Köhler*, in: Hefermehl/Köhler/Bornkamm, § 4 Rn. 11.134; *OLG Naumburg*, Urt. v. 26. 8. 2005, Az. 10 U 16/05, GRUR-RR 2006, 336, 337 – Einkauf-Gutschein; *OLG Hamburg*, Urt. v. 26. 7. 2007, Az. 3 U 21/07, GRUR-RR 2007, 403, 404 – SAARTALER.
[19] *Emmerich*, § 12 IV. 4. b), S. 227; *Köhler*, NJW 2004, 2121, 2123.

schaffte Zugabeverordnung und das abgeschaffte Rabattgesetz nicht wieder eingeführt werden dürfen.[20] Die Abgabe eines Gutscheins an sich stellt keine unzulässige Wertreklame dar. Im vorliegenden Falle könnte eine Rolle spielen, dass A Apotheker ist und den Rathaus-Groschen für Arzneimittel abgibt. Der Rathaus-Groschen ist aber nicht an den Einkaufswert gekoppelt, so dass die Kunden nicht gehalten werden, besonders viele Arzneimittel zu erwerben, um einen Rathaus-Groschen zu erhalten. Vielmehr erhält den Groschen jeder, der ein Arzneimittel erwirbt, gleichgültig, wie viele dies bei einem Einkauf sind. Auch der Wert von einem Euro begründet keine unzulässige Wertreklame, denn der Wert ist nicht zu hoch, angesichts der Kosten von Arzneimitteln. Auch wenn der Wert des Gutscheins im Einzelfalle die Hälfte der Kosten eines Arzneimittels oder auch mehr beträgt, kann eine unzulässige Wertreklame nicht angenommen werden, da es dem Apotheker als Kaufmann selbst überlassen ist, ob er für einen bestimmten Zeitraum einen Gewinn in Kauf nimmt oder nicht. Ein anderes Ergebnis würde nach hiesiger Ansicht zu einem Widerspruch führen, wenn eine nach Maßgabe der arzneimittelrechtlichen Vorschriften zulässige Werbung nach dem UWG untersagt würde.[21]

B. Kooperation mit X

I. Anspruch auf Gewinnabschöpfung, § 10 UWG

K könnte Gewinnabschöpfung § 10 UWG wegen des Vertriebs der Arzneimittel des Herstellers X an den Bundeshaushalt verlangen.

1. Aktivlegitimation

K ist als qualifizierte Einrichtung aktivlegitimiert, §§ 10 Abs. 1, 8 Abs. 3 Nr. 3 UWG, insoweit kann auf die Ausführungen unter A. I. 1. verwiesen werden.

2. Geschäftliche Handlung

Der Anwendungsbereich des UWG ist nur eröffnet, wenn die Abgabe der verschreibungspflichtigen Arzneimittel des X an die Patienten eine geschäftliche Handlung darstellt. Wegen der einzelnen Voraussetzungen der geschäftlichen Handlung im Sinne des § 2 Abs. 1 Nr. 1 UWG kann auf die Ausführungen unter A. I. 2. verwiesen werden.

Die Abgabe verschreibungspflichtiger Arzneimittel des X erfüllt die Voraussetzungen der geschäftlichen Handlung im Sinne des § 2 Abs. 1 Nr. 1 UWG: es ist das Verhalten einer natürlichen Personen im Markt bei Abschluss eines Geschäftes, zugunsten der Apotheke des A und des Herstellerunternehmens X. Zwischen dem Verhalten des A und der Absatzförderung besteht ein objektiver Zusammenhang.

3. Voraussetzungen § 10 UWG

K kann eine Gewinnabschöpfung nur verlangen, wenn die Voraussetzungen des § 10 UWG erfüllt sind.

---

[20] *Emmerich*, § 12 IV. 4. b), S. 229.
[21] Auch hier lässt sich gegenteilig argumentieren.

a) Verstoß gegen §§ 3, 4 Nr. 11 UWG i. V. m. § 10 ApoG

§ 10 Abs. 1 UWG setzt einen Verstoß gegen § 3 UWG voraus. Da die Regelungen der §§ 4 ff. UWG eine Konkretisierung des Verbotes unlauterer geschäftlicher Handlungen darstellen,[22] sind auch Verstöße gegen diese Normen ein Verstoß gegen § 3 UWG und begründen bei Vorliegen der weiteren Voraussetzungen einen Gewinnabschöpfungsanspruch.

Fraglich ist, ob A sich unlauter verhält. Er könnte gegen eine Vorschrift im Sinne des § 4 Nr. 11 UWG, hier § 10 ApoG verstoßen.

§ 10 ApoG verbietet es Apothekern, bestimmte Arzneimittel oder Arzneimittel bestimmter Hersteller gegenüber anderen zu bevorzugen. Das soll verhindern, dass der Apotheker sich auf Kosten der Gesundheit und der finanziellen Ressourcen der Patienten von eigenen, insbesondere finanziellen Interessen leiten lässt.

§ 10 ApoG ist eine gesetzliche Vorschrift im Sinne des § 4 Nr. 11 UWG, wenn sie zugunsten anderer Marktteilnehmer auch das Marktverhalten regelt. Das ist hier der Fall. Durch § 10 ApoG wird dem Apotheker bei der Auswahl der von ihm vertriebenen Produkte eine gewisse Neutralität auferlegt.

Mit der Kooperation mit dem Hersteller X hat A hiergegen verstoßen.

Dieser Verstoß ist auch eine im Sinne des UWG spürbare Interessenbeeinträchtigung, § Abs. 1 UWG. Eine spürbare Beeinträchtigung ist im Rahmen des § 4 Nr. 11 UWG, der § 3 Abs. 1 UWG konkretisiert, ebenfalls Tatbestandsmerkmal. Hier steht ein Verhalten inmitten, das gegen eine Norm verstößt, die den Schutz der Gesundheit durch einen verantwortungsvollen Umgang mit Arzneimitteln zum Ziel hat. In diesen Fällen liegt immer eine spürbare Interessenbeeinträchtigung vor.[23]

b) Vorsatz

§ 10 Abs. 1 UWG setzt voraus, dass der Verstoß vorsätzlich geschieht. Das ist beim Abschluss einer Kooperationsvereinbarung anzunehmen.

c) Gewinn zu Lasten einer Vielzahl von Abnehmern

Der Gewinnabschöpfungsanspruch setzt ferner voraus, dass durch die unlautere geschäftliche Handlung ein Gewinn zu Lasten einer Vielzahl von Abnehmern erzielt wird, § 10 Abs. 1 UWG. Das rechtswidrige Handeln muss für den Gewinn ursächlich sein.[24] Dem Gewinn des Zuwiderhandelnden muss nach umstrittener Auffassung ein unmittelbarer Vermögensnachteil gegenüber stehen.[25] Jede wirtschaftliche Schlechterstellung genügt als Vermögensnachteil.[26]

Der Gewinnabschöpfungsanspruch greift nur, wenn es sich nicht um individuelle Vermögensnachteile einer Person handelt, sondern eine Vielzahl von Abnehmern betroffen ist. Der Gesetzgeber wollte auf diese Weise besonders gefährliche unlautere Verhaltensweisen mit Breitenwirkung, sanktionieren.[27] Aber hinsichtlich des Begrif-

---

[22] *Köhler*, in: Hefermehl/Köhler/Bornkamm, § 4 Rn. 0.2.
[23] BGH, Urt. v. 23. 6. 2005, Az. I ZR 194/92, GRUR 2005, 778, 2. LS – Atemtest; BGH, Urt. v. 20. 10. 2005, Az. I ZR 10/03, GRUR 2006, 82 – Betonstahl.
[24] *Köhler*, in: Hefermehl/Köhler/Bornkamm, § 10 Rn. 9.
[25] *Köhler*, in: Hefermehl/Köhler/Bornkamm, § 10 Rn. 99; *v. Braunmühl*, in: Fezer, UWG, § 10 Rn. 184 ff.
[26] Begr. zum Entwurf eines Gesetzes zur Änderung des Gesetzes gegen den unlauteren Wettbewerb, BT-Drs. 15/1487, S. 24.
[27] Begr. zum Entwurf eines Gesetzes zur Änderung des Gesetzes gegen den unlauteren Wettbewerb, BT-Drs. 15/1487, S. 24.

fes „Vielzahl" gibt es unterschiedliche Auffassungen. Während nach der Gesetzesbegründung eine Vielzahl von Personen erreicht ist, wenn eine unbestimmte Zahl von Personen betroffen ist,[28] geht die andere Auffassung davon aus, dass eine Mindestzahl von 3–5 Personen betroffen sein muss, um dieses Merkmal zu erfüllen.[29]

aa) Abnehmer. Der Begriff des Abnehmers ist umstritten. Der Gesetzgeber verweist insoweit auf die Definitionen in § 2 UWG,[30] dort ist der Begriff aber nicht definiert. Nach einer Auffassung sind Abnehmer nur die Personen, die mit dem unlauter Handelnden in einer unmittelbaren Vertragsbeziehung stehen.[31] Nach anderer Auffassung muss der Begriff der Abnehmer über die unmittelbaren Vertragspartner hinausreichen.[32]

Die Bedeutung der unterschiedlichen Auffassungen zeigt sich am Ablauf der Abgabe verschreibungspflichtiger Arzneimittel. Die Patienten sind überwiegend gesetzlich krankenversichert.[33] Der Arzt stellt über einen Wirkstoff ein Rezept aus und der Apotheker hat daraufhin ein dem Wirkstoff entsprechendes günstiges Arzneimittel abzugeben. Der Apotheker rechnet über eine zentrale Verrechnungsstelle das abgegebene Arzneimittel mit der Krankenkasse des Patienten ab, § 31 SGB V.

Folgt man der Auffassung, dass Abnehmer nur derjenige ist, der in unmittelbarer Vertragsbeziehung zum Zuwiderhandelnden steht, so muss man den Patienten als Abnehmer ansehen. Allerdings wird der Vermögensvorteil eines gesetzlich versicherten Patienten nicht zulasten dessen, sondern zulasten seiner gesetzlichen Krankenkasse erzielt, in der er versichert ist. Fraglich ist, ob in einem solchen Falle auch die Krankenkasse als Abnehmer angesehen werden könnte. Dem könnte entgegenstehen, dass sie nicht an der Vertragsbeziehung zwischen Patient und Apotheker teilnimmt.

Für die Auffassung, dass der Abnehmer Vertragspartner des Zuwiderhandelnden sein muss, spricht, dass der Gesetzgeber den Begriff Abnehmer statt des definierten Begriffes Marktteilnehmer verwendet hat. Für diese Auffassung wird angeführt, dass der Gewinn des einen sich unmittelbar aus dem Vermögensnachteil des anderen ergeben soll.[34]

Gegen diese Auffassung sprechen aber nicht nur der Sinn und Zweck des Gesetzes, sondern auch der Gesetzestext im übrigen. § 10 UWG fordert keine Stoffgleichheit zwischen Gewinn und Vermögensnachteil. Die Formulierung „zu Lasten" wurde unter Ablehnung der dem Bereicherungsrecht entnommenen Entwurfsformulierung „auf Kosten" in das Gesetz aufgenommen.[35] Ausreichend muss es deshalb sein, wenn durch die Zuwiderhandlung eine Vielzahl von Abnehmern wirtschaftlich schlechter gestellt ist.[36] Nach dem Wortlaut des Gesetzes besteht ein Zusammen-

---

[28] *Lehmler,* § 10 Rn. 12; Begr. zum Entwurf eines Gesetzes zur Änderung des Gesetzes gegen den unlauteren Wettbewerb, BT-Drs. 15/1487, S. 24.
[29] *v. Braunmühl,* in: Fezer, UWG, § 10 UWG Rn. 196; *Köhler,* in: Hefermehl/Köhler/Bornkamm, § 10 Rn. 12.
[30] Begr. zum Entwurf eines Gesetzes zur Änderung des Gesetzes gegen den unlauteren Wettbewerb, BT-Drs. 15/1487, S. 24.
[31] *Köhler,* in: Hefermehl/Köhler/Bornkamm, § 10 Rn. 11.
[32] *v. Braunmühl,* in: Fezer, UWG, § 10 Rn. 194.
[33] In Deutschland waren zum 1. 3. 2008 50 611 327 Menschen gesetzlich krankenversichert, Bundesverband der AOK, Zahlen und Fakten 2006/2007, S. 3.
[34] *Köhler,* in: Hefermehl/Köhler/Bornkamm, § 10 Rn. 9.
[35] Vgl. Begr. zum Entwurf eines Gesetzes zur Änderung des Gesetzes gegen den unlauteren Wettbewerb, BT-Drs. 15/1487, S. 24; *v. Braunmühl,* in: Fezer, UWG, § 10 Rn. 74, 186.
[36] *v. Braunmühl,* in: Fezer, UWG, § 10 Rn. 74.

hang zwischen der unlauteren Wettbewerbshandlung und dem Vermögensnachteil. Eine Unmittelbarkeit begründende Stoffgleichheit zwischen Vor- und Nachteil ist nicht erforderlich.[37]

Gegen die Auffassung, dass Abnehmer unmittelbare Vertragspartner des Zuwiderhandelnden sein müssen, spricht ferner, dass § 10 UWG einen Verstoß gegen § 3 UWG und die den § 3 UWG konkretisierenden Normen voraussetzt. Diese Normen setzen eine geschäftliche Handlung voraus. Diese ist aber nicht nur gegen den unmittelbaren Vertragspartner gerichtet, sondern auch gegen andere Marktteilnehmer. Das schließt eine Betrachtung allein von Vertragsbeziehungen aus.[38]

Die Krankenkassen erfüllen ihre Kostenübernahmepflicht auf Grund gesetzlicher Regelungen. Ziel des § 10 UWG ist es, ein unlauteres Verhalten zu Lasten vieler, die sich aber wegen der individuellen Geringfügigkeit des Schadens nicht hiergegen wehren (können), zu sanktionieren.[39] Der Gesetzeswortlaut „Vermögensnachteil zu Lasten einer Vielzahl von Abnehmern" benennt Tatbestandsvoraussetzungen,[40] deren Erfüllung die Gefährlichkeit, die Breitenwirkung des Handelns erkennen lassen. Ob ein Handeln Streuwirkung zeigt und deshalb nach dem Willen des Gesetzgebers als gefährlich zu bewerten ist, kann nicht davon abhängen, ob das unlautere Handeln auf Grund vertraglicher oder gesetzlicher Beziehungen schädigt. Die gesetzlichen Krankenkassen müssen deshalb als Abnehmer im Sinne des § 10 Abs. 1 UWG angesehen werden, anderenfalls könnten derartige Konstellationen nicht von § 10 UWG erfasst werden.[41]

Da die Abgabe verschreibungspflichtiger Arzneimittel des Herstellers X die privat versicherten Patienten unmittelbar und die gesetzlichen Krankenkassen mittelbar betrifft und belastet, ist auch das Tatbestandsmerkmal einer Vielzahl von Abnehmern erfüllt, ohne dass es auf den o. g. Meinungsstreit ankäme.

bb) Kausalität. Zwischen Vermögensnachteil und Gewinn muss ein Kausalzusammenhang bestehen.[42] Der Gewinn wird ermittelt aus Umsatzerlösen abzüglich Herstellungskosten und Betriebskosten.[43] Wegen des Kausalzusammenhangs zwischen Gewinn und unlauteren Verhalten kann der abzuschöpfende Gewinn sich aber nur auf den Gewinn beschränken, der auch tatsächlich durch das unlautere Verhalten erzielt wurde.[44] Es muss also ermittelt werden, ob und wie viele Arzneimittel auf Grund der Kooperationsvereinbarung an Patienten abgegeben wurden. Da der Anspruchsteller beweisbelastet ist,[45] wird er diesen Beweis mit einem Auskunfts- und Rechnungslegungsanspruch zu führen versuchen.

Schließlich kann es an einem Vermögensnachteil fehlen, wenn die abgegebenen Arzneimittel, die als Generika eher günstig sind, ohnehin schon zu den preiswertesten gehören oder zwischen einzelnen Krankenkassen und X ein Rabattvertrag besteht.

---

[37] *v. Braunmühl,* in: Fezer, UWG, § 10 Rn. 185; a. A. *Köhler,* in: Hefermehl/Köhler/Bornkamm, § 10 Rn. 9.
[38] *v. Braunmühl,* in: Fezer, UWG § 10 Rn. 194.
[39] Begr. zum Entwurf eines Gesetzes zur Änderung des Gesetzes gegen den unlauteren Wettbewerb, BT-Drs. 15/1487, S. 23.
[40] *Lehmler,* § 10 UWG Rn. 9; Begr. zum Entwurf eines Gesetzes zur Änderung des Gesetzes gegen den unlauteren Wettbewerb, BT-Drs. 15/1487, S. 23.
[41] *Kaeding,* PharmR 2007, 315, 321.
[42] *Lehmler,* § 10 UWG Rn. 11.
[43] Begr. zum Entwurf eines Gesetzes zur Änderung des Gesetzes gegen den unlauteren Wettbewerb, BT-Drs. 15/1487, S. 24.
[44] *v. Braunmühl,* in: Fezer, UWG, § 10 Rn. 211.
[45] *Lehmler,* § 10 UWG Rn. 17.

Zum Kausalzusammenhang gibt der Sachverhalt keine Anhaltspunkte.
K kann den Gewinnabschöpfungsanspruch nur insoweit durchsetzen, als durch das Verhalten des A ein Vermögensvorteil zulasten der privat Versicherten oder der gesetzlichen Krankenkassen besteht. Dem Sachverhalt ist jedoch eine solche Kausalität nicht zu entnehmen.

Merke: Wenn ein Sachverhalt Berührungspunkte mit Vertretern des Gesundheitssektors aufweist, so ist im Rahmen des § 4 Nr. 11 UWG auch immer die Anwendung der spezifisch berufsrechtlichen Regelungen (Berufsordnungen und Apothekengesetz) zu prüfen.
Soweit ein Sachverhalt Berührung mit dem Vertrieb von Arzneimitteln aufweist, ist stets das Arzneimittelgesetz und das Heilmittelwerbegesetz zu berücksichtigen, die beide Marktverhaltensregeln zugunsten der Interessen der Marktteilnehmer im Sinne des § 4 Nr. 11 UWG sind.

Fall 9. Anwaltswerbung

Sachverhalt[*]

Der Kläger A ist Anwalt mit Kanzleisitz in Berlin und berät schwerpunktmäßig private Kapitalanleger. Der Beklagte B ist Partner der aus acht Rechtsanwälten bestehenden Partnerschaft C mit Sitz in Bremen, die ebenfalls private Kapitalanleger vertritt, insbesondere solche, die Beteiligungen in geschlossenen Immobilienfonds der X-Unternehmensgruppe erworben haben.

Auf der Homepage der C-Partnerschaft, deren Inhalt von allen Partnern einvernehmlich festgelegt worden ist, heißt es u.a.: „1950 gründete W.K., der Vater des heutigen Seniorpartners R.K., unsere Kanzlei im Zentrum von Bremerhaven. Im Jahr 1978 wurde der Sitz der – zum damaligen Zeitpunkt von R.K. allein betriebenen – Kanzlei nach Bremen verlegt. Heute stehen Ihnen acht Rechtsanwälte für die optimale Vertretung Ihrer Interessen in den verschiedensten Rechtsgebieten zur Verfügung. Eine moderne EDV, eine gut ausgestattete Fachbibliothek und der Zugriff auf umfangreiche juristische Datenbanken gewährleisten höchste Beratungsqualität."

In Zusammenhang mit der Vertretung von Anlegern in geschlossenen Immobilienfonds der X-Unternehmensgruppe schickte der B mehrfach unaufgefordert Schreiben an namentlich benannte private Kapitalanleger. In den Schreiben wurde den Anlegern u.a. mitgeteilt, dass ihnen durch ihre Beteiligung bereits ein Schaden entstanden sei, für den die X-Unternehmensgruppe haften müsse, und sich das Risiko fortlaufend erhöhe. Da bei Schadensersatzklagen bekanntlich Verjährungsfristen zu beachten seien, sei ein umgehendes Handeln unbedingt erforderlich. Bei Interesse wurde um unverzügliche Rücksendung verschiedener Unterlagen, u.a. einer beigefügten und vom Adressaten zu unterzeichnenden Prozessvollmacht gebeten. B wurde daraufhin von mehreren Anlegern mit der Wahrnehmung ihrer Interessen gegenüber der X-Unternehmensgruppe beauftragt.

1. *A beantragt beim zuständigen Landgericht, dem B zu verbieten, im geschäftlichen Verkehr für eine rechtsanwaltliche Tätigkeit wie folgt zu werben: „Heute stehen Ihnen acht Rechtsanwälte für die optimale Vertretung ihrer Interessen in den verschiedensten Rechtsgebieten zur Verfügung." Zu Recht?*
2. *Sind die Schreiben des B an die Anleger des geschlossenen Immobilienfonds der X-Unternehmensgruppe zulässig?*
3. *Ändert sich an der Beurteilung von Frage 2 etwas, wenn die C lediglich auf ihrer Homepage für die Tätigkeit ihrer Anwälte wirbt, über bereits anhängige Klageverfahren gegen die X-Unternehmensgruppe berichtet und andere Anleger auffordert, über ein abrufbares Erfassungsformular mit ihren Anwälten in Kontakt zu treten?*

§ 43b Bundesrechtsanwaltsordnung (BRAO) – Auszug

Werbung ist dem Rechtsanwalt nur erlaubt, soweit sie über die berufliche Tätigkeit in Form und Inhalt sachlich unterrichtet und nicht auf die Erteilung eines Auftrags im Einzelfall gerichtet ist.

---

[*] Zugrunde liegende Fälle: *BGH*, Urt. 27.1.2005, Az. I ZR 202/02, GRUR 2005, 529 – Optimale Interessenvertretung; *OLG Hamburg*, Urt. v. 2.6.2005, Az. 5 U 126/04, NJW 2005, 2783.

§ 6 Abs. 1 Berufsordnung der Rechtsanwälte (BORA) – Auszug

Der Rechtsanwalt darf über seine Dienstleistung und seine Person informieren, soweit die Angaben sachlich unterrichten und berufsbezogen sind (Absatz 1).

Lösung

A. Lösung zu Frage 1

A macht die lauterkeitsrechtliche Unzulässigkeit einer Handlung des B geltend, die noch fortdauert, da die C weiterhin mit der inkriminierten Textpassage auf ihrem Internetauftritt wirbt. Zu den wettbewerbsrechtlichen Abwehransprüchen zählt gemäß § 8 Abs. 1 S. 1 UWG auch ein Anspruch auf Beseitigung von bereits eingetretenen Beeinträchtigungen. Dieser setzt voraus, dass ein in der Vergangenheit begonnener Wettbewerbsverstoß i.S.d. §§ 3, 7 UWG aktuell noch andauert und sein Fortwirken in der Zukunft bevorsteht, solange die Störungsquelle nicht behoben ist. A kann deshalb von B Beseitigung der Störung verlangen, wenn ein Verstoß gegen die §§ 3, 7 UWG vorliegt.

I. Aktivlegitimation des A gemäß § 8 Abs. 3 Nr. 1, 2 Abs. 1 Nr. 3 UWG

A kann B auf Beseitigung einer andauernden Störung in Anspruch nehmen, wenn er als Mitbewerber gemäß § 8 Abs. 3 Nr. 1 i.V.m. § 2 Abs. 1 Nr. 3 UWG anspruchsberechtigt ist. Mitbewerber ist nach § 2 Abs. 1 Nr. 3 UWG jeder Unternehmer, der mit einem oder mehreren Unternehmen als Anbieter oder Nachfrager von Waren oder Dienstleistungen in einem konkreten Wettbewerbsverhältnis steht. Ein konkretes Wettbewerbsverhältnis liegt wiederum vor, wenn die beteiligten Unternehmen versuchen, Waren oder Dienstleistungen innerhalb derselben Verkehrskreise abzusetzen, mit der Folge, dass das konkret beanstandete Wettbewerbsverhalten den anderen beeinträchtigen kann. Dies setzt insbesondere voraus, dass sich die Unternehmen auf demselben sachlich, räumlich und zeitlich relevanten Markt betätigen.[1]

A und B versuchen, gleichartige Dienstleistungen innerhalb derselben Verkehrskreise abzusetzen, da sie beide Kapitalanleger beraten und vertreten. Das Wettbewerbsverhalten des B kann den A somit beeinträchtigen, weshalb von einem konkreten Wettbewerbsverhältnis zwischen A und B auszugehen ist. Dem steht nicht entgegen, dass sich die Kanzleien von A und B in verschiedenen deutschen Großstädten befinden, da es sich bei der Beratung von Kapitalanlegern um einen bundesweiten Rechtsberatungsmarkt handelt.[2]

II. Passivlegitimation des B gemäß § 8 Abs. 1 Nr. 1 UWG

B ist gemäß § 8 Abs. 1 Nr. 1 UWG anspruchsverpflichtet. Als Rechtsanwalt ist B Adressat des Berufsrechts der Rechtsanwälte im Allgemeinen und der Vorschriften

---
[1] *BGH*, Urt. v. 29. 3. 2007, Az. I ZR 122/04, GRUR 2007, 1079 – Bundesdruckerei.
[2] *LG Hamburg*, Urt. v. 5. 6. 2001, Az. 312 O 228/01, Juris. A. A. für die Immobilienwerbung wegen der Besonderheiten des Immobilienmarktes *BGH*, Urt. v. 5. 10. 2000, Az. I ZR 210/98, NJW 2001, 522 – Immobilienpreisangaben.

über die formalen und inhaltlichen Anforderungen an die Anwaltswerbung im Besonderen. Als Gesellschafter der C ist er für ihren Internet-Auftritt mit verantwortlich und somit Mittäter i. S. v. § 830 Abs. 1 Satz 1 BGB.[3] Darüber hinaus ist B auch als sog. Störer verantwortlich.[4] Selbst wenn B – wofür der Sachverhalt nichts hergibt – von seinen Partnern in der Gesellschafterversammlung überstimmt werden könnte, ändert dies nämlich nichts an seiner rechtlichen Möglichkeit, eine Wettbewerbsverletzung zu verhindern, da er seine Partner auf Unterlassung der Werbung in Anspruch nehmen kann.[5]

III. Unzulässigkeit gemäß § 3 Abs. 1 i.V.m. §§ 4, 5 UWG

Ein Anspruch auf Beseitigung des A gegen B setzt gemäß § 8 Abs. 1 S. 1 UWG einen Verstoß gegen die §§ 3, 7 UWG voraus. Nach der Generalklausel des § 3 Abs. 1 UWG sind unlautere geschäftliche Handlungen unzulässig, wenn sie geeignet sind, die Interessen von Mitbewerbern zu beeinträchtigen. Das Merkmal der Unlauterkeit wird von den §§ 4 bis 6 UWG konkretisiert.

1. Geschäftliche Handlung gemäß § 2 Abs. 1 Nr. 1 UWG

B muss zunächst eine geschäftliche Handlung i. S. v. § 2 Abs. 1 Nr. 1 UWG vorgenommen haben. Darunter fällt u. a. das Verhalten einer Person zugunsten des eigenen Unternehmens vor einem Geschäftsabschluss, das mit der Förderung des Absatzes von Dienstleistungen objektiv zusammenhängt.[6] Der Unternehmensbegriff des § 2 Abs. 1 Nr. 1 UWG ist dabei nicht auf Gewerbetreibende im engeren Sinn (z. B. auf Handwerker) beschränkt, sondern erfasst auch die selbstständige berufliche Tätigkeit, insbesondere von Freiberuflern wie Ärzten oder Anwälten.[7]
Der von B als Gesellschafter der C mit verantwortete Internetauftritt ist „objektiv geeignet", den Absatz von Rechtsberatungen als Dienstleistungen zu fördern, weil er der Erhaltung des vorhandenen Mandantenkreises sowie der Gewinnung von neuen Mandanten dienlich ist.[8] Eine bloß mittelbare Einwirkung auf die Mandanten durch den Internetauftritt reicht aus.[9] Dabei ist es nach dem Wortlaut von § 2 Abs. 1 Nr. 1 UWG nicht erheblich, dass es tatsächlich zu einer Förderung des Absatzes von Dienstleistungen kommt.[10] Nicht notwendig ist also, dass die Darstellung der C im Internet unmittelbar zur Beauftragung von C durch neue Mandanten führt. Eine geschäftliche Handlung i. S. v. § 2 Abs. 1 Nr. 1 UWG liegt somit vor.

2. Unlauterkeit gemäß § 4 Nr. 11 UWG i. V. m. § 43 b BRAO, § 6 BORA.

a) §§ 43 BRAO, 6 ff. BORA als Marktverhaltensregeln

Nach § 4 Nr. 11 UWG handelt derjenige unlauter im Sinne des § 3 Abs. 1 UWG, der einer gesetzlichen Bestimmung zuwiderhandelt, die auch dazu bestimmt ist, im

---
[3] Siehe zur Haftung von Mittätern bei § 9 UWG *BGH*, Urt. v. 18. 10. 2001, Az. I ZR 22/99, GRUR 2002, 618 – Meißner Dekor.
[4] Vgl. hierzu *Nordemann*, Wettbewerbsrecht – Markenrecht, 10. Aufl. 2004, Rn. 1833.
[5] *OLG Hamburg*, Urt. v. 3. 7. 2002, Az. 5 U 135/01, NJW 2002, 3183 f.
[6] Siehe auch *EuGH*, Urt. v. 23. 4. 2009, Az. C-261/07 und C-299/07 (Total und Sanoma), WRP 2009, 772 Rn. 48 f., zum Begriff der Geschäftspraktiken gemäß Art. 2 lit. d der UGP-Richtlinie.
[7] *Köhler*, in: Hefermehl/Köhler/Bornkamm, § 2 Rn. 29.
[8] *KG*, Urt. v. 30. 11. 2004, Az. 5 U 55/04, GRUR-RR 2005, 162 – Arzneimitteleigenschaften kraft Präsentation.
[9] *Köhler*, in: Hefermehl/Köhler/Bornkamm, § 2 Rn. 47.
[10] *Köhler*, in: Hefermehl/Köhler/Bornkamm, § 2 Rn. 37.

Interesse der Marktteilnehmer das Marktverhalten zu regeln.[11] Da es nicht Aufgabe des UWG sein kann, sämtliche denkbaren Gesetzesverstöße in Zusammenhang mit geschäftlichen Handlungen i. S. v. § 2 Abs. 1 Nr. 1 UWG auch lauterkeitsrechtlich zu unterbinden, knüpft § 4 Nr. 11 UWG an eine Zuwiderhandlung gegen spezifische Marktverhaltensregeln an. Verstöße gegen derartige Vorschriften begründen also auch dann eine Unlauterkeit, wenn sie außerhalb des UWG normiert sind.[12]

Als Marktverhaltensregeln kommen vorliegend die §§ 43 b BRAO, 6 BORA in Betracht, die sich mit der Zulässigkeit anwaltlicher Werbung befassen. Dann müssten sie im Interesse der Marktteilnehmer auch das Verhalten von Unternehmen regeln. Gemäß § 43 b BRAO ist dem Rechtsanwalt Werbung erlaubt, soweit sie über die berufliche Tätigkeit in Form und Inhalt sachlich unterrichtet und nicht auf die Erteilung eines Auftrags im Einzelfall gerichtet ist. Die Bestimmung wird inhaltlich u. a. durch die §§ 6 ff. BORA konkretisiert. Gemäß § 6 Abs. 1 BORA darf der Rechtsanwalt über seine Dienstleistung und seine Person informieren, soweit die Angaben sachlich unterrichten und berufsbezogen sind. Die anwaltsrechtlichen Vorschriften der BRAO und der BORA dienen der Sicherung der Unabhängigkeit des Rechtsanwalts (§ 1 BRAO) und damit dem Gemeinwohlinteresse der Wahrung einer geordneten Rechtspflege und der Integrität der Anwaltschaft. Das bedeutet freilich noch nicht, dass sie automatisch Marktverhaltensregeln im Sinne von § 4 Nr. 11 UWG aufstellen.[13] Es ist vielmehr bei jeder Vorschrift separat zu prüfen, ob sie von § 4 Nr. 11 UWG erfasst wird.[14]

Im Interesse des Bürgers ist mit der Stellung des Rechtsanwalts eine Werbung unvereinbar, die ein reklamehaftes Anpreisen in den Vordergrund stellt und mit der entgeltlichen Leistung des Anwalts und mit dem unabdingbaren Vertrauensverhältnis im Rahmen eines Mandats nichts zu tun hat.[15] Die entsprechenden berufsrechtlichen Vorgaben in den §§ 43 b BRAO, 6 Abs. 1 BORA sind folglich als Marktverhaltensregeln i. S. v. § 4 Nr. 11 UWG einzustufen.[16]

b) Kein Verstoß der §§ 43 b BRAO, 6 Abs. 1 BORA gegen die UGP-Richtlinie

Die §§ 43 b BRAO, 6 Abs. 1 BORA könnten allerdings gegen europäisches Recht verstoßen. Dies wäre dann der Fall, wenn sie weitergehende Verbote als die UGP-Richtlinie aufstellen würden, die in ihrem Anwendungsbereich eine Vollharmonisierung der mitgliedstaatlichen Rechtsordnungen bezweckt.[17] Vorschriften über „reglementierte Berufe" werden jedoch nach Art. 3 Abs. 8 UGP-RL nicht von der Vollharmonisierungswirkung erfasst. Nach dieser Vorschrift bleiben nämlich alle Niederlassungs- und Genehmigungsbedingungen, berufsständischen Verhaltenskodizes oder andere spezifische Regeln für reglementierte Berufe unberührt, um die

---

[11] § 4 Nr. 11 UWG normiert und präzisiert die von der Rechtsprechung zum früheren § 1 UWG geschaffene Fallgruppe des „Wettbewerbsverstoßes durch Rechtsbruch", vgl. dazu *Ohly*, in: Piper/Ohly, § 4 Rn. 11/1.
[12] BT-Drs. 15/1487 vom 22. 8. 2003, S. 19.
[13] *Becker-Eberhard*, in: Fezer, UWG, § 4-S 3 Rn. 49; *Ullmann*, GRUR 2003, 817, 822; *Bieber*, WRP 2008, 723.
[14] *OLG Stuttgart*, Urt. v. 24. 1. 2008, Az. 2 U 91/07, WRP 2008, 513, 515 – Spezialist für Mietrecht.
[15] *BVerfG*, Beschl. v. 4. 8. 2003, Az. 1 BvR 2108/02, GRUR 2003, 965 – Interessenschwerpunkt „Sportrecht".
[16] *OLG Stuttgart*, Urt. v. 24. 1. 2008, Az. 2 U 91/07, WRP 2008, 513, 515 – Spezialist für Mietrecht.
[17] *EuGH*, Urt. v. 23. 4. 2009, Az. C-261/07 und C-299/07 (Total und Sanoma), WRP 2008, 772, Rn. 52.

strengen Integritätsstandards, die die Mitgliedstaaten Personen nach Maßgabe des Gemeinschaftsrechts auferlegen können, aufrecht zu erhalten. Gemäß Art. 2 lit. l UGP-RL ist unter einem „reglementierten Beruf" eine berufliche Tätigkeit oder eine Reihe beruflicher Tätigkeiten zu verstehen, bei der die Aufnahme oder Ausübung oder eine der Arten der Ausübung direkt oder indirekt durch Rechts- oder Verwaltungsvorschriften an das Vorhandensein bestimmter Berufsqualifikationen gebunden ist. Dies ist bei Rechtsanwälten sowohl im Hinblick auf die Zulassung zur Rechtsanwaltschaft als auch die Ausübung der anwaltlichen Tätigkeit der Fall. Ein Verstoß der §§ 43 b BRAO, 6 Abs. 1 BORA gegen die UGP-RL scheidet somit aus.

c) Gesetzliche Bestimmung

Bei § 43 b BRAO handelt es sich um ein förmliches Gesetz und damit um eine gesetzliche Bestimmung im Sinne von § 4 Nr. 11 UWG. Fraglich ist, ob auch die §§ 6 ff. BORA eine hinreichende Rechtsnormqualität aufweisen, da es sich bei der BORA lediglich um eine auf der Grundlage der §§ 59 b Abs. 1, 191 a Abs. 2, 191 e BRAO von der Bundesrechtsanwaltskammer erlassene Satzung handelt. Gesetzliche Vorschrift im Sinne von § 4 Nr. 11 UWG ist jedoch jede Rechtsnorm (Art 2 EGBGB), die in Deutschland Geltung besitzt.[18] Relevante Rechtsnormen sind folglich nicht nur die von deutschen Gesetzgebungsorganen erlassenen Normen, sondern auch Vorschriften des primären und sekundären Gemeinschaftsrechts sowie Rechtsverordnungen und autonome Satzungen von Gemeinden und Kammern.[19] Demgemäß handelt es sich bei den §§ 6 bis 10 BORA um von § 4 Nr. 11 UWG erfasste Rechtsnormen.

d) Verstoß gegen §§ 43 b BRAO, 6 Abs. 1 BORA

aa) Werbung. Das Verhalten des B ist an den §§ 43 b BRAO, 6 Abs. 1 BORA zu messen, wenn es sich bei den von A beanstandeten Aussagen auf der Homepage der C um Werbung i. S. von § 43 b BRAO handelt. Werbung ist ein Verhalten, das planvoll darauf angelegt ist, andere dafür zu gewinnen, die Leistungen des Werbenden in Anspruch zu nehmen.[20] Da der von B mit verantwortete Internetauftritt der C vorhandene Mandanten binden und neue Mandanten gewinnen will, handelt es sich um eine Werbung im Sinne dieser Vorschrift.

bb) Berufsbezogene Unterrichtung. Gemäß §§ 43 b BRAO, 6 Abs. 1 BORA darf eine Werbung von Rechtsanwälten ausschließlich berufsbezogene Informationen über ihre Person und ihre Tätigkeit geben.[21] Die Unterrichtung muss demgemäß – um zulässig zu sein – einen Zusammenhang mit dem Beruf des Anwalts aufweisen.[22] Maßgebend ist, ob die Aussage ein legitimes Informationsinteresse der Mandanten befriedigt, indem sie für die Entscheidung, ob und gegebenenfalls welchen Anwalt sie beauftragen, auf der Grundlage vernünftiger und sachbezogener Erwägungen eine Rolle spielen kann.[23]

---

[18] *BGH*, Urt. v. 21. 7. 2005, Az. I ZR 170/02, GRUR 2005, 960, 961 – Friedhofsruhe.
[19] *Köhler*, in: Hefermehl/Köhler/Bornkamm, § 4 Rn. 11.24. Siehe zur Rechtsnormqualität der BORA auch *OLG Stuttgart*, Urt. v. 24. 1. 2008, Az. 2 U 91/07, WRP 2008, 513 ff. – Spezialist für Mietrecht.
[20] *BVerfG*, Beschl. v. 26. 10. 2004, Az. 1 BvR 981/00, NJW 2004, 3765, 3767 – Werbung einer Steuerberaterkanzlei auf Straßenbahnwagen.
[21] *OLG Hamburg*, Urt. v. 26. 2. 2004, Az. 3 U 82/02, NJW 2004, 1668 – Anwaltswerbung im Internet.
[22] *Köhler*, in: Hefermehl/Köhler/Bornkamm, § 4 Rn. 11.87.
[23] *BVerfG*, Beschl. v. 4. 8. 2003, Az. 1 BvR 2108/02, GRUR 2003, 965 – Interessenschwerpunkt „Sportrecht".

Die Werbeaussage der C-Kanzlei, dass den Mandanten „acht Rechtsanwälte für die optimale Vertretung ihrer Interessen in den verschiedensten Rechtsgebieten zur Verfügung" stehen, informiert potenzielle Mandanten über die Anzahl der bei C tätigen Berufsträger sowie über die Qualität der erbrachten Dienstleistungen. Vor dem Hintergrund der verfassungsrechtlich garantierten Werbefreiheit der Rechtsanwälte – dazu sogleich – handelt sich deshalb um eine zulässige, weil berufsbezogene Unterrichtung.

cc) Sachliche Unterrichtung. (1) Verfassungskonforme Auslegung. Die dem B zuzurechnende reklamehaft anpreisende Werbung der C mit einer „optimalen Vertretung der Interessen" ihrer Mandanten könnte jedoch gemäß §§ 43b BRAO, 6 Abs. 1 BORA unsachlich und damit unzulässig sein. Mit dem Kriterium der Sachlichkeit soll den Bedürfnissen der Rechtsuchenden nach Transparenz der anwaltlichen Dienstleistungen Rechnung getragen und der Gefahr begegnet werden, dass Rechtsuchende irregeführt werden oder unrichtige Vorstellungen über die Leistungsfähigkeit eines Rechtsanwalts gewinnen. Dieses Ziel wird vor allem bei völlig übertriebener, plump aufdringlicher, marktschreierischer, belästigender oder irreführender Werbung verfehlt.[24]

Bei der Interpretation des unbestimmten Rechtsbegriffs der „Sachlichkeit" ist zu beachten, dass § 43b BRAO und der seiner Konkretisierung dienende § 6 Abs. 1 BORA nicht etwa eine ansonsten nicht bestehende Werbemöglichkeit eröffnen, sondern vielmehr die durch Art. 12 Abs. 1 GG garantierte Werbefreiheit der Rechtsanwälte präzisieren.[25] Zur Freiheit der Berufsausübung gehört nämlich sowohl die berufliche Praxis als auch eine Tätigkeit, die mit der Berufsausübung zusammenhängt und dieser dient. Art. 12 Abs. 1 GG umfasst daher auch die Außendarstellung von selbstständig Berufstätigen einschließlich der Werbung für die Inanspruchnahme ihrer Dienste.[26] Dementsprechend bedarf nicht die Gestattung der Anwaltswerbung einer Rechtfertigung, sondern ihre Einschränkung.

Als Eingriff in die Freiheit der Berufsausübung benötigt eine Einschränkung der Anwaltswerbung eine gesetzliche Grundlage, wie sie mit § 43b BRAO vorhanden ist. Die Einschränkung ist außerdem nur dann mit Art. 12 Abs. 1 GG vereinbar, wenn sie im Einzelfall durch ausreichende Gründe des Gemeinwohls gerechtfertigt und verhältnismäßig ist.[27] Vor diesem Hintergrund ist § 43b BRAO dahingehend zu interpretieren, dass die Werbung von Anwälten einerseits auf für den Adressatenkreis nachvollziehbare und nützliche, rein sachbezogene Maßnahmen beschränkt ist, Anwälten andererseits aber auch die Möglichkeit eingeräumt werden soll, sich in dem gezogenen Rahmen zur Förderung eigener Erwerbstätigkeit nach außen zu wenden.[28] Außerhalb etwaiger berufsrechtlicher Sanktionen, über die zuerst der Vorstand der örtlich zuständigen Rechtsanwaltskammer zu befinden hat, gelten für die anwaltliche Werbung deshalb im Wesentlichen nur die Beschränkungen des werbenden Marktverhaltens, die sich aus dem UWG ergeben.[29] Der einzelne Rechtsanwalt hat es ansonsten in der Hand, in welcher Weise er sich für die interessierte Öffentlichkeit darstellt, solange sich sein Verhalten in den durch schützenswerte Gemein-

---

[24] *OLG Hamburg,* Urt. v. 26. 2. 2004, Az. 3 U 82/02, NJW 2004, 1668 – Anwaltswerbung im Internet.
[25] *BVerfG,* Beschl. v. 1. 3. 2001, Az. 1 ZR 300/98, NJW 2001, 2087 – Anwaltswerbung II.
[26] *BVerfG,* Beschl. v. 17. 4. 2000, Az. 1 BvR 721/99, NJW 2000, 3195 – Anwaltswerbung durch Sponsoring.
[27] *BGH,* Urt. v. 27. 1. 2005, Az. I ZR 202/02, GRUR 2005, 529 – Optimale Interessenvertretung
[28] *BVerfG,* Beschl. v. 1. 3. 2001, Az. 1 ZR 300/98, NJW 2001, 2087 – Anwaltswerbung II.
[29] *OLG Naumburg,* Urt. v. 8. 11. 2007, Az. 1 U 70/07, NJW-RR 2008, 442 – Anwalt sofort.

wohlbelange gezogenen Grenzen hält. Die einschlägigen Vorschriften der §§ 43b BRAO, 6 BORA erlauben deshalb entgegen ihrem missverständlichen Wortlaut eine in Form und Inhalt sachliche Information über den Berufsträger zu Werbezwecken.[30]

(2) Form der Unterrichtung. Die Unsachlichkeit einer Werbung kann sich aus ihrer Form ergeben.[31] Für sich allein ist das zur Selbstdarstellung gewählte Medium – sofern seine Verwendung nicht ausdrücklich untersagt ist, weil z.B. keine Einwilligung des Marktteilnehmers vorliegt (§ 7 Abs. 2 UWG) – nicht geeignet, eine Werbung unzulässig machen.[32] Eine der Form nach unsachliche Werbung liegt vielmehr erst dann vor, wenn ihr Erscheinungsbild derart im Vordergrund steht, dass der Inhalt weit dahinter zurückbleibt.[33] Dies erfordert eine wertende Betrachtung unter Berücksichtigung von Anlass, Zweck und Begleitumständen der Werbemaßnahme.[34] Ausschlaggebend für die rechtliche Beurteilung des Werbeverhaltens ist der Standpunkt der angesprochenen Verkehrskreise, nicht die möglicherweise besonders strenge Auffassung des jeweiligen Berufsstands.[35] Als betroffene Verkehrskreise sind nach dem Sachverhalt insbesondere Verbraucher anzusehen, da die C-Kanzlei vornehmlich private Kapitalanleger vertritt (§ 2 Abs. 2 UWG, § 13 BGB). Abzustellen ist dabei auf das Verständnis eines durchschnittlich informierten, aufmerksamen und verständigen Adressaten.[36]

Allein der Umstand, dass die Werbung der C-Kanzlei auf ihrer Kanzlei-Homepage steht, rückt das formale Erscheinungsbild noch nicht so stark in den Vordergrund, dass es als „marktschreierische Herausstellung" einzustufen ist.[37] Das gilt insbesondere vor dem Hintergrund, als das „passive Medium" Internet den Adressaten der Werbung die Informationen nicht aufdrängt. Die Art und Weise der Informationsübermittlung ist vielmehr dadurch gekennzeichnet, dass nur derjenige, der die entsprechende Internetseite auf eigene Initiative direkt oder über eine Suchmaschine aufruft, überhaupt davon Kenntnis nimmt. Eine Werbung über eine solch passive Darstellungsplattform belästigt regelmäßig nicht und drängt sich auch keiner breiten Öffentlichkeit unvorbereitet auf.[38] Allein die Form der Werbung der C kann ihre Unsachlichkeit somit nicht begründen.

(3) Inhalt der Unterrichtung. Eine Werbung kann außerdem aufgrund ihres Inhalts unsachlich sein.[39] Diesbezüglich ist zwischen auf den Beruf bezogenen Tatsachenbehauptungen, deren inhaltliche Richtigkeit überprüft werden kann, und bloßen Werturteilen über die eigene Dienstleistung zu differenzieren.[40] Tatsachenbehauptungen verstoßen grundsätzlich nicht gegen das auf den Inhalt bezogene Sachlichkeitsgebot, sofern sie nicht unwahr oder irreführend sind (vgl. auch §§ 3 und 5 UWG).[41] Werturteile sind demgegenüber regelmäßig nicht mit dem Sachlichkeitsge-

---

[30] *OLG Naumburg,* Urt. v. 8. 11. 2007, Az. 1 U 70/07, NJW-RR 2008, 442 – Anwalt sofort.
[31] *BGH,* Urt. v. 27. 1. 2005, Az. I ZR 202/02, GRUR 2005, 529 – Optimale Interessenvertretung.
[32] *Becker-Eberhard,* in: Fezer, UWG, § 4-S 3 Rn. 67 ff.; *Köhler,* in: Hefermehl/Köhler/Bornkamm, § 4 Rn. 11.88.
[33] *BGH,* Urt. v. 21. 2. 2002, Az. I ZR 281/99, GRUR 2002, 902 – Vanity-Nummer.
[34] *BVerfG,* Beschl. v. 17. 4. 2000, Az. 1 BvR 721/99, WRP 2000, 720 – Sponsoring.
[35] *BVerfG,* Beschl. v. 17. 4. 2000, Az. 1 BvR 721/99, WRP 2000, 720 – Sponsoring.
[36] *BGH,* Beschl. v. 25. 11. 2002, AnwZ (B) 41/02, NJW 2003, 662 – presserecht.de.
[37] Siehe dazu *BVerfG,* Beschl. v. 17. 4. 2000, Az. 1 BvR 721/99, WRP 2000, 720 – Sponsoring.
[38] *BVerfG,* Beschl. v. 19. 2. 2008, Az. 1 BvR 1886/06, GRUR 2008, 618 Rn. 16 – Anwaltsdienste bei ebay.
[39] *Becker-Eberhard,* in: Fezer, UWG, § 4-S 3 Rn. 74.
[40] *BGH,* Urt. v. 9. 10. 2003, Az. I ZR 167/01, NJW 2004, 440.
[41] *Köhler,* in: Hefermehl/Köhler/Bornkamm, § 4 Rn. 11.92.

bot vereinbar, weil sie weitgehend von subjektiven Einschätzungen abhängen, weshalb immer die Gefahr besteht, dass bei den Rechtsuchenden unrichtige Erwartungen geweckt werden, weil diese die Leistungen des Rechtsanwalts in der Regel nur schwer einschätzen können.[42] Das Gebot der Sachlichkeit verlangt freilich keine auf die Mitteilung nüchterner Fakten beschränkte Werbung. Zulässig ist vielmehr auch eine sog. Sympathiewerbung, soweit durch sie nicht der Informationscharakter in den Hintergrund gedrängt wird.[43] Die von B mit verantwortete und ihm deshalb zuzurechnende Werbung der C mit einer „optimalen Interessenvertretung" könnte durch den Zusammenhang mit der Schilderung der Kanzleigeschichte dahingehend verstanden werden, dass durch die gewachsene Zahl der Rechtsanwälte mehr Rechtsgebiete abgedeckt werden als durch einen einzelnen Rechtsanwalt, und dass der darin liegende Zuwachs an Kompetenz als Urteil über die Qualität werbend herausgestellt werden soll.[44] Das Wort „optimal" würde sich bei einem derartigen Verständnis also auf die Breite der angebotenen Rechtsberatung beziehen, also auf eine Sachaussage, die der Überprüfung zugänglich und wahr ist, weshalb sie mit § 43 b BRAO, § 6 Abs. 1 BORA vereinbar wäre.

Zu einem anderen Ergebnis käme man, wenn ein verständiger Durchschnittsadressat die Werbung dahingehend auffassen würde, dass die anwaltliche Leistung selbst als „optimal" bezeichnet wird, da es sich dann um eine dem Sachlichkeitsgebot widersprechende Alleinstellungswerbung handeln könnte.[45] Dies wäre der Fall, wenn ein Marktteilnehmer, der eine „optimale Lösung" anbietet, damit gleichzeitig zum Ausdruck bringt, dass es keine andere bessere Lösung als die seine gibt, also kein anderer Rechtsanwalt die Mandanteninteressen besser als der Werbende vertreten kann. Eine derartige Aussage ist nämlich regelmäßig nicht zu belegen und verstieße deshalb gegen § 43 b BRAO.

Für die letztgenannte Sichtweise und damit für eine Unzulässigkeit der Werbung mit einer „optimalen Interessenvertretung" spricht, dass der Begriff, „optimal" aus dem Lateinischen stammt, wo „optimus" oder „optima" der oder die Beste bedeutet. „Optimal" ist mithin grammatikalisch ein Superlativ. Im deutschen Sprachgebrauch ist dieses Attribut freilich durch inflationären Gebrauch so sehr verblasst, dass der Durchschnittskonsument es regelmäßig nicht mehr als Superlativ verstehen wird. Das gilt unzweifelhaft für den Bereich der Konsumgüterwerbung. Es sind jedoch keine Gründe ersichtlich, weshalb bei der Werbung für Anwaltsleistungen anders zu werten ist.[46] Auch hier werden sich die angesprochenen Adressaten allein durch Verwendung der Vokabel „optimal" noch nicht beeinflussen lassen, eine Kanzlei zu beauftragen. Aus Sicht der angesprochenen Verkehrskreise handelt es sich somit bloß um die Mitteilung, dass die Mitglieder der Kanzlei C für die von ihnen vertretenen Rechtsgebiete gut qualifiziert sind. Hierin liegt noch keine rechtswidrige reklamehafte Anpreisung, da wie geschildert nicht jede positive Darstellung der Leistung des Rechtsanwalts in seiner Werbung mit dem Sachlichkeitsgebot unvereinbar ist.[47]

---

[42] Siehe zur anwaltlichen Rechtsberatung als sog. Vertrauensgut *Möllers/Mederle*, WRP 2008, 871, 872 f.; a. A. *OLG Hamburg*, Urt. v. 3. 7. 2002, Az. 5 U 135/01, NJW 2002, 3183 f. Rn. 29 ff.
[43] *BVerfG*, Beschl. v. 1. 3. 2001, Az. 1 ZR 300/98, NJW 2001, 2087 – Anwaltswerbung II. Das Sachlichkeitsgebot ist außerdem verletzt, wenn die Werbung Mitbewerber unlauter herabsetzt (§ 4 Nr. 7 UWG) oder behindert (§ 4 Nr. 10 UWG).
[44] *OLG Hamburg*, Urt. v. 3. 7. 2002, Az. 5 U 135/01, NJW 2002, 3183 f.
[45] *Vogt*, NJW 2006, 2960, 2963. Zur rechtlichen Beurteilung der Alleinstellungswerbung nach § 5 UWG vgl. *Bornkamm*, in: Hefermehl/Köhler/Bornkamm, § 5 Rn. 2.137 ff.
[46] *OLG Hamburg*, Urt. v. 3. 7. 2002, Az. 5 U 135/01, NJW 2002, 3183 f.
[47] *OLG Hamburg*, Urt. v. 3. 7. 2002, Az. 5 U 135/01, NJW 2002, 3183 f. Rn. 29 ff.

Im vorliegend zu beurteilenden Kontext spricht gegen eine reklamehafte Übertreibung oder gar eine marktschreierische Herausstellung der Kanzlei des B zudem der Zusammenhang der Aussage mit Sachangaben, wonach anders als in den Anfängen der Kanzlei nunmehr acht Rechtsanwälte für die Vertretung zur Verfügung stehen, eine moderne EDV und eine gut ausgestattete Fachbibliothek vorhanden sind und auf umfangreiche juristische Datenbanken zurückgegriffen werden kann.[48] Hierbei handelt es sich nämlich um Informationen über die Grundlagen einer möglichst optimalen Vertretung der Mandantenbelange. Als Aussage über die Leistung der Kanzleimitglieder steht die von A gerügte Aussage der C-Kanzlei, sofern man sie überhaupt als Werturteil einstuft, in einem engen inneren Zusammenhang mit diesen Angaben über die personelle und sachliche Ausstattung der Kanzlei. Sie ist deshalb nicht als unsachlich im Sinne von § 43b BRAO i. V. m. § 6 Abs. 1 BORA anzusehen.

Ein Verstoß gegen § 4 Nr. 11 UWG scheidet somit aus.

3. Unlauterkeit gemäß § 4 Nr. 11 UWG i. V. m. §§ 28 Abs. 1 und 2, 35 Abs. 2 S. 2 Nr. 1 BDSG

B könnte des Weiteren gegen § 4 Nr. 11 UWG i. V. m. §§ 28 Abs. 1 und 2, 35 Abs. 2 Satz 2 Nr. 1 BDSG verstoßen haben.[49] Das wäre der Fall, wenn B die Schreiben unter Verwendung eines Anschriftenverzeichnisses versandt hätte, das ihm unter Verstoß gegen das BDSG übermittelt worden ist. Zwar regelt § 28 Abs. 1 und 2 BDSG primär die Zulässigkeit einer Übermittlung von Daten durch Dritte, z. B. durch ein Vertriebsunternehmen für Fonds-Anteile. Eine entsprechende Unzulässigkeit kann jedoch zur Folge haben, dass die Speicherung und Verwendung der übermittelten Daten auch beim Empfänger unzulässig ist, weshalb die Daten nach § 35 Abs. 2 S. 2 Nr. 1 BDSG sofort gelöscht werden müssen. Für einen Verstoß gegen das BDSG sind dem Sachverhalt freilich keine Hinweise zu entnehmen.

4. Unlauterkeit gemäß § 5 UWG

B könnte durch die Werbung mit einer „optimalen Interessenvertretung" schließlich gegen das Verbot irreführender Werbung gemäß § 5 UWG i. V. m. § 3 UWG verstoßen haben. Nach § 5 Abs. 1 S. 1 UWG handelt unlauter, wer irreführende geschäftliche Handlungen vornimmt. Die Vorschrift korrespondiert mit dem berufsrechtlichen Verbot unsachlicher Werbung der §§ 43b BRAO, 6 Abs. 1 BORA, das insoweit eine Konkretisierung des Verbots irreführender Werbung enthält.[50] Wie bereits erläutert, hat der Begriff „optimal" nicht nur bei der Werbung für Konsumgüter, sondern auch bei einer solchen für anwaltliche Dienstleistungen kein Irreführungspotential. § 5 UWG ist somit nicht verletzt.

5. Ergebnis

Das Verhalten des B ist lauterkeitsrechtlich nicht zu beanstanden.

---

[48] Vgl. *BGH*, Urt. v. 27. 1. 2005, Az. I ZR 202/02, GRUR 2005, 529 – Optimale Interessenvertretung.
[49] Siehe dazu *OLG Naumburg*, Urt. v. 10. 10. 2003, Az. I U 17/03, NJW 2003, 3566 mit krit. Anm. *Huff*, NJW 2003, 3525 ff.; nachfolgend *BGH*, Urt. v. 29. 6. 2006, Az. I ZR 235/03, BGHZ 168, 179 ff. – Anschriftenliste mit Anm. *Huff*, LMK 2007, 209 900, und *Teplitzky*, WRP 2007, 1 ff., zu den prozessualen Grenzen einer Änderung des Streitgegenstands durch Abwandlung der Verletzungsform.
[50] *Becker-Eberhard*, in: Fezer, UWG, § 4-S 3 Rn. 74; *OLG Naumburg*, Urt. v. 8. 11. 2007, Az. 1 U 70/07, NJW-RR 2008, 442.

Fall 9. Anwaltswerbung

B. Lösung zu Frage 2

I. Unzulässigkeit gemäß § 3 Abs. 1 UWG i. V. m. § 4 UWG

Das unaufgeforderte Versenden von Schreiben an Kapitalanleger könnte gemäß § 3 Abs. 1 i. V. m. § 4 UWG unzulässig sein.

1. Geschäftliche Handlung gemäß § 2 Abs. 1 Nr. 1 UWG

Bei dem unaufgeforderten Versenden von Werbeschreiben an Kapitalanleger handelt es sich um eine geschäftliche Handlung gemäß § 2 Abs. 1 Nr. 1 UWG, da diese objektiv dazu geeignet ist, den Absatz anwaltlicher Tätigkeiten zu fördern, indem geschäftliche Entscheidungen potentieller Mandanten beeinflusst werden sollen.

2. § 4 Nr. 11 UWG i. V. m. § 43 b BRAO (Verbot der Werbung um ein konkretes Mandat)

In der unaufgeforderten Versendung von Schreiben an Kapitalanleger könnte ein Verstoß gegen das in § 43 b BRAO verankerte Verbot der Werbung um ein konkretes Einzelmandat zu sehen sein, welches im Interesse der Marktteilnehmer eine Marktverhaltensregel i. S. v. § 4 Nr. 11 UWG aufstellt (s. o.).

Bei den Schreiben des B handelt es sich um Werbung im Sinne von § 43 b BRAO, da sie darauf angelegt sind, Personen dafür zu gewinnen, die Leistungen des B in Anspruch zu nehmen.

Darüber hinaus müssten die von B versandten Schreiben als Werbung um konkrete Mandate einzustufen sein. Wegen der durch Art. 12 Abs. 1 GG geschützten Berufsausübungsfreiheit ist das Verbot der Werbung um konkrete Mandate ebenso wie das Sachlichkeitsgebot (s. o.) verfassungskonform auszulegen, weshalb eine Werbung grundsätzlich erlaubt und nur dann verboten ist, wenn dies durch Gemeinwohlbelange gerechtfertigt werden kann.[51] Das ist insbesondere dann der Fall, wenn der Mandant nicht mehr frei und unbedrängt entscheiden kann, ob er einen bestimmten Rechtsanwalt beauftragt.[52]

Vor diesem Hintergrund ist eine unzulässige Werbung um ein konkretes Einzel*mandat* anzunehmen, wenn ein potenzieller Mandant für den Rechtsanwalt erkennbar in einer bestimmten Einzelangelegenheit Beratungs- und/oder Vertretungsbedarf hat und der Rechtsanwalt in Kenntnis der Umstände offen um das Mandat wirbt. Hier ist nämlich nicht mehr gewährleistet, dass der potenzielle Mandant frei über die Beauftragung des Anwalts entscheiden kann.[53] Geht es demgegenüber um keinen Auftrag in einem konkreten Einzelfall, darf der Rechtsanwalt potenzielle *Mandanten* ansprechen und für sich werben.[54] Allerdings können an sich zulässige Maßnahmen, um eine Person als *Mandanten* zu gewinnen, unter bestimmten Gegebenheiten als unzulässige Werbung um einzelne *Mandate* einzustufen sein. Hiervon ist z. B. auszugehen, wenn der Angesprochene in einem konkreten Einzelfall aufgrund eines individuellen Schadensereignisses der Beratung oder Vertretung bedarf,

---

[51] *BVerfG*, Beschl. v. 19. 2. 2008, Az. 1 BvR 1886/06, GRUR 2008, 618 – Anwaltsdienste bei ebay.
[52] *Hartung*, MDR 2003, 485, 489.
[53] *Hartung*, MDR 2003, 485, 489.
[54] OLG Hamburg, Urt. v. 26. 2. 2004, Az. 3 U 82/02, NJW 2004, 1668; *Becker-Eberhard*, in: Fezer, UWG, § 4-S 3 Rn. 91.

der Werbende dies weiß und zum Anlass für seine vermeintlich allgemein gehaltene Werbung nimmt, also verschleiert, dass er eigentlich um ein konkretes *Mandat* wirbt.[55] Eine solche Werbung ist ebenso wie die offene Werbung um ein Einzelmandat nicht zulässig, weil sie auszunutzen versucht, dass sich der Umworbene bereits in einer Zwangslage befindet, weil er etwa als Unfallopfer auf die Hilfe anderer angewiesen ist, und sich deshalb möglicherweise nicht frei für einen Anwalt entscheiden kann.[56] Etwas anderes gilt allenfalls dann, wenn die Werbung im potenziellen Interesse des Dritten liegt und zu diesem bereits ein Mandatsverhältnis besteht.[57]

B hat vorliegend Anleger der X-Unternehmensgruppe, mit denen er zuvor noch nicht in geschäftlichen Beziehungen stand, namentlich angeschrieben, um sie durch die reißerische Formulierung seines Schreibens und durch Beifügung einer Vollmacht ohne vorheriges persönliches Gespräch zu seiner Mandatierung zu bewegen. Hierin ist eine unsachliche Werbung um ein konkretes Mandat zu sehen. So hat B den Anlegern entgegen der von einem Anwalt üblicherweise zu erwartenden Gepflogenheit nicht nur ohne vorherige Prüfung etwaiger Besonderheiten ihres Falles mitgeteilt, dass ihnen durch ihre Beteiligung bereits ein Schaden entstanden sei, sondern auch, dass sich das Risiko fortlaufend erhöhe. Dies kann ein Adressat nur dahingehend verstehen, dass in seinem Fall bereits ein erheblicher Schaden entstanden ist, der ein umgehendes Handeln unabdingbar macht. Dies gilt umso mehr, als B die Adressaten seiner Schreiben auch noch darauf aufmerksam machte, dass bei Schadensersatzklagen Verjährungsfristen zu beachten sind, obwohl ihm nach den konkreten Umständen nicht eindeutig sein konnte, zu welchem Zeitpunkt etwaige Forderungen tatsächlich verjähren. Bei Interesse wurde schließlich dringend um Rücksendung einer beigefügten und vom Adressaten zu unterzeichnenden Prozessvollmacht gebeten.

Sieht man diese Umstände im Zusammenhang, wird ein durchschnittlicher Empfänger durch die Lektüre eines solchen Schreibens in „Angst und Schrecken" versetzt. Er wird angesichts der drohenden Verjährung nicht frei über eine Mandatierung des B entscheiden können, sondern kaum eine andere Möglichkeit sehen, als den B unverzüglich mit einer Klage zu beauftragen, um „zu retten, was noch zu retten ist". Der Verstoß gegen § 43b BRAO ist bei einer Gesamtwürdigung der Schreibens des B also darin zu sehen, dass er auf bestimmte, namentlich bezeichnete Personen zuging, bei denen sich seiner Meinung nach bereits ein konkreter Schaden verwirklicht hatte, und in einer Kombination von aufgebautem Zeitdruck, Darstellung eigener Kompetenz und Erfahrung sowie unter Hinweis auf die Gefahr sich vergrößernder Schäden gezielt auf eine eigene Mandatierung hingewirkt hat. Ein solches Vorgehen ist auch unter Berücksichtigung der Grundrechte des B nicht mehr mit dem Sachlichkeitsgebot des § 43b BRAO vereinbar.

B hat somit gegen das Verbot der Werbung um ein konkretes Mandat gemäß § 4 Nr. 11 UWG i.V. m. § 43 b BRAO verstoßen.

3. Unlauterkeit gemäß § 4 Nr. 1 UWG

B könnte durch die unaufgefordert an Fonds-Anleger versandten Schreiben unlauter i.S.d. § 4 Nr. 1 UWG gehandelt haben. Nach dieser Vorschrift handelt unlauter, wer geschäftliche Handlungen vornimmt, die geeignet sind, die Entscheidungs-

---

[55] *Köhler*, in: Hefermehl/Köhler/Bornkamm, § 4 Rn. 11.96.
[56] *OLG Hamburg*, Urt. v. 26. 2. 2004, Az. 3 U 82/02, NJW 2004, 1668; *OLG München*, Urt. v. 20. 12. 2001, Az. 29 U 4592/01, NJW 2002, 760; *Hartung*, MDR 2003, 485, 488 f.
[57] Streitig. Ebenso *Eylmann*, in: Hensler/Prütting, BRAO, 2. Aufl. 2004, § 43b Rn. 41; a. A. *Köhler*, in: Hefermehl/Köhler/Bornkamm, § 4 Rn. 11.96.

freiheit der Verbraucher oder sonstiger Marktteilnehmer durch Ausübung von Druck, in „menschenverachtender Weise" oder durch sonstigen unangemessenen unsachlichen Einfluss zu beeinträchtigen.

Eine Beeinträchtigung der Entscheidungsfreiheit von Verbrauchern durch unangemessenen unsachlichen Einfluss ist anzunehmen, wenn eine Einwirkung mit dem Ziel erfolgt, sie von rational-kritischen Erwägungen über den Nutzen und die Nachteile eines Angebots, insbesondere seine Preiswürdigkeit und Qualität abzuhalten.[58] Die Wettbewerbshandlung muss von einem solchen Gewicht sein, dass sie objektiv geeignet ist, die Rationalität der freien, selbst bestimmten geschäftlichen Entscheidung zu überlagern und auszuschalten. Dafür genügt eine gewisse Wahrscheinlichkeit, dass ein durchschnittlich informierter, situationsbedingt aufmerksamer und verständiger Durchschnittsverbraucher seine Entscheidung auch mit Rücksicht auf die Einflussnahme treffen wird.[59] § 4 Nr. 1 UWG schützt dabei die Entscheidungsfreiheit von Marktteilnehmern vor Beeinträchtigung durch unterschiedliche Verhaltensweisen. Aus der Formulierung des Gesetzes ergibt sich, dass der „unangemessene unsachliche Einfluss" als Oberbegriff und die „Druckausübung" sowie die „menschenverachtende Einwirkung" als Unterfälle anzusehen sind.[60] Durch das Kriterium der Unangemessenheit wird dem Umstand Rechnung getragen, dass der Versuch einer gewissen unsachlichen Beeinflussung notwendig mit einer Werbung einhergeht und deshalb nicht per se unlauter ist.[61]

Das Schreiben des B könnte insoweit als unzulässiges Druckmittel im Sinne von § 4 Nr. 1 UWG einzustufen sein. Unter dem Ausüben von Druck versteht man ein Inaussichtstellen oder Zufügen von Nachteilen. Druckmittel können u. a. physisch, psychisch oder wirtschaftlich sein.[62] Vorliegend hat B Kapitalanlegern in persönlich an sie adressierten Schreiben mitgeteilt, dass ihnen durch die Beteiligung an Fonds der X-Unternehmensgruppe bereits ein Schaden entstanden sei, und sich das Risiko fortlaufend erhöhe. Darüber hinaus hat B darauf verwiesen, dass bei Schadensersatzklagen Verjährungsfristen zu beachten sind, weshalb ein umgehendes Handeln unbedingt erforderlich sei. Schließlich hat B sogar um Rücksendung einer den Schreiben beigefügten und vom Adressaten zu unterzeichnenden Prozessvollmacht gebeten. Bei der gebotenen Gesamtschau der Umstände haben die von B versandten Schreiben bei den Empfängern folglich eine erhebliche wirtschaftliche Drucksituation ausgelöst, da B Schäden behauptet hat, die sich nicht nur täglich vergrößerten, sondern deren gerichtliche Geltendmachung auch engen Fristen unterliege, die ein unverzügliches Handeln erforderlich machten. In Verbindung mit der Übersendung der Vollmachtsformulare hat B die Entscheidungsfreiheit der Adressaten über eine Mandatierung somit in unsachlicher Weise durch wirtschaftlichen Druck beeinträchtigt.

Jedenfalls liegt in diesem Verhalten ein Verstoß gegen das Verbot der Beeinträchtigung der Entscheidungsfreiheit der Verbraucher durch unangemessen unsachlichen Einfluss. Die Handlungen des B sind damit unlauter gemäß § 4 Nr. 1 UWG.

4. Unlauterkeit gemäß § 4 Nr. 2 UWG

In der Aufforderung zur Rückübersendung einer vom Adressaten zu unterzeichnenden Prozessvollmacht durch B könnte außerdem ein durch § 4 Nr. 2 UWG ver-

---

[58] *Boesche*, WRP 2009, 661, 667.
[59] OLG Hamm, Urt. v. 7. 6. 2005, Az. 4 U 22/05, GRUR 2006, 86 – Sonntagsrabatt.
[60] *Köhler*, in: Hefermehl/Köhler/Bornkamm, § 4 Rn. 1.7.
[61] BT-Drs. 15/1487 vom 22. 8. 2003, S. 17.
[62] *Piper*, in: Piper/Ohly, § 4 Rn. 1.8.

botenes „Ausnutzen besonderer Umstände" des Umworbenen liegen. Dies ist u. a. dann anzunehmen, wenn eine geschäftliche Handlung geeignet ist, eine Zwangslage von Verbrauchern auszunutzen.

Verbraucher befinden sich in einer Zwangslage, wenn sie durch wirtschaftliche Bedrängnis oder Umstände anderer Art eine Ware oder Dienstleistung zwingend benötigen. Wie stark das wirtschaftliche Bedürfnis sein muss, ist umstritten. Nach einer Ansicht reicht es aus, dass die wirtschaftlichen oder sonstige, z. B. gesundheitliche oder gesellschaftliche Nachteile so einschneidend sind, dass der Umworbene den Abschluss des Geschäfts mit dem Werbenden als das „kleinere Übel" ansieht.[63] Nach anderer, restriktiver Ansicht darf der Umworbene für die Annahme einer rechtlich relevanten Zwangslage keine Handlungsalternative zu wirtschaftlich zumutbaren Bedingungen mehr haben.[64] Für die erstgenannte Sichtweise spricht, dass § 4 Nr. 2 UWG eine kritisch-rationale Abwägung der Vor- und Nachteile eines Geschäfts ermöglichen will. Diese ist schon dann beeinträchtigt, wenn sich Verbraucher in einer Situation befinden, in der sie dem Angebot des Werbenden nicht mehr ausweichen zu können glauben, sofern sie nicht bereit sind, erhebliche Weiterungen insbesondere wirtschaftlicher Art in Kauf zu nehmen.[65]

Vorliegend hat B gegenüber den Fonds-Anlegern der X-Unternehmensgruppe ohne nähere Prüfung des Einzelfalles behauptet, dass bereits erhebliche Schäden eintreten seien, dass diese sich andauernd erhöhten und dass die laufenden Verjährungsfristen eine unverzügliche Beauftragung eines Rechtsanwalts dringend erforderlich machten. Hierdurch wurde bei einem durchschnittlichen Adressaten eine erhebliche psychische Drucksituation geschaffen. B hat folglich in einem ersten Schritt eine Zwangslage herbeigeführt (sanktioniert über § 4 Nr. 1 UWG). Diese Zwangslage hat B sodann in einem zweiten Schritt ausgenutzt, indem er den potenziellen Mandanten Vollmachtsformulare mit der Aufforderung zur Unterzeichnung und Rückübersendung vorgelegt hat. Dieses Verhalten ist als unlauter im Sinne von § 4 Nr. 2 UWG zu bewerten.

5. Unlauterkeit gemäß § 5 UWG

B könnte durch sein Verhalten weiterhin gegen den Tatbestand der irreführenden Werbung des § 5 UWG verstoßen haben. Gemäß § 5 Abs. 1 S. 2 Nr. 5 UWG ist eine geschäftliche Handlung irreführend, wenn sie unwahre oder sonstige zur Täuschung geeignete Angaben über die Notwendigkeit der Leistung enthält.

B hat den Adressaten seiner Schreiben vorliegend ohne Prüfung des Einzelfalles dringend empfohlen, seine anwaltlichen Dienstleistungen in Anspruch zu nehmen, da ein Schaden vorliege, der sich ohne Abwehrmaßnahmen stetig vergrößere. Damit hat er den Tatbestand des § 5 Abs. 1 S. 2 Nr. 5 UWG verwirklicht, da er nicht sicher sein konnte, ob die jeweiligen Einzelpersonen tatsächlich umgehend anwaltlicher Beratung bedürfen.

6. Unlauterkeit gemäß § 5 a Abs. 2 UWG

Darüber hinaus könnte B gegen das Verbot der Irreführung durch Unterlassen gemäß § 5a Abs. 2 UWG verstoßen haben. Hiernach handelt unlauter, wer die Entscheidungsfähigkeit von Verbrauchern im Sinne des § 3 Abs. 2 UWG dadurch

---

[63] *Köhler*, in: Hefermehl/Köhler/Bornkamm, § 4 Rn. 2.16.
[64] *Heermann*, in: MünchKommUWG, § 4 Nr. 2 Rn. 74.
[65] *Piper*, in: Piper/Ohly, § 4 Rn. 2.20.

beeinflusst, dass er eine Information vorenthält, die im konkreten Fall unter Berücksichtigung aller Umstände einschließlich der Beschränkungen des Kommunikationsmittels wesentlich ist.

B hat den Adressaten seiner Schreiben vorgespiegelt, dass bereits ein konkreter Schaden entstanden sei, ohne darauf aufmerksam zu machen, dass eine solche Aussage eigentlich nur dann möglich ist, wenn jeder Einzelfall zuvor sorgfältig begutachtet wurde. Da sich B eigenmächtig durch Werbeschreiben an potenzielle Mandanten gewandt hat, bestand auch eine Aufklärungspflicht aus Ingerenz. B hat somit gegen § 5 a Abs. 2 verstoßen.

7. Spürbarkeit gemäß § 3 Abs. 1 UWG

Gemäß § 3 Abs. 1 UWG ist eine unlautere geschäftliche Handlung nur dann unzulässig, wenn sie geeignet ist, die Interessen von Mitbewerbern, Verbrauchern oder sonstigen Marktteilnehmern spürbar zu beeinträchtigen. Dies verlangt eine objektive Wahrscheinlichkeit. Nicht erforderlich ist, dass die unlautere geschäftliche Handlung tatsächlich die Interessen anderer Marktteilnehmer spürbar beeinträchtigt.[66] In dem Erfordernis der Spürbarkeit soll zum Ausdruck kommen, dass eine Wettbewerbsmaßnahme von einem gewissen Gewicht für das Wettbewerbsgeschehen und die Interessen des geschützten Personenkreises sein muss, so dass Bagatellfälle ausgeblendet werden.[67] Die Frage, ob es sich um einen solchen Bagatellverstoß handelt oder die Unzulässigkeitsgrenze überschritten ist, ist unter umfassender Berücksichtigung der Umstände des Einzelfalls, namentlich von Art und Schwere des Verstoßes zu beurteilen.[68]

Vorliegend hat B die Adressaten seiner Schreiben nicht nur unsachlich unter Druck gesetzt, sondern die Drucksituation auch noch in unlauterer Weise ausgenutzt. Ein Bagatellfall liegt somit nicht vor.

8. Zwischenergebnis

Das Verhalten von B ist unzulässig gemäß § 3 Abs. 1 UWG i. V. m. §§ 4 Nr. 11 UWG, 43 b BRAO, §§ 4 Nr. 1 und 2, 5, 5 a UWG.

II. Unzulässigkeit gemäß § 7 UWG

B könnte durch das unaufgeforderte Versenden von Schreiben an potenzielle Mandanten gegen das Verbot belästigender Werbung gemäß § 7 UWG verstoßen haben.[69] Nach § 7 Abs. 1 S. 1 UWG ist eine geschäftliche Handlung unzulässig, durch die ein Marktteilnehmer in unzumutbarer Weise belästigt wird, ohne dass es auf eine Spürbarkeit wie in § 3 Abs. 1 UWG ankommt.[70] Die Vorschrift bezweckt den Schutz der Verbraucher und sonstigen Marktteilnehmer vor einem unangemessenen Eingriff in ihre private oder berufliche Sphäre.[71] Diese werden beeinträchtigt,

---

[66] *Köhler*, in: Hefermehl/Köhler/Bornkamm, § 3 Rn. 116.
[67] Vgl. die Begründung zum Regierungsentwurf, BT-Drs. 15/1487, S. 17.
[68] BGH, Urt. v. 28. 6. 2007, Az. I ZR 153/04, GRUR 2008, 186, 188 – Telefonaktion.
[69] § 7 UWG ist als eigenständiger Unzulässigkeitstatbestand grundsätzlich vor § 3 Abs. 1 UWG i. V. m. den besonderen Unlauterkeitstatbeständen der §§ 4, 5 und 6 UWG zu prüfen. Da hier Verstöße gegen sachnähere Spezialgesetze in Betracht kommen, bietet es sich jedoch an, diese in Verbindung mit § 4 Nr. 11 UWG zuerst zu prüfen.
[70] *Köhler*, WRP 2009, 109, 117.
[71] *Köhler*, in: Hefermehl/Köhler/Bornkamm, § 7 Rn. 2.

wenn Marktteilnehmer sich ohne oder gegen ihren Willen mit einem Anliegen eines geschäftlich Handelnden auseinandersetzen müssen und insoweit in ihrer Ruhe oder in einer anderweitigen Beschäftigung gestört werden (sog. Opt-in-Regelung). Hinzu kommen können je nach Einzelfall Störungen durch Inanspruchnahme von Ressourcen der Angesprochenen wie z. B. Faxgerät, Computer etc. Paradigma einer unzulässigen Belästigung ist die Werbung über Telefon bzw. Telefax ohne Einwilligung des Betroffenen.[72]

§ 7 UWG wendet sich also gegen Wettbewerbshandlungen, die bereits wegen ihrer Art und Weise unabhängig von dem Inhalt als Belästigung empfunden werden, weil sie dem Verbraucher aufgedrängt werden, insbesondere durch Werbung.[73] Das Verbot belästigender Werbung des § 7 UWG überschneidet sich insoweit in Teilen mit dem berufsrechtlichen Verbot des § 43b BRAO, unsachlich oder um einzelne Mandate zu werben. § 43b BRAO ist folglich als Konkretisierung des allgemeinen Belästigungsverbots aus § 7 UWG zu verstehen.[74]

Vorliegend hat B potenzielle Mandanten durch die von ihm versandten Schreiben „in Angst und Schrecken" versetzt, um sie zu einer Mandatierung der C-Partnerschaft zu veranlassen. Die Beeinflussung folgte vornehmlich aus dem Inhalt der Schreiben und nicht aus der Art und Weise der Kontaktaufnahme. Da dem Sachverhalt keine Hinweise darauf zu entnehmen sind, dass die Adressaten für B erkennbar derartige Werbeschreiben unabhängig von ihrem Inhalt per se ablehnten (bei Werbewurfsendungen z. B. deutlich gemacht durch entsprechende Aufkleber auf dem Briefkasten), und werbende Anwaltsrundschreiben wegen Art. 12 Abs. 1 GG grundsätzlich zulässig sind,[75] liegt keine Belästigung i. S. v. § 7 UWG vor.[76]

III. Unzulässigkeit gemäß § 3 Abs. 2 UWG

§ 3 Abs. 2 UWG enthält in Umsetzung von Art. 5 Abs. 2 UGP-RL eine Generalklausel mit Auffangfunktion. Da keine über die von den vorgenannten Tatbeständen erfassten Unlauterkeitsmomente hinausgehenden Aspekte erkennbar sind, ist § 3 Abs. 2 UWG nicht verletzt.

IV. Ergebnis

Das Verhalten von B verstößt gegen § 3 Abs. 1 UWG i. V. m. §§ 4 Nr. 11 UWG, 43b BRAO, §§ 4 Nr. 1 und 2, 5, 5a UWG.

C. Lösung zu Frage 3

I. Unzulässigkeit gemäß § 3 Abs. 1 UWG i. V. m. 4 Nr. 11 UWG

Der Internetauftritt der C könnte gegen das Verbot unsachlicher Werbung gemäß § 4 Nr. 11 UWG i. V. m. § 43b BRAO verstoßen.[77] Unsachlichkeit kann sich zum

---

[72] *Emmerich*, § 13 III 1.
[73] *Emmerich*, § 13 III 2.
[74] *Becker-Eberhard*, in: Fezer, UWG, § 4-S 3 Rn. 45 und 77.
[75] Die Berufsfreiheit wird vom EuGH in ständiger Rechtsprechung als Gemeinschaftsgrundrecht anerkannt, vgl. *EuGH*, Beschl. v. 23. 9. 2004, Az. C-435/02 und C-103/03 (Axel Springer AG), NZG 2005, 39 ff. Rn. 48.
[76] Ebenso im Ergebnis *Huff*, LMK 209 900.
[77] Siehe zum Folgenden *OLG Hamburg*, Urt. v. 26. 2. 2004, Az. 3 U 82/02, NJW 2004, 1668.

einen aus der Form der Werbung ergeben. Das ist vorliegend zu verneinen, da das Internet für Anwälte ein zulässiges Werbemedium ist. (s. o.). Eine Werbung kann zum anderen inhaltlich unsachlich sein. Dann muss sie Wertungen und Selbstanpreisungen enthalten, die nicht auf objektiven Tatsachen beruhen und deshalb nicht nachvollzogen werden können (s. o.). Mitteilungen über anhängige Klageverfahren gegen die X-Gruppe haben unmittelbar mit der beruflichen Tätigkeit der Anwälte der C zu tun. Da die Informationen nachprüfbar und vorliegend auch wahr sind, steht ihnen das inhaltliche Sachlichkeitsgebot des § 43 b BRAO ebenfalls nicht entgegen.

Der von B mit verantwortete Internetauftritt der C könnte jedoch gegen das in § 43 b BRAO normierte Verbot der Werbung um einzelne Mandate verstoßen (s. o.), da er über Verfahren gegen die X-Unternehmensgruppe informiert und sich dadurch indirekt an deren Anleger, also an einen begrenzten Personenkreis wendet, um diesen unter Hinweis auf gewonnene Prozesse zu einer Mandantierung zu bewegen. Nach überzeugender Ansicht kann hierin jedoch noch keine Werbung um ein konkretes Mandat gesehen werden. Hierfür spricht bereits, dass die Werbung nicht auf einen konkreten Schadensfall zugeschnitten ist.[78] Außerdem werden die potenziellen Mandanten anders als bei einem Telefonat oder einem persönlichen Brief nicht direkt angesprochen. Die Internetseiten werden vielmehr von etwaigen Interessenten aufgrund eigener Aktivitäten, ggf. auch nur zufällig aufgerufen. Diese können also unbeeinflusst entscheiden, ob und wenn ja, zu welchem Zeitpunkt sie sich an den Werbenden wenden.

An diesem Ergebnis ändert nichts, dass die Fondsanleger nach Ansicht der bei C tätigen Rechtsanwälte einen erhöhten Beratungsbedarf haben; denn auch hierdurch wird noch keine so enge Beziehung zu den potenziellen Adressaten der Werbung hergestellt, dass es gerechtfertigt wäre, von einer Werbung um ein konkretes Einzelmandat auszugehen und diese zu verbieten. Dies gilt umso mehr, als bei einer Internetwerbung vollkommen ungewiss ist, ob diese von dem ins Auge gefassten Adressatenkreis überhaupt zur Kenntnis genommen wird. Internet-Werbung von Rechtsanwälten kann deshalb selbst dann nicht als „Anbahnung einzelner Aufträge" eingestuft werden, wenn sie einen gewissen Bezug zu Personen hat, die ggf. der rechtlichen Beratung bedürfen.

Ein anderes Ergebnis folgt nicht aus dem Umstand, dass auf der Internetpräsenz der C ein Erfassungsformular abzurufen ist, mit dessen Hilfe potenzielle Interessenten mit den Anwälten der C in Kontakt treten können.[79] Ein durchschnittlich informierter, aufmerksamer und verständiger Adressat wird hierdurch nicht in unzulässiger Weise in seiner Entscheidungsfreiheit eingeschränkt. Vielmehr liegt es allein in seiner Kompetenz, das Formular – noch anonym bleibend – ohne äußere Einflussnahme durch einen Anwalt herunter zu laden, auszufüllen und ggf. abzusenden.

Der Internetauftritt der C verstößt somit nicht gegen § 43 b BRAO, weshalb ein unlauterer Vorsprung durch Rechtsbruch gemäß § 4 Nr. 11 UWG ausscheidet.

II. Ergebnis

B hat nicht gegen § 4 Nr. 11 UWG verstoßen.

---

[78] *OLG München*, Urt. v. 20. 12. 2001, Az. 29 U 4592/01, NJW 2002, 760 ff.
[79] *OLG München*, Urt. v. 20. 12. 2001, Az. 29 U 4592/01, NJW 2002, 760 ff.

Merke:
1. Der Unternehmensbegriff des § 2 Abs. 1 Nr. 1 UWG ist nicht auf Gewerbetreibende im engeren Sinn (z. B. Handwerker) beschränkt, sondern erfasst auch selbstständige berufliche Tätigkeiten, insbesondere von Freiberuflern wie Ärzten oder Anwälten. Geschäftliche Handlung ist somit auch die Werbung von Rechtsanwälten für ihre anwaltlichen Dienstleistungen.
2. Nach § 4 Nr. 11 UWG handelt derjenige unlauter im Sinne des § 3 Abs. 1 UWG, der einer gesetzlichen Bestimmung zuwiderhandelt, die auch dazu bestimmt ist, im Interesse der Marktteilnehmer das Marktverhalten zu regeln. Hierunter fallen die §§ 43b BRAO, 6 bis 10 BORA über die Zulässigkeit anwaltlicher Werbung.
3. § 43b BRAO ist verfassungskonform (Art. 12 Abs. 1 GG) auszulegen, so dass eine Werbung von Rechtsanwälten nicht grundsätzlich verboten, sondern vielmehr zulässig ist. Eine Beschränkung der Werbefreiheit bedarf der Rechtfertigung durch dringende Gründe des Allgemeinwohls. Darüber hinaus muss sie in jedem Einzelfall verhältnismäßig sein.
4. § 43b BRAO verbietet unsachliche Werbung. Die Unsachlichkeit kann sich aus Form und Inhalt ergeben. Das zur Selbstdarstellung gewählte Medium macht, sofern seine Verwendung nicht anderweitig untersagt ist, eine Werbung nicht für sich allein unzulässig. Das gilt auch für eine Werbung im Internet. Eine der Form nach unsachliche Werbung liegt erst dann vor, wenn ihr Erscheinungsbild derart im Vordergrund steht, dass der Inhalt weit dahinter zurückbleibt.
5. Hinsichtlich der Beurteilung des Inhalts einer Werbung von Rechtsanwälten ist zwischen auf den Beruf bezogenen Tatsachenbehauptungen, deren Richtigkeit überprüft werden kann, und bloßen Werturteilen über die eigene Dienstleistung zu unterscheiden. Während Tatsachenbehauptungen grundsätzlich nicht gegen das auf den Inhalt bezogene Sachlichkeitsgebot verstoßen, sind Werturteile regelmäßig unzulässig, weil sie weitgehend von subjektiven Einschätzungen abhängen und deshalb die Gefahr besteht, dass bei den Rechtsuchenden unrichtige Erwartungen geweckt werden, weil diese die Leistungen des Rechtsanwalts nur schwer einschätzen können. Allerdings verlangt das Gebot der Sachlichkeit keine auf die Mitteilung nüchterner Fakten beschränkte Werbung.
6. § 43b BRAO verbietet auch die Werbung um konkrete Mandate. Eine unzulässige Werbung um ein konkretes Einzelmandat ist wegen der von Art. 12 Abs. 1 GG verbürgten Werbefreiheit erst dann anzunehmen, wenn ein potenzieller Mandant für den Rechtsanwalt erkennbar in einer bestimmten Einzelangelegenheit Beratungs- und/oder Vertretungsbedarf hat und der Rechtsanwalt in Kenntnis der Umstände offen um das Mandat wirbt. Geht es demgegenüber nicht um einen konkreten Auftrag in einem konkreten Einzelfall, darf der Rechtsanwalt potenzielle Mandanten ansprechen und für sich werben.

Fall 10. Vergleichende Werbung

Sachverhalt[*]

Die A GmbH (A) vertreibt in Deutschland u. a. Duftprodukte. Der Verkauf erfolgt über vertraglich gebundene Vertriebsmittler. Diese betreiben das Geschäft als selbständiger Kaufmann auf eigene Rechnung, indem sie die Produkte der A zum Einkaufspreis auf eigene Rechnung bestellen und sie zum Verkaufspreis an die Endverbraucher weiterveräußern. Zu diesem Zweck erhält jeder Vertriebsmittler auf Bestellung entgeltlich ein sogenanntes Startpaket, welches Verkaufshilfen und Verkaufsunterlagen enthält, wie u. a. Produktproben, Bestellformulare sowie den Duft- und Pflegekatalog. Die Bestellung der von A versandten Duftprodukte erfolgt anhand von Bestell- bzw. Artikelnummern, die neben der Bestellgröße eine sogenannte Duftnummer enthalten. Entsprechend tragen auch die Duftproben und Produkte der A auf der Unterseite ihrer Verpackung bzw. Flakons eine Duftnummer. Auf den Verkaufsprodukten der A ist neben deren Firma die Bezeichnung „Pierre Martèn" angebracht.

A verwendet jeweils als „Genealogie" bzw. „Duftgenealogie" bezeichnete Listen für „Herren-Noten" und „Damen-Noten". In diesen wird zwischen verschiedenen Hauptduftrichtungen („blumig", „orientalisch" etc.) und bei diesen teilweise auch weitergehend unterschieden („würzig", „ambriert" etc.). Die Duftvergleichslisten zeigen unter den einzelnen Duftnoten bzw. -unternoten zwischen fünf und vierzehn Markenparfums samt deren Hersteller und verweisen am Ende der Rubriken unter der Bezeichnung „Pierre Martèn" auf durch „Duftnummern" gekennzeichnete eigene Produkte. Die Listen enthalten auch den Hinweis, dass die Düfte „dem hohen Qualitätsstandard der international bekannten Markenparfums entsprechen".

A stellt ihre Duftvergleichs- und Preislisten ihren Vertriebsmittlern als Verkaufshilfe zur Verfügung, um den Kunden eine Auswahl unter den verschiedenen von ihr angebotenen und nur mit Nummern bezeichneten Duftprodukten zu ermöglichen. Die Listen werden dadurch auch den Endverbrauchern zugänglich gemacht.

B ist eine Sociètè Anonyme au capital (SA) mit Sitz in Frankreich. Sie ist seit dem 2. 6. 1987 eingetragene Inhaberin verschiedener international registrierter Marken, die identisch dargestellt auch in den Listen der A als Vergleichsgrundlage auftauchen. Die Marken sind eingetragen für Waren der Klasse 3 (u.a. Parfümerieprodukte) und mit Schutzwirkung u. a. für die Bundesrepublik Deutschland. B verlangt Unterlassung. Sie macht gegenüber A geltend, die Verwendung und Verbreitung verletze ihre Markenrechte und sei wegen der in ihnen enthaltenen unzulässigen Bezugnahme auf die bekannten Markenparfums der Klägerinnen auch wettbewerbswidrig.

Wie ist die Rechtslage?

---

[*] Zugrundeliegende Entscheidungen: *BGH*, Urt. v. 5. 2. 2004, Az. I ZR 171/01, GRUR 2004, 607 – Genealogie der Düfte; aufgehobene Vorinstanz *OLG München*, Urt. v. 12. 4. 2001, Az. 6 U 5458/97, WRP 2001, 820; siehe dazu auch *BGH*, Teilurteil v. 6. 12. 2007, Az. I ZR 169/04, GRUR 2008, 628 – Imitationswerbung; *OLG Frankfurt*, Urt. v. 1. 4. 2004, Az. 6 U 99/03.

Lösung

B könnten Unterlassungsansprüche gegen A bezüglich der Verwendung der Duftvergleichslisten sowohl aus dem UWG als auch dem MarkenG zustehen.

A. Unterlassungsansprüche der B gegen A gemäß § 8 Abs. 1 UWG

B könnte gegen A einen Unterlassungsanspruch gemäß § 8 Abs. 1 i.V.m. §§ 3 Abs. 1, 6 UWG haben.

I. Aktivlegitimation

Als Anbieter von Parfümprodukten in Deutschland steht B aufgrund übereinstimmender Abnehmerkreise in einem konkreten Wettbewerbsverhältnis gemäß § 2 Nr. 3 UWG zu A und ist daher als Mitbewerber aktivlegitimiert gemäß § 8 Abs. 3 Nr. 1 UWG.

II. Geschäftliche Handlung

Die Verwendung der Duftvergleichslisten erfolgt zur Förderung des eigenen Absatzes und ist damit eine geschäftliche Handlung gemäß § 2 Abs. 1 S. 2 Nr. 1 UWG.

III. Unlautere vergleichende Werbung gemäß § 6 UWG

1. Kein Vorrang des Markenrechts

Ein auf die Unlauterkeit gemäß § 6 UWG gestützter Unterlassungsanspruch könnte von den Ansprüchen aus dem Markenrecht verdrängt sein. Gemäß § 2 MarkenG ist die Anwendung anderer Vorschriften zum Schutz dieser Kennzeichen zwar nicht generell ausgeschlossen. Der Markenschutz verdrängt den lauterkeitsrechtlichen Schutz allerdings im spezifischen Anwendungsbereich der Regelungen des Markengesetzes.[1] Erschöpft sich ein Verhalten dagegen nicht in Umständen, die eine markenrechtliche Verletzungshandlung begründen, sondern tritt ein von der markenrechtlichen Regelung nicht erfasster Unlauterkeitstatbestand hinzu, kann die betreffende Handlung neben einer Kennzeichenverletzung auch einen Wettbewerbsverstoß darstellen.[2] Gleiches gilt, wenn die wettbewerbsrechtliche Beurteilung zwar nicht an zusätzliche, über die Zeichenbenutzung hinausgehende Umstände anknüpft, das betreffende Geschehen jedoch unter anderen Gesichtspunkten gewürdigt wird als bei der markenrechtlichen Beurteilung.[3]

Vergleichende Werbung ist, wenn sie bestimmten Anforderungen genügt, ein zulässiges Mittel zur Unterrichtung der Verbraucher.[4] Für eine wirksame vergleichende Werbung nach § 6 Abs. 1 UWG kann die Bezugnahme auf die Marke oder ein anderes Kennzeichen des Mitbewerbers aber unerlässlich sein, weshalb der Unrechtsvorwurf beider Normenkomplexe nicht identisch sein kann. Bereits aus diesem

---

[1] *BGH*, Urt. v. 30. 4. 1998, Az. I ZR 268/95, GRUR 1999, 161, 162 – MAC Dog.
[2] *BGH*, Urt. v. 26. 4. 2001, Az. I ZR 212/98, GRUR 2002, 167, 171 – Bit/Bud; vgl. ferner *Bornkamm*, GRUR 2005, 97, 98 m. w. N.
[3] Vgl. *BGH*, Urt. v. 15. 7. 2004, Az. I ZR 37/01, GRUR 2005, 163, 165 – Aluminiumräder.
[4] Vgl. Erwägungsgrund 8 RL 2006/114/EG, ABl. EU 2006 Nr. L 376/21.

Grund kommt dem markenrechtlichen Schutz gegenüber dem harmonisierten Recht der vergleichenden Werbung grundsätzlich kein Vorrang zu.[5] Folglich zielt die Frage der Unlauterkeit vergleichender Werbung gemäß § 6 UWG auf ein im Verhältnis zu § 14 Abs. 2 MarkenG zusätzliches Unlauterkeitsmoment und verlangt die Würdigung des Geschehens unter anderen Gesichtspunkten, so dass § 14 MarkenG insoweit keine Verdrängungswirkung entfaltet.

2. Vergleichende Werbung

Der Begriff der vergleichenden Werbung ist in einem weiten Sinn zu verstehen, da er alle Arten der vergleichenden Werbung abdecken soll.[6] Vergleichende Werbung i. S. d. § 6 Abs. 1 UWG liegt immer dann vor, wenn eine Äußerung auf einen Mitbewerber oder die von ihm angebotenen Waren oder Dienstleistungen Bezug nimmt. Dabei ist es ohne Belang, welche Form die Äußerung aufweist, ob die Bezugnahme unmittelbar oder mittelbar erfolgt.

a) Werbung

§ 6 UWG setzt zunächst voraus, dass es sich bei der Verwendung der Listen um Werbung handelt. Der Begriff der Werbung ist im UWG selbst nicht definiert. Als Umsetzung der EG-Richtlinie über irreführende und vergleichende Werbung ist jedoch im Rahmen des § 6 UWG die Definition des Art. 2 lit. a der RL 2006/114/EG heranzuziehen.[7] Werbung ist danach im Wesentlichen jede Äußerung bei der Ausübung eines Handels, Gewerbes, Handwerks oder freien Berufs mit dem Ziel, den Absatz von Waren oder die Erbringung von Dienstleistungen zu fördern. Auf die Form der Werbung kommt es nicht an, so dass als Äußerung nicht nur die öffentliche Massenwerbung sondern auch das individuelle Kundengespräch erfasst wird.[8] Damit kann zum einen die Verwendung der Listen und Prospekte zur Aqkuirierung neuer Vertriebsmittler als Werbung qualifiziert werden. Denn Adressat der Werbung kann nicht nur ein Endverbraucher sondern auch ein Unternehmer sein.[9] Die Absatzförderungsabsicht des A wird insoweit vermutet.

Aber auch das Kundengespräch der Vertriebsmittler des A mit den Endkunden könnte danach Werbung sein. Diese vertreiben die Produkte des A, so dass die Verkaufsgespräche auch deren Absatzförderung dienen. Allerdings müssten die Vergleichslisten gegenüber dem Endverbraucher in einer der A zuzurechnenden Weise in der Werbung eingesetzt werden, damit A als Werbender angesehen werden kann. Da A den Vertriebsmittlern die Listen gerade zu diesem Zweck zur Verfügung stellt, veranlasst A deren als Werbung zu qualifizierendes Verhalten, was für eine Zurechnung ausreicht.[10]

---

[5] BGH, Urt. v. 6. 12. 2007, Az. I ZR 169/04, GRUR 2008, 628, 629 f. – Imitationswerbung; vgl. *Bornkamm*, GRUR 2005, 97, 101.

[6] Vgl. *EuGH*, Urt. v. 25. 10. 2001, Rs. C-112/99, Slg. 2001, I-7945, Rn. 30 – Toshiba/Katun. Diese Rspr. folgt aus der Systematik der zugrundeliegenden Richtlinie, die vergleichende Werbung privilegieren will und deshalb bestimmte Formen für zulässig erklärt, anders als der negativ formulierte Unlauterkeitstatbestand des § 6 UWG.

[7] BGH, Urt. v. 9. 2. 2006, Az. I ZR 124/03, WRP 2006, 1109, 1111 – Rechtsanwalts-Ranglisten; *Köhler*, in: Hefermehl/Köhler/Bornkamm, § 6 Rn. 27.

[8] *Koos*, in: Fezer, UWG, § 6 Rn. 54; *Köhler/Lettl*, WRP 2003, 1019, 1022, Rn. 12; *Scherer*, WRP 2001, 89, 92.

[9] BGH, Urt. v. 5. 2. 2004, Az. I ZR 171/01, GRUR 2004, 607, 611 – Genealogie der Düfte. Unterschiede ergeben sich aber im Rahmen der rechtlichen Bewertung der Werbung immer dann, wenn es auf die Adressatensicht ankommt.

[10] *Koos*, in: Fezer, UWG, § 6 Rn. 52.

b) Mitbewerber

A müsste in der Werbung einen Mitbewerber erkennbar gemacht haben. Der Mitbewerberbegriff ist in § 2 Abs. 1 Nr. 3 UWG definiert als Unternehmer, der mit einem oder mehreren Unternehmern als Anbieter oder Nachfrager von Waren oder Dienstleistungen in einem konkreten Wettbewerbsverhältnis steht. Ein konkretes Wettbewerbsverhältnis ist dann gegeben, wenn zwei Unternehmen gleichartige Produkte innerhalb desselben Endverbraucherkreises abzusetzen versuchen mit der Folge, dass das beanstandete Wettbewerbsverhalten den jeweils anderen beeinträchtigen, d.h. im Absatz behindern oder stören kann.[11] Dieser Rechtsbegriff ist bei der Anwendung auf die einzelnen Tatbestände zweckorientiert und unter Beachtung der jeweiligen, auf unterschiedlichen Richtlinien beruhenden europarechtlichen Wertungen anzuwenden.[12]

Die systematische Stellung des § 6 Abs. 1 UWG zu § 6 Abs. 2 Nr. 1 UWG, der verbietet, dass der Vergleich sich nicht auf Waren oder Dienstleistungen für den gleichen Bedarf oder dieselbe Zweckbestimmung bezieht, zeigt, dass der Mitbewerberbegriff weiter gefasst sein muss als der in § 6 Abs. 2 Nr. 1 UWG umschriebene Sachverhalt. Letzterer hätte anderenfalls keinen eigenständigen Anwendungsbereich mehr; denn das Verbot würde nie zur Anwendung kommen, wenn dessen Merkmale als positive Anwendungsvoraussetzung bereits abschließend im Mitbewerberbegriff des § 6 Abs. 1 UWG verortet wären. § 6 Abs. 2 Nr. 1 UWG verlangt eine individuelle und konkrete Beurteilung der speziellen Waren, die in der Werbeaussage miteinander verglichen werden, um zu ermitteln, ob sie wirklich untereinander substituierbar sind.[13] § 6 Abs. 1 UWG soll hingegen solche Sachverhalte abgrenzen, bei denen die Gefahr besteht, dass eine Werbung den Wettbewerb verfälscht. Daher muss für § 6 Abs. 1 UWG die Prüfung genügen, ob überhaupt ein Wettbewerbsverhältnis zwischen den Parteien besteht. Dieses kann anhand der von ihnen generell angebotenen Produkte ermittelt werden und muss sich nicht auf die in der Werbung genannten Produkte beziehen.[14]

Für die weiteren Überlegungen ist die dem § 6 UWG zugrundeliegende Richtlinie[15] zu berücksichtigen. Diese bezweckt durch den Schutz vergleichender Werbung[16] die Förderung des Wettbewerbs zwischen den Anbietern im Interesse der Verbraucher.[17] Diese können dann nämlich aufgrund der verstärkten Transparenz ihre Auswahlentscheidung und damit ihre Rolle als Schiedsrichter im Wettbewerb effizienter gestalten. Ausgangspunkt für die Einstufung von Unternehmen als „Mitbewerber" ist daher die Substituierbarkeit wenigstens eines Teils der Waren oder Dienstleistungen, die sie auf dem Markt anbieten.[18] Wenn Waren gleichen Bedürf-

---

[11] *BGH*, Urt. v. 13.7.2006, Az. I ZR 241/03, GRUR 2006, 1042, 1043 – Kontaktanzeigen; *BGH*, Urt. v. 5.10.2000, Az. I ZR 210/98, GRUR 2001, 258 – Immobilienpreisangaben.
[12] Für eine innerhalb des UWG divergierende Auslegung des Mitbewerberbegriffs auch *Blankenburg*, WRP 2008, 186, 191; *Sack*, WRP 2008, 1141, 1143; für eine einheitliche (entgegen der Rspr. des EuGH zur vergleichenden Werbung extensive) Auslegung *Boesche*, § 3 Rn. 51.
[13] *EuGH*, Urt. v. 19.9.2006, Rs. C-356/04, Slg. 2006, I-8501, Rn. 26 – Lidl Belgium.
[14] *EuGH*, Urt. v. 19.4.2007, Rs. C-381/05, Slg. 2007, I-3115, Rn. 45–47 – De Landtsheer/CIVC.
[15] RL 2006/114/EG.
[16] Die Richtlinie verbietet daher auch anders als § 6 Abs. 2 UWG nicht bestimmte Formen der vergleichenden Werbung, sondern erklärt bestimmte Formen für ausdrücklich zulässig. Näher dazu unten A. III. 2. d).
[17] Erwägungsgrund 6 der RL 2006/114/EG; *EuGH*, Urt. v. 19.4.2007, Rs. C-381/05, Slg. 2007, I-3115, Rn. 34 – De Landtsheer/CIVC.
[18] *EuGH*, Urt. v. 19.4.2007, Rs. C-381/05, Slg. 2007, I-3115, Rn. 28, 33 – De Landtsheer/CIVC; *BGH*, Urteil vom 17.1.2002, Az. I ZR 215/99, GRUR 2002, 828, 829 – Lottoschein.

nissen dienen können, kann von einem gewissen Grad der Substitution zwischen ihnen ausgegangen werden.[19] Entscheidend ist, ob ein durchschnittlich informierter, verständiger und aufmerksamer Durchschnittsverbraucher eine Substitution ernsthaft in Betracht zieht.[20] Bei der Frage, ob ein Wettbewerbsverhältnis zwischen Produkten vorliegt, ist aber nicht nur auf den augenblicklichen Zustand des Marktes abzustellen, sondern auch auf die Entwicklungsmöglichkeiten und auf neue Anreize für die Substitution von Erzeugnissen. Die Verbrauchsgewohnheiten der Konsumenten dürfen nicht als unveränderlich angesehen werden.[21] Denn die Werbung bezweckt oftmals, dass der Konsument das beworbene Produkt erstmals als ernsthafte Substitutionsmöglichkeit in Betracht zieht und seine Nachfrage ändert.[22]

Aus der Sicht der Verbraucher stellt A Produkte her, die aufgrund ihrer Dufteigenschaften mit denen der Markenparfumhersteller substituierbar sind. Jedenfalls bezweckt A mit der Werbung, dass die Konsumenten von einer solchen Substituierbarkeit ausgehen. Gleiches gilt aus der Sicht der Vertriebsmittler, die dadurch veranlasst werden sollen, die Produkte aufgrund dieser Austauschbarkeit als absatzfähig anzusehen und eigene Verkaufsanstrengungen zu unternehmen. Die Markenparfumhersteller sind demnach Mitbewerber i. S. d. § 6 Abs. 1 UWG.

c) Erkennbarkeit

Ein Erkennbarmachen im Sinne des § 6 Abs. 1 UWG liegt vor, wenn die Werbung einem normal informierten und angemessen aufmerksamen und verständigen Durchschnittsverbraucher die Identifizierung eines oder mehrerer Mitbewerber oder deren Produkte ermöglicht.[23] Im vorliegenden Fall wurden die Dritthersteller von Markenparfum unmittelbar anhand ihrer Marken identifizierbar und damit erkennbar gemacht. Für die fachkompetenteren Vertriebsmittler ist Erkennbarkeit erst recht zu bejahen.

d) Vergleich

§ 6 Abs. 1 UWG verlangt nicht ausdrücklich das Vorliegen eines Vergleichs. Es könnte aber als ein durch Auslegung gewonnenes ungeschriebenes Merkmal zu berücksichtigen sein. Dabei kann zunächst die § 6 UWG zugrundeliegende Richtlinie Aufschluss darüber geben, ob dieser das Merkmal beinhalten muss, ob er dieses nicht beinhalten darf oder ob der deutsche Gesetzgeber insoweit einen Ermessensspielraum hat.[24]

aa) Auslegung der RL 2006/114/EG.[25] Es ist zunächst festzustellen, dass § 6 UWG eine von der Richtlinie abweichende Systematik aufweist. Art. 2 lit. c RL 2006/114/EG definiert übereinstimmend mit § 6 Abs. 1 UWG den Begriff der vergleichenden Werbung. Während § 6 Abs. 2 UWG aber aufzählt, unter welchen Bedingungen eine vergleichende Werbung unlauter ist, zählt Art. 4 RL 2006/114/EG

---

[19] *EuGH*, Urt. v. 19. 4. 2007, Rs. C-381/05, Slg. 2007, I-3115, Rn. 30 – De Landtsheer/CIVC.
[20] *BGH*, Urt. vom 17. 1. 2002, Az. I ZR 215/99, GRUR 2002, 828, 829 – Lottoschein.
[21] *EuGH*, Urt. v. 19. 4. 2007, Rs. C-381/05, Slg. 2007, I-3115, Rn. 36 f. – De Landtsheer/CIVC.
[22] Im Ergebnis auch *EuGH*, Urt. v. 19. 4. 2007, Rs. C-381/05, Slg. 2007, I-3115, Rn. 41 – De Landtsheer/CIVC.
[23] Vgl. dazu *EuGH*, Urt. v. 19. 4. 2007, Rs. C-381/05, Slg. 2007, I-3115, Rn. 15–23 – De Landtsheer/CIVC; *Köhler*, in: Hefermehl/Köhler/Bornkamm, § 6 Rn. 35.
[24] § 6 beruht auf der RL 97/55/EG, deren Regelung inzwischen durch die RL 2006/114/EG neu kodifiziert wurde.
[25] Zum Verständnis der folgenden über die Anforderungen an eine Falllösung hinausgehenden Ausführungen ist die Zurhandnahme der Richtlinienbestimmungen unabdingbar.

Bedingungen auf, die kumulativ[26] vorliegen müssen, damit vergleichende Werbung *zulässig* ist. Die Zulässigkeitsvoraussetzungen in Art. 4 RL 2006/114/EG lassen sich wiederum unterteilen in solche, die das Vorliegen bestimmter Merkmale verlangen (positive Voraussetzungen) und solche, die das Nichtvorliegen bestimmter Merkmale verlangen (negative Voraussetzungen). Den Mitgliedstaaten ist es verwehrt, strengere Anforderungen an die Zulässigkeit vergleichender Werbung zu stellen.[27]

Für den Definitionstatbestand des Art. 2 lit. c RL 2006/114/EG hat der EuGH bereits geklärt, dass dieser keinen Vergleich verlangt.[28] Damit ist aber noch keine Aussage darüber getroffen, ob nicht wenigstens eine der Voraussetzungen des Art. 4 RL 2006/114/EG dieses Merkmal beinhaltet. Da dessen Voraussetzungen nämlich kumulativ vorliegen müssen, könnte das Merkmal dann letztendlich doch implizite Voraussetzung für die Anwendbarkeit des Normbefehls der Richtlinie sein.

Für § 6 UWG ist zunächst der Normbefehl der Richtlinie entscheidend. Es ist festzustellen, welche Regelung die Richtlinie für den Fall der Nichterfüllung dieser Voraussetzungen trifft; denn das Ergebnis hat letztendlich Auswirkungen auf die Frage, was es für § 6 UWG bedeuten würde, wenn Art. 4 RL 2006/114/EG einen Vergleich forderte. Man könnte die Richtlinie einerseits so interpretieren, dass sie von den Mitgliedstaaten lediglich die Zulässigkeit bestimmter genau umrissener Formen der Werbung verlangt, jedoch keine Regelung für den Fall der Nichterfüllung der ausgezählten Voraussetzungen trifft. Dann hätten die Mitgliedstaaten einen Umsetzungsspielraum und könnten auch solche Werbung für zulässig erklären, die zwar vergleichend i.S.d. Art. 2 lit. c RL 2006/114/EG ist, die aber nicht alle Voraussetzungen des Art. 4 RL 2006/114/EG erfüllt. Ist die Richtlinie jedoch auch in negativer Hinsicht abschließend, dann ist dem Gesetzgeber dies verwehrt. Für eine auch die Unzulässigkeit festlegende Vollharmonisierung spricht Erwägungsgrund 9 der RL 2006/114/EG, wonach die Voraussetzungen in Art. 4 der RL 2006/114/EG auch die Schwelle markieren sollen, ab der vergleichende Werbung den Wettbewerb verzerren, die Mitbewerber schädigen und die Entscheidung der Verbraucher negativ beeinflussen kann.[29] Auch Art. 5 RL 2006/114/EG spricht davon, dass die Einhaltung der Regelungen über vergleichende Werbung sicherzustellen ist und Privaten Abwehrrechte eingeräumt werden müssen (Abs. 1) sowie staatliche Stellen die Befugnis bekommen müssen, die Einstellung einer „unzulässigen vergleichenden Werbung" anzuordnen (Abs. 3). Diese Regelungen wären sinnlos, wenn die Richtlinie nicht neben der Frage der zwingenden Zulässigkeit auch die Unzulässigkeit vergleichender Werbung regeln würde.

Demnach kommt es darauf an, ob Art. 4 RL 2006/114/EG auch das Vorliegen eines Vergleichs voraussetzt. Insoweit ist nochmals zu differenzieren.

Wäre ein Vergleich eine *Zulässigkeitsvoraussetzung*, dann wäre nach dem oben Gesagten eine bezugnehmende Werbung, die keinen Vergleich beinhaltet, stets unzulässig. In diesem Fall müsste auch § 6 UWG das Fehlen eines Vergleichs für unlauter

---

[26] Siehe Erwägungsgrund 11 der RL 2006/114/EG.
[27] Art. 8 Abs. 1 Unterabs. 2 RL 2006/114/EG; *EuGH,* Urt. v. 8. 4. 2003, Rs. C-44/01, Slg. 2003, I-3095, Rn. 38–44 – Pippig Augenoptik/Hartlauer.
[28] *EuGH,* Urt. v. 25. 10. 2001, Rs. C-112/99, Slg. 2001, I-7945, Rn. 31 – Toshiba/Katun.
[29] Dazu tendiert wohl auch *EuGH,* Urt. v. 25. 10. 2001, Rs. C-112/99, Slg. 2001, I-7945, Rn. 33 – Toshiba/Katun, der im Falle des fehlenden Vergleichs bei wörtlicher Auslegung der Richtlinie (damals noch RL 84/450/EWG, ABl. EG 1984 Nr. L 250/17, i.d.F. durch RL 97/55/EG, ABl. EG 1997 Nr. L 290/18) eine Unzulässigkeit der vergleichenden Werbung erblickte und daher den Begriff des Vergleichs zugunsten der Zulässigkeit vergleichender Werbung extensiv interpretierte, so dass auch der implizite Vergleich erfasst ist (Rn. 36–39); noch deutlicher *EuGH,* Urt. v. 8. 4. 2003, Rs. C-44/01, Slg. 2003, I-3095, Rn. 54 – Pippig Augenoptik/Hartlauer.

Fall 10. Vergleichende Werbung

erklären. Ein solches Verbot würde aber denkbar weit sein. Jegliche Hinweise auf Mitbewerber ohne Vergleich würden untersagt sein. Die Richtlinienbestimmungen über vergleichende Werbung dienten aber vorrangig einer Liberalisierung der Voraussetzungen für Werbung zum Vorteil der Verbraucher, nicht hingegen einer Verschärfung. Diese Auslegung des Art. 4 RL 2006/114/EG ist daher abzulehnen.

Art. 4 RL 2006/114/EG könnte einen Vergleich auch zur *Anwendungsvoraussetzung* erklären. Dafür spricht, dass nach Art. 4 RL 2006/114/EG vergleichende Werbung bei Erfüllung der Voraussetzungen als zulässig gilt, „was den Vergleich anbelangt".[30] Folglich können zwar von Art. 2 lit. c RL 2006/114/EG zunächst auch Maßnahmen als vergleichende Werbung erfasst werden, die keinen Vergleich vornehmen. Jedoch kommt der Normbefehl des Art. 4 RL 2006/114/EG, der die Grenzen zulässiger vergleichender Werbung markiert, nur zur Anwendung, soweit ein Vergleich auch vorliegt.[31]

bb) Anwendung auf § 6 UWG. § 6 UWG muss vor diesem Hintergrund richtlinienkonform ausgelegt werden. Die Richtlinie verlangt zum einen die Zulässigkeit bestimmter Vergleiche in vergleichender Werbung. Bei genauerem Hinsehen kann § 6 UWG dies nicht sicherstellen, da er nur festlegt, wann eine vergleichende Werbung unzulässig ist. Er verhindert aber nicht die Unzulässigkeit aufgrund anderer Gesetze, welche daher im Zweifel europarechtskonform ausgelegt werden müssten. Das Vorhandensein eines Vergleichsmerkmals in § 6 UWG ändert daran nichts. § 6 UWG darf nur keine nach Art. 4 RL 2006/114/EG zulässige Werbung für unlauter erklären. Fehlte das Kriterium eines Vergleichs in § 6 UWG, dann würden aber auch nur solche Konstellationen *zusätzlich* erfasst, über die Art. 4 RL 2006/114/EG mangels Vorliegens eines Vergleichs überhaupt keine Aussage trifft, weder über die Zulässigkeit noch die Unzulässigkeit. Denn das Vorliegen eines Vergleichs ist ja eine Anwendungsvoraussetzung des Normbefehls dieser Richtlinienbestimmung. § 6 UWG würde daher insoweit auch nicht gegen Art. 8 Abs. 1 Unterabs. 2 der RL 2006/114/EG verstoßen, wonach strengere Regelungen der Mitgliedstaaten in Bezug auf vergleichende Werbung unzulässig sind.

Die Richtlinie verlangt weiterhin die Unzulässigkeit bestimmter Fälle vergleichender Werbung, nämlich solcher, die die Voraussetzungen des Art. 4 RL 2006/114/EG nicht erfüllen. Doch auch um dies sicherzustellen, muss § 6 UWG aufgrund seiner Regelungstechnik nicht zwingend das Vorliegen eines Vergleichs verlangen. Ohne dieses Merkmal hätte er zwar einen weiteren Anwendungsbereich als die Richtlinie, würde aber jedenfalls *auch* alle Fallgestaltungen untersagen, die im Regelungsbereich des Art. 4 RL 2006/114/EG liegen und dessen Voraussetzungen nicht erfüllen, folglich unzulässig sind.

Demnach scheint die RL 2006/114/EG einen Vergleich im Rahmen des § 6 UWG nicht zu verlangen, steht diesem Erfordernis aber auch nicht entgegen. Allerdings würde § 6 UWG ohne diese Einschränkung einen unzweckmäßig weiten Anwendungsbereich bekommen. Die Alternativen des § 6 Abs. 2 UWG sind auf die spezifischen Gefahrenlagen bei Vergleichen zugeschnitten. Fehlt es daran, sind die allgemeinen Unlauterkeitstatbestände anzuwenden, so dass das Vergleichsmerkmal in § 6 UWG hineinzulesen ist. In dogmatischer Hinsicht ist es nahezu unerheblich, wo es verankert wird. Man kann die ersten Worte des Abs. 2 („der Vergleich") als Be-

---

[30] Vgl. auch die anderssprachigen Versionen der Richtlinie: „as far as the comparison is concerned"; „pour ce qui concerne la comparaison".
[31] Bestätigt wird dieses Ergebnis durch Art. 8 Abs. 1 Unterabs. 2 der RL 2006/114/EG. So auch *Köhler*, in: Hefermehl/Köhler/Bornkamm, § 6 Rn. 18.

schränkung des Anwendungsbereiches des Unlauterkeitstatbestandes auf Vergleiche ansehen. Man könnte es auch als ungeschriebenes Tatbestandsmerkmal in § 6 Abs. 1 UWG hineinlesen.[32] Nicht sinnvoll hingegen ist die Verortung in § 6 Abs. 2 Nr. 1 und 2 UWG dahingehend, dass sie es verbieten, wenn die Werbung nicht „vergleicht". Dann würde letztendlich jede Bezugnahme von Mitbewerbern mangels Vergleich unlauter sein, was jedoch gerade in den Fällen der nach dem MarkenG zulässigen Darstellung von Marken Dritter zu wiedersprüchlichen Ergebnissen führen würde.[33]

Im vorliegenden Fall weist die Werbung des A einen Vergleich auf, da in den Listen ausdrücklich auf die übereinstimmenden Duftnoten der eigenen und der Drittprodukte hingewiesen wird.

3. Unlauterkeit

a) § 6 Abs. 2 Nr. 2 UWG (keine objektiver Eigenschaftsvergleich)

In Betracht kommt eine Unlauterkeit gemäß § 6 Abs. 2 Nr. 2 UWG. Danach ist vergleichende Werbung unzulässig, wenn der Vergleich nicht objektiv auf wesentliche, relevante, nachprüfbare und typische Eigenschaften oder den Preis dieser Waren oder Dienstleistungen bezogen ist. Ob sich die Werbung auf eine Eigenschaft bezieht, welche für die Ware die genannten, kumulativ zu fordernden Qualifikationen aufweist, ist aus der Sicht des angesprochenen Verkehrskreises zu beurteilen.[34]

Die in den Listen in Bezug genommenen Duftnoten müssten zunächst überhaupt Eigenschaften sein. Der Begriff der Eigenschaft i.S.d. § 6 Abs. 2 Nr. 2 UWG ist weit zu verstehen. Maßgebend ist, ob der angesprochene Verkehr aus der Angabe eine nützliche Information für die Kaufentscheidung erhalten kann.[35] Bei den Duftvergleichslisten ist es sowohl für die Vertriebsmittler der A als auch für die Endverbraucher als mittelbare Adressaten dieser Listen von Interesse, wie die Produkte der A im Verhältnis zu anderen Parfums in „duftmäßiger" Hinsicht grob einzuordnen sind. Duftnoten sind daher Eigenschaften i.S.d. § 6 Abs. 2 Nr. 2 UWG.

Objektiv ist ein Eigenschaftsvergleich, wenn die Auswahl der zu vergleichenden Eigenschaften und der Vergleich selbst von dem Bemühen um Sachlichkeit und Richtigkeit getragen und geeignet ist, dem Verbraucher nützliche Informationen zu geben. Es darf durch die Art und Weise des Vergleichs insbesondere durch einseitiges Herausgreifen bestimmter Eigenschaften kein „schiefes Bild" entstehen.[36] An der Objektivität des Vergleichs bestehen danach im Vorliegenden Fall keine Bedenken.

Die Eigenschaften müssen auch nachprüfbar sein. A behauptet mit den Listen implizit, dass die eigenen Produkte jeweils Duftnoten aufweisen, wie sie in etwa auch den genannten Markenparfums entnommen werden können. Fraglich ist, ob eine

---

[32] Dagegen aber inzwischen *BGH*, Urt. v. 5.2.2004, Az. I ZR 171/01, GRUR 2004, 607, 611 – Genealogie der Düfte.
[33] *EuGH*, Urt. v. 25.10.2001, Rs. C-112/99, Slg. 2001, I-7945, Rn. 33–35 – Toshiba/Katun.
[34] *BGH*, Urt. v. 5.2.2004, Az. I ZR 171/01, GRUR 2004, 607, 611f. – Genealogie der Düfte; (vgl. *OLG München* GRUR-RR 2003, 373; *Ohly*, in: Piper/Ohly, § 6 Rn. 48; *Eck/Ikas*, WRP 1999, 251, 263.
[35] Vgl. *OLG München*, Urt. v. 10.4.2003, Az. 29 U 1883/03, GRUR-RR 2003, 373 – Branchentelefonbuch.
[36] Näher dazu *Köhler*, in: Hefermehl/Köhler/Bornkamm, § 6 Rn. 54 m.w.N.; *Koos*, in: Fezer, UWG, § 6 Rn. 140 ff.

Duftnote einem objektiven Vergleich zugänglich ist oder allein vom Geruchsempfinden des Einzelnen abhängt und subjektiv ist.[37] Der EuGH[38] hat zur Frage der Markenfähigkeit eines Geruchs festgestellt, dass weder die chemische Formel der Substanz noch die Beschreibung des Geruchs hinreichend objektiv, klar und eindeutig seien. Allerdings ist festzustellen, dass das Erfordernis der Nachprüfbarkeit einer Eigenschaft die Funktion hat, den Vergleich auf seine sachliche Berechtigung zu überprüfen.[39] So mag es zwar sein, dass die individuelle Empfindung und Beschreibung eines Geruchs von Person zu Person unterschiedlich sein mag. Es lässt sich jedoch trotz dieser subjektiven inneren Empfindung und davon unabhängig die Übereinstimmung oder Ähnlichkeit zweier Düfte feststellen. Hierbei handelt es sich folglich um eine Aussage, die einen Tatsachenkern aufweist, dessen Richtigkeit jedenfalls durch einen Sachkundigen (Geruchsexperten mit geschulter Nase) überprüft werden kann.[40]

Der Verbraucher hingegen kann diese Eigenschaften nicht ohne erheblichen Aufwand nachprüfen. Entscheidend ist daher, welche Anstrengungen für den Verbraucher noch zumutbar sind, um eine Überprüfbarkeit zu bejahen. Nach der 6. Begründungserwägung der Richtlinie 2008/95/EG[41] soll die vergleichende Werbung dazu beitragen, die Vorteile der verschiedenen vergleichbaren Erzeugnisse objektiv herauszustellen und den Wettbewerb zwischen den Anbietern von Waren und Dienstleistungen im Interesse der Verbraucher zu fördern. Im Hinblick darauf sind die an vergleichende Werbung zu stellenden Anforderungen in dem für die Verbraucher günstigsten Sinn auszulegen.[42] Dem widerspräche es, wenn der Bereich, in dem vergleichende Werbung zulässig ist, von vornherein auf Eigenschaften beschränkt wäre, die der angesprochene Verkehr nur mit zumutbarem Aufwand selbst überprüfen kann. Denn vergleichende Werbung soll zusätzliche Transparenz schaffen und dem Verbraucher, der insoweit als Schiedsrichter im Wettbewerb auftritt, eine fundiertere Entscheidungsgrundlage ermöglichen. Es ist daher nicht erforderlich, dass der angesprochene Verkehr die im Werbevergleich angeführten Eigenschaften ohne jeden Aufwand nachprüfen kann.[43] Ausreichend ist die Überprüfbarkeit durch Sachverständige.

Die mit dem Werbevergleich der A angesprochene Eigenschaft muss weiterhin wesentlich, relevant und typisch sein. Eine Eigenschaft ist wesentlich, wenn ihre Bedeutung für den jeweils angesprochenen Verkehr aus dessen Sicht im Hinblick auf die vorgesehene Verwendung des Produkts nicht völlig unerheblich ist.[44] Die gegenüber dem Verbraucher beworbene Eigenschaft ist relevant, wenn sie den Kaufentschluss einer nicht völlig unerheblichen Zahl von Verbrauchern zu beeinflussen vermag.[45] Sie ist zudem typisch, wenn sie die Eigenart der verglichenen Produkte aus der Sicht der angesprochenen Verkehrskreise im Hinblick auf den Bedarf oder die Zweckbestimmung prägt und damit repräsentativ oder aussagekräftig für deren

---

[37] So die Vorinstanz *OLG München*, Urt. v. 12. 4. 2001, Az. 6 U 5458/97, WRP 2001, 820, 828.
[38] *EuGH*, Urt. v. 12. 12. 2002, Rs. C-273/00, Slg. 2002, I-11 737, Rn. 70 – Sieckmann/DPMA.
[39] *BGH*, Urt. v. 30. 9. 2004, Az. I ZR 14/02, GRUR 2005, 172, 175 – Stresstest.
[40] Vgl. *OLG Hamburg*, Urt. v. 20. 7. 2000, Az. 3 U 191/99, GRUR-RR 2001, 84, 86 – Handzahnbürste.
[41] Kodifizierte Richtlinie über irreführende und vergleichende Werbung v. 22. 10. 2008, ABl. EU 2008 Nr. L 299/25 = Erwägungsgrund 2 der RL 97/55/EG.
[42] *EuGH*, Urt. v. 25. 10. 2001, Rs. C-112/99, Slg. 2001, I-7945, Rn. 36 f. – Toshiba/Katun.
[43] *BGH*, Urt. v. 5. 2. 2004, Az. I ZR 171/01, GRUR 2004, 607, 612 – Genealogie der Düfte.
[44] *OLG München*, Urt. v. 10. 4. 2003, Az. 29 U 1883/03, GRUR-RR 2003, 373 – Branchentelefonbuch.
[45] *Eck/Ikas*, WRP 1999, 251, 264.

Wert als Ganzes ist.[46] Auch hier ist wieder zu unterscheiden zwischen der Zugänglichmachung der Duftvergleichslisten gegenüber den Vertriebsmittlern und den Endverbrauchern.

Den Vertriebshändlern soll mit den Listen die Beratung der Endverbraucher ermöglicht oder jedenfalls erleichtert werden. Die Duftgenealogie ist für diese Personen daher von hohem Informationswert. Über die Zuordnung der eigenen Düfte in die Grobeinteilung der Düfte entsprechend der Duftvergleichsliste verschafft A ihnen die Möglichkeit, den Wunsch des Kunden nach einem in der Duftnote mit einem Markenparfum grob vergleichbaren Produkt zu befriedigen, der seine Vorstellung vom gewünschten Duft eher über ein ihm bekanntes Markenparfum zu beschreiben vermag als in blumiger Sprache. Aus der Sicht des Vertriebsmittlers stellt sich deshalb die Gleichstellung von Parfums der A in grober Einteilung der Duftgenealogie mit Parfums von Markenherstellern als ein Vergleich einer typischen, wesentlichen und relevanten Eigenschaft der verglichenen Produkte dar.

Diese Überlegungen können jedoch nicht ohne Weiteres auf den Einsatz der Listen gegenüber dem Endverbraucher übertragen werden. Aus dessen Sicht machen der Duft und seine Wahrnehmbarkeit das Wesen der Ware „Parfum" als Gattung aus. Die wesentliche und typische Eigenschaft des jeweiligen Parfums zeigt sich für den Verbraucher in der speziellen, eigenen Charakteristik des Dufts. Diese wird durch die Kombination verschiedener Duftträger und Aromastoffe bestimmt. Gerade die Vielzahl der in den Listen der A unter einer bestimmten Duftnote zusammengefassten Markenparfums und eigenen Produkte der A zeigt, dass die grob benannte Duftnote mit ihrer Bandbreite nur ein allgemeines Zuordnungskriterium darstellt, das nicht dazu dient, die typischen Eigenschaften eines Parfums ausreichend zu beschreiben, über die ein anderes Parfum ihm gleichgestellt werden könnte. Der auf die Duftnote bezogene Vergleich der eigenen Produkte der A mit den Markenparfums bezieht sich daher aus Sicht der Endverbraucher nicht auf eine wesentliche und typische Eigenschaft eines bestimmten (Marken-)Parfums. Ob die Vergleichbarkeit selbst eine typische Eigenschaft darstellt, kann daher offen bleiben. Gegenüber den Verbrauchern ist die Werbung der A daher unlauter i.S.d. §§ 3 Abs. 1 i.V.m. § 6 Abs. 2 Nr. 2 UWG.

b) § 6 Abs. 2 Nr. 4 UWG (Rufausnutzung)

Die beanstandete Werbung der A könnte eine unlautere Ausnutzung der Wertschätzung der von B verwendeten Kennzeichen i.S.d. § 6 Abs. 2 Nr. 4 UWG darstellen.[47] Dieser Tatbestand setzt voraus, dass der angesprochene Verkehr mit der vergleichenden Nennung der eigenen Produkte und der Produkte des fremden Herstellers die Vorstellung verbindet, deren guter Ruf werde auf die beworbenen Produkte übertragen.[48] Es müssen über die bloße Nennung der Marke, des Handelsnamens oder anderer Unterscheidungszeichen eines Mitbewerbers hinausreichende Umstände hinzutreten, um den Vorwurf wettbewerbswidriger Rufausnutzung begründen zu können.[49] Dabei ist zu berücksichtigen, wie die Werbung präsentiert wird und an welche Verkehrskreise sie sich richtet.[50] Denn bei Händlern ist eine As-

---

[46] Vgl. *OLG München*, Urt. v. 10. 4. 2003, Az. 29 U 1883/03, GRUR-RR 2003, 373 – Branchentelefonbuch; *Tilmann*, GRUR 1997, 790, 796.
[47] Die Tatbestandsalternative der Beeinträchtigung der Marke kommt nicht in Betracht.
[48] *EuGH*, Urt. v. 23. 2. 2006, Rs. C-59/05, Slg. 2006, I-2147, Rn. 18 – Siemens/VIPA.
[49] *BGH*, Urt. v. 15. 10. 1998, Az. I ZR 69/98, GRUR 1999, 501, 503 – Vergleichen Sie.
[50] *EuGH*, Urt. v. 25. 10. 2001, Rs. C-112/99, Slg. 2001, I-7945, Rn. 58 – Toshiba/Katun.

soziation zwischen dem Ruf der zu Vergleichszwecken herangezogenen Erzeugnisse anderer Anbieter und den Erzeugnissen des Werbenden wesentlich weniger wahrscheinlich als bei Endverbrauchern.[51]

Von einer unlauteren Rufausbeutung kann daher – soweit A die Vergleichslisten ihren Vertriebsmittlern zur Verfügung stellt – nicht die Rede sein. Die Duftvergleichslisten erwecken nicht den Anschein, A wolle sich hinsichtlich der nummernmäßig bezeichneten Parfums an einen für Fremdprodukte begründeten guten Ruf anhängen oder dessen Ausstrahlungswirkungen ausnutzen.[52] Sie besagen vielmehr lediglich, dass einzelne Parfums der A in dieselbe Kategorie des Dufts einzuordnen sind wie verschiedene Parfums bekannter Marken. Diese Information soll die Vertriebsmittler lediglich über die Produkte aufklären, damit diese eine Verkaufsstrategie entwickeln können.

Fraglich ist aber, ob dies auch gilt, soweit die Vergleichslisten gegenüber dem Verbraucher eingesetzt und bei Verkaufsgesprächen vorgelegt werden. Entscheidend ist insoweit, ob ein durchschnittlich informierter, aufmerksamer Verbraucher der Duftvergleichsliste eine weiterreichende Aussage entnimmt. Dabei ist zu berücksichtigen, dass eine Rufausnutzung nicht bereits allein deshalb zu bejahen ist, weil die verglichenen Produkte unter einer besonders bekannten Marke mit einem besonderen Ruf vertrieben werden. Anderenfalls würde ein Vergleich mit solchen Marken generell unlauter sein, was aber dem mit § 6 UWG verfolgten Ziel der Förderung des Wettbewerbs durch Transparenz nicht in Einklang stünde.[53] Denn je stärker der Ruf einer Marke ist, umso wahrscheinlicher ist es, dass sie dem Verwender eine marktstarke Position vermittelt, deren Zementierung jedoch nicht Ziel des Unlauterkeitsrechts sein kann. Zudem macht ein Vergleich mit Produkten unbekannter Marken regelmäßig keinen Sinn.[54] § 6 Abs. 2 Nr. 4 UWG verlangt daher, dass die Rufausnutzung auch unlauter ist. Es müssen besondere, über die bloße Nennung der Marke eines Mitbewerbers hinausgehende Unlauterkeitsumstände hinzutreten, die den Vorwurf einer wettbewerbswidrigen Rufausnutzung begründen können.[55]

Einerseits gibt A in den Listen auch die eigene Firma und Marke an und erklärt nur, dass die Duftnoten einander entsprechen. Den Verbrauchern wird dadurch ermöglicht, zwischen der Identität der Hersteller zu unterscheiden, so dass hinsichtlich der Herkunft der Produkte der A oder hinsichtlich einer Verbindung zu den Markenunternehmen keine falschen Eindrücke entstehen können.[56] Auf der anderen Seite erfolgt kein Vergleich der Düfte, sondern nur ein Vergleich der Duftmarken, anhand derer ein Verbraucher von vornherein keine Letztentscheidung treffen kann (s.o. zu § 6 Abs. 2 Nr. 2 UWG). Die Nennung der Fremdmarken hat daher ihren Hauptgrund in der eigenen Absatzförderung. Die Gleichstellung der Düfte erfolgt daher vorrangig deshalb, um die Vorzüge der Produkte der B für die eigenen Waren in Anspruch zu nehmen. Ein solches Anhängen an fremde Leistung allein für den

---

[51] *EuGH*, Urt. v. 23. 2. 2006, Rs. C-59/05, Slg. 2006, I-2147, Rn. 19 – Siemens/VIPA; *EuGH*, Urt. v. 25. 10. 2001, Rs. C-112/99, Slg. 2001, I-7945, Rn. 52 – Toshiba/Katun; *BGH*, Urt. v. 5. 2. 2004, Az. I ZR 171/01, GRUR 2004, 607, 611 – Genealogie der Düfte.
[52] Vgl. dazu *BGH*, Urt. v. 15. 10. 1998, Az. I ZR 69/98, GRUR 1999, 501, 503 – Vergleichen Sie.
[53] *EuGH*, Urt. v. 25. 10. 2001, Rs. C-112/99, Slg. 2001, I-7945, Rn. 53f. – Toshiba/Katun.
[54] Generalanwalt *Mengozzi*, Schlussanträge v. 10. 2. 2009, Rs. C-487/07, Rn. 66 – L'Oréal.
[55] *BGH*, Urt. v. 2. 10. 2002, Az. I ZR 90/00, GRUR 2003, 444, 445 – Ersetzt; *BGH*, Urt. v. 15. 10. 1998, Az. I ZR 69/98, GRUR 1999, 501, 503 – Vergleichen Sie; *Sack*, GRUR Int. 1998, 263, 272.
[56] *EuGH*, Urt. v. 23. 2. 2006, Rs. C-59/05, Slg. 2006, I-2147, Rn. 20 – Siemens/VIPA.

eigenen finanziellen Vorteil ist grundsätzlich als unlautere Rufausbeutung anzusehen.[57]

A nutzt folglich den Ruf der Markenprodukte in der Werbung gegenüber den Verbrauchern gemäß § 6 Abs. 2 Nr. 4 UWG unlauter aus.

c) § 6 Abs. 2 Nr. 6 (Imitationswerbung)

Der Hinweis auf die einander entsprechenden Duftnoten könnte eine unlautere Darstellung der Produkte des A als Imitation oder Nachahmung gemäß § 6 Abs. 2 Nr. 6 UWG sein.[58] Die Parfumprodukte der Markenanbieter werden von A anhand ihrer eingetragenen Marken und damit ihrer geschützten Kennzeichen identifiziert. Für § 6 Abs. 2 Nr. 6 UWG ist die den Schutz begründende Eintragung der Marken bindend.

Fraglich ist daher, ob A seine Düfte als Imitation oder Nachahmung der Markendüfte darstellt. Gegenstand des Verbots ist nur eine bestimmte Form der *Darstellung* von Waren oder Dienstleistungen, nicht aber die Nachahmung als solche. Die vergleichende Werbung soll also nicht nur deshalb untersagt werden, weil sie der Förderung nachgeahmter Produkte dienen kann.[59] Schließlich dient das Verbot auch nicht der Schaffung eines zusätzlichen Leistungsschutzes, so dass die mangels Patent- oder eines vergleichbaren Schutzes zulässige Imitation grundsätzlich nicht untersagt wird.[60]

Im vorliegenden Fall vergleicht A nur die Duftnoten. Da ein Parfum allerdings noch weitere Eigenschaften besitzt, wie z.B. die chemische Zusammensetzung der Grundsubstanz, die z.B. für die aus der Sicht des Verbraucher ebenfalls bedeutsamen Merkmale der Hautverträglichkeit oder der Dauer des Duftes entscheidend sind, wird nicht das Produkt insgesamt als gleichwertig bezeichnet. Gleichwohl handelt es sich bei dem Duft um eine wesentliche, wenn nicht sogar die bedeutsamste Eigenschaft eines Parfums. Anders als bei § 6 Abs. 2 Nr. 2 UWG kommt es hier nicht darauf an, ob die Angabe der Duftnoten für eine objektive Beschreibung auch ausreicht. Es stellt sich folglich die Frage, ob gegen § 6 Abs. 2 Nr. 6 UWG nur dann verstoßen wird, wenn in der Werbung das Produkt des Werbenden insgesamt als eine Imitation oder Nachahmung des markengeschützten Erzeugnisses dargestellt wird, oder auch dann, wenn es dort um die Imitation oder Nachahmung nur eines oder einiger der Merkmale des Erzeugnisses geht. Da die vergleichende Werbung der Förderung des Wettbewerbs durch Steigerung der Markttransparenz dienen soll, kann jedenfalls nicht jeder Eigenschaftsvergleich, der auf eine Übereinstimmung hinweist, per se unzulässig sein. Denn auch er ist dem Verbraucher bei seiner Auswahlentscheidung behilflich, insbesondere wenn erst dadurch echte Preisvergleiche möglich werden. Anderenfalls wäre anlehnende vergleichende Werbung, soweit sie Markenprodukte betrifft, nahezu vollständig verboten.[61] Daher darf auch der reine Hinweis auf übereinstimmende Eigenschaften nicht automatisch unter das Verbot des § 6 Abs. 2 Nr. 6 UWG fallen.[62] Da allerdings einzelne Bestandteile aus der Sicht

---

[57] I.E. auch *OLG Frankfurt*, Urt. v. 1. 4. 2004, Az. 6 U 99/03.
[58] Eine solche Darstellung entspricht auch nicht den anständigen Gepflogenheiten des Geschäftsverkehrs bzw. den guten Sitten gemäß § 23 MarkenG (*EuGH* v. 17. 3. 2005, Rs. C-228/03, Slg. 2005, I-2337, Rn. 45 – Gillette).
[59] Generalanwalt *Mengozzi*, Schlussanträge v. 10. 2. 2009, Rs. C-487/07, Rn. 83 – L'Oréal.
[60] Generalanwalt *Mengozzi*, Schlussanträge v. 10. 2. 2009, Rs. C-487/07, Rn. 83 – L'Oréal.
[61] *BGH*, Urt. v. 6. 12. 2007, Az. I ZR 169/04, GRUR 2008, 628, 631 – Imitationswerbung.
[62] Im Ergebnis ebenso Generalanwalt *Mengozzi*, Schlussanträge v. 10. 2. 2009, Rs. C-487/07, Rn. 84 f. – L'Oréal.

der Verbraucher derart in den Vordergrund rücken können, dass sie den Kaufimpuls im wesentliche steuern und gleichzeitig in einer vergleichenden Werbung nie alle Eigenschaften genannt werden können, muss der Hinweis auf die Übereinstimmung solcher Merkmale von § 6 Abs. 2 Nr. 6 UWG grundsätzlich erfasst werden können.[63]

Die Darstellung als Imitation oder Nachahmung muss aber über eine bloße Gleichwertigkeitsbehauptung hinausgehen. Mit einer entsprechenden Deutlichkeit muss aus der Werbung selbst hervorgehen, dass das Produkt des Werbenden gerade als eine Imitation oder Nachahmung des Produkts eines Mitbewerbers beworben wird (offene Imitationswerbung), ohne dass zwingend auf diese Begrifflichkeiten zurückgegriffen werden muss.[64] Fraglich ist daher, ob die Duftvergleichslisten danach unlauter sind. Dabei ist insbesondere zu berücksichtigen, welche Bedeutung die Nennung der Markenprodukte für den Eigenschaftsvergleich hat. Es ist eine Prüfung der Erforderlichkeit und Verhältnismäßigkeit vorzunehmen.[65]

Aus der Sicht der Zwischenhändler dient der Vergleich der Beschreibung der Ware, deren umfassende Kenntnis für den Weitervertrieb unerlässlich oder jedenfalls förderlich ist. Der Vergleich weist daher nicht überschießend allein auf eine Nachahmung hin.

Gegenüber den Endverbrauchern ist jedoch durch die Beschreibung des Duftes und der Möglichkeit von Geruchsproben das Produkt hinsichtlich aller wesentlichen Eigenschaften abschließend beschrieben. Die Nennung der vergleichbaren Marke kann den Endverbraucher regelmäßig nur dadurch zusätzlich zum Kauf animieren, dass er glaubt mit dem Duft einen im Ruf der Markenware begründeten Mehrwert zu erlangen. Daher ist die Werbung der A unlauter gemäß § 6 Abs. 2 Nr. 6 UWG.

IV. Subjektiver Tatbestand und Rechtswidrigkeit

Ob der Unlauterkeitsvorwurf einen subjektiven Tatbestand verlangt,[66] kann hier dahinstehen, da dieser bei Gewebetreibenden grundsätzlich vermutet wird und hier nicht widerlegt wurde. Das UWG erfordert als Teil des Deliktsrechts das Vorliegen der Rechtswidrigkeit, die jedoch doch durch den Verstoß indiziert ist und daher regelmäßig nicht mehr positiv festgestellt werden braucht.

V. Wiederholungsgefahr

Die für den Unterlassungsanspruch erforderliche Wiederholungsgefahr folgt bereits aus dem einmaligen Verstoß des A, der auch die Gefahr zukünftiger Verstöße begründet.

---

[63] So auch Generalanwalt *Mengozzi*, Schlussanträge v. 10. 2. 2009, Rs. C-487/07, Rn. 87 f. – L'Oréal; dem folgend *EuGH*, Urt. v. 18. 6. 2009, Rs. C-487/07, Rn. 75 f. – L'Oréal; a. A. *Ohly*, in: Piper/Ohly, § 6 Rn. 70.

[64] *BGH*, Urt. v. 6. 12. 2007, Az. I ZR 169/04, GRUR 2008, 628, 631 – Imitationswerbung; *OLG Frankfurt a. M.*, Urt. v. 1. 7. 2004, Az. 6 U 126/03, GRUR-RR 2004, 359, 361 – Markenparfüm; *Köhler*, in: Hefermehl/Köhler/Bornkamm, § 6 UWG Rn. 82; strenger *Ohly*, in: Piper/Ohly, § 6 Rn. 70.

[65] *Bornkamm*, GRUR 2005, 97, 101.

[66] Näher dazu Fall 7.

VI. Ergebnis

V hat gegen A einen Anspruch auf Unterlassung der Verwendung der Listen gegenüber Endverbrauchern, soweit darin ein konkreter Vergleich der Duftnoten mit namentlich genannten Markenprodukten vorgenommen wird.

B. Unterlassungsansprüche der B gegen A gemäß § 14 Abs. 4 MarkenG

B könnte gegen A einen Unterlassungsanspruch gemäß § 14 Abs. 4 MarkenG haben mit dem Inhalt, dass B es unterlässt, im geschäftlichen Verkehr die Marken der B in den Duftvergleichslisten weiter zu verwenden.

I. Aktivlegitimation

B ist als eingetragene Markeninhaberin aktivlegitimiert.[67]

II. § 14 Abs. 2 Nr. 1 MarkenG

Der Verbotstatbestand des § 14 Abs. 2 MarkenG setzt eine markenmäßige Benutzung voraus.[68] Die Verwendung eines mit der Marke eines Mitbewerbers identischen oder ihr ähnlichen Zeichens durch einen Werbenden in einer vergleichenden Werbung ist unzweifelhaft eine Benutzung.[69] Fraglich ist, ob A mit der Nennung des Markenparfums in den Duftvergleichslisten die Fremdmarken auch markenmäßig benutzt.[70] Dies verlangt eine die Markenfunktionen beeinträchtigende Nutzung. Dagegen spricht, dass die Nennung von Marken Dritter für einen Werbevergleich nahezu unabdinglich ist und daher zugunsten der wettbewerbsfördernden Wirkungen vergleichender Werbung nicht per se untersagt werden darf.[71] Zudem wird zumindest die Herkunftsfunktion der Marke und das Interesse des Markenrechtsinhabers an dessen Schutz nicht verletzt, wenn ausgeschlossen ist, dass der Verkehr die Markenverwendung als Hinweis auf Produkte anderer Unternehmen versteht. Da es bei einem Werbevergleich aber darauf ankommt, dass zwei Produkte kontrastiert dargestellt werden, ist diese Gefahr regelmäßig ausgeschlossen.[72]

Jedenfalls eine zulässige vergleichenden Werbung sollte vom Inhaber einer eingetragenen Marke nicht verboten werden können.[73] Etwas anderes gilt nur dann,

---

[67] Näher dazu Fall 16.
[68] *BGH,* Urt. v. 30. 4. 2008, Az. I ZR 123/05, GRUR 2008, 793, 794 – Rillenkoffer; näher dazu Fall 17.
[69] *EuGH,* Urt. v. 12. 6. 2008, Rs. C-533/06, Rn. 33 – O2/Hutchison 3G.
[70] Der BGH hielt eine im Rahmen einer zulässigen vergleichenden Werbung erfolgte Markennennung wegen § 23 Nr. 3 MarkenG für zulässig (*BGH,* Urt. v. 5. 2. 2004, Az. I ZR 171/01, GRUR 2004, 607, 612 – Genealogie der Düfte). A. A. Generalanwalt *Mengozzi,* Schlussanträge v. 10. 2. 2009, Rs. C-487/07, Rn. 25 – L'Oréal, zu Art. 6 Abs. 1 der MRRL, da diese Werbung zwar den anständigen Gepflogenheiten in Gewerbe und Handel entspreche, jedoch keine der Anwendungsvoraussetzungen erfüllt sei.
[71] So auch Erwägungsgrund 15 der RL 2006/114/EG; siehe auch *EuGH,* Urt. v. 18. 6. 2009, Rs. C-487/07, Rn. 58 – L'Oréal, mit einer beispielhaften Auflistung geschützter Markenfunktionen.
[72] *EuGH,* Urt. v. 14. 5. 2002, Rs. C-2/00, Slg. 2002, I-4187, Rn. 15–17 – Hölterhoff; i. E. ebenso *Mengozzi,* Schlussanträge v. 10. 2. 2009, Rs. C-487/07, Rn. 61 – L'Oréal.
[73] *EuGH,* Urt. v. 12. 6. 2008, Rs. C-533/06, Rn. 45 – O2/Hutchison 3G.

wenn ein identisches oder ähnliches Zeichen in einer Weise verwendet wird, dass der Verkehr die Produkte des Werbenden der Drittmarke zuordnet. Dann handelt es sich aber gemäß § 6 Abs. 2 Nr. 3 UWG im Übrigen schon nicht mehr um eine zulässige vergleichende Werbung.[74]

Im vorliegenden Fall ist die Werbung zwar unlauter. Allerdings ist die konkrete Form der Darstellung von Drittmarken in den Duftvergleichslisten nicht geeignet, die Herkunftsfunktion oder eine andere Funktion der Marke zu beeinträchtigen, da ausdrücklich zwischen den Produkten der A und den Markenprodukten unterschieden wird. Daher ist im vorliegenden Fall eine funktionsbeeinträchtigende und damit markenmäßige Benutzung der Marken des B durch A zu verneinen.

III. § 14 Abs. 2 Nr. 3 MarkenG

Die Vergleichslisten könnten jedoch gemäß § 14 Abs. 2 Nr. 3 MarkenG unzulässig sein.[75] Dieser findet auch für Waren und Dienstleistungen, die mit denjenigen, für die die Marke eingetragen ist, identisch oder ihnen ähnlich sind und nicht nur, wie der Wortlaut vorsieht, für nicht ähnliche Waren und Dienstleistungen Anwendung. Denn § 14 Abs. 2 Nr. 3 MarkenG bezweckt einen besonderen Schutz für bekannte Marken. Es wäre daher normzweckwidrig, wenn bekannte Marken im Fall der Benutzung eines Zeichens für identische oder ähnliche Produkte in geringerem Maße geschützt wären als im Fall der Benutzung eines Zeichens für nichtähnliche Produkte.[76]

Fraglich ist jedoch, ob § 14 Abs. 2 Nr. 3 MarkenG ebenfalls eine markenmäßige Benutzung verlangt, die nach dem oben Gesagten gerade nicht vorliegt. § 14 Abs. 2 Nr. 3 MarkenG verlangt keine Verwechslungsgefahr, sondern eine unlautere Ausnutzung. Dieses Merkmal bezieht sich aber auf den Vorteil für das vom Dritten verwendete Zeichen und nicht auf den Nachteil für die bekannte Marke. Folglich kann der Umstand, dass die Hauptfunktion der eingetragenen Marke als Herkunftsgarantie nicht beeinträchtigt oder gefährdet wird, die Unterscheidungskraft oder der Ruf der Marke weder verunglimpft noch undeutlich gemacht werden und die Verkäufe der durch die Marke geschützten Waren und der Ertrag der Investitionen in die Marke nicht beeinträchtigt werden, nicht ausschließen, dass der Vorteil, den ein Händler aus der Benutzung eines einer bekannten Drittmarke ähnlichen Zeichens für seine eigenen Waren zieht, als unlautere Ausnutzung eingestuft werden kann.[77] Aus dem Zweck des § 14 Abs. 2 Nr. 3 MarkenG lässt sich daher schlussfolgern, dass in dessen Rahmen keine funktionsbeeinträchtigende, also keine markenmäßige Benutzung erforderlich ist,[78] da es sich vorrangig um einen lauterkeitsrechtlichen Tatbestand handelt.[79]

A verwendet die identischen Marken für identische Produkte, nämlich zur Kennzeichnung derjenigen des B. Entscheidend ist demnach, ob ohne rechtfertigenden Grund eine unlautere Ausnutzung oder Beeinträchtigung der Marke vorliegt. Das unlautere Ausnutzen des Rufes ist ebenso wie in § 6 Abs. 2 Nr. 4 UWG zu verste-

---

[74] *EuGH*, Urt. v. 12. 6. 2008, Rs. C-533/06, Rn. 46 ff. – O2/Hutchison 3G.
[75] Generalanwalt *Mengozzi*, Schlussanträge v. 10. 2. 2009, Rs. C-487/07, Rn. 62 – L'Oréal.
[76] *EuGH*, Urt. v. 9. 1. 2003, Rs. C-292/00, Slg. 2003, I-389, Rn. 25 – Davidoff/Gofkid.
[77] Generalanwalt *Mengozzi*, Schlussanträge v. 10. 2. 2009, Rs. C-487/07, Rn. 96 f. – L'Oréal; dem folgend *EuGH*, Urt. v. 18. 6. 2009, Rs. C-487/07, Rn. 41 ff., 64 – L'Oréal.
[78] Diese Lösung hält auch *Ohly*, GRUR 2008, 701, 702 für sachgerecht.
[79] An diesem Ergebnis noch zweifelnd *Ingerl/Rohnke*, § 14 MarkenG Rn. 833 f.; vgl. auch *Fezer*, Markenrecht, § 14 Rn. 810.

hen. Nachdem bereits festgestellt wurde, dass letzterer erfüllt ist, ist auch ein Verstoß gegen § 14 Abs. 2 Nr. 3 MarkenG zu bejahen.

Ein Rechtfertigungsgrund liegt nicht vor. Insbesondere § 23 MarkenG ist nicht einschlägig, da es bereits an den Voraussetzungen der Nr. 1 bis 3 fehlt.[80] Jedenfalls wäre die Nutzung aber aufgrund der Unlauterkeit gemäß § 6 UWG auch sittenwidrig i. S. d. § 23 MarkenG.[81]

Die übrigen Anspruchsvoraussetzungen sind gegeben. Die Wiederholungsgefahr wird durch den einmaligen Verstoß indiziert.

B hat gegen A einen Unterlassungsanspruch gemäß § 14 Abs. 5, Abs. 2 Nr. 3 MarkenG.

> **Merke:** Vergleichende Werbung i. S. d. § 6 UWG ist typischerweise mit der Bezugnahme auf fremde Marken verbunden. Dies begründet jedoch allein keine Unlauterkeit. Daher sind die §§ 14, 15 MarkenG nicht gegenüber § 6 UWG vorrangig. Aus dem gleichen Grund ist vergleichende Werbung regelmäßig keine markenmäßige Benutzung der im Vergleich benannten Drittmarke. Ansprüche aus dem MarkenG kommen daher allenfalls nach § 14 Abs. 5 i. V. m. Abs. 2 Nr. 3 MarkenG in Betracht, da dort keine markenmäßige Benutzung vorausgesetzt wird.
>
> Die Regelung der vergleichenden Werbung in § 6 UWG erfolgte in Umsetzung von nunmehr durch RL 2006/114/EG kodifizierten europäischen Richtlinienvorgaben. Diese weisen eine andere Systematik auf, da sie keinen Verbotstatbestand begründen, wie es bei § 6 UWG der Fall ist, sondern eine vergleichende Werbung für zwingend zulässig erklären, wenn diese bestimmte Voraussetzungen erfüllt. Diese Voraussetzungen sind anders als in der RL in § 6 Abs. 2 UWG negativ formuliert. Grund für den europarechtlichen Schutz vergleichender Werbung ist deren wettbewerbsfördernde Wirkung, da Verbraucher aufgrund der verstärkten Transparenz ihre Auswahlentscheidung und damit ihre Rolle als Schiedsrichter im Wettbewerb effizienter ausüben können.
>
> Ausgangspunkt für die Einstufung von Unternehmen als „Mitbewerber" i. S. d. § 6 Abs. 2 UWG ist die Substituierbarkeit wenigstens eines Teils der Waren oder Dienstleistungen, die sie auf dem Markt anbieten. Entscheidend ist, ob ein durchschnittlich informierter, verständiger und aufmerksamer Durchschnittsverbraucher eine Substitution ernsthaft in Betracht zieht.
>
> § 6 UWG findet nur Anwendung, wenn das geforderte Erkennbarmachen eines Mitbewerbers auch einen Vergleich beinhaltet.

---

[80] Siehe dazu Generalanwalt *Mengozzi*, Schlussanträge v. 10. 2. 2009, Rs. C-487/07, Rn. 25 – L'Oréal, zu Art. 6 Abs. 1 der MRRL.

[81] Vgl. *EuGH*, Urt. v. 17. 3. 2005, Rs. C-228/03, Slg. 2005, I-2337, Rn. 49 – Gillette. Der BGH hielt eine im Rahmen einer zulässigen vergleichenden Werbung erfolgte Markennennung wegen § 23 Nr. 3 MarkenG für zulässig (*BGH*, Urt. v. 5. 2. 2004, Az. I ZR 171/01, GRUR 2004, 607, 612 – Genealogie der Düfte).

Fall 11. Schutz von Kindern und Jugendlichen

Sachverhalt*

Die B GmbH vertreibt an Endverbraucher Klingeltöne, Logos und SMS-Bilder, die sich die Kunden durch einen Anruf zum Preis von 1,86 € pro Minute über eine kostenpflichtige 0900-Service-Telefonnummer auf ihre Mobiltelefone laden können. Das Herunterladen eines Klingeltons oder Logos dauert in Abhängigkeit vom Datenumfang durchschnittlich 110 Sekunden, was Kosten in Höhe von 3,40 € entstehen lässt. Die B hat ihr Angebot in zahlreichen, jedermann zugänglichen Publikumszeitschriften durch gleichartige Anzeigen, beworben. Die Werbung wurde unter Anderem in der Jugendzeitschrift „APPLAUS Mädchen" geschaltet, deren Leserschaft zu mehr als 80% aus Jugendlichen besteht, davon 50% unter 14 Jahren. In der Werbung sind die verschiedenen Klingeltöne und Logos in einer Liste mit den dazugehörigen Bestellnummern untereinandergestellt. Darunter befindet sich die Telephonnummer, der Minutenpreis von 1,86 €/Minute und folgender Text: „Ruf unsere 24-h Bestellhotline an und gib Deine Handynummer und die Codenummer Deines Logos oder Deines Klingeltons ein. In wenigen Sekunden wird Dein Wunsch wahr."

V, ein Dachverband von 16 Verbraucherzentralen und 18 weiteren verbraucher- und sozialorientierten Verbänden ist der Ansicht, die in Rede stehende Werbung der B gegenüber Jugendlichen, die besonders anfällig für das Leistungsangebot der B seien, stelle einen Verstoß gegen die guten Sitten dar. Die Ausnutzung der dem Werbenden bekannten geschäftlichen Unerfahrenheit der angesprochenen Personengruppe sei unlauter. Ein durchschnittlich aufgeklärter Verbraucher komme bei rationaler Betrachtung nicht auf die Idee, für die telefonische Bestellung eines Klingeltons 1,86 € pro Minute auszugeben, zumal bei der bloßen Angabe des Minutenpreises nicht klar sei, wie teuer der Klingelton tatsächlich werde.

Wie ist die Rechtslage?

Lösung

A. Unterlassungsanspruch gemäß § 8 Abs. 1 u. 3 Nr. 2 UWG wegen Verstoßes gegen Nr. 28 des Anhangs zu § 3 Abs. 3 UWG

Dem V könnte ein Unterlassungsanspruch aus §§ 3 Abs. 3 i.V.m. Nr. 28 des Anhangs zu § 3 Abs. 3 UWG i.V.m. § 8 Abs. 1 u. 3 Nr. 2 UWG zustehen. § 3 Abs. 3 UWG stellt in Zusammenhang mit den im Anhang dazu aufgeführten Verhaltensweisen einen Katalog per se unzulässiger Verhaltensweisen auf. Die Unzulässigkeit ergibt sich unabhängig von § 3 Abs. 1 UWG und ist vorrangig zu prüfen.

Die Werbung könnte gemäß der Nr. 28 eine unmittelbare Aufforderung an Kinder sein, selbst die beworbene Dienstleistung in Anspruch zu nehmen. Bei diesem Verbot

---

* Der Fall ist nachgebildet *BGH*, Urt. v. 6.4.2006, Az. I ZR 125/03, GRUR 2006, 776 – Werbung für Klingeltöne.

handelt es sich um einen § 4 Nr. 1 u. 2 UWG konkretisierenden speziellen Fall der Unzulässigkeit.[1]

I. Kinder

Das UWG gibt keinen Hinweis auf die für den Begriff „Kinder" maßgebliche Altersgrenze. Zwar muss es sich jedenfalls um Minderjährige handeln, fraglich ist jedoch, ob die Grenze schon bei 14 Jahren oder erst bei 18 Jahren zu ziehen ist.[2] Für eine einschränkende Auslegung spricht die im Vergleich zu § 4 Nr. 2 UWG nicht erforderliche Prüfung der Geeignetheit einer Werbung, die Unerfahrenheit der angesprochenen Verkehrskreise auszunutzen. Die Pauschalität des Verbots ohne Ansehung der Umstände des Einzelfalles deutet auf eine restriktive Auslegung hin. Als Auffangtatbestand würde dann § 4 Nr. 2 UWG die restlichen Fälle abdecken, so dass der im Prozess des Erwachsenwerdens steigende Grad an Reife adäquat erfasst werden kann und gerade bei Jugendlichen ab 14 Jahren einer Würdigung der Umstände des Einzelfalles unterliegt. Denn dass ein 6-Jähriger nicht des gleichen Schutzes bedarf wie ein 17-Jähriger, liegt auf der Hand.[3] Eine einheitliche Regelung würde zudem mit dem Verhältnismäßigkeitsgrundsatz nicht in Einklang stehen, der jedoch zu beachten ist, da jede Einschränkung der Werbefreiheit auch eine Einschränkung der EG-Warenverkehrs- und Dienstleistungsfreiheit[4] oder des deutschen bzw. des EG-Grundrechtes auf freie Berufsausübung[5] beinhaltet, in die zum Schutze der Jugend zwar eingegriffen werden kann, jedoch nur soweit dies erforderlich und verhältnismäßig ist.[6] Als Adressat i. S. d. Nr. 28 kommt daher nur eine Leserschaft unter 14 Jahren in Betracht, die laut Sachverhalt bei der Zeitschrift einen Anteil von 40% hat.

II. Direkte Aufforderung zum Kauf

Der Tatbestand verlangt weiterhin eine direkte Aufforderung der Kinder zum Kauf. Zwar gibt § 2 UWG keine Definition einer solchen Aufforderung.[7] Da diese

---

[1] *Köhler*, in: Hefermehl/Köhler/Bornkamm, Anh zu § 3 Abs. 3 Rn. 28.1.
[2] Str., für den Schutz aller Minderjähriger *Mankowski*, WRP 2007, 1398, 1403 ff.; für den Schutz nur Minderjähriger bis 14 Jahren *Köhler*, in: Hefermehl/Köhler/Bornkamm, Anh zu § 3 Abs. 3 Rn. 28.2.
[3] Dieses Ergebnis geht dann auch konform mit Art. 3e Abs. 1 lit. g RL 2007/65/EG (Fernsehrichtlinie), der der Nr. 28 bzw. dessen Richtlinienpendant im Grundsatz entspricht, jedoch ausdrücklich Werbung an alle Minderjährigen erfasst, dies jedoch nur bei Ausnutzung ihrer Unerfahrenheit und Leichtgläubigkeit. Wie hier auch *Köhler*, WRP 2008, 700, 702 f.
[4] Vgl. *EuGH*, Urt. v. 8. 3. 2001, Rs. C-405/08, Slg. 2001, I-1795 – KO/GIP.
[5] Vgl. *EuGH*, Urt. v. 8. 10. 1986, Rs. 234/86, Slg. 1986, 2897 – Franz Keller.
[6] *EuGH*, Urt. v. 14. 2. 2008, Rs. C-244/06, Slg. 2008, I-505, Rn. 42 – Dynamic Medien.
[7] Nicht ausschlaggebend ist die Definition der „Aufforderung zum Kauf" in Art. 2 lit. i RL 2005/29/EG, auch wenn in deren Anhang I die Nr. 28, worauf Nr. 28 des Anhangs zu § 3 Abs. 3 UWG beruht, vom Wortlaut ebenfalls die Einbindung einer „Aufforderung [...], die beworbenen Produkte zu kaufen" in die Werbung verlangt. Dabei handelt es sich offensichtlich um eine Übersetzungsungenauigkeit, wie ein Vergleich mit den anderen Sprachfassungen zeigt, die unterschiedliche Begriffe für die Definition in Art. 2 lit. i RL und der Nr. 28 des Anhangs I verwenden (engl.: *„invitation to purchase"* vs. *„direct exhortation"*; frz.: *„invitation à l'achat"* vs. *„inciter directement les enfants à acheter"*; span.: *„invitación a comprar"* vs. *„exhortación directa"*). Die verschiedenen Sprachfassungen sind nach der Rechtsprechung des EuGH für die Auslegung einer Norm stets heranzuziehen. Dieser Umstand wurde, worauf *Köhler*, WRP 2008, 700, 703 zutreffend hinweist, in der Literatur bisher kaum berücksichtigt (vgl. z. B. *Fuchs*, WRP 2009, 255, 263 f.; *Scherer*, WRP 2008, 430, 433; *Mankowski*, WRP 2008, 421, 422).

(zusätzlich) in die Werbung eingebunden sein muss, geht das Merkmal jedenfalls über allgemeine Kaufappelle hinaus, die einer Werbung stets immanent sind. Anderenfalls wäre Werbung gegenüber Kindern generell verboten. Es muss sich also um eine gesteigerte Form der direkten geistigen Einwirkung auf Kinder handeln, um sie zum Kauf zu „überreden".[8]

1. Zielgerichtetheit

Die in der Werbung getroffene Aussage muss sich danach zunächst gezielt und persönlich an Kinder richten.[9] Da die Werbung der B Kinder nicht direkt als maßgebliche Adressaten nennt, kann sich die notwendige Zielgerichtetheit nur aus den äußeren Umständen, insbesondere der Art der Aufmachung und des genutzten Werbemediums ergeben.[10]

Im vorliegenden Fall ist zunächst auffällig, dass die Werbung ihre Adressaten in „Du"-Form anredet. Dies spricht grundsätzlich für eine auf Kinder gerichtete Werbung.[11] Verstärkt wird dieser Eindruck durch die Zeitschrift, in der die Werbung veröffentlicht wurde. Die Leserschaft der Zeitschrift „APPLAUS Mädchen", in der die beanstandete Werbung erschienen ist, besteht zu mehr als 80% aus Jugendlichen und davon 50% Kinder unter 14 Jahren. Mithin sind 40% der Leser unter 14 Jahren. Das dabei ein erheblicher Teil der Leser nicht zum gemäß Nr. 28 geschützten Personenkreis gehört, ist unschädlich, da zum einen die betroffenen Kinder deshalb nicht weniger schutzwürdig sind und der Anteil der Kinder auch nicht nur unerheblich ist. Es lässt sich dem Sachverhalt auch nicht entnehmen, dass die Zusammensetzung der Leserschaft sich unvorhersehbar zu Lasten der B änderte.

Fraglich ist jedoch, ob die Zielgerichtetheit der Werbung deshalb abzulehnen ist, weil entsprechende Anzeigen auch in sonstigen nicht kindbezogenen Werbeträgern veröffentlicht werden. Es ist aber gerade Zweck der Nr. 28 des Anhangs zu § 3 Abs. 3 UWG, eine ganz bestimmte Werbemaßnahme strengeren Anforderungen zu unterwerfen, wenn sie sich im konkreten Fall an Kinder richtet.[12] Unerheblich ist daher, inwieweit die gleiche Werbung zu beurteilen ist, soweit sie sich in einem anderen Zusammenhang nicht gezielt an Minderjährige wendet, zumal die mit der konkreten angegriffenen Werbemaßnahme in der Zeitschrift „APPLAUS Mädchen" verbundenen Gefahren dadurch nicht beseitigt werden.

2. Überschießender Kaufappell

Die Werbung müsste weiterhin einen überschießenden Kaufappell enthalten. Indem sie in „Du-Form" an den Adressaten der Werbung herantritt, wird zunächst eine persönliche Beziehung zum Kind hergestellt, die dann mit der durch die imperative Verbform ausgedrückten Aufforderung zum Anrufen verbunden ist. Die damit verbundene Antriebswirkung wird dadurch gesteigert, dass das Kind mehrfach direkt angesprochen wird („Deine"), während es durch die einzelnen Bestellschritte

---

[8] Vgl. dazu *Köhler*, WRP 2008, 700, 702.
[9] *Köhler*, WRP 2008, 700, 702.
[10] Nr. 28 erfasst also Werbung, die an alle Personen gerichtet ist, aber Kinder speziell individualisiert und auch Werbung, die besondere Individualisierung vornimmt, sich aber speziell an Kinder richtet.
[11] Einschränkend *OLG Frankfurt a. M., Urt. v. 4. 8. 2005, Az. 6 U 224/04*, GRUR 2005, 1064, 1065 – Lion-Sammelaktion.
[12] Vgl. auch *BGH, Urt. v. 9. 12. 1993, Az. I ZR 276/91*, GRUR 1994, 304, 305 f. – Zigarettenwerbung in Jugendzeitschriften, zur spezialgesetzlichen Tabakwerbeeinschränkung; *OLG Hamm, Urt. v. 24. 6. 2004, Az. 4 U 29/04*, MMR 2005, 112, 113.

geleitet wird. Da mit dem Anruf die Leistung erworben wird, ist auch die bloße Aufforderung zum Anruf gleichbedeutend mit einer Aufforderung zum Leistungsbezug.

Die in die Werbung eingebettet Aufforderung zum Anruf ist, da sie sich gezielt an Kinder richtet, unzulässig gemäß §§ 3 Abs. 3 i.V.m. Nr. 28 des Anhangs.

III. Sonstige Anspruchsvoraussetzungen

Die Unzulässigkeit ist damit abschließend beurteilt. Es bedarf insbesondere keiner gesonderten Feststellung der Spürbarkeit. Auch die Rechtswidrigkeit der Maßnahme darf ebenso wie ein subjektives Moment der Unlauterkeit nicht gesondert geprüft werden, da die uneingeschränkte Verbotswirkung nicht nur dem Wortlaut des § 3 Abs. 3 UWG entspricht, sondern auch durch den Richtliniengesetzgeber so vorgesehen ist.

Die für einen Unterlassungsanspruch erforderliche Wiederholungsgefahr wird durch den einmaligen Verstoß indiziert. V ist gemäß § 8 Abs. 1 u. 3 Nr. 2 UWG aktivlegitimiert und B als unmittelbarer Störer auch passivlegitimiert. Folglich hat V gegen B einen Anspruch auf zukünftige Unterlassung einer solchen Werbung gegenüber Kindern.

B. Unterlassungsanspruch gemäß § 8 Abs. 1 u. 3 Nr. 2 i.V.m. § 3 Abs. 1, § 4 Nr. 2 UWG

Ein Unterlassungsanspruch könnte sich auch aus §§ 3 Abs. 1, 4 Nr. 2 i.V.m. § 8 Abs. 1 u. 3 Nr. 2 UWG ergeben.

I. Anwendbarkeit des § 3 Abs. 1 UWG neben § 3 Abs. 3 UWG

§ 3 Abs. 3 UWG ist eine abschließende Spezialregelung im Verhältnis zu § 3 Abs. 1 UWG und § 3 Abs. 2 S. 1 UWG, wenn und soweit ein Verhalten gegenüber Verbrauchern in Frage steht. Eine darüber hinausgehende Prüfung kommt nicht mehr in Betracht, wenn ein Verhalten danach bereits unzulässig ist.[13] Dies gilt aber nur, soweit der Unrechtsgehalt eines unternehmerischen Verhaltens abschließend erfasst wurde. Im vorliegenden Fall ist der mit der tatbestandlich einschlägigen Nr. 28 des Anhangs zu § 3 Abs. 3 UWG verbundene Vorwurf auf eine bestimmte Werbung gegenüber Kindern beschränkt. Unberücksichtigt bleibt, ob die Werbung z.B. auch aufgrund ihrer Wirkung auf Jugendliche ab 14 Jahren unlauter ist. Eine darauf gerichtete Überprüfung der Maßnahme nach § 3 Abs. 1 UWG ist daher nicht ausgeschlossen.

II. Unzulässigkeit gemäß § 3 Abs. 1 UWG

1. Geschäftliche Handlung

Werbung ist eine auf Absatzförderung gerichtete Maßnahme und damit eine geschäftliche Handlung i.S.d. § 2 Abs. 1 Nr. 1 UWG.

---

[13] *Köhler*, in: Hefermehl/Köhler/Bornkamm, Anh zu § 3 Rn. 6.

2. Unlauterkeit gemäß § 3 Abs. 1 i.V.m. § 4 Nr. 2 UWG

Nach § 4 Nr. 2 UWG sind Wettbewerbshandlungen unter anderem dann unlauter, wenn sie geeignet sind, die geschäftliche Unerfahrenheit von Kindern und Jugendlichen auszunutzen. Durch die Bestimmung sollen besonders schutzwürdige Verbraucher vor der Ausnutzung der Unerfahrenheit bewahrt werden. Die Vorschrift stellt eine Abweichung vom Leitbild des erwachsenen Durchschnittsverbrauchers dar. Damit verschiebt sich der an die Bewertung einer Wettbewerbshandlung anzulegende Maßstab zu Lasten des Unternehmers. Denn maßgebend ist jeweils der Durchschnitt des von einer Werbemaßnahme angesprochenen Verkehrskreises. Wendet sich der Werbende gezielt an eine bestimmte Bevölkerungsgruppe (z. B. Kinder und Jugendliche), so muss er sich gemäß § 3 Abs. 2 S. 2 UWG an einem durchschnittlich informierten, aufmerksamen und verständigen Angehörigen dieser Gruppe orientieren. Dementsprechend können Handlungen, die gegenüber einer nicht besonders schutzwürdigen Zielgruppe noch zulässig sind, gegenüber geschäftlich Unerfahrenen unzulässig sein.

Voraussetzung für die Annahme der Unlauterkeit i. S. v. § 4 Nr. 2 UWG ist, dass sich die Werbung gezielt an Kinder oder Jugendliche wendet, da sich die Vorschrift gegen ein Ausnutzen der Unerfahrenheit genau dieser Zielgruppe richtet.[14] Durch das Erfordernis der Zielgerichtetheit wird dem Umstand Rechnung getragen, dass bei der Beurteilung von einzelnen Wettbewerbshandlungen grundsätzlich auf den Durchschnittsverbraucher des dabei angesprochenen Verkehrskreises abzustellen ist. Die Leserschaft der Zeitschrift „APPLAUS Mädchen", in der die beanstandete Werbung erschienen ist, besteht zu mehr als 80 % aus Jugendlichen und richtet sich im Übrigen schon nach ihrem Namen an Minderjährige. Fraglich ist jedoch, ob die Werbung allein deshalb nicht gezielt an Minderjährige gerichtet war, da entsprechende Anzeigen auch in Werbeträgern veröffentlicht werden, die sich nicht an Minderjährige wenden. Es ist aber gerade Zweck des § 4 Nr. 2 UWG, eine bestimmte Werbemaßnahme strengeren Anforderungen zu unterwerfen, wenn sie sich im konkreten Fall an Kinder oder Jugendliche richtet.[15] Unerheblich ist daher, inwieweit die gleiche Werbung zu beurteilen ist, soweit sie sich in einem anderen Zusammenhang nicht gezielt an Minderjährige wendet.

Nach § 4 Nr. 2 UWG ist jedoch nicht jede gezielte Beeinflussung von Minderjährigen unlauter. Die konkrete Handlung muss vielmehr geeignet sein, die Unerfahrenheit auszunutzen.[16] Maßgeblich ist, ob sich der Umstand, dass Minderjährige typischerweise noch nicht in ausreichendem Maße in der Lage sind, Waren oder Dienstleistungsangebote kritisch zu beurteilen, auf die Entscheidung für ein unterbreitetes Angebot auswirken kann. Bei Minderjährigen ist aber davon auszugehen, dass sie auf Grund ihrer geringen Lebenserfahrung in der Regel weniger in der Lage sind, die durch die Werbung angepriesene Leistung in Bezug auf Bedarf, Preiswürdigkeit und finanzielle Folgen zu bewerten, und dass sie auch noch lernen müssen, mit dem Geld hauszuhalten.[17] Dies entspricht dem normativen Erwartungsbild der Rechtsordnung, wie es sich z. B. in den §§ 106 ff. BGB zeigt. Folglich bedarf es kei-

---

[14] *OLG Frankfurt a. M.*, Urt. v. 4. 8. 2005, Az. 6 U 224/04, GRUR 2005, 1064, 1065 – Lion-Sammelaktion; *Köhler*, in: Hefermehl/Köhler/Bornkamm, § 4 Rn. 2.16.
[15] Vgl. auch *BGH*, Urt. v. 9. 12. 1993, Az. I ZR 276/91, GRUR 1994, 304, 305 f. – Zigarettenwerbung in Jugendzeitschriften.
[16] Vgl. *BGH*, Urt. v. 22. 9. 2005, Az. I ZR 28/03, GRUR 2006, 161, 162 – Zeitschrift mit Sonnenbrille; *OLG Frankfurt a. M.*, Urt. v. 12. 5. 2005, Az. 6 U 24/05, GRUR 2005, 782, 783 f. – Milchtaler; *Scherer*, in: Fezer, UWG, § 4–2 Rn. 114.
[17] *BGH*, Urt. v. 6. 4. 2006, Az. I ZR 125/03, GRUR 2006, 776, 777 – Werbung für Klingeltöne.

ner empirischen Überprüfung der Verständnisfähigkeit der Leserschaft der Zeitschrift „APPLAUS Mädchen".

Im Hinblick darauf sind bei einer an Minderjährige gerichteten Werbung höhere Anforderungen an die Transparenz zu stellen. Wird Kindern und Jugendlichen ein spezifisch auf ihre Bedürfnisse zugeschnittenes Leistungsangebot unterbreitet, muss ausreichend deutlich gemacht werden, welche finanziellen Belastungen auf sie zukommen.[18] Fraglich ist daher, ob die angegriffene Werbung dem gerecht wird. Dabei ist zunächst festzustellen, dass die Dauer des Ladevorgangs dem Nutzer des Leistungsangebots der B im Vorfeld unbekannt ist, da er den Datenumfang nicht abschätzen kann. Zudem hängt die maßgebliche Dauer des Ladevorgangs auch von der Geschicklichkeit des Benutzers ab. Für die Nutzer ist daher nicht absehbar, welche Kosten auf sie zukommen. Anders als bei normalen Telefongesprächen sind die Kosten auch nicht beherrschbar. Denn es erscheint wenig sinnvoll, den Ladevorgang nach Überschreitung einer bestimmten Dauer abzubrechen, weil in einem solchen Fall die angefallenen Gebühren zu bezahlen sind, ohne dass eine Gegenleistung erlangt wurde. Die Ungewissheit über die entstehenden Kosten erhält noch dadurch ein besonderes Gewicht, dass der Kunde erst durch die spätere Abrechnung seine tatsächliche finanzielle Belastung erfährt. Diese Umstände können bei vielen Minderjährigen dazu führen, dass sie sich zunächst keine Gedanken über die entstehenden Kosten machen. Eine besondere Gefährdung besteht zudem darin, dass das Angebot der B ohne weiteres zeit- und ortsunabhängig wahrgenommen werden kann. Aus diesen Gründen ist die Werbung für Handy-Klingeltöne, in der nur der nicht unerhebliche Minutenpreis angegeben wird und nicht die voraussichtlich entstehenden höheren Kosten, grundsätzlich geeignet, die geschäftliche Unerfahrenheit Minderjähriger auszunutzen.[19]

Unbeachtlich ist, ob der durchschnittliche Preis von 3,40 € pro Ladevorgang die Minderjährigen finanziell überfordert. Die Vorschrift des § 4 Nr. 2 UWG zielt nicht allein darauf ab, Kinder und Jugendliche vor einer wirtschaftlichen Überforderung zu schützen. Der Umstand wäre nur dann beachtlich, wenn die entstehenden Kosten den angegebenen Minutenpreis definitiv nicht überschreiten würden.

3. Spürbare Interessenbeeinträchtigung

Gemäß dem Wortlaut des § 3 Abs. 1 UWG ist eine unlautere geschäftliche Handlungen nur dann unzulässig, wenn sie geeignet ist, die Interessen von Mitbewerbern, Verbrauchern oder sonstigen Marktteilnehmern spürbar zu beeinträchtigen. Dies verlangt allenfalls eine objektive Wahrscheinlichkeit. Nicht erforderlich ist jedenfalls, dass die unlautere geschäftliche Handlung tatsächlich die Interessen anderer Marktteilnehmer spürbar beeinträchtigt.[20]

Mit dem Erfordernis soll zum Ausdruck kommen, dass die Wettbewerbsmaßnahme von einem gewissen Gewicht für das Wettbewerbsgeschehen und die Interessen des geschützten Personenkreises sein muss, so dass Bagatellfälle ausgeblendet werden.[21] Die Frage, ob es sich um einen Bagatellverstoß handelt oder die Grenze überschritten ist, ist unter umfassender Berücksichtigung der Umstände des Einzelfalls, namentlich der Art und Schwere des Verstoßes, anhand der Zielsetzung des Gesetzes

---

[18] Siehe *BGH*, Urt. v. 22. 9. 2005, Az. I ZR 28/03, GRUR 2006, 161, 162 – Zeitschrift mit Sonnenbrille.
[19] So im Ergebnis *BGH*, Urt. v. 6. 4. 2006, Az. I ZR 125/03, GRUR 2006, 776 – Werbung für Klingeltöne; vgl. auch *Benz*, WRP 2003, 1160, 1165; *Klees/Lange*, CR 2005, 684, 686.
[20] *Köhler*, in: Hefermehl/Köhler/Bornkamm, § 3 Rn. 116.
[21] Vgl. die Begründung zum Regierungsentwurf, BT-Drs. 15/1487, S. 17

gegen den unlauteren Wettbewerb zu beurteilen.[22] Fragwürdig erscheint jedoch die Bedeutung dieses Merkmals außerhalb des Generaltatbestandes in § 3 Abs. 1 UWG im Falle der vertypten Unlauterkeit gemäß § 4 Nr. 2 UWG.[23] Enthält ein spezieller Unlauterkeitstatbestand unter Berücksichtigung einer richtlinienkonformer Auslegung bereits eine Relevanzklausel, so ist die Bagatellklausel in § 3 Abs. 1 UWG nicht mehr anzuwenden.[24] Allerdings ist dies abhängig vom Verständnis der Bagatellklausel. Versteht man die Bagatellklausel so, dass sie einen besonderen Wettbewerbsbezug verlangt, also geeignet ist die Wettbewerbsverhältnisse spürbar zu beeinflussen, so kann es nicht ohne weiteres als immanenter Bestandteil der verbraucherschützenden Norm des § 4 Nr. 2 UWG angesehen werden. Allerdings wäre das Erfordernis dann im vorliegenden Fall jedenfalls aufgrund des verwendeten Massenmediums erfüllt. Versteht man sie hingegen so, dass nur wesentliche Belange der Verbraucher spürbar beeinträchtigt werden, so ist diese Anforderung in § 4 Nr. 2 UWG bereits vertypt, da die Ausnutzung von Schwächen den Verbraucher unzweifelhaft stets in wesentlicher Weise beeinträchtigt. Letztlich kann die Frage im vorliegenden Fall nach dem Gesagten aufgrund gleichbleibenden Ergebnisses offen bleiben.[25]

4. Subjektiver Tatbestand, Rechtswidrigkeit, Wiederholungsgefahr

Das subjektive Elemente der Unlauterkeitstat, in Form des Kennens oder Kennenmüssens der unlauterkeitsbegründenden Tatumstände, ist – unabhängig von dessen Notwendigkeit[26] – jedenfalls gegeben, da B die konkrete Werbung nicht „aus Versehen" geschaltet hat. Die Rechtswidrigkeit wird durch die Unlauterkeit des Verhaltens indiziert und ist hier mangels Vorliegens von Rechtfertigungsgründen[27] auch nicht widerlegt. Die Wiederholungsgefahr wird durch den einmaligen Verstoß indiziert.

III. Aktiv- und Passivlegitimation

V ist gemäß § 8 Abs. 1 u. 3 Nr. 2 UWG aktivlegitimiert und B als unmittelbarer Störer auch passivlegitimiert.

Folglich hat V gegen B einen Anspruch auf zukünftige Unterlassung einer solchen Werbung gegenüber Kindern.

C. Unterlassungsanspruch gemäß § 8 Abs. 1 u. 3 Nr. 2 i. V. m. § 3 Abs. 2 S. 1 UWG

In Betracht kommt weiterhin ein Unterlassungsanspruch gemäß §§ 3 Abs. 2 S. 1 i.V.m. § 8 Abs. 1 u. 3 Nr. 2 UWG. Bei § 3 Abs. 2 S. 1 UWG handelt es sich um einen

---

[22] *BGH*, Urt. v. 28. 6. 2007, Az. I ZR 153/04, GRUR 2008, 186, 188 – Telefonaktion.
[23] Ausführlich geprüft bei einer Unlauterkeit gemäß § 4 Nr. 11 UWG z. B. von *OLG Stuttgart*, Urt. v. 17. 3. 2005, Az. 2 U 173/04, WRP 2005, 919, 920 – Handy-Werbung; bei einer Unlauterkeit gemäß § 5 UWG vgl. *BGH*, Urt. v. 28. 6. 2007, Az. I ZR 153/04, GRUR 2008, 186, 188 f. – Telefonaktion, der allerdings auch erklärt, dass dann, wenn die im Rahmen der Irreführung zu prüfende wettbewerbliche Relevanz der Irreführung bejaht wird, regelmäßig auch davon auszugehen ist, dass die Bagatellgrenze überschritten ist. Ablehnend *Mankowski*, WRP 2008, 15, speziell zur Bagatellklausel im Rahmen des § 7 UWG.
[24] So *Köhler*, WRP 2009, 109, 113.
[25] Näher dazu Fall 7.
[26] Ablehnend für § 4 Nr. 11 UWG *BGH*, Urt. v. 23. 6. 2005, Az. I ZR 194/02, GRUR 2005, 778, 779 – Atemtest; vgl. auch *Ullmann*, GRUR 2003, 817, 822.
[27] Näher dazu Fall 13.

im Verhältnis zu § 3 Abs. 1 UWG eigenständigen Unzulässigkeitstatbestand, der die Generalklausel des Art. 5 Abs. 2 RL 2005/29/EG in deutsches Recht umsetzt.[28] Vor diesem Hintergrund greift er nur dann ein, wenn die in den in den Art. 6 bis 9 RL 2005/29/EG aufgeführten Konkretisierungen dieser Richtliniengeneralklausel, welche durch § 3 Abs. 1 i.V.m. §§ 4, 5, 5a UWG umgesetzt werden, nicht einschlägig sind.[29] Da mit Ausnahme des Rechtsbruches gemäß § 4 Nr. 11 UWG jeder Unlauterkeitstatbestand, der Handlungen gegenüber dem Verbraucher betrifft, stets auch in irgendeiner Form (jedenfalls durch richtlinienkonforme Auslegung) die Vorgaben der Art. 6 bis 9 RL 2005/29/EG umsetzt, erlangt § 3 Abs. 2 S. 1 UWG grundsätzlich nur dann Relevanz, wenn und soweit eine Handlung gegenüber Verbrauchern vorgenommen wird, deren Unrechtsgehalt nicht oder nicht vollständig von den §§ 4–7 UWG erfasst wird.[30] Dann ist § 3 Abs. 2 S. 1 UWG auch gegenüber der Anwendung der Generalklausel aus § 3 Abs. 1 UWG vorrangig und Letztere nicht mehr zu prüfen.[31] Für einen Unrechtsgehalt außerhalb der einschlägigen Unlauterkeitstatbestände ist im vorliegenden Fall aber nichts ersichtlich. Ein darauf gestützter Anspruch scheidet daher aus.

Merke: Bei dem Verbot der Nr. 28 des Anhangs zu § 3 Abs. 3 UWG handelt es sich um einen § 4 Nr. 1 u. 2 UWG konkretisierenden speziellen Fall der Unzulässigkeit, dessen Schutzbereich lediglich Kinder bis 14 Jahren umfasst. Als Auffangtatbestand dient § 4 Nr. 2 UWG, der die geschäftliche Unerfahrenheit von Kindern und Jugendlichen als besonders schutzwürdige Verbraucher in Ansehung der Umstände des Einzelfalles vor Ausnutzung schützt.

Maßgeblich für die Verbrauchersicht ist stets der Durchschnitt des von einer geschäftlichern Handlung (z.B. Werbung) angesprochenen Verkehrskreises. Wendet sich der Werbende gezielt an eine bestimmte Bevölkerungsgruppe (z.B. Kinder und Jugendliche), so muss er sich gemäß § 3 Abs. 2 S. 2 UWG an einem durchschnittlich informierten, aufmerksamen und verständigen Angehörigen genau dieser Gruppe orientieren.

Bei § 3 Abs. 2 S. 1 UWG handelt es sich um einen im Verhältnis zu § 3 Abs. 1 UWG eigenständigen Unzulässigkeitstatbestand, der die Generalklausel des Art. 5 Abs. 2 RL 2005/29/EG in deutsches Recht umsetzt und daher nur dann eingreift, wenn die in den in den Art. 6 bis 9 RL 2005/29/EG aufgeführten Konkretisierungen dieser Richtliniengeneralklausel, welche durch die § 3 Abs. 1 i.V.m. §§ 4, 5, 5a UWG umgesetzt werden, nicht einschlägig sind.

---

[28] Fraglich ist, ob es dieser zweiten Generalklausel in Anbetracht des § 3 Abs. 1 UWG bedurft hätte, der eben – auch nach der Novelle 2009 – sowohl die Beeinträchtigung der Interessen von Mitbewerbern als auch Verbrauchern erfasst. Zu einer unsystematischen Gesetzesaufspaltung kommt es insbesondere auch deshalb, weil die Konkretisierungen der Richtliniengeneralklausel in den Art. 6–9 RL 2005/29/EG (siehe Erw. 13 der RL) wiederum durch § 3 Abs. 1 i.V.m. §§ 4, 5, 5a UWG umgesetzt werden (siehe *Köhler*, in: Hefermehl/Köhler/Bornkamm, § 3 Rn. 8).
[29] Für die Falllösung ist diese Vorgehensweise zugegebenermaßen unbefriedigend, da immer auch die Richtlinienbestimmungen zur Hand genommen werden müssen.
[30] Vgl. auch *Köhler*, in: Hefermehl/Köhler/Bornkamm, § 3 Rn. 8.
[31] Dies folgt daraus, dass die RL 2005/29/EG innerhalb ihres Anwendungsbereichs eine Vollharmonisierung bezweckt, also nicht nur einen Mindest-, sondern auch einen Maximalschutz bestimmt.

Fall 12. Koppelung von Warenabsatz und Gewinnspiel

Sachverhalt*

Das Einzelhandelsunternehmen E, das in Deutschland ca. 2700 Filialen unterhält, warb im Herbst 2008 für zwei Monate unter dem Hinweis „Einkaufen, Punkte sammeln, gratis Lotto spielen" u. a. mit einem farbigen Werbeprospekt für die Teilnahme an der Bonusaktion „Ihre Millionenchance". Kunden konnten im genannten Zeitraum „Bonuspunkte" sammeln. Sie erhielten bei jedem Einkauf für 5,00 € Einkaufswert je einen Bonuspunkt. Ab 20 Bonuspunkten bestand die Möglichkeit, „kostenlos" an im Einzelnen benannten Ziehungen des Deutschen Lottoblocks teilzunehmen. Hierzu mussten die Kunden auf einer in den Filialen des E erhältlichen Teilnahmekarte unter anderem die Bonuspunkte aufkleben und sechs Lottozahlen nach ihrer Wahl ankreuzen. In der Werbung wurde die Teilnahme an der Lottoziehung mehrfach als „gratis" bezeichnet. E ließ die Teilnahmekarten in den Filialen einsammeln und leitete sie an ein Drittunternehmen weiter, das dafür sorgte, dass die entsprechenden Kunden mit den jeweils ausgewählten Zahlen an der Ziehung der Lottozahlen teilnahmen.

Beurteilen Sie den Sachverhalt nach deutschem und europäischem Lauterkeitsrecht.

Lösung

A. § 3 Abs. 3 UWG i. V. m. dem Anhang

Der Anhang zu § 3 Abs. 3 UWG enthält eine Liste von Geschäftspraktiken gegenüber Verbrauchern, die als Verbote ohne Wertungsmöglichkeit per se unzulässig sind, d. h. ohne Prüfung des Einzelfalles gemäß den §§ 3 ff. UWG („Schwarze Liste").[1] Es ist deshalb zunächst zu prüfen, ob Koppelungsangebote unter die im Anhang zum UWG aufgezählten Geschäftspraktiken fallen.

I. Anhang Nr. 16

Unzulässig ist gemäß Nr. 16 die Angabe, durch eine bestimmte Ware oder Dienstleistung ließen sich die Gewinnchancen bei einem Glücksspiel erhöhen. Die Vorschrift will verhindern, dass Verbrauchern durch eine derartige Angabe fälschlicher Weise suggeriert wird, dass durch den Einsatz des Produkts die Gewinnchancen steigen.[2] Dies ist z. B. bei einem von einem Unternehmen vertriebenen Computer-

---

* Nach *BGH* (Beschl. v. 5. 6. 2008, Az. I ZR 4/06, GRUR 2008, 807 – Millionen-Chance): Vorlage an den EuGH.
[1] *EuGH*, Urt. v. 23. 4. 2009, Az. C-261/07 und C-299/07 (Total und Sanoma), WRP 2008, 772, Rn. 56, zum Anhang der UGP-Richtlinie; *Scherer*, NJW 2009, 324.
[2] *Köhler*, in: Hefermehl/Köhler/Bornkamm, Anh zu § 3 Abs. 3, Rn. 16.5.

programm der Fall, das die „persönlichen Lotto-Gewinntage" astrologisch berechnen soll.[3]

Nr. 16 des Anhangs zum UWG setzt zunächst voraus, dass es sich bei den Kunden des E um Verbraucher handelt. Der Begriff des Verbrauchers wird in den §§ 2 Abs. 2 UWG, 13 BGB näher definiert. Danach ist Verbraucher eine Person, die Waren zu einem Zweck erwirbt, der weder ihrer gewerblichen noch ihrer selbständigen beruflichen Tätigkeit zuzurechnen ist. Dies ist bei Kunden eines Einzelhandelsunternehmens regelmäßig der Fall.

Nr. 16 setzt weiterhin eine Angabe des Unternehmens voraus, dass sich durch den Erwerb einer bestimmten Ware die Gewinnchancen erhöhen würden. Dies ist bei der reinen Koppelung des Warenerwerbs mit einem Gewinnspiel zu verneinen, da Verbrauchern hier lediglich die Möglichkeit zur Teilnahme an einem Gewinn- bzw. Glücksspiel eingeräumt wird, ohne den falschen Eindruck zu erwecken, dass der Produkterwerb die Chancen eines Gewinnes erhöht.[4] Nr. 16 ist somit nicht erfüllt.

II. Anhang Nr. 17

Der Tatbestand Nr. 17 stuft eine unwahre Angabe oder das Erwecken des unzutreffenden Eindrucks als unlauter ist, der Verbraucher habe einen Preis gewonnen oder werde ihn gewinnen oder werde durch eine bestimmte Handlung einen Preis gewinnen oder einen sonstigen Vorteil erlangen, wenn es einen solchen Preis oder Vorteil tatsächlich nicht gibt (Alt. 1), oder die Möglichkeit, einen Preis oder sonstigen Vorteil zu erlangen, von der Zahlung eines Geldbetrags oder der Übernahme von Kosten abhängig gemacht wird (Alt. 2).

Durch die von E vermittelte Möglichkeit zur Teilnahme an Lottoziehungen bestand tatsächlich eine Gewinnchance. Hierfür war lediglich erforderlich, dass die Kunden auf einer Teilnahmekarte Bonuspunkte aufklebten, die sie zuvor als eine Art Zugabe für den Erwerb von Waren erhalten hatten. Hingegen war die Erlangung des potenziellen Gewinns nicht von einer Zahlung oder Kostenübernahme abhängig. Allein der Umstand, dass aus der Natur des Vorteils, insbesondere der Notwendigkeit einer Abholung des möglichen Gewinns, Kosten entstehen können, reicht für eine Verwirklichung von Nr. 17 nicht aus.[5] Ein Verstoß gegen Nr. 17 scheidet deshalb ebenfalls aus.

III. Anhang Nr. 20

Gemäß Verbotstatbestand Nr. 20 ist das Angebot eines Wettbewerbs oder Preisausschreibens unlauter, wenn weder die in Aussicht gestellten Preise noch ein angemessenes Äquivalent vergeben werden. Die Vorschrift will verhindern, dass Verbraucher zur Teilnahme an Preisausschreiben oder Gewinnspielen veranlasst werden, obwohl die Preise überhaupt nicht zu gewinnen sind, weil sie schlicht nicht vergeben werden.[6] Die Regelung ähnelt Tatbestand Nr. 17, mit dem Unterschied,

---

[3] *Scherer*, NJW 2009, 324, 328.
[4] *Schöttle*, WRP 2009, 673, 678; siehe zur Unterscheidung zwischen Glücks- und Gewinnspiel noch B. II. 3.).
[5] *Scherer*, NJW 2009, 324, 328.
[6] *Köhler*, in: Hefermehl/Köhler/Bornkamm, Anh zu § 3 Abs. 3, Rn. 20.1 und 20.3. Siehe zu den Begriffen „Wettbewerb" und „Preisausschreiben" *Schöttle*, WRP 2009, 673, 679. Diese sollen einschlägig sein, wenn ein Preis entweder abhängig vom Zufall oder von den Fähigkeiten und Fertigkeiten der Teilnehmer vergeben wird.

dass dort der Gewinn als sicher dargestellt wird, während im Fall des Nr. 20 lediglich eine Gewinnchance vorgetäuscht wird.[7] Letzteres ist bei Ziehungen des Deutschen Lottoblocks nicht der Fall, da die ausgelobten Lottogewinne tatsächlich ausgezahlt werden. Nr. 20 ist somit nicht einschlägig.

IV. Anhang Nr. 21

Zu prüfen ist schließlich Tatbestand Nr. 21 des Anhangs zum UWG. Unzulässig ist danach die Bezeichnung des Angebots einer Ware oder Dienstleistung als „gratis", „umsonst", „kostenfrei" oder dergleichen, wenn hierfür gleichwohl Kosten zu tragen sind; dies gilt nicht für Kosten, die in Zusammenhang mit dem Eingehen auf das Waren- oder Dienstleistungsangebot oder für die Abholung oder Lieferung der Ware oder die Inanspruchnahme der Dienstleistung unvermeidbar sind. Nr. 21 knüpft an die Anlockwirkung eines kostenlos angebotenen Produkts an. Die Vorschrift will Verbraucher vor einer Irreführung über diejenigen Kosten schützen, die bei Inanspruchnahme des Angebots anfallen, sofern sie nicht unvermeidbar sind. Sie bewirkt damit zugleich, dass Unternehmen die Verbraucher über die Kosten einer Ware oder Dienstleistung ausreichend informieren müssen.[8]

Voraussetzung von Tatbestand Nr. 21 ist zunächst, dass ein Produkt, Werbegeschenk oder eine Zugabe angeboten wird, das als „gratis" oder in ähnlicher Weise bezeichnet wird, der Durchschnittsverbraucher also den Eindruck gewinnt, er brauche dafür keine Zahlungen zu entrichten. Weitere Voraussetzung ist, dass der Verbraucher gleichwohl Kosten zu tragen hat, wenn er das Angebot annimmt. Ausgenommen sind nach Nr. 21 Halbsatz 2 nur „unvermeidbare" Kosten. Hierunter fallen alle Kosten, mit denen der Verbraucher sowieso rechnet, weshalb er über sie nicht gesondert informiert werden muss, z. B. für Porto, Telefonanrufe, Transport oder die Inanspruchnahme des Produkts. Von Nr. 21 erfasst werden demgegenüber alle nicht unvermeidbaren Kosten wie die Inanspruchnahme eines Mehrwertdienstes oder „Bearbeitungsgebühren". Dabei ist unerheblich, ob das Unternehmen die Verbraucher über das Entstehen derartiger Kosten aufklärt, z. B. durch einen sog. Sternchenhinweis. Sofern es die Ware oder Dienstleistung gleichzeitig als „gratis" oder ähnlich bezeichnet, fingiert Nr. 21 nämlich eine Irreführung der Verbraucher.[9]

Vorliegend hat E mit dem Hinweis „Einkaufen, Punkte sammeln, gratis Lotto spielen" geworben. Die Verbraucher erhielten bei jedem Einkauf für 5,00 € Einkaufswert je einen „Bonuspunkt". Ab 20 Bonuspunkten bestand die Möglichkeit, „kostenlos" an Ziehungen des Deutschen Lottoblocks teilzunehmen. Der Anwendungsbereich von Nr. 21 ist somit grundsätzlich eröffnet.

Zu klären ist deshalb, ob den Verbrauchern trotz der Bezeichnung der Teilnahmemöglichkeit als „gratis" Kosten entstanden, die nicht unvermeidbar i. S. v. Tatbestand Nr. 21 waren. Dies könnte zum einen deshalb gegeben sein, weil die von E initiierte Teilnahme an Ziehungen des Deutschen Lottoblocks voraussetzte, dass die Verbraucher durch ihren Einkauf Bonuspunkte sammelten. Bei betriebswirtschaftlicher Sicht ist nämlich davon auszugehen, dass E die ihm gegenüber dem Deutschen Lottoblock entstehenden Kosten auf die Preise für seine Produkte umgelegt hat, die ihm selbst entstehenden Kosten also letztlich von den Kunden getragen wurden. Al-

---
[7] *Schöttle*, WRP 2009, 673, 679.
[8] *Köhler*, in: Hefermehl/Köhler/Bornkamm, Anh zu § 3 Abs. 3, Rn. 21.1.
[9] *Köhler*, in: Hefermehl/Köhler/Bornkamm, Anh zu § 3 Abs. 3, Rn. 21.3 ff.; *Schöttle*, WRP 2009, 673, 680.

lerdings verlangte E die erhöhten Preise für die von ihm angebotenen Produkte von allen Kunden, also nicht nur von denjenigen, die durch Vorlage von mindestens 20 Bonuspunkten tatsächlich an der Lottoziehung teilnehmen konnten oder wollten. Gerade durch die Teilnahme an den Ziehungen des Deutschen Lottoblocks entstanden also keine zusätzlichen Kosten.

Nr. 21 könnte jedoch deshalb verwirklicht sein, weil die Kunden des E einen etwaigen Lottogewinn bei lebensnaher Betrachtung bei einer Filiale des Deutschen Lottoblocks abholen mussten. Hierbei handelt es sich jedoch um unvermeidbare Kosten gemäß Nr. 21 Hs. 2.

Somit ist Nr. 21 ebenfalls nicht einschlägig. Es kann deshalb an dieser Stelle dahinstehen, ob es sich bei der Möglichkeit zur Teilnahme an Ziehungen des Deutschen Lottoblocks überhaupt um ein Gewinnspiel oder eine Zugabe gehandelt hat.

B. Unzulässigkeit gemäß § 3 Abs. 1 UWG i.V.m. §§ 4, 5 UWG

I. Geschäftliche Handlung gemäß § 2 Abs. 1 Nr. 1 UWG

Bei einer Bonusaktion handelt es sich um eine geschäftliche Handlung i.S. der §§ 3 Abs. 1 und 2, 2 Abs. 1 Nr. 1 UWG. Die Koppelung des Warenabsatzes mit der Teilnahme an einer Lotterie ist objektiv zur Förderung des eigenen Absatzes von Waren vor Geschäftsabschluss geeignet und hat zum Ziel, die geschäftlichen Entscheidungen der Verbraucher zu beeinflussen.[10]

II. § 4 Nr. 6 UWG (Koppelung von Warenabsatz und Teilnahme an Lotterie)

Die Koppelung des Warenabsatzes mit der Möglichkeit zur Teilnahme an Ziehungen des Deutschen Lottoblocks könnte unlauter i.S.d. § 4 Nr. 6 UWG und deshalb gemäß § 3 Abs. 1 UWG unzulässig sein. Die Vorschrift soll die Verbraucher vor unsachlicher Beeinflussung durch Ausnutzung der Spiellust und des Gewinnstrebens schützen, da die Hoffnung auf einen leichten Gewinn das Urteil über die Preiswürdigkeit und Qualität der angebotenen Ware oder Dienstleistung trüben kann.[11]

1. Verbraucher

§ 4 Nr. 6 UWG schützt ausschließlich Verbraucher.[12] Nicht erfasst werden Mitbewerber und sonstige Marktteilnehmer gemäß § 3 Abs. 1 UWG, da sie vom Gesetzgeber wegen ihrer Erfahrung im Geschäftsverkehr als weniger schutzwürdig erachtet werden.[13] Deren Schutz gegen unlautere Koppelungsgeschäfte bestimmt sich deshalb nach den §§ 4 Nr. 1 Alt. 1 und 3, 4 Nr. 2 UWG und bei Täuschungen nach § 5 UWG.[14] Wie bereits festgestellt, sind Kunden eines Einzelhandelsunternehmens regelmäßig Verbraucher (s. o).

---

[10] Vgl. dazu *Köhler*, in: Hefermehl/Köhler/Bornkamm, § 2 Rn. 45. Siehe auch *EuGH*, Urt. v. 23. 4. 2009, Az. C-261/07 und C-299/07 (Total und Sanoma), WRP 2009, 772 Rn. 48 f., zum Begriff der Geschäftspraktiken gemäß Art. 2 lit. d der UGP-Richtlinie.
[11] *OLG Celle*, Urt. v. 10. 1. 2008, Az. 13 U 118/07, GRUR-RR 2008, 349 – Reparaturkostenzurück-Aktion.
[12] *Boesche*, WRP 2009, 661, 663.
[13] BT-Drs. 15/1487 vom 22. 8. 2003, S. 18.
[14] *Piper*, in: Piper/Ohly, § 4 Nr. 6 Rn. 6.2.

2. Ware oder Dienstleistung

§ 4 Nr. 6 UWG erfasst die Koppelung von Preisausschreiben oder Gewinnspielen mit dem Erwerb von Waren und Dienstleistungen jeder Art, soweit nicht die Ausnahmevorschrift des § 4 Nr. 6 Hs. 2 UWG eingreift. Der Tatbestand fordert nicht, dass der Verbraucher eine bestimmte Ware oder Dienstleistung kaufen muss.[15] Hiernach hat E die Teilnahme an der Ziehung des Deutschen Lottoblocks vom Erwerb von Waren i. S. v. § 4 Nr. 6 UWG abhängig gemacht, da der Erhalt von Bonuspunkten, die zur Teilnahme an den Ziehungen des Deutschen Lottoblocks berechtigten, an den Erwerb von Waren des E geknüpft war.

3. Preisausschreiben oder Gewinnspiel

§ 4 Nr. 6 UWG setzt weiterhin voraus, dass die Verknüpfung von Warenabsatz mit der Möglichkeit zur Teilnahme an Ziehungen des Deutschen Lottoblocks als Preisausschreiben oder Gewinnspiel i. S. des § 4 Nr. 6 UWG einzustufen ist. Dies bestimmt sich gemäß § 3 Abs. 2 Satz 2 Alt. 2 UWG aus der Sicht eines durchschnittlichen Mitglieds der von E angesprochenen Gruppe der Verbraucher.

Unter einem Gewinnspiel ist die Aufforderung zur Teilnahme an einem Spiel zu verstehen, bei dem der Gewinner durch ein Zufallselement ermittelt wird.[16] Das Zufallselement unterscheidet das Gewinnspiel vom Preisausschreiben. Von einem solchen ist auszugehen, wenn Personen zur Teilnahme an einem Wettbewerb aufgefordert werden, bei dem der Gewinner ausschließlich auf Grund seiner Kenntnisse und Fertigkeiten bestimmt wird.[17] Da ein Lottogewinn vom Zufall und nicht von den Kenntnissen und Fertigkeiten der Teilnehmer abhängt, handelt es sich – wenn überhaupt – um ein Gewinnspiel i. S. von § 4 Nr. 6 UWG.

Eine Einstufung des von E initiierten Punktesystems als Gewinnspiel könnte vorliegend daran scheitern, dass E den Lottogewinn bei objektiver Betrachtung gar nicht selbst ausgelobt, sondern seinen Kunden bei einem bestimmten Mindestumsatz lediglich die Teilnahmemöglichkeit an Ziehungen des staatlichen Lottoblocks in Aussicht gestellt hat. Der Gewinn wurde somit durch einen Dritten und gar nicht durch E selbst ausgelobt. Für die Beurteilung, ob ein Gewinnspiel i. S. v. § 4 Nr. 6 UWG vorliegt, ist die Sichtweise der angesprochenen Verbraucherkreise entscheidend. Für den durchschnittlichen, von E angesprochenen Verbraucher handelte es sich jedoch um ein von E und nicht von einem Dritten veranstaltetes Gewinnspiel.[18] Die Werbung des E stellte nämlich nicht bloß darauf ab, dass der Kunde mit den gesammelten Bonuspunkten das Entgelt für den Lottoschein einspart. Vielmehr stellte E den möglichen Gewinn, die „Millionen-Chance", heraus und machte damit deutlich, dass dem Teilnehmer eine Gewinnchance versprochen wird. Insoweit wurden die Spiellust und die Hoffnung auf einen leichten Gewinn unmittelbar für den Warenabsatz ausgenutzt, was § 4 Nr. 6 UWG verhindern will.

Eine Subsumtion der Zugabe unter § 4 Nr. 6 UWG würde gleichwohl scheitern, wenn man den Anwendungsbereich der Vorschrift – in Abgrenzung zum Glücksspiel – auf Spiele beschränken würde, die keinerlei Einsatz erfordern.[19] Als Einsatz, der das Gewinn- zum Glücksspiel macht, ist grundsätzlich jede nicht unbeträchtliche

---

[15] Köhler, in: Hefermehl/Köhler/Bornkamm, § 4 Rn. 6.8.
[16] Köhler, in: Hefermehl/Köhler/Bornkamm, § 4 Rn. 1.121.
[17] Köhler, in: Hefermehl/Köhler/Bornkamm, § 4 Rn. 1.118.
[18] BGH, Beschl. v. 5. 6. 2008, Az. I ZR 4/06, GRUR 2008, 807 – Millionen-Chance.
[19] Köhler, in: Hefermehl/Köhler/Bornkamm, § 4 Rn. 1.121; Rittner/Kulka, Wettbewerbs- und Kartellrecht, 7. Aufl. 2007, § 3 Rn. 73.

Leistung anzusehen, die in der Hoffnung erbracht wird, im Falle eine „Gewinns" eine gleiche oder höherwertigere Leistung zu erlangen, und in der Befürchtung, dass sie im Falle des „Verlierens" dem Gegenspieler oder dem Veranstalter anheim fällt.[20]

Nach einer restriktiven Sichtweise ist § 4 Nr. 6 UWG auf Gewinnspiele zu beschränken. Ein Gewinnspiel sei wiederum schon dann zu verneinen, wenn Verbraucher für die Teilnahme an der Verlosung des Deutschen Lottoblocks einen Einsatz in Form des Erwerbs von Waren des E erbringen müssen.[21] Zur Begründung wird angeführt, dass der Vorteil des Kunden in einer solchen Fallkonstellation gar nicht in der Gewinnchance zu sehen ist, sondern darin, dass er keine Lottogebühr zahlen und den Lottoschein nicht selbst zur Annahmestelle bringen muss. Der Warenabsatz werde also gar nicht an eine Gewinnchance, sondern an eine Zugabe bzw. ein Geschenk gekoppelt, was lauterkeitsrechtlich grundsätzlich zulässig ist. Freilich dürften auch hier die Entscheidungsfreiheit des Verbrauchers nicht unsachlich i. S. v. § 4 Nr. 1 Alt. 3 UWG beeinträchtigt und das Transparenzgebot des § 4 Nr. 4 UWG nicht missachtet werden. Nach einer anderen Ansicht erfasst § 4 Nr. 6 UWG auch die Teilnahme an entgeltlichen Glücksspielen. Die Vorschrift soll deshalb bereits dann anwendbar sein, wenn Verbraucher einen Einsatz durch Erwerb von Waren leisten müssen.[22]

Im vorliegenden Kontext muss der Streit nicht entschieden werden, da die Verbraucher nach dem Sachverhalt davon ausgingen, sie müssten für die Teilnahme an den Ziehungen des Deutschen Lottoblocks keinen Einsatz erbringen.[23] Aus der entscheidenden Verbraucherperspektive handelte es sich folglich um ein Gewinnspiel.[24]

4. Koppelung von Absatz und Gewinnspiel

Der Unlauterkeitstatbestand des § 4 Nr. 6 UWG setzt weiterhin voraus, dass E die Teilnahme an dem Gewinnspiel vom Erwerb einer Ware „abhängig" gemacht hat. Dafür genügt es, dass die Spiellust der Kunden so angeheizt worden ist, dass der Kaufentschluss nicht mehr überwiegend wegen des sachlichen Interesses an der Ware, sondern in der Hoffnung gefasst worden ist, einen der ausgesetzten Preise zu gewinnen.[25]

Eine derartige Koppelung setzt zunächst voraus, dass das Umsatzgeschäft vom Preisausschreiben oder Gewinnspiel getrennt war.[26] Hieran fehlt es etwa, wenn der Preis einer Ware oder Dienstleistung von einem ungewissen Ereignis, etwa von dem Ausgang eines Sportereignisses abhängig gemacht wird.[27] Vorliegend waren der Erwerb der Waren und die Möglichkeit der Teilnahme am Gewinnspiel unterschiedliche Vorgänge. Auch hing der Preis der Waren nicht davon ab, ob die Kunden an dem Gewinnspiel teilnehmen wollten oder nicht. Es ist deshalb von einer ausreichenden Trennung von Umsatzgeschäft und Preisausschreiben auszugehen.

---

[20] *Köhler*, in: Hefermehl/Köhler/Bornkamm, § 4 Rn. 11.176.
[21] *Piper*, in: Piper/Ohly, § 4 Rn. 6.3.
[22] *Piper*, in: Piper/Ohly, § 4 Rn. 1.132.
[23] BGH, Beschl. v. 5. 6. 2008, Az. I ZR 4/06, GRUR 2008, 807 Rn. 12.
[24] BGH, Beschl. v. 5. 6. 2008, Az. I ZR 4/06, GRUR 2008, 807 Rn. 13. Dagegen *Leible*, LMK 2008, 26 926: Jedem normal verständigen Verbraucher sei klar, dass der Gewinn nicht vom Werbenden, sondern von einem Dritten ausgelobt werde, und E lediglich die Möglichkeit eröffne, durch Sammlung von Bonus-Punkten die Lotto-Teilnahmegebühren zu sparen.
[25] *Nordemann*, Wettbewerbsrecht – Markenrecht, 10. Aufl. 2004, Rn. 1103.
[26] BGH, Urt. v. 19. 4. 2007, Az. I ZR 57/05, GRUR 2007, 981–150% Zinsbonus.
[27] BGH, Urt. v. 19. 4. 2007, Az. I ZR 57/05, GRUR 2007, 981–150% Zinsbonus.

Darüber hinaus fordert § 4 Nr. 6 UWG eine Akzessorietät von Warenerwerb und Teilnahme am Gewinnspiel. Hierzu reicht ein faktischer oder rechtlicher Zusammenhang aus,[28] was sich aus der Sicht eines durchschnittlich informierten, aufmerksamen und verständigen Verbrauchers beurteilt.[29] Gegen eine solche Abhängigkeit könnte vorliegend sprechen, dass den Verbrauchern eine Teilnahme am Lottospiel anderweitig möglich war. Auch die Gewinnchancen erhöhten sich nicht dadurch, dass die Teilnahme über E erfolgte. Nach überzeugender Sichtweise fehlt es jedoch nur dann an einer Abhängigkeit i. S. v. § 4 Nr. 6 UWG, wenn dem angesprochenen Verkehr eine gleichwertige Alternative offen steht. Das war vorliegend zu verneinen, da die Teilnahme an Ziehungen des Deutschen Lottoblocks kostenpflichtig ist. Durch die Werbung wurden also zumindest diejenigen Kunden angesprochen, die ansonsten nicht an einer Lotterie teilgenommen hätten, weil sie ihr Geld anderweitig ausgeben wollten. Jedenfalls für diesen Personenkreis wurde von E die Spiellust und die Hoffnung auf einen leichten Gewinn unmittelbar für den Warenabsatz genutzt.[30]

5. Keine naturgemäße Verbindung mit der Ware oder Dienstleistung

Nach § 4 Nr. 6 Hs. 2 UWG gilt eine Ausnahme von dem Koppelungsverbot für den Fall, das ein Preisausschreiben oder Gewinnspiel „naturgemäß" mit der Ware oder Dienstleistung verbunden ist. Ausweislich der Gesetzesbegründung sollen mit dieser Formulierung insbesondere Preisausschreiben oder Gewinnspiele in Zeitschriften oder im Rundfunk ausgenommen werden, die Bestandteil der erworbenen oder in Anspruch genommenen Leistung sind und von dieser nicht getrennt werden können.[31] Die Vorschrift erklärt sich aus dem Umstand, dass Preisausschreiben und Gewinnspiele in Zeitschriften (auch) zum Unterhaltungsteil gehören und die Verbraucher an sie gewöhnt sind, weshalb eine Ausnutzung der Spiellust in den Hintergrund tritt.[32] Im vorliegenden Fall ist der Ausnahmetatbestand offensichtlich nicht einschlägig.

6. Erhebliche Wettbewerbsbeschränkung

§ 4 Nr. 6 UWG konkretisiert das Tatbestandsmerkmal der Unlauterkeit des § 3 Abs. 1 UWG. Eine Werbemaßnahme ist deshalb nur dann unzulässig, wenn die sonstigen Voraussetzungen des § 3 Abs. 1 UWG erfüllt sind. Ob dies auch für die sog. Bagatellklausel des § 3 Abs. 1 UWG gilt, ist umstritten. Nach einer Ansicht ist bei einer Verletzung von § 4 Nr. 6 UWG stets von einer erheblichen Wettbewerbsbeschränkung auszugehen, so dass § 3 Abs. 1 UWG nicht gesondert zu prüfen ist.[33] Nach anderer Ansicht ist auch im Rahmen von § 4 Nr. 6 UWG immer zu prüfen, ob eine „erhebliche Beeinträchtigung" i. S. v. § 3 Abs. 1 UWG bzw. eine „spürbare Beeinträchtigung" gemäß § 3 Abs. 2 UWG vorliegt.[34] Der Vorschrift kommt dabei allerdings nur in Ausnahmefällen eine wirkliche Filterfunktion zu.[35] Die von E breit

---

[28] *Boesche*, WRP 2009, 661, 664.
[29] BGH, Urt. v. 3. 3. 2005, Az. I ZR 117/02, NJW 2005, 2085 – Traumcabrio.
[30] OLG Düsseldorf, Urt. v. 13. 12. 2005, Az. 20 U 81/05, Juris, Rn. 23 f.
[31] BT-Drs. 15/1487 vom 22. 8. 2003, S. 18; *Rittner/Kulka*, Wettbewerbs- und Kartellrecht, 7. Aufl. 2007, § 3 Rn. 73.
[32] *Köhler*, in: Hefermehl/Köhler/Bornkamm, § 4 Rn. 6.16.
[33] OLG *Hamm*, Urt. v. 7. 6. 2005, Az. 4 U 22/05, GRUR 2006, 86, 88 – Sonntagsrabatt; *Köhler*, GRUR 2005, 1, 6.
[34] *Schünemann*, in: Harte-Bavendamm/Henning-Bodewig, § 3 Rn. 259.
[35] *Boesche*, WRP 2009, 661, 670.

gestreute Werbung erzeugte vorliegend eine beträchtliche Anlockwirkung, weshalb von einer nicht unerheblichen Beeinträchtigung i. S. v. § 3 Abs. 1 UWG auszugehen ist.[36] Der Streit muss deshalb an dieser Stelle nicht entschieden werden.

7. Verstoß von § 4 Nr. 6 UWG gegen die UGP-Richtlinie

Eine Verknüpfung des Erwerbs von Waren mit der Möglichkeit zur Teilnahme an Ziehungen des Deutschen Lottoblocks verstößt somit – da auch von einer ausreichenden Spürbarkeit i. S. v. § 3 Abs. 1 UWG auszugehen ist – gegen §§ 3, 4 Nr. 6 UWG, mit der Folge, dass die entsprechende Werbung des E lauterkeitsrechtlich unzulässig sein könnte. Dies wäre nur dann nicht der Fall, wenn die Regelung in § 4 Nr. 6 UWG gegen die UGP-Richtlinie 2005/29/EG über unlautere Geschäftspraktiken[37] verstoßen würde.

Die UGP-Richtlinie bezweckt eine Angleichung der Rechtsvorschriften der Mitgliedstaaten über unlautere Geschäftspraktiken, die die wirtschaftlichen Interessen der Verbraucher unmittelbar und dadurch die wirtschaftlichen Interessen rechtmäßig handelnder Mitbewerber mittelbar schädigen (vgl. Erwägungsgrund 6 S. 1). Die Umsetzungsfrist ist nach Art. 19 Abs. 1 S. 1 der UGP-Richtlinie am 12. 6. 2007 abgelaufen. Vorschriften, die zur Umsetzung der Richtlinie erforderlich sind, müssen gemäß Art. 19 Abs. 2 S. 1 UGP-Richtlinie spätestens ab dem 12. 12. 2007 angewandt werden. Es ist deshalb zu prüfen, ob das Ergebnis – Unlauterkeit der Bonusaktion – mit der Richtlinie übereinstimmt, oder aber durch richtlinienkonforme Auslegung zu „korrigieren" ist.[38] Letzteres wäre der Fall, wenn eine Koppelung der Teilnahme an einem Gewinnspiel mit dem Erwerb von Waren nach der UGP-Richtlinie zulässig ist und die UGP-Richtlinie nicht nur eine Mindestharmonisierung bezweckt, also strengere nationale Vorschriften zulässt, sondern in ihrem Anwendungsbereich eine Vollharmonisierung der mitgliedstaatlichen Rechtsordnungen erreichen will.

Eine Koppelung des Warenabsatzes mit der Möglichkeit zur Teilnahme an einem Gewinnspiel fällt in den Anwendungsbereich der UGP-Richtlinie, da es sich um eine Geschäftspraxis im Geschäftsverkehr zwischen Unternehmen und Verbrauchern i. S. v. Art. 2 lit. d der Richtlinie handelt und die Bestimmung des § 4 Nr. 6 UWG wirtschaftlichen Interessen der Verbraucher dient.[39] Wie sich aus der Übergangsvorschrift des Art. 3 Abs. 5 UGP-Richtlinie für nationale Vorschriften, die strenger als die Vorgaben der Richtlinie sind, ergibt, bezweckt die Richtlinie über unlautere Geschäftspraktiken in ihrem Anwendungsbereich eine Vollharmonisierung mit der Folge, dass es dem nationalen Gesetzgeber grundsätzlich verwehrt ist, strengere Bestimmungen aufrecht zu erhalten oder neu zu schaffen.[40]

Ob die §§ 3, 4 Nr. 6 UWG die Gewinnspielwerbung in stärkerem Umfang einschränken als die UGP-Richtlinie, ist umstritten.[41] Da die UGP-Richtlinie keinen mit § 4 Nr. 6 UWG vergleichbaren Untersagungstatbestand enthält, kommt es darauf an, ob sich ein Verbot der Gewinnspielwerbung aus der Generalklausel des Art. 5 Abs. 2

---

[36] *BGH*, Beschl. v. 5. 6. 2008, Az. I ZR 4/06, GRUR 2008, 807 – Millionen-Chance.
[37] ABl. EU 2005 Nr. L 149/22.
[38] Siehe dazu *Köhler*, NJW 2008, 3032.
[39] *EuGH*, Urt. v. 23. 4. 2009, Az. C-261/07 und C-299/07 (Total und Sanoma), WRP 2008, 772, Rn. 48 ff.; *BGH*, Beschl. v. 5. 6. 2008, Az. I ZR 4/06, GRUR 2008, 807, Rn. 17 – Millionen-Chance.
[40] *EuGH*, Urt. v. 23. 4. 2009, Az. C-261/07 und C-299/07 (Total und Sanoma), WRP 2008, 772, Rn. 52; *Hoeren*, BB 2008, 1182; *Köhler*, NJW 2008, 3032. Zweifelnd wegen Erwägungsgrund 7 RL 2005/29/EG *Sosnitza*, WRP 2008, 1014, 1015.
[41] Siehe *Leible*, LMK 2008, 269263 m. w. N.

Fall 12. Koppelung von Warenabsatz und Gewinnspiel 127

UGP-Richtlinie ableiten lässt bzw. ein solches Verhalten sogar aggressiv oder irreführend i. S. v. Art. 5 Abs. 4 UGP-Richtlinie ist. Gemäß Art. 5 Abs. 2 UGP-Richtlinie ist eine Geschäftspraxis unlauter, wenn sie den Erfordernissen der beruflichen Sorgfalt widerspricht und geeignet ist, die Verbraucher wesentlich zu beeinflussen.

Nach einer Auffassung geht das Verbot des § 4 Nr. 6 UWG nicht über die Vorgaben der UGP-Richtlinie hinaus, da eine Kopplung von Preisausschreiben/Gewinnspielen mit Umsatzgeschäften immer den Erfordernissen der beruflichen Sorgfalt des Art. 5 Abs. 2 der UGP-Richtlinie widerspreche.[42] Eine weitere Sichtweise will den Tatbestand des § 4 Nr. 6 UWG richtlinienkonform auf besonders schutzbedürftige Personen wie Kinder beschränken, da sich diese wegen ihrer Unerfahrenheit und Leichtgläubigkeit leichter beeinflussen lassen würden als „die angemessen gut unterrichteten und angemessen aufmerksamen und kritischen Durchschnittsverbraucher".[43] Eine dritte, vorzugswürdige Ansicht hält § 4 Nr. 6 UWG für europarechtswidrig.[44]

Zwar ist der nationale Gesetzgeber nicht daran gehindert, die Generalklausel des Art. 5 Abs. 2 UGP-Richtlinie weiter zu konkretisieren. Die Ausgestaltung der Richtlinie spricht aber dafür, dass die nationalen Gesetzgeber über die Per-se-Verbote hinaus keine zusätzlichen Regelungen schaffen bzw. aufrechterhalten dürfen, die unabhängig von einer Gefährdung der Verbraucherinteressen im Einzelfall ein bestimmtes Verhalten generell untersagen. Genau das ist bei § 4 Nr. 6 UWG jedoch gegeben, da die Vorschrift eine Koppelung von Gewinnspielen mit dem Absatz von Waren für unlauter erklärt, ohne dass es darauf ankommt, ob von der Werbung im konkreten Einzelfall eine unsachliche Beeinflussung der Verbraucher ausgeht.[45] Die Vorschrift greift bei gekoppelten Preisausschreiben und Gewinnspielen vielmehr unabhängig davon, ob von dem Angebot eine unsachliche Beeinflussung der Verbraucher ausgeht (§ 4 Nr. 1 UWG), ob die Teilnahmebedingungen klar und deutlich angegeben sind (§ 4 Nr. 5 UWG) oder ob die Verbraucher über ihre Gewinnchancen irregeführt werden (§ 5 UWG).[46] Hätte die UGP-Richtlinie Preisausschreiben und Gewinnspiele, die mit einem Umsatzgeschäft gekoppelt sind, generell untersagen wollen, hätte es nahe gelegen, diese als Geschäftspraktiken, die unter allen Umständen als unlauter gelten, in die Anlage I mit aufzunehmen. Das ist jedoch nicht geschehen. Die Per-se-Verbote des Anhangs I erfassen vielmehr nur Teilaspekte einer Verkaufsförderung mittels Gewinnspielen und Preisausschreiben, namentlich Behauptungen, bestimmte Produkte könnten die Gewinnchancen bei Glücksspielen

---

[42] *Hecker*, in: Fezer, UWG, §§ 4–6 Rn. 24.
[43] *Köhler*, in: Hefermehl/Köhler/Bornkamm, Wettbewerbsrecht, § 4 Rn. 6.4.
[44] *Leible*, LMK 2008, 269 263; *Seichter*, WRP 2005, 1087, 1095; *Boesche*, WRP 2009, 661, 666. Siehe auch *BGH*, Beschl. v. 5. 6. 2008, Az. I ZR 4/06, GRUR 2008, 807 ff. Rn. 19: Zweifel an der Vereinbarkeit von § 4 Nr. 6 UWG mit der RL 2005/29/EG sind nicht von der Hand zu weisen. Für eine Richtlinienwidrigkeit von § 4 Nr. 6 UWG spricht auch die Entscheidung des *EuGH*, Urt. v. 23. 4. 2009, Az. C-261/07 und C-299/07 (Total und Sanoma), WRP 2008, 772, Rn. 48 ff., in der ein belgisches Verbot von Koppelungsgeschäften mit Ausnahmevorbehalt als gegen die UGP-Richtlinie verstoßend eingestuft worden ist. Ausweislich der dort behandelten nationalen Norm (Art. 54 des Gesetzes über die Handelspraktiken und den Schutz der Verbraucher) lag ein Koppelungsgeschäft vor, wenn der entgeltliche oder kostenlose Erwerb von Waren, Dienstleistungen oder sonstigen Vorteilen (...) an den Erwerb sonstiger, selbst identischer Waren und Dienstleistungen gebunden ist. Nach Ansicht des EuGH folgt die Unanwendbarkeit von Art. 54 des Gesetzes insbesondere daraus, dass dieses ein grundsätzliches Verbot von Koppelungsangeboten aufstellt, wohingegen derartige per-se-Verbote nach der UGP-Richtlinie nur dann zulässig sind, wenn sie unter einen Tatbestand des Anhangs I fallen, was hier nicht der Fall ist.
[45] *BGH*, Beschl. v. 5. 6. 2008, Az. I ZR 4/06, GRUR 2008, 807 Rn. 20.
[46] *BGH*, Beschl. v. 5. 6. 2008, Az. I ZR 4/06, GRUR 2008, 807 Rn. 21.

erhöhen (Nr. 16), Angebote von „Wettbewerben und Preisausschreiben", ohne dass der beschriebene Preis oder ein angemessenes Äquivalent vergeben wird (Nr. 19), die fälschliche Beschreibung eines Produktes als „gratis", „umsonst", „kostenfrei" o. ä. (Nr. 20), sowie das Erwecken des fälschlichen Eindrucks, Verbraucher hätten bereits einen Preis gewonnen (Nr. 31). Ein generelles Verbot ist darüber hinaus mit dem Leitbild eines Durchschnittsverbrauchers, der angemessen gut unterrichtet und angemessen aufmerksam und kritisch ist (siehe Erwägungsgrund 18 UGP-Richtlinie), nicht in Einklang zu bringen. § 4 Nr. 6 UWG ist deshalb im Wege „richtlinienkonformer Auslegung" dahingehend zu korrigieren, dass die Vorschrift im vorliegenden Fall unanwendbar ist.[47]

Eine richtlinienkonforme Korrektur des § 4 Nr. 6 UWG scheitert nicht daran, dass der deutsche Gesetzgeber bei Koppelungsgeschäften mit dem ausdrücklichen Verbotstatbestand anders als die UGP-Richtlinie wertet. Der Gesetzgeber hat in der amtlichen Begründung zur Neufassung des UWG nämlich zum Ausdruck gebracht, dass er das UWG auch dort an die europäische Rechtslage anpassen will, wo dessen Schutzniveau bislang über demjenigen der UGP-Richtlinie lag.[48] Wenn § 4 Nr. 6 UWG entgegen der Annahme der Gesetzgebers europarechtswidrig ist, liegt also eine verdeckte Regelungslücke vor, welche die Gerichte zur richtlinienkonformen Rechtsfortbildung im Wege teleologischer Reduktion ermächtigt.[49] Es kann deshalb dahinstehen, ob eine richtlinienkonforme Auslegung von § 4 Nr. 6 UWG an einem entgegenstehenden Willen des deutschen Gesetzgebers scheitern würde, mit der Folge, dass ein Anspruchsteller auf einen Staatshaftungsanspruch gegen die Bundesrepublik Deutschland beschränkt wäre.[50]

8. Zwischenergebnis

Das Koppelungsangebot des E ist nicht unlauter i. S. v. § 4 Nr. 6 UWG, da die Vorschrift in „richtlinienkonformer Auslegung" unanwendbar ist.

III. § 4 Nr. 5 UWG (Transparenz der Teilnahmebedingungen für Preisausschreiben und Gewinnspiele)

Das von E initiierte Koppelungsgeschäft könnte wegen § 4 Nr. 5 UWG als unlauter einzustufen sein. Hiernach handelt unlauter, wer bei Preisausschreiben oder Gewinnspielen mit Werbecharakter die Teilnahmebedingungen nicht klar und eindeutig angibt. Die Vorschrift enthält also ein Transparenzgebot, um Teilnehmer vor unsachlicher Beeinflussung und Irreführung durch unzureichende Information über die Teilnahmebedingungen für Preisausschreiben und Gewinnspiele mit Werbecha-

---

[47] So die Ansicht der Generalanwältin *Trstenjak* in den Rechtssachen C-261/07 und C-299/07 (Total und Sanoma), Schlussanträge v. 21. 10. 2008, ABl. C 2007/199, 18 ff.

[48] BR-Drs. 345/08 vom 23. 5. 2008, S. 1.

[49] Siehe zur richtlinienkonformen Rechtsfortbildung nationaler Vorschriften im Wege teleologischer Reduktion *BGH*, Urt. v. 26. 11. 2008, Az. VIII ZR 200/05, NJW 2009, 427 m. Anm. *Lorenz*, LMK 2009, 273611 – *Quelle*: Eine richtlinienkonforme Rechtsfortbildung im Wege der teleologischen Reduktion setzt eine verdeckte Regelungslücke im Sinne einer planwidrigen Unvollständigkeit des Gesetzes voraus; eine solche planwidrige Unvollständigkeit kann sich daraus ergeben, dass der Gesetzgeber in der Gesetzesbegründung ausdrücklich seine Absicht bekundet hat, eine richtlinienkonforme Regelung zu schaffen, die Annahme des Gesetzgebers, die Regelung sei richtlinienkonform, aber fehlerhaft ist.

[50] Dies erwägt *Boesche*, WRP 2009, 661, 666. Siehe zur vergleichbaren Problematik im AGG *Thüsing*, in: MünchKommBGB, Einl. Rn. 44.

rakter zu schützen. Dies entspricht der Zielsetzung der Parallelnorm des § 4 Nr. 4 UWG über die Bedingungen für die Inanspruchnahme von Verkaufsförderungsmaßnahmen.[51]

Bei dem durch E veranstalteten Gewinnspiel handelte es sich um ein solches mit Werbecharakter i. S. v. § 4 Nr. 5 UWG, da es unmittelbar dem Absatz der Produkte des E zu dienen bestimmt war und E das eigene Unternehmen positiv darstellen wollte.[52]

Darüber hinaus müsste E die Teilnahmebedingungen für das Gewinnspiel intransparent gestaltet haben. Unter Teilnahmebedingungen sind alle Voraussetzungen zu verstehen, die der Interessent erfüllen muss, um am Gewinnspiel teilnehmen zu können, also nicht nur die Teilnahmeberechtigung, sondern auch die Modalitäten der Teilnahme.[53] Der Werbende muss deshalb nicht nur angeben, welcher Personenkreis teilnehmen darf, sondern alle sonstigen Informationen geben, damit der Kunde eine „informierte geschäftliche Entscheidung" (vgl. Art. 7 Abs. 2 der UGP-Richtlinie) über seine Teilnahme treffen kann.[54] Dem Sachverhalt sind keine Hinweise zu entnehmen, wonach E notwendige Angaben über den Teilnehmerkreis und die Bedingungen der Teilnahme unterlassen hat. Aus dem Prospekt war für einen Durchschnittsverbraucher zu entnehmen, wer Veranstalter war (E), was man zur Teilnahme tun und an wen und bis wann die Teilnahmeerklärung abgeschickt werden musste. Weiterhin war eindeutig, dass die Teilnahme am Gewinnspiel vom Kauf von Waren abhing und welche Kosten dabei entstanden.[55] Aufgrund der konkreten Ausgestaltung des Gewinnspiels (Teilnahme an einer Lotterie) war den Verbrauchern auch eindeutig, wie die Gewinner ermittelt wurden. Ein Verstoß gegen § 4 Nr. 5 UWG scheidet deshalb aus.

IV. § 4 Nr. 4 UWG (Transparenz der Teilnahmebedingungen bei Verkaufsförderungsmaßnahmen)

Nach § 4 Nr. 4 UWG handelt unlauter, wer bei Verkaufsförderungsmaßnahmen wie Preisnachlässen, Zugaben oder Geschenken die Bedingungen für ihre Inanspruchnahme nicht klar und eindeutig angibt (Sonderfall der Irreführung durch Unterlassen).

Unter „Bedingungen der Inanspruchnahme" sind all diejenigen Voraussetzungen zu verstehen, die erfüllt sein müssen, damit der Kunde die Vergünstigung erlangen kann.[56] Der Umfang der Mitteilungspflicht richtet sich daher nach den Anforderungen, die das Unternehmen im Einzelfall für den Erhalt der Vergünstigung vorgesehen hat. E hat nach dem Sachverhalt die Bedingungen für die Inanspruchnahme des Gewinnspiels aus Sicht eines Durchschnittskunden hinreichend transparent und deutlich mitgeteilt (s. o.). Ein Verstoß gegen § 4 Nr. 4 UWG scheidet deshalb aus. Es kann folglich dahingestellt bleiben, ob es sich bei dem Gewinnspiel überhaupt um eine Verkaufsförderungsmaßnahme i. S. der Vorschrift gehandelt hat.

---

[51] BT-Drs 15/1487 vom 22. 8. 2003, S. 18; *Köhler*, in: Hefermehl/Köhler/Bornkamm, § 4 Rn. 5.2.
[52] *BGH*, Urt. v. 9. 6. 2005, Az. I ZR 279/02, GRUR 2005, 1061, 1064 – Telefonische Gewinnauskunft.
[53] *BGH*, Urt. v. 9. 6. 2005, Az. I ZR 279/02, GRUR 2005, 1061, 1064 – Telefonische Gewinnauskunft.
[54] *Köhler*, in: Hefermehl/Köhler/Bornkamm, § 4 Rn. 5.11.
[55] Dies betont *Köhler*, in: Hefermehl/Köhler/Bornkamm, § 4 Rn. 5.11.
[56] OLG Stuttgart, Urt. v. 29. 3. 2007, Az. 2 U 122/06, GRUR-RR 2008, 11, 12 – Totalausverkauf wegen Geschäftsaufgabe.

V. § 4 Nr. 11 UWG (Vorsprung durch Rechtsbruch)

Gemäß § 4 Nr. 11 UWG handelt unlauter, wer einer gesetzlichen Vorschrift zuwiderhandelt, die auch dazu bestimmt ist, im Interesse der Marktteilnehmer das Marktverhalten zu regeln. Die ungenehmigte Veranstaltung von Glücksspielen, öffentlichen Lotterien und Ausspielungen und die Werbung hierfür ist strafbar nach §§ 284, 287 StGB. Die Vorschriften regeln das Marktverhalten der Unternehmen gerade im Interesse der Verbraucher. Bei Veranstaltungen im Interesse des Warenabsatzes liegt jedoch nur dann ein genehmigungspflichtiges Glücksspiel i. S. v. § 284 StGB vor, wenn die Teilnehmer einen verdeckten Einsatz leisten müssen, wie den Eintrittspreis für eine Veranstaltung. Es reicht deshalb nicht aus, wenn bloß die Teilnahme vom Erwerb einer Ware oder Dienstleistung abhängig gemacht wird.[57] § 4 Nr. 11 UWG ist somit ebenfalls nicht einschlägig.

VI. § 4 Nr. 1 UWG (Unsachliche Beeinflussung)

Gemäß § 4 Nr. 1 UWG ist ein Gewinnspiel oder Preisausschreiben unlauter, wenn es geeignet ist, die Rationalität der Nachfrageentscheidung eines durchschnittlich informierten, aufmerksamen und verständigen Durchschnittsverbrauchers zu beeinträchtigen.[58] Davon ist jedoch nicht schon dann auszugehen, wenn von einem Preisausschreiben oder Gewinnspiel ein starker Anlockeffekt ausgeht.[59] Hinzutreten müssen vielmehr besondere Umstände, die eine Unlauterkeit begründen.[60] Als Maßstab gilt, dass eine Werbung die Verbraucher davon abhalten muss, von einer Prüfung der Güte und Preiswürdigkeit der Waren abzusehen. Erst dann, wenn der Anlockeffekt so stark ist, dass das Publikum von einer sachgerechten Prüfung des Warenangebots abgelenkt und seine Entschließung maßgeblich von der Erwägung bestimmt wird, den in Aussicht gestellten Gewinn zu erhalten, kann die Werbung mit einem Gewinnspiel also unter dem Gesichtspunkt eines übertriebenen Anlockens als wettbewerbswidrig anzusehen sein.[61] Dem Sachverhalt sind keine Indizien zu entnehmen, dass sich die Kunden des E derartig durch die aleatorischen Reize beeinflussen ließen, dass sie nicht mehr in der Lage waren, die Vor- und Nachteile der Warenangebote sachgerecht zu würdigen. Gegen eine unsachliche Beeinflussung spricht insbesondere, dass die Gewinnchance ein realer Vorteil ist, welcher beim Deutschen Lottoblock sogar staatlich gebilligt ist.[62]

VII. § 5 UWG (Irreführung über die Entgeltlichkeit)

Eine Irreführung über die Entgeltlichkeit gemäß § 5 UWG scheidet nach dem Sachverhalt aus, weil die von E eingeräumte Möglichkeit zur Teilnahme am Gewinnspiel den Preis der Waren nicht verschleiert hat. Das Punktesystem hat keine Fehlvorstellungen der Kunden über den Preis hervorgerufen und sie dadurch irregeführt.[63]

---

[57] *Köhler*, in: Hefermehl/Köhler/Bornkamm, § 4 Rn. 11.176.
[58] *Boesche*, WRP 2009, 661, 667.
[59] *Köhler*, in: Hefermehl/Köhler/Bornkamm, § 4 Rn. 1.125.
[60] *OLG Köln*, Urt. v. 12. 9. 2007, Az. 6 U 63/07, WRP 2008, 261 ff.
[61] *BGH*, Urt v. 17. 2. 2000, Az. I ZR 239/97, GRUR 2000, 820, 822 – Space Fidelity Peep Show.
[62] *Boesche*, WRP 2009, 661, 668.
[63] Siehe hierzu im Einzelnen *Boesche*, WRP 2009, 661, 666 f.

VIII. § 5a UWG: Irreführung durch Unterlassen

Auch ein Verstoß gegen das Verbot der Irreführung durch Unterlassen des § 5a UWG scheidet aus. E hat den Teilnehmerkreis und die Bedingungen der Teilnahme am Gewinnspiel klar und eindeutig angegeben.

C. § 3 Abs. 1 und 2 UWG: Unlautere geschäftliche Handlungen

Dem Sachverhalt sind keine Anhaltspunkte zu entnehmen, die einen Verstoß gegen § 3 Abs. 1 und 2 UWG nahe legen. Ein Verstoß gegen die berufliche Sorgfalt i. S. von § 3 Abs. 2 UWG scheitert vorliegend insbesondere daran, dass Bonusaktionen wie diejenige des E in der Praxis häufig vorkommen, weshalb man von einer Marktgepflogenheit ausgehen kann.[64]

Das Verhalten des E ist lauterkeitsrechtlich somit nicht zu beanstanden.

Merke:
1. Im Umkehrschluss ergibt sich aus § 4 Nr. 5 und 6 UWG, dass Preisausschreiben und Gewinnspiele lauterkeitsrechtlich grundsätzlich zulässig sind, selbst wenn dies zu Werbezwecken erfolgt. Ein Vorwurf der Unlauterkeit kann nur aufgrund besonderer Umstände begründet sein, die zu der ohnehin gegebenen Anlockwirkung hinzutreten. Derartige besondere Umstände sind zum einen in den Per-se-Verboten der Nr. 16, 17, 20 und 21 des Anhangs zu § 3 Abs. 3 UWG normiert. Zum anderen werden Preisausschreiben und Gewinnspiele – neben § 4 Nr. 6 UWG – an Hand der Unlauterkeitstatbestände der unsachlichen Beeinflussung gemäß § 4 Nr. 1 UWG und der fehlenden Transparenz der Teilnahmebedingungen gemäß § 4 Nr. 5 UWG kontrolliert. Im Einzelfall können noch weitere Tatbestände wie die gezielte Behinderung von Mitbewerbern gemäß § 4 Nr. 10 UWG, ein unzulässiger Vorsprung durch Rechtsbruch gemäß § 4 Nr. 11 UWG oder etwa die Irreführung gemäß §§ 5, 5a UWG hinzutreten.
2. Gemäß § 4 Nr. 6 UWG handelt unlauter, wer die Teilnahme von Verbrauchern an einem Preisausschreiben oder Gewinnspiel vom Erwerb einer Ware oder der Inanspruchnahme einer Dienstleistung abhängig macht, sofern das Preisausschreiben oder Gewinnspiel nicht Bestandteil eines redaktionellen Beitrags in Rundfunk und Presse ist. Die Vorschrift soll Verbraucher vor einer unsachlichen Beeinflussung schützen, da ihre Spiellust und die Hoffnung auf einen leichten Gewinn das Urteil über die Preiswürdigkeit und Qualität der angebotenen Ware oder Dienstleistung trüben kann.
3. Ein Preisausschreiben i.v. § 4 Nr. 6 UWG ist die Aufforderung zur Teilnahme an einem Wettbewerb, bei dem der Gewinner aufgrund seiner Kenntnisse und Fähigkeiten ermittelt wird. Demgegenüber wird der Gewinner bei Gewinnspielen durch Zufall ermittelt. In Abgrenzung zum Glücksspiel ist beim Gewinnspiel kein Einsatz für die Teilnahme erforderlich. Da § 4 Nr. 6 UWG Glücksspiele nicht ausdrücklich erwähnt, ist umstritten, ob die Vorschrift auch die Möglichkeit zur Teilnahme an einer Lottoziehung in Abhängigkeit vom Erwerb von Waren des Werbenden erfasst. Sofern man dies ver-

---

[64] Streitig, vgl. *Boesche*, WRP 2009, 661, 669 m. w. N. zur Gegenansicht.

neint, handelt es sich regelmäßig um eine sog. Zugabe, die u. a. am Transparenzgebot des § 4 Nr. 4 UWG zu messen ist. Entscheidend ist gemäß § 3 Abs. 2 S. 2 UWG die Sichtweise der angesprochenen Verbraucher.

§ 4 Nr. 6 UWG erfasst auch Fälle, in denen der Werbende den Gewinn nicht selbst auslobt, sondern seinen Kunden bloß die Möglichkeit verschafft, an dem Gewinnspiel eines Dritten teilzunehmen. Nach anderer Ansicht scheidet in einem solchen Fall die Anwendung von § 4 Nr. 6 UWG aus, da die Teilnahme an der Lottoziehung nicht vom Zufall abhängt. Die Zulässigkeit der Werbung mit einer Zugabe richtet sich dann – neben weiteren Vorschriften – nach § 4 Nr. 4 UWG.

4. Es bestehen erhebliche Zweifel, ob § 4 Nr. 6 UWG mit der Richtlinie über unlautere Geschäftspraktiken 2005/29/EG vereinbar ist, die in ihrem Anwendungsbereich eine Vollharmonisierung der mitgliedstaatlichen Rechtsordnungen bezweckt. Ausschlaggebend ist, ob § 4 Nr. 6 UWG die Gewinnspielwerbung in stärkerem Umfang einschränkt als die UGP-Richtlinie. Diese enthält keinen mit § 4 Nr. 6 UWG vergleichbaren Untersagungstatbestand. Es kommt deshalb darauf an, ob sich ein Verbot der mit dem Absatz von Waren und Dienstleistungen gekoppelten Gewinnspielwerbung aus der Generalklausel unlauterer Geschäftspraktiken gemäß Art. 5 Abs. 2 der UGP-Richtlinie ableiten lässt. Zwar sind die nationalen Gesetzgeber nicht daran gehindert, diese Generalklausel weiter zu konkretisieren. Die Ausgestaltung der Richtlinie mit einer Reihe von Per-se-Verboten, die wie § 4 Nr. 6 UWG ein bestimmtes Verhalten unabhängig von einer Gefährdung der Verbraucherinteressen im Einzelfall verbieten, und weiteren Vorschriften, die jeweils eine Beurteilung des konkreten Einzelfalles fordern, legt jedoch den Schluss nahe, dass die nationalen Gesetzgeber über die Per-se-Verbote hinaus keine weiteren Verbote ohne Wertungsmöglichkeit schaffen dürfen. Dies entspricht der im Vordringen befindlichen Erkenntnis, dass ein generelles Koppelungsverbot von Umsatzgeschäften mit Preisausschreiben/Gewinnspielen mit dem Leitbild eines Durchschnittsverbrauchers, der angemessen gut unterrichtet und angemessen aufmerksam und kritisch ist, unvereinbar ist. Aus diesem Grunde ist § 4 Nr. 6 UWG im Wege teleologischer Reduktion nicht mehr anwendbar.

5. Gemäß § 4 Nr. 5 UWG handelt unlauter, wer bei Preisausschreiben oder Gewinnspielen mit Werbecharakter die Teilnahmebedingungen nicht klar und eindeutig angibt. Es handelt sich systematisch um einen Sonderfall der Irreführung durch Unterlassen gemäß § 5a UWG. § 4 Nr. 5 UWG bezweckt den Schutz der Teilnehmer an Preisausschreiben/Gewinnspielen vor unsachlicher Beeinflussung und Irreführung durch unzureichende Information über die Teilnahmebedingungen. Dies ist auch die Zielsetzung der Parallelnorm des § 4 Nr. 4 UWG hinsichtlich der Bedingungen für die Inanspruchnahme von Verkaufsförderungsmaßnahmen wie Preisnachlässen, Zugaben und Geschenken.

Fall 13. Unlauterer Preiskampf („10% billiger")

Sachverhalt[*]

Im Januar 2008 beschließt das bereits in vielen europäischen Mitgliedstaaten mit Filialen vertretene Elektronikhandelsunternehmen W, auch in Deutschland einige Filialen zu eröffnen. Um den Markteintritt zu erleichtern, wird am 3. Januar ein Prospekt mit „Eröffnungsangeboten" der W an alle Haushalte in der Umgebung der eröffneten Filialen verteilt, welcher „Niedrigstpreise" für bestimmte Waren der W garantiert. Tatsächlich sind die Angebote der W für vereinzelte Artikel so günstig, dass sie zum Einkaufspreis an die Endkunden verkauft werden.

Erbost über die Behauptung der W, „Niedrigstpreise" anzubieten, entschließt sich der bereits seit Jahren und mit zahlreichen Filialen am deutschen Markt vertretene Elektronikhändler B, auf die Eröffnungsangebote der W zu reagieren. Aus diesem Grund schaltet er gleich am 4. Januar in den Regionen, in denen sich sowohl seine Filialen, als auch Filialen des W befinden, Annoncen in den regionalen Zeitungen und wirbt dort ohne Nennung einer Befristung der Aktion mit folgendem Slogan:

„Wir bieten noch immer die günstigsten Preise! Sollten Sie bei irgendeinem örtlichen Einzelhändler einen identischen Artikel zum gleichen Zeitpunkt noch günstiger finden, auch wenn es ein Werbe- oder Eröffnungsangebot ist, machen wir Ihnen diesen Preis und Sie erhalten *darauf* 10% extra".

W verlängert nach der Aktion am 3. Januar ihre „Eröffnungsangebote" und lässt nunmehr jeden Montag einen Werbeprospekt in die Hausbriefkästen einwerfen. Die Prospekte sind mittlerweile so gestaltet, dass W die Preise der regionalen Elektronikmärkte in ihrem Prospekt abdruckt, diese durchstreicht und ihre eigenen, günstigeren Preise in rot über die als „überteuert" bezeichneten Konkurrenzpreise schreibt. Insbesondere stellt der „Preisvergleich" der W die Produkte des B (u.a. CD's. Digitalkameras und Kaffeemaschinen) wiederholt als „gnadenlos überteuert" dar. W verkauft im Laufe der Werbeaktion circa 20% seines Sortiments zum Einkaufspreis.

In der Tat zeigt die Preisstrategie der W im Herbst 2008 endlich Erfolg: sowohl B als auch die kleinen Elektronikhändler melden hohe Verluste, da die Kunden ihre Preise aufgrund des Prospekts der W per se für teurer halten und nun vermehrt bei W kaufen. Erfreut über die positive Resonanz auf ihre Werbeaktion kündigt die W an, daß sie aufgrund ihrer finanziellen Ressourcen die „Preisstrategie" noch so lange weiter verfolgen werde, bis für W am deutschen Markt genug „Platz gemacht" worden sei. W hatte mit einer vergleichbaren Preisstrategie bereits im vergangenen Jahr mehrere Elektronikmärkte in Frankreich vom Markt verdrängt.

B ist empört über die Absichten der W und möchte sich gegen dessen Praktiken zu Wehr setzten. W hält dem B daraufhin entgegen, daß er sich nicht über die Prospekte beschweren könne, da er selber „ja auch nicht besser sei".

Kann B gegen W vorgehen?

---

[*] Der Fall ist angelehnt an *BGH*, Urt. v. 30. 3. 2006, Az. I ZR 144/03, WRP 2006, 880 – 10% billiger.

Lösung

A. Anspruch des B auf Unterlassung nach § 8 Abs. 1 S. 1 UWG

Indem die W über einen längeren Zeitraum Elektronikartikel zum Einkaufspreis verkaufte, könnte sie gegen § 3 Abs. 1 UWG verstoßen haben. Droht die Wiederholung einer solchen Behinderung, hat der B einen Unterlassungsanspruch aus § 8 Abs. 1 S. 1 UWG gegen die W.

I. Aktivlegitimation des B nach § 8 Abs. 3 UWG

B und W müssten in einem konkreten Wettbewerbsverhältnis zueinander stehen. Laut Sachverhalt vertreiben beide Elektronikartikel. Jedoch reicht dies noch nicht für die Annahme eines konkreten Wettbewerbsverhältnisses aus, da aus Sicht der Marktgegenseite die vom Warensortiment her breit aufgestellten Vollsortimenter nur mit Angeboten anderer Vollsortimenter konkurrieren und nicht auch mit den Elektronikfachgeschäften, die sich regelmäßig nur auf eine Sortimentsgruppe spezialisiert haben. Grund hierfür ist insbesondere die unterschiedliche Preisstruktur der beiden Geschäftstypen, da spezialisierte Fachelektronikhändler zumeist Produkte im höheren Preissegment anbieten und die Kunden dementsprechend höhere Erwartungen an Qualität der Ware und Beratungsintensität stellen. Vollsortimenter hingegen verkaufen zumeist die sog. „Einsteigermodelle" zu niedrigeren Preisen für den privaten Gebrauch. Laut Sachverhalt bezieht sich der Preisvergleich der W mit den Waren des B nicht auf ein spezielles Sortiment, sondern auf CD's, Kaffeemaschinen und Digitalkameras, also auf Produkte aus drei verschiedenen Teilmärkten.[1] W und B konkurrieren somit jedenfalls auf drei Teilmärkten miteinander und sind aufgrund ihrer Produktbreite auch als Vollsortimenter zu qualifizieren. B steht somit in einem konkreten Wettbewerbsverhältnis mit W und ist als Mitbewerber des W nach § 2 Abs. 1 Nr. 3 UWG im Sinne des § 8 Abs. 3 Nr. 1 UWG aktivlegitimiert.

II. Passivlegitimation der W nach § 8 Abs. 1 S. 1 UWG

Passivlegitimiert i. S. d. § 8 Abs. 1 UWG ist jeder, der in irgendeiner Weise adäquat kausal an der Herbeiführung einer rechtswidrigen Beeinträchtigung mitwirkt.[2] W ist durch die Verbreitung der Prospekte, die Werbestrategie und den Verkauf unter Einstandspreis adäquat kausal verantwortlich und damit richtiger Anspruchsgegner.

III. Zuwiderhandlung nach § 3 Abs. 1 UWG

1. Geschäftliche Handlung

Zunächst müssten die Untereinstandspreisangebote des W eine „geschäftliche Handlung" i. S. d. Legaldefinition in § 2 Abs. 1 Nr. 1 UWG darstellen. Da die Angebote zugunsten der eigenen Umsatzförderung und Marktplatzierung abgegeben

---

[1] Hinsichtlich der Sortimente wird der Elektronikmarkt in vier Teilmärkte aufgeteilt: die sog. „Weißwaren" (Groß- und Kleinhaushaltsgeräte), „Braunwaren" (Audio, Vision und Fotoartikel), „Grauwaren" (PC-Software/Hardware, Spiele und Kommunikation) und die Gruppe CD's und DVD's.
[2] Ausführlich zur Passivlegitimation: *Boesche*, Rn. 70 ff.

werden, hängen sie objektiv mit der Förderung des Absatzes der Waren des W zusammen und sind folglich als geschäftliche Handlung im Sinne des § 3 Abs. 1 i. V. m. § 2 Abs. 1 Nr. 1 UWG zu qualifizieren.

2. Unlauterkeit gemäß § 4 Nr. 10 UWG

Da W Elektronikartikel zum Einkaufspreis angeboten hat, könnte sie ihren Mitbewerber B nach § 4 Nr. 10 UWG gezielt behindert haben. Wann genau eine solche gezielte Behinderung vorliegt, ist dem Gesetz aber nicht zu entnehmen, was daran liegt, dass der Gesetzgeber § 4 Nr. 10 UWG als „generalklauselartigen" Verbotstatbestand der individuellen Mitbewerberbehinderung ausgestaltet hat.[3] Der Begriff der Behinderung ist folglich weit zu verstehen, weshalb hierunter grundsätzlich jede Beeinträchtigung der Betätigungs- und Wettbewerbsmöglichkeiten der Mitbewerber zu fassen ist.[4] Als unlauter nach § 4 Nr. 10 UWG ist diese Behinderung aber nur dann zu qualifizieren, wenn eine individuelle, direkt auf einen Mitbewerber gerichtete Behinderung vorliegt. Eine solche könnte hier in den „Niedrigstpreisen" der W gesehen werden, da sich diese ihrer Gestaltung nach direkt auf die Preise des B beziehen und diese als „gnadenlos überteuert" anprangern.

a) Grundsatz der Preisbildungsfreiheit

Grundsätzlich steht es aufgrund unserer marktwirtschaftlich orientierten Wirtschaftsordnung jedem Unternehmen frei, seine Preise in eigener Verantwortung zu gestalten und auch die Preise der Konkurrenten bei identischen Waren unterbieten zu dürfen.[5] Der „Kampf um den besten Preis" bei gleicher Qualität bzw. identischer Ware ist somit ein dem Wettbewerb, verstanden als Kampf um die Gunst des Verbrauchers, immanentes Verhalten und deshalb von der Wettbewerbsordnung ausdrücklich erwünscht. Die Preisunterbietung und auch Verdrängung von Mitbewerbern ist ein grundlegendes Element des freien Wettbewerbs.[6] Die Preisunterbietung steht deshalb auch dann noch im Einklang mit dem Wettbewerb, wenn der ansonsten „übliche Marktpreis" erheblich unterschritten wird. Das Wettbewerbsrecht schützt nicht das Recht auf einen angemessen hohen Preis. Jedenfalls solange der geforderte Preis nach betriebswirtschaftlichen Kalkulationsregeln nachvollziehbar ist, kann keine nach § 4 Nr. 10 UWG wettbewerbswidrige Preisgestaltung vorliegen. Erste Voraussetzung für das Vorliegen einer unlauteren Kampfreisunterbietung ist daher die Unvereinbarkeit des Preises mit einer nach kaufmännischen Grundsätzen vertretbaren Kalkulation.[7]

b) Die Preisgestaltung des W

Laut Sachverhalt hat W vom 3. Januar bis zum Herbst 2008 20% seines in diesem Zeitraum verkauften Sortiments zum Einkaufspreis verkauft. Der Einkaufspreis setzt sich grundsätzlich aus dem vom Lieferanten geforderten Warengrundpreis ab-

---

[3] Vgl. Begründung zur Novellierung des UWG, BT-Drs. 15/1487, 19, 30.
[4] Vgl. nur *Emmerich*, S. 95.
[5] St. Rspr. *BGH, Urt. v. 6. 10. 1983, Az. I ZR 39/83, GRUR 1984, 204, 206 – Verkauf unter Einstandspreis II; BGH, Urt. v. 30. 3. 2006, Az. I ZR 144/03, WRP 2006, 888, 889 – 10% billiger; BGH, Urt. v. 2. 10. 2008, Az. I ZR 48/06, WRP 2009, 432, 433 – Küchentiefstpreis-Garantie.* Von dem Grundsatz der Preisgestaltungsfreiheit sind selbstverständlich wirksame gesetzliche oder vertragliche Preisbindungen ausgenommen (vgl. z. B. § 1 und § 19 GWB).
[6] *BGH, Urt. v. 31. 1. 1979, Az. I ZR 21/77, GRUR 1979, 321, 322 – Verkauf unter Einstandspreis I; BGH, Urt. v. 6. 10. 1983, Az. I ZR 39/83, GRUR 1984, 204, 206 – Verkauf unter Einstandspreis II.*
[7] Vgl. nur *Brandner/Bergmann*, in: GroßkommUWG, § 1 Rn. A 50.

züglich produktbezogener, einmaliger Vergünstigungen (Rabatte, Skonti, Jubiläumsboni) zusammen. Der Einkaufspreis berücksichtigt also weder zusätzliche, nach dem Produktankauf entstandene variable Kosten, wie z. B. Frachtgebühren, Provisionen und Verpackungskosten, die eindeutig von dem einzelnen Produkt zurechenbar verursacht wurden.[8] Auch berücksichtigt der Einkaufspreis nicht die im Einzelhandel typischerweise entstehenden Fixkosten wie Miet-, Lager und Personalkosten.[9] Ein an Gewinnerzielung orientierter Kaufmann muss also auf den Einkaufspreis regelmäßig nachträglich entstehende variable und fixe Kosten anrechnen und auf diesen kostendeckenden Preis noch eine Gewinnspanne aufschlagen. Nur so kann der Verkauf seiner Produkte gewinnbringend sein. Jedoch ist es im Einzelhandel aufgrund des breiten Warensortiments nicht üblich, dass jeder einzelne Artikel gewinnbringend verkauft wird. Maßgeblich ist im vorliegenden Fall die im Einzelhandel herrschende Mischpreiskalkulation, nach der allein maßgebend ist, dass „unterm Strich" ein Gewinn erzielt wird.

Da W laut Sachverhalt 20% seiner in dem Angebotszeitraum verkauften Waren zum Einkaufspreis verkaufte, kann bei seiner Preisgestaltung unterm Strich nur dann ein Gewinn erzielt werden, wenn er die hierdurch erlittenen Verluste auf seine restlichen Waren anrechnet und diese zu umso höheren Preisen verkauft. Da W in so großem Umfang zum Einkaufspreis verkaufte (20% des Sortiments) müsste er folglich sehr hohe Aufschläge auf seine restlichen Waren anrechnen. Der Absatz solch „überteuerter" Produkte ist aufgrund der durch seine Niedrigstpreise angelockten und somit sehr preissensiblen Kunden unwahrscheinlich. W musste aufgrund seiner Preisgestaltung also mit massiven Verlusten rechnen, weshalb seine Niedrigstpreise ein anderes Ziel bezweckt haben müssen als die Gewinnerzielung.

Rational, d. h. kaufmännisch sinnvoll, kann eine Verlustpreisstrategie sein, wenn und soweit andere Unternehmen bei der betriebenen Niedrigpreisstrategie nicht mithalten können, deshalb zur Geschäftsaufgabe gezwungen sind und das zu Verlustpreisen verkaufende Unternehmen nach erfolgreicher Verdrängung der Mitbewerber langfristig einen hinreichenden Grad an Marktmacht gewinnt, um die Preise erhöhen bzw. diktieren zu können. Zweck einer solchen Verlustpreisstrategie ist dann folglich die Erlangung einer monopolartigen Stellung auf dem relevanten Markt. Eine anhaltende Verlustpreisstrategie dient dann allein der Ausschaltung von Wettbewerb und orientiert sich nicht mehr an den Maßstäben der Leistung (geringer Preis, hohe Qualität), sondern vornehmlich daran, welche finanziellen Ressourcen den Unternehmen zur Verfügung stehen. Grundsätzlich wird das Unternehmen mit den „tieferen Taschen" letztendlich den Preiskampf gewinnen und am Markt bestehen bleiben (sog. Deep Pocket Theory). Eine derartige Preisgestaltung, die vornehmlich auf die Ausschaltung von Wettbewerb gerichtet ist, kann niemals gleichzeitig im Einklang mit dem Wettbewerb stehen. Aufgrund des Verkaufs von 20% seines Sortiments zum Einkaufspreis kann folglich nicht mehr von einer am Leistungswettbewerb orientierten Preisgestaltung des W ausgegangen werden.

c) Konkrete Verdrängungsgefahr

Um nach § 4 Nr. 10 UWG als unlauter qualifiziert werden zu können, müsste die Preisunterbietung des W darüber hinaus die ernsthafte Gefahr begründen, Mitbe-

---

[8] Verkauft ein Einzelhändler zu einem Preis, der diese zusätzlichen variablen Kosten mitberücksichtigt, verkauft er zum sog. Einstandspreis.
[9] Verkauft ein Einzelhändler zu einem solchen Preis, verkauft er zum sog. Selbstkostenpreis.

werber vom Markt zu verdrängen.[10] Zwar muss im Rahmen des § 4 Nr. 10 UWG keine marktbeherrschende oder relativ marktstarke Stellung vorliegen.[11] Die objektive Eignung zur Verdrängung könnte aber ausgeschlossen sein, da W erst in den deutschen Markt eingetreten ist und aus diesem Grund – zur Zeit der Verlustpreisverkäufe auf jeden Fall noch – einen geringeren Marktanteil als der seit Jahrzehnten am deutschen Markt erfolgreiche B aufwies. Grundsätzlich kann von einer Eignung zur Verdrängung nicht ausgegangen werden, wenn sich die Preisunterbietung gegen einen an Marktstärke weit überlegenen Mitbewerber richtet.[12] Eine gewichtige Rolle bei der Bestimmung der Marktmacht spielt aber nicht nur der gegenwärtige Marktanteil eines Unternehmens, sondern auch dessen Finanzkraft. Aus diesem Grund kann auch ein Newcomer auf dem Markt aufgrund entsprechender finanzieller Ressourcen – z.B. über die Muttergesellschaft – eine relevante Marktmacht besitzen (potentielle Betrachtungsweise).[13] Grund hierfür ist, dass gerade bei Kampfpreisunterbietungen die Finanzkraft eines Unternehmens oft ausschlaggebend für eine erfolgreiche Verdrängung der Mitbewerber auf dem Markt ist. Derjenige, der kurzfristig höhere Verluste „einstecken" kann, hat hier einen erheblichen Vorteil.[14] Laut Sachverhalt ist die W ein bereits in weiten Teilen Europas verbreitetes Unternehmen, das nun gleich mit mehreren Filialen in den deutschen Markt für Elektronikartikel eintritt. Aufgrund der europaweiten Marktstärke der W ist hier von einer großen Finanzkraft auszugehen, die es erlaubt, eine Verlustpreisstrategie solange durchzuhalten, bis Mitbewerber mit geringeren finanziellen Ressourcen zur Geschäftsaufgabe gezwungen sind. Diese Annahme wird dadurch belegt, dass W bereits im vorigen Jahr durch Verlustpreisstrategien Elektronikmärkte in Frankreich zur Geschäftsaufgabe zwang. Eine objektive Eignung zur Verdrängung der Mitbewerber liegt somit vor.

d) Zielgerichtetheit der Verdrängung – Subjektive Betrachtungsweise?

Verlustpreisverkäufe sind aber nur dann nach § 4 Nr. 10 UWG unlauter, wenn die Unterbietung dazu geeignet ist und in gezielter Weise dazu eingesetzt wird, einen oder mehrere Mitbewerber vom Markt zu verdrängen.[15] Nicht ausreichend ist hier insoweit der Nachweis, dass ein Konkurrent dem anderen den „Untergang wünscht", da die bloße Vernichtungsabsicht an sich irrelevant ist, solange sie nicht von äußeren Umständen begleitet wird, die das Urteil der Unlauterkeit rechtfertigen.[16] Das Merkmal der Zielgerichtetheit ist deshalb keinesfalls subjektiv zu deuten, sondern anhand von objektiven Maßstäben, die Indizien für eine Behinderung darlegen, zu ermitteln. Als „gezielt" ist eine Behinderung demnach anzusehen, wenn bei objektiver Würdigung aller Umstände die Maßnahme in erster Linie nicht auf die Förderung der eigenen wettbewerblichen Entfaltung, sondern auf die Beeinträchtigung der wettbewerblichen Entfaltungsfreiheit eines Mitbewerbers gerichtet ist. Dies setzt nicht notwendigerweise eine subjektive Absicht voraus.[17] Ein Indiz für

---

[10] *Köhler*, in: Hefermehl/Köhler/Bornkamm, § 4 Rn. 10.191.
[11] Gemeint sind hiermit §§ 19, 20 Abs. 1, 2 und 4 GWB, Art. 82 EG.
[12] *BGH*, Urt. v. 27. 10. 1988, Az. I ZR 29/87, GRUR 1990, 371 – Preiskampf.
[13] *Köhler*, in: Hefermehl/Köhler/Bornkamm, § 4 Rn. 10.191.
[14] Sog. „Deep pocket theory", vgl. *Telser*, Journal of Law and Economics, 9 (1966), 259 ff.
[15] *BGH*, Urt. v. 26. 4. 1990, Az. I ZR 71/88, GRUR 1990, 685, 686 – Anzeigenpreis I; *BGH*, Urt. v. 26. 4. 1990, Az. I ZR 99/88, GRUR 1990, 687, 688 – Anzeigenpreis II.
[16] Vgl. nur *Emmerich*, S. 103.
[17] *BGH*, Urt. v. 11. 1. 2007, Az. I ZR 96/04, GRUR 2007, 800 – Außendienstmitarbeiter. Wer dennoch eine entsprechende Absicht als Tatbestandsmerkmal des § 4 Nr. 10 UWG ansieht, muss alle nicht von einer Absicht getragenen Behinderungen unmittelbar nach § 3 beurteilen – vgl. hierzu

eine gezielte Behinderung ist die Druckausübung oder Einwirkung auf die Entschließungsfreiheit eines bestimmten Mitbewerbers mittels Preisunterbietung. Weiteres Indiz für die Zielgerichtetheit einer Preisunterbietung ist die Dauer und die Intensität der Verlustpreisverkäufe. Bietet ein Mitbewerber bestimmte Waren – diese können sich auch stetig abwechseln – ständig oder in sich immer wiederholenden Abständen unter Einstandspreis an, liegt der Schluss auf eine finale – damit zielgerichtete Behinderung nahe.

W hat laut Sachverhalt ab dem 3. Januar zumindest bis zum Herbstanfang Elektronikartikel unter Kosten verkauft. Zwar ist W ein Newcomer auf dem deutschen Markt, weshalb Eröffnungsangebote unter Kosten grundsätzlich wettbewerbskonform und zur Etablierung am Markt oftmals unerlässlich sind; verkauft ein Händler aber auch Monate nach dem Markteintritt regelmäßig unter Einstandspreis kann nicht mehr von Eröffnungsangeboten ausgegangen werden. Bei Preisaktionen, die sich über einen derart langen Zeitraum erstrecken und bei denen große Verluste auf Seiten des unterbietenden Unternehmens in Kauf genommen werden, wird mit der Etablierung am Markt gleichzeitig die Verdrängung der am Markt bestehenden Konkurrenten angestrebt. Da W hier mindestens acht Monate lang ununterbrochen Waren unter Einstandspreis verkaufte und auch ankündigt, diese Preisstrategie bis zu einer erfolgreichen Verdrängung von Mitbewerbern weiter zu verfolgen, handelte es sich bei den Angeboten von W nicht um reine Eröffnungsangebote. Für eine Zielgerichtetheit der Preisunterbietungen der W spricht außerdem, dass sie die Preise des B in ihren Prospekten abdruckte, durchstrich und ihre eigenen, günstigeren Preise daneben schrieb. Durch die Bezugnahme auf die Preise des B machte sie für die Kunden den „Adressaten des Preiskampfes" erkennbar und bezeichnete die Preise des B darüber hinaus als „gnadenlos übertexuert". B wurde durch die Reklame der W somit offensichtlicher Adressat des von W initiierten Preiskampfes. Die W ging somit zielgerichtet gegen B vor, da die äußeren Umstände der Systematik, Bezugnahme auf einen Mitbewerber und Dauer der Unterkostenverkäufe als Indizien für eine Zielgerichtetheit streiten. Dass die W neu in den Markt eintrat, kann für die lauterkeitsrechtliche Beurteilung (anders bei § 20 Abs. 4 GWB) nichts ändern, da kurzzeitige Verlustpreisangebote an sich schon gar nicht den Tatbestand des § 4 Nr. 10 UWG erfüllt hätten. Unlauter ist hier allein die Dauer und direkte Bezugnahme auf die Konkurrenten, was auch nicht unter den besonderen Umständen des Markteintritts lauter sein kann.

3. Unlauterkeit nach 3 Abs. 1 UWG (allgemeine Marktstörung)

Aufgrund seiner aggressiven Preisstrategie könnte W auch den Tatbestand der allgemeinen Marktstörung nach § 3 Abs. 1 UWG verwirklicht haben. Eine solche Marktstörung liegt vor, wenn ein zwar nicht von vornherein unlauteres, aber wettbewerblich bedenkliches Wettbewerbsverhalten die ernstliche Gefahr begründet, dass der Wettbewerb in nicht unerheblichem Maße eingeschränkt wird.[18] Kennzeichnend für eine allgemeine Marktstörung ist also die Gefährdung des Wettbewerbsbestandes an sich.[19] Diese Fallgruppe hat sich maßgeblich aufgrund der

---

Omsels, WRP 2004, 136, 140. Dies widerspricht aber den Gesetzesmaterialien (vgl. BT-Drs. 15/1487, S. 19) und bringt sachlich keinen Gewinn.

[18] *BGH*, Urt. v. 14. 12. 2000, Az. I ZR 147/98, WRP 2001, 688, 690 – Eröffnungswerbung; *BGH*, Urt. v. 20. 11. 2003, Az. I ZR 120/00, WRP 2004, 746, 747 – Zeitung zum Sonntag; *BGH*, Urt. v. 20. 11. 2003, Az. I ZR 151/01, GRUR 2004, 602, 603 – 20 Minuten Köln; *BGH*, Urt. v. 24. 6. 2004, Az. I ZR 26/02, GRUR 2004, 877, 880 – Werbeblocker.

[19] *Köhler*, in: Hefermehl/Köhler/Bornkamm, § 4 Rn. 12.3.

Fälle des massenweisen Verschenkens von Originalware entwickelt.[20] Nach ständiger Rechtsprechung des BGH war dies als unlauterer Behinderungswettbewerb zu qualifizieren, da hierdurch der Markt „verstopft" wurde. Da hier keine gezielte Behinderung eines Mitbewerbers vorlag, wurde diese Praktik unter die Generalklausel des § 3 Abs. 1 UWG subsumiert. Auch von Unterkostenverkäufen kann eine solche Auswirkung auf den gesamten relevanten Markt ausgehen. Die Fallgruppe der allgemeinen Marktstörung könnte somit dem Wesen nach auch auf die sog. Kampfpreisunterbietung angewendet werden. Da der Wettbewerbsprozess hier aber als Institution geschützt wird, ist eine Zielgerichtetheit der Verdrängung nicht erforderlich. Entscheidend ist, ob das Verhalten die strukturellen Voraussetzungen für einen wirksamen Wettbewerb auf dem bestimmten Markt nachhaltig beeinträchtigt. Da der Schutz des Wettbewerbs in seinem Bestand vor einseitigen Eingriffen aber grundsätzlich dem Anwendungsbereich des Wettbewerbsrechts (insb. Art. 82 EG, §§ 19, 20 GWB) unterfällt, stellt sich hier die Frage, ob der lauterkeitsrechtliche Tatbestand der allgemeinen Marktstörung in vorliegenden Fällen überhaupt neben der wettbewerbsrechtlichen Missbrauchsaufsicht anwendbar ist.[21]

Versteht man das UWG und das GWB als zwei sich gegenseitig ergänzende Regelungssysteme, sind die Tatbestände beider Gesetze grundsätzlich nebeneinander anwendbar. Dieses Verständnis impliziert aber auch, dass bei der allgemeinen Marktstörung im Rahmen der lauterkeitsrechtlichen Beurteilung stets die Zielsetzung des Gesetzes gegen Wettbewerbsbeschränkungen berücksichtigt werden muss. Hierbei ist insbesondere darauf zu achten, dass dem lauterkeitsrechtlichen Verbot der Verlustpreisverkäufe nicht die Wirkung zukommt, ohnehin bestehende Marktzutrittsschranken zu erhöhen und damit zu einer Marktabschottung beizutragen, da dies dem Regelungszweck des GWB entgegenstehen würde.[22] Insbesondere seit der Einführung des § 20 Abs. 4 GWB erscheint es aber fraglich, ob der Fallgruppe der allgemeinen Marktstörung im Zusammenhang mit Niedrigpreisstrategien noch eine eigenständige Bedeutung einzuräumen ist. Die allgemeine Marktstörung statuiert ein von der Marktmacht unabhängiges allgemeines Diskriminierungsverbot, da es auf das Vorliegen einer gezielten Behinderung und eines konkreten Wettbewerbsverhältnisses verzichtet. Es zielt folglich gerade auf die durch marktmachtspezifische Stufenverhältnisse hervorgerufenen Gefahren für den Wettbewerb ab. Insoweit ist die Fallgruppe von seiner Regelungsintention her vergleichbar mit den kartellrechtlichen Diskriminierungs- und Behinderungstatbeständen des Art. 82 EG bzw. §§ 19, 20 GWB. Die kartellrechtlichen Normen knüpfen die wettbewerbsrechtliche Bedenklichkeit aber grundsätzlich an marktmachtspezifische Eingriffsschwellen. Hiernach kann ein Verhalten regelmäßig nur beim Vorliegen einer marktbeherrschenden, überragenden oder relativ marktstarken Stellung eines Unternehmens überhaupt wettbewerbswidrig sein. Entfällt die Eingriffsschwelle der spezifischen Marktmacht, wie im Falle der allgemeinen Marktstörung, kann aber jedes beliebige Verhalten als missbräuchlich erfasst werden. Dies birgt für den Rechtsanwender erhebliche Rechtsunsicherheiten und ist ebenfalls unvereinbar mit der freiheitlichen Zielsetzung des GWB und UWG, da generelle Verbote ohne die Berücksichtigung der

---

[20] *BGH*, Urt. v. 20. 11. 2003, Az. I ZR 151/01, GRUR 2004, 602, 603 – 20 Minuten Köln; *OLG Düsseldorf*, Urt. v. 11. 3. 1999, Az. 2 U 165/98, WRP 1999, 865, 868 – Kostenloses Telefonieren an 1 Tag.
[21] Siehe hierzu die ausführliche Darstellung bei *Koppensteiner*, WRP 2007, 475 ff. und *Köhler*, WRP 2005, 645 ff.
[22] *Köhler*, WRP 2005, 545, 651.

Marktmacht eines Unternehmens Marktzutrittsschranken erhöhen und zu einer Marktabschottung führen können.[23] Dies erkannte auch der Kartellgesetzgeber und verankerte bewusst kein allgemeines, von der Marktmacht unabhängiges Diskriminierungs- und Behinderungsverbot im Kartellgesetz.[24] Die Gefährdung des Wettbewerbs in seinem Bestande kann somit nicht anhand einer pauschalen Generalklausel ohne gesonderte Eingriffsvoraussetzungen bestimmt werden. Hinsichtlich der Verlustpreisverkäufe hat der Kartellgesetzgeber ein abgestuftes Regelungssystem entwickelt, welches nach Art. 82 EG, § 19 Abs. 2 GWB Marktbeherrschern systematische, lang andauernde Verlustpreisverkäufe verbietet und welches durch § 20 Abs. 4 S. 2 GWB nunmehr gezielt den Mittelstandsschutz im Gesetz verankerte, da es bereits relativ marktstarken Unternehmen verboten ist, nicht nur gelegentlich unter Einstandspreis zu verkaufen. Insbesondere § 20 Abs. 4 S. 2 GWB ist also hinsichtlich der Tatbestandsvoraussetzungen materiell konkreter als die Generalklausel des UWG. Würde die Fallgruppe der allgemeinen Marktstörung nun unabhängig von marktmachtspezifischen Eingriffsschwellen Verlustpreisverkäufe untersagen, würden die differenzierten Regelungen des GWB unterlaufen. Da UWG und GWB als zwei sich einander ergänzende Regelungssysteme zu verstehen sind, wäre eine Anwendung der allgemeinen Marktstörung auf Verlustpreisunterbietungen nicht mit dem einheitlichen Regelungszweck beider Gesetze zu vereinbaren und würde Wertungswidersprüche hervorrufen. Fehlt es somit an einer zielgerichteten, individuellen Mitbewerberbehinderung im Sinne von § 4 Nr. 10 UWG, sind Verlustpreisverkäufe abschließend an den Wertungen des Art. 82 EG, §§ 19, 20 GWB zu messen.

Die Fallgruppe der allgemeinen Marktstörung ist somit nicht auf die vorliegende Konstellation anwendbar.

4. Unlauterkeit nach § 6 Abs. 2 Nr. 5 UWG

Da W die Waren des B in seinem Prospekt unter Abdruck der Geschäftsbezeichnung des B als „gnadenlos übertreuert" bezeichnet, könnte seine Prospektwerbung vor dem Hintergrund des verunglimpfenden, herabsetzenden Vergleichs nach § 6 Abs. 2 Nr. 5 UWG unlauter sein. Grundsätzlich ist vergleichende Werbung und damit auch der Preisvergleich, bei dem ein Mitbewerber eindeutig erkennbar ist, lauter und auch wettbewerblich erwünscht, da er der Information und Aufklärung der Verbraucher dient. Ein zulässiger Preisvergleich liegt deshalb noch vor, wenn der beworbene Preisunterschied über dem durchschnittlichen Preisunterschied liegt, derartige Preisvergleiche fortlaufend durchgeführt werden und dadurch der Eindruck entsteht, dass die Preise des Mitbewerbers generell höher sind.[25] Auch in derartigen Fällen weiß der Verbraucher, dass es für vergleichbare Produkte unterschiedliche Preise am Markt gibt, weshalb er an derartige Werbungen gewöhnt ist und sie als Ausdruck funktionierenden Wettbewerbs ansieht.[26] Die Schwelle des zulässigen Preisvergleichs ist aber überschritten, wenn er sich nicht mehr auf objektive, nachprüfbare Faktoren beschränkt, sondern wertend und unsachlich über die Produkte des Mitbewerbers urteilt.[27] So liegt es, wenn in der Reklame erklärt wird, dass die

---

[23] Ausführlich hierzu *Mestmäcker*, Der verwaltete Wettbewerb, 1984, S. 144 ff.
[24] *BGH*, Urt. v. 27. 1. 1981, Az. KVR 4/80, Garant-Lieferprogramm; *Mestmäcker*, Der verwaltete Wettbewerb, 1984, S. 144.
[25] *Köhler*, in: Hefermehl/Köhler/Bornkamm, § 6 Rn. 78.
[26] *BGH*, Urt. v. 15. 10. 1998, Az. I ZR 69/98, GRUR 1999, 501, 503 – Vergleichen Sie.
[27] *OLG Thüringen*, Urt. v. 28. 8. 2002, Az. 2 U 268/02 – Fremdgehen kann teuer werden.

Preise eines Mitbewerbers nicht akzeptabel seien, da sie generell überhöht oder überteuert seien und deshalb in keinem angemessenen Preis-Leistungs-Verhältnis zueinander stünden.[28] In der Werbung des W wurden die Produkte des B pauschal als „gnadenlos überteuert" angeprangert, wodurch der Eindruck bei den Kunden entstehen sollte, dass das gesamte Sortiment des B zu generell überhöhten Preisen angeboten werde. Außerdem unterstellt die Äußerung „gnadenlos überteuert", dass die Preise des B für die angebotenen Produkte nicht gerechtfertigt sind. Der Vergleich des W ist somit nicht auf objektiv nachprüfbare Faktoren bezogen und setzt B somit pauschal herab.

5. Unlauterkeit nach § 4 Nr. 7 UWG

Durch die Prospektwerbung, die die Preisstellung des B als „gnadenlos überteuert" darstellt, hat W die Produkte bzw. Dienstleistung des B herabgesetzt. In Abgrenzung zu § 6 Abs. 2 Nr. 5 UWG ist hier bereits ausreichend, wenn durch die Aussage generell alle anderen Mitbewerber bzw. ihre Waren oder Dienstleitungen herabgesetzt werden. § 4 Nr. 7 UWG stellt insoweit einen Auffangtatbestand zu § 6 Abs. 2 Nr. 5 UWG dar.[29]

IV. Spürbarkeit der Zuwiderhandlung

Die gezielte Behinderung der W müsste nach § 3 Abs. 1 UWG auch eine spürbare Beeinträchtigung des B zur Folge gehabt haben. Eine Spürbarkeit ist dann zu bejahen, wenn die geschäftliche Handlung dazu geeignet ist, die festgestellte Beeinträchtigung nicht nur theoretisch, sondern auch mit einer gewissen Wahrscheinlichkeit herbeizuführen.[30] Der Spürbarkeitsnachweis erfordert somit eine qualitative Wertung anhand der Schutzzwecke des UWG. Da die Marketingstrategie der Verlustpreisverkäufe der W bereits erste Erfolge erzielte, ist bei einer anhaltenden Verfolgung – gerade aufgrund der Zielgerichtetheit der Strategie gegen B – eine konkrete Verdrängungsgefahr zu bejahen. Eine Spürbarkeit liegt somit vor.

V. Wiederholungsgefahr

Eine Wiederholungsgefahr besteht, wenn die Wiederholung desselben oder eines ähnlichen Wettbewerbsverstoßes objektiv möglich und zu befürchten ist.[31] Da die Preisstrategie der W nach acht Monaten erste Erfolge erzielte und sie die nötige Finanzkraft besitzt, um weiterhin Artikel unter Einstandspreis zu verkaufen, ist davon auszugehen, dass sie die gezielte Behinderung des B weiter verfolgen wird. Eine Wiederholungsgefahr ist somit anzunehmen und wird zudem durch einmaligen Verstoß indiziert.

VI. Rechtswidrigkeit

Für das Handeln des W sind keine Rechtfertigungsgründe ersichtlich. Er handelte somit rechtswidrig.

---

[28] *BGH*, Urt. v. 15. 10. 1998, Az. I ZR 69/98, GRUR 1999, 501, 503 – Vergleichen Sie.
[29] *Köhler*, in: Hefermehl/Köhler/Bornkamm, § 4 Rn. 7.7.
[30] *Köhler*, in: Hefermehl/Köhler/Bornkamm, § 3 Rn. 122.
[31] Vgl. *Boesche*, Rn. 87.

VII. Rechtsmissbräuchlichkeit: Unclean-Hands-Einwand

Der Geltendmachung des Anspruchs könnte allerdings der von W geltend gemachte „unclean-hands"-Einwand wegen der von B geschalteten „10% billiger Werbung" entgegen stehen. Die Rechtsfigur des „unclean-hands" steht für den Gedanken, dass derjenige mit einer „schmutzigen Weste" nicht berechtigt sein soll, auf andere zu zeigen, die ebenfalls eine „schmutzige Weste" haben. Wer also selbst wettbewerbswidrig handelt, soll nach diesem Gedanken nicht von einem anderen die Unterlassung eines gleichen Wettbewerbsverstoßes fordern dürfen. Der Einwand erfasst daher keine Fälle, in denen ungleichartige Wettbewerbsverstöße vorliegen.[32] Nicht zulässig ist der Einwand ferner, wenn der Verstoß gleichzeitig die Interessen Dritter oder der Allgemeinheit berührt, da derartige Interessen stets der Rechtsverfolgung bedürfen.[33]

Der Einwand des W ist also nur zulässig, wenn sich das Vergehen des B eindeutig und erkennbar gegen den W richtet, also eine offensichtliche „Rache" oder ein „Gegenschlag" vorliegt und die eigene wettbewerbliche Antwort maßvoll ist und nicht über eine gezielte Gegenwehr hinausgeht.[34] Zusammenfassend setzt der unclean-hands Einwand voraus, dass sich der Kläger bei wechselseitiger Abhängigkeit der beiderseitigen Wettbewerbsverstöße zu seinem eigenen Verhalten in Widerspruch setzen würde.[35] B müsste durch sein Verhalten somit einen deckungsgleichen Wettbewerbsverstoß begangen haben.

1. Zuwiderhandlung gegen § 3 Abs. 1 UWG

In der Schaltung der Reklame ist eine geschäftliche Handlung im Sinne des § 2 Abs. 1 Nr. 3 UWG zu sehen. Als unlauter ist diese dann anzusehen, wenn sie die Interessen der Marktteilnehmer beeinträchtigt. Da B hier damit wirbt, die Preise der örtlichen Einzelhändler bei einem günstigeren Preis der Konkurrenz stets um 10% zu unterbieten, könnte er unter dem Gesichtspunkt der gezielten Behinderung durch Preisunterbietung in Verdrängungsabsicht gegen §§ 3 Abs. 1, 4 Nr. 10 UWG verstoßen haben

Voraussetzung hierfür ist regelmäßig zunächst die objektive Eignung zur Verdrängung anhand der Preisstellung unter Kosten. Bei dem Versprechen, die günstigeren Preise der Konkurrenz stets um 10% zu unterbieten, handelt es sich um eine abstrakte Gewährung von Rabatten in einem Umfang, bei dem durchaus auch ein Verkaufspreis unterhalb der eigenen Kosten in Kauf genommen wird.[36] Aus dem Sachverhalt geht jedoch nicht hervor, dass B tatsächlich Ware unter Kosten verkauft hat.

Fraglich ist deshalb nur, ob eine in Aussicht gestellte Preisreduzierung zu Verlustpreisen im Sinne des § 4 Nr. 10 UWG überhaupt unlauter sein kann. Zu berücksich-

---

[32] *Köhler*, in: Hefermehl/Köhler/Bornkamm, § 11, Rn. 2.38.
[33] *KG*, Urt. v. 16. 2. 1999, Az. 5 U 9177/97, GRUR 2000, 93, 94 – Zugabeverstoß; *OLG Frankfurt*, Urt. v. 24. 7. 2008, Az. 6 U 73/08, GRUR-RR 2008, 410.
[34] *Boesche*, Rn. 105.
[35] *OLG Karlsruhe*, Urt. v. 26. 6. 2008, Az. 4 U 187/07, GRUR-RR 2008, 305; der Uncleanhands-Einwand ist hinsichtlich seiner Anwendbarkeit und Reichweite aber umstritten: zum Teil wird eine weiter gehende Zulässigkeit gefordert (vgl. *Friehe*, WRP 1987, 439, 442 m. w. N.); andere hingegen halten den Einwand bei Unterlassungsprozessen erst gar nicht für anwendbar (vgl. *Köhler*, in: Hefermehl/Köhler/Bornkamm, § 11 Rn. 2.39).
[36] *BGH*, Urt. v. 30. 3. 2006, Az. I ZR 144/03, WRP 2006, 888, 889 – 10% billiger; zuletzt *BGH*, Urt. v. 2. 10. 2008, Az. I ZR 48/06, WRP 2009, 432, 433 – Küchentiefstpreis-Garantie.

tigen ist hier zunächst, dass die Reklame des B einen Rabatt von 10% nur gewährt, wenn ein Kunde einen identischen Artikel bei einem örtlichen Einzelhändler findet, der dann von diesem auch noch preiswerter angeboten wird als von B. Die Anzahl der von dem 10%igen Rabatt betroffenen Artikel ist so schon von vorneherein stark eingeschränkt, da eine Warenidentität gerade im Elektronikbereich aufgrund der Vielzahl der Marken, der schnell wechselnden Nachfolgermodelle und der Spezifika innerhalb der verschiedenen Typen (z. B. unterschiedlicher Speicherplatz bei MP3-Playern desselben Modells) nicht bei großen Anteilen des Warensortiments vorliegen wird. Selbst wenn nicht ausgeschlossen werden kann, dass bei einem entsprechend niedrigeren einzelnen Angebot ein Rabatt von 10% gewährt werden muss, kann daraus nicht schon die Wettbewerbswidrigkeit der Werbeaktion gefolgert werden.[37] Eine Werbemaßnahme, die zur Folge hat, dass lediglich nur gelegentlich Verkäufe zu Verlustpreisen stattfinden, kann unter wettbewerbsrechtlichen Gesichtspunkten nicht beanstandet werden.[38] Aufgrund der im Handel maßgeblichen Mischpreiskalkulation, muss die Preisgestaltung nicht darauf ausgerichtet sein, mit jeder einzelnen Ware einen Stückgewinn zu erzielen.

Ebenfalls wird der Preisnachlass von 10% auch nicht generell, sondern nur demjenigen Kunden gewährt, der bei einem Mitbewerber eine identische Ware zum günstigeren Preis findet. Der Rabatt ist also als Art Prämie ausgestaltet. Des weiteren wird ein Rabatt auch nur gewährt, wenn der Konkurrenzartikel günstiger als der des B ist. Bei gleicher Preisstellung ergeht also kein Rabatt. Somit ist durch die Werbung auch keine Gefahr der „Preisspirale nach unten" eröffnet.[39] Aufgrund des typischerweise breit gefächerten Warensortiments des Einzelhandels, dass sich niemals ganz überschneiden wird, ist auch durch die Reklame der Preiswettbewerb nicht ausgeschaltet.

Dass der E aufgrund der Reklame des B Umsatzeinbußen erleidet, kann ebenfalls nicht die Unlauterkeit der Reklame des B begründen, da der Preiswettbewerb vorrangiges Mittel des Wettbewerbs ist und es im Rahmen eines zulässigen Preiskampfes dem Unternehmer auch erlaubt ist, bspw. auf reduzierte Artikel anlässlich der Neueröffnung des Geschäfts eines Konkurrenten durch Preissenkungen zu reagieren. Ein intensiver Preiswettbewerb ist vielmehr Ausdruck lebhaften Wettbewerbs.

2. Ergebnis

Eine nach kaufmännischen Grundsätzen vertretbare Preisgestaltung, die nur die abstrakte Gefahr der Verdrängung von Mitbewerbern begründet, führt nicht zur Annahme einer unlauteren Handlungsweise, auch wenn sie in gezielter Weise gegen Mitbewerber eingesetzt wird. Der Unclean-Hands-Einwand greift somit nicht.

VIII. Ergebnis

W hat nach §§ 4 Nr. 10, 6 Abs. 2 Nr. 5 und 4 Nr. 7 UWG unlauter gehandelt und somit gegen § 3 Abs. 1 UWG verstoßen. Aufgrund der Wiederholungsgefahr hat B einen Anspruch auf Unterlassung gegen W nach § 8 Abs. 1 S. 1 UWG.

---

[37] *BGH*, Urt. v. 30. 3. 2006, Az. I ZR 144/03, WRP 2006, 888, 890 – 10% billiger.
[38] *BGH*, Urt. v. 30. 3. 2006, Az. I ZR 144/03, WRP 2006, 888, 890 – 10% billiger.
[39] *BGH*, Urt. v. 30. 3. 2006, Az. I ZR 144/03, WRP 2006, 888, 890 – 10% billiger.

B. Anspruch auf Unterlassung nach §§ 33 Abs. 1, 20 Abs. 4 S. 1 GWB

Da W über acht Monate Artikel unter Einstandspreis verkaufte, könnte B bei drohender Wiederholungsgefahr einen Unterlassungsanspruch gegen W nach §§ 33 Abs. 1, 20 Abs. 4 S. 1 i.V.m. S. 2 Nr. 2 GWB haben.

W verkaufte „nicht nur gelegentlich" und aufgrund der Dauer von acht Monaten auch nicht mehr als Eröffnungsangebot sachlich gerechtfertigt Waren unter Einstandspreis. Für die Anwendung des § 20 Abs. 4 S. 1 GWB müsste W gegenüber B aber eine relativ überlegene Marktmacht besitzen. Die überlegene Marktmacht ist im Einzelfall anhand eines horizontalem Vergleichs mit der Marktposition der mittleren und kleinen Unternehmen auf derselben Wirtschaftsstufe mittels einer Gesamtschau aller für die Marktposition eines Unternehmens ausschlaggebenden Kriterien wie Finanzkraft, Marktanteil, Marktzugangsschranken und Verflechtungen mit anderen Unternehmen zu ermitteln.[40] Ausgehend vom Normzweck ist insbesondere darauf abzustellen, ob die Ressourcenvorteile des stärkeren Unternehmens langfristig wirksame, erweiterte Verhaltensspielräume im Verhältnis zu den Wettbewerbern vermitteln, die von kleineren Unternehmen aufgrund ihrer geringen Größe nicht erreicht werden können[41] und damit langfristig die gleichen Störungen des Marktgeschehens verursachen, die von einem marktbeherrschenden Unternehmen ausgehen können.[42] Solche Unternehmen können aufgrund einer Mischpreiskalkulation Angebote unter Einstandspreis über einen längeren Zeitraum aushalten. Da der Wettbewerb auf dem betroffenen Markt bereits dadurch erheblich geschädigt werden kann, dass eine nicht nur unerhebliche Anzahl von Unternehmen vom Markt verdrängt wird, muß eine relativ marktstarke Stellung nicht gegenüber sämtlichen Marktteilnehmern bestehen, sondern nur gegenüber bestimmten kleineren Unternehmen. Der Begriff der überlegenen Marktmacht ist also durch ein deutlich niedrigeres Machtgefälle gekennzeichnet, als der Begriff der überragenden Marktstellung.[43]

Für eine dem B gegenüber überlegene Marktstellung der W spricht, dass W europaweit tätig ist und über starke Finanzkraft verfügt. Allein die Überregionalität und die vermeintlich großen finanziellen Ressourcen der W lassen aber nicht pauschal den Schluss auf die relative Marktmacht eines Newcomers zu – diese Faktoren dienen lediglich als Indiz für eine solche Stellung.[44] Auch wenn hinter der W eine fi-

---

[40] Vgl. *Markert*, in: Immenga/Mestmäcker, GWB, § 20 Rn. 285.

[41] Vgl. *OLG Düsseldorf*, Urt. v. 13. 2. 2002, Az. VI-Kart 16/00 (V), WuW/E DE-R S. 829, 830 – Freie Tankstellen.

[42] *OLG Düsseldorf*, Urt. v. 13. 2. 2002, Az. VI-Kart 16/00 (V), WuW/E DE-R, S. 829, 830 – Freie Tankstellen.

[43] Damit liegt die Größe der Macht bei einem überlegenen Unternehmen deutlich unterhalb der der Marktbeherrschung, schließt diese im Sinne von § 20 Abs. 4 GWB aber natürlicherweise mit ein (Sog. *argumentum ad maiore ad minus* – hierzu ausführlich *Markert*, in: Immenga/Mestmäcker, GWB, § 20 Rn. 286–289).

[44] Dies verdeutlicht insbesondere der Fall *Wal Mart*: Um sich am deutschen Markt zu etablieren, bot Wal Mart nicht nur gelegentlich Lebensmittel unter Einstandspreis an. Das Bundeskartellamt sowie der BGH untersagten die Preispraktiken von Wal Mart und sprachen Wal Mart eine relative Marktmacht zu. Zu der Zeit besaß Wal Mart aber nur einen Marktanteil in Deutschland von 5%. Die überlegene Marktmacht wurde Wal Mart folglich aufgrund seiner Überregionalität und seinen finanziellen Ressourcen zugesprochen. Eine solch pauschale Annahme kann hinsichtlich des stark umkämpften und als sehr schwierig geltenden Einzelhandels in Deutschland nicht als angemessen angesehen werden – Vgl. *BGH*, Urt. v. 12. 11. 2002, Az. KVR 5/02, WuW/E DE-R, 1042, 1043 – Wal Mart; *BKartA*, Beschl. v. 1. 9. 2000, Az. B9-74/00, WuW DE-V, 316, 317 – Wal Mart.

nanzstarke Muttergesellschaft steht, kann aufgrund des erst vor acht Monaten stattgefundenen Markteintritts nicht von einer gegenüber dem B stärkeren Stellung ausgegangen werden, da B bereits seit Jahrzehnten am deutschen Markt etabliert ist und selbst über eine gewisse Marktmacht auf dem deutschen Markt verfügt. Diese Wertungen entsprechen auch dem Sinn und Zweck des § 20 Abs. 4 S. 2 GWB, da er nicht den Preiswettbewerb an sich, sondern nur die Verdrängung von kleinen und mittleren Wettbewerbern verhindern soll.[45] Ein Unterlassungsanspruch aus §§ 33 Abs. 1, 20 Abs. 4 S. 1 GWB liegt somit nicht vor.

C. Anspruch des B auf Unterlassung aus §§ 33 Abs. 1, 19 Abs. 4 Nr. 1 GWB, Art. 82 Abs. 1 EG

Unterlassungsansprüche aus §§ 33 Abs. 1, 19 Abs. 4 Nr. 1 GWB, Art. 82 Abs. 1 EG scheiden aus, da W keine marktbeherrschende Stellung auf dem deutschen Markt hat.

Merke: Verkäufe zu Preisen unterhalb der Selbstkosten sind aufgrund der kaufmännischen Preisbildungs- und Kalkulationsfreiheit wettbewerblich nicht per se zu beanstanden. Die Grenze der Zulässigkeit solcher Verkaufsstrategien wird im Sinne des § 4 Nr. 10 UWG erst dann überschritten, wenn die Verdrängung eines Mitbewerbers vorrangiges Ziel der Verlustpreise ist.

Eine zielgerichtete Verdrängungsabsicht kann immer nur anhand einer wertenden Gesamtbetrachtung von Fall zu Fall ermittelt werden. Aufgrund der Schwierigkeit, die Verdrängungsabsicht („predatory pricing-Strategie") nachzuweisen, wird diese anhand von äußeren, die Unlauterkeit begründenden Umständen indiziert. Derartige Indizien sind unter anderem die Intensität, Dauer und Systematik der Untereinstandspreisangebote sowie die offensichtliche Bezugnahme auf einen Mitbewerber als Adressat des zielgerichteten Preiskampfes. Ebenso können wertende, herabsetzende Äußerungen, die sich gegen einen Mitbewerber richten und im Zusammenhang mit den Verlustpreisangeboten gemacht werden, die Zielgerichtetheit begründen.

Die Fallgruppe der allgemeinen Marktstörung nach § 3 Abs. 1 UWG findet auf Untereinstandspreisangebote keine Anwendung.

---

[45] Siehe zu der Problematik der Beurteilung der Marktmacht bei Untereinstandspreisverkäufen von finanzstarken Newcomern *BGH*, Urt. v. 12. 11. 2002, Az. KVR 5/02, WuW/E DE-R, 1042, 1043 – Wal Mart; *BKartA*, Beschl. v. 1. 9. 2000, Az. B9-74/00, WuW DE-V, 316, 317 – Wal Mart.

Fall 14. Ergänzender wettbewerbsrechtlicher Leistungsschutz

Sachverhalt[*]

Die H gehört zu einem weltweit tätigen, in Frankreich ansässigen Konzern, der hochwertige Damenhandtaschen herstellt. Zur Produktpalette gehört eine seit den dreißiger Jahren des vergangenen Jahrhunderts produzierte Modellreihe, die seit den fünfziger Jahren unter der Bezeichnung „Kelly-Bag" (im Folgenden „Kelly") unter anderem auch in Deutschland in den Verkehr gebracht wird. Seit 1984 produziert der Konzern auch eine „Les Birkins" (im Folgenden „Birkin") genannte Modellreihe, die ebenfalls in Deutschland vertrieben wird. H vertreibt ihre Produkte nur über entsprechend gekennzeichnete eigene Geschäfte oder in als solche gekennzeichnete Abteilungen in Warenhäusern Dritter.

Das Modell „Kelly" zeichnet sich durch eine spezifische Gestaltung des Taschenkörpers aus, der bei seitlicher Sicht in der Art eines sich nach oben verjüngenden Keils gestaltet ist und bei frontaler Sicht eine leicht trapezförmige Kontur aufweist. Hinzu kommt die den oberen Rand des Taschenkörpers überlappende Klappe, die die Frontseite des Taschenkörpers zu etwa einem Viertel im oberen Bereich überdeckt und die an den seitlichen Rändern jeweils rechteckig eingeschnittene Einkerbungen aufweist. Die bauchig wirkende Form des Taschenkörpers und die durch die Klappe geschaffenen Proportionen lassen den Corpus dominieren und suggerieren auf diese Weise ein den Gebrauchszweck der Tasche gestalterisch betonendes Fassungsvermögen. Bei der „Birkin" bestehen die charakteristischen Merkmale in einer beinahe dreieckigen Form der Seitenansicht der Tasche, parallel in Form eines unvollständigen Ovals ausgestalteten Griffen, einer sichtbaren Scheinlasche auf der Vorderseite der Tasche sowie der besonderen Gestaltung des Taschengürtels. Die relevanten Verkehrskreise verbinden mit diesen Taschen ein besonderes Image von Luxus und schlichter Eleganz, weshalb sie auch einen weit überdurchschnittlich hohen Preis zu zahlen bereit sind. In Deutschland besitzt H kein gewerbliches Schutzrecht in Bezug auf die Taschen.

B vertreibt Damenhandtaschen, die denen der H nachempfunden sind. Die Taschen der B unterscheiden sich von denen der H in der Verschlussart, da sie unter der verdeckten Lasche statt eines Magnetverschlusses lediglich einen Klettverschluss aufweisen. Zudem verwendet B weniger hochwertige Materialien. Die eigene Marke der B ist als 1,5 cm hoher Schriftzug an einer Ecke der Taschen in das Material eingestanzt. Der Preis der Taschen der B beträgt nur ein Bruchteil des Preises der Taschen von H. Dem Verkehr ist bekannt, dass bei hochpreisigen Markentaschen wie solchen der H preisgünstigere Imitate im Umlauf sind.

H verlangt von B, den Vertrieb dieser Taschen zu unterlassen. Darüber hinaus verlangt H Schadensersatz, kann jedoch nur einen realen Schaden in Form von Gewinneinbußen in Höhe von maximal 5000 € nachweisen. H hat einem in den USA ansässigen Unternehmen eine Lizenz für die dortige Herstellung und den Vertrieb der Taschen erteilt. Die von diesem Unternehmen verlangte Lizenzgebühr würde, übertra-

---

[*] Dieser Fall ist angelehnt an *BGH*, Urt. v. 11. 1. 2007, Az. I ZR 198/04, GRUR 2007, 795 – Handtaschen; siehe dazu auch *BGH*, Urt. v. 15. 7. 2004, Az. I ZR 142/01, GRUR 2004, 941 – Metallbett; *BGH*, Urt. v. 5. 3. 1998, Az. I ZR 13/96, GRUR 1998, 830 – Les-Paul-Gitarren.

gen auf die von B verkaufte Anzahl an Taschen, 20 000 € betragen. B selbst hat durch den Verkauf dieser Taschen einen Gewinn von 30 000 € erzielt.
Wie ist die Rechtslage?

Lösung

A. Ansprüche gemäß § 97 UrhG

H könnte gegen B einen Unterlassungs- bzw. einen Schadensersatzanspruch gemäß § 97 Abs. 1 bzw. Abs. 2 UrhG i. V. m. §§ 16, 17 UrhG haben. Dazu müsste es sich bei den Taschen jedoch um urheberrechtlich geschützte Werke gemäß § 2 Abs. 2 UrhG handeln. Bei Werken der angewandten Kunst, soweit sie wie Handtaschen einem Geschmacksmusterschutz zugänglich sind,[1] sind hohe Anforderungen an die Gestaltungshöhe zu stellen.[2] Da sich bereits die geschmacksmusterfähige Gestaltung von der nicht geschützten Durchschnittsgestaltung, dem rein Handwerksmäßigen und Alltäglichen, abheben muss, ist für die Urheberrechtsschutzfähigkeit ein noch weiterer Abstand, d. h. ein deutliches Überragen der Durchschnittsgestaltung, erforderlich.[3] Die Taschen der B haben zwar ein auffälliges, harmonisches und ansprechendes Aussehen, sie entfernen sich aber nicht sehr weit von den für Handtaschen vorgegebenen Formen. Die nicht ganz fernliegende Kombination und Abwandlung bekannter oder notwendiger Elemente genügt nicht, um eine für den Urheberrechtsschutz erforderliche besondere schöpferische Leistung annehmen zu können. H hat gegen B keine urheberrechtlichen Ansprüche.

B. Unterlassungsanspruch gemäß § 8 Abs. 1 UWG

H könnte gegen B einen Unterlassungsanspruch aus § 8 Abs. 1 UWG i. V. m. §§ 3 Abs. 1, 4 Nr. 9 UWG haben.

I. Aktivlegitimation

Die Aktivlegitimation der H könnte aus § 8 Abs. 3 Nr. 1 UWG folgen. H produziert und vertreibt Handtaschen in einer auf Gewinnerzielungsabsicht angelegten und auf Dauer eingerichteten Geschäftstätigkeit und ist somit zunächst selbst Unternehmer gemäß § 2 Abs. 1 Nr. 6 UWG. Das erforderliche konkrete Wettbewerbsverhältnis zu B i. S. d. § 2 Abs. 1 Nr. 3 UWG setzt voraus, dass beide die gleichen oder gleichartige Produkte innerhalb desselben Abnehmerkreises abzusetzen versuchen, mit der Folge, dass die beanstandete Handlung den Anspruchsteller im Absatz behindern kann.[4] H und B vertreiben beide Handtaschen. Zwar handelt es sich um

---

[1] Mangels Eintragung (§ 27 GeschmG) scheidet ein geschmacksmusterrechtlicher Schutz hier aus.
[2] *BGH*, Urt. v. 15. 7. 2004, Az. I ZR 142/01, GRUR 2004, 941, 942 – Metallbett.
[3] *BGH*, Urt. v. 22. 6. 1995, Az. I ZR 119/93, GRUR 1995, 581, 582 – Silberdistel.
[4] Der BGH verlangt, dass sich die beteiligten Unternehmen auf demselben sachlich, räumlich und zeitlich relevanten Markt betätigen (BGH, Urt. v. 29. 3. 2007, Az. I ZR 122/04, GRUR 2007, 1079, 1080 – Bundesdruckerei). Die Marktabgrenzung dient aber wie auch im Wettbewerbsrecht nur der groben Ermittlung der relevanten Wettbewerbskräfte. Im UWG ist zudem ein sehr weiter Maßstab anzulegen. Zur Klarstellung sollte daher besser geprüft werden, ob durch die beanstandete Handlung ein Wettbewerbsdruck auf den Anspruchsteller ausgeübt werden kann.

Taschen in unterschiedlichen Preissegmenten. Es ist jedoch nicht auszuschließen, dass ein Abnehmer statt der teureren Tasche der H auf das günstigere Modell der B zurückgreift. Da an das Wettbewerbsverhältnis keine zu strengen Anforderungen zu stellen sind, reichen auch diese möglichen geringen Überschneidungen der Abnehmerkreise zur Bejahung des Wettbewerbsverhältnisses aus. H ist als Mitbewerber der B folglich aktivlegitimiert.

II. Geschäftliche Handlung

Herstellung und Vertrieb der Taschen durch B erfolgten zu Erwerbszwecken und sind damit als geschäftliche Handlung zu qualifizieren.

III. Unlauterkeit gemäß § 4 Nr. 9 UWG

Ein Verstoß nach den Grundsätzen des ergänzenden wettbewerbsrechtlichen Leistungsschutzes kann sich unter dem Gesichtspunkt der vermeidbaren Herkunftstäuschung (§ 4 Nr. 9 lit. a UWG) oder der Ausnutzung oder Beeinträchtigung der Wertschätzung (§ 4 Nr. 9 lit. b UWG) ergeben.

1. Nachahmung von Waren eines Mitbewerbers

Bei den von B hergestellten und vertriebenen Taschen müsste es sich zunächst um Nachahmungen der Taschen der H handeln. Die Nachahmung kann in Form einer unmittelbaren Leistungsübernahme (Imitation), einer fast identischen Leistungsübernahme oder einer nachschaffenden Leistungsübernahme auftreten. Bei der Beurteilung des Grades der Übernahme kommt es auf die Ähnlichkeit der sich gegenüberstehenden Handtaschenmodelle an, die anhand der Gesamtwirkung der sich gegenüberstehenden Produkte zu ermitteln ist.[5] Maßgeblich ist, ob gerade die übernommenen Gestaltungsmittel diejenigen sind, die die wettbewerbliche Eigenart des Produkts ausmachen, für das Schutz beansprucht wird.[6] Da die Taschen der B in Details abweichen, kommt eine identische Übernahme nicht in Betracht, so dass bereits an dieser Stelle eine eingehende Überprüfung der wettbewerblichen Eigenart und des Übernahmegrades erforderlich ist.[7]

a) Wettbewerbliche Eigenart der Taschen

Fraglich ist zunächst, ob die Handtaschen der Modellreihen „Kelly" und „Birkin" über wettbewerbliche Eigenart verfügen. Diese kommt einem Erzeugnis zu, wenn dessen konkrete Ausgestaltung oder bestimmte Merkmale geeignet sind, die interessierten Verkehrskreise auf seine betriebliche Herkunft oder seine Besonderheiten hinzuweisen.[8] Bei einer Modellreihe müssen daher konkrete Gestaltungsmerkmale

---

[5] *BGH*, Urt. v. 21. 2. 2002, Az. I ZR 265/99, GRUR 2002, 629, 632 – Blendsegel; *BGH*, Urt. v. 24. 3. 2005, Az. I ZR 131/02, GRUR 2005, 600, 602 – Handtuchklemmen.

[6] *BGH*, Urt. v. 6. 5. 1999, Az. I ZR 199/96, GRUR 1999, 923, 926 f. – Tele-Info-CD.

[7] Bei einer identischen Übernahme wäre die wettbewerbliche Eigenart im Rahmen der besonderen Unlauterkeitsvoraussetzungen der lit. a und lit. b zu prüfen, da eine Herkunftstäuschung nur bei einem in der wettbewerblichen Eigenart begründeten Herkunftshinweis in Betracht kommt und eine Rufausnutzung/-beeinträchtigung einen in der wettbewerblichen Eigenart begründeten Ruf voraussetzt.

[8] *BGH*, Urt. v. 24. 3. 2005, Az. I ZR 131/02, GRUR 2005, 600, 602 – Handtuchklemmen; *BGH*, Urt. v. 15. 9. 2005, Az. I ZR 151/02, GRUR 2006, 79, 81 – Jeans I.

erkennbar sein, die jeweils allen Modellen der „Kelly"- und „Birkin"-Handtaschen eigen sind und deren wettbewerbliche Eigenart begründen.[9]

Beide Modelle weisen besondere Gestaltungsmerkmale in der Form auf. Diese sind dem Verkehr zudem als besondere Eigenart der Taschen der H bekannt, so dass von einer ursprünglichen wettbewerblichen Eigenart auszugehen ist. Mangels gegenteiliger Angaben im Sachverhalt ist zu Gunsten der H auch zu unterstellen, dass die wettbewerbliche Eigenart nicht infolge häufiger Nachahmung verloren gegangen ist. Von einem Verlust der wettbewerblichen Eigenart ist im Übrigen auch beim Vorhandensein zahlreicher Kopien auf dem Markt nicht auszugehen, solange der Verkehr noch zwischen dem Original und den Nachahmungen unterscheidet.[10] Der lange Zeitraum, über den die Taschen bei dem Verkehr aufgrund ihrer Gestaltung bekannt waren, weist zudem darauf hin, dass der Grad der wettbewerblichen Eigenart besonders hoch ist.

b) Übernahmegrad

Im vorliegenden Fall kommt eine fast identische Leistungsübernahme in Betracht. Dazu darf die die Nachahmung nur geringfügige, im Gesamteindruck unerhebliche Abweichungen vom Original aufweisen. Entscheidend ist der Gesamteindruck des Verbrauchers. Die Taschen des B sind offensichtlich an die der H angelehnt. Unterschiede ergeben sich im vorliegenden Fall hinsichtlich des Materials. Da jedoch die Optik der Taschen maßgeblich von der Form geprägt wird, tritt dieser Unterschied hinter deren Übernahme zurück. Gleiches gilt für die abweichenden Verschlüsse, da diese bei geschlossener Tasche nicht einmal sichtbar sind. Berücksichtigt man noch, dass der Verkehr die in Rede stehenden Produkte regelmäßig nicht gleichzeitig wahrnimmt und miteinander vergleicht, sondern seine Auffassung auf Grund eines Erinnerungseindrucks gewinnt, so dass in diesem Eindruck regelmäßig die übereinstimmenden Merkmale mehr hervortreten als die Unterschiede, ist von einer erheblichen Ähnlichkeit auszugehen. Das angebrachte Markenzeichen des B ist aufgrund seiner Größe und farblosen Prägung nicht so gewichtig, dass es Einfluss auf diesen Gesamteindruck hat. Es fehlt an irgendeiner sichtbaren nennenswerten gestalterischen Eigenleistung des B. Eine fast identische Leistungsübernahme liegt vor.

2. Unlauterkeitsmoment

Der Vertrieb eines nachgeahmten Erzeugnisses ist wettbewerbswidrig, wenn dieses von wettbewerblicher Eigenart ist und besondere Umstände i. S. d. lit. a) und b) hinzutreten, die die Nachahmung unlauter erscheinen lassen. Dabei besteht zwischen dem Grad der wettbewerblichen Eigenart, der Art und Weise und der Intensität der Übernahme sowie den besonderen wettbewerblichen Umständen eine Wechselwirkung. Je größer die wettbewerbliche Eigenart und je höher der Grad der Übernahme sind, desto geringere Anforderungen sind an die besonderen Umstände zu stellen, die die Wettbewerbswidrigkeit der Nachahmung begründen.[11]

a) Vermeidbare Herkunftstäuschung (§ 4 Nr. 9 lit. a UWG)

Das Inverkehrbringen der „Kelly-" und „Birkin-Nachahmung" könnte eine vermeidbare Täuschung über die betriebliche Herkunft i. S. v. § 4 Nr. 9 lit. a UWG sein.

---
[9] *BGH*, Urt. v. 11. 1. 2007, Az. I ZR 198/04, GRUR 2007, 795, 797 f. – Handtaschen.
[10] *BGH*, Urt. v. 5. 3. 1998, Az. I ZR 13/96, GRUR 1998, 830, 832 f. – Les-Paul-Gitarren.
[11] *BGH*, Urt. v. 15. 7. 2004, Az. I ZR 142/01, GRUR 2004, 941, 942 – Metallbett; *BGH*, Urt. v. 15. 9. 2005, Az. I ZR 151/02, GRUR 2006, 79, 80 – Jeans I.

In zeitlicher Hinsicht maßgeblich ist dafür der Zeitraum bis zur Kaufentscheidung der Abnehmer.[12] Für die Annahme einer Herkunftstäuschung genügt es, wenn durch die Ähnlichkeit der konkurrierenden Produkte zunächst eine Täuschung hervorgerufen wird, auch wenn diese noch vor dem Kauf auf Grund einer besonders intensiven Befassung mit dem Angebot entfallen kann.[13] Im vorliegenden Fall ist dem Verkehr aber das Nebeneinander von Originalen und Nachbauten bekannt. Ein verständiger Verbraucher geht deshalb davon aus, dass er sich anhand bestimmter Merkmale zunächst Klarheit darüber verschaffen muss, wer das jeweilige Produkt hergestellt hat.[14] Die angesprochenen Verkehrskreise werden dem Angebot daher und auch in Anbetracht der hohen Preise der Originalprodukte der H mit einem entsprechend hohen Aufmerksamkeitsgrad beggenen. Dies lässt erwarten, dass der Verbraucher das Fehlen der Marke der H und stattdessen die Marke der B entdeckt. Schon dieser Umstand führt dazu, dass er nicht annehmen kann, es handele sich um die Taschen der H. Einer Herkunftstäuschung steht schließlich auch der unterschiedliche Vertriebsweg entgegen, da nur die Produkte der H in entsprechend gekennzeichneten eigenen Geschäften oder als solche gekennzeichneten Abteilungen veräußert werden.

Soweit eine Täuschung derjenigen in Betracht kommt, die die Nachahmungen im Besitz der Käufer sehen, handelt es sich um eine Täuschung über die betriebliche Herkunft bei Dritten, die aber nicht von § 4 Nr. 9 lit. a UWG, sondern allenfalls von § 4 Nr. 9 lit. b UWG erfasst wird.[15]

b) Unangemessene Beeinträchtigung oder Ausnutzung der Wertschätzung (§ 4 Nr. 9 lit. b UWG)

Das Inverkehrbringen der „Kelly-" und „Birkin-Nachahmung" könnte eine unangemessene Ausnutzung der Wertschätzung der Modelle der H i. S. v. § 4 Nr. 9 lit. b UWG darstellen. Die Modelle haben auch einen dem Verkehr bekannten Ruf, der auf Qualität, Exklusivität und einen Luxus- bzw. Prestigewert hinweist. Dieser ist grundsätzlich auch durch Imagetransfer übertragbar, insbesondere soweit wie mit den Taschen des B gleichartige Waren betroffen sind.

Eine Ausnutzung der Wertschätzung kommt in Betracht, wenn die Gefahr der Täuschung zwar nicht bei den Abnehmern der nachgeahmten Produkte eintritt, wohl aber bei dem Publikum, das bei den Käufern die Nachahmungen sieht und zu irrigen Vorstellungen über die Echtheit verleitet wird.[16] Nicht ausreichend ist allerdings, dass durch die Herbeiführung von bloßen Assoziationen an ein fremdes Produkt Aufmerksamkeit geweckt wird.[17] Dazu müsste ein hinreichender Ähnlichkeitsgrad zwischen den Originalen und den Nachahmungen bestehen. An dieser Stelle kommt es nun nicht mehr auf den Aufmerksamkeitsgrad des Käufers, sondern auf den Dritter an. Insoweit ist festzustellen, dass der bestehende Abstand zwischen beiden Produkten nur sehr gering ist. Die unterschiedlichen Verschlüsse bleiben aufgrund ihrer Unsichtbarkeit für Dritte außer Betracht. Das Markenzeichen der B ist sowohl hinsichtlich Größe als auch Aufmachung nur sehr unauffällig an den

---

[12] *BGH*, Urt. v. 21. 9. 2006, Az. I ZR 270/03, GRUR 2007, 339, 343 – Stufenleitern; *BGH*, Urt. v. 30. 4. 2008, Az. I ZR 123/05, WRP 2008, 1196, 1199 – Rillenkoffer.
[13] *BGH*, Urt. v. 17. 6. 1999, Az. I ZR 213/96, GRUR 1999, 1106, 1109 – Rollstuhlnachbau.
[14] *BGH*, Urt. v. 8. 11. 1984, Az. I ZR 128/82, GRUR 1985, 876, 878 – Tchibo/Rolex; *BGH*, Urt. v. 5. 3. 1998, Az. I ZR 13/96, GRUR 1998, 830, 832 f. – Les-Paul-Gitarren.
[15] *BGH*, Urt. v. 11. 1. 2007, Az. I ZR 198/04, GRUR 2007, 795, 799 – Handtaschen.
[16] *BGH*, Urt. v. 8. 11. 1984, Az. I ZR 128/82, GRUR 1985, 876, 878 – Tchibo/Rolex.
[17] *BGH*, Urt. v. 10. 4. 2003, Az. I ZR 276/00, GRUR 2003, 973, 975 – Tupperwareparty.

Taschen angebracht, so dass es Dritten nicht ohne weiteres auffällt. Zwar verwendet B andere Materialien, was durchaus sichtbar sein kann und zu einer anderen Haptik führt. Allerdings ist es bei Modellreihen nicht unüblich, dass diese in verschiedenen Ausführungen angeboten werden. Selbst soweit Unterschiede aus kurzer Entfernung leicht erkennbar sein mögen, sind die möglicherweise getäuschten Dritten typischerweise Unbekannte, welche die Taschen keiner näheren Untersuchung unterziehen können. Für die Annahme einer Herkunftstäuschung beim Publikum spricht auch der Umstand, dass es sich bei der „Kelly" und der „Birkin" um besonders bekannte Produkte handelt; denn dem Verkehr bleiben bekannte Erzeugnisse eher in Erinnerung, so dass das Publikum deshalb auch eher in einer Nachahmung das Original wiederzuerkennen glaubt.

Besteht demnach die Gefahr der Herkunftstäuschung bei Dritten, kann bei gleichartigen Waren davon ausgegangen werden, dass der Ruf tatsächlich ausgenutzt wurde, ein Imagetransfer also tatsächlich stattgefunden hat.

Die Rufausnutzung muss zudem in unangemessener Weise erfolgt sein. Bei der dazu erforderlichen Gesamtwürdigung ist die Wechselwirkung zu berücksichtigen, die zwischen den besonderen wettbewerblichen Umständen, dem Grad der wettbewerblichen Eigenart und der Art und Weise und der Intensität der Übernahme der fremden Leistung besteht. Für die Unangemessenheit spricht hier zunächst, dass keine technisch bedingten Notwendigkeit für die Übernahme der Handtaschenformen besteht. Darüber hinaus ist der Übernahmegrad sehr hoch, ohne dass irgendeine Rechtfertigung ersichtlich wäre, außer dem Versuch, sich mit den Nachahmungen an den Ruf der nachgeahmten Produkte anzuhängen. Die Unangemessenheit ist daher zu bejahen.

Das Inverkehrbringen der „Kelly-" und der „Birkin-Nachahmungen" könnte auch eine unangemessene Beeinträchtigung der Wertschätzung der Originalprodukte i.S.v. § 4 Nr. 9 lit. b UWG sein. Bei Luxusgütern kann durch den massenhaften Vertrieb billiger Imitate eine Zerstörung des Prestigewerts zu einer wettbewerbsrechtlich relevanten Beeinträchtigung i.S.v. § 4 Nr. 9 lit. b UWG führen.[18] Dies ist aber jedenfalls dann nicht der Fall, wenn auf Grund eines hinreichenden Abstands nicht nur bei den Kaufinteressenten, sondern auch beim allgemeinen Publikum, das die Produkte bei Dritten sieht, keine Gefahr einer Herkunftstäuschung besteht.[19] Im vorliegenden Fall besteht hingegen bei Dritten die Gefahr der Herkunftstäuschung. Fraglich ist jedoch, ob der Ruf der H durch die Nachbildungen beeinträchtigt wird. Dagegen spricht, dass die Nachbildungen ja gerade das Vorhandensein eines guten Rufes voraussetzen und daher nicht dessen Beeinträchtigung dienen. Allerdings besteht durch massenhaft auftretende Billigprodukte wie die der B die Gefahr, dass die Taschen ihren besonderen Ruf als besonderes Luxus- und Qualitätsprodukt dadurch verlieren, dass Verbraucher von einem Kauf der Tasche absehen, wenn Dritte nicht zwischen Original und Billigprodukt unterscheiden können. Das Interesse des Käufers schwindet dann mit der Außenwirkung des Produktes. Da die Nachahmung genau diese Außenwirkung als Vorspann für die eigene Leistung ausnutzt, besteht die Gefahr der Gewöhnung des Verkehrs an solche Billigprodukte, so dass eine unangemessene Beeinträchtigung der Wertschätzung der Taschen ebenfalls zu bejahen ist.

Der Vertrieb der Nachahmungen ist folglich unlauter gemäß § 4 Nr. 9 lit. b UWG.

Das Vorliegen des subjektiven Unlauterkeitstatbestandes ist ebenso wie die Rechtswidrigkeit der Maßnahme indiziert.

---

[18] *BGH*, Urt. v. 8. 11. 1984, Az. I ZR 128/82, GRUR 1985, 876, 878 – Tchibo/Rolex.
[19] *BGH*, Urt. v. 5. 3. 1998, Az. I ZR 13/96, GRUR 1998, 830, 833 – Les-Paul-Gitarren.

IV. Wiederholungsgefahr

Die Wiederholungsgefahr folgt bereits aus dem einmaligen Verstoß und wurde nicht widerlegt, etwa durch die Abgabe einer strafbewehrten Unterlassungserklärung.

V. Passivlegitimation

B ist als unmittelbare Verletzerin auch passivlegitimiert.

VI. Ergebnis

Der auf § 8 Abs. 1 UWG gestützte Unterlassungsanspruch der H gegen die gemäß § 3 Abs. 1 i.V.m. § 4 Nr. 9 lit. b UWG unzulässige Nachahmung ist begründet.

C. Schadensersatzanspruch gemäß § 9 S. 1 UWG

H könnte als Mitbewerber der B gegen diesen einen Schadensersatzanspruch gemäß § 9 S. 1 UWG zustehen. Eine gemäß § 3 Abs. 1 UWG unzulässige geschäftliche Handlung liegt vor. Für das im Rahmen des Schadensersatzanspruches erforderliche Verschulden ist Vorsatz gemäß § 276 BGB zu bejahen, da B jedenfalls die Herkunft der Taschen kannte und diese allein wegen ihres Rufes nachahmte.

Fraglich ist, in welcher Höhe H Schadensersatz geltend machen kann. Für den konkreten Schaden gemäß § 249 Abs. 1 BGB kann H Gewinneinbußen in Höhe von 5000 € nachweisen. Bei der Verletzung von gewerblichen Schutzrechten ist darüber hinaus gesetzlich die Möglichkeit der dreifachen Schadensberechnung vorgesehen.[20] Danach darf die Schadensberechnung nicht nur konkret nach dem entgangenen Gewinn, sondern auch nach einer der sogenannten objektiven Schadensberechnungsarten (Lizenzanalogie oder Herausgabe des Verletzergewinns) erfolgen. Grund dafür ist das Wesen der Immaterialgüterrechte mit ihrer besonderen Verletzlichkeit und dem sich daraus ergebenden besonderen Schutzbedürfnis des Verletzten. Wegen der immateriellen Natur der geschützten Rechtsgüter kann der Berechtigte – anders als bei körperlichen Gegenständen – keine Vorkehrungen gegen Rechtsverletzungen treffen; er kann ferner Rechtsverletzungen oft nur schwer feststellen; schließlich bereitet ihm der Nachweis eines bestimmten entgangenen Gewinns häufig besondere Schwierigkeiten, da sich der hypothetische Geschehensablauf ohne den Eingriff des Verletzers kaum rekonstruieren lässt. Ein einigermaßen sicherer Anhaltspunkt ergibt sich jedoch daraus, dass die Immaterialgüterrechte, die dem Rechtsinhaber bestimmte Verwertungsformen des immateriellen Guts ausschließlich vorbehalten und jeden anderen von dieser Verwertung ausschließen oder im Wege der Lizenzvergabe gegen Vergütung genutzt werden und sich aus dieser Sicht die vom Verletzer ersparte Lizenz als Gewinnentgang des Rechtsinhabers darstellt. Ferner kann auf Grund des Ausschließlichkeitscharakters des Immaterialgüterrechts nach der Lebenserfahrung davon ausgegangen werden, dass der Rechtsinhaber bei einer eigenen Verwertung seiner Rechte den Gewinn erzielt haben würde,

---

[20] Siehe § 92 Abs. 2 UrhG; § 139 Abs. 2 PatG; § 14 Abs. 6 MarkenG; § 42 Abs. 2 GeschmG; § 24 Abs. 2 GebrMG.

den der Verletzer in ursächlichem Zusammenhang durch die Nutzung des fremden Immaterialguts erzielt hat. Diese Ergänzung des Schadensersatzrechts entspricht damit einem auf Grund der besonderen Interessenlage gegebenen praktischen Bedürfnis und der Billigkeitserwägung, dass niemand durch den unerlaubten Eingriff in solche Rechte besser gestellt werden soll, als er im Fall einer ordnungsgemäß nachgesuchten und erteilten Erlaubnis durch den Rechtsinhaber gestanden hätte.[21]

Eine generelle Übertragung auf einen Anspruch aus § 9 S. 1 UWG scheidet zwar aus, da eine Wettbewerbsverletzung nicht mit einem unmittelbaren Eingriff in den Bestand eines fremden Rechts vergleichbar ist. Eine etwa beeinträchtigte Marktposition ist im Wettbewerb gerade keinem Unternehmen dauerhaft zugewiesen. Es entsteht aber dann eine vergleichbare Interessenlage, wenn die Unlauterkeit gerade aus der Ausbeutung eines schützenswerten Leistungsergebnisses folgt.[22] Daher ist die grundsätzliche Anwendbarkeit der dreifachen Schadensberechnungsweisen auf Fälle der unlauteren Nachahmung eines schützenswerten Leistungserzeugnisses zu befürworten.

Allerdings unterscheidet der vorliegende Fall sich von den vorgehend beschriebenen Fallgestaltungen dadurch, dass die Nachahmung wegen fehlender Verwechslungsgefahr in den Augen des Käufers und für diesen erkennbarer erheblicher Ungleichwertigkeit des angelehnt hergestellten Erzeugnisses nicht zu einer echten Substitution bzw. Verdrängung des nachgeahmten Erzeugnisses geeignet bzw. bestimmt war, sondern solche Kundenkreise ansprechen sollte, die ohne sich das wesentlich teurere Originalerzeugnis leisten zu können oder zu wollen, Wert auf ein diesem äußerlich ähnliches Produkt legten. Allerdings ist auch für den vorliegenden Fall charakteristisch, dass es sich um eine Übernahme fremder Leistung handelt und in wettbewerbswidriger Weise Ruf und Prestige eines fremden Erzeugnisses zur Förderung des Absatzes eines eigenen Billigprodukts ausgenutzt werden. Die Interessenlage bleibt daher mit dem sondergesetzlichen Schadensersatzanspruch bei Verletzung gewerblicher Schutzrechte vergleichbar.[23]

Demnach kann H alternativ auch den Verletzergewinn verlangen oder eine Lizenzanalogie bilden, wobei die Herausgabe des Verletzergewinns (30 000 €) für H dem Sachverhalt nach am günstigsten ist.

D. Anspruch gemäß § 812 Abs. 1 S. 1, 2. Alt. BGB

Die Eingriffskondiktion gemäß § 812 Abs. 1, 2. Alt BGB setzt voraus, dass jemand in sonstiger Weise, d.h. ohne Leistung, auf Kosten eines anderen etwas ohne rechtlichen Grund erlangt hat. Auf ein Verschulden des B oder einen Schaden des H kommt es nicht an.[24]

B müsste durch den Vertrieb der Nachahmungen etwas erlangt haben. Dazu müsste er sich eine geschützte Rechtsposition der H zu eigen gemacht haben, deren Nutzen ihm ohne die Gestattung des Rechtsinhabers in rechtmäßiger Weise nicht zukommt. Rechtlicher Anknüpfungspunkt ist dabei die Verletzung einer solchen Rechtsposition, die nach dem Willen der Rechtsordnung dem Berechtigten zu dessen ausschließlicher Verfügung und Verwertung zugewiesen ist.[25] Der erlangte Vermö-

---

[21] *BGH*, Urt. v. 8. 10. 1971, Az. I ZR 12/70, BGHZ 57, 116, 118 f. – Wandsteckdose II.
[22] *BGH*, Urt. v. 8. 10. 1971, Az. I ZR 12/70, BGHZ 57, 116, 120 f. – Wandsteckdose II.
[23] Siehe auch *BGH*, Urt. v. 17. 6. 1992, Az. I ZR 107/90, GRUR 1993, 55, 57 – Tchibo/Rolex II.
[24] *BGH*, Urt. v. 26. 6. 1981, Az. I ZR 73/79, GRUR 1981, 846, 848 – Carrera.
[25] *BGH*, Urt. v. 26. 6. 1981, Az. I ZR 73/79, GRUR 1981, 846, 847 – Carrera.

gensvorteil muss dem Zuweisungsgehalt des verletzten Rechtsguts widersprechen.[26] Der Zuweisungsgehalt der Rechtsposition ersetzt bei der Kondiktion einer Bereicherung in sonstiger Weise das bei der Leistungskondiktion bestehende Erfordernis, dass das Erlangte aus einer Leistung des Bereicherungsgläubigers stammen muss.

Hier hat B das gemäß § 4 Nr. 9 UWG geschützte Leistungsrecht der H verletzt. Da dieses Recht der H einen Verbotsanspruch vermittelt, der es ihrem Belieben unterstellt, einen Dritten von der Nutzung auszuschließen oder es ihm gegen Entgelt zur wirtschaftlichen Verwertung zu überlassen, verkörpert diese Rechtsposition einen wirtschaftlichen Nutzwert. Indem B das geschützte Leistungsrecht verletzt hat, hat er in den Zuweisungsgehalt eines Rechtsguts eingegriffen, dessen wirtschaftliche Verwertung H vorbehalten war.[27] Das Erlangte etwas wird dadurch bestimmt, inwieweit der Verletzer sich die Entscheidungsbefugnisse faktisch anmaßt, von denen er nur unter Zustimmung der Entscheidungsbefugnisse des Rechtsinhabers hätte Gebrauch machen dürfen. Erlangt ist folglich der tatsächlich ausgenutzte Gebrauchsvorteil selbst.

H hat folglich etwas in sonstiger Weise erlangt. Soweit man nicht auf die fehlerhafte Vermögensposition sondern auf die Rechtswidrigkeit des Erlangens abstellt,[28] sind die Voraussetzungen ebenfalls erfüllt, da B die Taschen wettbewerbswidrig ohne Gestattung nachgeahmt hat.[29]

Der Erwerb ist rechtsgrundlos, da dem B keine Lizenz oder sonstige Gestattung des H und kein sonstiger Rechtfertigungsgrund zur Seite stand. Er erfolgt auch auf Kosten der H, da gemäß § 4 Nr. 9 UWG gerade ihr die Rechtsposition zugewiesen war.

Der Umfang der Bereicherung bemisst sich nach § 818 Abs. 2 BGB, da eine Herausgabe in natura nicht in Betracht kommt. Danach entscheidet der Wert der beschriebenen rechtswidrigen Nutzung. Fraglich ist dessen Bemessungsgrundlage. Stellt man auf den objektiven Gegenwert für den Gebrauch des durch den nach § 4 Nr. 9 UWG näher bestimmten immateriellen Gegenstandes ab, so wird dieser allein durch ein angemessenes Lizenzentgelt, das B im Falle der erlaubten Nutzung zu zahlen gehabt hätte, adäquat beschrieben. Es stellt die Werteinschätzung dar, welche die verkehrsbeteiligten Kreise einem solchen Gebrauch entgegenbringen. Der Gewinn des Verletzers, den der einzelne möglicherweise beim Gebrauch des Erlangten erzielt, ist dagegen nicht Bestandteil dieser Einschätzung und kann deshalb bei der Wertfestsetzung nach § 818 Abs. 2 BGB nicht herangezogen werden. Die Herausgabe des Verletzergewinns kann danach nicht gemäß § 818 Abs. 2 BGB gefordert werden.[30] Versubjektiviert man hingegen den Wertbegriff, so kommt es auf den individuellen Wert für B an, der sich auch in dem erlangten Gewinn widerspiegelt.[31]

---

[26] *BGH*, Urt. v. 9. 3. 1989, Az. I ZR 189/86, GRUR 1990, 221, 222 – Forschungskosten.

[27] Vgl. *BGH*, Urt. v. 30. 11. 1976, Az. X ZR 81/72, GRUR 1977, 205, 255 – Kunststoffhohlprofil I (Gebrauchsmuster); *BGH*, Urt. v. 26. 6. 1981, Az. I ZR 73/79, GRUR 1981, 846, 847 – Carrera (Namensrecht); *BGH*, Urt. v. 18. 12. 1986, Az. I ZR 111/84, GRUR 1987, 520, 523 – Chanel No. 5 I (Marke).

[28] Die sog. Rechtswidrigkeitslehre, so grundlegend *Schulz*, AcP 105 (1909), 1 ff.; dazu *Kleinheyer*, JZ 1970, 471 ff.

[29] Bei der Rechtswidrigkeitslehre wird allerdings der rechtswidrig erzielte Erfolg im Vermögen als das Erlangte angesehen. Insoweit würde nicht nur der Gebrauchsvorteil, sondern auch der dadurch erzielte Gewinn als Erlangtes anzusehen sein. Dies hat Auswirkungen auf den Umfang der Herausgabe gemäß § 818 BGB und wird deshalb erst dort weiter problematisiert.

[30] *BGH*, Urt. v. 24. 11. 1981, Az. X ZR 7/80, GRUR 1982, 301, 303 – Kunststoffhohlprofil II; *BGH*, Urt. v. 18. 12. 1986, Az. I ZR 111/84, GRUR 1987, 520, 523 – Chanel No. 5 (I).

[31] So z. B. *Brandner*, GRUR 1980, 359, 360 ff.

Gegen den subjektiven Wertbegriff spricht jedoch bereits, dass damit das System des § 818 BGB umgangen würde.§ 818 Abs. 1 BGB bringt gerade für die Weiterveräußerung des Erlangten zum Ausdruck, dass rechtsgeschäftlich vermittelte Gewinne grundsätzlich nicht herauszugeben sind. Diese Weichenstellung darf nicht durch einen auf Gewinnhaftung angelegten subjektiven Wertbegriff unterlaufen werden.[32] Zudem ist der selbst erwirtschaftete Gewinn dem unternehmerischen Einsatz des B zu verdanken. Er ist daher nicht bereits im Zuweisungsgehalt des Leistungsschutzrechtes enthalten, der nur die Gebrauchsmöglichkeit vermittelt.

Folglich bemisst sich der gemäß § 818 Abs. 2 BGB zu fordernde Betrag nur nach einem angemessenen Lizenzentgelt. Mangels entgegenstehender Anhaltspunkte ist die von H errechnete fiktive Lizenzgebühr von 20 000 EUR als angemessen anzusehen. Da der Verletzergewinn höher als das angemessene Lizenzentgelt ausfällt, kommt es nicht mehr darauf an, ob eine auf § 818 Abs. 3 BGB gestützte Begrenzung des Wertersatzes in Höhe des Gewinns gemäß §§ 819, 818 Abs. 4 BGB ausgeschlossen ist.

Fraglich ist jedoch, ob der Verletzergewinn abzüglich des Lizenzentgeltes des B daneben als Nutzung gemäß § 818 Abs. 1 BGB herauszugeben ist.[33] Der Nutzungsbegriff ist an den der §§ 100, 99 BGB angelehnt. Die Pflicht zur Herausgabe erstreckt sich demnach auf die Sach- und Rechtsfrüchte des erlangten Gegenstandes sowie die Vorteile, die der Gebrauch der erlangten Sache oder des Rechts gewährt.[34] Hier ist jedoch das Herauszugebende selbst eine (primäre) Nutzungsmöglichkeit. Die Nutzungen sind in der bloßen Möglichkeit nicht angelegt, sie beruhen vielmehr auf der Eigenleistung des B. Gegen einen auf § 818 Abs. 1 BGB gestützten Anspruch auf Herausgabe des Verletzergewinns spricht zudem der Zuweisungsgedanke. Dem Inhaber der Rechtsposition, in die eingegriffen wurde, ist nur die Entscheidungsmöglichkeit über das Recht und damit die wirtschaftliche Verwertungsmöglichkeit zugewiesen. Eine Gewinngarantie kennt die Rechtsordnung hingegen nicht. Würde man neben dem Lizenzentgelt den Verletzergewinn über das Bereicherungsrecht beanspruchen, würde der Gläubiger zudem besser stehen als bei der berechtigten Nutzung aufgrund einer tatsächlichen Lizenz. Dieses nur durch einen Sanktionsgedanken zu rechtfertigende Ergebnis kann aber nicht über die verschuldensunabhängige Bereicherungshaftung, erlangt werden. Auf § 818 Abs. 1 BGB kann die Herausgabe des Verletzergewinns daher nicht gestützt werden.

H hat gegen B einen Anspruch auf Zahlung von 20 000 € gemäß §§ 812 Abs. 1, 2. Alt., 818 Abs. 2 BGB.

E. Anspruch gemäß §§ 687 Abs. 2 S. 1, 681 S. 2, 667 BGB

H könnte weiterhin einen Anspruch auf Herausgabe des Erlangten gemäß §§ 687 Abs. 2 S. 1, 681 S. 2, 667 BGB haben.

B müsste zunächst ein objektiv fremdes Geschäft geführt haben. Dazu genügt jedes unbefugte Tätigwerden im fremden Rechtskreis. Indem B hier die durch ein lauterkeitsrechtliches Leistungsschutzrecht der H geschützten Taschen nachgeahmt und vertrieben hat, nutzte er ein ihrem Rechtskreis zugeordnetes Ausschließlichkeitsrecht aus und führte daher ein Geschäft im Sinne des § 687 Abs. 2 S. 1 BGB. B wurde im geschäftlichen Verkehr zu Erwerbszwecken tätig und behandelte das fremde

---

[32] Vgl. *Schwab*, in: MünchKommBGB, § 818 Rn. 76.
[33] Ablehnend *BGH*, Urt. v. 24. 11. 1981, Az. X ZR 7/80, GRUR 1982, 301, 303 – Kunststoffhohlprofil II.
[34] *Schwab*, in: MünchKommBGB, § 818 Rn. 8.

Geschäft somit als ein eigenes. Mangels Lizenzrecht oder sonstiger Gestattung durch H handelte B ohne Auftrag, also ohne Berechtigung, wobei dessen Kenntnis der mangelnden Berechtigung aufgrund der Gewerblichkeit vermutet wird.

B hat demnach das Erlangte herauszugeben, wozu der erzielte Gewinn (30 000 €) zählt. Abzuziehen ist aber der Betrag eines etwaigen parallel geltend gemachten Anspruchs auf ein lizenzanaloges Entgelt.[35] Ein daneben bestehender Anspruch auf Schadenersatz nach §§ 687 Abs. 2 S. 1, 678 BGB geht nicht über den Anspruch gemäß § 9 S. 1 UWG hinaus.

Merke: § 4 Nr. 9 UWG kodifiziert die Grundsätze des ergänzenden wettbewerbsrechtlichen Leistungsschutzes. Der Schutz wird nur bei Produkten mit wettbewerblicher Eigenart ausgelöst. Diese kommt einem Erzeugnis zu, wenn dessen konkrete Ausgestaltung oder bestimmte Merkmale geeignet sind, die interessierten Verkehrskreise auf seine betriebliche Herkunft oder seine Besonderheiten hinzuweisen.

Für die Annahme einer Herkunftstäuschung gemäß § 4 Nr. 9 lit. a UWG genügt es, wenn durch die Ähnlichkeit der konkurrierenden Produkte zunächst eine Täuschung hervorgerufen wird, auch wenn diese noch vor dem Kauf auf Grund einer besonders intensiven Befassung mit dem Angebot entfallen kann. Getäuscht werden muss der unmittelbare Abnehmer.

Wenn die Gefahr der Täuschung zwar nicht bei den Abnehmern der nachgeahmten Produkte eintritt, wohl aber bei dem Publikum, das bei den Käufern die Nachahmungen sieht und zu irrigen Vorstellungen über die Echtheit verleitet wird, kommt eine Ausnutzung der Wertschätzung gemäß § 4 Nr. 9 lit. b UWG in Betracht. Um die Unangemessenheit der Rufausnutzung festzustellen, erfordert es eine Gesamtwürdigung unter Berücksichtigung der Wechselwirkung, die zwischen den besonderen wettbewerblichen Umständen, dem Grad der wettbewerblichen Eigenart und der Art und Weise und der Intensität der Übernahme der fremden Leistung besteht.

Bei einer Verletzung der lauterkeitsrechtlich geschützten Leistung kann ausnahmsweise im Rahmen des § 9 UWG eine „dreifache Schadensberechnung" erfolgen. Dabei wird nicht nur konkret nach dem entgangenen Gewinn oder sonstigen tatsächlichen Schäden gefragt, sondern es kann alternativ auch jeweils eine der sogenannten objektiven Schadensberechnungsarten Anwendung finden, nämlich die Lizenzanalogie oder die Herausgabe des Verletzergewinns. Grund dafür ist die Vergleichbarkeit des Schutzgegenstandes beim ergänzenden lauterkeitsrechtlichen Leistungsschutz mit den Immaterialgüterrechten, bei denen aufgrund ihrer besonderen Verletzlichkeit und dem sich daraus ergebenden besonderen Schutzbedürfnis des Verletzten diese Form der Schadensberechnung spezialgesetzlich geregelt wurde.

Daneben kann die Lizenzanalogie auch über die Eingriffskondiktion gemäß § 812 Abs. 1 S. 1, 2. Alt. BGB erreicht werden, da gemäß § 818 Abs. 2 BGB der Wert des Erlangten, welcher hier im tatsächlich ausgenutzten Gebrauchsvorteil selbst liegt, zu ersetzen ist, der sich nach einer angemessenen Lizenzgebühr richtet.

Die Herausgabe des Verletzergewinns kann auch über die Grundsätze der angemaßten GoA (§§ 687 Abs. 2 S. 1, 681 S. 2, 667 BGB) verlangt werden.

---

[35] Vgl. dazu *Seiler*, in: MünchKommBGB, § 667 Rn. 18, 24.

2. Teil. Markenrecht

Fall 15. Verkauf von Markenrechten

Sachverhalt*

Die Gesellschaft V fabriziert und vertreibt Eierlikör in fast allen europäischen Mitgliedstaaten unter dem Markenzeichen Advocaat Zwarte Kip und ist dabei zweitgrößter Hersteller auf dem auf Europa beschränkten relevanten Markt. V ließ in mehreren europäischen Staaten Wort- und Bildzeichen unter der Sammelbezeichnung Advocaat Zwarte Kip als Marke registrieren.

2006 schloss V mit dem in Brüssel ansässigen Unternehmen T eine „Markenabtretung" genannte Vereinbarung. Auf Grund dieser Vereinbarung übertrug V einige seiner Rechte an den Marken Advocaat Zwarte Kip auf T, der von diesem Zeitpunkt ab allein und unter Ausschluss jeder anderen Person in Belgien, Luxemburg und Deutschland die Marke Advocaat Zwarte Kip benutzen und unter dieser Eierlikör seiner eigenen Herstellung verkaufen konnte, und zwar unter der Auflage, den guten Ruf der Marke aufrechtzuerhalten. Auf Grund der Vereinbarung wurde auf T auch der Geschäftsbetrieb in Form des Rezeptes für das betreffende Produkt übertragen. T ist auf dem Gebiet der Herstellung und des Vertriebs alkoholischer Getränke in Belgien und in Luxemburg tätig.

V stellt einen Teil des Eierlikörs her, der anschließend von T in Belgien, Luxemburg und Deutschland verkauft wird. Auf Ersuchen von T unterscheidet sich der von V an T gelieferte Eierlikör in Zusammensetzung, Alkoholgehalt und Aufmachung von dem von V gewöhnlich verkauften Eierlikör. T differenziert seine Flaschen von denen des V unter anderem dadurch, dass er ein Etikett mit seiner Adresse hinzufügt, und zwar auch dann, wenn es sich um von V hergestellten und nur von T vertriebenen Eierlikör handelt.

Der Händler S kaufte nunmehr von einem Zwischenhändler in den Niederlanden eine bestimmte Menge des von V hergestellten und vertriebenen Eierlikörs der Marke Advocaat Zwarte Kip und importierte sie anschließend nach Deutschland. Daraufhin mahnte T den S wegen Verletzung der Marke Advocaat Zwarte Kip ab, untersagte ihm den weiteren Gebrauch dieser Marke und verlangte die Abgabe einer strafbewehrten Unterlassungserklärung sowie die Erstattung der Abmahnkosten.

Hat T einen Anspruch auf Ersatz der Abmahnkosten? Gehen Sie davon aus, dass die „Markenabtretung" kein Zusammenschluss ist.

---

*Fall nachgebildet der Entscheidung der *Kommission* v. 24. 7. 1974, Az. IV/28.374, ABl. EG 1974 Nr. L 237/12 – Advocaat Zwarte Kip; siehe dazu auch *EuGH*, Urt. v. 18. 2. 1971, Rs. 40/70, Slg. 1971, 69 – Sirena/Eda; *EuGH*, Urt. v. 29. 2. 1968, Rs. 24/67, Slg. 1968, 86 – Parke-Davis; *EuGH*, Urt. v. 22. 6. 1994, Rs. C-9/93, Slg. 1994, I-2789 – Ideal-Standard; vgl. auch *Säcker/Wolf*, Deutsches und europäisches Wettbewerbsrecht case by case, 2008, Fall 12.

Lösung

Ein Anspruch des T gegen S auf Ersatz der Abmahnkosten kann sich aus den Vorschriften der Geschäftsführung ohne Auftrag (§§ 683 S. 1, 677, 670 BGB) ergeben. Dazu muss die Abmahnung für den Störer objektiv nützlich sein und seinem wirklichen oder mutmaßlichen Willen entsprechen.[1] Eine vorprozessuale Abmahnung des Störers ist regelmäßig geeignet, zur beschleunigten Beseitigung der entstandenen Unklarheit beizutragen. Sie liegt zugleich im Interesse des Störers, der dadurch Gelegenheit erhält, einen kostspieligen Rechtsstreit zu vermeiden. Da die Abmahnung zudem ein den Gepflogenheiten auf dem Gebiet des gewerblichen Rechtsschutzes entsprechendes Mittel ist, kann der Abmahnende grundsätzlich davon ausgehen, dass er die Aufwendungen für eine solche Abmahnung im Einklang mit dem mutmaßlichen Willen des Störers erbringt.[2] Voraussetzung ist demnach aber, dass der Abgemahnte als Störer anzusehen ist und dieser Störzustand noch andauert bzw. eine Wiederholung des Wettbewerbsverstoßes zu befürchten ist. Es muss dem Abmahnenden ein Unterlassungsanspruch gegen den Störer zustehen.[3] Im vorliegenden Fall kommt ein Anspruch gemäß § 14 Abs. 5 i.V.m. Abs. 2 Nr. 1 MarkenG in Betracht.

A. Verletzungstatbestand[4]

I. Handeln im geschäftlichen Verkehr

§ 14 Abs. 2 Nr. 1 MarkenG verlangt, dass der Anspruchsgegner das geschützte Zeichen im geschäftlichen Verkehr nutzt.[5] Ausreichend ist eine Benutzung im Zusammenhang mit einer auf einen wirtschaftlichen Vorteil gerichteten kommerziellen Tätigkeit außerhalb des privaten Bereichs.[6] S hat die dem fraglichen Zeichen versehenen Produkte im Rahmen seiner unternehmerischen Tätigkeit in den Verkehr gebracht und handelte damit im geschäftlichen Verkehr.

II. Funktionsbeeinträchtigende (kennzeichenmäßige) Benutzung

Fraglich ist jedoch, ob jede Verwendung im geschäftlichen Verkehr auch eine „Benutzung" gemäß § 14 Abs. 2 MarkenG darstellt. Dazu ist der europarechtliche Hintergrund des Markengesetzes in seiner jetzigen Fassung zu berücksichtigen, welches auf der Markenrechtsrichtlinie 89/104/EWG vom 21. Dezember 1988 beruht.[7] Diese konkretisiert das Verhältnis der Art. 28, 49 und 30 EG. Ein nationales Gesetz,

---

[1] *BGH*, Urt. v. 3. 6. 1980, Az. I ZR 96/78, GRUR 1980, 1074 – Aufwendungsersatz.
[2] *BGH*, Urt. v. 15. 10. 1969, Az. I ZR 3/68, GRUR 1970, 189, 190 – Fotowettbewerb.
[3] *BGH*, Urt. v. 1. 6. 2006, Az. I ZR 167/03, GRUR 2007, 164, 165 – Telefax-Werbung II.
[4] Der Verletzungstatbestand wird hier allein aus didaktischen Gründen vor der Aktivlegitimation geprüft, um ein Hilfsgutachten zu vermeiden.
[5] Diese Voraussetzung dient zur Abgrenzung des vom MarkenG geregelten Lebensbereichs. Außerhalb des geschäftlichen Verkehrs kann Schutz nach §§ 12, 823 Abs. 1, 826 BGB bestehen. Ansprüche aus dem UWG setzen hingegen ebenfalls ein Handeln des Verletzers im geschäftlichen Verkehr voraus (*Ingerl/Rohnke*, § 14 Rn. 46).
[6] *EuGH*, Urt. v. 12. 11. 2002, Rs. C-206/01, Slg. 2002, I-10273, Rn. 40 – Arsenal.
[7] Nunmehr kodifiziert durch die RL 2008/95/EG v. 22. 10. 2008, ABl. EU 2008 Nr. L 299/25.

dass Abwehrbefugnisse gegen die Verwendung eines Produkte kennzeichnenden Zeichens gewährt, bewirkt eine Beeinträchtigung der Waren- oder Dienstleistungsfreiheit. Die Beschränkung ist jedoch gemäß Art. 30 EG zulässig, wenn sie zum Erhalt des gewerblichen Schutzrechtes notwendig und angemessen ist. Notwendig ist eine Einschränkung des Freihandelsverkehrs jedoch nur, wenn und soweit die spezifische Funktion des Schutzrechtes bewahrt werden muss. Demnach ist auch ein Abwehrrecht nur soweit, also gegen solche Verhaltensweisen zuzubilligen, wie es dem Schutz der Funktion des Schutzrechtes dient.[8] Nur gegen eine Benutzung, die die Hauptfunktion der Marke, d. h. die Gewährleistung der Herkunft der Waren oder Dienstleistungen gegenüber den Verbrauchern, grundsätzlich beeinträchtigt oder beeinträchtigen kann, bedarf es daher eines Abwehrrechts.[9] Das ist der Fall, wenn das Zeichen von dem Dritten für seine Waren oder Dienstleistungen in der Weise benutzt wird, dass die Verbraucher es als Bezeichnung des Ursprungs der betreffenden Waren oder Dienstleistungen auffassen. In einem solchen Fall kann die Benutzung dieses Zeichens nämlich die Hauptfunktion der Marke gefährden, weil die Marke, damit sie ihre Aufgabe als wesentlicher Bestandteil des Systems eines unverfälschten Wettbewerbs, das der EG-Vertrag errichten und erhalten will, erfüllen kann, die Gewähr bieten muss, dass alle Waren oder Dienstleistungen, die sie kennzeichnet, unter der Kontrolle eines einzigen Unternehmens hergestellt oder erbracht worden sind, das für ihre Qualität verantwortlich gemacht werden kann.[10] Das angegriffene Zeichen dient zur Unterscheidung der von S vertriebenen Produkte von Produkten anderer Unternehmen und erfüllt daher die Anforderungen an den zeichenmäßigen Gebrauch. Eine darüber hinausgehende Einschränkung ist nicht mehr von der Richtlinie gedeckt.[11]

III. Kollision durch Identität

Sowohl Produkt als auch Zeichen stimmen überein im Sinne von § 14 Abs. 2 Nr. 1 MarkenG. Das von T hinzugefügte Etikett auf den eigenen Produkten ändert daran nichts. Zwar ist das Kriterium der Identität zwischen dem Zeichen und der Marke restriktiv auszulegen. Daraus folgt, dass eine Identität zwischen dem Zeichen und der Marke dann besteht, wenn das Zeichen aus der Sicht eines durchschnittlich informierten, aufmerksamen und verständigen Durchschnittsverbrauchers ohne Änderung oder Hinzufügung alle Elemente wiedergibt, die die Marke bilden.[12] Aller-

---

[8] Vgl. dazu *Säcker*, in: MünchKommEUWettbR, Einl. Rn. 152 m.w.N.
[9] *EuGH*, Urt. v. 12. 11. 2002, Rs. C-206/01, Slg. 2002, I-10273, Rn. 54 – Arsenal; *EuGH*, Urt. v. 16. 11. 2004, Rs. C-245/02, Slg. 2004, I-10989, Rn. 59 – Anheuser-Busch; *EuGH*, Urt. v. 25. 1. 2007, Rs. C-48/05, Slg. 2007, I-1017, Rn. 21 – Adam Opel/Autec; *EuGH*, Urt. v. 11. 9. 2007, Rs. C-17/06, Slg. 2007, I-7041, Rn. 26 – Céline; *EuGH*, Urt. v. 12. 6. 2008, Rs. C-533/06, Rn. 57 – O2/Hutchison 3G; so auch bereits *EuGH*, Urt. v. 14. 5. 2002, Rs. C-2/00, Slg. 2002, I-4187, Rn. 16 – Hölterhoff/Freiesleben. Mit dieser Definition des Erfordernisses der markenmäßigen Benutzung als funktionsbeeinträchtigende Benutzung nunmehr deutlich auch *BGH*, Urt. v. 30. 4. 2008, Az. I ZR 123/05, GRUR 2008, 793, 794 – Rillenkoffer; *BGH*, Urt. v. 30. 4. 2008, Az. I ZR 73/05, GRUR 2008, 702, 707 – Internet-Versteigerung III.
[10] *EuGH*, Urt. v. 11. 9. 2007, Rs. C-17/06, Slg. 2007, I-7041, Rn. 27 – Céline.
[11] Im deutschen Schrifttum wird auf der Grundlage der alten Rechtsprechung zum Warenzeichengesetz teilweise noch eine leicht von dieser Definition abweichende, enger gefasste markenmäßige Benutzung gefordert (ausführlich dazu *Fezer*, Markenrecht, § 14 Rn. 128 ff.).
[12] *EuGH*, Urt. v. 20. 3. 2003, Rs. C-291/00, Slg. 2003, I-2799, Rn. 50 ff. – LTJ Diffusion. Der Durchschnittsverbraucher erhält von dem Zeichen einen Gesamteindruck. Ihm bietet sich nämlich nur selten die Möglichkeit, Zeichen und Marken unmittelbar miteinander zu vergleichen, er muss sich vielmehr auf das unvollkommene Bild verlassen, das er von ihnen im Gedächtnis behalten hat.

dings ändert der Hinweis von T nicht das Zeichen selbst. Er dient vielmehr nur der zusätzlichen Unterscheidung des Produktes, ist jedoch nicht geeignet, mit dem Basiszeichen zu einer den Gesamteindruck verändernden Einheit zu verschmelzen.[13]

B. Schutzhindernisse

Der Geltendmachung des Abwehrrechts könnte jedoch ein Schutzhindernis entgegenstehen.

I. Erschöpfung gemäß § 24 MarkenG

Gemäß § 24 Abs. 1 MarkenG kann der Inhaber einer Marke einem Dritten nicht untersagen, die Marke für Waren zu benutzen, die unter dieser Marke von ihm oder mit seiner Zustimmung in der EU bzw. dem EWG in den Verkehr gebracht worden sind. Hier sind die mit der Marke versehenen Produkte allerdings nicht von T, sondern von V in den Verkehr gebracht worden. Da es an jeglicher organisatorischer Verbindung zwischen T und V fehlt, sind die Flaschen nicht von T in den Verkehr gebracht worden, sondern von V. Der Händler S kann sich insoweit auch nicht auf eine Zustimmung durch T berufen, da nicht ersichtlich ist, dass T im Rahmen der Abtretungsvereinbarung eine Regelung darüber treffen wollte, zumal er darauf auch keinerlei Einfluss hat oder jemals hatte. Der Einwand der Erschöpfung gemäß § 24 Abs. 1 MarkenG greift nicht.

II. Einschränkung durch die Warenverkehrsfreiheit

Die Ausübung der Rechte könnte aufgrund der Regeln über die Warenverkehrsfreiheit gemäß Art. 28 und 30 EG eingeschränkt sein. Zwar richten sich diese Vorschriften nur an den Staat und nicht an Private.[14] Die Geltendmachung von Ausschließlichkeitsbefugnissen durch den Inhaber eines Schutzrechtes kann daher als solche nicht zur Anwendbarkeit der Art. 28 ff. EG führen.[15] Der Ausübung subjektiver Rechte durch Private ist jedoch die gesetzliche Normierung durch den nationalen Gesetzgeber vorgeschaltet, die unzweifelhaft ein staatlicher Akt im Sinne der Art 28 ff. EG ist.[16] Bereits die Erschaffung des Rechtsinstituts induziert dessen Geltendmachung. Die Durchsetzung dieser Rechte erfolgt zudem durch nationale Gerichte, also durch staatliche Stellen, deren Entscheidungen nach Art. 28 ff. EG zu beurteilende mitgliedstaatliche Akte sind.[17] Unabhängig von der dogmatischen Be-

---

Außerdem kann die Aufmerksamkeit je nach Art der betreffenden Waren oder Dienstleistungen unterschiedlich hoch sein. Da die Wahrnehmung der Identität zwischen einem Zeichen und einer Marke nicht das Ergebnis einer unmittelbaren Gegenüberstellung aller Merkmale der verglichenen Elemente ist, können dem Durchschnittsverbraucher unbedeutende Unterschiede zwischen dem Zeichen und der Marke entgehen (*EuGH* a. a. O.).

[13] Näher dazu *Ingerl/Rohnke*, § 14 Rn. 219 ff.
[14] A. A. *Steindorff*, FS Lerche, 1993, S. 575.
[15] Vgl. *Heinemann*, Immaterialgüterschutz in der Wettbewerbsordnung, 2002, S. 219 f.; *Michalsky*, Die Marke in der Wettbewerbsordnung, 1996, S. 166.
[16] *EuGH*, Urt. v. 22. 6. 1994, Rs. 9/93, Slg. 1994, I-2789, Rn. 33 – IHT/Ideal-Standard; *EuGH*, Urt. v. 31. 10. 1974, Rs. 16/74, Slg. 1974, 1183, Rn. 9 – Centrafarm/Winthrop; *EuGH*, Urt. v. 13. 7. 1989, Rs. 395/87, Slg. 1989, 2521, Rn. 11 – Tournier; *Joliet*, GRUR Int. 1991, 177, 182.
[17] Vgl. Grabitz/Hilf/*Leible*, Das Recht der Europäischen Union, 37. Aufl., 2008, Art. 30 Rn. 20; *EuGH*, Urt. v. 9. 7. 1997, Rs. 316/95, Slg. 1997, I-3929, Rn. 29 – Generics; GA *Mayras*, Schlussanträge v. 25. 5. 1976, Rs. 119/75, Slg. 1976, 1039, 1070 – Terrapin/Terranova.

gründung berührt folglich die Ausübung der Ausschließlichkeitsbefugnisse die Art. 28 ff. EG.[18]

Die Geltendmachung eines Markenrechtes gegen die Einfuhr eines Produktes ist ein Handelshemmnis im Sinne des Art. 28 EG. Als Ausnahme erlaubt Art. 30 EG Beschränkungen des freien Warenverkehrs, soweit sie zur Wahrung der Rechte berechtigt sind, die den spezifischen Gegenstand dieses Eigentums ausmachen. Der spezifische Gegenstand eines Markenrechtes beinhaltet, dass der Inhaber das ausschließliche Recht bekommt, ein Erzeugnis erstmals in den Verkehr zu bringen und dabei die Marke zu benutzen. Er wird dadurch vor Konkurrenten geschützt, die unter Missbrauch der aufgrund der Marke erworbenen Stellung und Kreditwürdigkeit widerrechtlich mit diesem Zeichen versehene Erzeugnisse veräußern. Ein Markenrecht soll damit gleichzeitig die Gewähr bieten, dass alle Erzeugnisse, die mit ihm versehen sind, unter der Kontrolle eines einzigen Unternehmens hergestellt worden sind, das für ihre Qualität verantwortlich gemacht werden kann.[19] Ist ein Erzeugnis in dem Mitgliedstaat, aus dem es eingeführt wird, durch den Inhaber selbst oder mit seiner Zustimmung rechtmäßig auf den Markt gebracht worden, dann lässt sich eine Abwehrbefugnis nicht mehr rechtfertigen. Anderenfalls würde ihm die Möglichkeit eröffnet, die nationalen Märkte abzuriegeln und auf diese Weise den Handel zwischen den Mitgliedstaaten zu beschränken, ohne dass eine derartige Beschränkung notwendig wäre, um ihm das aus dem Markenrecht fließende Ausschließlichkeitsrecht in seiner Substanz zu erhalten.[20] Dieser auch in § 24 MarkenG verankerte Erschöpfungsgrundsatz kommt zum Tragen, wenn es sich bei dem Zeicheninhaber im Einfuhrstaat und dem Zeicheninhaber im Ausfuhrstaat um dieselbe Person handelt oder wenn beide zwar verschiedene, aber wirtschaftlich miteinander verbundene Personen sind. Mehrere Fallgestaltungen sind denkbar: Die Erzeugnisse werden von ein und demselben Unternehmen, von einem Lizenznehmer, von einer Muttergesellschaft, von einer Tochtergesellschaft desselben Konzerns oder aber von einem Alleinvertriebshändler in den Verkehr gebracht. In allen genannten Fällen liegt die Kontrolle in ein und derselben Hand: beim Konzern für Erzeugnisse, die von einer Tochtergesellschaft in den Verkehr gebracht werden, beim Fabrikanten für Erzeugnisse, die vom Vertriebshändler vertrieben werden, und beim Lizenzgeber für Erzeugnisse, die vom Lizenznehmer auf den Markt gebracht werden.[21] Entscheidend ist also die Möglichkeit einer Kontrolle der Qualität der Erzeugnisse, nicht aber deren tatsächliche Ausübung.

---

[18] *Heinemann*, Immaterialgüterschutz in der Wettbewerbsordnung, 2002, S. 220 m. w. N.
[19] *EuGH*, Urt. v. 17. 10. 1990, Rs. C-10/89, Slg. 1990, I-3711, Rn. 13 – HAG II.
[20] *EuGH*, Urt. v. 31. 10. 1974, Rs. 16/74, Slg. 1974, 1183, Rn. 7–11 – Centrafarm/Winthrop.
[21] *EuGH*, Urt. v. 22. 6. 1994, Rs. C-9/93, Slg. 1994, I-2789, Rn. 37 – Ideal-Standard. Im Falle der Lizenz kann der Lizenzgeber die Qualität der Erzeugnisse des Lizenznehmers dadurch kontrollieren, dass er in den Vertrag Bestimmungen aufnimmt, die den Lizenznehmer zur Einhaltung seiner Anweisungen verpflichten und ihm selbst die Möglichkeit geben, deren Einhaltung sicherzustellen. Die Herkunft, die das Markenrecht garantieren soll, bleibt gleich: Sie wird nicht durch den Hersteller bestimmt, sondern durch die Stelle, von der aus die Herstellung geleitet wird. Duldet der Lizenzgeber die Herstellung minderwertiger Erzeugnisse, obwohl er sie aufgrund der Vereinbarung verhindern könnte, so muss er die Verantwortung dafür übernehmen. Ist die Herstellung der Erzeugnisse innerhalb einer Unternehmensgruppe dezentralisiert und stellen die in den einzelnen Mitgliedstaaten niedergelassenen Tochterunternehmen Erzeugnisse her, deren Qualität den Besonderheiten des jeweiligen nationalen Marktes angepasst sind, so muss eine nationale Regelung, die einem Tochterunternehmen der Gruppe die Möglichkeit gibt, sich unter Hinweis auf diese Qualitätsunterschiede dem Vertrieb von Erzeugnissen, die von einer Schwestergesellschaft hergestellt worden sind, in ihrem Gebiet zu widersetzen, ebenfalls außer Betracht bleiben. Die Gruppe muss die Folgen ihrer Entscheidung tragen.

Fraglich ist jedoch, ob diese Grundsätze auch dann gelten, wenn das Markenrecht wie im vorliegenden Fall nur für einen oder einige Mitgliedstaaten an ein Unternehmen übertragen worden ist, das in keinerlei wirtschaftlicher Beziehung zu dem Veräußerer steht, und Letzterer sich dem Vertrieb von Erzeugnissen, die vom Erwerber mit der Marke versehen worden sind, in dem Staat, in dem er das Zeichen behalten hat, widersetzt. Der Veräußerungsvertrag allein gibt dem Veräußerer noch keine Möglichkeiten, die Qualität der Waren zu kontrollieren, die vom Erwerber unter der Marke vertrieben werden. Die in jeder Übertragung liegende Zustimmung zur Übertragung entspricht nicht der Zustimmung, deren es für die Erschöpfung des Rechts bedarf. Dafür ist erforderlich, dass der Zeicheninhaber im Einfuhrstaat unmittelbar oder mittelbar die Befugnis hat, zu bestimmen, auf welchen Erzeugnissen die Marke im Ausfuhrstaat angebracht werden darf, und die Qualität dieser Erzeugnisse zu kontrollieren. Diese Befugnis erlischt, wenn er durch eine Übertragung die Verfügungsgewalt an einen Dritten verliert, zu dem er in keinerlei wirtschaftlicher Beziehung steht.

Man könnte jedoch in der Übertragung der Rechte auf ein Drittunternehmen eine stillschweigende Zustimmung zugunsten aller Beteiligten zum Vertrieb von mit der Marke versehenen Produkten auch in den eigenen Territorien sehen. Allerdings gibt der Sachverhalt für eine derart weit reichende Vereinbarung keinen Hinweis. Zudem ist die Funktion des Markenrechts wegen dessen Territorialität jeweils für ein bestimmtes Gebiet zu beurteilen.[22] Ansprüche aus einem nationalen Markenrecht sind gebietsgebunden. Dieser Territorialitätsgrundsatz bedeutet, dass die Bedingungen des Schutzes einer Marke sich nach dem Recht des Staates richten, in dem dieser Schutz begehrt wird. Das nationale Recht kann nur die Handlungen mit Sanktionen belegen, die im Hoheitsgebiet des betreffenden Staates vorgenommen worden sind. Die Ansprüche aus nationalen Markenrechten sind daher auch voneinander unabhängig, so dass das Markenrecht von seinem Inhaber für ein Land grundsätzlich ohne gleichzeitige Übertragung für andere Länder übertragen werden kann.[23] Würde man eine automatische Zustimmung bejahen, läge in der Übertragung des Rechts für einen Mitgliedstaat letztlich zugleich immer auch eine Genehmigung, das Zeichen in einem anderen Mitgliedstaat zu benutzen. Dies würde den Territorialitäts- und auch den Unabhängigkeitsgrundsatz aushebeln.

Entscheidend ist folglich die fehlende Zustimmung des T dazu, dass die von dem Inhaber des Zeichenrechts im Ausfuhrstaat vertriebenen Erzeugnisse dort in den Verkehr gebracht werden. Die Verbraucher sind daher nicht mehr in der Lage, den Ursprung des gekennzeichneten Erzeugnisses festzustellen, und der Rechtsinhaber könnte für die schlechte Qualität eines Erzeugnisses verantwortlich gemacht werden, die ihm in keiner Weise zuzurechnen wäre.[24] Folglich ist die Geltendmachung von Abwehrbefugnissen durch T vom spezifischen Gegenstand des Markenrechts und damit von Art. 30 EG gedeckt.[25]

---

[22] Vgl. *EuGH*, Urt. v. 17. 10. 1990, Rs. C-10/89, Slg. 1990, I-3711, Rn. 18 – HAG II.
[23] Dieser Grundsatz der Unabhängigkeit der Marke hat in Art. 6 Abs. 3 der Pariser Verbandsübereinkunft zum Schutz des gewerblichen Eigentums vom 20. März 1883 und in Art. 9ter Abs. 2 des Madrider Abkommens über die internationale Registrierung von Marken vom 14. April 1891 Ausdruck gefunden.
[24] *EuGH*, Urt. v. 17. 10. 1990, Rs. C-10/89, Slg. 1990, I-3711, Rn. 16 – HAG II; *EuGH*, Urt. v. 22. 6. 1994, Rs. C-9/93, Slg. 1994, I-2789, Rn. 46 ff. – Ideal-Standard.
[25] Dass dieses Ergebnis nicht von § 24 MarkenG abweicht, folgt schon daraus, dass jener auf genau dieser Rechtsprechung des EuGH beruht.

C. Aktivlegitimation

T müsste Inhaber eines prioritätsälteren Markenrechts sein. Für das Gebiet der Bundesrepublik Deutschland hat außer T niemand eine Markenrechtsposition für die Bezeichnung Advocaat Zwarte Kip, so dass es auf die Priorität hier nicht ankommt. Die Inhaberschaft wird gemäß § 28 Abs. 1 MarkenG zugunsten des im Register Eingetragenen vermutet. Das ist im vorliegenden Fall T. Allerdings könnte diese Vermutung widerlegt sein. Das Markenrecht sollte an T durch Rechtsgeschäft übertragen werden. Der Übergang des Markenrechts wurde gemäß § 27 Abs. 3 MarkenG in das Register eingetragen. Der Registereintrag ist aber weder Wirksamkeitsvoraussetzung noch hat er konstitutive Wirkung. Die Wirksamkeit des Rechtsübergangs bestimmt sich daher allein nach den rechtsgeschäftlichen Voraussetzungen.[26] Der Rechtsübergang vollzieht sich für das Markenrecht als sonstiges Recht mangels markenrechtlicher Spezialvorschriften nach den §§ 413, 398 BGB durch Abtretung. Der Wirksamkeit dieser Abtretung könnte im vorliegenden Fall die Nichtigkeitssanktion des Art. 81 Abs. 2 EG oder die des § 134 BGB wegen Verstoßes gegen das gesetzliche Verbot des § 1 GWB entgegenstehen.

I. Verstoß gegen Art. 81 Abs. 1 EG

Wenn voneinander unabhängige Unternehmen aufgrund einer Marktteilungsabsprache Markenrechte übertragen, ist das Verbot wettbewerbsbeschränkender Vereinbarungen gemäß Art. 81 EG zu beachten, so dass Übertragungen, die als Mittel einer wettbewerbsbeschränkenden Absprache eingesetzt werden, gemäß Art. 81 Abs. 2 EG nichtig sind.

1. Vereinbarung zwischen Unternehmen

T und V sind als wirtschaftlich tätige Einheiten Unternehmen gemäß Art. 81 EG. Die Übertragung ist eine Willensübereinstimmung mit zumindest faktischer, hier sogar rechtlicher Bindungswirkung und damit eine Vereinbarung i. S. d. Vorschrift.

2. Spürbare, den zwischenstaatlichen Handel beeinträchtigende Wettbewerbsbeschränkung

Fraglich ist, ob die Vereinbarung eine spürbare Wettbewerbsbeschränkung bezweckt oder bewirkt. Dazu müssen der Zusammenhang, die mit der Übertragung verbundenen Verpflichtungen, die Absicht der Parteien und die versprochene Gegenleistung untersucht werden. Grundsätzlich wettbewerbsbeschränkend sind solche Vereinbarungen, mit denen der zwischenstaatliche Handel durch Abwehr von Parallelimporten verhindert werden soll. Dies gilt auch, wenn dieser Zweck durch parallele Eintragung von Schutzrechten ermöglicht wird.[27] Die Vereinbarung zwischen V und T hingegen zielt nicht ausdrücklich auf die Verhinderung von Parallelimporten ab, da die Produkte der beiden Unternehmen keinen gemeinsamen Ursprung haben.

---

[26] So zum WZG bereits *RG*, Urt. v. 1. 10. 1912, Az. II 182/12, RGZ 80, 124, 127 ff. – Magnolia; *BGH*, Urt. v. 7. 7. 1971, Az. I ZR 38/70, GRUR 1971, 573, 574 – Nocado; ebenso *Fezer*, Markenrecht, § 27 Rn. 41; *Ingerl/Rohnke*, § 27 Rn. 23.

[27] Siehe *EuGH*, Urt. v. 13. 7. 1966, verb. Rs. 56 u. 58/64, Slg. 1966, 322, 391 – Consten-Grundig; *EuGH*, Urt. v. 20. 6. 1978, Rs. 28/77, Slg. 1978, 1391, Rn. 40–45 – Tepea/Kommission.

Sie bezweckt und bewirkt allerdings eine Abriegelung der Märkte dahingehend, dass V in den Staaten, in denen T die ausschließlichen Markenrechte an der Bezeichnung Advocaat Zwarte Kip hat, seine Produkte nicht mehr unter eben dieser Bezeichnung führen kann. Vereinbarungen zur Aufteilung der Märkte sind grundsätzlich wettbewerbsbeschränkend gemäß Art. 81 Abs. 1 lit. c EG. Soweit die Marke Advocaat Zwarte Kip dazu benutzt wird, die Einfuhr der Erzeugnisse mit demselben Zeichen zu verhindern, bewirkt diese Vereinbarung, dass den beteiligten Unternehmen und Zwischenhändlern die Möglichkeit der freien Ausfuhr der betreffenden Erzeugnisse in die Länder genommen wird, in denen ein Schutzrecht des jeweils anderen besteht. Dies verringert die Einfuhr und damit das Angebot auf diesen Märkten ebenso wie die Nachfrage nach den betreffenden Erzeugnissen. Das freie Spiel von Angebot und Nachfrage wird durch diese Aufteilung der Märkte eingeschränkt.[28] Zwar sind V und T nicht generell am Vertrieb ihrer Produkte gehindert, sondern nur an dem Vertrieb unter der Marke Advocaat Zwarte Kip. Allerdings erforderte dies die Nutzung einer neuen Marke, was aufgrund der damit verbundenen finanziellen Risiken und Unsicherheiten zumindest eine faktische Behinderung bewirkt.[29]

Fraglich ist jedoch, ob Art. 81 Abs. 1 EG gesperrt ist, da V und T lediglich die den territorial begrenzten Schutzrechten immanenten Ausschließlichkeitsbefugnisse ausnutzen und damit durch die Vereinbarung kein zusätzliches Hindernis für den Wettbewerb begründen. Allerdings bestehen Rechtspositionen nur im Rahmen der geltenden Gesetze. Dies gilt für Sacheigentum[30] ebenso wie für gewerbliche Schutzrechte. Dass Schutzrechte grundsätzlich übertragbar sind, heißt daher noch nicht, dass die Ausübung dieses Rechtes im Einzelfall wettbewerbsrechtlich unbedenklich ist. Aufgrund der oben beschriebenen Beschränkung des Wettbewerbs kann das Vorliegen einer Wettbewerbsbeschränkung daher nur dann verneint werden, wenn die Gesamtvereinbarung den Wettbewerbsprozess trotz Beschränkung einzelner Wettbewerbsfaktoren insgesamt stärkt. Dies wäre z. B. dann der Fall, wenn durch die Vereinbarung ein neues Produkt geschaffen oder ein neuer Markt erschlossen würde.[31] Zwar hat T ein eigenständiges und von dem des V abweichendes Produkt geschaffen. Dazu erforderte es jedoch keines Markenrechtserwerbs. Da andere positive Auswirkungen nicht ersichtlich sind, ist die wettbewerbsbeschränkende Wirkung zu bejahen. Diese ist schon allein aufgrund der Marktbedeutung des V als zweitgrößten Anbieter auch spürbar.[32] Die Maßnahme ist aufgrund der Abschottungswirkung geeignet, den zwischenstaatlichen Handel zu beeinträchtigen.

II. Keine Freistellung gemäß Art. 81 Abs. 3 EG i. V. m. Art. 1 Abs. 2 VO 1/2003

Soweit die Vereinbarung alle vier Voraussetzungen des Art. 81 Abs. 3 EG kumulativ erfüllt, ist sie gemäß Art. 1 Abs. 2 VO 1/2003 trotz Wettbewerbsbeschränkung

---

[28] *Kommission,* Entsch. v. 24. 7. 1974, Az. IV/28.374, ABl. EG 1974 Nr. L 237/12 – Advocaat Zwarte Kip.
[29] So auch *Kommission,* Entsch. v. 5. 3. 1975, Az. IV/27.879, ABl. EG 1975 Nr. L 125/27 – Sirdar-Phildar.
[30] *EuG,* Urt. v. 23. 10. 2003, Rs. T-65/98, Slg. 2003, II-4653, Rn. 170 – Van den Bergh Foods/Kommission.
[31] Vgl. *EuGH,* Urt. v. 30. 6. 1966, Rs. 56/65, Slg. 1966, 282, 304 – LTM/MBU; *EuGH,* Urt. v. 8. 6. 1982, Rs. 258/78, Slg. 1982, 2015, Rn. 57 f. – Nungesser/Kommission.
[32] Vgl. dazu Bekanntmachung der Kommission über Vereinbarungen von geringer Bedeutung (de minimis), ABl. EG 2001 Nr. C 369/13 Rn. 7. Sie geht bei horizontalen Vereinbarungen zwischen Wettbewerbern vom Überschreiten der Spürbarkeitsschwelle ab 10% Marktanteil, bei vertikalen ab 15% aus.

vom Verbot des Art. 81 Abs. 1 EG und damit auch von der Nichtigkeitssanktion des Art. 81 Abs. 2 EG freigestellt. Als Vorteil für die Verbraucher käme allenfalls die Markteinführung eines neuen (veränderten) Produktes in Betracht. Die Vereinbarung betrifft aber lediglich die Bezeichnung, so dass sie jedenfalls nicht erforderlich ist, um den Verbrauchern diesen Vorteil zu generieren. Folglich ist die Vereinbarung nicht freigestellt.

Die Übertragungsvereinbarung ist gemäß Art. 81 Abs. 2 EG nichtig.

III. Verstoß gegen §§ 1, 2 GWB

Da §§ 1, 2 GWB mit Art. 81 EG weitestgehend übereinstimmen, gelten die vorherigen Überlegungen hier entsprechend. Die Nichtigkeit folgt aus § 134 BGB.

IV. Ergebnis

Folglich ist die Abtretung des Markenrechts an T nicht wirksam erfolgt. T ist somit nicht Inhaber des Markenrecht und damit für einen Anspruch aus § 14 MarkenG nicht aktivlegitimiert, da es für die Aktivlegitimation unabhängig von der Eintragung allein auf die materielle Rechtslage ankommt.[33]

T hat schon keinen materiellen Unterlassungsanspruch gegen S. Da einzig V als Anspruchsinhaber in Betracht kommt, dieser aber wegen Erschöpfung gemäß § 24 MarkenG keinen Anspruch gegen S geltend machen könnte, kommt von vornherein auch kein Verstoß gegen Rechte Dritter in Betracht, wegen dem T den S abmahnen könnte. Demnach hat T auch keinen Anspruch auf Erstattung der Abmahnkosten aus §§ 683 S. 1, 677, 670 BGB gegen S.

> **Merke:** Die materiellen Normen des Markengesetzes beruhen zu großen Teilen auf Gemeinschaftsvorgaben, insbes. der RL 89/104/EWG v. 21. 12. 1988. Sie sind daher im Lichte der zugrundeliegenden Richtlinien und diese wiederum unter Berücksichtigung des EG Primärrechts auszulegen.
>
> Durch mitgliedstaatliche Gesetze gewährte absolute Abwehrrechte zum Schutze von Immaterialgüterrechten wirken aufgrund ihrer Territorialität wie Einschränkungen der Grundfreiheiten des EG-Vertrages, die jedoch gemäß Art. 30 EG zulässig sind, soweit diese geeignet, erforderlich und angemessen sind, um die Funktion der Schutzrechte aufrechtzuerhalten.
>
> Der mit § 24 MarkenG kodifizierte Erschöpfungsgrundsatz für Markenrechte ist auf diese Einschränkung zurückzuführen. Denn der spezifische Gegenstand eines Markenrechtes beinhaltet, dass der Inhaber das ausschließliche Recht hat, ein Erzeugnis erstmals in den Verkehr zu bringen und dabei die Marke zu benutzen. Er wird dadurch vor Konkurrenten geschützt, die unter Missbrauch der aufgrund der Marke erworbenen Stellung und Kreditwürdigkeit widerrechtlich mit diesem Zeichen versehene Erzeugnisse veräußern. Ein Markenrecht soll damit gleichzeitig die Gewähr bieten, dass alle Erzeugnisse, die mit ihm versehen sind, unter der Kontrolle eines einzigen Unternehmens hergestellt worden sind, das für ihre Qualität verantwortlich gemacht werden kann. Ist ein Produkt vom Markeninhaber in der EG in den Verkehr gebracht, ist damit – vorbehalt-

---

[33] *Ingerl/Rohnke*, Vorbem. zu §§ 14–19 Rn. 10.

lich etwaiger Veränderungen (siehe Fall 19) – dem Interesse des Markeninhabers ausreichend Rechnung getragen. Eine weitere generelle Kontrolle des Vertriebs dieser Produkte ist nicht mehr funktionsnotwendig. Voraussetzung des Erschöpfungsgrundsatzes ist aber, dass das Inverkehrbringen dem Markeninhaber zuzurechnen ist, weil er dies selbst oder durch Konzerngesellschaften oder durch einen Mittler (z. B. Lizenznehmer) getan hat, auf den er Einfluss nehmen kann.

Werden Markenrechte mit dem Ziel der Abschottung von mitgliedstaatlichen Märkten und damit zur Beeinträchtigung eines zwischenstaatlichen Wettbewerbs auf Dritte übertragen, kann dies ein Verstoß gegen das Verbot wettbewerbsbeschränkender Maßnahmen i. S. d. Art. 81 EG sowie § 1 GWB begründen. Unerheblich ist, dass durch das Markenrecht gewährte Ausschließlichkeitsrechte zur Wettbewerbsbeeinträchtigung genutzt werden, da es keinen Vorrang privatrechtlicher Institutionen vor dem Wettbewerbsrecht gibt.

Fall 16. Vereinbarungen zur Markenabgrenzung

Sachverhalt[*]

Die S GmbH (S) befasst sich mit der Herstellung und dem Vertrieb von Strickwolle und Teppichwolle unter der Marke SILDAR, die 1923 in der Warenklasse für Strickwolle und am 6. 9. 1965 in der Warenklasse für Kleidung in die deutsche Warenzeichenrolle eingetragen wurde. SILDAR ist eine Phantasiebezeichnung.

Die Société Anonyme P ist die grösste französische Herstellerin von Strickwolle unter Nutzung der Marke PHILDAR, die sie 1943 unter anderem für Strickwolle und Kleidung in die französische Warenzeichenrolle eintragen ließ und die 1945 international registriert wurde. Ihr Marktanteil in Frankreich beträgt mehr als 25%; ca. 40% der Produktion werden exportiert.

Am 7. 2. 1962 beantragte P in Deutschland die Registrierung der Marke PHILDAR in den Warenklassen für Strickwolle, für Kleidung und Strickwarenzubehör. S erhob keinen Widerspruch gegen die Anmeldung für Kleidung und Strickwarenzubehör, so dass das Zertifikat über die Eintragung am 1. 4. 1963 ausgestellt wurde. Demgegenüber legte S gegen den Antrag für die Warenklasse Strickwolle Widerspruch ein, weil PHILDAR mit dem Zeichen SILDAR verwechslungsfähig sei. Obwohl P die Verwechslungsfähigkeit bestritt, schloss sie am 15. 9. 1964 mit S folgende außergerichtliche Vergleichsvereinbarung, woraufhin S den Widerspruch und P die Anmeldung der Marke für die Warenklasse Strickwolle zurücknahm:

1. P verpflichtet sich, ihre Marke PHILDAR nicht für Strickwolle in Deutschland zu benutzen. S verpflichtet sich, ihre Marke SILDAR nicht für Strickwolle in Frankreich zu benutzen.
2. P wird gegen die Registrierung oder die Erneuerung der Marke SILDAR und damit verwechslungsfähiger Zeichen für Strickwolle in Deutschland und in allen anderen Ländern der Welt ausser Frankreich keinen Widerspruch erheben, auch dann nicht, wenn S das Zeichen länger als fünf Jahre nicht benutzt. S wird gegen die Registrierung oder die Erneuerung der Marke PHILDAR und damit verwechslungsfähiger Zeichen für Strickwolle in Frankreich und in allen anderen Ländern der Welt außer in Deutschland keinen Widerspruch erheben, auch dann nicht, wenn P das Zeichen länger als fünf Jahre nicht benutzt.
3. P verpflichtet sich, für Strickwolle in Deutschland eine Marke zu verwenden, die weder mit SILDAR verwechslungsfähig ist noch mit der Silbe DAR oder einer ähnlichen Silbe endet.

Seit der Vereinbarung vertreibt P in Deutschland unter der Marke PHILDAR bestimmte Kleidungsstücke und Strickwarenzubehör (Stricknadeln etc.). In allen Mit-

---
[*] Zum Problem der Markenabgrenzungsvereinbarung: *Kommission*, Entsch. v. 15. 12. 1982, Az. IV/C-30.128, ABl. EG 1982 Nr. L 379/19 – Toltecs-Dorcet; bestätigt durch *EuGH*, Urt. v. 30. 1. 1985, Rs. 35/83, Slg. 1985, 363 – BAT/Kommission; vgl. auch *EuGH*, Urt. v. 27. 9. 1988, Rs. 65/86, Slg. 1988, 5249 – Bayer/Süllhöfer; *Kommission*, Entsch. v. 5. 3. 1975, Az. IV/27.879, ABl. EG 1975 Nr. L 125/27 – Sirdar-Phildar; *Kommission*, Entsch. v. 23. 12. 1977, Sache IV/29.246, ABl. EG 1978 Nr. L 60/19 – Penneys; *Kommission*, Entsch. v. 23. 3. 1990, Az. IV/32.736, ABl. EG 1990 Nr. L 100/32 – Moosehead/Whitbread; siehe auch den Fall Syntex-Synthelabo, dazu die Pressemitteilung der Kommission v. 28. 2. 1989, IP/89/108 und den 19. Bericht über die Wettbewerbspolitik, Rn. 59; siehe auch den Fall Persil, mitgeteilt in GRURInt 1978, 208 f.

gliedstaaten der Gemeinschaft außer in Deutschland und in mehreren Drittstaaten existieren die beiden Marken PHILDAR und SILDAR unangefochten nebeneinander. P erhob keinen Widerspruch als S die Marke SILDAR 1965 in der Warenklasse für Kleidung und aufgrund seiner internationalen Registrierung 1973 auch für die Warenklasse Strickwolle in die französische Warenzeichenrolle eintragen ließ.

Nach Unstimmigkeiten zwischen beiden Unternehmen hat P erneut die Eintragung des Zeichens PHILDAR für die Warenklasse Strickwolle in Deutschland beantragt. S hat hiergegen Widerspruch erhoben. Ausserdem hat P begonnen, Strickwolle unter dem Zeichen PHILDAR in Deutschland zu vertreiben. Die Waren tragen den Hinweis „Made in France – Roubaix – Paris".

S verlangt von P Unterlassung der Nutzung des Zeichens PHILDAR für Strickwolle in Deutschland. Zur Recht?

Lösung

S könnte gegen P einen Anspruch auf Unterlassung der Zeichenbenutzung aus § 14 Abs. 5 i.V.m. Abs. 2 Nr. 2 MarkenG haben.

A. Aktivlegitimation

S müsste Inhaber eines gegenüber P prioritätsälteren Markenrechts sein. Die Priorität richtet sich im Falle einer Markenkollision nach § 6 Abs. 2 MarkenG, wonach der Anmeldetag gemäß § 33 Abs. 1 MarkenG entscheidend ist. Die Marke der S wurde 1923 eingetragen, die von P hingegen erst mit Priorität vom 7. 2. 1962. Damit begründet die zeitlich vor der des T liegende Anmeldung der B eine ältere Priorität.

S muss materiellrechtlich Inhaber des Markenrechts sein, was gemäß § 28 Abs. 1 MarkenG zugunsten des im Register Eingetragenen vermutet wird. Da die Vermutung hier nicht widerlegt wurde, ist S als Inhaber des Markenrechts anzusehen.

Im zivilrechtlichen Verletzungsprozess auf der Grundlage von § 14 MarkenG gehört die Markenfähigkeit nach § 3 MarkenG, die Fähigkeit Inhaber zu sein gemäß § 7 MarkenG ebenso wie das Bestehen absoluter Schutzhindernisse gemäß § 8 MarkenG nicht zum Prüfungsumfang.[1] Das DPMA als zuständige Verwaltungsbehörde entscheidet über diese Eintragungsvoraussetzungen einer Marke mit Bindungswirkung für die Zivilgerichte. Die Entscheidung kann daher nur im dafür vorgesehenen Verfahren angegriffen werden.[2]

---

[1] Siehe dazu Fall 24.
[2] Im Markenverletzungsverfahren ist von der Schutzfähigkeit einer eingetragenen Marke auszugehen. Es besteht eine Aufgabenteilung zwischen den Eintragungsinstanzen und den Verletzungsgerichten, wobei nur Ersteren die Zuständigkeit zur Prüfung der Eintragungsvoraussetzungen zugewiesen ist (*BGH*, Urt. v. 8. 11. 2001, Az. I ZR 139/99, GRUR 2002, 626, 628 – IMS).

B. Verletzungstatbestand

I. Benutzung im geschäftlichen Verkehr

Die Verwendung der Bezeichnung „PHILDAR" durch P für die in Deutschland vertriebene Strickwolle stellt eine Benutzung im geschäftlichen Verkehr dar. Sie dient der Herkunftsbezeichnung der Produkte und erfolgt damit auch markenmäßig.[3]

II. Unbefugt trotz Vereinbarung

Sie müsste weiterhin ohne Zustimmung und damit widerrechtlich erfolgen.[4] An der Widerrechtlichkeit könnte es hier aufgrund der Vereinbarung zwischen S und P fehlen. Dagegen lässt sich anführen, dass – anders als etwa bei einem Lizenzvertrag – die Vertragsparteien mit der Abgrenzungsvereinbarung die Benutzung ihrer jeweils eigenen Marke regeln und nicht die Zustimmung zur Benutzung einer fremden Marke erhalten.[5] Fraglich ist daher bereits die Ermächtigung der S zur Befugniserteilung, da sie für die Marke der P kein positives Benutzungsrecht hat, dass sie „teilen" könnte, so dass eine Befugnis in diesem Sinne nicht durch die fragliche Vereinbarung begründet werden kann. Allerdings gewährt das Markenrecht als subjektives Ausschließlichkeitsrecht dem Markeninhaber beides, ein positives Benutzungsrecht und ein negatives Verbietungsrecht.[6] Vorrangig letzteres ist in § 14 Abs. 2 Nr. 2 MarkenG verankert, der sich gegen alle Eingriffe richtet, die das subjektive Recht beeinträchtigen könnten und damit auch gegen Eingriffe von „außen" durch fremde Marken ein Verbietungsrecht gewährt. Entscheidend kann daher im Falle der Nr. 2 nur sein, ob in dem vom negativen Verbietungsrecht eingegriffenen Rechtsbereich aufgrund einer Befugnis eingegriffen werden durfte. Ausgehend vom Normzweck meint ohne Zustimmung daher lediglich ohne Rechtfertigung – gleich welcher Art – gegenüber dem Anspruchsinhaber.

Die Rechtfertigung gegenüber S könnte hier aus der zwischen beiden geschlossenen Vereinbarung folgen, soweit diese eine Geltendmachung der Abwehrrechte aus § 14 Abs. 2 MarkenG ausdrücklich und wirksam ausschließt. Bedenken an der Wirksamkeit der Vereinbarung ergeben sich hier in Hinblick auf die wettbewerbsrechtliche Zulässigkeit. Ein Verstoß gegen Art. 81 EG führt gemäß Art. 81 Abs. 2 EG zur Nichtigkeit, ebenso wie gemäß § 134 BGB ein Verstoß gegen § 1 GWB.

1. Nichtigkeit der Vereinbarung gemäß Art. 81 Abs. 2 EG

Nach Art. 81 Abs. 1 EG sind Vereinbarungen zwischen Unternehmen, welche geeignet sind, den Handel zwischen Mitgliedstaaten zu beeinträchtigen und eine Verhinderung, Einschränkung oder Verfälschung des Wettbewerbs innerhalb des Gemeinsamen Marktes bezwecken oder bewirken, mit dem Gemeinsamen Markt unvereinbar und verboten.

Fraglich ist die Bedeutung des Umstandes, dass es sich um eine Vergleichsvereinbarung gemäß § 779 BGB handelt. Dies könnte dafür sprechen, die Vereinbarung

---

[3] Siehe *BGH*, Urt. v. 30. 4. 2008, Az. I ZR 73/05, GRUR 2008, 702, 707 – Internet-Versteigerung III; näher dazu Fall 18.
[4] *BGH*, Beschl. v. 11. 5. 2000, Az. I ZR 193/97, GRUR 2000, 879, 880 – stüssy.
[5] *Fezer*, Markenrecht, § 26 Rn. 161.
[6] *Fezer*, Markenrecht, § 14 Rn. 12.

nur einer eingeschränkten Überprüfung zu unterziehen, da sie von vorneherein der Beilegung einer Streitigkeit unter Beibehaltung einer gewissen Unsicherheit dient. Dann wäre die Vereinbarung nur auf offensichtliche Verstöße gegen Art. 81 EG zu überprüfen.[7] Dagegen spricht aber zunächst, dass Art. 81 Abs. 1 EG nicht ausdrücklich differenziert zwischen Vereinbarungen, die zur Beendigung eines Rechtsstreits geschlossen werden, und Vereinbarungen, mit denen andere Zwecke verfolgt werden.[8] Zudem steht einem solchen Privileg für Vergleichsvereinbarungen der Vorrang des Gemeinschaftsrechts entgegen;[9] denn da selbst Entscheidungen von Gerichten der Mitgliedstaaten wie jede andere staatliche Maßnahme gegen das Gemeinschaftsrecht verstoßen können,[10] muss dies erst Recht für die eine Gerichtsentscheidung vermeidende privatrechtlicher Abrede gelten. Darüberhinaus hinge es von den Rechtsschutzmöglichkeiten in den Mitgliedstaaten ab, welche Vereinbarungen derart privilegiert werden könnten. Es handelt sich bei der Vergleichsabrede zwischen S und P mithin lediglich um einen privatrechtlichen Vertrag, der nicht um seiner selbst Willen besonderen Schutz genießen kann, mögen auch die Vertragsparteien nur eine auf Streitschlichtung bedachte, aber keine wettbewerbsfeindliche Gesinnung aufweisen.[11]

a) Vereinbarung zwischen Unternehmen

P und S sind als wirtschaftlich tätige Einheiten Unternehmen im Sinne des Art. 81 EG, die eine Absprache mit zumindest faktischer – hier sogar rechtlicher – Bindungswirkung getroffen und damit eine Vereinbarung geschlossen haben.

b) Wettbewerbsbeschränkung

Die Vereinbarung müsste weiterhin eine spürbare Wettbewerbsbeschränkung bezwecken oder bewirken. Eine Wettbewerbsbeschränkung ist jede den Wettbewerbsprozess schädigende Beeinträchtigung wettbewerbsrelevanter Handlungsfreiheiten zwischen Unternehmen. Dabei ist hinsichtlich der unterschiedlichen Regelungsgegenstände zu unterscheiden.

aa) Vertriebsverbot für gekennzeichnete Strickwolle. Die Verpflichtung der P, ihre Marke PHILDAR nicht für Strickwolle in Deutschland zu benutzen, und des S, seine Marke SILDAR nicht für Strickwolle in Frankreich zu benutzen, könnte ein wettbewerbswidrige Einfuhrverbotsregelung sein. Sie hat zur Folge, dass S und andere Unternehmen, insbesondere Händler und Importeure, am Verkauf der mit der Marke SILDAR gekennzeichneten Strickwolle in Frankreich und P und andere Unternehmen am Verkauf der mit der Marke PHILDAR gekennzeichneten Strickwolle in Deutschland gehindert sind. Wird aber Unternehmen der Vertrieb von Produkten

---

[7] So z.B. *BPatG*, Beschl. v. 26. 3. 1996, Az. 12 W (pat) 21/94, GRUR Int 1997, 631, 634 – Nichtangriffspflicht, m. w. N.
[8] So ausdrücklich *EuGH*, Urt. v. 27. 9. 1988, Rs. 65/86, Slg. 1988, 5249, Rn. 15 – Bayer/Süllhöfer.
[9] *EuGH*, Urt. v. 8. 6. 1982, Rs. 258/78, Slg. 1982, 2015, Rn. 87 – Nungesser/Kommission (Maissaatgut); *EuGH*, Urt. v. 27. 9. 1988, Rs. 65/86, Slg. 1988, 5249, Rn. 15 – Bayer/Süllhöfer; vgl. auch *Kommission*, Entsch. v. 17. 12. 1980, ABl. EG 1980 Nr. L 383/19, 23 – Gußglas Italien; *BGH*, Urt. v. 21. 2. 1989, Az. KZR 18/84, WuW/E BGH 2565 – Schaumstoffplatten.
[10] *EuGH*, Urt. v. 27. 9. 1988, Rs. 65/86, Slg. 1988, 5249, Rn. 15 – Bayer/Süllhöfer.
[11] So auch *K. Schmidt*, in: Immenga/Mestmäcker, EG-WbR, Art. 81 Abs. 2 Rn. 37 f.; a. A. FK/*Roth/Ackermann*, Art. 81 Abs. 1 Grundfragen, Rn. 290 ff.

Fall 16. Vereinbarungen zur Markenabgrenzung

für bestimmte Märkte wechselseitig untersagt, handelt es sich um eine wettbewerbswidrige Marktaufteilungsabrede gemäß Art. 81 Abs. 1 lit. c EG. An einer derartigen Wettbewerbseinschränkung könnte es hier aber deswegen fehlen, weil P nach der Vereinbarung Strickwolle in Deutschland unter einer anderen Marke als PHILDAR einführen darf, so dass der Vertrieb der Produkte selbst letztlich gar nicht beeinträchtigt wäre. Allerdings würde der Gebrauch einer anderen Marke P der Werbewirkung ihres Warenzeichens berauben. Anderen Unternehmen, wie beispielsweise Händlern, Importeuren oder Versandhäusern, wäre es darüber hinaus sogar wirtschaftlich unmöglich, von den zu größeren Paketen zusammengefassten einzelnen Packungen Strickwolle die das Markenzeichen PHILDAR tragenden Banderolen zu entfernen und jede Packung mit einer anderen Banderole zu versehen. Angesichts der Vereinbarung werden P und S faktisch dazu genötigt, sich so zu verhalten, als ob die Vereinbarung ein Vertriebsverbot beinhaltete. Bei einem Verstoß würde P in Deutschland Gefahr laufen, in kostspielige, finanziell nicht tragbare Rechtsstreitigkeiten mit einem wirtschaftlich starken Unternehmen verwickelt zu werden. Die Vereinbarung bewirkt außerdem eine Einschränkung des Wettbewerbs zwischen den Parteien und dritten Handelsunternehmen (Importeure), die mit der PHILDAR versehene Ware in Deutschland oder mit der Marke SILDAR versehene Ware in Frankreich anbieten wollen.

Das Vorliegen einer Wettbewerbsbeschränkung könnte aber ausgeschlossen sein, soweit die Marken SILDAR und PHILDAR verwechslungsfähig sind und aufgrund bestehender Abwehransprüche gemäß § 14 Abs. 5 i.V.m. Abs. 2 Nr. 2 MarkenG bereits ein rechtliches Nutzungshindernis für P bestand, so dass die Parteien sich gar nicht zusätzlich beschränken könnten. Es würde dann an der Kausalität zwischen der Vereinbarung und der Wettbewerbsbeschränkung fehlen. Die Geltendmachung eines zeichenrechtlichen Unterlassungsanspruchs gegen die Einfuhr von mit einem verwechslungsfähigen Zeichen versehener Ware trotz ihrer wettbewerbsbeschränkenden Wirkung wird nämlich hingenommen, vorausgesetzt, dass die jeweiligen Rechte unabhängig voneinander begründet worden sind und nicht miteinander verbundenen Unternehmen gehören. Denn das Markenrecht dient der Förderung des Wettbewerbs, indem es dem Verbraucher die Identifizierung von konkurrierenden Produkten ermöglicht. Vor diesem Hintergrund könnte man annehmen, dass P mit der Vereinbarung nur Vorteile erlangt hat, da der Gebrauch des Zeichens PHILDAR in Deutschland immerhin in gewissem Umfange ermöglicht worden ist, weshalb der Wettbewerb erweitert werde. Allerdings müsste dazu ein Abwehranspruch tatsächlich bestehen. Einzig in Betracht kommt ein Unterlassungsanspruch gemäß § 14 Abs. 5 i.V.m. Abs. 2 Nr. 2 MarkenG. Zwar könnte fraglich sein, ob die danach erforderliche Verwechslungsgefahr nach mitgliedstaatlichem Recht beurteilt werden kann oder vielmehr nach originär gemeinschaftsrechtlichen Maßstäben bemessen werden muss, da es um die Einschränkung des Art. 81 Abs. 1 EG geht. Allerdings setzt § 14 MarkenG die Markenrechtsrichtlinie um, die ihrerseits das Verhältnis des Verbots von Beschränkungen der Warenverkehrsfreiheit (Art. 28 EG) und den denkbaren Ausnahmen für Immaterialgüter (Art. 30 EG) konkretisiert. Daher sind letztendlich für Art. 81 EG die gleichen Maßstäbe anzulegen, wie im Rahmen des § 14 MarkenG.

Eine Verwechslungsgefahr ist aufgrund einer komplexen Beurteilung aller Umstände des Einzelfalles zu ermitteln, wobei insbesondere der Grad der Warenähnlichkeit, der Grad der Zeichenähnlichkeit und die Kennzeichnungskraft der älteren Marke zu berücksichtigen sind. Diese drei Merkmale stehen in einer Wechselbeziehung. Maßgebend ist die Sicht der angesprochenen Verkehrskreise, in diesem Fall also die Sicht des durchschnittlich informierten, aufmerksamen und verständigen Durchschnittsverbrauchers.[12]

(1) Kennzeichnungskraft. Das ungeschriebene Merkmal der Kennzeichnungskraft beschreibt die Eignung eines Zeichens, sich dem Publikum aufgrund seiner Eigenart und seines ggf. durch Benutzung erlangten Bekanntheitsgrades als Marke für das konkrete Produkt einzuprägen, d. h. in Erinnerung behalten und wiedererkannt zu werden. Je größer die Kennzeichnungskraft eines Zeichens, ist desto größer ist der ihm zuzubilligende Schutzumfang gegen Verwechslungsgefahr, da der Verkehr die Marke eher in anderen Zeichen wiederzuerkennen glaubt. Ohne das Vorliegen besonderer Umstände ist grundsätzlich von einer normalen (durchschnittlichen) Kennzeichnungskraft als Nullpunkt einer nach oben und unten beweglichen Skala auszugehen.[13]

Der möglicherweise verletzten Marke SILDAR kommt zunächst originär keine nur geringe Kennzeichnungskraft[14] zu, da sie sich nicht an eine beschreibende Angabe anlehnt, es sich vielmehr um eine Phantasiebezeichnung handelt, die keinen offensichtlichen Bezug zu den gekennzeichneten Waren hat. Die Kennzeichnungskraft könnte jedoch dadurch geschwächt geworden sein, dass P die eigene Marke PHILDAR benutzt hat, ohne dass S in der Vergangenheit dagegen eingeschritten ist. Die Schwächung durch Drittzeichen wird teilweise damit begründet, dass der Verkehr durch das Nebeneinanderbestehen der Zeichen genötigt werde, auch auf geringfügige Unterschiede zu achten, und dass daher bereits geringe Unterschiede genügen könnten, eine Verwechslungsgefahr auszuschließen.[15] Teilweise wird die Einschränkung des Schutzes auch daraus hergeleitet, dass in solchen Fällen die Zeichen zwar an sich nach wie vor verwechselbar seien, dass aber der Verkehr dann, wenn ihm auf dem fraglichen Warengebiet eine Reihe ähnlicher Zeichen begegne, aus der Ähnlichkeit noch nicht auf die Herkunft aus dem gleichen Geschäftsbetrieb schließe, also keiner Verwechslungsgefahr im Sinne eines Herkunftsirrtums unterliege.[16] Die Schwächung eines Zeichens durch Drittzeichen kommt unter dem Gesichtspunkt des Verhaltens des Verkehrs jedenfalls nur dann in Betracht, wenn die Drittzeichen im Verkehr auch tatsächlich in Erscheinung treten.[17] Entscheidend ist aber, dass es sich um ein ähnliches Zeichen handelt, dass für ähnliche Waren verwendet wird, da der Verkehr nur dann den ähnlichen Marken im Rahmen einer Auswahlentscheidung ausgesetzt ist. Die Beantwortung dieser Frage würde die nachfolgenden Prüfungspunkte vorwegnehmen. Sie kann jedoch im Ergebnis dahinstehen. Die Benutzung eines oder auch nur weniger ähnlicher Zeichen kann nämlich im allgemeinen noch nicht für die Feststellung einer ins Gewicht fallenden Beeinträchtigung der Kennzeichnungskraft eines anderen Zeichens ausreichen. Der Verkehr wird zwar durch das Vorhandensein eines anderen ähnlichen Zeichens veranlasst, auf die Unterschiede zu diesem Zeichen zu achten. Er wird aber dadurch nicht genötigt, ganz allgemein so sorgfältig auf die besonderen Merkmale der beiden Zeichen zu achten, dass sich die Annahme, das Publikum werde die Zeichen auch von einem neu hin-

---

[12] *BGH*, Beschl. v. 8. 6. 2000, Az. I ZB 12/98, GRUR 2000, 1031, 1032 – Carl Link.
[13] *Ingerl/Rohnke*, § 14 Rn. 320, 326.
[14] Vgl. § 8 Abs. 3 MarkenG.
[15] *BGH*, Urt. v. 18. 1. 1955, Az. I ZR 142/53, GRUR 1955, 415, 417 – Arctuvan-Artesan; *BGH*, Urt. v. 28. 6. 1955, Az. I ZR 81/54, GRUR 1955, 579, 581 – Sunpearl; *BGH*, Urt. v. 10. 5. 1957, Az. I ZR 33/56, GRUR 1957, 499, 501 – Wipp.
[16] *Leo*, GRUR 1963, 607; *von Harder*, GRUR 1964, 299.
[17] So auch *BGH*, Beschl. v. 13. 7. 1966, Az. Ib ZB 6/65, GRUR 1967, 246, 248 – Vitapur, ohne sich einer Begründung ausdrücklich anzuschließen.

zukommenden Zeichen auf Grund geringer Abweichungen unterscheiden, nach den Erfahrungen des täglichen Lebens rechtfertigen ließe.[18] Erforderlich ist daher das Vorkommen mehrerer Zeichen, um eine Schwächung zu begründen.[19] Dies ist hier nicht der Fall. Weitere Hinweise gegen eine normale Kennzeichnungskraft liegen nicht vor. Für eine besondere Kennzeichnungskraft hingegen sprechen auch keine weiteren Umstände, so dass von einer normalen auszugehen ist.

(2) Warenähnlichkeit. Bei der Beurteilung der Warenähnlichkeit sind alle erheblichen Faktoren zu berücksichtigen, die das Verhältnis zwischen den Waren oder Dienstleistungen kennzeichnen, insbesondere deren Art, Verwendungszweck und Nutzung sowie ihre Eigenart als miteinander konkurrierende oder einander ergänzende Waren oder Dienstleistungen.[20] Hier sind die Waren sogar identisch (Strickwolle).

(3) Zeichenähnlichkeit. Die Zeichenähnlichkeit ist nach dem Grad der Ähnlichkeit in Bild, Klang und Bedeutung zu bestimmen, sowie nach der Bedeutsamkeit, die diesen Elementen unter Berücksichtigung der Art der Waren oder Dienstleistungen und den Bedingungen, unter denen sie vertrieben werden, zukommt.[21] Bei Phantasiebezeichnungen tritt die Wortbedeutung in den Hintergrund, während die phonetische und die optische Ähnlichkeit an Bedeutung gewinnen. Im vorliegenden Fall enden beide Zeichen mit der gleichen Wortsilbe „DAR". Da es sich bei beiden Zeichen um zweisilbige Begriffe handelt, hat dieser Umstand ein starkes Gewicht und spricht für eine deutliche Zeichenähnlichkeit. Darüber endet die erste Silbe beider Zeichen mit der gleichen Buchstabenkombination „IL", während der Wortanfang beide Male durch einen weichen Laut eingeleitet wird, da das an sich hart gesprochen P durch das nachfolgende H zu einem F-Laut wird. Der Wortanfang ist also nicht geeignet, erhebliche Klangunterschiede zu begründen. Folglich ist die klangliche und in Anbetracht der weitgehend übereinstimmenden Buchtabenabfolgen auch die bildliche hohe Zeichenähnlichkeit zu bejahen.

(4) Verwechslungsgefahr in einer Gesamtwürdigung. Nach alledem besteht aufgrund der hohen Zeichenähnlichkeit unter Berücksichtigung der normalen Kennzeichnungskraft und der Warenidentität die Gefahr, dass die Verbraucher vor allem aufgrund der hohen Warenähnlichkeit die Marken miteinander derart verwechseln, dass sie die angegriffene Marke für die Anspruchsmarke halten, was eine unmittelbare Verwechslungsgefahr begründet.[22]

Ist die Verwechslungsgefahr und damit Ansprüche gemäß § 14 MarkenG regelmäßig zu bejahen, so folgt daraus zwar, dass die Bezeichnung allein nicht für Strickwolle verwendet werden kann, ohne die Gefahr eines Markenrechtsstreits zu begründen. Entscheiden sich die Parteien jedoch für eine konfliktlösende Kooperation, müssen sie im Interesse des Wettbewerbs unter den möglichen Konfliktlösungen diejenige wählen, die die Benutzung beider Marken im gesamten gemeinsamen Markt am wenigsten einschränkt; denn die Kooperation begründet ein zusätzliches, über die den Markenrechten hinausgehendes Betätigungshindernis, da es insbesondere hinsicht-

---

[18] *BGH*, Urt. v. 10. 5. 1957, Az. I ZR 33/56, GRUR 1957, 499, 501 – Wipp.
[19] *BGH*, Urt. v. 15. 2. 1952, Az. I ZR 135/51, GRUR 1952, 419, 420 – Gumax-Gumasol; *BGH*, Urt. v. 18. 1. 1955, Az. I ZR 142/53, GRUR 1955, 415, 417 – Arctuvan-Artesan; *BGH*, Urt. v. 10. 5. 1957, Az. I ZR 33/56, GRUR 1957, 499, 501 – Wipp.
[20] *EuGH*, Urt. v. 29. 9. 1998, Rs. C-39/97, Slg. 1998, I-5507, Rn. 23 – Canon. Umstritten ist, ob ein relativer oder ein absoluter Ähnlichkeitsbegriff gilt (siehe dazu die Nachweise bei *Ingerl/Rohnke*, § 14 Rn. 414).
[21] *EuGH*, Urt. v. 22. 6. 1999, Rs. C-342/97, Slg. 1999, I-3819, Rn. 27 – Lloyd.
[22] Vgl. dazu *BGH*, Beschl. v. 27. 4. 2000, Az. I ZR 236/97, GRUR 2000, 875, 877 – Davidoff.

lich der Dauer und des Umfangs vom Registerrecht abweichen kann. Regelmäßig bedarf es aber keiner territorialen Marktaufteilung zwischen den Beteiligten.[23] Diese zielt vielmehr auf eine zusätzliche Wettbewerbsbeschränkung ab, die über das grundsätzlich anerkennenswerte Interesse an der Aufrechterhaltung der Verkehrsfähigkeit von Markenprodukten hinausgeht.[24] Es wären auch andere Maßnahmen denkbar, wie z.B. die Vereinbarung von zusätzlichen abgrenzenden Hinweisen wie das Zufügen der Firma auf den Produkten oder abweichender Aufmachung in Farbe, Gestaltung der Schrift.[25] Vereinbarungen bezüglich der optischen Ausgestaltung der Erzeugnisse zur Vermeidung von Täuschungen sind grundsätzlich wettbewerbsfördernd, da sie den Vertrieb der Produkte erleichtern und damit unbedenklich.[26] Da solche Maßnahmen die Verwechslungsgefahr ausschließen, ist im MarkenG kein so umfassendes rechtliches Verbot angelegt, wie es die Parteien vereinbaren.

Es handelt sich folglich um eine wettbewerbsbeschränkende, da marktaufteilende Einfuhrverbotsregelung in Bezug auf Deutschland und Frankreich gemäß Art. 81 Abs. 1 lit. c EG.

bb) Nichtangriffsvereinbarung/Vorrechtserklärung. P verpflichtet sich weiterhin, aus der Eintragung und Benutzung der Marke PHILDAR gegenüber S in Deutschland keine Rechte herzuleiten, und zwar auch dann nicht, wenn S das Zeichen SILDAR dort länger als fünf Jahre nicht benutzt oder dieses Zeichen bzw. damit verwechslungsfähige Zeichen neu anmeldet. Diese Verknüpfung von Nichtangriffsvereinbarung[27] und Vorrechtserklärung[28] nimmt P die Möglichkeit, im Falle der Löschung des Zeichens SILDAR wegen Nichtbenutzung seine inzwischen entstandenen Rechte an dem Zeichen PHILDAR gegen B unbeschränkt geltend zu machen. Außerdem beschränkt diese Klausel die Rechte des P auch für den Fall, in dem durch Aufnahme der Benutzung des Zeichens SILDAR erst nach Eintritt der Löschungsreife oder bei einer Neuanmeldung dieses Zeichen durch die S an sich ein Prioritätsverlust von SILDAR gegenüber PHILDAR eintritt. Die Klausel hindert P daran, gegenüber einem später eventuell in Benutzung genommenen oder neu angemeldeten Zeichen sein dann prioritätsälteres Zeichen geltend zu machen. Damit verzichtet P auf ein Verteidigungsmittel, das im Vergleich zum Bestreiten der Verwechslungsgefahr erheblich einfacher ist. Letztlich wird es P erschwert, sich von der vertraglichen Beschränkung zu befreien und damit ein Hindernis für die wirtschaftliche Betätigung in Deutschland zu beseitigen.[29] Die Klausel dient damit der Absicherung der

---

[23] Vgl. *Kommission,* Entsch. v. 5. 3. 1975, Az. IV/27.879, ABl. EG 1975 Nr. L 125/27 – Sirdar-Phildar.
[24] Vgl. *EuGH,* Urt. v. 30. 1. 1985, Rs. 35/83, Slg. 1985, 363, Rn. 33 – BAT/Kommission; siehe dazu auch *Fezer,* Markenrecht, § 24 Rn. 187.
[25] *Kommission,* Entsch. v. 15. 12. 1982, Az. IV/C-30.128, ABl. EG 1982 Nr. L 379/19, 25 – Toltecs-Dorcet.
[26] Vgl. *Kommission,* Entsch. v. 23. 12. 1977, Sache IV/29.246, ABl. EG 1978 Nr. L 60/19 – Penneys.
[27] Siehe dazu *Fezer,* Markenrecht, § 55 Rn. 30.
[28] Näher dazu *Fezer,* Markenrecht, § 14 Rn. 1091 ff.
[29] Die Nichtangriffsklausel führt zu einem umfassenden Verzicht auf die Stellung eines Antrags auf Löschung der Eintragung einer Marke, sowohl beim DPMA nach § 53 Abs. 1 MarkenG als auch durch Geltendmachung des Löschungsantrags durch Erhebung einer Klage auf Löschung der Eintragung nach § 55 Abs. 1 MarkenG. Gegenstand dieses nicht eingeschränkten Verzichts ist damit sowohl die Geltendmachung der Verfallsgründe nach § 49 MarkenG als auch der relativen Nichtigkeitsgründe nach § 51 MarkenG als Löschungsgründe im Sinne des § 55 Abs. 1 MarkenG. Ein Verzicht auf Geltendmachung der im überwiegend öffentlichen Interesse liegenden Verfallsgründe des § 49 Abs. 2 Nr. 1–3 MarkenG wird gemäß §§ 134, 138 BGB für nichtig gehalten (so *Fezer,* Markenrecht, § 55 Rn. 32; *Helm,* GRUR 1974, 324; a. A. *Ingerl/Rohnke,* § 55 Rn. 14; a. A. zum Patent-

genannten wettbewerbsbeschränkenden Vereinbarung und fällt daher ebenfalls unter Art. 81 Abs. 1 EG.[30]

c) Spürbarkeit der Wettbewerbsbeschränkung

Die Einschränkung des Wettbewerbs und ihre unmittelbaren Auswirkungen auf den zwischenstaatlichen Warenverkehr müssen auch spürbar sein. Das Ausweichen von einer benutzten Marke auf ein anderes Zeichen ist wegen des damit verbundenen Wegfalls der Werbewirkung der Marke und sonstiger tatsächlicher Schwierigkeiten regelmäßig problematisch, wenn nicht wirtschaftlich unmöglich.[31] Darüber hinaus handelt es sich bei beiden Unternehmen um starke Anbieter mit großen Marktanteilen, welche die eine Indizfunktion ausübende Relevanzschwelle von 10% Marktanteil weit überschreiten. Außerdem handelt es sich bei der Marktaufteilung um Hardcore-Wettbewerbsbeschränkungen im Sinne des Regelbeispielkataloges von Art. 81 Abs. 1 EG, die regelmäßig schon qualitativ aufgrund ihrer wettbewerbsfeindlichen Zielsetzung spürbar sind.

d) Geeignetheit zur Beeinträchtigung des zwischenstaatlichen Handels

Die genannten Klauseln der Vereinbarung sind auch geeignet, den Handel zwischen Mitgliedstaaten zu beeinträchtigen. Sie verhindern die freie Aus- und Einfuhr von Vertragserzeugnissen von nach Deutschland bzw. Frankreich durch Errichtung künstlicher Handelsschranken in einer Weise, die die Verwirklichung der Ziele eines einheitlichen Marktes gefährdet.

e) Keine Freistellung gemäß Art. 81 Abs. 3 EG i. V. m. Art. 1 Abs. 2 VO 1/2003

Nach Art. 1 Abs. 2 VO 1/2003 sind nach Art. 81 Abs. 1 EG untersagte Vereinbarungen, die die Voraussetzungen des Art. 81 Abs. 3 EG erfüllen, vom Verbot des Art. 81 EG freigestellt. Im vorliegenden Falle ist aber nicht ersichtlich, wie die Vereinbarung zur Verbesserung der Warenerzeugung oder -verteilung beitragen kann, da sie bezweckt und bewirkt, dass Strickwolle nicht oder nur unter erschwerenden Bedingungen in Deutschland bzw. Frankreich vertrieben werden kann. Die Vereinbarung führt einzig zu einer Angebotsbeschränkung und trägt daher nicht zu einem Gewinn der Verbraucher bei. Schließlich legt sie den beteiligten Unternehmen Verpflichtungen auf, die nicht unerlässlich im Sinne der dritten Voraussetzung des Art. 81 Abs. 3 EG sind. Selbst wenn der Zweck der Nichtangriffsklausel darin bestünde, die letzte noch denkbare Verwechslungsgefahr auszuräumen, würde diese Tatsache nicht rechtfertigen, dass P auf seine Rechte selbst für den Fall verzichtet, dass S das Zeichen länger als fünf Jahre nicht benutzt.

Aufgrund des Verstoßes ist die Vereinbarung gemäß Art. 81 Abs. 2 EG nichtig.

---

recht auch *BGH*, Urt. v. 20. 5. 1953, Az. I ZR 52/52, GRUR 1953, 385, 387; offen gelassen v. *LG Frankfurt*, Urt. v. 4. 11. 2008, Az. 2-18 O 440/07 – Rechtsmissbräuchliche Löschungsklage). Das RGZ hatte die Nichtigkeit noch aufgrund einer auf Unmöglichkeit gerichteten Leistung wegen Verstoß gegen §§ 134, 306 BGB a. F. für nichtig gehalten (*RG*, Urt. v. 17. 4. 1928, Az. II 411/27, RGZ 402, 405 – Bärenstiefel). Da hier nicht P die Marke der S angreift, spielt die Wirksamkeit dieser Klausel in § 14 MarkenG an sich keine Rolle.

[30] Vgl. auch Art. 5 Abs. 1 lit. c TechnologietransferVO (VO 772/2004), der Nichtangriffsvereinbarungen vom Freistellungsprivileg ausnimmt; dazu Kommission, Leitlinien zur Anwendung von Artikel 81 EG-Vertrag auf Technologietransfer-Vereinbarungen, ABl. EU 2004 Nr. C 101/2, Rn. 112: Im Interesse eines unverzerrten Wettbewerbs und in Übereinstimmung mit den Grundsätzen, die dem Schutz des geistigen Eigentums zugrunde liegen, sollten ungültige Schutzrechte aufgehoben werden.

[31] *Kommission*, Entsch. v. 5. 3. 1975, Az. IV/27.879, ABl. EG 1975 Nr. L 125/27 – Sirdar-Phildar.

2. Nichtigkeit gemäß § 134 BGB i. V. m. § 1 GWB

Die Vereinbarung könnte weiterhin unter Verstoß gegen § 1 GWB zustande gekommen sein. Erneut stellt sich die Frage nach der Bedeutung des Vergleichscharakters der Vereinbarung i. S. d. § 779 BGB. Ein Vergleich ist zwar wie jeder andere Vertrag grundsätzlich gemäß § 134 BGB unwirksam, wenn zwingende Rechtssätze, zu denen auch § 1 GWB gehört, entgegenstehen. Etwas anderes kann jedoch dann gelten, wenn der Streit und die Ungewissheit gerade die Frage betrifft, ob der Vertragspartner die in Frage stehenden Leistungen überhaupt rechtmäßig auf dem Markt anbieten darf und seinem Vorgehen ein Abwehranspruch des anderen Vertragsbeteiligten entgegensteht. Zu berücksichtigen ist auch das öffentliche Interesse an einer gütlichen Einigung, welche nicht generell versperrt sein soll.[32] Es könnte daher nicht gerechtfertigt sein, den Beteiligten dann den Weg zu einer gütlichen Einigung von vornherein abzuschneiden und sie zu zwingen, einen Rechtsstreit durchzuführen, wenn ein ernsthafter, objektiv begründeter Anlaß zu der Annahme besteht, der begünstigte Vertragspartner habe einen Anspruch auf Unterlassung der durch den Vergleich untersagten Handlung, so dass bei Durchführung eines Rechtsstreits ernstlich mit dem Ergebnis zu rechnen wäre, dass dem Wettbewerber das umstrittene Vorgehen untersagt werde, so dass § 1 GWB und die durch ihn geschützten Interessen einer friedlichen Bereinigung der Streitigkeiten im Rahmen eines Vergleichs nicht entgegenstehen. Dies könnte hinsichtlich des GWB um so mehr gelten, als dieses den Kartellbehörden z. B. mit § 32 GWB zusätzliche Eingriffsmöglichkeiten zum Schutze der Wettbewerbsfreiheit eröffnet.[33] Doch selbst wenn man dieser Auffassung folgen würde, so würden nur solche wettbewerbsbeschränkenden Abreden von der Nichtigkeitsfolge freigestellt sein, die sich innerhalb der Grenzen dessen halten, was auch bei objektiver Beurteilung ernstlich zweifelhaft sein kann, d. h., wenn die vereinbarten Wettbewerbsbeschränkungen nicht über das erforderliche Ausmaß hinausgehen. Hier liegt aber der Verstoß gerade in der absoluten warenbezogenen Markenabgrenzung, die offensichtlich durch andere Mittel, wie z. B. der Verpflichtung zu abgrenzenden Zeichenzusätzen, ersetzt werden könnte um die zugrundeliegende Verwechslungsgefahr auszuschließen. Da § 1 GWB im Übrigen ebenso wie Art. 81 EG auszulegen ist, sind dessen Voraussetzungen ebenfalls erfüllt. Eine Freistellung gemäß § 2 GWB kommt ebensowenig wie nach Art. 81 Abs. 3 EG in Betracht, da beide den gleichen Regelungsgehalt haben. Da es sich bei § 1 GWB um ein Schutzgesetz i. S. d. § 134 BGB handelt, führt der Verstoß ebenfalls zur Nichtigkeit.

c) Zwischenergebnis

Da die Vereinbarung unwirksam ist, steht sie einer Geltendmachung der Rechte gemäß § 14 Abs. 5 i. V. m. § 14 Abs. 2 Nr. 2 MarkenG nicht entgegen. T handelte demnach unbefugt.

III. Verwechslungsgefahr

Die Verwechslungsgefahr ist, wie bereits im Rahmen des Art. 81 Abs. 1 EG geprüft wurde, zu bejahen. Zwar wurde im Rahmen des Art. 81 Abs. 1 EG ebenso wie für § 9 MarkenG nur die abstrakte Verwechslungsgefahr geprüft, während im

---

[32] *BGH*, Urt. v. 5. 10. 1951, Az. I ZR 74/50, GRUR 1952, 141, 144 f. – Tauchpumpe.
[33] So z. B. *BGH*, Urt. v. 22. 5. 1975, Az. KZR 9/74, BGHZ 65, 147, 151 f. – Heilquelle.

Rahmen des § 14 Abs. 2 MarkenG zu fragen ist, ob für den Verkehr durch die spezifische angegriffene Benutzungshandlung eine konkrete Verwechslungsgefahr begründet wird.[34] Da es sich hier jedoch um eine urtypische Benutzung des Zeichens handelt, die auch im Rahmen der abstrakten Verwechslungsgefahr berücksichtigt wurde, ist die konkrete Verwechslungsgefahr zu bejahen. Insbesondere der Hinweis „Made in France – Roubaix – Paris" führt nicht zum Ausschluss der Verwechslungsgefahr, da er lediglich als Produktionsort verstanden wird und allgemein bekannt ist, dass ein Unternehmen in vielen Ländern Produktionsstandorte haben kann.

C. Schutzhindernisse

I. Kein Ausschluss aufgrund der Markenvereinbarung

Die Vereinbarung zwischen P und S ist nichtig und führt daher zu keinem rechtlichen Ausschluss der Abwehrrechte der S.

II. Verwirkung gemäß § 21 Abs. 1 MarkenG

Es könnte jedoch eine Verwirkung gemäß § 21 Abs. 1 MarkenG in Betracht kommen. Hier hat P das Markenzeichen PHILDAR seit mehr als fünf aufeinanderfolgenden Jahren in Deutschland benutzt. Die Verwirkung nach § 21 Abs. 1 MarkenG kann aber nur für die Produkte eintreten, die vom Verzeichnis der jüngeren Marke gedeckt sind. Nach dem klaren Wortlaut des Gesetzes ist es nicht ausreichend, wenn die Waren oder Dienstleistungen nur in den Ähnlichkeitsbereich der im Register aufgeführten fallen. Die Kennzeichnung muss auch tatsächlich für die vom Register erfassten Waren benutzt worden sein. Da die Verwirkung im Ergebnis ein Vertrauensschutztatbestand ist, wäre eine Ausdehnung auf Waren oder Dienstleistungen, die zwar im Verzeichnis genannt sind, aber nicht benutzt wurden, sachwidrig.[35] Im vorliegenden Fall richtet sich der Unterlassungsanspruch gegen die Verwendung des Zeichens PHILDAR für Strickwolle. Dafür hat P jedoch seine Marke damals nicht eintragen lassen und dafür hat P die Marke in der Vergangenheit in Deutschland auch nicht benutzt, sondern nur für Strickwarenzubehör und bestimmte Kleidungsstücke. Der eng umrissene Anwendungsbereich des § 21 Abs. 1 MarkenG ist daher nicht erfüllt.

III. Verwirkung nach allgemeinen Grundsätzen i. S. d. § 21 Abs. 4 MarkenG

Neben § 21 Abs. 1 und 2 MarkenG kommt aber auch – wie Abs. 4 deklaratorisch festhält – eine Verwirkung nach den allgemeinen Grundsätzen als Sonderfall der unzulässigen Rechtsausübung unter Verstoß gegen § 242 BGB in Betracht. Allerdings betrifft die Verwirkung immer nur einen bestimmten Anspruch und ist demgemäß

---

[34] So nunmehr ausdrücklich *EuGH*, Urt. v. 12. 6. 2008, Rs. C-533/06, Slg. 2008, I-4231, Rn. 67 – O2/Hutchison 3G. Für die Beurteilung der Frage, ob der Inhaber der eingetragenen Marke berechtigt ist, dieser speziellen Benutzung zu widersprechen, ist die Prüfung daher auf die Umstände zu beschränken, die diese Benutzung kennzeichnen, ohne dass zu prüfen wäre, ob eine andere Benutzung desselben Zeichens, die unter anderen Umständen stattfände, ebenfalls geeignet wäre, eine Verwechslungsgefahr zu erzeugen.
[35] *Ingerl/Rohnke*, § 21 Rn. 9; *Fezer*, Markenrecht, § 21 Rn. 8.

nach den Besonderheiten dieses Anspruchs zu beurteilen. Der betroffen Unterlassungsanspruch gemäß § 14 Abs. 5 i.V.m. Abs. 2 Nr. 2 MarkenG richtet sich hier gegen den konkreten Gebrauch einer Bezeichnung. Seine Verwirkung setzt daher voraus, dass der Verletzer P durch genau diesen Gebrauch einen schutzwürdigen Besitzstand erworben hat.[36] Allerdings hat P die Marke in der Vergangenheit nicht für Strickwolle verwendet und kann daher auch insoweit keinen schutzwürdigen Besitzstand erworben haben. Damit scheidet auch eine Verwirkung nach allgemeinen Grundsätzen aus.

D. Ergebnis

S hat gegen P einen Anspruch auf Unterlassung der Bezeichnung PHILDAR für Strickwolle in Deutschland gemäß § 14 Abs. 5 i.V.m. Abs. 2 Nr. 2 MarkenG. Dieses auf den ersten Blick unbillige Ergebnis darf aber nicht darüber hinwegtäuschen, dass S unter Verwendung eines die Verwechslungsgefahr ausschließenden zusätzlichen Hinweises seine Marke gleichwohl nutzen kann, was ihm hingegen nach der (nichtigen) Markenvereinbarung untersagt gewesen wäre.

Merke: Markenabgrenzungsvereinbarungen dienen der Vermeidung von Rechtsstreitigkeiten, z.B. im Falle einer Verwechslungsgefahr gemäß § 14 Abs. 2 Nr. 2 MarkenG. Sie sind nur dann keine verschleierte Wettbewerbsbeschränkung, wenn sie sich auf das zur Klärung absolut notwendige Maß beschränken. Wird vereinbart, dass die Marken jeweils nur in bestimmten Regionen oder nur für bestimmte Produkte verwendet werden dürfen, so schränkt dies den Wettbewerb übermäßig ein. Herstelleridentifizierende Hinweise sind regelmäßig eine weniger wettbewerbsbeschränkende Möglichkeit zur Vermeidung einer Verwechslungsgefahr. Unerheblich ist, dass unter Umständen auch durch Geltendmachung der gesetzlichen Abwehrrechte aus der Marke eine solche Abgrenzung herbeigeführt werden könnte. Auch Nichtangriffsvereinbarungen können als Wettbewerbsbeschränkung verboten sein.

---

[36] Siehe *BGH*, Urt. v. 21. 11. 1969, Az. I ZR 135/67, GRUR 1970, 315, 319 – Napoléon III.

Fall 17. Metropole Verwechslungen

Sachverhalt[*]

Die Metro AG (M), die größte deutsche Handelskette, ist unter anderem Inhaberin der ins deutsche Markenregister eingetragenen mehrfarbigen (schwarze Schrift auf gelbem Grund) Marke „Metro". Die Marke wurde mit Prioritätsdatum vom 1. Juli 1995 für die Dienstleistungen „Veranstaltung und Vermittlung von Reisen", „Vermittlung von Verkehrsleistungen" sowie „Werbung und Geschäftsführung" eingetragen. Als von M für den Vertrieb von Waren in Großhandelsmärkten genutzte Bezeichnung handelt es sich um eine bekannte Marke.

M betreibt unter anderem ein Reisebüro und bietet Gütertransporte und Logistikdienstleistungen für Gewerbetreibende an. Hauptsächlich betreibt M aber Großhandelsmärkte, in denen ausschließlich Gewerbetreibende einkaufen dürfen, die im Besitz eines entsprechenden Ausweises sind. Bis vor kurzem gab es in diesen auch Reisebüros, in denen vollständige Urlaubsreisen inklusive An- und Abreise angeboten wurden; allerdings wurde dieses Angebot inzwischen abgeschafft. Gegenwärtig werden Reisen nur noch über das Internet in Kooperation mit einem anderen Reiseanbieter vertrieben und bundesweit in Zeitschriften beworben, welche ausschließlich für Gewerbetreibende erhältlich sind. Als Firmenbestandteil wird das Zeichen „Metro" von M seit 1963 verwendet, ebenso wie es für zahlreiche Dienstleistungen als Bestandteil der jeweiligen Bezeichnung benutzt wird.

Die B ist ein hauptsächlich in Berlin tätiges privatwirtschaftlich organisiertes Unternehmen des öffentlichen Personennahverkehrs, das unter dem Namen BVG auftritt. Für einen Teil der von ihr angebotenen Buslinien benutzt B seit 2002 die Bezeichnung „BVG Metrobus" sowie „Metrobus" für Buslinien mit durchgängig hoher Taktfrequenz in und um Berlin. Die Bezeichnung findet sich in gelber Schrift auf schwarzem Grund sowohl in den elektronischen Anzeigefeldern auf der Frontseite der Busse als auch auf der Seitenbemalung der Busse. B hat sich dieses Zeichen als Marke u.a. für die Produktkategorien „Linienbusbeförderung mit Autobussen", „Werbung und Geschäftsführung" und „Papier- und Papperzeugnisse, insb. Werbeplakate" eintragen lassen.

M sieht in der Anmeldung und Nutzung der Marke durch B einen Verstoß gegen ihre Markenrechte. B ist hingegen der Auffassung, dass bei der Bemalung der Busse stets das in der Region sehr bekannte Logo der B hervorgehoben werde, welches zwar auch schwarz und gelb sei, von den angesprochenen Verkehrskreisen aber ohne Weiteres mit der B in Verbindung gebracht werde. Daher könne es auf die Bezeichnung „Metro" nicht ankommen. Darüber hinaus gebe es im europäischen und internationalen Ausland zahlreiche Busanbieter, die ihre Busse oder andere Verkehrsmittel mit „Metro" bezeichnen würden. Außerdem gehöre der Begriff zum Grundwortschatz der englischen, französischen, italienischen und spanischen Sprache. Auch im deutschen Wortschatz sei „Metro" eine gängige Bezeichnung für die U-Bahnen in Paris, Moskau und New York.

---

[*] Basierend auf *BGH*, Urt. v. 5. 2. 2009, Az. I ZR 167/06, WRP 2009, 616 – Metrobus; *BGH*, Urt. v. 5. 2. 2009, Az. I ZR 186/06 – MVG Metrobus; *BGH*, Urt. v. 5. 2. 2009, Az. I ZR 174/06 – BVG Metrobus.

M verlangt von B, die Nutzung der Zeichen „BVG Metrobus" und „Metrobus" im geschäftlichen Verkehr zu unterlassen und fordert die gegenüber dem Deutschen Patent- und Markenamt abzugebende Einwilligung in die Löschung der von B eingetragenen Marke aus dem Markenregister.

Wie ist die Rechtslage?

Lösung

A. Unterlassungsanspruch aus § 14 Abs. 5 S. 1 MarkenG

Ein Unterlassungsanspruch gegen die B könnte sich aus § 14 Abs. 5 S. 1 i.V.m. Abs. 2 MarkenG ergeben.

I. Aktivlegitimation

M müsste Inhaber eines prioritätsälteren Markenrechts sein.

1. Prioritätsälteres Markenrecht

Die Marke „Metro" wurde mit Prioritätsdatum vom 1. Juli 1995 eingetragen. Da im Zivilrechtstreit die Eintragungsvoraussetzungen einer eingetragenen Marke nicht mehr geprüft werden, ist von einem schutzfähigen Markenrecht auszugehen. Die Marke der M ist auch prioritätsälter, da die der B erst 2002 eingetragen wurde.

2. Inhaber

Desweiteren müsste M Inhaberin der Marke sein. Soweit M als Inhaberin im Register eingetragen ist, wird gemäß § 28 MarkenG vermutet, dass ihr das Recht auch tatsächlich zusteht.

II. Verletzungstatbestand

1. Benutzung der Marke im geschäftlichen Verkehr

a) Handeln im geschäftlichen Verkehr

B müsste das Zeichen im geschäftlichen Verkehr verwendet haben. Handeln im geschäftlichen Verkehr ist jede wirtschaftliche Tätigkeit, die der Förderung eines eigenen oder fremden Geschäftszwecks dient bzw. eine Benutzung des Zeichens im Zusammenhang mit einer auf einen wirtschaftlichen Vorteil gerichteten kommerziellen Tätigkeit und nicht im privaten Bereich.[1] B handelte vorliegend, um ihr Dienstleistungsangebot zu bewerben, indem die Buslinien eine besondere Bezeichnung erhielten. Darin liegt ein Handeln im geschäftlichen Verkehr.

b) Benutzung eines Zeichens

B müsste das Zeichen auch benutzt haben. § 14 Abs. 2 MarkenG verbietet jedem Dritten, ein identisches oder ähnliches Zeichen zu benutzen, und zwar für „Waren

---

[1] *EuGH*, Urt. v. 12.11.2002, C-206/01, Slg. 2002, I-10273 – Arsenal Football Club. Insofern dient das Kriterium des „geschäftlichen Verkehrs" als allgemeines Abgrenzungsmerkmal des markenrechtlich geregelten Lebensbereichs. Vgl. auch *Hacker*, in: Ströbele/Hacker, § 14 Rn. 26; *Müller*, in: Spindler/Schuster, Recht der elektronischen Medien, 1. Aufl. 2008, § 14 MarkenG, Rn. 21 ff.

oder Dienstleistungen". Beispiele für eine Benutzung finden sich nicht abschließend („insbesondere") in § 14 Abs. 3 MarkenG.[2] Der Begriff der Benutzung ist durch die Markenrechtsrichtlinie vorgegeben und wird anhand der gemeinschaftsrechtlich anerkannten Schutzinteressen des Markeninhabers und den daraus abgeleiteten Markenfunktionen, insbesondere der Herkunftsfunktion ausgelegt.[3] Für alle drei Tatbestände des § 14 MarkenG gilt ein einheitlicher Benutzungsbegriff, ebenso wie für alle Erscheinungsformen geschützter Marken.[4] B hat das umstrittene Zeichen vorliegend verwendet, um ihre Buslinien zu kennzeichnen und es zu diesem Zweck auf die Busse aufgemalt. Darin liegt eine markenrechtliche Benutzungshandlung.

c) Kennzeichenmäßige Benutzung

Ob einschränkend eine „kennzeichenmäßige Benutzung" vorliegen muss, ist umstritten.[5] Dies kann jedoch offen bleiben, wenn B das Zeichen hier kennzeichenmäßig benutzt. Voraussetzung dafür ist, dass die Bezeichnung im Rahmen des Produkt- und Leistungsabsatzes jedenfalls auch der Unterscheidung der Waren oder Dienstleistungen eines Unternehmens von denen anderer Unternehmen dient.[6] Sie fehlt, wenn die angegriffene Bezeichnung vom Verkehr lediglich als beschreibende Angabe verstanden wird.[7]

Eine kennzeichenmäßige Benutzung könnte hier deshalb fehlen, weil B bei der Bewerbung der Busse stets auch ihr eigenes Firmenlogo verwendet, welches eindeutig auf sie als Anbieterin hinweist. Die angesprochenen Verkehrskreise könnten daraus schließen, dass es sich bei der Bezeichnung „Metrobus" lediglich um die Beschreibung einer besonderen Form des Angebots von Beförderungsleistungen handelt. Das ist wiederum nur dann der Fall, wenn die Bezeichnung „Metro" für öffentliche Verkehrsmittel bereits in den allgemeinen Sprachgebrauch übergegangen ist und dort eine bestimmte Form des Dienstleistungsangebots kennzeichnet. Davon kann jedoch nicht ausgegangen werden, da der Begriff keine allein beschreibende Bedeutung im Bereich der öffentlichen Personenbeförderung hat. Daher weist die Bezeichnung also auch auf die B als Anbieterin dieser Dienstleistungen hin. Darin ist jedenfalls eine kennzeichenmäßige Benutzung zu sehen, so dass eine Streitentscheidung hinsichtlich des Erfordernisses der kennzeichenmäßigen Benutzung nicht notwendig ist.

2. Verletzungshandlung

B müsste durch diese Benutzung eine Verletzungshandlung im Sinne von § 14 Abs. 2 MarkenG begangen haben.

---

[2] Dazu *Hacker*, in: Ströbele/Hacker, § 14 Rn. 59; *Ingerl/Rohnke*, § 14 Rn. 63.
[3] *EuGH*, Urt. v. 12. 11. 2002, Rs. C-206/01, Slg. 2002, I-10273 – Arsenal Football Club; *EuGH*, Urt. v. 14. 5. 2002, Rs. C-2/00, Slg. 2002, I-4187 – Hölterhoff.
[4] *Ingerl/Rohnke*, § 14 Rn. 67.
[5] Der BGH hat sich dafür entschieden, vgl. *BGH*, GRUR 2005, 419, 422 – Räucherkate. Dagegen aber *Fezer*, GRUR 1996, 566 ff.; vgl. auch *Rütz*, GRURInt. 2004, 472; *Blankenburg*, WRP 2008, 1294.
[6] *EuGH*, Urt. v. 12. 11. 2002, Rs. C-206/01, Slg. 2002, I-10273 – Arsenal Football Club; *BGH*, Urt. v. 3. 2. 2005, Az. I ZR 45/03, GRUR 2005, 414, 415 – Russisches Schaumgebäck, *BGH*, Urt. v. 30. 4. 2008, Az. I ZR 123/05, GRUR 2008, 793 – Rillenkoffer.
[7] *BGH*, Urt. v. 6. 12. 2001, Az. I ZR 136/99, GRUR 2002, 814, 815 – Festspielhaus; *BGH*, Urt. v. 20. 12. 2001, Az. I ZR 135/99, GRUR 2002, 812, 813 – FRÜHSTÜCKS-DRINK II, jeweils m. w. N.

a) Identitätsschutz, § 14 Abs. 2 Nr. 1 MarkenG

Zunächst könnte eine Markenverletzung dergestalt vorliegen, dass B ein mit der Marke der M identisches Zeichen für Waren und Dienstleistungen benutzt, die mit denen der M identisch sind. Fraglich ist hier schon, ob die verwendeten Zeichen identisch sind. Zwar enthalten beide den Wortbestandteil „Metro" und bestehen aus schwarzen und gelben Elementen. Das Tatbestandsmerkmal der Zeichenidentität ist jedoch grundsätzlich restriktiv auszulegen, um eine ungerechtfertigte Ausdehnung des Tatbestands der Doppelidentität zulasten der Nr. 2 zu vermeiden.[8] B benutzt das Zeichen stets im Zusammenhang mit der Bezeichnung „Bus" und ihrem Unternehmenszeichen, d.h. als zusammengesetzte Marke. Damit fehlt es bei enger Betrachtung an einer Zeichenidentität.

b) Verwechslungsschutz, § 14 Abs. 2 Nr. 2 MarkenG

Es könnte aber Verwechslungsschutz nach § 14 Abs. 2 Nr. 2 MarkenG bestehen. Dann müsste durch die Benutzung des Begriffs „Metro" durch die B zur Kennzeichnung ihrer Busse Verwechslungsgefahr mit dem Zeichen der M entstehen. Zu unterscheiden sind drei verschiedene Formen der Verwechslungsgefahr. Es kann eine *unmittelbare Verwechslungsgefahr* vorliegen, bei der irrtümlich eine Marke für die andere gehalten wird, weil bestehende Unterschiede nicht wahrgenommen werden (können). Werden die Marken aufgrund ihrer Ähnlichkeit derart gedanklich miteinander in Verbindung gebracht, dass der Eindruck entsteht, die gekennzeichneten Waren oder Dienstleistungen stammten aus demselben Unternehmen, die Unterschiede jedoch erfasst, so spricht man von *mittelbarer Verwechslungsgefahr*. Werden die umstrittenen Kennzeichen zwar nicht miteinander in Verbindung gebracht, entsteht aber der Eindruck, es bestünden besondere wirtschaftliche oder organisatorische Beziehungen zwischen den Markeninhabern, so spricht handelt es sich um *Verwechslungsgefahr im weiteren Sinne*.

aa) Kennzeichnungskraft. Maßstab für die Annahme einer Verwechslungsgefahr ist zunächst die Kennzeichnungskraft der prioritätsälteren Marke der M, da von ihr der Schutzumfang der Marke abhängt. Die Kennzeichnungskraft bezeichnet das Ausmaß, in dem eine Marke geeignet ist, die eingetragenen Waren oder Dienstleistungen als von einem bestimmten Unternehmen stammend zu kennzeichnen und damit diese Waren oder Dienstleistungen von denen anderer Unternehmen zu unterscheiden.[9] Man unterscheidet zwischen normaler, schwacher und starker Kennzeichnungskraft. Zu berücksichtigen sind alle relevanten Umstände, d.h. die Eigenschaften der Marke, der Marktanteil der mit der Marke gekennzeichneten Waren, die Intensität, die geografische Ausdehnung und die Dauer der Benutzung. Marken mit hoher Kennzeichnungskraft haben einen größeren Schutzumfang als Marken mit niedriger Kennzeichnungskraft.

Die Marke „Metro" hatte ursprünglich eher eine normale originäre Kennzeichnungskraft. In Bezug auf die Großhandelsmärkte der M hat diese aber dem Sachverhalt zufolge einen hohen Bekanntheitsgrad erlangt so dass man inzwischen von einer hohen Kennzeichnungskraft ausgehen kann. Allerdings muss die Kennzeichnungskraft nicht für alle unter der Marke angebotenen Waren bzw. Dienstleistungen

---

[8] Vgl. *EuGH*, Urt. v. 20. 3. 2003, Rs. C-291/00, Slg. 2003, I-2799, Rn. 50 – LTJ Diffusion.
[9] Vgl. *EuGH*, Urt. v. 22. 6. 1999, Rs. C-342/97, Slg. 1999, I-3819, Rn. 22 – Lloyd; grundlegend zur Kennzeichnungskraft *Knaak*, GRURInt. 2002, 801.

gleich hoch sein, sondern kann variieren.[10] Hier ist insbesondere zu untersuchen, ob die Marke „Metro" für Beförderungsdienstleistungen und die damit verbundenen Angebote eine ebenso hohe Kennzeichnungskraft hat. Dies könnte zunächst zu verneinen sein, da M Reisen nur über das Internet anbietet und den Vertrieb über Reisebüros gänzlich eingestellt hat. Zudem werden die Reisen auch nur in bestimmten Kreisen beworben. Auch im Bereich des Transportwesens wurde die Marke bislang kaum benutzt, so dass diesbezüglich eher von einer schwachen Kennzeichnungskraft auszugehen ist. Allerdings kann sich die starke Kennzeichungskraft in einem anderen Waren- bzw. Dienstleistungsbereich auf andere auswirken, und zwar insbesondere dann, wenn es sich um eine verbreitete Marke handelt. Das ist hier der Fall, weshalb von einer gesteigerten Kennzeichnungskraft auch im Bereich der Beförderungsleistungen auszugehen ist.

bb) Waren- und Dienstleistungsähnlichkeit. Die unter dem Zeichen angebotenen Waren und Dienstleistungen müssten einander ähnlich sein. Wenn die Anspruchsmarke eine eingetragenes Markenzeichen ist, sind für diese grundsätzlich die Waren oder Dienstleistungen der Kollisionsprüfung zugrundezulegen, für die diese im Registerverzeichnis angemeldet bzw. eingetragen wurde.[11] Auf Seiten des Verletzerzeichens sind die tatsächlich mit dem angegriffenen Zeichen versehenen Produkte entscheidend, da sich der Unterlassungsanspruch des § 14 Abs. 5 S. 1 MarkenG gegen eine konkrete Benutzungshandlung richtet. Für die Beurteilung der Ähnlichkeit sind alle erheblichen Faktoren zu berücksichtigen, die das Verhältnis zwischen den Waren oder Dienstleistungen kennzeichnen. Hierzu gehören insbesondere deren Art, Verwendungszweck und Nutzung sowie ihre Eigenart als miteinander konkurrierende oder einander ergänzende Waren oder Dienstleistungen.[12] Vorliegend ist zunächst zu untersuchen, welche Waren bzw. Dienstleistungen sich im Einzelnen gegenüber stehen, denn die M hält die Marke für zahlreiche verschiedene Waren und Dienstleistungen. B benutzte das Zeichen für das Angebot von Dienstleistungen im Bereich der Personenbeförderung, indem sie ihre Buslinien entsprechend kennzeichnete. M beansprucht demgegenüber unter anderem Schutz für die „Veranstaltung und Vermittlung von Reisen" und der „Vermittlung von Verkehrsleistungen". Sowohl die Veranstaltung und Vermittlung von Reisen und der Vermittlung von Verkehrsleistungen, die M für sich beansprucht, als auch die Linienbusbeförderung besitzen einen Bezug zur Personenbeförderung. Ähnlichkeit könnte allerdings dennoch fehlen, weil die Linienbusbeförderung im Gegensatz zu den von M angebotenen Dienstleistungen eine Leistung der Daseinsvorsorge ist und sich nach den Bestimmungen des Personenbeförderungsgesetzes richtet. In die Beurteilung einzubeziehen ist aber auch, ob die Waren oder Dienstleistungen regelmäßig von denselben Unternehmen oder unter ihrer Kontrolle hergestellt oder erbracht werden oder ob sie beim Vertrieb Berührungspunkte aufweisen.[13] Allein die Tatsache besonderer Rechtsvorschriften schließt es jedoch nicht aus, dass die angesprochenen Verkehrskreise bei der Verwendung einer einheitlichen Bezeichnung zumindest von wirtschaftlichen und organisatorischen Verbindungen zwischen den Unternehmen ausgehen.[14] Damit besteht eine gewisse Ähnlichkeit zwischen den geschützten Dienstleistungen.

---

[10] *Hacker*, in: Ströbele/Hacker, § 9 Rn. 184.
[11] Z. B. *BGH*, WRP 2002, 537, 541 – BANK 24; *BGH*, GRUR 2002, 65, 67 – Ichthyol.
[12] *EuGH*, Urt. v. 29. 9. 1998, Rs. C-39/97, Slg. 1998, I-5507, Rn. 23 – Canon. Vgl. dazu auch *Bous*, GRUR 2002, 19.
[13] *BGH*, Urt. v. 5. 2. 2009, Az. I ZR 167/06, S. 11. Vgl. zum Begriff der Waren- und Dienstleistungsähnlichkeit und ihrer Feststellung auch *Bous*, GRUR 2002, 19 ff.
[14] *BGH*, Urt. v. 5. 2. 2009, Az. I ZR 167/06, S. 12.

cc) Zeichenähnlichkeit. Der Kollisionstatbestand der Verwechslungsgefahr fordert weiterhin ein ausreichendes Maß an Zeichenähnlichkeit. Maßstab hierfür sind klangliche, schriftbildliche, bildliche und begriffliche Übereinstimmungen bzw. Abweichungen der Zeichen. Wenngleich grundsätzlich das Gesamtbild der Marke berücksichtig werden muss, ist dennoch nicht ausgeschlossen, dass einzelne Bestandteile für diesen Gesamteindruck prägend sein können.[15]

Zunächst ist die Bezeichnung „BVG Metrobus" auf den Bestandteil „Metrobus" zu reduzieren, da eine vorangestellte Unternehmensbezeichnung regelmäßig in den Hintergrund rückt.[16] Folglich kann im Folgenden – auch im Rahmen der endgültigen Feststellung der Verwechslungsgefahr – eine übereinstimmende Beurteilung der Zeichen „BVG Metrobus" und „Metrobus" vorgenommen werden.

Aufgrund der übereinstimmenden Wortbestandteile ist zumindest von einer geringen Zeichenähnlichkeit auszugehen, insbesondere da der Bestandteil Metro in dem lediglich zweigliedrigen Begriff „Metrobus" keine derart untergeordnete Stellung einnimmt, dass der Verkehr diesen schon nicht bewusst wahrnimmt. Ein höherer Ähnlichkeitsgrad könnte angenommen werden, wenn der Bestandteil „Metro" in der angegriffenen Bezeichnung „Metrobus" einen prägenden Charakter hat. Das Wort „Metrobus" in dem beanstandeten Zeichen ist, obgleich es vom Verkehr in der Gesamtheit wahrgenommen wird, eine Kombination, die aus dem Phantasiebestandteil „Metro" und dem generischen Begriff „Bus" besteht. Nun ist zwar auch das Wort „Bus" für die hier in Frage stehenden Produkte – bis auf die Ware „Omnibus" – ebenfalls eine phantasievolle Verfremdung; der Verkehr erkennt aber, dass das eigentlich Phantasievolle die Verknüpfung des Begriffs „Metro" mit dem eher profanen Wort „Bus" ist, um so zu einer klangvollen und einprägsamen Wortneuschöpfung zu gelangen. Der Bestandteil „Metro" könnte mithin in der Kombination „Metrobus" jedenfalls mitprägend, wenn auch nicht dominierend sein. Bei der Beurteilung der Frage, ob der mit dem Kennzeichen übereinstimmende Bestandteil des angegriffenen Zeichens dieses prägt, ist auch eine durch Benutzung gesteigerte Kennzeichnungskraft der Anspruchsmarke mit zu berücksichtigen.[17] Eine Verkürzung auf den mit der Anspruchsmarke übereinstimmenden Bestandteil ist jedoch immer dann nicht anzunehmen, wenn durch die Einfügung des Bestandteils in das zusammengesetzte Zeichen ein Gesamtbegriff mit eigenständigem Bedeutungsgehalt entsteht. Dann tragen auch die anderen Bestandteile zum Gesamteindruck bei, selbst wenn sie beschreibend sind.[18] Hier bezeichnet der Begriff „Metrobus" in dem angegriffenen Zeichen im Zusammenhang mit der Beförderung von Personen mit Autobussen im Linienverkehr und mit Fahrplaninformationen aus Sicht des Verkehrs ein spezifisches Beförderungsangebot. Durch die Einfügung des Bestandteils „Metro" in das zusammengesetzte Zeichen der B entsteht ein Gesamtbegriff mit eigenständigem Bedeutungsgehalt, zu welchem auch die weiteren Bestandteile „Bus" und das Unternehmenszeichen der B beitragen, obgleich es sich dabei um lediglich beschreibende Angaben handelt.[19] Der Begriff „Metrobus" wird im Bereich des Per-

---

[15] *EuGH*, Urt. v. 6. 10. 2005, Rs. C-120/04, Slg. 2005, I-8551 – THOMSON LIFE; *BGH*, Beschl. v. 22. 9. 2005, Az. I ZB 40/03, GRUR 2006, 60 – coccodrillo.

[16] *Ingerl/Rohnke*, § 14 Rn. 661 m. w. N.

[17] Vgl. *BGH*, Urt. v. 13. 3. 2003 – Az. I ZR 122/00, GRUR 2003, 880, 881 = WRP 2003, 1228 – City Plus; Urt. v. 19. 7. 2007 – Az. I ZR 137/04, GRUR 2007, 888 Tz. 24 = WRP 2007, 1193 – Euro Telekom).

[18] *Ingerl/Rohnke*, § 14 Rn. 659 m. w. N.

[19] Dazu *BGH*, Urt. v. 5. 2. 2009, Az. I ZR 174/06, S. 16 – BVG/Metro; auch schon *BGH*, Beschl. v. 5. 3. 1998, Az. I ZB 28/95, GRUR 1998, 932, 933 – MEISTERBRAND.

sonennahverkehrs vom Verkehr folglich aufgrund des eigenständigen Bedeutungsgehalts des zusammengesetzten Wortes als einheitlich aufgefasst. Wegen dieser Funktion des Wortbestandteils „Metrobus" liegt es daher fern, dass der Verkehr den Gesamtbegriff in die Bestandteile „Metro" und „bus" künstlich aufspaltet und der Begriff „Metro" damit eine eigene prägende kennzeichnende Bedeutung erlangt. Daraus ergibt sich, dass nur von einer geringen Zeichenähnlichkeit zwischen „Metro" und „Metrobus" ausgegangen werden kann, da der übereinstimmende Bestandteil in den Hintergrund rückt.[20]

dd) Verwechslungsgefahr. Fraglich ist, ob sich allein aus der Waren- und Dienstleistungsähnlichkeit und der gesteigerten Kennzeichnungskraft in Zusammenhang mit der geringen Zeichenähnlichkeit der Marke der M Verwechslungsgefahr im Sinne von § 14 Abs. 2 MarkenG ergeben kann. Die Beurteilung der Verwechslungsgefahr wird unter Berücksichtigung aller Umstände des Einzelfalls vorgenommen.[21] Hierbei ist auf den durch die Zeichen hervorgerufenen Gesamteindruck abzustellen, wobei insbesondere ihre unterscheidungskräftigen und dominierenden Elemente zu berücksichtigen sind.[22]

Bereits die geringe Ähnlichkeit zwischen den Zeichen legt nahe, dass keine unmittelbare Verwechslungsgefahr besteht.[23] Diese kann auch nicht durch die gesteigerte Kennzeichnungskraft der Marke „Metro" ausgeglichen werden, da dieser Wortbestandteil keine eigenständige Bedeutung im angegiffenen Zeichen erlangt, so dass die angesprochenen Verkehrskreise die Zeichen unterscheiden können. Wird der Begriff „Metrobus" aber vom Verkehr nicht zergliedernd aufgefasst und wegen des beschreibenden Anklangs auch nicht auf „Metro" verkürzt, ist die Zeichenähnlichkeit zwischen beiden Zeichen so gering, dass bei bestehender Dienstleistungsähnlichkeit trotz überdurchschnittlicher Kennzeichnungskraft der Anspruchsmarke eine unmittelbare Verwechslungsgefahr ausscheidet.[24] Aufgrund dessen fehlt es auch an einer mittelbaren Verwechslungsgefahr; denn bei einem derart geringen Maß an Ähnlichkeit nehmen die angesprochenen Kunden auch nicht an, dass die angebotenen Dienstleistungen aus demselben Unternehmen stammen, zumal B zusätzlich auch ihr eigenes Unternehmenskennzeichen BVG benutzt.

Etwas anderes könnte sich aus einer Betrachtung der Marke der M als sog. Serienzeichen ergeben. Diese Fallgruppe ist als Unterfall der mittelbaren Verwechslungsgefahr nur dann zu prüfen, wenn die einander gegenüberstehenden Zeichen nicht unmittelbar miteinander verwechselbar sind.[25] Verwechslungsgefahr unter dem Aspekt des Serienzeichens liegt dann vor, wenn die Zeichen in einem Bestandteil übereinstimmen, den der Verkehr als Stamm mehrerer Zeichen eines einzigen Unternehmens ansieht und aus diesem Grund alle Zeichen, die diesen Bestandteil aufweisen, dem Unternehmen zuordnet.[26] M verwendet den Bestandteil Metro für eine Vielzahl von Dienstleistungen. Daraus ergibt sich aber nicht automatisch die Eigenschaft des Zeichens als Serienzeichen, sondern nur dann, wenn „Metro" auch

---

[20] So im Ergebnis auf *BGH*, Urt. v. 5. 2. 2009, Az. I ZR 174/06, S. 13 – BVG/Metro.
[21] *BGH*, Urt. v. 28. 6. 2007, Az. I ZR 132/94 – INTERCONNECT/T – Inter Connect.
[22] *EuGH*, Urt. v. 12. 6. 2007, Rs. C-334/05, Slg. 2007, I-4529 – Limoncello; *BGH*, Urt. v. 3. 4. 2008, Az. I ZR 49/05, GRUR 2008, 1002 – Schuhpark.
[23] Vgl. zur Beurteilung *BGH*, Urt. v. 22. 7. 2004, Az. I ZR 204/01, GRUR 2004, 865 – Mustang, m. w. N. Zum Begriff der Verwechslungsgefahr vgl. a. oben I. 2. a).
[24] *BGH*, Urt. v. 5. 2. 2009, Az. I ZR 186/06 – MVG Metrobus.
[25] *EuGH*, Urt. v. 13. 9. 2007, Rs. C-234/06, Slg. 2007, I-7333 – II Ponte Finanziaria/HABM; *BGH*, Beschl. v. 29. 5. 2008, Az. I ZB 54/05, GRUR 2008, 905 – Pantohexal.
[26] *BGH*, Urt. v. 20. 9. 2007, Az. I ZR 6/05, GRUR 2007, 1071 – Kinder II.

als Stammbestandteil, mithin als selbstständiger Wortbestandteil, erkennbar ist. Da der Verkehr das Zeichen „Metrobus" wie festgestellt jedoch jedenfalls in Bezug auf Personenbeförderungsleistungen als einheitliches Zeichen auffasst, ist das nicht der Fall. Das ergibt sich auch daraus, dass die Bezeichnung Metro auch im deutschen Wortschatz noch andere Bedeutungen hat.

Es könnte eine Verwechslungsgefahr im weiteren Sinne vorliegen,[27] wenn der Verkehr aufgrund der verwendeten Zeichen von einer wirtschaftlichen Verbundenheit von B und M ausgehen würde. Auch dies ist jedoch im Ergebnis abzulehnen. B verwendet das Zeichen in fester Kombination mit dem Bestandteil Bus und ihrem Unternehmenszeichen. Eine Aufspaltung ist nicht vorgesehen und wird vom Verkehr auch nicht vorgenommen, sondern der Begriff wird aufgrund seiner Funktion – wie oben beschrieben – stets im Zusammenhang benutzt. Hinzu kommt, dass auch das Unternehmenskennzeichen der B hervorgehoben wird, so dass klar ist, auf welches Unternehmen das Angebot zurückgeht. Daher kann auch nicht davon ausgegangen werden, dass der Verkehr allein anhand des Erscheinungsbildes der Marken eine Verbindung zwischen den beiden Unternehmen herstellt.

Eine Verwechslungsgefahr i. S. d. § 14 Abs. 2 Nr. 2 MarkenG ist damit nicht gegeben.

3. Ergebnis

Ein Unterlassungsanspruch aus § 14 Abs. 5 MarkenG gegen die Verwendung des Zeichens für die konkreten Busdienstleistungen besteht mangels Verletzungshandlung nicht. Auf eine Wiederholungsgefahr kommt es daher nicht mehr an.

B. Unterlassungsanspruch aus § 15 Abs. 4 S. 1 i.V. m. Abs. 2 MarkenG

Ein Unterlassungsanspruch könnte sich auch aus § 15 Abs. 4 S. 1 i.V.m. Abs. 2 MarkenG ergeben.

I. Inhaber einer geschäftlichen Bezeichnung

Die M müsste Inhaberin einer geschäftlichen Bezeichnung im Sinne von § 5 MarkenG sein. Vorliegend könnte es sich um ein Unternehmenskennzeichen handeln, § 5 Abs. 2 MarkenG. Das Unternehmenskennzeichen individualisiert im Gegensatz zur Marke nicht die Ware oder Dienstleistung selbst, sondern das Unternehmen und nur mittelbar die im Unternehmen hergestellten und von ihm in den Verkehr gebrachten Marken.[28] Ein Kennzeichen kann zugleich als Unternehmenskennzeichen und als Marke geschützt sein, so dass allein die Tatsache, dass M das Zeichen „Metro" als Marke hat eintragen lassen, dem Schutz als Unternehmenskennzeichen nicht entgegen steht.

Fraglich ist, ob M Inhaberin dieser geschäftlichen Bezeichnung geworden ist. Bei originär unterscheidungskräftigen Bezeichnungen im Sinne von § 5 Abs. 2 S. 1 MarkenG entsteht der Schutz bereits mit Aufnahme des namensmäßigen Gebrauchs durch das Unternehmen im geschäftlichen Verkehr, und zwar unabhängig vom Um-

---

[27] Zur Verwechslungsgefahr im weiteren Sinne bereits grundlegend *Kroitzsch*, GRUR 1968, 173.
[28] *BGH*, Urt. v. 9. 10. 2003, Az. I ZR 65/00, GRUR 2004, 512, 514 – Leysieffer; *BGH*, Urt. v. 24. 11. 1983, Az. I ZR 124/81, GRUR 1984, 354, 356 – Tina-Spezialversand-II.

fang der Benutzung.²⁹ Ein unterscheidungskräftiges Zeichen liegt vor, wenn das Kennzeichen von Natur aus zur Individualisierung eines Unternehmens oder ihres Unternehmensträgers geeignet ist.³⁰ Kennzeichnungskräftiger Bestandteil des vollständigen Unternehmenskennzeichens kann allein „Metro" sein, weil der Rechtsformzusatz „AG" rein beschreibend ist.³¹ Die Bezeichnung Metro ist für ein Großhandelsunternehmen geeignet, dieses von anderen Großhandelsunternehmen abzugrenzen, da es keinen offensichtlichen Bezug zum Produktangebot und damit auch keine rein beschreibende Funktion hat, so dass diese Voraussetzung erfüllt ist. M verwendet das Zeichen als Namensbestandteil in den Firmenbezeichnungen Metro AG, so dass spätestens dann von einer schutzbegründenden Benutzung als Unternehmenskennzeichen ausgegangen werden kann. Das Unternehmenskennzeichen besteht auch länger als die B ihr Zeichen benutzt.

II. Verletzungstatbestand

1. Zeichenbenutzung im geschäftlichen Verkehr

Auch die Verletzungstatbestände des § 15 MarkenG setzen ein Handeln im geschäftlichen Verkehr voraus. Hierbei gilt derselbe Begriff des geschäftlichen Verkehrs wie in § 14 MarkenG. Die B handelt bei ihrer Tätigkeit wie festgestellt im geschäftlichen Verkehr.

Fraglich ist, ob sie das Zeichen auch benutzt hat. Auch die Benutzung als Marke kann das Unternehmenskennzeichen eines anderen Unternehmens beeinträchtigen, da die Marke eine bestimmte betriebliche Herkunft des gekennzeichneten Produkts anzeigt.³² B benutzt die Bezeichnung „Metro" als Bestandteil ihrer Marke „Metrobus". Damit liegt eine Benutzungshandlung der B vor.

2. Verwechslungsgefahr

Desweiteren müsste zwischen dem Unternehmenskennzeichen der M und der angegriffenen Marke der B für die fraglichen Dienstleistungen³³ Verwechslungsgefahr bestehen. In Anbetracht der obigen Ausführungen kommt allenfalls eine Verwechslungsgefahr im weiteren Sinne in Betracht. Von dieser Art der Verwechslungsgefahr ist auszugehen, wenn der Verkehr zwar die Bezeichnungen selbst und die durch sie gekennzeichneten Unternehmen auseinanderhalten kann, aus den sich gegenüberstehenden Zeichen aber auf organisatorische oder wirtschaftliche Zusammenhänge schließt.³⁴ Der Verkehr wird bei den angegriffenen Bezeichnungen im Zusammenhang mit Transportdienstleistungen im öffentlichen Personennahverkehr aber aufgrund der funktionalen Dienstleistungsbeschreibung des Begriffes „Metrobus" nicht an die Handelskette des M erinnert. Er gelangt deshalb auch nicht zu der Annahme, es bestünden wirtschaftliche oder organisatorische Beziehungen zwischen den Unternehmen. Eine Verwechslungsgefahr im weiteren Sinne zwischen dem Unterneh-

---

[29] *BGH*, GRUR 1997, 749, 751 – L'Orange. Dazu *Hacker*, in: Ströbele/Hacker, § 5 Rn. 39.
[30] Zur Schutzfähigkeit von Unternehmenskennzeichen grundlegend *Kochendörfer*, WRP 2009, 239, 240.
[31] So auch *BGH*, Urt. v. 5. 2. 2009, Az. I ZR 174/06 – BVG Metrobus.
[32] *BGH*, GRUR 2005, 871, 872 – Seicom; *BGH*, GRUR 2004, 512, 514 – Leysieffer; *BGH*, GRUR 1995, 825, 827 – Torres; dazu *Hacker*, in: Ströbele/Hacker, § 15 Rn. 15.
[33] S. o. A. II. 2. b).
[34] *BGH*, Urt. v. 21. 2. 2002, Az. I ZR 230/99, GRUR 2002, 898, 900 = WRP 2002, 1066 – defacto.

menskennzeichen der M und den angegriffenen Marken kann daher nicht angenommen werden.

3. Ergebnis

Es besteht kein Unterlassungsanspruch gemäß § 15 Abs. 4 S. 1 MarkenG gegen die Verwendung des Zeichens für die konkreten Busdienstleistungen.

C. Vorbeugender Unterlassungsanspruch gemäß § 14 Abs. 5 S. 2 MarkenG

M könnte gemäß § 14 Abs. 5 S. 2 i.V.m. Abs. 2 MarkenG gegen B einen Anspruch auf Unterlassung aller zukünftigen denkbaren Verwendungen des Zeichens „Metrobus" haben, welche sich aus der Eintragung ins Markenregister ergeben können.[35] Dieser vorbeugende Unterlassungsanspruch richtet sich anders als bei vorausgegangener Verletzung nicht gegen eine abschließend umschriebene Nutzungshandlung, sondern gegen alle denkbare Verwendungsarten, die mit einer hinreichenden Wahrscheinlichkeit erwartet werden können. Statt einer Wiederholungsbedarf es insoweit einer Erstbegehungsgefahr.

I. Aktivlegitimation der B

Die Aktivlegitimation ist ebenso wie für den Anspruch aus § 14 Abs. 5 S. 1 MarkenG gegeben.

II. Erstbegehungsgefahr für einzelne Nutzungen

Aufgrund der Anmeldung und Eintragung eines Zeichens als Marke ist im Regelfall zu vermuten, dass eine Benutzung für die eingetragenen Waren oder Dienstleistungen in naher Zukunft bevorsteht, wenn keine konkreten Umstände vorliegen, die gegen eine solche Benutzungsabsicht sprechen.[36] Die Markenanmeldung und -eintragung begründet damit im Falle einer Kollisionslage i.S.d. § 14 Abs. 2 MarkenG regelmäßig einen vorbeugenden Unterlassungsanspruch, der sich auf alle angemeldeten und eingetragenen Waren und Dienstleistungen erstreckt.[37] Im vorliegenden Fall könnte zwar daran gedacht werden, dass B aufgrund des eigenen Tätigkeitsfeldes im öffentlichen Personennahverkehr ihre Marke für die angemeldeten Waren und Dienstleistungen lediglich als Werbeträger und Merchandisingartikel absetzt oder im Zusammenhang mit dem Betrieb von Buslinien nutzen wird, was dann nur eine erweiterte Nutzung gemäß § 14 Abs. 3 MarkenG im Bereich der Personenbeförderung wäre, innerhalb dessen Unterlassungsansprüche ja zu verneinen sind (s.o.). Auf die momentanen subjektiven Verwendungsabsichten des Markeninhabers kommt es hingegen gerade nicht an.[38] Diese können sich nämlich ändern und beseitigen nicht die durch die Registrierung geschaffene objektive Gefahr der Benutzung

---

[35] Die Eintragung ins Markenregister enthält eine Angabe über die Waren oder Dienstleistungen gemäß § 19 MarkenV i.V.m. dem Anhang I dazu, für welche der Markenschutz beansprucht wird.
[36] Vgl. *BGH*, Urt. v. 15.1. 2004, Az. I ZR 121/01, GRUR 2004, 600, 601 – d-c-fix/CD-FIX; *BGH*, Urt. v. 13.3. 2008, Az. I ZR 151/05, GRUR 2008, 912, 914 – Metrosex; *Hacker*, in: Ströbele/Hacker, § 14 Rn. 109.
[37] *Ingerl/Rohnke*, Vorbem. §§ 14–19 Rn. 60.
[38] Vgl. *Ingerl/Rohnke*, Vor §§ 14–19 Rn. 60.

der Zeichen. Dem aktuellen Unternehmenszweck der B kommt daher keine entscheidungserhebliche Bedeutung zu, zumal dieser auch jetzt schon nicht die Gefahr einer Lizenzierung der Marken beseitigt.[39] Es muss daher von einer – allerdings noch wenig konkretisierten – generellen Benutzungsabsicht im Rahmen der sich in Zukunft ergebenden, noch zu erschließenden Möglichkeit für alle Waren und Dienstleistungen des Verzeichnisses ausgegangen werden. Diese Gefahr genügt als hinreichende Begehungsgefahr für die Benutzung der Marke. M ist nicht zuzumuten, abzuwarten, für welche Waren und Dienstleistungen B die Benutzung tatsächlich aufnimmt, um dann jeweils Unterlassungsansprüche geltend zu machen.[40] Die Erstbegehungsgefahr ist nicht durch einen „actus contrarius"[41] entfallen.[42] Im folgenden ist daher zu prüfen, ob und inwieweit alle auf der Grundlage der angemeldeten Registerklassen möglichen Nutzungshandlungen die abstrakte Gefahr einer Verletzung i. S. d. § 14 Abs. 2 MarkenG begründen.

III. Kollisionslage gemäß § 14 Abs. 2 Nr. 2 MarkenG

Schon mangels Zeichenidentität kommt nicht § 14 Abs. 2 Nr. 1 MarkenG sondern zunächst nur Nr. 2 in Betracht.

1. Kennzeichnungskraft der Anspruchmarke

Hinsichtlich der Beurteilung der Kennzeichnungskraft kann auf die obigen Ausführungen verwiesen werden.[43]

2. Produktähnlichkeit

Die Waren und Dienstleistungen sind der Beurteilung nicht beschränkt auf einzelne mögliche Verwendungsformen, sondern so zugrunde zu legen, wie sie in das Verzeichnis eingetragen sind.[44]

Hier hat B die Marke für „Linienbusbeförderung mit Autobussen", „Werbung und Geschäftsführung" und „Werbeplakate" eingetragen. M hingegen für die „Veranstaltung und Vermittlung von Reisen", „Vermittlung von Verkehrsleistungen" sowie „Werbung und Geschäftsführung".

Die von B in Anspruch genommene Kategorie der „Linienbusbeförderung mit Autobussen" weist – wie oben bereits ausgeführt – jedenfalls hinsichtlich der von M in Anspruch genommenen Kategorien „Veranstaltung und Vermittlung von Reisen"

---

[39] *BGH*, Urt. v. 5. 2. 2009, Az. I ZR 174/06, Rn. 66 – BVG Metrobus.
[40] *OLG München*, Beschl. v. 12. 3. 1996, Az. 29 W 737/96, NJWE-WettbR 1996, 253.
[41] So Urt. v. 13. 3. 2008, Az. I ZR 151/05, GRUR 2008, 912, 914 – Metrosex.
[42] Auch ein auf Grund einer Markenanmeldung oder -eintragung begründeter vorbeugender Unterlassungsanspruch erlischt, wenn die Begehungsgefahr wegfällt. Dabei sind an die Beseitigung der Erstbegehungsgefahr grundsätzlich weniger strenge Anforderungen zu stellen als an den Fortfall der durch eine Verletzungshandlung begründeten Gefahr der Wiederholung des Verhaltens in der Zukunft. Anders als für die durch eine Verletzungshandlung begründete Wiederholungsgefahr besteht für den Fortbestand der Erstbegehungsgefahr keine Vermutung. Für die Beseitigung der Erstbegehungsgefahr genügt daher grundsätzlich ein der Begründungshandlung entgegengesetztes Verhalten („actus contrarius"). Bereits die Rücknahme der Markenanmeldung oder der Verzicht auf die Eintragung der Marke führt im Regelfall zum Fortfall der Erstbegehungsgefahr (*BGH*, Urt. v. 13. 3. 2008, Az. I ZR 151/05, GRUR 2008, 912, 914 – Metrosex).
[43] A. II. 2. b) aa).
[44] Vgl. *BGH*, Urt. v. 24. 1. 2002, Az. I ZR 156/95, GRUR 2002, 544, 548 = WRP 2002, 537 – BANK 24.

und „Vermittlung von Verkehrsleistungen" aufgrund des Beförderungsbezuges eine gewisse Ähnlichkeit auf.

Sogar eine Produktidentität besteht bei der von beiden Unternehmen beanspruchten Kategorie „Werbung und Geschäftsführung". Zu dieser Kategorie weist die Verwendungsmöglichkeit für „Papier- und Papperzeugnisse, insb. Werbeplakate" jedenfalls eine hohe funktionale Nähe auf.

Alle aufgrund der angemeldeten Verzeichniskategorien von B denkbaren Nutzungsmöglichkeiten weisen insoweit jedenfalls eine gewisse Ähnlichkeit zu zumindest einer der Leistungen auf, für die M nach dem Markenregister den Schutz der Marke „Metro" beansprucht.

3. Zeichenähnlichkeit

Hinsichtlich der Zeichenähnlichkeit kann auf die obigen Ausführungen verwiesen werden.[45] Einschränkend ist jedoch festzustellen, dass der Ähnlichkeitsgrad, welcher ja seinerseits in Wechselwirkung zu den anderen Komponenten der Verwechslungsgefahr und damit auch der Produktähnlichkeit zu bestimmen, außerhalb des Bereichs des Personennahverkehrs höher ist. Aus der Sicht des Verkehrs wird nämlich nicht mehr ein spezifisches Beförderungsangebot bezeichnet, weshalb der eigenständige Bedeutungsgehalt des Begriffs „Metrobus", der in Zusammenhang mit Beförderungsleistungen dazu führt, dass das zusammengesetzte Wort einheitlich aufgefasst wird, an Bedeutung verliert.

4. Verwechslungsgefahr

Die Verwechslungsgefahr ist wiederum aufgrund einer Beurteilung der Gesamtumstände unter Berücksichtigung der Wechselwirkung zwischen den vorangehend geprüften Kriterien zu beurteilen. Hinsichtlich der ja bereits erfolgten Verwendung der Marke „BVG Metrobus" für die Personenbeförderung ist jedoch die Verwechslungsgefahr zu verneinen (s. o.).

Für die Kategorie „Werbung und Geschäftsführung" besteht Produktidentität der von M und B angemeldeten Marken. Es handelt sich um die Klasse 35 des Anhangs I zu § 19 MarkenV. Sie umfasst im Wesentlichen Dienstleistungen, die von Personen oder Organisationen erbracht werden, deren Haupttätigkeit die Hilfe beim Betrieb oder der Leitung eines Handelsunternehmens oder die Hilfe bei der Durchführung von Geschäften oder Handelsverrichtungen eines Industrie- oder Handelsunternehmens ist, sowie Dienstleistungen von Werbeunternehmen, die sich in Bezug auf alle Arten von Waren oder Dienstleistungen hauptsächlich mit Mitteilungen an die Öffentlichkeit und mit Erklärungen und Anzeigen durch alle Mittel der Verbreitung befassen.[46]

Eine unmittelbare Verwechslungsgefahr besteht nicht, da der Verkehr jedenfalls Unterschiede zwischen den Bezeichnungen „Metro" und „Metrobus" erkennt. Es könnte eine Verwechslungsgefahr im weiteren Sinne vorliegen,[47] wenn der Verkehr aufgrund der verwendeten Zeichen von einer wirtschaftlichen Verbundenheit von B und M ausgehen würde. Außerhalb des Bereiches der Personenbeförderung entfällt dabei der spezifische Bedeutungsgehalt der Bezeichnung „Metrobus". Vielmehr erscheint im Bereich Werbung aufgrund des beschreibenden Wortbestandteils „Bus"

---

[45] A. II. 2. b) cc).
[46] So die erläuternden Anmerkungen in der MarkenV zu § 35 des Anhangs I.
[47] Zur Verwechslungsgefahr im weiteren Sinne bereits grundlegend *Kroitzsch*, GRUR 1968, 173.

auch eine Deutung möglich, nach der Werbeleistungen für Flächen auf Transportmitteln angeboten werden. Der Rückschluss auf die das Beförderungsunternehmen ist insoweit nicht zwingend. Verstärkt wird dieser Eindruck im Bereich Werbung durch den Umstand, dass M den Bestandteil Metro für eine Vielzahl von Dienstleistungen verwendet und der Verkehr das Zeichen außerhalb der Personenbeförderungsleistungen nicht mehr zwingend als einheitliches Zeichen auffasst. Damit könnte jedenfalls eine mittelbare Verwechslungsgefahr unter dem Aspekt des Serienzeichens vorliegen, da die Zeichen in einem Bestandteil übereinstimmen, den der Verkehr als Stamm mehrerer Zeichen eines einzigen Unternehmens ansieht und aus diesem Grund alle Zeichen, die diesen Bestandteil aufweisen, dem Unternehmen zuordnet.[48] Gleiches gilt aufgrund der gleichgelagerten Verkehrsausrichtung der Leistung in Bezug auf Werbeplakate.

Obwohl die Verwechslungsgefahr für Waren und Dienstleistungen außerhalb des Gebiets des Personennahverkehrs zu bejahen ist, ist es B aber nicht verwehrt, für ihr Nahverkehrsangebot zu werben. Wird etwa die Marke „BVG Metrobus" auf einer Werbefläche an Haltestellen oder Bahnhöfen angebracht, liegt darin keine markenmäßige Benutzung für die Ware „Werbeplakate". Denn die Bezeichnung dient nicht der Unterscheidung von Werbeplakaten der B von solchen anderer Unternehmen. Sie dient vielmehr der Kennzeichnung der Leistung des Personennahverkehrs und stellt insoweit nur eine Benutzung i. S. d. § 14 Abs. 3 Nr. 5 MarkenG für den Bereich Personenbeförderung dar, hinsichtlich derer M aber keinen Abwehranspruch gegen B hat (s.o.).

IV. Ergebnis

Folglich hat M gegen B einen Anspruch auf Unterlassung zukünftiger, sich aus der Eintragung ins Markenregister für die Bereiche Werbung und Werbeplakate ergebender Verwendungsarten der Zeichen „BVG Metrobus" und „Metrobus".

D. Vorbeugender Unterlassungsanspruch gemäß § 15 Abs. 4 S. 2 MarkenG

Der vorbeugende Unterlassungsanspruch folgt in gleichem Umfang wie aus § 14 Abs. 5 S. 2 MarkenG hier auch aus § 15 Abs. 4 S. 2 MarkenG. Insoweit kann auf die Ausführungen dort (oben III.) und die zum Unterlassungsanspruch wegen Wiederholungsgefahr (oben II.) verwiesen werden.

E. Löschungsanspruch der M gem. §§ 51 Abs. 1, 55 Abs. 1, 9 Abs. 1 Nr. 2 MarkenG

Ein Anspruch der M auf Bewilligung der Löschung des Zeichens gegen B könnte sich aus §§ 51 Abs. 1, 55 Abs. 1, 9 Abs. 1 Nr. 2 MarkenG ergeben.

I. Aktivlegitimation der B

Zunächst müsste B aktivlegitimiert sein. Die Aktivlegitimation für den Löschungsanspruch folgt hier aus § 55 Abs. 2 Nr. 2 MarkenG, da M Inhaberin eines älteren Markenrechtes ist.

---

[48] *BGH,* Urt. v. 20. 9. 2007, Az. I ZR 6/05, GRUR 2007, 1071 – Kinder II.

II. Löschungsgrund gemäß § 9 Abs. 1 Nr. 2 MarkenG

Ein Löschungsanspruch besteht, wenn ein Löschungsgrund gem. § 51 Abs. 1 i.V.m. §§ 9–13 MarkenG gegeben ist und der Löschung weder ein Ausschlussgrund nach § 51 Abs. 2–4 MarkenG noch ein sonstiger beachtlicher Einwand entgegensteht.

Fraglich ist, ob ein Eingriff in den Schutzbereich der Marke der M dadurch entstehen kann, dass die eine Eintragung für „Werbung und Geschäftsführung" besteht. Im Unterschied zur Verwechslungsgefahr im Rahmen des § 14 Abs. 2 MarkenG muss beim Löschungsanspruch nicht auf die konkrete Benutzungsart (hier nämlich die Verwendung im Zusammenhang mit dem Busnetz der B) abgestellt werden, sondern auf die abstrakte Benutzungsmöglichkeit. Auf die subjektive Verwendungsabsicht kommt es hingegen nicht an. Die Waren und Dienstleistungen sind dabei der Beurteilung nicht beschränkt auf einzelne mögliche Verwendungsformen, sondern so zugrunde zu legen, wie sie in das Verzeichnis eingetragen sind.[49] Da die Prüfung des vorbeugenden Unterlassungsanspruchs – anders als die wegen der Gefahr einer Wiederholung der bereits einmal erfolgten Störung gemäß § 14 Abs. 5 S. 1 MarkenG (oben I.) – hier aber zumindest bereits einen Großteil der abstrakten Verwendungsformen berücksichtigt hatte und insoweit eine mit der Marke der B verwechslungsfähige Art der Benutzung im Bereich Werbung nicht ausgeschlossen werden konnte, kann an dieser Stelle auf die dazu erfolgten Ausführungen verwiesen werden.

III. Ergebnis

Damit hat M gegen B ein Anspruch auf Bewilligung der Löschung gemäß §§ 51 Abs. 1, 55 Abs. 1, 9 Abs. 1 Nr. 2 MarkenG, beschränkt (§ 51 Abs. 5 MarkenG) auf die Kategorien „Werbung und Geschäftsführung" sowie „Papier- und Papperzeugnisse, insb. Werbeplakate".

F. Endergebnis

M hat einen vorbeugenden Unterlassungsanspruch gegen B hinsichtlich bestimmter, sich aus der Eintragung ins Markenregister ergebender Benutzungsformen sowie einen Anspruch auf Bewilligung der teilweisen Löschung der eingetragenen Marke.

Merke: § 14 Abs. 2 MarkenG enthält drei Verletzungstatbestände: (I) Identität der Marke im geschützten Waren- oder Dienstleistungsbereich, (II) Verwechslungsgefahr und (III) Ausnutzung oder Beeinträchtigung bekannter Marken. Die Verwechslungsgefahr ist die in der Praxis am häufigsten vorkommende Verletzungsform.

Bei der Prüfung einer Verwechslungsgefahr im Sinne von § 14 Abs. 2 Nr. 2 MarkenG sind drei Faktoren maßgeblich, zwischen denen eine Wechselwirkung besteht: (I) der Grad der Waren-/Dienstleistungsähnlichkeit, (II) die Zeichenähnlichkeit sowie (III) die Kennzeichnungskraft der älteren Marke. Eine geringere

---

[49] *BGH*, Urt. v. 24. 1. 2002, Az. I ZR 156/95, GRUR 2002, 544, 548 – BANK 24.

Waren-/Dienstleistungsähnlichkeit kann dabei durch einen höheren Grad der Markenähnlichkeit oder der Kennzeichnungskraft ausgeglichen werden und umgekehrt.

Die Kennzeichnungskraft einer Marke bezeichnet die Eignung des Zeichens, sich dem Publikum als Marke einzuprägen. Besonders originelle Marken haben einen von Haus aus weiteren Schutzbereich als Marken, die beispielsweise eine beschreibende Tendenz haben. Auf der anderen Seite kann die Kennzeichnungskraft – auch eines originär kennzeichnungsschwachen Zeichens – durch seine intensive Benutzung im Verkehr gesteigert werden, dies namentlich dann, wenn die Marke einen hohen Bekanntheitsgrad erreicht hat.

Ähnlichkeit zwischen Waren und/oder Dienstleistungen ist nur dann ausgeschlossen, wenn trotz unterstellter Identität der Marken die Annahme einer Verwechslungsgefahr wegen des Abstands der Waren und Dienstleistungen von vornherein ausgeschlossen ist. Für Ähnlichkeit reicht daher ein gemeinsamer Bezugspunkt aus.

Im Gegensatz zur Marke individualisiert das Unternehmenskennzeichen nicht die Waren oder Dienstleistungen selbst, sondern das Unternehmen und nur mittelbar die im Unternehmen hergestellten und von ihm in den Verkehr gebrachten Marken.

Auch dessen Benutzung als Marke kann ein Unternehmenskennzeichen beeinträchtigen.

Ein markenrechtlicher Unterlassungsansprüche setzt voraus, dass eine Erstbegehungs- oder Wiederholungsgefahr besteht. Von Erstbegehungsgefahr spricht man, wenn eine Kennzeichenverletzung noch nicht stattgefunden hat, aber ernstlich und unmittelbar zu besorgen ist. In diesem Fall hat der Markeninhaber einen vorbeugenden Unterlassungsanspruch. Eine Wiederholungsgefahr ist dann gegeben, wenn eine Kennzeichenverletzung bereits stattgefunden hat und die Besorgnis besteht, dass zukünftig dieselbe oder eine im Kern gleichartige Verletzungshandlung begangen wird. Für die Wiederholungsgefahr besteht dabei eine tatsächliche Vermutung, die der Rechtsverletzer regelmäßig nur dadurch ausräumen kann, dass er sich im Wege einer strafbewehrten Unterlassungserklärung verpflichtet, den Verstoß nicht zu wiederholen.

Im Unterschied zur Verwechslungsgefahr im Rahmen von § 14 Abs. 2 MarkenG ist bei der Verwechslungsgefahr nach § 9 Abs. 1 Nr. 2, 3 MarkenG im Rahmen des Löschungsanspruchs auf die objektive, abstrakte Verwechslungsmöglichkeit abzustellen, nicht auf eine konkrete Verwendung.

Fall 18. Markenmäßige Benutzung durch Adwords

Sachverhalt[*]

Die Coca Cola-GmbH (C) stellt ein Erfrischungsgetränk aus der Kolanuss her, das sie auch im Internet zum Kauf anbietet. Sie hat das Zeichen „Coca Cola" als Wortmarke für nicht alkoholische Erfrischungsgetränke eintragen lassen.

Die Leckerbrause AG (L) stellt ebenfalls ein Erfrischungsgetränk mit Bestandteilen des Coca-Strauches her, „Sprudelglück", und vertreibt dieses in einem eigenen Onlineshop. Sie schaltet bei einer Internet-Suchmaschine Anzeigen für ihr Unternehmen und meldet die Bezeichnung „Coca Cola" als sogenanntes Adword an. Wenn der Nutzer der Internet-Suchmaschine einen Suchbegriff eingibt, der mit einem von einem Anzeigenkunden angegebenen Adword übereinstimmt, erscheinen rechts neben der Trefferliste in einer mit „Anzeigen" überschriebenen Spalte die Anzeigen derjenigen Anzeigenkunden, die das Adword bei Google gebucht haben. L bucht den Begriff „Coca Cola" als Adword. Bei Eingabe dieses Begriffes erscheint in der Anzeigenspalte eine Anzeige für Produkte der L, nämlich „Erfrischungsgetränke", insbesondere das colahaltige Getränk „Sprudelglück", unter Hinweis auf die Internetseite www.leckerbrause.de.

Die Allgemeinen Geschäftsbedingungen des Suchmaschinenbetreibers Google enthalten folgende Klausel: „Jede Verletzung von Rechten des geistigen Eigentums Dritter durch Adword-Kunden ist untersagt."

Bei der Einrichtung der Funktion werden darüber hinaus verschiedene Optionen für die Bedeutung des Adwords bei der Suche gegeben. Es gibt unter anderem die Option „weitestgehend passende Keywords" und „genau passende Keywords". Bei der ersten Option lösen alle eingegebenen Schlüsselbegriffe, die jedenfalls teilweise mit dem angemeldeten Adword übereinstimmen, das Einblenden der Werbeanzeige in der rechten Spalte aus. Bei der zweiten Option wird die Anzeige nur eingeblendet, wenn genau der angemeldete Schlüsselbegriff in die Suchmaschine eingegeben wird.

Die Coca Cola-GmbH forderte die Leckerbrause AG auf, das Zeichen „Coca Cola" nicht mehr als Adword zu benutzen. Sie sieht in der Handlungsweise der L eine Verletzung ihres Unternehmenskennzeichenrechts und hält sie für wettbewerbsrechtlich unlauter.

1. Wie ist die Rechtslage?
2. *Wie wäre es, wenn die Leckerbrause AG nur „Cola" als Adword angegeben, dann aber die vom Suchmaschinenbetreiber vorgegebene Standardeinstellung „weitgehend passende Keywords" nicht abgewählt hätte, so dass auch bei der Eingabe des Suchbegriffs „Coca Cola" die Werbeanzeige eingeblendet wird?*

---

[*] Sachverhalt beruht auf *OLG Stuttgart*, Urt. v. 9. 8. 2007, Az. 2 U 23/07, WRP 2007, 1265 ff.; Abwandlung nach *BGH*, Urt. v. 22. 1. 2009, Az. I ZR 139/07, WRP 2009, 441.

Lösung

A. Lösung zu Frage 1

I. Anspruch der C gegen L auf Unterlassen der Benutzung des Begriffs „Coca Cola" als Adword für die Suchmaschine Google gem. § 14 Abs. 5 MarkenG

C könnte gegen L einen Anspruch haben, es zu unterlassen, den Begriff „Coca Cola" als Adword für die Suchmaschine Google gem. § 14 Abs. 5 MarkenG im geschäftlichen Verkehr zu benutzen.

1. Aktivlegitimation

Zunächst muss die Coca Cola-GmbH Inhaberin eines als Marke geschützten Kennzeichens sein.

Eine Marke ist ein Zeichen, das dazu dient, im geschäftlichen Verkehr Waren und Dienstleistungen eines Unternehmens zu individualisieren. Markenschutz entsteht gem. § 4 Nr. 1 MarkenG durch Eintragung in das Markenregister, gem. § 4 Nr. 2 MarkenG durch Benutzung im geschäftlichen Verkehr und Verkehrsgeltung oder gem. § 4 Nr. 3 MarkenG durch notorische Bekanntheit i.S.d. Art. 6bis der Pariser Verbandsübereinkunft.

Die Bezeichnung „Coca Cola" ist laut Sachverhalt als Marke eingetragen. Damit wird gem. § 28 Abs. 1 MarkenG vermutet, dass das eingetragene Recht dem im Register als Inhaber eingetragenen zusteht. Als Inhaber ist die Coca Cola-GmbH eingetragen. Sie kann als juristische Person gem. § 7 Nr. 2 MarkenG auch Inhaberin der Marke sein.

2. Verletzungstatbestand

a) Benutzung der Marke im geschäftlichen Verkehr

aa) Handeln im geschäftlichen Verkehr. Handeln im geschäftlichen Verkehr ist jede wirtschaftliche Tätigkeit, die der Förderung eines eigenen oder fremden Geschäftszwecks dient. Werden keine wirtschaftlichen Zwecke durch die Markennutzung verfolgt und kein Geschäftszweck gefördert, so liegt keine markenrechtlich relevante Benutzungshandlung vor. Allenfalls können dann Namensrechte einschlägig sein. Die L hat bei dem Suchmaschinenbetreiber Google sogenannte Adwords angegeben, damit bei Eingabe dieser Begriffe durch den Internetnutzer die Werbeanzeige für Sprudelglück neben den Suchergebnissen sichtbar wird. Dadurch sollen die Internetnutzer auf das Produkt aufmerksam werden und es möglichst auch erwerben. Demnach soll der Geschäftszweck der L gefördert werden. Die L handelt bei Benutzung des Zeichens mithin im geschäftlichen Verkehr.

bb) Kennzeichenmäßige Benutzung. Umstritten ist, ob eine kennzeichenmäßige Benutzung gegeben sein muss.

Nach der amtlichen Begründung zum MarkenG[1] ist keine kennzeichenmäßige Benutzung mehr erforderlich. Dies entspricht dem umfassenden Schutz der Marke, die

---

[1] BT-Drs. 11/4792 v. 15.6.1989.

nicht (wie früher im Markenrecht) nur eine Herkunftsfunktion sondern eine umfassende Kommunikationsfunktion (insbes. Qualitäts- und Werbefunktion) hat. Eine beachtliche Meinung in der Literatur[2] und die Rechtsprechung[3] fordert aber nach wie vor eine kennzeichenmäßige Benutzung. Sie legen diesen Begriff allerdings weit aus.

Da § 14 Abs. 2 MarkenG die Vorgaben der Richtlinie 2008/95/EG (Markenrechtsrichtlinie, im Folgenden: MRRL) umsetzt, ist die Vorschrift richtlinienkonform auszulegen. Dabei ist fraglich, ob Art. 5 Abs. 1 lit. a) MRRL es dem Markeninhaber gestattet, jede Benutzung im geschäftlichen Verkehr zu verbieten, oder ob dieses Abwehrrecht voraussetzt, dass insofern ein spezifisches Interesse des Markeninhabers gegeben ist, als die Benutzung des fraglichen Zeichens durch einen Dritten eine der Funktionen der Marke beeinträchtigen würde oder könnte.[4] Sinn und Zweck der MRRL ist es, die Unterschiede zwischen den Markenrechten der Mitgliedstaaten abzubauen, durch die der freie Warenverkehr und der freie Dienstleistungsverkehr behindert und die Wettbewerbsbedingungen im Gemeinsamen Markt verfälscht werden können.[5] Das Markenrecht ist ein wesentlicher Bestandteil des Systems eines unverfälschten Wettbewerbs, welches der EG-Vertrag schaffen und erhalten will.[6] Mithin muss die MRRL auch im Zusammenhang mit den Vorgaben der Grundfreiheiten des EG-Vertrages gesehen werden. Sie konkretisiert das Verhältnis der Art. 28, 49 und 30 EG. Ein nationales Gesetz, dass Abwehrbefugnisse gegen die Verwendung eines Produkte kennzeichnenden Zeichens gewährt, bewirkt eine Beeinträchtigung der Waren- oder Dienstleistungsfreiheit. Die Beschränkung ist jedoch gemäß Art. 30 EG zulässig, wenn sie zum Erhalt des gewerblichen Schutzrechtes notwendig und angemessen ist. Notwendig ist eine Einschränkung des Freihandelsverkehrs jedoch nur, wenn und soweit die spezifische Funktion des Schutzrechtes bewahrt werden muss. Demnach ist auch ein Abwehrrecht nur soweit, also gegen solche Verhaltensweisen zuzubilligen, wie es dem Schutz der Funktion des Schutzrechtes dient.[7] Der Schutz der Marke soll den Unternehmen ermöglichen, Kunden durch die Qualität ihrer Waren oder ihrer Dienstleistungen an sich zu binden. Dafür benötigen sie Kennzeichen, mit denen sie sich identifizieren lassen. Die Hauptfunktion der Marke ist daher, dem Verbraucher oder Endabnehmer die Ursprungsidentität der durch die Marke gekennzeichneten Ware oder Dienstleistung zu garantieren, indem sie ihm ermöglicht, diese Ware oder Dienstleistung ohne Verwechslungsgefahr von Waren oder Dienstleistungen anderer Herkunft zu unterscheiden.[8] Nur gegen eine Benutzung, die diese Hauptfunktion der Marke grundsätzlich beeinträchtigt oder beeinträchtigen kann, bedarf es daher eines Abwehrrechts.[9] Der Abwehranspruch des Markeninhabers besteht daher nur

---

[2] Vgl. hierzu Fezer, Markenrecht, § 14 Rn. 54 ff.
[3] BGH, Urt. v. 20. 1. 2001, Az. I ZR 60/99, WRP 2002, 982, 984 – Frühstücksdrink I; Urt. v. 20. 12. 2001, Az. I ZR 135/99, WRP 2002, 985, 987 – Frühstücksdrink II; Urt. v. 6. 12. 2001, Az. I ZR 136/99, WRP 2002, 987, 989 – Festspielhaus.
[4] EuGH, Urt. v. 12. 11. 2002, Rs. C-206/01, Slg. 2002, S. I-10 273 Rn. 42 – Arsenal (Der EuGH prüft diese Frage erst in der Verletzungshandlung (hier Identitätsschutz); aus systematischen Gründen ist im Gutachten aber die kennzeichenmäßige Benutzung vorher zu prüfen).
[5] Vgl. hierzu Fall 2.
[6] EuGH, Urt. v. 12. 11. 2002, Rs. C-206/01, Slg. 2002, S. I-10 273 Rn. 46 f. – Arsenal.
[7] Vgl. dazu Säcker, in: MünchKommEUWettbR, Einl. Rn. 152 m. w. N.
[8] EuGH, Urt. v. 12. 11. 2002, Rs. C-206/01, Slg. 2002, S. I-10 273 Rn. 51 – Arsenal.
[9] EuGH, Urt. v. 12. 11. 2002, Rs. C-206/01, Slg. 2002, I-10 273, Rn. 54 – Arsenal; EuGH, Urt. v. 16. 11. 2004, Rs. C-245/02, Slg. 2004, I-10 989, Rn. 59 – Anheuser-Busch; EuGH, Urt. v. 25. 1. 2007, Rs. C-48/05, Slg. 2007, I-1017, Rn. 21 – Adam Opel/Autec; EuGH, Urt. v. 11. 9. 2007, Rs. C-17/06, Slg. 2007, I-7041, Rn. 26 – Céline; EuGH, Urt. v. 12. 6. 2008, Rs. C-533/06, Rn. 57 –

dann, wenn diese Funktion oder eine andere Funktion der Marke beeinträchtigt wird.[10]

Eine kennzeichenmäßige Benutzung ist daher nach richtlinienkonformer Auslegung des § 14 Abs. 2 MarkenG Voraussetzung des Unterlassungsanspruchs.[11] Eine solche liegt vor, wenn eine wörtliche oder bildliche Beschreibung zur Kennzeichnung einer Ware oder Dienstleistung so verwendet wird, dass ein nicht ganz unerheblicher Teil des maßgeblichen Verkehrs annimmt oder annehmen kann, das Zeichen diene zur Unterscheidung der so gekennzeichneten Ware oder Dienstleistung von gleichen oder gleichartigen Waren oder Dienstleistungen anderer Herkunft.[12]

Fraglich ist also, ob die Verwendung des Begriffs „Coca Cola" als Adword vom Verkehr als Herkunftshinweis gesehen werden kann.

Hiergegen spricht, dass das Adword für den durchschnittlichen Internetnutzer nicht wahrnehmbar ist. Selbst bei Wahrnehmbarkeit des markenrechtlichen Zeichens wird eine kennzeichenmäßige Benutzung abgelehnt, wenn die Marke bloß genannt wird. In einem Erst-Recht-Schluss scheint dann eine kennzeichenmäßige Benutzung auch ausgeschlossen, wenn der Internetnutzer die Marke gar nicht sieht.

Allerdings ist zu berücksichtigen, dass die Funktion der Marke als Herkunftshinweis nicht nur bei physischer Wahrnehmung des Zeichens beeinträchtigt sein kann. Vielmehr ist davon umfasst auch die „Lotsenfunktion". Diese besteht darin, in einem großen Angebot gezielt zu den eigenen Waren oder Dienstleitungen hinzulenken.[13] Eine kennzeichenmäßige Benutzung ist danach jedenfalls dann gegeben, wenn der Betreiber einer Internetseite im für den Benutzer nicht ohne weiteres sichtbaren Quelltext ein (fremdes) Kennzeichen als Suchwort verwendet, um auf diese Weise bei der Benutzung von Suchmaschinen die Trefferhäufigkeit seines Internetauftritts zu erhöhen.[14] Die Tatsache, dass der Internetnutzer die Marke selbst gar nicht wahrnimmt, führt allein also nicht dazu, dass eine markenmäßige Benutzung ausgeschlossen ist.

Die gleichen Erwägungen könnten auch für die Benutzung einer Marke als Keyword für eine Adwords-Werbeanzeige gelten. Denn auch durch eine solche Verwendung wird das Ergebnis des Auswahlverfahrens beeinflusst, indem die Suchmaschine dann, wenn ein Internetnutzer das fremde Kennzeichen als Suchwort eingibt, gleichzeitig mit den Suchtreffern die mit dem Keyword verknüpfte Werbung anzeigt. Fraglich ist aber, ob eine andere Bewertung dadurch gerechtfertigt ist, dass diese Anzeige nicht in der Liste der Suchergebnisse, sondern rechts neben dieser unter der Überschrift „Anzeigen" erfolgt.

O2/Hutchison 3G; so auch bereits *EuGH*, Urt. v. 14. 5. 2002, Rs. C-2/00, Slg. 2002, I-4187, Rn. 16 – Hölterhoff/Freiesleben. Mit dieser Definition des Erfordernisses der markenmäßigen Benutzung als funktionsbeeinträchtigende Benutzung nunmehr deutlich auch *BGH*, Urt. v. 30. 4. 2008, Az. I ZR 123/05, GRUR 2008, 793, 794 – Rillenkoffer; *BGH*, Urt. v. 30. 4. 2008, Az. I ZR 73/05, GRUR 2008, 702, 707 – Internet-Versteigerung III.
[10] *EuGH*, Urt. v. 12. 11. 2002, Rs. C-206/01, Slg. 2002, S. I-10 273 Rn. 51 – Arsenal.
[11] Der EuGH nennt diese Voraussetzung „Beeinträchtigung der Funktion der Marke", inhaltlich ist das Kriterium aber mit der „kennzeichenmäßigen Benutzung" identisch, *EuGH*, Urt. v. 12. 11. 2002, Rs. C-206/01, Slg. 2002, S. I-10 273 Rn. 51 – Arsenal.
[12] *EuGH*, Urt. v. 23. 2. 1999, Rs. C-63/97, Slg. 1999, I-955 Rn. 36 f.; *EuGH*, Urt. v. 11. 9. 2007, Slg. 2007, S. I-7041 Rn. 27 – Céline; *BGH*, Urt. v. 7. 10. 2004, Az. I ZR 91/02, WRP 2005, 616, 618 – Lila Schokolade.
[13] *BGH*, Urt. v. 18. 5. 2006, Az. I ZR 183/03, GRUR 2007, 65, 66 – Impuls.
[14] *BGH*, Urt. v. 18. 5. 2006, Az. I ZR 183/03, GRUR 2007, 65, 66 – Impuls; *OLG Düsseldorf*, Urt. v. 23. 1. 2007, Az. I-20 U 79/06, WRP 2007, 440, 442 – Beta Layout, jeweils zur Frage der kennzeichenmäßigen Benutzung durch die Verwendung eines geschützten Kennzeichens als Metatag.

Nach einer Ansicht ist allein entscheidend, dass der Verletzer durch die Verwendung des fremden Kennzeichens als Keyword den Benutzer zu seiner eigenen Werbeanzeige und über diese mittels eines entsprechenden Links zu seiner Homepage führt, auf der er sein Unternehmen und sein Produktangebot darstellt.[15] Durch die Nutzung des Kennzeichens als Adword solle die Suchmaschine dazu veranlasst werden, bei Eingabe des Wortzeichens durch den Internetnutzer die Werbung des Adword-Verwenders neben der Trefferliste anzuzeigen, obwohl das Wortzeichen als Marke einem anderen Inhaber zugeordnet sei. Auf diese Weise mache sich der Werbende die von dem Zeicheninhaber aufgebaute Kraft der Marke zu Nutze und benutze gerade die für Marken spezifische „Lotsenfunktion".

Nach einer anderen Ansicht sind Adwords anders zu beurteilen als Metatags. Ob eine kennzeichenmäßige Benutzung eines fremden Zeichens vorliegt, bestimmt sich nach der Verkehrsauffassung. Entscheidend ist, ob ein Zeichen durch eine konkrete Benutzung im Verkehr als betrieblicher Herkunftshinweis verstanden wird.[16] Dies könne bei der Benutzung eines (fremden) Kennzeichens als Adword nur dann angenommen werden, wenn der Werbende das Zeichen in seiner Hauptfunktion dazu nutze, die beworbene Ware oder Dienstleistung dem Inhaber des als Adword genutzten Zeichens zuzuordnen. Das sei bei der Platzierung von Werbung für das eigene Unternehmen durch die Verwendung von Adwords, die ein fremdes Kennzeichen enthalten, regelmäßig nicht der Fall. Denn die „Lotsenfunktion" des Zeichens werde hier nur zur Präsentation einer als solche erkennbaren Eigenwerbung genutzt. Die Anzeige von Werbung beim Besuch von Internetseiten erscheine für den Internetbenutzer eher willkürlich uns zusammenhanglos.[17] Damit aber werde aus der maßgeblichen Sicht der angesprochenen Verkehrskreise gerade nicht der Eindruck erweckt, es bestehe eine wie auch immer geartete Verbindung zwischen den beworbenen Waren und dem Geschäftsbetrieb des Zeicheninhabers.[18] Eine Assoziation der in der rechten Anzeigenspalte beworbenen Produkte mit dem eingegebenen geschützten Zeichen sei nur möglich, wenn der betreffende Verkehrsteilnehmer Kenntnis von der Möglichkeit habe, die Platzierung von Anzeigen durch die Verwendung von Schlüsselwörtern zu steuern. Nur dann könne angenommen werden, dass der Internetnutzer eine in dem Anzeigenfeld erscheinende Werbung mit dem von ihm selbst eingegebenen Suchwort verknüpfe, obwohl diese Zeichenfolge in der Werbung selbst nicht vorkommt.[19]

Dem ist entgegenzuhalten, dass zwar davon ausgegangen werden kann, dass der durchschnittliche Internetnutzer weiß, dass das Suchergebnis hinsichtlich des von ihm eingegebenen Begriffes nur in der Ergebnisliste dargestellt wird. Dennoch merkt er, dass auch die Anzeigen am rechten Bildschirmrand jeweils auf das von ihm eingegebene Suchwort abgestimmt sind. Die Anzeige der L verweist auf Erfrischungsgetränke, die unter der angegebenen Internetadresse bestellt werden können, also auf die gleichen Produkte, die auch von C hergestellt und vertrieben werden. Es liegt nahe, dass der durchschnittliche Internetnutzer davon ausgeht, dass dort auch

---

[15] *OLG Stuttgart*, Urt. v. 9. 8. 2007, WRP 2007, 1265, 1267; *OLG Braunschweig*, GRUR-RR 2007, 71, 73; *OLG Dresden*, K&R 2007, 269, 271; offen gelassen von *OLG Düsseldorf*, Urt. v. 23. 1. 2007, Az. I-20 U 79/06, WRP 2007, 440, 442 – Beta-Layout.
[16] *OLG Frankfurt*, Beschl. v. 26. 2. 2008, Az. 6 W 17/08, WRP 2008, 830, 832.
[17] *KG*, Urt. v. 9. 9. 2008, GRUR-RR 2009, 61, 63.
[18] *OLG Frankfurt*, Beschl. v. 26. 2. 2008, Az. 6 W 17/08, WRP 2008, 830, 832; *OLG Düsseldorf*, Urt. v. 23. 1. 2007, Az. I-20 U 79/06, WRP 2007, 440, 442 – Beta Layout; OLG Köln, Urt. v. 31. 8. 2007, MarkenR 2008, 117, 119.
[19] *BGH*, Urt. v. 22. 1. 2009, Az. I ZR 139/07, WRP 2009, 441, 444.

Produkte der Marke „Coca Cola" bestellt werden können. Aufgrund der Vielfalt der Marken für Erfrischungsgetränke ist nicht zu erwarten, dass in einer Werbeanzeige eines Getränkevertriebs zwingend alle vom Werbenden angebotenen Marken aufgeführt werden. Die Annahme eines Herkunftshinweises liegt also durchaus nahe, zum Beispiel dergestalt, dass der werbende Anbieter das gesuchte Produkt vertreibt.[20] Hierfür muss nicht das geschützte Zeichen in der Anzeige selbst benutzt werden.

Eine kennzeichenmäßige Benutzung liegt demnach vor.[21]

b) § 14 Abs. 2 Nr. 1 MarkenG

Fraglich ist, ob L ein identisches Zeichen benutzt hat für eine Ware, die identisch ist mit derjenigen, für die C den Markenschutz hat.

Identitätsschutz besteht nur für Marken in § 14 Abs. 2 Nr. 1 MarkenG. Voraussetzung ist, dass das verwendete Zeichen mit dem geschützten Zeichen identisch ist und für identische Waren oder Dienstleistungen verwendet wird.[22] Auf eine Verwechslungsgefahr kommt es bei diesem Verletzungstatbestand nicht an.[23] Warenidentität liegt vor, wenn die gleiche Gattung an Waren vorliegt. Hierfür ist bedeutend, für welche Klassen die Marke eingetragen ist bzw. in welchen Bereichen sie Verkehrsgeltung erworben hat.

Die von L und C angebotenen Waren sind identisch, es handelt sich bei beiden um nicht alkoholische Erfrischungsgetränke. Auch die verwendeten Zeichen („Coca Cola") sind identisch.

Somit liegt eine Verletzungshandlung gem. § 14 Abs. 2 Nr. 1 MarkenG vor.

c) § 14 Abs. 2 Nr. 3

Darüber hinaus könnte ein Verstoß gegen Art. 14 Abs. 2 Nr. 3 MarkenG vorliegen.

aa) Markenähnlichkeit. Wie oben dargestellt sind die für C geschützte und die von L verwendete Marke identisch.

bb) Bekannte Marke. Zudem muss es sich bei der Marke „Coca Cola" um eine in dem Mitgliedstaat, also in Deutschland, bekannte Marke handeln. Bei der Bekanntheit einer Marke handelt es sich um einen Rechtsbegriff. Die kennzeichenrechtliche Bekanntheit bildet sich aus quantitativen und qualitativen Kriterien, eine empirische Erhebung der Verkehrsbekanntheit allein genügt nicht zur Begründung der Bekanntheit der Marke.[24] Sie kann aber als Indiz herangezogen werden. Bei der Marke „Coca Cola" handelt es sich um eine weltweit bekannte, schon seit Jahrzehnten existierende Marke, die durch ihre ständige Präsenz in den Medien und großer Verbreitung der Produkte besondere Bekanntheit genießt.[25]

cc) Ungleichartige Waren. Nach dem Wortlaut ist § 14 Abs. 2 Nr. 3 MarkenG nur in solchen Fällen anwendbar, in denen ein identisches oder ähnliches Zeichen gerade für Waren benutzt wird, die nicht denen ähnlich sind, für die die Marke Schutz ge-

---

[20] So im Ergebnis auch *KG*, Urt. v. 9. 9. 2008, Az. 5 U 163/07, GRUR-RR 2009, 61 – Antiquarische Bücher; *OLG Braunschweig*, Beschl. v. 11. 12. 2006, Az. 2 W 177/06, GRUR-RR 2007, 71; *OLG Stuttgart*, Urt. v. 9. 8. 2007, Az. 2 U 23/07, WRP 2007, 1265.
[21] Hier kann ein anderes Ergebnis mit entsprechender Begründung gut vertreten werden.
[22] *Ingerl/Rohnke*, 14 Rn. 219 ff.
[23] *Ingerl/Rohnke*, § 14 Rn. 215.
[24] *Fezer*, Markenrecht, § 14 Rn. 756 ff.
[25] So auch *BPatG, München*, 28. Senat, Urt. v. 9. 2. 2005, Az. 28 W (pat) 239/03, Rn. 18.

nießt. Im vorliegenden Fall wird aber „Coca Cola" als Adword für colahaltige Erfrischungsgetränke benutzt. Fraglich ist also, ob § 14 Abs. 2 Nr. 3 MarkenG hier überhaupt anwendbar ist. Da auch diese Vorschrift die Vorgaben der MRRL umsetzt, ist sie wiederum in deren Licht auszulegen. Gegen eine erweiternde Auslegung der Vorschrift spricht ihr Wortlaut. Zudem ist der Markeninhaber vor dem Gebrauch eines identischen oder ähnlichen Zeichens für identische oder ähnliche Waren gem. § 14 Abs. 2 Nr. 1 MarkenG geschützt. Allerdings darf bei der Auslegung nicht am Wortlaut der Norm festgehalten werden. Es sind auch die allgemeine Systematik und die Ziele der Regelung, in die sie sich einfügt, zu berücksichtigen.[26] § 14 Abs. 2 Nr. 3 MarkenG ist die inhaltlich wortgleiche Umsetzung der den Mitgliedstaaten in Art. 5 Abs. 2 MRRL eingeräumten Möglichkeiten, einen erhöhten Schutz für besonders bekannte Marken zu gewähren. Dieser Sinn und Zweck spricht für eine erweiternde Auslegung der Vorschrift auch auf solche Fälle, in denen ähnliche oder identische Waren vorliegen, denn in diesen Fällen scheint ein erhöhter Schutz für bekannte Marken noch dringlicher.[27] Beweisschwierigkeiten hinsichtlich der Verwechslungsgefahr können dazu führen, dass ein Unterlassungsanspruch gem. § 14 Abs. 4, Abs. 2 Nr. 1 MarkenG nicht durchgesetzt werden kann. Dann würde der Inhaber einer bekannten Marke schlechter gestellt, wenn ein Konkurrent die identische oder eine ähnliche Marke für gleiche Waren benutzt, als wenn der Konkurrent das Zeichen für andere Waren benutzt. Daher ist die Vorschrift des § 14 Abs. 2 Nr. 3 MarkenG richtlinienkonform erweiternd auszulegen, so dass auch der Gebrauch eines identischen oder ähnlichen Zeichens für gleiche Waren erfasst ist.

dd) Verletzungshandlungen. Aus dem Wortlaut des § 14 Abs. 2 Nr. 3 MarkenG lassen sich vier Verletzungshandlungen herleiten, nämlich die jeweils unlautere Ausnutzung der Unterscheidungskraft, die Beeinträchtigung der Unterscheidungskraft, die Ausnutzung der Wertschätzung und die Beeinträchtigung der Wertschätzung. Dabei lassen sich die Ausnutzung und Beeinträchtigung der Wertschätzung als Markenausbeutung zusammenfassen, die Ausnutzung und Beeinträchtigung der Unterscheidungskraft als Markenverwässerung.

(1) Markenausbeutung. Darunter fällt jedes Verhalten des Verletzers, das eine kommerzielle Verwertung des guten Rufes der bekannten Marke zum eigenen Nutzen darstellt. Dafür muss die geschützte Marke zunächst einen überragenden Ruf haben, der einer wirtschaftlichen Verwertung zugänglich ist.[28] Diese Wertschätzung resultiert aus einer bestimmten Vorstellung des Verkehrs, die mit der Marke verbunden wird und zumeist einen bestimmten Lebensstil oder Qualitätsmerkmale betrifft. Durch die internationale Werbung für Erfrischungsgetränke der Marke „Coca Cola" wird ein Lebensstil suggeriert, der von Sportlichkeit und Lebensfreude geprägt ist. Demnach hat die Marke „Coca Cola" einen überragenden Ruf, der einer wirtschaftlichen Verwertung zugänglich ist.

Fraglich ist, ob L diesen Ruf zum eigenen Nutzen kommerziell verwertet. Dies kann durch einen Imagetransfer, also die Übertragung des guten Rufes der Marke auf das eigene Produkt, oder durch die Instrumentalisierung des Signalwertes der bekannten Marke geschehen.[29] Der sensibilisierte Internetnutzer, dem bewusst ist,

---

[26] *EuGH,* Urt. v. 9. 1. 2003, Rs. C-292/00, Slg. 2003, S. I-389 Rn. 24 – Davidoff.
[27] So auch *EuGH,* Urt. v. 9. 1. 2003, Rs. C-292/00, Slg. 2003, S. I-389 Rn. 25 – Davidoff; *EuGH,* Urt. v. 23. 10. 2003, Rs. C-408/01, Slg. 2003, S. I-12537 Rn. 13 ff.; *BGH,* Urt. v. 27. 4. 2000, Az. I ZR 236/97, GRUR 2000, 875, 878; Urt. v. 30. 10. 2003, Az. I ZR 236/97, WRP 2004, 360, 363 – Davidoff II.
[28] *BGH,* Urt. v. 29. 4. 1984, Az. I ZR 158/82, BGHZ 93, 96 – Dimple.
[29] *Fezer,* Markenrecht, § 14 Rn. 801.

dass die Werbeanzeigen am Rand des Bildschirms jeweils auf das eingegebene Suchwort abgestimmt sind, nimmt die Anzeige der L mit der Marke „Coca Cola" im Bewusstsein wahr, da er diesen Begriff gerade kurz zuvor als Suchwort in die Suchmaschine eingegeben hat. Dadurch liegt es durchaus nahe, dass die Assoziationen des Internetnutzers, die die geschützte Marke hinsichtlich des dahinter stehenden Rufes, der die Marke mit einem bestimmten Lebensstil verbindet, auf das in der Werbeanzeige beworbene Produkt übertragen werden. Mithin liegt ein Imagetransfer vor.

Darüber hinaus muss der Ruf der Marke „Coca Cola" auch unlauter, das heißt anstößig ausgenutzt worden sein. Obwohl dieses Tatbestandsmerkmal vom Wortlaut her keine subjektive Komponente besitzt, spielen bei der Bewertung der Unlauterkeit doch die Motive des Verletzers für die Markenbenutzung eine entscheidende Rolle.[30] L muss den Begriff „Coca Cola" gerade als Adword gewählt haben, um von dem Ruf der Marke zu profitieren. Über die Motive der L enthält der Sachverhalt keine Angaben. In Anbetracht der Bekanntheit der Marke und der Tatsache, dass der Begriff im allgemeinen Sprachgebrauch keine andere Funktion hat als selbige zu bezeichnen, ist ein anderer Beweggrund für die Angabe des Adwords nicht ersichtlich. Somit hat L den Ruf der Marke „Coca Cola" unlauter ausgenutzt.

(2) Markenverwässerung. Möglicherweise hat L die Unterscheidungskraft der Marke „Coca Cola" darüber hinaus unlauter ausgenutzt. Das ist der Fall, wenn der Werbewert der Marke durch die Benutzung in Mitleidenschaft gezogen und damit verwässert wird. Fraglich ist, ob dies bei Benutzung der identischen Marke überhaupt möglich ist. Die Gefahr, vor der der Markeninhaber hier geschützt werden soll, besteht gerade darin, dass durch Verwendung ähnlicher Zeichen die Unterscheidungskraft der eingetragenen Marke abnimmt und damit die Assoziation der Marke mit einem bestimmten Produkt. Diese Gefahr besteht bei Verwendung eines identischen Zeichens nicht, denn hier assoziiert der Internetnutzer gerade das verwendete Zeichen mit dem Produkt, für das das Zeichen geschützt ist. Eine Verletzung von § 14 Abs. 2 Nr. 3 MarkenG liegt daher nicht vor.

d) Zwischenergebnis

Somit hat L gegen § 14 Abs. 2 Nr. 1 und gegen § 14 Abs. 2 Nr. 3 MarkenG verstoßen.

3. Ergebnis

C hat daher gegen L einen Anspruch auf Unterlassung des Begriffes „Coca Cola" als Ad-Word für die Suchmaschine Google gem. § 14 V MarkenG.

II. Anspruch der C gegen L auf Unterlassen der Benutzung des Begriffs „Coca Cola" als Adword für die Suchmaschine gem. § 15 Abs. 4 MarkenG

1. Aktivlegitimation

Zunächst muss C Inhaberin einer geschützten geschäftlichen Bezeichnung sein. Geschäftliche Bezeichnungen sind gem. § 5 Abs. 1 MarkenG Unternehmenskennzeichen und Werktitel. Hier kommt nur ein Unternehmenskennzeichen in Betracht.

---

[30] *BGH,* Urt. v. 2. 7. 1998, Az. I ZR 273/95, GRUR 1999, 155, 156 – Dribeck's Light; *BGH,* Urt. v. 15. 1. 1998, Az. I ZR 259/95, GRUR 1998, 697, 699 – Venus Multi; *Krings,* GRUR 1996, 624 ff.

Gem. § 5 Abs. 1 Nr. 2 MarkenG sind Unternehmenskennzeichen solche Zeichen, die im geschäftlichen Verkehr als Name, Firma oder besondere Bezeichnung eines Geschäftsbetriebs oder Unternehmens benutzt werden. Sie weisen also – im Gegensatz zur Marke – unmittelbar auf das Unternehmen hin, und nur mittelbar auf die Produkte oder Dienstleistungen.[31]

Für den Schutz des Unternehmenskennzeichens ist gem. § 5 Abs. 2 MarkenG Voraussetzung, dass das Kennzeichen Kennzeichnungskraft hat. Ob dieser Begriff mit dem der Unterscheidungskraft des Markenrechts[32] identisch ist, kann hier dahinstehen, da jedenfalls die Bezeichnung „Coca Cola" nach der Verkehrsauffassung als Individualisierung eines Getränkeherstellers und Unterscheidung desselben von Wettbewerbern aufgefasst wird. Damit erfüllt der Begriff auch die von Teilen der Literatur geforderte, über die Unterscheidungskraft hinausgehende Individualisierungsfunktion.

Die C benutzt den Begriff „Coca Cola" im geschäftlichen Verkehrs als Name des Unternehmens, ist somit Inhaberin des Unternehmenskennzeichens „Coca Cola".

2. Verletzungshandlung

a) Benutzung des Kennzeichens im geschäftlichen Verkehr

Wie oben (A. I. 2. a)) geprüft, benutzt L das Kennzeichen im geschäftlichen Verkehr. Auch § 15 Abs. 2 MarkenG verlangt eine der markenmäßigen Benutzung in § 14 MarkenG entsprechende kennzeichenmäßige Verwendung. Möglicherweise können die dort geltenden Kriterien zur Feststellung einer solchen Benutzungshandlung auf den § 15 Abs. 2 MarkenG übertragen werden. Zwar wird im Rahmen des § 14 MarkenG die Herkunftsfunktion der konkreten Marke vor Beeinträchtigungen geschützt, allerdings ist gerade diese Indikation einer bestimmten Herkunft des Produkts unternehmensbezogen.[33] Das Unternehmenskennzeichenrecht soll aber auch den Inhaber davor schützen, dass Produkte, die er gar nicht hergestellt hat, von den angesprochenen Verkehrskreisen als ihm zugehörig aufgefasst werden. Das Unternehmenskennzeichen ist daher sogar ein noch stärkerer Indikator für eine bestimmte betriebliche Herkunft.[34] Die Beeinträchtigung der Herkunftsfunktion ist daher auch für die Feststellung der kennzeichenmäßigen Nutzung als Voraussetzung der Verletzungshandlung gem. § 15 Abs. 2 MarkenG geeignetes Kriterium. Wie oben geprüft, liegt eine solche Beeinträchtigung der Herkunftsfunktion vor.

b) § 15 Abs. 2 MarkenG (Verwechslungsschutz)

Fraglich ist, ob L die Bezeichnung „Coca Cola" gem. § 15 Abs. 2 MarkenG in einer Weise benutzt hat, die geeignet ist, Verwechslungen mit der geschützten Bezeichnung hervorzurufen. Dies hängt von einer Wertung des Einzelfalls ab, bei der insbesondere die Zeichenähnlichkeit, die Warenähnlichkeit und die Kennzeichnungskraft der Marke zu berücksichtigen sind. Dabei besteht eine Wechselwirkung zwischen dem Ähnlichkeitsgrad der einander gegenüberstehenden Bezeichnungen, der Kennzeichnungskraft des Kennzeichens der C und dem wirtschaftlichen Abstand der Tätigkeitsgebiete der Parteien.[35]

---

[31] *Ingerl/Rohnke*, § 5 Rn. 16 ff.
[32] Vgl. zu dem Meinungsstreit *Ingerl/Rohnke*, § 5 Rn. 34.
[33] So auch *Ingerl/Rohnke*, § 15 Rn. 30.
[34] BGH, Urt. v. 12. 7. 1995, Az. I ZR 140/93, GRUR 1995, 825, 828 – Torres.
[35] BGH, Urt. v. 28. 1. 1999, Az. I ZR 178/96, GRUR 1999, 492, 494 – Altberliner.

aa) Zeichenähnlichkeit. Das von L als Adword verwendete Zeichen ist identisch mit der eingetragenen Marke der C.

bb) Produktähnlichkeit. L verwendet den Begriff „Coca Cola" als Adword, um eine Werbeanzeige auf der Internetseite mit Suchergebnissen wahrnehmbar zu machen, in der ihre eigenen Produkte angeboten werden, bei denen es sich auch um nicht alkoholische Erfrischungsgetränke handelt. Somit sind die Produkte identisch.

cc) Kennzeichnungskraft. Die Kennzeichnungskraft einer Firmenbezeichnung wird durch den Grad der Eignung des Zeichens bestimmt, sich aufgrund seiner Eigenart und seines durch Benutzung erlangten Bekanntheitsgrades dem Verkehr als Name des Unternehmensträgers einzuprägen.[36] Bei der Marke „Coca Cola" handelt es sich um eine seit Jahrzehnten berühmte Marke, die durch starke Werbepräsenz dem Verkehr als Name des Unternehmensträgers im Kopf ist. Unabhängig davon, ob die originäre Kennzeichnungskraft nur durchschnittlich war, ist sie jedenfalls angesichts ihres Bekanntheitsgrades durch Benutzung auf ein hohes Maß gestiegen.

dd) Verwechslungsgefahr. Es sind drei Arten der Verwechslungsgefahr zu unterscheiden. Zum einen gibt es die unmittelbare Verwechslungsgefahr im engeren Sinne. Sie liegt vor, wenn die Gefahr besteht, dass ein Zeichen für das andere gehalten wird. Zum anderen gibt es die unmittelbare Verwechslungsgefahr im weiteren Sinne, die die Fälle erfasst, in denen die Zeichen selbst auseinandergehalten, jedoch aufgrund der Übereinstimmungen dennoch angenommen werden könnte, sie bezeichneten dasselbe Unternehmen.Unter Verwechslungsfgefahr im weiteren Sinne versteht man die Situation, dass trotz Zeichenunterschieden eine Annahme von vertraglichen, organisatorischen oder sonstigen wirtschaftlichen Zusammenhängen des Unternehmens mit der geschützten Bezeichnung mit dem verletzenden Unternehmen nahe liegt.[37]

Hier kommt zunächst eine unmittelbare Verwechslungsgefahr im engeren Sinne in Betracht. Da das identische Zeichen („Coca Cola") für identische Produkte verwendet wird, ist bei der Prüfung der Verwechslungsgefahr grundsätzlich ein strenger Maßstab anzulegen. Einen strengen Maßstab verlangt die Prüfung auch, weil es sich um weitgehend niedrigpreisige Verbrauchsgüter für Endabnehmer handelt, bei denen auch der verständige Durchschnittsverbraucher erfahrungsgemäß geringere Sorgfalt walten lässt.[38] Bei identischen Zeichen liegt die Gefahr, dass ein Zeichen für das andere gehalten wird, auf der Hand. Allerdings ist hier die Besonderheit zu berücksichtigen, dass das Zeichen selbst für den Internetnutzer gar nicht sichtbar ist. Gegen eine Verwechslungsgefahr der Zeichen spricht im vorliegenden Fall, dass die als solche klar erkennbare Anzeige der L deutlich auf sie als werbendes Unternehmen und Anbieterin der von ihr hergestellten Waren verweist, indem sie in der Anzeige ihr eigenes Unternehmenskennzeichen als Internetadresse verwendet.[39] Anders als bei der Verwendung eines Zeichens als Metatag wird durch die Eingabe des Adwords nicht als Suchergebnis in der Trefferliste auf das Angebot der Klägerin hingewiesen, sondern in einer optisch deutlich von der Trefferliste getrennten Rubrik unter der Überschrift „Anzeigen". Bereits durch diese Überschrift erscheint es jedenfalls naheliegend, dass auch dem unerfahrenen Internetbenutzer deutlich wird, dass

---

[36] *BGH*, Urt. v. 30. 3. 1995, Az. I ZR 60/93, GRUR 1995, 507, 508 – City-Hotel; *BGH*, Urt. v. 27. 9. 1995, Az. I ZR 199/93, GRUR 1996, 68, 69 – Cotton Line.
[37] *Ingerl/Rohnke*, § 15 Rn. 42.
[38] *BPatG München*, 28. Senat, Beschl. v. 2. 3. 1977, Az. 28 W (pat) 44/77, Rn. 18, MittdtschPatAnw 1977, 174; *BPatG München*, Beschl. v. 9. 2. 2005, Az. 28 W (pat) 239/03, Rn. 16.
[39] *OLG Düsseldorf*, Urt. v. 23. 1. 2007, Az. I-20 U 79/06, WRP 2007, 440, 442 – Beta Layout.

es sich bei den in dieser Rubrik aufgeführten Anbietern um Anzeigenkunden des Betreibers der Internetsuchmaschine handelt. Deren Werbung ist grafisch deutlich abgegrenzt von der Liste der Suchergebnisse. Der durchschnittliche Internetnutzer, der mit Hilfe eines Suchworts ein bestimmtes Unternehmen sucht, wird auf die Internetseiten achten, deren Links in der Spalte „Trefferliste" aufgeführt sind. Die räumliche Trennung kann zwar, wie oben aufgeführt, nicht verhindern, dass ein großer Teil des Adressatenkreises die bei Eingabe des Suchwortes angezeigte Werbung als Herkunftshinweis versteht, aber durchaus, dass die Zeichen der Anbieter miteinander verwechselt werden. Die Anzeige selbst enthält das Unternehmenskennzeichen „Coca Cola" nicht. Sie weist auf das Cola-Produkt der L hin, „Sprudelglück". Wenn eine Anzeige, wie im vorliegenden Fall, in einer extra Spalte aufgeführt ist und selbst das Unternehmenskennzeichen nicht enthält, nimmt der Nutzer nicht an, die Werbeanzeige stamme von dem Unternehmen, dessen Kennzeichen als Suchwort eingegeben wurde. Der Nutzer einer Internet-Suchmaschine ist darauf eingerichtet, zwischen den Treffern in der Liste der Suchmaschine und davon getrennt aufgeführten Werbeanzeigen zu unterscheiden.[40]

Ferner könnte eine unmittelbare Verwechslungsgefahr im weiteren Sinne vorliegen. Dabei ist zu berücksichtigen, dass es sich bei der Marke „Coca Cola" um eine so berühmte Marke handelt, dass ihr Schutzbereich gegenüber einer normalen Kennzeichnung ganz erheblich ausgeweitet ist.[41] In solchen Fällen reichen bereits geringere Anlehnungen aus, um Assoziationen bezüglich des berühmten Zeichens hervorzurufen und den Verbraucher glauben zu lassen, er habe das berühmte Zeichen gehört oder gelesen.[42] Es muss aber berücksichtigt werden, dass die Bezeichnung „Coca Cola" bei der Verwendung als Adword gerade nicht für den Internetnutzer visuell oder akkustisch wahrnehmbar dargestellt wird. Die Grundsätze sind hier also nicht anwendbar. Entsprechend obigen Ausführungen scheidet daher auch eine unmittelbare Verwechslungsgefahr im weiteren Sinne aus.

Schließlich könnte eine Verwechslungsgefahr im weiteren Sinne vorliegen. Wie oben (A. I. 2. a) bb)) dargestellt, besteht die Gefahr, dass der durchschnittliche Internetnutzer davon ausgeht, dass unter der Internetadresse der L auch Produkte der C bestellt werden können. Jedoch ist zu berücksichtigen, dass diese Gefahr nicht aus der Ähnlichkeit oder teilweisen Übereinstimmung der wahrgenommenen Zeichen resultiert. Im Gegensatz zur Voraussetzung der „kennzeichenmäßigen Benutzung", bei der schon die Nutzung der Lotsenfunktion eines Kennzeichens ausreicht, da überhaupt erst die Anwendbarkeit des Kennzeichenschutzes überprüft wird, ist die Voraussetzung der Verwechslungsgefahr enger. Der Kennzeicheninhaber soll davor geschützt werden, dass Produkte anderer Anbieter mit seinem Unternehmen in Verbindung gebracht werden. Diese Gefahr besteht aber nicht, wenn eindeutig darauf hingewiesen wird, dass es sich um Produkte einer anderen Marke handelt. Internetnutzer, die auf der Internetseite von L „Sprudelglück" bestellen, gehen nicht davon aus, dass es sich hierbei um Produkte der C handelt.

Die Verwechslungsgefahr liegt mithin nicht vor.

ee) Zwischenergebnis. Demnach liegt in der Benutzung des Begriffs „Coca Cola" als Adword keine Verletzungshandlung gem. § 15 Abs. 2 MarkenG.

---

[40] *OLG Düsseldorf*, Urt. v. 23. 1. 2007, Az. I-20 U 79/06, WRP 2007, 440, 442 – Beta Layout.
[41] *BPatG München*, 28. Senat, Beschl. v. 2. 3. 1977, Az. 28 W (pat) 44/77, Rn. 18, MittDPatAnw 1977, 174.
[42] *BPatG München*, 28. Senat, Beschl. v. 2. 3. 1977, Az. W (pat) 44/77, Rn. 18, MittDPatAnw 1977, 174.

c) § 15 Abs. 3 MarkenG

Möglicherweise liegt aber ein Verstoß gegen § 15 Abs. 3 MarkenG vor.

aa) Im Inland bekannte geschäftliche Bezeichnungen. Dafür muss es sich zunächst um eine im Inland bekannte geschäftliche Bezeichnung handeln. Wie oben zum Schutz der Marke „Coca Cola" dargestellt, genießt jedenfalls die Marke „Coca Cola" für Erfrischungsgetränke eine sehr große Bekanntheit. Bei der Prüfung einer Verletzungshandlung gem. § 15 Abs. 3 MarkenG kommt es aber darauf an, ob der Begriff auch als Unternehmenskennzeichen Bekanntheit genießt. Denn beim Kennzeichenschutz steht die Assoziation des geschützten Begriffes mit einem bestimmten Unternehmen im Vordergrund. Das Unternehmen, das hinter dem Begriff „Coca Cola" steht, tritt auch über die Medienpräsenz des Produkts „Coca Cola" hinaus in der Öffentlichkeit in Erscheinung. So wird zum Beispiel regelmäßig zu Weihnachten mit dem „Coca Cola-Weihnachtstruck" geworben, der durch ganz Deutschland fährt und dessen Stationen in einzelnen Städten von Rahmenveranstaltungen umgeben wird. Darüber hinaus tritt Coca Cola als Sponsor für Sport- und Musikveranstaltungen in Erscheinung. In diesen Fällen tritt das Unternehmen „Coca Cola" auf. Daher ist der Begriff „Coca Cola" auch als Unternehmenskennzeichen großen Teilen des relevanten Verkehrskreises, also der Verbraucher, bekannt.

bb) Unlautere nicht gerechtfertigte Kennzeichenausnutzung oder Kennzeichenbeeinträchtigung. Darüber hinaus muss L das gleiche oder ein ähnliches Kennzeichen in einer Weise benutzt haben, die die Unterscheidungskraft oder die Wertschätzung der geschäftlichen Bezeichnung ohne rechtfertigenden Grund in unlauterer Weise ausnutzt oder beeinträchtigt.

L hat hier das gleiche Kennzeichen, nämlich „Coca Cola" benutzt.

(1) Ausnutzung oder Beeinträchtigung der Unterscheidungskraft. Die Kriterien zur Bewertung der Ausnutzung der Unterscheidungskraft entsprechen denjenigen zur Feststellung des Ausnutzungstatbestands des § 14 Abs. 2 Nr. 3 MarkenG.[43] Es ist nur zu berücksichtigen, dass im Rahmen des § 15 Abs. 3 MarkenG nicht die Bezeichnung und Identifizierung eines Produktes durch ein bestimmtes Zeichen geschützt wird, sondern die Zuordnung des Zeichens zu einem bestimmten Unternehmen. Daher spielt die Frage der Branchen-/Produktähnlichkeit hier keine Rolle.[44] Der Schutz der Unterscheidungskraft soll eine Verwässerung der Identifizierungsfunktion des Unternehmenskennzeichens verhindern. Der Gebrauch des Kennzeichens als Adword mit nachfolgendem Anzeigen der Werbung, in der dann ausschließlich der Name des Unternehmens der L verwendet wird, führt allerdings nicht dazu, dass die Bezeichnung „Coca Cola" vom Internetbenutzer nicht mehr eindeutig als Identifizierung der C verstanden wird. Daher liegt eine Ausnutzung oder Beeinträchtigung der Unterscheidungskraft nicht vor.

(2) Ausnutzung oder Beeinträchtigung der Wertschätzung. Unter Berücksichtigung der Besonderheiten des Unternehmenskennzeichenrechts (s. (1)) kommt es ebenso wie bei der Verletzungshandlung gem. § 14 Abs. 2 Nr. 3 MarkenG auch hier darauf an, ob L den guten Ruf des Unternehmenskennzeichens zum eigenen Nutzen kommerziell verwertet hat. Dabei kommt es darauf an, dass der Ruf des hinter dem Kennzeichen stehenden Unternehmens auf den Verletzer, hier also L, übertragen wird. Dabei ist wiederum der Bezug zu einem bestimmten Produkt nicht erforder-

---

[43] Begründung zum MarkenG, BT-Drs. 12/6581 vom 14. 1. 1994, 76.
[44] *Fezer*, Markenrecht, § 15 Rn. 21.

lich. Wie oben ausgeführt, wird durch den eindeutigen Hinweis in der Werbeanzeige auf den Online-Shop der L deutlich, dass es sich hierbei nicht um eine Seite der C handelt. Dennoch wird eine Verbindung der Unternehmen dahingehend suggeriert, dass auf der Seite Produkte der C erworben werden können. Damit wird für den Internetnutzer der Eindruck einer geschäftlichen Verbindung von L und C erweckt. Dieser Eindruck einer geschäftlichen Verbindung hängt eng mit der Assoziation zusammen, dass C die L als ein Unternehmen bewertet, dass den eigenen Qualitätsanforderungen und Vorstellungen von Kundenservice entspricht. Dadurch wird der Ruf der C auf L in der Wahrnehmung des Internetnutzers übertragen. Die L nutzt dies auch zum eigenen wirtschaftlichen Vorteil.

Damit handelt L auch unlauter. Mangels einer Einwilligung der C benutzt sie das Kennzeichen auch unbefugt.

cc) Zwischenergebnis. Eine Verletzungshandlung gem. § 15 Abs. 3 MarkenG liegt demnach vor.

3. Ergebnis

C hat einen Anspruch auf Unterlassung des Begriffes „Coca Cola" als Adword gem. § 15 Abs. 3 MarkenG.

III. Anspruch der C gegen L auf Unterlassen der Benutzung des Begriffs „Coca Cola" als Adword für die Suchmaschine Google gem. §§ 8 Abs. 1, 3 Abs. 1, 4 Nr. 10 UWG

Möglicherweise hat C gegen L einen Anspruch auf Unterlassung gem. §§ 8 Abs. 1, 3 Abs. 1, 4 I Nr. 10 UWG.

Fraglich ist zunächst, ob diese Vorschriften des UWG neben den Schutzrechten aus dem MarkenG anwendbar sind. Die Vorschriften des MarkenG könnten insoweit Spezialregelungen darstellen. Dafür spricht, dass das MarkenG eine Konkretisierung und Kodifizierung der in der Rechtsprechung zu den Abwehransprüchen des Wettbewerbs- und des bürgerlichen Rechts entwickelten Grundsätze darstellt, so dass für letztere kein Anwendungsraum mehr verbleibt.[45] Zu berücksichtigen ist allerdings, dass § 2 MarkenG ausdrücklich anordnet, dass das MarkenG die Anwendung anderer Vorschriften zum Schutz dieser Kennzeichen nicht ausschließt. Demnach ist nach dem Willen des Gesetzgebers das UWG auch neben dem MarkenG anwendbar. Demnach könnte ein Fall der vollständigen Anspruchskonkurrenz gegeben sein. Dafür spricht der unterschiedliche Regelungsgegenstand beider Gesetze. Während das UWG der Abwehr des Behinderungswettbewerbes dient, soll das MarkenG subjektive Kennzeichenrechte als Teil des kommerziellen und geistigen Eigentums schützen.[46] Für die Feststellung des Konkurrenzverhältnisses ist aber nicht auf die Schutzrichtung der Gesetze im Ganzen Abzustellen, sondern auf den Schutzzweck der einzelnen Norm. Auch die Abwehransprüche der §§ 14, 15 MarkenG schützen den Kennzeicheninhaber in der Nutzung seines Kennzeichens im Wettbewerb. Das ist insbesondere an der Voraussetzung der kennzeichenmäßigen Nutzung ersichtlich. Es ist mithin jeweils danach zu fragen, ob das speziellere MarkenG umfassenden Schutz bietet oder die Vorschriften des UWG ergänzend anzu-

---

[45] Vgl. hierzu nur *BGH*, Urt. v. 30. 4. 1998, Az. I ZR 268/95, BGHZ 138, 349, 351 – MAC Dog.
[46] So Fezer, Markenrecht, § 1 Rn. 3.

wenden sind. Dem steht auch § 2 MarkenG nicht entgegen, denn er begründet keinen Anwendungszwang.⁴⁷

Eine Schutzlücke ist hier nicht ersichtlich. Die Gefahr der Rufausbeutung wird von §§ 14 Abs. 2 Nr. 3 MarkenG erfasst. Der Schutz vor Behinderungswettbewerb in der Form des unlauteren Abfangens von Kunden wird, wie oben geprüft, über den Identitätsschutz des § 14 Abs. 2 Nr. 1 MarkenG gewährt.

Ein Anspruch gem. §§ 8 Abs. 1, 3 Abs. 1, 4 Nr. 10 UWG scheidet mithin aus.

IV. Gesamtergebnis

C kann von L Unterlassung der Benutzung des Begriffs „Coca Cola" als Adword für die Suchmaschine Google gem. § 14 Abs. 1 Nr. 1, 3, Abs. 5 MarkenG verlangen.

B. Lösung zu Frage 2

I. Anspruch der C gegen L auf Unterlassen der Benutzung des Begriffs „Cola" als Adword für die Suchmaschine Google gem. §§ 14 Abs. 5, 15 Abs. 4 MarkenG

Problematisch ist hierbei nur, ob die geschützte Marke bzw. das geschützte Unternehmenskennzeichen „Coca Cola" kennzeichenmäßig benutzt wird.

Auch die Verwendung eines einzelnen Zeichenbestandteils kann schon eine kennzeichenmäßige Benutzung sein. Wann dies der Fall ist, ist unter Heranziehung des Schutzzwecks der §§ 14, 15 MarkenG zu bestimmen. Ein Schutzbedürfnis besteht, wenn schon durch die Benutzung dieses Bestandteils die Assoziation an das geschützte Zeichen hervorgerufen wird. Dann wird nämlich die Zuordnungsfunktion der Marke berührt. Das Wort Cola ist in der deutschen Sprache das allgemein verwendete Wort für Getränke, die aus der Kolanuss hergestellt werden.⁴⁸ Ist auch die Bezeichnung „Coca Cola" ein Zeichen mit überragendem Wiedererkennungswert, so wird doch nicht jede Verwendung des Begriffs „Cola" als Herkunftshinweis auf diese Marke verstanden. Es gibt eine Vielfalt von Cola-Produkten unterschiedlicher Marken, die den durchschnittlichen Konsumenten bekannt sind. Wird lediglich ein solch beschreibender Teil des geschützten Zeichens verwendet, so wird die Zuordnungs- oder Herkunftsfunktion der Marke nicht beeinträchtigt.⁴⁹

Jedenfalls scheitert ein Anspruch an der Schrankenbestimmung des § 23 Nr. 2 MarkenG. Hiernach darf der Markeninhaber eine solche Nutzung der Marke nicht verbieten, die nur darauf gerichtet ist, Angaben über die Beschaffenheit einer Ware zu machen. L benutzt das Adword „Cola" aber nur, um auf ihr Cola-Erfrischungsgetränk aufmerksam zu machen.

---

⁴⁷ So auch *BGH*, Urt. v. 30. 4. 1998, Az. I ZR 268/95, BGHZ 138, 349, 351 – MAC Dog.
⁴⁸ Der BGH prüft die bloß beschreibende Verwendung schon unter dem Punkt der Zurechenbarkeit der Verletzungshandlung. Er legt dar, dass schon der Suchmaschinenbetreiber wegen § 23 Nr. 2 MarkG keine Verletzungshandlung begeht, es daher auch keine zurechenbare Markenverletzung gebe, vgl. *BGH*, Urt. v. 22. 1. 2009, Az. I ZR 139/07, WRP 2009, 441, 444.
⁴⁹ *OLG Stuttgart*, Urt. v. 9. 8. 2007, Az. 2 U 23/07, WRP 2007, 1265, 1267; *OLG Köln*, Urt. v. 4. 10. 2002, Az. 6 U 64/02, GRUR-RR 2003, 42, 43 – Anwalt-Suchservice; *OLG Hamburg*, Urt. v. 6. 11. 2003, Az. 5 U 64/03, GRUR-RR 2004, 178, 179 – Schufafreie Kredite.

Somit ist das Anmelden des Begriffs „Cola" als Adword keine kennzeichenmäßige Benutzung des geschützten Zeichens.

C hat daher keinen Anspruch auf Unterlassung der Benutzung des Begriffs „Cola" als Adword gem. §§ 14 V, 15 IV MarkenG.

II. Anspruch der C gegen L auf Unterlassen der Benutzung des Begriffs „Cola" in Kombination mit der Einstellung „weitgehend passende Keywords" als Adword für die Suchmaschine Google gem. §§ 14 Abs. 5, 15 Abs. 4 MarkenG

1. Aktivlegitimation

Wie oben geprüft ist C Inhaberin sowohl der Marke als auch des Unternehmenskennzeichens „Coca Cola".

2. Verletzungshandlung

Fraglich ist, ob L die Marke im geschäftlichen Verkehr benutzt.

Dies ist zunächst unter dem Gesichtspunkt problematisch, dass nicht L selbst „Coca Cola" als Adword angegeben hat, sondern nur „Cola". Die Darstellung der Werbeanzeige der L bei Eingabe des Suchbegriffs „Coca Cola" ist darauf zurückzuführen, dass der Suchmaschinenbetreiber die Funktion „weitestgehend übereinstimmende Adwords" aktiviert hat, wenn nicht der Auftraggeber diese Funktion deaktiviert. Fraglich ist demnach, ob L dieses Verhalten zugerechnet werden kann.

Eine Zurechnung kommt über § 14 Abs. 7 MarkG in Betracht. Der Suchmaschinenbetreiber war für die Durchführung der Suchvorgänge Beauftragter der L.[50] Weiterhin muss der Suchmaschinenbetreiber selbst eine Verletzungshandlung vorgenommen haben. Wie oben geprüft, liegt in der Verwendung des Begriffs „Coca Cola" eine Verletzungshandlung im Sinne des § 14 Abs. 2 Nr. 1 und 3 MarkenG. Allerdings führt die vom Suchmaschinenbetreiber vorgewählte Einstellung „weitgehend passende Keywords" lediglich dazu, dass auch Zusammensetzungen erfasst werden, die den beschreibenden Bestandteil „Cola" enthalten. Dadurch kann erreicht werden, dass auch beschreibende Zusammensetzungen erkannt werden.[51] Im vorliegenden Fall wären Beispiele dafür etwa „Cola-Flasche", „Cola-Pflanze" Der Umstand, dass es auch geschützte Kennzeichnungen geben mag, die den beschreibenden Bestandteil aufweisen, führt schon deshalb nicht zu kennzeichenmäßigen Nutzung, weil die Wahl der Standard-Einstellung „weitgehend passende Keywords" nicht auf den Aufruf entsprechender Kennzeichen abzielt.[52] Die Verknüpfung des angemeldeten Adwords mit anderen Begriffen führt zu so vielen möglichen Wort-Kombinationen dass das Nachprüfen etwaiger Markenverletzungen für den Anmeldenden praktisch unmöglich ist und damit unzumutbar ist. Damit liegt eine Verletzungshandlung nicht vor.

Darüber hinaus kann eine Zurechnung auch über die Störerhaftung hergeleitet werden. Danach kann auch derjenige, der, ohne Täter oder Teilnehmer zu sein, in irgendeiner Weise willentlich und adäquat kausal zur Verletzung eines geschützten Gutes beiträgt, als Störer für eine Schutzrechtsverletzung auf Unterlassung in An-

---

[50] *BGH*, Urt. v. 22. 1. 2009, Az. I ZR 139/07, WRP 2009, 441, 443.
[51] *BGH*, Urt. v. 22. 1. 2009, Az. I ZR 139/07, WRP 2009, 441, 444.
[52] *BGH*, Urt. v. 22. 1. 2009, Az. I ZR 139/07, WRP 2009, 441, 444.

spruch genommen werden.[53] Da die Störerhaftung aber nicht über Gebühr auf Dritte erstreckt werden darf, die nicht selbst die rechtswidrige Beeinträchtigung vorgenommen haben, setzt sie stets die Verletzung von Prüfungspflichten voraus; deren Umfang bestimmt sich danach, ob und inwieweit dem Störer als in Anspruch Genommenem nach den Umständen eine Prüfung zuzumuten ist.[54]

Vorliegend hat L durch die Eingabe des Keywords „Cola" und die Wahl der Google-Option „weitgehend passende Keywords" willentlich eine adäquate Ursache dafür geschaffen, dass die Suchmaschine als Keyword im Rahmen der Adwords-Funktion auch die Wortkombination „Coca-Cola" gewählt hat.

Allerdings gelten hier die gleich Erwägungen wie oben, die dazu führen, dass eine Kontrolle sämtlicher möglicher Wortkombinationen unzumutbar ist.

Eine kennzeichenmäßige Benutzung der Marke „Coca Cola" durch L liegt demnach nicht vor.

Eine Zurechnung des Verhaltens der Internetnutzer, die den markenrechtlich geschützten Begriff in die Suchmaschine eingeben, kommt ebenfalls nicht in Betracht. In der Eingabe des Begriffs „Coca Cola" in die Suchmaschine liegt schon keine markenmäßige Verwendung dieses Begriffs und es kann auch nicht ohne weiteres von einem Handeln im geschäftlichen Verkehr ausgegangen werden.[55]

3. Ergebnis

Demnach hat C keinen Anspruch auf Unterlassung der Benutzung des Begriffs „Cola" als Adword in Kombination mit der Einstellung „weitgehend passende Keywords".

III. Unterlassungsansprüche gem. §§ 9 Abs. 1, 3 Abs. 1, 4 UWG

Unterlassungsansprüche aus dem Unlauterkeitsrecht kommen aus oben dargestellten Gründen auch hier nicht in Betracht.

IV. Gesamtergebnis

C hat keinen Anspruch gegen L auf Unterlassung der Benutzung des Begriffs „Cola" als Adword für die Suchmaschine Google.

> **Merke:** Unternehmenskennzeichen sind gem. § 5 Abs. 1 S. 2 MarkenG solche Zeichen, die im geschäftlichen Verkehr als Name, Firma oder besondere Bezeichnung eines Geschäftsbetriebs oder Unternehmens benutzt werden.
> Eine kennzeichenmäßige Benutzung liegt vor, wenn eine wörtliche oder bildliche Beschreibung zur Kennzeichnung einer Ware oder Dienstleistung so verwendet wird, dass ein nicht ganz unerheblicher Teil des maßgeblichen Ver-

---

[53] *BGH*, Urt. v. 17. 5. 2001, Az. I ZR 251/99, GRUR 2001, 1038, 1039 – ambiente.de; Urt. v. 19. 2. 2004, Az. I ZR 82/01, GRUR 2004, 619, 620 – kurt-biedenkopf.de; Urt. v. 1. 4. 2004, Az. I ZR 317/01, GRUR 2004, 693, 695 – Schöner Wetten (zum Setzen von Hyperlinks); Urt. v. 11. 3. 2004, Az. I ZR 304/01, GRUR 2004, 860, 863 – Internet-Versteigerung.
[54] *BGH*, Urt. v. 11. 3. 2004, Az. I ZR 304/01, GRUR 2004, 860, 864 – Internet-Versteigerung.
[55] So auch *BGH*, Urt. v. 22. 1. 2009, Az. I ZR 139/07, WRP 2009, 441, 444.

kehrs annimmt oder annehmen kann, das Zeichen diene zur Unterscheidung der so gekennzeichneten Ware oder Dienstleistung von gleichen oder gleichartigen Waren oder Dienstleistungen anderer Herkunft.

Bei der Benutzung eines geschützten Zeichens als Metatag für Internetsuchmaschinen liegen die Voraussetzungen der kennzeichenmäßigen Benutzung vor, da bei der Anzeige eines Unternehmens in der Ergebnisliste die „Lotsenfunktion" der Marke genutzt wird.

Der Unterschied zu Adwords besteht darin, dass die Werbeanzeigen getrennt von der Ergebnisliste und als solche erkennbar dargestellt werden. Ob dies zu einer differenzierenden Wertung führt, ist umstritten und hängt davon ab, ob man aus Sicht des Internetbenutzers auch hier die Lotsenfunktion annimmt oder ein Nachdenken über den Zusammenhang der Werbeanzeigen mit der Ergebnisliste ablehnt.

Im Markenrecht gibt es auch eine Störerhaftung. Neben dem gesetzlich geregelten Fall des § 14 Abs. 7 MarkG kann nach ständiger Rechtsprechung auch derjenige, der, ohne Täter oder Teilnehmer zu sein, in irgendeiner Weise willentlich und adäquat kausal zur Verletzung eines geschützten Gutes beiträgt, als Störer für eine Schutzrechtsverletzung auf Unterlassung in Anspruch genommen werden.

Fall 19. Umverpacken von Arzneimitteln

Sachverhalt[*]

Der Pharmahersteller A mit Sitz in Deutschland stellt neben vielen anderen Kopfschmerztabletten her. Er vertreibt diese unter dem Namen A-ASS. Der Nahrungsergänzungsmittelhersteller B mit Sitz in Deutschland stellt Vitaminpräparate her, insbesondere Vitamin-C-Kapseln, die mit einer Flüssigkeit gefüllt sind, in der sich jeweils 500 mg Vitamin C befinden. Er vertreibt sie unter dem Namen „b-Cfit". Die Produktnamen sind jeweils als Wortmarken, Wort-Bild-Marken in der EU für die jeweiligen Hersteller geschützt. Beide Hersteller vertreiben ihre Produkte eu-weit.

C, ein junger Pharmakologie-Student hat bemerkt, dass die meisten Menschen in der Erkältungszeit nicht nur Kopfschmerztabletten, sondern auch Vitamin-C-Präparate kaufen. A und B vertreiben die populärsten Produkte auf dem europäischen Markt. D besitzt eine Blistermaschine, die es gestattet, hygienisch einwandfrei, Tablettendurchdrückpackungen (sog. Blister) herzustellen. C schlägt dem D vor, während der Erkältungszeit, von September bis März „Gesundheit!"-Packungen herzustellen, in dem je eine Kopfschmerztablette und ein Vitamin-C-Präparat gemeinsam in eine Vertiefung des Blisters gelegt werden. D steht dem erst ablehnend gegenüber, lässt sich von C aber überreden.

C und D gehen ihr Vorhaben an, erwerben in großem Stile Produkte, die A und B in Tschechien in Verkehr gebracht hatten, führen diese nach Deutschland ein, nehmen die Tabletten und Vitamin-C-Kapseln aus den Originalverpackungen und verblistern diese neu. A und B wurden schriftlich über das Vorhaben informiert. Die Schreiben wurden jedoch weder von A noch von B beantwortet. C und D bringen das neu verpackte Produkt unter dem Namen „Gesundheit!" auf den deutschen Markt. Sie vertreiben es ausschließlich über Apotheken.

Auf der Packung sind neben dem Namen „Gesundheit!" noch die Zeichen des Kopfschmerzproduktes A-ASS und des Vitaminpräparats b-Cfit abgedruckt, ohne dass eine Zuordnung erkennbar wäre. Auf dem Blister steht das Datum der Verblisterung, die Chargennummern der Kopfsachmerztabletten sind nicht kenntlich gemacht. Wegen der Kopfschmerztabletten, haben C und D die Packungsbeilage des Herstellers A eingescannt. Sie wird jeder Verpackung beigefügt. Die Hinweise auf der Verpackung des b-Cfit werden nicht übernommen.

A und B wollen den Vertrieb des Produktes „Gesundheit!" wegen Verletzung ihrer Markenrechte untersagen. Wenn Sie es für richtig gehalten hätten, in irgendeinem Staat der EU ein solches Produkt anzubieten, hätten sie es getan. C und D wollten bloß einen von A und B unerwünschten Parallelhandel von Arzneimitteln und Nahrungsergänzungsmitteln betreiben.

Können A und B von C und D Unterlassung wegen Verletzung ihres Markenrechts verlangen? Besteht ein Anspruch auf Vernichtung?

---

[*] Dem Sachverhalt liegen die Entscheidungen *EuGH*, Urt. v. 11. 7. 1996, verb. Rs. C-427/93, 429/93, 436/93, Slg. 1996 I 3457, 3532 – Bristol-Myers-Squibb; *BGH*, Urt. v. 12. 7. 2007, I ZR 147/04, GRUR Int. 2008, 515 – Aspirin II zugrunde.

Falls es für Sie darauf ankommt, unterstellen Sie, dass alle erforderlichen Genehmigungen und Zulassungen vorliegen.

Lösung

A. Ansprüche des A

I. Ansprüche gegen C und D auf Unterlassung, § 14 Abs. 5, Abs. 2 MarkenG

A könnte einen Anspruch gegen C und D auf Unterlassung aus § 14 Abs. 5, 2 MarkenG haben.

1. Inhaberschaft

Wie sich aus dem Sachverhalt entnehmen lässt, ist A Inhaber der Wort und Wort-/Bildmarke A-ASS. Es handelt sich um eu-weit geschützte Marken, dem Sachverhalt nach aber nicht um Gemeinschaftsmarken.

2. Verletzungshandlung durch C und D

Fraglich ist, ob C und D durch ihr Handeln die Markenrechte des A verletzt haben, § 14 Abs. 2 MarkenG.

a) Handeln im geschäftlichen Verkehr

Zunächst müssten C und D im geschäftlichen Verkehr gehandelt haben, was hier unstreitig der Fall ist, denn das Beziehen der Arzneimittel und Nahrungsergänzungsmittel, deren Umpacken und Weiterverkauf ist ein Handeln im geschäftlichen Verkehr.

b) Verwechslungsgefahr

aa) Identität/ Ähnlichkeit der Zeichen. C und D verwenden das Zeichen A-ASS des A auf dem von ihnen „Gesundheit!" genannten Produkt, nämlich sowohl das Wort, als auch das zugehörige Wort-/Bildzeichen. Es handelt sich um die identischen Zeichen, andere Hinweise können dem Sachverhalt nicht entnommen werden. Auch der Umstand, dass sich auf dem Produkt auch die Zeichen des B und der Produktname „Gesundheit!" geschrieben stehen, steht dem nicht entgegen. Zwar kann die Verbindung mit anderen Zeichenelementen eine Zeichenidentität ausschließen,[1] allerdings kommt es auf den Gesamteindruck des Zeichens an. Wenn das Zeichen durch die anderen Zeichen nicht in seiner Einheitlichkeit beeinträchtigt ist, und dem Gesamteindruck nach nur ein Zeichen neben anderen ist, verbleibt es bei der Identität. Das ist hier der Fall.

bb) Identität/Ähnlichkeit der Produkte. Fraglich ist, ob die von C und D entwickelten Waren mit denen des A ähnlich oder identisch sind. Diese Frage muss entschieden werden, weil davon abhängt, ob es auf eine Verwechslungsgefahr an-

---

[1] *Ingerl/Rohnke* § 14 Rn. 220.

kommt (§ 14 Abs. 2 Nr. 1 MarkenG) oder nicht (§ 14 Abs. 2 Nr. 2 MarkenG).[2] Identität bedeutet vollkommene Übereinstimmung von Zeichen und Produkt, Abs. 2 Nr. 1, sog. Doppelidentität.[3]

Fraglich ist, ob Produktidentität besteht. Es handelt sich bei „Gesundheit!" um ein zusammengesetztes Produkt. Es besteht aus einem Produkt des A und einem Produkt des B, einem Arzneimittel und einem Nahrungsergänzungsmittel. Beide werden als ein eigenes selbständiges Produkt in Verkehr gebracht. Gleichwohl ist das Arzneimittel des A nicht untrennbar mit dem Nahrungsergänzungsmittel des B verbunden, auch nicht durch den Blister. Beide können unabhängig voneinander durch den Nutzer verwendet werden. Wegen der Trennbarkeit der Produkte haben C und D auch das Zeichen des A verwendet. Das von C und D verwendete Arzneimittel identisch mit dem von A hergestellten Arzneimittel.

Allerdings ist das Zeichen des A dem im Blister enthaltenen Arzneimittel nicht eindeutig zugeordnet. Das Zeichen ist ohne jede Erläuterung auf den Blister gedruckt in dem sich auch ein Nahrungsergänzungsmittel des B befindet.

Zwischen dem Arzneimittel des A und dem Nahrungsergänzungsmittel des B besteht keine Produktidentität. Das zeigt sich schon daran, dass das Produkt des B und das Produkt des A als ein Produkt zusammengefasst werden, weil diese unterschiedliche, sich u. U. ergänzende Funktionen erfüllen. Insoweit ist Ähnlichkeit der Produkte zu prüfen, § 14 Abs. 2 Nr. 2 MarkenG. Dafür kommt es auf Kriterien an, die sich aus den Waren selbst ergeben.[4] Abzustellen ist auf die Art der Waren, deren Nutzung und Verwendungszweck und die Frage, ob es sich um einander ergänzende oder konkurrierende Waren handelt.[5] Die Ähnlichkeit muss zwischen den Waren bestehen, für die die Marken im Markenregister eingetragen sind.[6]

Arzneimittel und Nahrungsergänzungsmittel dienen einerseits unterschiedlichen Verwendungszwecken, weil ein Arzneimittel darauf gerichtet ist, Leiden zu heilen oder zu lindern, während ein Nahrungsergänzungsmittel bestimmte Inhaltsstoffe enthält, die die Ernährung ergänzen und bestimmte Prozesse im Körper unterstützen sollen. Andererseits werden Nahrungsergänzungsprodukte, insbesondere Vitamin C, auch Arzneimitteln beigefügt; insbesondere geschieht dies beim Wirkstoff ASS. Zwischen Arzneimitteln und Nahrungsergänzungsmitteln besteht deshalb keine Substitutionsbeziehung, weil sie nicht den gleichen Funktionen dienen. Gleichwohl sind die Produkte wegen ihrer Nähe zueinander, ihrem Gesundheitsbezug und ihrer funktionalen Ergänzung als ähnlich anzusehen.[7] Kopfschmerztabletten und Vitamin C werden verstärkt in der Erkältungszeit zur Behandlung und Abwehr allgemeiner Erkältungssymptome eingenommen. Insoweit weisen die Produkte von A und B Überschneidungen auf, die in dem angebotenen Produkt des C und D kulminieren.[8]

---

[2] Das Verhältnis des Abs. 2 Nr. 1 zu Abs. 2 Nr. 2 ist umstritten, also auch die Bewertung der Verwechslungsgefahr, s. *Fezer*, Markenrecht, § 14 Rn. 185; *Ingerl/Rohnke,* § 14 Rn. 217 f.

[3] *Fezer*, Markenrecht, § 14 Rn. 183.

[4] *Ingerl/Rohnke*, § 14 Rn. 416.

[5] *EuGH*, Urt. v. 29. 9. 1998, C-39/97, Tz. 23, Slg. 1998, I-5525 = GRUR 1998, 922, 923 – Canon; *BGH*, Beschl. v. 13. 11. 1997, Az. I ZB 22/95 GRUR 1999, 158, 159 – Garibaldi; *BGH*, Beschl. v. 8. 10. 1998, Az. I ZB 35/95, GRUR 1999, 245, 246 – LIBERO; *BGH*, Urt. v. 8. 11. 2001, Az. I ZR 139/99, GRUR 2002, 626, 627 – IMS.

[6] *Ingerl/Rohnke*, § 14 Rn. 426; *BGH*, Urt. v. 3. 5. 2001, Az. I ZR 18/99, GRUR 2002, 65, 67 – Ichthyol; für den Fall, dass die Marke nicht für alle Waren genutzt wird, für die sie eingetragen ist, s. BGH, Urt. v. 29. 6. 2006, Az. I ZR 110/03, GRUR 2006, 937 ff. – Ichthyol II.

[7] So für ein Mineralstoffpräparat und ein Antibiotikum *BPatG*, Beschl. v. 19. 10. 2000, Az. 25 W (pat) 89/96, GRUR 2001, 513, 515 – Cefabrause/ Cefasel.

[8] Zu dieser Argumentation s. *OLG Köln*, Urt. v. 28. 8. 1998, Az. 6 U 213/96, NJWE-WettbR 1999, 82, 84.

Sie werden teilweise auch auf gleichen Wegen, nämlich über Apotheken vertrieben. Der Vertriebsweg hat für die Frage der Warenähnlichkeit unterstützende Bedeutung.[9] Warenähnlichkeit ist also anzunehmen zwischen den Produkten von A und B.

Als Zwischenergebnis lässt sich festhalten, dass zwischen der von C und D verwendeten Kopfschmerztablette und jener des A Produktidentität besteht, zwischen dem Nahrungsergänzungsmittel des B und der Kopfschmerztablette des A hingegen Produktähnlichkeit.

cc) Verwechslungsgefahr. Sind die Produkte identisch, kommt es auf eine Verwechslungsgefahr nicht an.[10] Soweit eine Produkt- und Zeichenidentität besteht, also für die Zeichen des A hinsichtlich des Arzneimittels, ist § 14 Abs. 2 Nr. 1 MarkenG erfüllt.

Soweit eine Doppelidentität nicht besteht, sondern die identischen Zeichen des A für (die ähnlichen) Waren des B verwendet werden, bedarf es nach allgemeiner Ansicht der Prüfung der Verwechslungsgefahr. Die Verwechslungsgefahr ist einzelfallbezogen zu bestimmen. Zeichennähe, Produktnähe und Kennzeichnungskraft der älteren Marke sind dabei zu berücksichtigen und stehen in Wechselwirkung zueinander.[11]

Eine unmittelbare Verwechslungsgefahr im engeren Sinne (Zeichenverwechslung),[12] scheidet hier aus. Hinsichtlich des Zeichens des A und des Produktes des B können aber sowohl ein gedankliches Inverbindungbringen[13] als auch eine mittelbare Verwechslungsgefahr in Betracht kommen. Mittelbare Verwechslungsgefahr besteht dann, wenn das Publikum trotz der Unterschiede zwischen Zeichen und/oder Produkten vertragliche oder organisatorische Verbindungen unterstellt.[14]

C und D haben die Zeichen des A nicht dem Arzneimittel zugeordnet, sondern diese nur auf den Blister gedruckt. Das kann dazu führen, dass die angesprochenen Verkehrskreise annehmen, dass beide Produkte von A oder von A und B gemeinsam stammen oder nur das Produkt des B von A stammt. Es besteht also eine mittelbare Verwechslungsgefahr.

Als Zwischenergebnis lässt sich feststellen, dass § 14 Abs. 2 Nr. 1 und 2 MarkenG erfüllt sind.

c) Erschöpfung, § 24 MarkenG

Fraglich ist, ob die Reichweite des Markenrechts des A auch das Handeln von C und D erfasst.

Das Markenrecht ist nicht losgelöst von den Anforderungen des EG-Vertrages zu betrachten. Art. 3 lit. g. EG hat das Ziel, einen von Wettbewerbsverfälschungen freien Binnenmarkt zu schaffen. Dieses Ziel wird durch die Artt. 28 ff. EG konkretisiert, die den Mitgliedsstaaten mengenmäßige Ein- und Ausfuhrbeschränkungen und Maßnahmen gleicher Wirkung bis auf wenige Ausnahmen verbieten. Ausnahmen von diesem Verbot rechtfertigen insbesondere Interessen des gewerblichen und kommerziellen Eigentums, Art. 30 EG. Vor diesem Hintergrund harmonisiert die Mar-

---

[9] *Fezer*, Markenrecht, § 14 Rn. 682, 684; *Ingerl/Rohnke*, § 14 Rn. 470.
[10] Umstritten, s. *Fezer*, Markenrecht, § 14 Rn. 184 ff.; *Ingerl/Rohnke*, § 14 Rn. 217 f.
[11] *EuGH*, Urt. v. 11. 11. 1997, Az. C-251/95, Tz. 18, Slg. 1997, I-6214 = GRUR 1998. 389 – Springende Raubkatze; std. Rechtsprechung des BGH, s. nur *BGH*, Urt. v. 24. 1. 2002, Az. I ZR 156/99, GRUR 2002, 544, 545 – BANK 24; *BGH*, Urt. v. 3. 5. 2001, Az. I ZR 18/99, GRUR 2002, 65, 67 – Ichthyol, jew. m. w. N.
[12] S. dazu *Ingerl/Rohnke*, § 14 Rn. 251 f.
[13] *EuGH*, Urt. v. 11. 11. 1997, Az. C-251/95, GRUR 1998, 389 – Springende Raubkatze.
[14] *BGH*, Beschl. v. 27. 4. 2000, Az. I ZR 236/97, GRUR 2000, 875, 877 – Davidoff; *Ingerl/Rohnke*, § 14 Rn. 252.

kenrechtsrichtlinie (MRRL) das Markenrecht der Mitgliedsstaaten. Art. 7 Abs. 1 der Markenrechtsrichtlinie (MRRL) wird Art. 30 EG dadurch gerecht, dass sich der Hersteller nicht auf die Verletzung seiner Marke berufen kann, wenn diese Marke für ein Produkt verwendet wird, das der Hersteller selbst unter dieser Marke in Verkehr gebracht hat oder wenn dies mit dessen Zustimmung geschehen ist. Damit soll der eu-weite Austausch von Markenwaren sichergestellt werden. Art. 7 MRRL wird durch § 24 MarkenG umgesetzt.

A hat die von ihm hergestellten Kopfschmerztabletten selbst innerhalb der europäischen Union (hier in Tschechien) in den Verkehr gebracht. Es gibt keine Anhaltspunkte im Sachverhalt, dass die Einfuhr der Tabletten nach Deutschland unzulässig wäre. Damit könnte das Recht des A zur Benutzung der Marke gemäß § 24 Abs. 1 MarkenG erschöpft sein. Allerdings gilt der Erschöpfungsgrundsatz nicht uneingeschränkt. Wenn die Integrität des Produktes gestört wird, die Ware sich verschlechtert, kann eine Berufung auf den Erschöpfungsgrundsatz gemäß § 24 Abs. 2 MarkenG ausgeschlossen sein. Hier haben C und D die einzelnen Tabletten vollkommen aus ihrer ursprünglichen Packung entfernt und gemeinsam mit dem Produkt des B neu verblistert. Das stellt einen Eingriff in die Verbindung von Marke und Produkt und in die Integrität des Produktes dar, der ein der Erschöpfung entgegenstehendes berechtigtes Interesse der A begründen könnte.

Allerdings hat der EuGH im Zusammenhang mit dem Umverpacken von Markenwaren, vor allem Arzneimitteln, besondere Grundsätze für eine Erschöpfung des Rechtes zur Benutzung einer Marke entwickelt. Zwar kann sich das Recht zum Anbringen der Marke auf ein Produkt nicht erschöpfen, das aber darf nicht dazu führen, dass auf diesem Wege die gerade zu verhindernden Marktabschottungsstrategien doch durchgesetzt werden können. Das Umverpacken von Markenwaren und deren Inverkehrbringen ist zulässig, wenn folgende Voraussetzungen erfüllt sind:[15]

- Die Geltendmachung des Markenrechts dient erwiesenermaßen der Abschottung der nationalen Märkte innerhalb der EU, insbesondere dann, wenn in den einzelnen Mitgliedsstaaten unterschiedliche Packungsgrößen in Verkehr gebracht wurden und das Umverpacken erforderlich ist, um die Arzneimittel im Einfuhrstaat vertreiben zu können.
- Das Umverpacken beschädigt den Originalzustand der Ware nicht.
- Die neue Verpackung enthält klare Angaben, wer umverpackt hat und wer Hersteller ist.
- Die Aufmachung der Umverpackung ist nicht geeignet, den Ruf der Marke oder des Herstellers zu beeinträchtigen.
- Der Importeur unterrichtet den Hersteller zuvor über das Anbieten der unverpackten Ware und sendet auf Verlangen ein Musterexemplar zu.[16]
- Der Eingriff in das markenrechtlich geschützte Produkt und dessen Verbindung mit seiner Marke darf nur so gering wie möglich sein.[17] Die Neuverpackung muss aber nicht wieder identisch gestaltet werden.[18]

---

[15] *EuGH*, Urt. v. 11. 7. 1996, Az. verb. Rs. C-427/93, C-429/93 und C-436/93, Tz. 34, Slg. 1996, I-03 457 – Brystol Myers Squibb; *EuGH*, Urt. v. 22. 12. 2008, Az. C-276/05, Tz. 23, GRUR 2009, 154, 155 – Wellcome Foundation.
[16] *EuGH*, Urt. v. 11. 7. 1996, verb. Rs. C-427/93, 429/93 436/93, LSe, Slg. 1996, I-03 457 – Bristol Myers Squibb; *EuGH*, Urt. v. 22. 12. 2008, Az. C-276/05, Tz. 23, GRUR 2009, 154, 155 – Wellcome Foundation.
[17] *Ingerl/Rohnke*, § 24 Rn. 75.
[18] *EuGH*, Urt. v. 22. 12. 2008, Az. C-276/05, Tz. 24 ff. GRUR 2009, 154, 155 – Wellcome Foundation.

Diesen Anforderungen wird das Handeln des C und D nicht gerecht: Würden C und D die Produkte nicht neu verblistern, drohte keine künstliche Marktabschottung durch A und B. Die Originalverpackung der Kopfschmerztabletten ist zerstört worden, durch das Öffnen des Blisters und das Neuverblistern ist das Verfallsdatum der Tabletten und deren Chargennummern nicht mehr erkennbar. Es gibt keine Anhaltspunkte für eine Rückverfolgbarkeit des Produktes „Gesundheit!" im Sachverhalt. Außerdem werden die Tabletten gemeinsam mit Kapseln des Herstellers B in eine Vertiefung gepackt. Es ist nicht bekannt, welche Wechselwirkungen zwischen den Produkten innerhalb einer Vertiefung des Blisters entstehen können, ob diese die Wirkungen des Arzneimittels verändern oder beeinträchtigen oder ob sich die Wirkung des Kapselinhalts verändert. Durch das bloße Kopieren der Packungsbeilage von einer Scan-Vorlage ist nicht gewährleistet, dass diese stets auf dem neuesten Stand ist. Die Packungsbeilage berücksichtigt nicht die Vitamin-Kapseln und entspricht nicht dem durch die Neuverblisterung entstandenen Produkt. Außerdem sind die Namen der Produkte der Hersteller A und B nicht eindeutig den Produkten zugeordnet, was zu Verwechslungen führen kann.

Demnach ist festzuhalten, dass das Neuverblistern nicht erforderlich ist, um ein in einem Staat der EU in verkehr gebrachtes Arzneimittel auch in einem anderen Staat einzuführen, es den Originalzustand der Ware zerstört und erheblich beeinträchtigt. Die Missachtung der arzneimittelrechtlichen Vorschriften kann zur Rufschädigung führen und – darüber hinaus – auch zur Gesundheitsbeeinträchtigung mit haftungsrechtlichen Folgen für A und B.

Es besteht ein berechtigtes Interesse des A, den Weitervertrieb des Produktes „Gesundheit" zu verbieten.

C und D sind zur Unterlassung verpflichtet, da durch das Verhalten von C und D eine Wiederholungsgefahr begründet wird.

Eine andere Bewertung ergibt sich nicht daraus, dass A auf eine Ankündigung des neuen Produktes durch C und D nicht reagiert hat. Zwar hat der BGH in einem solchen Falle entschieden, dass ein Markeninhaber sich aus § 242 BGB nicht auf sein Markenrecht berufen kann, wenn er auf die Ankündigung nicht reagiert, die ersichtlich dazu dienen sollte, die Voraussetzungen für ein zulässiges Umverpacken im Sinne der EuGH-Rechtsprechung zu schaffen.[19] Allerdings kann in einem Falle, wie dem vorliegenden, diese Rechtsprechung nicht herangezogen werden, denn C und D konnten wegen des erheblichen Eingriffs in das Produkt des A nicht davon ausgehen, dass eine Zustimmung auch nur denkbar gewesen wäre.

II. Anspruch auf Vernichtung der hergestellten „Gesundheit!"-Produkte, § 18 Abs. 1 MarkenG

A könnte von C und D die Vernichtung der hergestellten Produkte „Gesundheit!" verlangen, § 18 Abs. 1 MarkenG.

Voraussetzung für einen Vernichtungsanspruch ist zunächst ein Verstoß gegen § 14 MarkenG, der hier vorliegt. Wie das Ergebnis der Prüfung unter A. I. zeigt, haben C und D gegen § 14 Abs. 2 Nr. 1 und 2 MarkenG verstoßen.

Der Vernichtungsanspruch ist ein verschuldensunabhängiger Anspruch. Wegen seiner einschneidenden Wirkungen ist er zur Vermeidung unbilliger Härten durch den Grundsatz der Verhältnismäßigkeit beschränkt.[20] Die Prüfung der Verhältnis-

---

[19] *BGH*, Urt. v. 12. 7. 2007, Az. I ZR 147/04, S. 13 f., GRUR Int. 2008, 515 – Aspirin II.
[20] *Götting*, § 58 Rn. 15.

mäßigkeit verlangt eine Güter- und Interessenabwägung. Dabei sind der Eingriffsumfang, der Grad der Schädigung und ein ggf. bestehendes Verschulden des Verletzers den wirtschaftlichen Folgen der Vernichtung für den Verletzer gegenüber zu stellen.[21]

C und D greifen erheblich in die Markenrechte des A ein, nicht nur durch die Benutzung identischer Zeichen für identische und ähnliche Produkte, sondern auch und insbesondere durch Zerstörung der Verbindung von Marke und Produkt, die nicht wieder hergestellt wird. Vielmehr wird das Produkt des A mit einem anderen kombiniert und in einer Weise neu verpackt, die für A produkthaftungsrechtliche Folgen nach sich ziehen kann. Darüber hinaus kann eine Gesundheitsgefährdung der Verbraucher wegen unzureichender Informationen durch eine veraltete und unzureichende Packungsbeilage, die fehlende Information über das Verfallsdatum nicht ausgeschlossen werden. Demgegenüber können mit der Vernichtung verbundenen finanzielle Nachteile von C und D nicht schwerer wiegen. Die Güter- und Interessenabwägung geht hier zugunsten des A aus.

A kann von C und D die Vernichtung der bereits hergestellten Produkte „Gesundheit!" verlangen.

III. Anspruch auf Vernichtung der Blistermaschine gegen D, § 18 Abs. 2 MarkenG

A könnte von D die Vernichtung der Blistermaschine verlangen, § 18 Abs. 2 MarkenG. § 18 Abs. 2 MarkenG begründet auch einen Vernichtungsanspruch hinsichtlich jener Geräte und Vorrichtungen, die zur Herstellung der markenverletzenden Produkte verwendet wurden. Auch dieser Anspruch ist durch den Grundsatz der Verhältnismäßigkeit begrenzt. Eine Blistermaschine dient nicht nur zur Herstellung markenverletzender Produkte, sondern generell der Herstellung von Blistern, wie sie in Alters- und Pflegeheimen verwendet werden. Es ist nicht bekannt, welche Tätigkeit D ausübt, aber da er im Besitze einer Blistermaschine ist und nur deshalb von C angesprochen wurde, kann davon ausgegangen werden, dass D diese Maschine nicht allein zur Herstellung des Produktes „Gesundheit!", sondern auch anderer Blister verwendet: Eine Blistermaschine ist ein teures Gerät, so dass hier eine Verhältnismäßigkeit des Vernichtungsanspruchs nicht angenommen werden kann. Den Interessen des A wird durch die Vernichtung der Produkte Genüge getan.

Ein Anspruch auf Vernichtung der Blistermaschine besteht nicht.

B. Ansprüche des B

I. Ansprüche gegen C und D auf Unterlassung, § 14 Abs. 5, Abs. 2 MarkenG

B könnte einen Anspruch gegen C und D auf Unterlassung aus § 14 Abs. 5, 2 MarkenG haben.

1. Inhaberschaft

Wie sich aus dem Sachverhalt entnehmen lässt, ist B Inhaber der Wortmarke b-Cfit. Es handelt sich um eine eu-weit geschützte Marke, dem Sachverhalt nach aber nicht um eine Gemeinschaftsmarke.

---

[21] *Götting*, § 58 Rn. 15.

2. Verletzungshandlung durch C und D

Fraglich ist, ob C und D durch ihr Handeln die Markenrechte des B verletzt haben, § 14 Abs. 2 MarkenG.

a) Handeln im geschäftlichen Verkehr

C und D handeln im geschäftlichen Verkehr, s. A. I. 2 a.

b) Verwechslungsgefahr

aa) Identität/ Ähnlichkeit der Zeichen. C und D verwenden die Zeichen b-Cfit des B auf dem „Gesundheit!" genannten Produkt, sowohl das Wort, als auch das zugehörige Wort-/Bildzeichen. Es handelt sich um die identischen Zeichen. Der Umstand, dass sich auf dem Produkt auch die Zeichen des A und der Produktname „Gesundheit!" geschrieben stehen, steht dem nicht entgegen. Zwar kann die Verbindung mit anderen Zeichenelementen eine Zeichenidentität ausschließen,[22] allerdings kommt es auf den Gesamteindruck des Zeichens an. Wenn das Zeichen durch die anderen Zeichen nicht in seiner Einheitlichkeit beeinträchtigt ist, und dem Gesamteindruck nach nur ein Zeichen neben anderen ist, verbleibt es bei der Identität. Das ist hier der Fall.

bb) Identität/ Ähnlichkeit der Produkte. Fraglich ist, ob das von C und D entwickelte Produkt „Gesundheit!" mit denen des B ähnlich oder identisch ist. Wie oben bereits ausgeführt, hängt davon nach umstrittener Auffassung ab, ob es auf eine Verwechslungsgefahr ankommt (§ 14 Abs. 2 Nr. 2 MarkenG) oder nicht (§ 14 Abs. 2 Nr. 1 MarkenG). Identität setzt die vollkommene Übereinstimmung von Zeichen und Produkt, Abs. 2 Nr. 1, voraus.

Fraglich ist auch hier, ob Produktidentität angenommen werden kann. Hinsichtlich der Beantwortung dieser Frage kann auf die Ausführungen unter A. I. 2. b) bb). entsprechend verwiesen werden. Hinsichtlich des durch C und D verwendeten Vitamin-Präparates besteht eine Produktidentität zu dem von B hergestellten Produkt.

Das Zeichen des B ist auf den Blister gedruckt in dem sich auch das Arzneimittel des A befindet. Zwischen einem Arzneimittel und einem Nahrungsergänzungsmittel besteht keine Produktidentität. Fraglich ist, ob sie ähnlich sind, § 14 Abs. 2 Nr. 2 MarkenG. Insoweit kann auf die Ausführungen unter A. I. 2. b) bb) entsprechend verwiesen werden. Das von C und D verwendete Vitamin-Präparat ist dem Produkt des A ähnlich.

c) Verwechslungsgefahr

Soweit eine Produkt- und Zeichenidentität besteht, also für das Zeichen des B in Hinblick auf das Vitamin-Präparat, liegt eine Markenverletzung vor, § 14 Abs. 2 Nr. 1 MarkenG.

Soweit die Produkte nicht identisch sind, kommt es auch hier auf eine Verwechslungsgefahr an. Insoweit kann auf die Ausführungen A. I. b) bb) entsprechend verwiesen werden. Eine Verwechslungsgefahr ist anzunehmen.

aa) Erschöpfung, § 24 MarkenG. Allerdings stellt sich auch hier die Frage, ob und inwieweit zugunsten von C und D der Erschöpfungsgrundsatz greift. Hierbei gelten die gleichen Grundsätze wie unter A. I. c) ausgeführt. Aber auch in diesem

---

[22] *Ingerl/Rohnke,* § 14 Rn. 220.

Falle können sich C und D auf eine Erschöpfung wegen eines objektiv nicht erforderlichen Eingriffs in das Markenrecht des B und erhebliche Eingriffe in das Produkt nicht berufen. Die unter A. I. 2. c) dargestellten Grundsätze zum zulässigen Umverpacken von Arzneimitteln gelten hier in gleicher Weise. Eine Erschöpfung des Rechts des B zur Benutzung seiner Marken ist hier aus den gleichen Gründen abzulehnen, aus denen sich C und D auch gegenüber A nicht auf eine Erschöpfung des Rechts berufen können, A. I. 2. c). Auch hier ändert die unbeantwortete Anzeige des Tuns gegenüber B nichts an dieser Wertung.

Wegen der bestehenden Wiederholungsgefahr sind C und D zur Unterlassung verpflichtet.

A und B können C und D das Neuverblistern ihrer Produkte und den Vertrieb der umverpackten Produkte in Deutschland verbieten.

II. Anspruch auf Vernichtung der hergestellten „Gesundheit!"-Produkte, § 18 Abs. 1 MarkenG

B könnte von C und D die Vernichtung der hergestellten Produkte „Gesundheit!" verlangen, § 18 Abs. 1 MarkenG. Zu den Voraussetzungen des Vernichtungsanspruchs kann auf die Ausführungen unter A. II. verwiesen werden.

Wie das soeben gefundene Ergebnis zeigt, haben C und D gegen § 14 Abs. 2 Nr. 1 und 2 MarkenG verstoßen.

Hinsichtlich der erforderlichen Verhältnismäßigkeitsprüfung kann auf die Ausführungen unter A. II. entsprechend verwiesen werden.

B kann von C und D die Vernichtung der bereits hergestellten Produkte „Gesundheit!" verlangen.

III. Anspruch auf Vernichtung der Blistermaschine gegen D, § 18 Abs. 2 MarkenG

B könnte von D die Vernichtung der Blistermaschine verlangen, § 18 Abs. 2 MarkenG. Es kann zu den Anspruchsvoraussetzungen und der Anspruchsprüfung auf die obigen Ausführungen unter A. III. entsprechend verwiesen werden.

Ein Anspruch auf Vernichtung der Blistermaschine besteht nicht.

Merke: Der im gesamten Immaterialgüterrecht geltende und speziell für Markenrechte in § 24 MarkenG normierte Erschöpfungsgrundsatz begrenzt die Kontrolle des Vertriebswegs durch den Markeninhaber, wenn er das Produkt in den Verkehr gebracht hat (siehe dazu auch Fall 15). Der Markeninhaber kann aber berechtigte Gründe gegen eine Erschöpfung geltend machen. Insbesondere ein Eingriff in die Integrität seines Produktes kann einer Erschöpfung des Rechtes zur Benutzung der Marke entgegenstehen.

Das Umverpacken von Markenprodukten stellt einen Sonderfall dar, der es unter bestimmten Voraussetzungen gestattet, die Marke vom Produkt zu entfernen und auf ein mit Ausnahme der Verpackung unverändertes Produkt neu anzubringen, um die Abschottung nationaler Märkte mit Hilfe des Markenrechts zu verhindern. Hauptanwendungsfall ist das Umverpacken von Arzneimitteln.

Fall 20. Recht der Gleichnamigen

Sachverhalt[*]

Der 1927 geborene V ist Patentanwalt. Er gehörte bis 1992 einer von ihm betriebenen Patentanwaltskanzlei an, die auf Grund der Reputation des V auch international einen guten Ruf genoss und in der Kanzleibezeichnung zunächst die Namen sämtlicher Sozien führte, beginnend mit „Vossius", dem Nachnamen des V. 1986 verständigten sich die Sozien darauf, künftig nur noch die Bezeichnung „Vossius & Partner" zu führen.

Am 1. 3. 1989 schlossen V und K sowie die übrigen damaligen Partner einen Sozietätsvertrag, der auch eine Regelung über die Kanzleibezeichnung enthält. Dabei lag auf beiden Seiten die Vorstellung zu Grunde, V werde nach seinem Ausscheiden aus der Kanzlei nicht mehr als Patentanwalt tätig sein. In § 1 II des Vertrags heißt es: „*Die Sozietät führt folgenden Briefkopf: Vossius & Partner Patentanwälte. European Patent Attorneys. Die Sozien werden in der Reihenfolge dieses Vertragsrubrums untereinander aufgeführt. Neu aufgenommene Sozien setzen die Reihe fort. Der Sozius zu 1 [V] gibt sein Einverständnis zur Weiterführung seines Namens im Briefkopf auch nach seinem Ausscheiden.*"

V schied aus der Sozietät zum 30. 6. 1992 aus. Seitdem verwenden die Sozietätenpartner für ihre inzwischen von der Gesellschaft bürgerlichen Rechts in eine Partnerschaftsgesellschaft umgewandelte Sozietät weiterhin die Kanzleibezeichnung Vossius & Partner, Parentanwälte – European Patent Attorneys. In der Namensleiste der Kanzlei befindet sich der Hinweis, dass V seit 1992 in einer anderen Kanzlei tätig ist.

Entgegen seiner ursprünglichen Absicht trat V am 1. 7. 1992 als Sozius in die im April 1992 von seiner Schwiegertochter und seinem Sohn gegründete Rechtsanwaltskanzlei ein. Diese Sozietät führt seitdem die Bezeichnung Dr. Volker Vossius, Patentanwaltskanzlei, Rechtsanwaltskanzlei.

V, der der Ansicht ist, die von ihm gegenüber seinen ehemaligen Partnern ausgesprochene Gestattung, seinen Namen als Kanzleibezeichnung weiterzuführen, gelte nicht für den Fall, dass V selbst wieder als Patentanwalt tätig wird und sei im Übrigen ohnehin unwirksam und verstoße gegen das Standesrecht, sprach im April 1998 gegenüber diesen vorsorglich einen Widerruf „jeder etwa noch bestehenden Gestattung" zur Führung seines Namens aus. Im Februar 1999 erklärte er die Kündigung „jeglicher etwa (noch) bestehender Gestattungsvereinbarung zur Führung des Namens ‚Vossius', insbesondere in der Bezeichnung Vossius & Partner".

Im März 1997 ließ V für die eigene Sozietät den Domain-Namen „vossius.com" registrieren. Unter dieser Internet-Adresse waren in der Folge Informationen über diese Kanzlei zu finden. Der Startbildschirm der Internetseite weist darauf hin, dass es sich bei diesem Internetauftritt nicht um die Kanzlei Vossius & Partner handelt und stellt zudem einen Verweis (link) zur Verfügung, der auf deren Seite führt. Eine Kontaktaufnahme ist unter der E-Mail-Adresse „kanzlei@vossius.com" möglich. Im Frühjahr 1998 ließ er unter seiner Privatanschrift den Domain-Namen „vossius.de" registrieren

---

[*] Der Fall beruht auf *BGH*, Urt. v. 11. 4. 2002, Az. I ZR 317/99, GRUR 2002, 706 – vossius.de.

und richtete eine private Homepage unter der Subdomain „vossius.de/privat" ein, die nur für Familienmitglieder über die Eingabe eines Passwortes erreichbar ist. Internetnutzer, die lediglich die Hauptseite „vossius.de" aufriefen, wurden automatisch auf die Internetseiten der Kanzlei unter „vossius.com" umgeleitet.

Die Partner der Kanzlei Vossius & Partner verwenden seit Februar 1998 die Domain-Namen „voissiuspartner.de" und „vossiusundpartner.de" sowie „vossiuspartner.com" und „vossiusandpartner.com". Sie sind zudem der Ansicht, die V und seine Kinder verletzen durch die Verwendung der Domain-Namen „vossius.de" und „vossius.com" sowie durch die E-Mail-Adresse „kanzlei@vossius.de" die ihnen an der Bezeichnung „Vossius & Partner" zustehenden Namensrechte. Sie verlangen daher von V und seinen Kindern, es zu unterlassen, im geschäftlichen Verkehr als Internet-Adresse die Domain-Namen „vossius.de" und/oder „vossius.com" sowie als E-mail-Adresse „kanzlei@vossius.de" zu benutzen und diese an sich zu übertragen oder jedenfalls gegenüber der DENIC auf die Inhaberschaft an dem Domain-Namen „vossius.de" und gegenüber der Network Solutions, Inc. auf die Inhaberschaft an dem Domain-Namen „vossius.com" zu verzichten und jeweils der Löschung dieser Domain-Namen zuzustimmen.

Wie ist die Rechtslage?

Lösung

A. Unterlassungsansprüche der P gegen V aus §§ 5, 15 Abs. 4 S. 1 i.V.m. Abs. 2 MarkenG

Die Kanzlei Vossius & Partner (im Folgenden P), vertreten durch die einzelnen Partner, könnte gegen V und seine Kinder (im Folgenden V) auf Grund eines Kennzeichenrechts an der Kanzleibezeichnung „Vossius & Partner" einen Unterlassungsanspruch gemäß §§ 5, 15 Abs. 4 S. 1 i.V.m. Abs. 2 MarkenG haben, wonach V untersagt ist, die Domain-Namen „vossius.de" und „vossius.com" im geschäftlichen Verkehr zu verwenden.

I. Aktivlegitimation

P müsste aktivlegitimiert sein. Dies setzt voraus, dass P Inhaber einer gegenüber V prioritätsälteren, wirksam entstandenen geschäftlichen Bezeichnung ist.

1. Schutzfähigkeit der Bezeichnung „Vossius & Partner"

Die Bezeichnung „Vossius & Partner" müsste zunächst eine schutzfähige Bezeichnung sein. In Betracht kommt ein Schutz als Name oder als Firma gemäß § 5 Abs. 2 S. 1 MarkenG. Beiden gemeinsam ist eine Identifizierungsfunktion, welche der Kanzleibezeichnung ebenfalls zukommt. Eine genaue Abgrenzung ist aufgrund der übereinstimmenden Rechtsfolgen entbehrlich.

Voraussetzung ist weiterhin, dass die Bezeichnung unterscheidungskräftig ist und im geschäftlichen Verkehr benutzt wird. Einem Zeichen kommt Unterscheidungskraft zu, wenn es unterscheidungsfähig ist und seiner Art nach geeignet erscheint, sich im Verkehr als Hinweis auf das Unternehmen durchzusetzen. Da es sich um einen Namen handelt, der als Bestandteil den Namen einer natürlichen Person enthält, bestehen an der originären Unterscheidungskraft keine Bedenken.[1] Der Zusatz „Partner" ist keine lediglich beschreibende Angabe, da er nur Hinweise auf die Struktur der Kanzlei, nicht aber auf deren Geschäftsbetrieb gibt, so dass er die Unterscheidungskraft des Namens nicht abschwächt. Die P haben damit an der Kanzleibezeichnung „Vossius & Partner" als Name der Sozietät bzw. Partnerschaft durch Aufnahme der Benutzung im Jahre 1986 ein Kennzeichenrecht nach § 5 Abs. 2 MarkenG erworben. Dieses gilt für das gesamte Gebiet der BRD, da der Tätigkeitsbereich einer Kanzlei nicht ortsgebunden ist.[2] Dies gilt auch ungeachtet der Rechtsform, in der die Sozietät betrieben wird; insbesondere kann auch der Name, unter dem eine Gesellschaft bürgerlichen Rechts im Geschäftsverkehr auftritt, nach § 5 MarkenG geschützt sein.[3]

2. Priorität

Die Priorität einer geschäftlichen Bezeichnung richtet sich gemäß § 6 Abs. 3 MarkenG nach dem Zeitpunkt, zu dem das Recht erworben wurde. Für die Kanzlei „Vossius & Partner" ist daher die Aufnahme der Benutzung im Jahre 1986 relevant. Auf den Prioritätszeitpunkt dieses Namensschutzes kann sich P auch berufen, da mit der Umwandlung der GbR in eine Partnerschaftsgesellschaft alle Rechte und Pflichten übergehen.[4] Dazu gehört auch das Namensrecht, dessen Schutz demgemäß fortwirkt, wenn und soweit der Name verwendet wird. Die Partnerschaft ist auch gemäß § 7 Abs. 2 PartGG i.V.m. § 124 HGB fähig, Träger dieses Rechtes zu sein. Die mit diesem Übergang verbundene Änderung allein der Rechtsform des Namensträgers berührt die Priorität des Namensrechtes folglich nicht.[5]

V hingegen nutzt die in Rede stehende Bezeichnung erst seit 1997, so dass dahingestellt bleiben kann, ob es sich dabei um eine geschäftliche Bezeichnung handelt. Selbst soweit man auf die Gründung der Kanzlei des V unter dem Namen „Dr. Volker Vossius" abstellt, erfolgte diese erst nach dem Rechtserwerb durch P. Dass V den Familiennamen Vossius trägt, ist für den vorliegenden Fall unerheblich, da entscheidend nur dessen Benutzung im geschäftlichen Verkehr ist.

3. Befugnis der P

Als ungeschriebenes Tatbestandsmerkmal setzt der Schutz aus § 5 MarkenG einen befugten Gebrauch voraus.[6] Im vorliegenden Fall hat V der P durch die Vereinbarung vom 1.3.1989 dem Wortlaut nach gestattet, seinen Namen in ihrer Kanzleibezeichnung auch nach seinem Ausscheiden aus der Sozietät zu führen.

a) Auslegung des Vertrages

Fraglich ist, ob dieser Vereinbarung durch Auslegung gemäß §§ 133, 157 BGB ein anderer Inhalt entnommen werden kann, insbesondere eine Einschränkung dahingehend, dass die Gestattung unter dem Vorbehalt der Nichtaufnahme einer anwalt-

---

[1] Vgl. *OLG Hamburg*, Urt. v. 6.11.1997, Az. 3 U 125/97, NJWE-WettbR 1998, 87 – Brinckmann; *Ingerl/Rohnke*, § 5 Rn. 37.
[2] Vgl. *Ingerl/Rohnke*, § 5 Rn. 13. Zur Erstreckung des Schutzes nach der deutschen Einigung vgl. *BGH*, Urt. v. 29.6.1995, Az. I ZR 24/93, GRUR 1995, 754 – Altenburger Spielkartenfabrik.
[3] *BGH*, Urt. v. 11.4.2002, Az. I ZR 317/99, GRUR 2002, 706, 707 – vossius.de.
[4] Vgl. *Fezer*, Markenrecht, § 7 Rn. 35.
[5] Vgl. auch *BGH*, Urt. v. 19.12.1960, Az. I ZR 57/59, GRUR 1961, 294, 298 – ESDE; *BGH*, Urt. v. 25.11.1982, Az. I ZR 130/80, GRUR 1983, 182 f. – Concordia-Uhren.
[6] *Fezer*, MarkenR, § 15 Rn. 116; *Ingerl/Rohnke*, § 15 Rn. 12.

lichen Tätigkeit des V stand oder zeitlich befristet wäre. Dagegen spricht aber der klare und unmissverständliche Wortlaut. Hätten die Vertragsparteien für die Weiterverwendung des Namens „Vossius" bestimmte Voraussetzungen aufstellen oder eine zeitliche Grenze setzen wollen, hätte es nahe gelegen, solche Einschränkungen in die Vereinbarung aufzunehmen. Selbst wenn eine unter Rechtsanwälten standesrechtlich verfestigte Übung bestanden hätte, in der Bezeichnung einer Kanzlei nur aktive oder gerade erst ausgeschiedene Partner aufzuführen,[7] insbesondere in anderen Kanzleien tätige Anwälte nicht mehr zu nennen,[8] ändert dies daran nichts. Der Umstand, dass die Sozien vereinbarten, die künftige Kanzleibezeichnung solle nur noch aus einem Namen mit dem Zusatz „& Partner" bestehen, weist deutlich darauf hin, dass es V und seinen Sozien damals darum ging, der Kanzlei statt der eingeführten, bei jedem Wechsel in der Sozietät zu ändernden Bezeichnung einen dauerhaft zu verwendenden, firmenähnlichen Namen zu geben. Unter diesen Umständen hätte es fern gelegen, sich auf den Namen „Vossius" festzulegen, wenn dieser Name alsbald bei oder einige Jahre nach dem Ausscheiden des damals fast 62-jährigen V hätte aufgegeben werden müssen. Anderenfalls hätte es nahe gelegen, wie bisher alle oder jedenfalls mehrere Namen von Partnern in die Kanzleibezeichnung aufzunehmen, um auch im Falle des Ausscheidens des V und der Streichung seines Namen noch den Eindruck der Kontinuität vermitteln zu können. Für die anderen Sozien bestand auch kein vernünftiger Anlass, auf die Nennung ihres Namens in der Kanzleibezeichnung zu verzichten, wenn nicht gewährleistet gewesen wäre, dass der Name „Vossius" auch nach dem Ausscheiden des V weiterverwendet werden durfte. Es liegt auch fern, dass sich die damaligen Sozien auf eine Regelung eingelassen hätten, mit der sie auf die Nennung des eigenen Namens in der Kanzleibezeichnung verzichteten, die im Gegenzug gewährte Gestattung, die neugewählte Bezeichnung „Vossius & Partner" auf Dauer verwenden zu dürfen, dagegen von einem bestimmten Verhalten des V abhängig gewesen wäre.

b) Wirksamkeit der Vereinbarung

Diese Vereinbarung müsste auch wirksam sein. Vereinbarungen, durch die der Namensträger einem Dritten die Benutzung des fremden Namens gestattet, können wegen Verstoßes gegen ein gesetzliches Verbot nach § 134 BGB i.V.m. § 5 UWG unwirksam sein, wenn sie zu einer Täuschung der Allgemeinheit und einer Verwirrung des Verkehrs führen.[9] Es handelt sich dann nämlich um einen Basisvertrag, dessen Abschluss die Grundlage für wettbewerbswidriges Handeln bildet.[10] Hierbei ist jedoch der Vorrang des (individuellen) kennzeichen- und namensrechtlichen Sonderrechtsschutzes vor dem (kollektiven) Schutz vor Irreführung zu beachten.[11] Denn mit der Benutzung eines fremden Namens oder Kennzeichens sind fast notgedrungen Verwechslungen verbunden, die im Falle der unbefugten Benutzung wegen der Gefahr einer Verwechslung oder Zuordnungsverwirrung zu namens- oder kennzeichenrechtlichen Ansprüchen führen. Soweit der Namensträger einem Dritten den Namensgebrauch gestattet oder der Inhaber eines geschäftlichen Kennzeichens eine Lizenz erteilt, ist die damit stets verbundene Verunsicherung über die Zuordnung des Namens oder der Kennzeichnung zu einer bestimmten Person oder einem be-

---

[7] Dazu *EGH Schleswig-Holstein*, Beschl. v. 7. 9. 1990, Az. 2 EGH 8/89, AnwBl. 1991, 212, 213.
[8] Vgl. *BGH*, Urt. v. 17. 4. 1997, Az. I ZR 219/94, GRUR 1997, 925, 927 – Ausgeschiedener Sozius.
[9] *BGH*, Urt. v. 28. 2. 2002, Az. I ZR 195/99, GRUR 2002, 703, 704 f. – VOSSIUS & PARTNER.
[10] Siehe dazu *Köhler*, in: Hefermehl/Köhler/Bornkamm, Einleitung Rn. 7.9.
[11] Vgl. *Ingerl/Rohnke*, § 27 Rn. 12; *Fezer*, MarkenR, § 30 Rn. 51.

stimmten Geschäftsbetrieb als Folge der Gestattung oder Lizenz hinzunehmen. Würde diese Erschwerung der Zuordnung bereits ausreichen, um eine Irreführung nach § 5 UWG zu bejahen, würde die Möglichkeit der schuldrechtlichen Gestattung des Namensgebrauchs ebenso wie die Lizenzierung von Kennzeichenrechten generell in Frage gestellt. Für ein Eingreifen des kollektivrechtlichen Schutzes des § 5 UWG ist daher erforderlich, dass das Allgemeininteresse durch täuschende Angaben über geschäftliche Verhältnisse verletzt ist.[12] Diese Voraussetzung ist erst dann gegeben, wenn der Verkehr mit der fraglichen Angabe eine bestimmte Gütevorstellung verbindet und in dieser Erwartung getäuscht wird.[13]

Im vorliegenden Fall verbinden die angesprochenen Verkehrskreise mit dem Namen „Vossius" besondere Gütevorstellungen. Diese werden jedoch nicht enttäuscht, wenn sich die potenziellen Mandanten an die ehemalige Kanzlei des V wenden. Denn das mit dem Namen „Vossius" verbundene Ansehen geht auf die Zeit der gemeinsamen Berufsausübung zurück. Kommt es einem potenziellen Mandanten gerade darauf an, von V vertreten zu werden, wird er im Übrigen durch einen Hinweis in der Namensleiste darüber in Kenntnis gesetzt, dass dieser seit 1992 in einer anderen Kanzlei tätig ist. Eine allgemeine Zuordnungsverwirrung als Folge der von V ausgesprochenen Gestattung ist hinzunehmen.[14]

Ob ein Verstoß gegen das Berufsrecht für Rechtsanwälte in diesem Fall auch zur Nichtigkeit gemäß § 134 BGB führt,[15] kann dahingestellt bleiben, da es jedenfalls erlaubt, den Namen eines ausgeschiedenen Partners auf Dauer in der Kurzbezeichnung der Kanzlei zu führen (§§ 9 Abs. 2, 10 Abs. 1 und 4 BORA). Damit setzt das Berufsrecht für Rechtsanwälte eine vom ausgeschiedenen Partner erklärte Gestattung als wirksam voraus.[16]

c) Keine Beendigung der Vereinbarung

Fraglich ist weiterhin, ob die von V ausgesprochenen Kündigungen zu einer Beendigung der auf unbestimmte Zeit ausgesprochenen Gestattung geführt haben. Ein wichtiger Grund für die Kündigung eines Dauerschuldverhältnisses liegt gemäß § 314 Abs. 1 S. 2 BGB vor, wenn dem Schuldner die weitere Erfüllung des Vertrags unter Berücksichtigung aller Umstände und unter Abwägung der beiderseitigen Interessen nicht zugemutet werden kann. Im vorliegenden Fall war aber mit Blick auf den seltenen Namen Vossius von vornherein abzusehen, dass es zu Verwechslungen mit dem Namensträger V kommen kann. Zwar sind die Vertragspartner davon ausgegangen, dass gerade aufgrund Vs Eintritts in den Ruhestand eine Gefahr von Verwechslungen nicht entstehe. Sie hatten also die Gefahr von Verwechslungen nur deswegen für ausgeschlossen erachtet, weil sie nicht damit gerechnet haben, dass V nach dem Ausscheiden aus der Sozietät seine berufliche Tätigkeit als Patentanwalt fortsetzen werde. Allerdings fällt die Änderung der Umstände allein in die Sphäre des V und rechtfertigt daher keine Kündigung aus wichtigem Grund. Es wäre nicht einzusehen, wenn die Änderung der Lebensplanung des V dazu führen würde, dass die P, die seit vielen Jahren als „Vossius & Partner" firmiert, eine neue, keinerlei Kontinuität signalisierende Kanzleibezeichnung wählt und den Versuch unterneh-

---

[12] Vgl. *BGH*, Urt. v. 7. 7. 1965, Az. Ib ZR 9/64, GRUR 1966, 267, 270 – White Horse.
[13] Siehe *BGH*, Urt. v. 28. 2. 2002, Az. I ZR 195/99, GRUR 2002, 705 – VOSSIUS & PARTNER
[14] Siehe *BGH*, Urt. v. 28. 2. 2002, Az. I ZR 195/99, GRUR 2002, 705 – VOSSIUS & PARTNER
[15] Vgl. dazu *Armbrüster*, in: MünchKommBGB, § 134 Rn. 30, 100 m. w. N.; *BGH*, Urt. v. 17. 10. 2003, Az. V ZR 429/02, NJW 2003, 3692.
[16] *BGH*, Urt. v. 28. 2. 2002, Az. I ZR 195/99, GRUR 2002, 705 – VOSSIUS & PARTNER.

men müsste, den vorhandenen Goodwill mit erheblichem Aufwand auf eine neue Bezeichnung überzuleiten.[17]

d) Registerrechtliche Zulässigkeit

Die registerrechtliche Zulässigkeit[18] bestimmt sich zunächst nach §§ 2 Abs. 2 S. 1 i. V. m. § 18 Abs. 2 HGB. Eine relevante Irreführungsgefahr ist jedoch nach den Ausführungen zu § 5 UWG zu verneinen. Nach § 2 Abs. 2 Hs. 1 PartGG i. V. m. § 24 Abs. 2 HGB bedarf es beim Ausscheiden eines namengebenden Partners zur Fortführung des Namens der Partnerschaft der ausdrücklichen Einwilligung des ausscheidenden Namengebers. Ergänzend bestimmt § 2 Abs. 2 Hs. 2 PartGG, dass § 24 Abs. 2 HGB auch für den Fall der Umwandlung einer GbR in eine Partnerschaft gilt. Wenn auch der Wortlaut dies nicht ausdrücklich anordnet, wird aus dem Zweck der gesetzlichen Regelung deutlich, dass die in § 2 PartGG getroffene Bestimmung gerade auch für diesen Fall gelten soll.[19] Mit der Partnerschaft sollte Freiberuflern eine angemessene Rechtsform zur Verfügung gestellt werden. Dabei sollte den bislang in der Rechtsform der GbR zusammengeschlossenen Freiberuflern ermöglicht werden, den im Namen enthaltenen Wert auf die Partnerschaft zu übertragen, ohne dass der Umwandlung namensrechtliche Hinderungsgründe entgegenstehen. Von einer Fortführungsbefugnis ist daher auszugehen, wenn die vor der Umwandlung gegebene Einwilligung nichts anderes ergibt.[20] Hier hat V seine Einwilligung uneingeschränkt erteilt. Es ist auch nicht ersichtlich, dass die Namensgebung in jedem Fall nur für die Organisation als GbR gelten sollte, zumal dieser Umstand für die konkrete Kennzeichnung irrelevant war. Damit ist die Namensführung nicht gemäß § 24 Abs. 2 HGB unzulässig.[21]

Die auf unbegrenzte Zeit ausgesprochene Gestattung ist weder durch wirksamen Widerruf noch durch Kündigung seitens des V beendet worden. Die inzwischen erfolgte Umwandlung der Sozietät in eine Partnerschaftsgesellschaft hat keinen Einfluss auf deren Geltung. Folglich kann sich P auch im Verhältnis zu V als Träger des Familiennamens Vossius auf ihr Kennzeichenrecht berufen.

II. Kollisionstatbestand

1. Benutzung im geschäftlichen Verkehr

§ 15 Abs. 4 MarkenG vermittelt nur Unterlassungsansprüche, soweit V die Bezeichnungen „vossius.de" und „vossius.com" im geschäftlichen Verkehr benutzt, also im Zusammenhang mit einer auf einen wirtschaftlichen Vorteil gerichteten kommerziellen Tätigkeit und nicht im privaten Bereich. V verwendet die Bezeichnung als Teil der Internetadresse, die auf die Anwaltstätigkeit verweist, also im Rahmen seiner Berufstätigkeit zu Erwerbszwecken und damit im geschäftlichen Verkehr.

---

[17] Siehe *BGH,* Urt. v. 28. 2. 2002, Az. I ZR 195/99, GRUR 2002, 705 – VOSSIUS & PARTNER
[18] Vgl. dazu auch *BGH,* Urt. v. 2. 10. 1997, Az. I ZR 105/95, GRUR 1998, 391, 393 – Dr. St. ... Nachf.
[19] *BayObLG,* Beschl. v. 26. 11. 1997, Az. 3Z BR 279-97, NJW 1998, 1158; *Sommer,* NJW 1998, 3549.
[20] Siehe dazu die Regierungsbegründung, BR-Drs. 516/93, S. 27.
[21] Damit scheidet auch ein Anspruch des V nach § 2 Abs. 2 PartGG i. V. m. § 37 Abs. 2 HGB aus.

2. Firmenmäßiger Gebrauch

Fraglich ist, ob V die Internetadresse auch kennzeichenmäßig, hier also firmenmäßig benutzen muss.[22] Ein firmenmäßiger Gebrauch zeichnet sich dadurch aus, dass er gerade als Hinweis auf die Firma verwendet wird. Die Notwendigkeit dieses Erfordernisses kann jedoch dahinstehen, da, indem V die Bezeichnung als Hinweis auf die eigene Patentanwaltskanzlei verwendete, er es jedenfalls in diesem Sinne gebrauchte.

3. Verwechslungsgefahr

Weiterhin müsste die Domainbezeichnung eine Verwechslungsgefahr hervorrufen können. Die Verwechslungsgefahr ist anhand aller Umstände des Einzelfalles, insbesondere anhand der Kennzeichnungskraft des Anspruchszeichens, der Ähnlichkeit der sich gegenüberstehenden Zeichen und des wirtschaftlichen Abstands der Tätigkeitsbereiche der Parteien zu beurteilen. Diese Faktoren stehen dabei in Wechselwirkung.

Die Kanzleibezeichnung „Vossius & Partner" hat mangels besonderer Umstände normale Kennzeichnungskraft. Sie wird zudem durch den Eigennamen Vossius geprägt, da der Zusatz „Partner" eine geläufige Bezeichnung ist, so dass der Verkehr ihr keine große Aufmerksamkeit widmet.

Dieser Bestandteil der Kanzleibezeichnung stimmt mit dem prägenden Teil der beanstandeten Domain-Namen überein, die ebenfalls für das Angebot einer Patent- und Rechtsanwaltskanzlei verwendet werden. Denn den Top Level Domains „.de" bzw. „.com" kommt regelmäßig aus der Sicht aller Verkehrskreise keine besondere Bedeutung zu. Die angesprochenen Verkehrskreise, also der durchschnittliche Internet-Benutzer weiß, dass diese nur darauf hindeutet, in welchem Land der Domain-Name vergeben wurde, also nicht zur Unternehmensbezeichnung gehört.[23] Damit ist vorrangig auf die Second Level Domain „vossius" abzustellen.

Da die Geschäftsbereiche sich decken, ist aufgrund der Fast-Identität der Zeichen eine unmittelbare Verwechslungsgefahr zu bejahen.

4. Gleichnamigkeit

Der Fall zeichnet sich allerdings durch die Besonderheit aus, dass der übereinstimmende, jeweils prägende Bestandteil der sich gegenüberstehenden Bezeichnungen der Familienname des V ist. Er hat daher ein schützenswertes Interesse an dessen Verwendung. Dies gilt nicht nur für den privaten Bereich,[24] sondern auch im geschäftlichen Verkehr, soweit nicht alleiniger Zweck der Namensverwendung die unlautere Ausbeutung des Rufes eines bekannten Namens ist.[25] Zwar hat der Name des V in bestimmten Fachkreisen einen besonderen Ruf. Allerdings ist dieser Ruf

---

[22] Bejahend *BGH*, Urt. v. 27.9. 1995, Az. I ZR 199/93, GRUR 1996, 68, 70 – COTTON LINE.

[23] *OLG Stuttgart*, Beschl. v. 3.2. 1998, Az. 2 W 77–97, NJW-RR 1998, 1341 – steiff.com; *LG Frankfurt a. M.*, Urt. v. 10.9. 1997, Az. 2-6 O 261–97, NJW-RR 1998, 974, 976 – lit.de; *LG Hamburg*, Urt. v. 25.3. 1998, Az. 315 O 792/97, CR 1999, 47, 48 – eltern.de. Ausnahmen müssen gemacht werden, wenn die Top-Level-Domain in kennzeichnender Form mitbenutzt wird (vgl. *OLG Hamburg*, Urt. v. 16.6. 2004, Az. 5 U 162/03, GRUR-RR 2005, 199 – tipp.ag; *Ubber*, WRP 1997, 497, 505; siehe auch *Bücking*, MMR 2000, 656, 657 f.

[24] *BGH*, Urt. v. 10.11. 1965, Az. Ib ZR 101/63, GRUR 1966, 623, 625 – Kupferberg; *BGH*, Urt. v. 22.11. 1984, Az. I ZR 101/82, GRUR 1985, 389 – Familienname.

[25] Dazu *Fezer*, Markenrecht, § 15 Rn. 143–145.

auch mit V selbst verbunden, so dass die bloße Namensnutzung keine unlautere Ausbeutung eines *fremden* Rufes begründet.

Haben wie hier zwei Parteien jeweils ein schutzwürdiges Interesse an der Verwendung einer Bezeichnung (das der P folgt aus der Gestattungsvereinbarung von 1989), greift das Recht der Gleichnamigen. Nach den Grundsätzen zum Recht der Gleichnamigen sind beide Seiten unabhängig von der Priorität zu einem Verhalten verpflichtet, das die bisher vorhandene und hinzunehmende Verwechslungsgefahr nicht steigert.[26] Kein Unternehmen darf sich durch die Wahl neuer verwechslungsfähiger Bezeichnungen weiter als bisher dem anderen annähern und ihn dadurch stören.[27] Danach ist V verpflichtet, im Auftreten, insbesondere mit der Kanzleibezeichnung, einen hinreichenden Abstand zur Kanzleibezeichnung der P zu halten. Demnach kann V und seinen Kindern nicht verwehrt werden, sich als Patent- oder Rechtsanwälte unter ihrem bürgerlichen Namen zu betätigen. Sie trifft aber eine Pflicht zur Rücksichtnahme, weil sie erst seit 1992 den Namen „Vossius" in Alleinstellung benutzen, während die Kanzlei P bereits seit 1986 als „Vossius & Partner" firmiert. Fraglich ist daher, ob V dieser Pflicht zur Rücksichtnahme genügte. Es ist üblich, dass als Domain-Namen Kurzformen der sonst verwendeten vollständigen Namen oder Geschäftsbezeichnungen registriert werden. Interessenten, die die Internetseiten der V suchen, werden sie in erster Linie unter den eingerichteten Adressen „vossius.de" oder „vossius.com" vermuten. Aber auch bei der Kanzleibezeichnung der P liegen diese Internetadressen nahe. Demnach könnte P grundsätzlich auf die Einhaltung des vorhandenen Abstands bestehen. Da den beanstandeten Domainnamen insoweit aber keine unterscheidenden Hinweise beigefügt wurden, hat V bei der Namenswahl der Domain nicht hinreichend Abstand von der Kanzleibezeichnung der P gehalten.

Daraus folgt aber noch nicht zwingend ein Anspruch auf Aufgabe der Domainnahmen. Fraglich ist nämlich, ob dem Rücksichtnahmegebot auch auf anderem Wege genügt werden kann. Die in Fällen der Gleichnamigkeit vorzunehmende Abwägung der Interessen der Betroffenen[28] gebietet es nämlich, auch mildere Mittel als ein Verbot in Erwägung zu ziehen. Im vorliegenden Fall hat V auf der ersten Internetseite, die sich für den Besucher öffnet, deutlich gemacht, dass es sich nicht um das Angebot der Kanzlei „Vossius & Partner" handelt. Es wird dort zusätzlich angeben, wo dieses Angebot im Internet zu finden ist. Da der Verkehr somit angemessen aufgeklärt wird, bevor er direkte persönliche Geschäftsbeziehungen aufnimmt, ist dieses Mittel ausreichend.[29]

Folglich führt das im Recht der Gleichnamigen zu fordernde Abstandsgebot (Gebot der Rücksichtnahme) nicht dazu, dass V die Domainnamen „vossius.de" und „vossius.com" als Adresse für ihren Internetauftritt zwingend aufgeben müssen. Da das Abstandsgebot im Übrigen eingehalten wurde, muss P die verbleibende Verwechslungsgefahr hinnehmen und hat keinen Anspruch auf Unterlassen der Verwendung der Domainnamen „vossius.de" und „vossius.com".

---

[26] Streitig ist die systematische Einordnung dieser Grundsätze. Teilweise wird das Gleichnamigkeitsrecht in das Tatbestandsmerkmal „unbefugt" des § 15 Abs. 2 hineingelesen (so unter Bestätigung der Vorinstanz *BGH*, Urt. v. 10. 4. 1997, Az. I ZR 178/94, GRUR 1997, 661 – B.Z./Berliner Zeitung; *Scholz*, GRUR 1996, 679, 680). Teilweise wird es in § 23 Nr. 1 MarkenG hineingelesen (so *OLG Zweibrücken*, Urt. v. 30. 8. 2001, Az. 4 U 90/00, GRUR-RR 2002, 137 – H. I. Innovation; *Ingerl/Rohnke*, § 23 Nr. 1 Rn. 22; *Plaß*, WRP 2000, 40, 41). Eine Entscheidung kann für die Zwecke dieser Falllösung entfallen, da über die anzuwendenden Grundsätze Einigkeit besteht.
[27] *BGH*, Beschl. v. 11. 5. 1966, Az. I b ZB 8/65, GRUR 1966, 499, 501 – Merck.
[28] *BGH*, Urt. v. 22. 11. 2001, Az. I ZR 138/99, GRUR 2002, 622, 624 f. – shell.de.
[29] *BGH*, Urt. v. 11. 4. 2002, Az. I ZR 317/99, GRUR 2002, 706, 708 – vossius.de.

B. Unterlassungsanspruch gegen die Verwendung der E-Mail-Adresse „kanzlei@vossius.de"

Fraglich ist, ob P einen Unterlassungsanspruch gegen die Verwendung der E-Mail-Adresse „kanzlei@vossius.de" durch V zusteht. Wäre V die Verwendung des Domain-Namens „vossius.de" im geschäftlichen Verkehr untersagt, wäre davon die Benutzung einer abgeleiteten E-Mail-Adresse ebenfalls erfasst. Da dies nicht der Fall ist, kommt ein Unterlassungsanspruch nur in Betracht, wenn sich bei Verwendung der beanstandeten E-Mail-Adresse überhaupt eine selbstständige Verwechslungsgefahr ergäbe. Der Inhaber einer E-Mail-Adresse weist allerdings auf diese im Allgemeinen nicht isoliert, sondern – wie auf dem Briefkopf oder auf einer Visitenkarte – im Zusammenhang mit weiteren Namens- und Adressenangaben hin. Für eine theoretisch denkbare isolierte Verwendung – beispielsweise in einer Werbeanzeige, in der der Werbende selbst nicht genannt, sondern allein seine E-Mail-Adresse zur Kontaktaufnahme angegeben ist – bestehen keine Anhaltspunkte. Nach der allgemeinen Lebenserfahrung ist es auch auszuschließen, dass sich (potenzielle) Mandanten, die sich auf elektronischem Wege an die P wenden wollen, ohne ihre E-Mail-Adresse zu kennen, versehentlich der beanstandeten E-Mail-Adresse bedienen mit der Folge, dass die entsprechende Korrespondenz statt bei P bei V eingeht. Eine möglicherweise verbleibende Gefahr von Irrläufern ist jedenfalls nicht größer als bei der auf dem Postwege versandten Korrespondenz. Sie ist Folge der von P hinzunehmenden Ähnlichkeit der beiden Kanzleibezeichnungen. Folglich besteht schon deshalb kein Anspruch auf Unterlassung der Verwendung der E-Mail-Adresse.

C. Anspruch auf Löschung der Domain

P macht weiterhin einen Anspruch auf Übertragung, hilfsweise auf Löschung der von V genutzten Domain geltend.

Fraglich ist zunächst das Bestehen einer Anspruchsgrundlage für die Umschreibung des Domain-Namens.

Ein darauf gerichteter Anspruch könnte sich in analoger Anwendung der patentrechtlichen Vindikation nach § 8 S. 2 PatG und auf des Grundbuchberichtigungsanspruchs nach § 894 BGB ergeben.[30] Allerdings haben diese Ansprüche ihren Grund darin, dass es ein absolutes Recht an einer Erfindung oder an einem Grundstück gibt. Ein absolutes, gegenüber jedermann durchsetzbares Recht auf Registrierung eines bestimmten Domain-Namens gibt es hingegen nicht.[31] Mangels Vergleichbarkeit der Sachverhalte ist eine analoge Anwnedung bereits aus diesem Grunde abzulehnen.

P könnte weiterhin einen Anspruch wegen angemaßter Eigengeschäftsführung aus §§ 687 Abs. 2, 681, 667 BGB oder – wenn es am Vorsatz fehlt – einen Bereicherungsanspruch aus § 812 Abs. 1 S. 1 2. Alt. BGB haben.[32] Beide scheitern aber bereits daran, dass der Eintrag eines Domain-Namens nicht wie ein absolutes Recht einer bestimmten Person zugewiesen ist. Auch wenn einem Zeicheninhaber Ansprüche gegenüber dem Inhaber einer sein Kennzeichenrecht verletzenden Internet-

---

[30] So noch vorinstanzlich *OLG München*, Urt. v. 25. 3. 1999, Az. 6 U 4557/98, WRP 1999, 955, 960 – shell.de.
[31] *BGH*, Urt. v. 22. 11. 2001, Az. I ZR 138/99, GRUR 2002, 622, 626 – shell.de.
[32] So *Fezer*, Markenrecht, Einl. G 113 ff.

Adresse zustehen, handelt es sich bei der Registrierung nicht unbedingt um sein Geschäft; denn der Domain-Name kann auch die Rechte Dritter verletzen, denen gleichlautende Zeichen zustehen.[33]

Ein Übertragungsanspruch könnte sich auch unter dem Gesichtspunkt des Schadensersatzes ergeben.[34] Mit einem Anspruch auf Umschreibung würde P aber unter Umständen besser gestellt, als sie ohne das schädigende Ereignis gestanden hätte. Denn es bliebe dabei unberücksichtigt, dass es noch weitere Prätendenten geben kann, die – wird das schädigende Ereignis weggedacht – vor ihm zum Zuge gekommen wären.[35]

Da weitere Anspruchsgrundlagen für eine Übertragung nicht ernsthaft in Betracht kommen, könnte P allenfalls einen Anspruch auf Löschung der Domain durch V haben. Da das Kennzeichenrecht bereits durch die Registrierung und nicht erst durch Einrichtung einer Homepage beeinträchtigt wird, folgt dieser aus dem allgemeinen Beseitigungsanspruch gemäß § 15 MarkenG i.V.m. § 1004 BGB.[36]

Den P steht ein auf Löschung gerichteter Beseitigungsanspruch hinsichtlich der Domain-Namen „vossius.de" und „vossius.com" allerdings schon deshalb nicht zu, weil die Verwendung dieser Domain-Namen auch im geschäftlichen Verkehr nicht untersagt werden kann. Es kommt hinzu, dass die V als Träger des bürgerlichen Namens „Vossius" ein berechtigtes Interesse an der Verwendung des entsprechenden Domain-Namens für private Zwecke haben können und dass eine solche Verwendung zumindest hinsichtlich „vossius.de" auch in Rede steht. Die kennzeichenrechtlichen Ansprüche aus §§ 5, 15 MarkenG beziehen sich jedoch immer nur auf eine Verwendung der Domain-Namen im geschäftlichen Verkehr.[37] Selbst wenn P beanspruchen könnte, dass V die beanstandeten Domain-Namen im geschäftlichen Verkehr nicht mehr verwendet, käme ein Beseitigungsanspruch daher nur in Betracht, wenn V auch die Verwendung der beiden Domain-Namen im privaten Verkehr untersagt werden könnte.[38]

D. Anspruch aus § 12 BGB

P könnte weiterhin ein Anspruch auf Unterlassung der Nutzung der Domain und des Verzichts gegenüber der DENIC aus § 12 BGB zustehen.

I. Anwendbarkeit

Da nach § 12 BGB auch die Firma oder ein unterscheidungskräftiger Firmenbestandteil einer Gesellschaft oder eines einzelkaufmännischen Unternehmens ge-

---

[33] *Ernst*, MMR 1999, 487, 488; *Viefhues*, NJW 2000, 3239, 3242.
[34] *Viefhues*, NJW 2000, 3239, 3242 f.
[35] Im Übrigen besteht für einen Anspruch auf Umschreibung oder Übertragung auch kein praktisches Bedürfnis: Ist der Anspruchsteller der erste Prätendent, kann er sich seinen Rang durch einen so genannten Dispute-Eintrag bei der DENIC absichern lassen; hat dagegen ein Dritter bereits vor ihm seinen Anspruch durch einen solchen Eintrag angemeldet, besteht kein Anlass, dessen Rangposition durch einen Übertragungsanspruch in Frage zu stellen (*BGH*, Urt. v. 22. 11. 2001, Az. I ZR 138/99, GRUR 2002, 622, 626 – shell.de).
[36] Siehe *Lange*, § 9 Rn. 3338.
[37] Siehe dazu auch *BGH*, Urt. v. 19. 2. 2009, Az. I ZR 135/06 – ahd.de.
[38] Würde der Anspruch nicht schon aufgrund des Rechts der Gleichnamigen scheitern, müsste an dieser Stelle bereits eine inzidente Prüfung eines Anspruchs gegen die private Nutzung aus § 12 BGB erfolgen.

schützt sind, kann grundsätzlich auch P sich auf diesen Schutz berufen. Der aus § 12 BGB abgeleitete namensrechtliche Schutz einer Firma oder eines Firmenbestandteils ist dabei stets auf den Funktionsbereich des betreffenden Unternehmens beschränkt und reicht nur so weit, wie geschäftliche Beeinträchtigungen zu befürchten sind.[39]

§ 12 BGB könnte hier aber ausgeschlossen sein, da ein namensrechtlicher Schutz von Unternehmenskennzeichen aus § 12 BGB im geschäftlichen Bereich im Hinblick auf die speziellen Bestimmungen des Markengesetzes grundsätzlich nicht in Betracht kommt. Gegenüber einem Handeln im privaten Verkehr bieten die §§ 5, 15 MarkenG allerdings keine Handhabe, da sie ein Handeln im geschäftlichen Verkehr verlangen. Gegen die private Nutzung der Domain „vossius.de" bietet daher allein § 12 BGB Handhabe. Insoweit ist die Anwendbarkeit des § 12 BGB auch nicht von vornherein ausgeschlossen.[40] Ein auf § 12 BGB gestützter Anspruch gegen die ausschließlich im geschäftlichen Verkehr genutzte Domain „vossius.com" scheidet hingegen aus.

II. Verletzungshandlung

Verwendet ein Nichtberechtigter ein fremdes Kennzeichen als Domain-Namen, liegt darin allenfalls eine Namensanmaßung,[41] nicht dagegen eine Namensleugnung.[42] Denn eine stets rechtswidrige Namensleugnung würde voraussetzen, dass das Recht des Namensträgers zur Führung seines Namens bestritten wird. Auch wenn jeder Domain-Name aus technischen Gründen nur einmal vergeben werden kann, bestreitet der Registrierende das Namensrecht aber nicht ausdrücklich. Er nimmt es allenfalls auch für sich in Anspruch. Die Verwendung des Domain-Namens ist daher eine Namensanmaßung.

Nicht nur die Verwendung des Domain-Namens, sondern bereits die Registrierung könnte einen Eingriff in § 12 BGB darstellen. Lässt ein nichtberechtigter Dritter ein Kennzeichen als Domain-Namen registrieren, werden die schutzwürdigen Interessen des Kennzeicheninhabers massiv beeinträchtigt, weil die mit dieser Bezeichnung gebildete Internet-Adresse mit der Top-Level-Domain „.de" nur einmal vergeben werden kann und ein erheblicher Teil des Publikums Informationen im Internet in der Weise sucht, dass in die Adresszeile der Name des gesuchten Unternehmens als Internet-Adresse eingegeben wird.[43] Selbst wenn eine Registrierung des fremden Kennzeichens als Domain-Name nur zu privaten Zwecken erfolgt, wird daher der Berechtigte von einer eigenen Nutzung seines Zeichens ausgeschlossen.

III. Voraussetzungen der Namensanmaßung

Anders als die Namensleugnung ist die Namensanmaßung an weitere Voraussetzungen gebunden. Sie liegt nur vor, wenn ein Dritter unbefugt den gleichen Namen

---

[39] *BGH*, Urt. v. 7. 11. 1975, Az. I ZR 128/74, GRUR 1976, 379, 381 – KSB; *BGH*, Urt. v. 12. 2. 1998, Az. I ZR 241/95, GRUR 1998, 696, 697 – Rolex-Uhr mit Diamanten.
[40] *BGH*, Urt. v. 22. 11. 2001, Az. I ZR 138/99, GRUR 2002, 622, 623 – shell.de; *BGH*, Urt. v. 12. 2. 1998, Az. I ZR 241/95, GRUR 1998, 696, 697 – Rolex-Uhr mit Diamanten.
[41] *BGH*, Urt. v. 22. 11. 2001, Az. I ZR 138/99, GRUR 2002, 622, 624 – shell.de; *OLG Hamm*, Urt. v. 13. 1. 1998, Az. 4 U 135/97, NJW-RR 1998, 909, 910 – krupp.de; *OLG Köln*, Beschl. v. 18. 1. 1999, Az. 13 W 1/99, GRUR 2000, 798, 799 – alsdorf.de.
[42] So aber *OLG Düsseldorf*, Urt. v. 17. 11. 1998, Az. 20 U 162/97, WRP 1999, 343, 345 – ufa.de; kritisch dazu *Viefhues*, NJW 2000, 3239, 3240.
[43] *BGH*, Urt. v. 17. 5. 2001, Az. I ZR 216/99, GRUR 2001, 1061, 1063 – mitwohnzentrale.de.

gebraucht, dadurch eine Zuordnungsverwirrung auslöst und schutzwürdige Interessen des Namensträgers verletzt.[44] Im Falle der Verwendung eines fremden Namens als Internet-Adresse liegen diese Voraussetzungen grundsätzlich vor. Ein solcher Gebrauch des fremden Namens führt regelmäßig zu einer Zuordnungsverwirrung, und zwar auch dann, wenn der Internet-Nutzer beim Betrachten der geöffneten Homepage alsbald bemerkt, dass er nicht auf der Internet-Seite des Namensträgers gelandet ist.

Der Fall zeichnet sich allerdings dadurch aus, dass V selbst Namensträger ist und sein Gebrauch des Namens „Vossius" daher grundsätzlich nicht als unbefugt angesehen werden kann. Es gelten die Grundsätze der Gleichnamigkeit, wobei eine Abwägung der Interessen der Namensträger vorzunehmen ist. Grundsätzlich kann niemandem verwehrt werden, sich in redlicher Weise im Geschäftsleben unter seinem bürgerlichen Namen zu betätigen. Dies gilt erst Recht im nichtgeschäftlichen Bereich.[45] Der Grundsatz kann jedoch eingeschränkt sein, wenn sein Interesse an der uneingeschränkten Verwendung seines Namens gegenüber dem Interesse des Gleichnamigen, eine Verwechslung der beiden Namensträger zu vermeiden, klar zurücktritt. Dieser Interessenunterschied muss jedoch von erheblichem Gewicht sein, da auch für die Registrierung eines Namens als Internet-Adresse grundsätzlich das Gerechtigkeitsprinzip der Priorität gilt,[46] dem sich auch der Inhaber eines stärkeren Rechts unterwerfen muss, da es im Hinblick auf die Fülle von möglichen Konfliktfällen im Regelfall mit dieser einfach zu handhabenden Grundregel sein Bewenden haben muss.[47] Zwar kann die Gestattungsvereinbarung aus dem Jahre 1989 aufgrund der damit eigenverantwortlich herbeigeführten Gleichnamigkeit grundsätzlich dazu führen, dass das Interesse des V an Gewicht verliert. Die namensrechtlichen Ansprüche beziehen sich aber auf die vollständige Kanzleibezeichnung. Dagegen handelt es sich bei der als Internetadresse angemeldeten Bezeichnung um den bürgerlichen Namen des V. Dabei ist insbesondere zu berücksichtigen, dass V die Domain „vossius.de" nur einer zusätzlichen privaten Nutzung zuführt, neben der zulässigen Nutzung im geschäftlichen Verkehr. Folglich gebietet es die zwischen Gleichnamigen geschuldete Rücksichtnahme nicht, dass V seine Domain aufgibt, um zu vermeiden, dass Internetnutzer, die sich für das Angebot der P interessieren, seine Homepage aufrufen.

P steht gegen V auch aus § 12 S. 2 BGB kein Unterlassungsanspruch. Da P die Verwendung des Domainnamens für private Zwecke nicht untersagen könnte, kann schon deshalb ein Verzicht auf die Registrierung nicht beansprucht werden.

E. Ansprüche gemäß §§ 8 Abs. 1, 5 UWG

Wie sich aus den Ausführungen unter A. I. 3. b) ergibt, kann der geltend gemachte Unterlassungs- und Beseitigungsanspruch schon mangels missbilligter Verwechslungsgefahr nicht auf § 5 UWG gestützt werden.

---

[44] *BGH*, Urt. v. 23. 9. 1992, Az. I ZR 251/90, NJW 1993, 918, 920 – Universitätsemblem m. w. N.
[45] Siehe Fn. 24.
[46] *BGH*, Urt. v. 17. 5. 2001, Az. I ZR 216/99, GRUR 2001, 1061, 1063 f. – mitwohnzentrale.de.
[47] *BGH*, Urt. v. 22. 11. 2001, Az. I ZR 138/99, GRUR 2002, 622, 625 – shell.de.

Merke: Als ungeschriebenes Tatbestandsmerkmal setzt ein Schutz i. S. d. § 5 MarkenG einen befugten Gebrauch des Kennzeichens voraus.

§ 15 Abs. 4 MarkenG vermittelt ebenso wie § 14 Abs. 5 MarkenG nur Unterlassungsansprüche gegen ein Verhalten im geschäftlichen Verkehr, also im Zusammenhang mit einer auf einen wirtschaftlichen Vorteil gerichteten kommerziellen Tätigkeit und nicht im privaten Bereich. Wendet sich der Rechtsinhaber gegen eine private Tätigkeit, ist er auf den allgemeinen Namensschutz nach § 12 BGB angewiesen.

Haben zwei Parteien jeweils ein schutzwürdiges Interesse an der Verwendung einer Bezeichnung, greift sowohl bei §§ 3, 14, 15 MarkenG als auch bei § 12 BGB das Recht der Gleichnamigen. Nach den Grundsätzen zum Recht der Gleichnamigen sind beide Seiten unabhängig von der Priorität zu einem Verhalten verpflichtet, das die bisher vorhandene und hinzunehmende Verwechslungsgefahr nicht steigert. Kein Unternehmen darf sich durch die Wahl neuer verwechslungsfähiger Bezeichnungen weiter als bisher dem anderen annähern und ihn dadurch stören.

Es gibt keinen Anspruch auf Übertragung/Umschreibung eines Domain-Namens – weder aus analoger Anwendung der patentrechtlichen Vindikation nach § 8 S. 2 PatG oder des Grundbuchberichtigungsanspruchs nach § 894 BGB noch aufgrund angemaßter Eigengeschäftsführung aus §§ 687 Abs. 2, 681, 667 BGB oder eines Bereicherungsanspruchs aus § 812 Abs. 1 S. 1 2. Alt. BGB. Allerdings kann sich ein Anspruch auf Einwilligung in die Löschung einer Domain aus dem allgemeinen Beseitigungsanspruch gemäß §§ 15 oder 14 MarkenG i. V. m. § 1004 BGB ergeben.

Fall 21. Gemeinschaftsmarke

Sachverhalt*

Unternehmen A, Inhaber der Gemeinschaftsmarke Nr. 988 430 „Die Weltmarke mit den drei Streifen", ist einer der weltweit größten Sportartikelhersteller. Seit Jahrzehnten sind seine hochwertigen Sportschuhe und Sporttextilien mit einer Drei-Streifen-Kennzeichnung versehen. Auf den Sporttextilien sind meistens drei parallel verlaufende, gleich breite Streifen in Längsrichtung entlang den Seitennähten angebracht, deren Farbe im Kontrast zum Untergrund steht. Europaweit sind diese Artikel des A und auch das charakteristische Streifentripel über 80% der Verbraucher bekannt.

A ist Inhaber weiterer eingetragener Gemeinschaftsmarken, unter anderem einer Drei-Streifen-Kennzeichung für Kleidung, bestehend aus drei vertikalen, parallel verlaufenden Streifen gleicher Breite, die seitlich an Bekleidungsstücken angebracht werden und mit der Grundfarbe dieser Kleidung kontrastieren. Diese Marke ist für „Sportschuhe" und „Bekleidungsstücke" eingetragen.

H, eines der größten Textilunternehmen Europas, beginnt damit, europaweit Sport- und Freizeitbekleidung anzubieten, die an den Seiten mit zwei parallel verlaufenden Streifen versehen ist.

Diese Textilien sind durchschnittlich 70% günstiger als die der A. H verkauft in der Regel keine Waren mit den Marken fremder Hersteller, Ausnahmen werden nur für Sonderkollektionen mit groß umworbenen Sonderkampagnen für kurze Zeiträume gemacht. Dies ist dem Verbraucher auch allgemein bekannt.

A verlangt von H, den Vertrieb der mit den zwei Streifen gekennzeichneten Waren zu unterlassen und fragt nach der generellen Möglichkeit, Schadensersatz geltend zu machen.

Wie ist die Rechtslage?

Lösung

A. Unterlassungsanspruch des A gegen H gemäß Art. 9 Abs. 1 GMV[1]

I. Aktivlegitimation

Um Ansprüche aus der Gemeinschaftsmarkenverodnung (GMV) geltend zu machen, müsste Unternehmen A Inhaber einer Marke i.S.d. Art. 5 GMV sein. Das

---

* Zugrundeliegende Entscheidungen: *BGH*, Urt. v. 6. 7. 2000, Az. I ZR 21/98, GRUR 2001, 158, 160 – Drei Streifen Kennzeichnung; aufgehobene Vorinstanz *LG München*, Urt. v. 29. 1. 1997, Az. HKO 19 080/96; *OLG Köln*, Urt. v. 16. 12. 2005, Az. 6 U 37/05, GRUR-RR 2006, 360 – Sportjacke mit 2-Ärmelstreifen; *EuGH*, Urt. v. 10. 4. 2008, C-102/07, Slg. 2008, I-2439 – addidas/Marca Moda.

[1] Oft wird als Ansruchsgrundlage Art. 98 Abs. 1 i.V.m. Art. 9 Abs. 1 GMV zitiert, dies ist jedoch irreführend. Art. 98 GMV ist eine rein prozessuale Norm. Art. 9 GMV ist hingegen eine abschließende Sanktionsvorschrift und enthält den Unterlassungsanspruch. Art 9 Abs. 1 GMV gestattet es dem Inhaber, Dritten die Benutzung eines kollidierenden Zeichens „zu verbieten".

Gemeinschaftsmarkenrecht kann nur durch Eintragung entstehen (Art. 6 GMV).[2] Laut Sachverhalt ist die als Abwehrrecht geltend gemachte Kombinationsmarke zugunsten des A eingetragen worden.[3] Eine nachträgliche Übertragung i. S. d. Art. 17 GMV, durch die A seine materielle Inhaberstellung verloren haben könnte, ist nicht ersichtlich.

II. Kollisionstatbestand

Art. 9 Abs. 1 GMV erlaubt es dem Inhaber einer Gemeinschaftsmarke, Dritten zu verbieten, die in lit (a) bis lit (c) genannten Zeichen im geschäftlichen Verkehr „zu benutzen".[4] In Art. 9 Abs. 1 lit (a)–(c) GMV befinden sich drei Kollisionstatbestände: Produkt- und Markenidentität (Doppelidentität), die Verwechslungsgefahr oder ein gedankliches Inverbindungbringen und die Beeinträchtigung oder Ausnutzung der Wertschätzung oder der Unterscheidungskraft in unlauterer Weise.

1. Markenmäßige Benutzung

Die GMV schützt nur markenspezifische Interessen, d. h. vor der Beeinträchtigung der Funktionen einer Marke.[5] Die Marke dient als Kommunikationsmittel zwischen dem Inhaber und dem Verbraucher. In Fällen, in denen dieser Kommunikationsfluss mangels markenmäßiger Verwendung einer Marke („als Marke") nicht gestört ist, besteht auch kein Bedürfnis nach Durchsetzung von Ansprüchen aus einem Ausschließlichkeitsrecht. H führt an, dass die Streifen nur der Verzierung dienen. Fraglich ist daher, ob die Verzierung eines Produktes oder seiner Verpackung eine zeichenmäßige Benutzung ist.[6]

Die GMV gewährt hingegen allen ökonomischen Funktionen der Marke umfassenden Schutz.[7] Anders als die früher überwiegende Auffassung, die ausschließlich die Herkunftsfunktion als die einzige rechtlich geschützte Funktion der Marke anerkannte, sind nun auch andere Funktionen wie Vertrauensfunktion, Werbefunktion und die Funktion der Marke als „Image"-Träger anerkannt. Der Markeninhaber kann sich daher gegen jegliche unbefugte Benutzung seiner Marke im geschäftlichen Verkehr zur Wehr setzen. „Schmückt" ein Unternehmen die eigenen Waren mit der Marke anderer, so liegt auch hierin eine Benutzung der fremden Marke. Auf die von H geäußerte Intention kann es dabei nicht angekommen. Die drei Streifen der A haben sich als Kennzeichnung für ihre Waren durchgesetzt und sind dem Verbraucher allgemein als Kennzeichnung bekannt. Damit ist der Verkehr angesichts der Kennzeichnungspraxis des A schon daran gewöhnt, in der in Rede ste-

---

[2] *Eisenführ*, in: Eisenführ/Schennen, Art. 9 Rn. 5.
[3] Auf die Frage nach Eintragungshindernissen, von denen hier gemäß Art. 7 Abs. 1 b GMV das Fehlen originärer Unterscheidungskraft in Betracht käme, kommt es im Verletzungsprozess nach Art. 9 GMV nicht an. Das Zivilgericht ist an die behördliche Eintragung gebunden.
[4] *Eisenführ*, in: Eisenführ/Schennen, Art. 9 Rn. 19.
[5] *Eisenführ*, in: Eisenführ/Schennen, Art. 9 Rn. 3.
[6] *BGH*, Urt. v. 13. 10. 1959, Az. ZR 58/58, GRUR 1960, 126, 128 – Sternbild. Nach ständiger Rechtsprechung zum WZG lag ein *zeichenmäßiger Gebrauch* dann vor, wenn im geschäftlichen Verkehr eine wörtliche oder bildliche Bezeichnung zur Kennzeichnung von Waren oder Dienstleistungen sowie in Beziehung auf eine Ware oder Dienstleistung so gebraucht wurde, dass der unbefangene und flüchtige Durchschnittsabnehmer annahm oder annehmen konnte, das Zeichen diene zur Unterscheidung der so gekennzeichneten Ware oder Dienstleistung von gleichen oder gleichartigen Waren oder Dienstleistungen anderer Herkunft. Die Kritik an dieser restriktiven Auslegung des WZG ist mit dem Paradigmenwechsel in der Funktionslehre der Marke verbunden.
[7] *Eisenführ*, in: Eisenführ/Schennen, Art. 9 Rn. 43.

henden Aufmachung einen Herkunftshinweis zu sehen.[8] Soweit Identität der Zeichen, Verwechslungsgefahr oder Verwässerung gegeben ist, ist die ornamentalische Verwendung einer fremden Marke zum Zwecke des Produktabsatzes weder sachgerecht noch gerechtfertigt.[9]

2. Im geschäftlichen Verkehr

Art. 9 Abs. 1 b GMV setzt ein Handeln (mit der Marke) im geschäftlichen Verkehr voraus. Hierunter ist jede wirtschaftliche Tätigkeit auf dem Markt zu verstehen, die der Förderung eines eigenen oder fremden Geschäftzweckes zu dienen bestimmt ist.[10] Da H die mit der angegriffenen Kennzeichnung versehenen Sporttextilien zu einem Erwerbszweck absetzt und verkauft, benutzt H diese im geschäftlichen Verkehr.

3. Ohne Zustimmung

A hat H keine Lizenz erteilt oder eine sonstige Zustimmung gegeben.

4. Identitätsschutz gemäß Art. 9 Abs. 1 lit. a GMV

Liegt Doppelidentität vor, so besteht **absoluter Markenschutz**. Ein tatsächlicher Identitätsirrtum des Verbrauchers wird nicht vorausgesetzt.[11]

Im vorliegenden Fall sind die für eine Markenverletzung in Betracht kommenden Waren der Unternehmen ihrer Art nach identisch. Die mögliche Kollision beschränkt sich auf die mit Streifen versehenen Sporttextilien beider Unternehmen.

Die Streifenkennzeichnung auf diesen Sporttextilien ist jedoch nicht identisch. Weder benutzt H die Marke des A in ihrer Gesamtheit, noch verwendet sie einen Zeichenbestandteil, welcher in Alleinstellung schon Schutz genießt. Hieran scheitert eine Verletzung nach Art. 9 Abs. 1 lit. a GMV.

5. Verwechslungsschutz gemäß Art. 9 Abs. 1 lit. b GMV

Verwechslungsgefahr im Sinne des Art. 9 Abs. 1 b GMV ist die Gefahr einer falschen Assoziation auf Seiten der Verbraucher als Folge einer Markenkollision. Wer verwechselt, assoziiert falsch.[12] Daher muss im vorliegenden Fall beurteilt werden, ob der Durchschnittsverbraucher, wenn er Sport- und Freizeitbekleidung wahrnimmt, die mit Streifenmotiven versehen ist, die an denselben Stellen angebracht sind und dieselben Merkmale aufweisen wie das für A eingetragene Motiv, nur mit

---

[8] *BGH*, Urt. v. 6. 7. 2000, Az. I ZR 21/98, GRUR 2001, 158, 160 – Drei Streifen Kennzeichnung.
[9] *Fezer*, Markenrecht, § 23 Rn. 81 ff. Auch der EuGH hat ausgeführt, *dass sogar die „(...) Wahrnehmung eines Zeichens durch das Publikum als Dekoration dem markenrechtlich gewährtem Schutz nicht entgegen stehen darf, wenn das Zeichen trotz seines dekorativen Charakters eine solche Ähnlichkeit mit der eingetragenen Marke aufweist, dass das betroffene Publikum glauben könnte, dass die betreffenden Waren von demselben Unternehmen oder gegebenenfalls von wirtschaftlich miteinander verbundenen Unternehmen stammen."* EuGH, Urt. v. 10. 4. 2008, Rs. C-102/07, GRUR 2008, 503, 504 – addidas/Marca Moda CV u. a.
[10] Vergleiche *Fezer*, Markenrecht, § 14 Rn. 23 ff. Da der Wortlaut des Art. 9 GMV weitgehend dem des § 14 MarkenG entspricht und beide Normen einheitlich auszulegen sind, werden hier oft Kommentierungen zum MarkenG herangezogen.
[11] Nach Art. 16 Abs. 1 S. 2 des TRIPS-Abkommen wird die Verwechslungsgefahr in einem solchen Fall vermutet. Praktische Bedeutung hat diese Vorschrift vor allem in Fällen der Produkt- oder Markenpiraterie.
[12] Vergleiche *Fezer*, Markenrecht, § 14 Rn. 332 f.

dem Unterschied, dass sie aus zwei statt aus drei Streifen bestehen, sich hinsichtlich der Herkunft der Waren täuschen kann und glauben wird, dass diese Waren von dem Unternehmen A vermarktet werden.[13] Dabei ist auf den *durchschnittlich informierten, aufmerksamen und verständigen Verbraucher* der betreffenden Ware abzustellen. Ob Verwechslungsgefahr besteht, beurteilt sich aus einer **Wechselwirkung** aller relevant in Betracht kommenden Umstände oder Faktoren, insbesondere der Ähnlichkeitsgrad der Zeichen und der Produkte sowie deren Kennzeichnungskraft. Wechselwirkung bedeutet, dass diese Faktoren in einer Wechselbeziehung miteinander stehen, so dass z. B. der Ähnlichkeitsgrad umso geringer sein kann, je größer die Kennzeichnungskraft und/oder die Warennähe ist, während umgekehrt ein höherer Ähnlichkeitsgrad erforderlich ist, wenn die Kennzeichnungskraft der Marke nur schwach und/oder der Warenabstand größer ist.[14] Daher ist zuerst die Kennzeichnungskraft oder der Schutzumfang der Marke zu ermitteln, um daran gemessen die Auswirkungen der bestehenden Ähnlichkeiten für eine mögliche Verwechslung der kollidierenden Marken einschätzen zu können.

a) Kennzeichnungskraft der Abwehrmarke

Es gibt normale, schwache und starke Marken. Starke Marken besitzen eine überdurchschnittliche Kennzeichnungskraft und dementsprechend einen gesteigerten Schutzumfang. Das überdurchschnittliche Maß an Kennzeichnungskraft wird regelmäßig sowohl auf der besonderen Eigenart und Einprägsamkeit der Zeichencharakteristika als auch auf einem durch intensive Benutzung der Marke am Markt erworbenen Bekanntheitsgrad beruhen.[15] Eine geringe Kennzeichnungskraft einer schwachen Marke kann zum einen darauf beruhen, dass das verwendete Zeichen nur wenig Originalität aufweist und damit klanglich, bildlich und begrifflich nur sehr gering unterscheidungskräftig ist. Von einer besonderen Eigenart der drei Streifen des Unternehmens A kann nicht gesprochen werden, sie sind, wie von H vorgetragen, naheliegende und gebräuchliche Musterelemente im Bereich der Sportbekleidung. Die originäre Kennzeichnungskraft ist daher gering.

Der Schutzumfang einer Marke ist aber nicht allein von der originären Kennzeichnungskraft – der Gestalt und Eigenart – der Marke abhängig, sondern kann sich durch Benutzung im Verkehr verändern. Die Kennzeichnungskraft wird damit zur Variable ihres Bekanntheitsgrades. Steigt der Bekanntheitsgrad, so erhöht dies die Kennzeichnungskraft und erweitert die Empfänglichkeit für Verwechslung; denn dem Verkehr bleiben erfahrungsgemäß berühmte ebenso wie besonders unterscheidungskräftige Kennzeichnungen, eher in Erinnerung. Solche ihm bekannten Kennzeichnungen wird das angesprochene Publikum deshalb auch eher in einer anderen Kennzeichnung wiederzuerkennen glauben.[16]

Laut Sachverhalt steht fest, dass die Marke weltberühmt ist und über 80% der relevanten Verbraucher in Europa sie kennen. Dieser hohe Bekanntheitsgrad lässt daher trotz der nur geringen originären auf eine durch Benutzung begründete hohe Kennzeichnungskraft schließen.

---

[13] *EuGH*, Urt. v. 10. 4. 2008, C-102/07 GRUR 2008, 503, 504 – addidas/Marca Moda CV u. a.
[14] *OLG Köln*, Urt. v. 24. 1. 2003, Az. 6 U 127/02, GRUR-RR 2003, 170, 171; *BGH*, Urt. v. 6. 7. 2000, Az. I ZR 21/98, GRUR 2001, 158, 160 – Drei Streifen Kennzeichnung; *BGH*, Urt. v. 27. 2. 2000, Az. I ZR 236/97, GRUR 2000, 875, 876 – Davidoff.
[15] Vergleiche *Fezer*, Markenrecht, § 14 Rn. 373.
[16] *BGH*, Urt. v. 6. 7. 2000, Az. I ZR 21/98, GRUR 2001, 158, 160 – Drei Streifen Kennzeichnung.

b) Produkt- und Zeichenähnlichkeit

Die Produkte sind identisch (s. o.). Die Kennzeichen sind in ihren wesentlichen Zügen und in ihrer Anordnung und Anbringung an den Textilien sehr ähnlich. Beide Textilienhersteller verwenden mehrere vertikale Streifen an den Seitennähten ihrer Mode in einer Farbe, welche zu der Grundfarbe des Kleidungsstücks in Kontrast steht.

c) Auswertung

Fraglich ist daher, daher ob der Tatbestand der Verwechslungsgefahr gemäß Art. 9 Abs. 1 b GMV, als Folge dieser Ähnlichkeit erfüllt ist.

Aufgrund der Warenidentität und der sehr starken Kennzeichnungskraft muss der Ähnlichkeitsgrad der Marken grundsätzlich nur noch relativ gering sein, um eine Verwechslungsgefahr zu begründen. Die Markenähnlichkeit der Kollisionszeichen ist nach dem **Erinnerungsbild im Verkehr** zu bestimmen, das sich die Verbraucher, an die sich die Produktmarke richtet oder die mit dem Produkt in geschäftlichen Kontakt kommen, von der Produktmarke bilden. Da der Verbraucher die ähnlichen Marken regelmäßig nicht gleichzeitig nebeneinander wahrnimmt und miteinander vergleicht,[17] ist der **Gesamteindruck** der Kollisionszeichen weniger hinsichtlich ihrer Abweichungen als vielmehr auf ihre Übereinstimmungen hin zu prüfen,[18] es sei denn die Unterschiede treten deutlich hervor.[19]

Nach einem gesamtbetrachtenden Vergleich erschöpft sich die angegriffene Gestaltung nicht nur in der Verwendung von zwei statt drei Streifen, hinzu kommt auch die identische Anordnung an den Seitennähten, die parallele Führung der Streifen und der farbliche Kontrast. Die Wesenszüge und der Gesamteindruck der sich gegenüberstehenden Kennzeichen sind damit nahezu identisch. Fraglich ist damit nur noch, wie einleuchtend und erkennbar der Unterschied für die Verbraucher ist, der durch das Fehlen eines Streifens entsteht. Sind Streifen naheliegende und gebräuchliche Muster für Sportartikel, dann schaut der Verbraucher vielleicht mit gesteigerter Aufmerksamkeit hin. Wegen der Bekanntheit der Drei-Streifen-Kennzeichnung des A könnte man argumentieren, dass die Verbraucher hinsichtlich der genauen Gestaltung stark sensibilisiert sind. Der Verbraucher verbindet mit A eben nicht nur etwa Streifen schlechthin, sondern gerade die markanten drei Streifen, so dass der Unterschied, ob drei oder eben nur zwei Streifen vorhanden sind, wieder entscheidend ins Gewicht fällt.[20] Bei Marken von Weltberühmtheit verlässt sich der *verständige* und *aufmerksame* Verbraucher nämlich gerade nicht auf ein unvollkommenes Bild. Wäre es den Verbrauchern nicht bekannt, dass das Kennzeichen der A aus genau drei Streifen besteht, so könnte dieses Zeichen sich möglicherweise nicht im Verkehr durchgesetzt haben (bzw. Unterscheidungskraft nach Art. 7 Abs. 3 GMV erlangt haben). Gerade bei diesen weltbekannten Marken, die dem verständigen Verbraucher, von dem auszugehen ist, geläufig sind und die er ständig in Sportsendungen, auf der Straße und in Schaufenstern sieht, werden ihm schon die kleinsten Unstimmigkeiten ins Auge fallen.

---

[17] *BGH*, Urt. v. 19. 12. 1950, Az. I Z 62/50, GRUR 1951, 159 – Störche.
[18] *BGH*, Urt. v. 9. 10. 1963, Az. I b ZR 46/62, GRUR 1964, 140, 142 – Odol Flasche; *BGH*, Urt. v. 18. 9. 1981, Az. I ZR 11/80, GRUR 1982, 111, 113 – Original Maraschino.
[19] *Fezer*, Markenrecht, § 14 Rn. 447.
[20] *LG München*, Urt. v. 29. 1. 1997, Az. HKO 19 080/96 (Revision: *BGH*, Urt. v. 6. 7. 2000, Az. I ZR 21/98, GRUR 2001, 158 – Drei Streifen Kennzeichnung).

Dieses Ergebnis, basierend auf dem Argument der *„Sensibilisierung der Verbraucher"*, verstößt vielleicht gegen die Vermutungswirkung einer starr angewandten Wechselwirkungslehre. Für dieses Ergebnis spricht jedoch sowohl die durch die Umfrage festgestellte tatsächliche Wahrnehmung und Intuition der Verbraucher, als auch der Wortlaut des Art. 9 Abs. 1 b GMV welcher nur eine Verwechslung voraussetzt. Obwohl der Begriff der Verwechslungsgefahr ein normativer ist, ist diese Gefahr dennoch an den tatsächlichen Gegebenheiten zu messen. Wo die Gefahr tatsächlich unwahrscheinlich ist, kann sie auch nicht vermutet werden.

Im Gegensatz zur Verwechslung beschreibt das gedankliche Inverbindungbringen den Umstand, dass der Verbraucher trotz Auseinanderhaltens der Zeichen unzutreffend den Eindruck gewinnt, die hinter dem Zeichen stehenden Unternehmen seien miteinander vertraglich, organisatorisch oder in sonstiger Weise wirtschaftlich verbunden.[21] Es liegen keine Verdachtsmomente vor, die darauf hinweisen, dass der Verbraucher annehmen könnte, A beschränke sich fortan bei manchen Artikeln nur auf zwei Streifen. Auch spricht gegen die gedankliche Verknüpfung, dass H bekannterweise grundsätzlich keine Bekleidungsstücke anderer Hersteller, welche unter anderer Marke geführt werden verkauft.

6. Bekanntheitsschutz gemäß Art. 9 Abs. 1 lit. c GMV

a) Zeichenähnlichkeit

Wie bereits oben festgestellt, kommen nicht nur die wesentlichen Züge der Marken einander sehr nahe, sondern eine Ähnlichkeit besteht auch bezüglich ihrer Anordnung und Anbringung.

b) Warenidentiät?

Trotz des Wortlauts des Art. 9 Abs. 1c GMV „ein Zeichen für Waren oder Dienstleistungen zu benutzen, **die nicht (…) ähnlich sind**" ist die Norm auch dort anzuwenden, wo Produkte identisch oder ähnlich sind.[22] Die Norm bezweckt einen besonderen Schutz für bekannte Marken. Es wäre daher normzweckwidrig, wenn bekannte Marken im Fall der Benutzung eines Zeichens für identische oder ähnliche Produkte in geringerem Maße geschützt wären als im Fall der Benutzung eines Zeichens für nichtähnliche Produkte.[23]

c) Bekanntheit der Marke

Der Begriff der Bekanntheit der Marke ist ein eigenständiger Rechtsbegriff.[24] Er ist nicht zu verwechseln mit den Begriffen der Verkehrsdurchsetzung, der Verkehrsgeltung und dem der notorisch bekannten Marke des Art. 6 bis PVÜ. Auch ist er nicht nur als Minus im Vergleich zur berühmten Marke zu verstehen. Die Bekanntheit wird nach quantitativen und qualitatitven Kriterien beurteilt. Normzweck des Bekanntheitsschutzes ist ein intensiver Schutz der kommerziellen Verwertbarkeit der Marke als eine unternehmerische Leistung auf dem Markt. An dieser Schutzrichtung sind die qualitativen und die quantitativen Beurteilungskriterien der Bekanntheit in ihrer Wechselwirkung zu bestimmen.[25]

---

[21] *Ingerl/Rohnke*, § 14 Rn. 438.
[22] *BGH*, Urt. v. 27. 2. 2000, Az. I ZR 236/97, GRUR 2000, 875, 878 – Davidoff.
[23] Siehe *EuGH*, Urt. v. 9. 1. 2003, Rs. C-292/00, Slg. 2003, I-389, Rn. 25 – Davidoff/Gofkid.
[24] Vergleiche *Fezer*, Markenrecht, § 14 Rn. 756 ff.
[25] Vergleiche *Fezer*, Markenrecht, § 14 Rn. 758.

Quantitativ gibt es keine festen Prozentsätze, ein Bekanntheitsgrad von über 50%
in sachlich begrenzten (relevanten) Verkehrskreisen gilt aber als Indiz. Daneben
müssen alle relevanten Umstände, wie insbesondere der *Marktanteil* der Marke, die
Intensität, die *geographische Ausdehnung* und die *Dauer ihrer Benutzung* sowie der
Umfang der Investitionen, die das Unternehmen zu ihrer Förderung getätigt hat, berücksichtigt werden. Qualitativ muss der Marke „Wertschätzung" beizumessen sein.
Darunter versteht man den guten Ruf, den Werbewert, das Image, das Goodwill, die
Markenpersönlichkeit und Marktgeltung der Marke.[26] Die Drei-Streifen-Kennzeichnung der A ist in Europa über 80% der Verbraucher bekannt. Ihr kommt durch
intensive, langjährige Benutzung und Umwerbung ein hoher Wert zu.

d) Unlauterkeitstatbestände

Art. 9 Abs. 1 lit. c GMV enthält vier Verletzungstatbestände. Die **Ausnutzung der
Wertschätzung der Marke** („**Marken- oder Rufausbeutung**") setzt eine unlautere
Übertragung positiver Assoziationen voraus. Der gute Ruf eines fremden Erzeugnisses oder infolge besonderer Werbeanstrengungen mit dem Hersteller verbundene
Gütevorstellungen werden hierbei für die eigenen Waren ausgenutzt.[27] Die **Beeinträchtigung der Wertschätzung** einer Marke („**Rufschädigung oder Markenverunglimpfung**") erfolgt durch die Übertragung negativer Vorstellungen z. B. durch eine
herabsetzende Darstellung oder dadurch, dass eine Assoziation zu minderwertigen
Produkten oder unseriösen Unternehmen hergestellt wird. Die **Beeinträchtigung
der Unterscheidungskraft** beschreibt die „**Verwässerung**" und damit die Minderung
der Unterscheidungskraft, welche der bekannten Marke innewohnt. Die **Ausnutzung der Unterscheidungskraft** ist als **Aufmerksamkeitsausbeutung** die bloße unlautere Ausnutzung eines Kommunikationsvorsprungs. Dieser Tatbestand hat wenig
Eigenbedeutung.

aa) Unlautere Ausnutzung der Wertschätzung („Marken- oder Rufausbeutung").
Die Marke müsste zunächst überhaupt eine gewisse Wertschätzung genießen. Zweifelsohne kommt der Marke mit drei Streifen ein hoher kommerzieller Wert zu. Die
Marke kommuniziert und verkörpert das Image des Unternehmens A und die Qualitäts- und Gütevorstellungen, welche der Verbraucher mit diesem Unternehmen und
seinen Waren verbindet. Die Wertschätzung besteht in dem bestimmten Vorstellungsbild des Verkehrs über besondere Eigenschaften oder die besondere Qualität
der Produkte, welches durch die Marke vermittelt wird.[28] Die Verbraucher verbinden mit den Waren des A vor allem Qualität und Sportlichkeit. Fraglich ist, ob H
sich diesen Wert zu eigen gemacht bzw. ihn ausgenutzt hat, indem er seine Waren
mit einer ähnlichen Kennzeichnungen versah.

Die Ausnutzung dieser Wertschätzung erfolgt typischerweise durch die Übertragung der positiven Assoziationen auf die unter dem ähnlichen Zeichen angebotenen
Produkten (**Imagetransfer**). Hierbei wird er Signalwert oder das „Image" der bekannten Marke zu eigenen Zwecken (als „Vorspann") instrumentalisiert und kommerzialisiert.[29] Grundvoraussetzung hierfür ist die Übertragbarkeit des Rufs.[30] Dieser muss dann in unlauterer Weise ausgenutzt worden sein.

---

[26] Vergleiche *Fezer,* Markenrecht, § 1 Rn. 768.
[27] *Ingerl/Rohnke,* § 14 Rn. 449.
[28] Siehe auch *Fezer,* Markenrecht, § 14 Rn. 800.
[29] Siehe auch *Fezer,* Markenrecht, § 14 Rn. 804.
[30] Welcher konkrete Ruf die Marke verkörpert muss dafür feststehen.

Die Marke der A verkörpert ein Image von Qualität und Sportlichkeit. Grundsätzlich kann die Übertragbarkeit einer solchen Wertschätzung oft zu bejahen sein, wenn die Entfernung der Produkte gering ist, die Abnehmer sich überschneiden oder auch im Fall der Vergleichbarkeit der relativen Preissteigerung. Im vorliegenden Fall ist eine weitgehende Identität der Produkte und die Überschneidung der Abnehmer anzunehmen. Da die Produkte des H jedoch über 70% preiswerter als die Konkurrenzprodukte des A sind, kann zweifelhaft sein, ob eine Qualitätsübertragung stattfindet. Wahrscheinlich schafft es die A gerade wegen der Wertschätzung ihrer Ware höhere Preise gegenüber den Verbrauchern durchzusetzen. Bietet die H vergleichbare Waren in einer viel niedrigeren Preiskategorie an, so kann nicht angenommen werden, dass H das Qualitätssiegel der A ernsthaft für sich in Anspruch nimmt. Bei der Verkörperung von „Sportlichkeit" ist problematisch, dass dieser Ruf bei Sporttextilien von genereller und notwendiger Natur ist. Die Rufausbeutung beschränkt sich aber insofern nicht auf einen bestimmten Ruf. Vielmehr kommt es alleine darauf an, ob bei Vermittlung dieses Rufs die Marke eines anderen als Vorspann verwendet wurde. Hier verwendet H ähnliche Musterelemente wie A. Hierbei handelt es sich aber nicht um ein sehr originelles Musterelement, sondern ein für Sportkleidung naheliegendes. Fraglich ist daher, ob diese sportliche Nuance nicht grundsätzlich allen Streifen zukommt und ob A und H daher beide unabhängig von einander von einem naheliegenden Muster Gebrauch machen. Es kann zwar nicht davon ausgegangen werden, dass eine sportliche Nuance speziell den Streifen der A anhaftet. Dennoch ist denkbar, dass die jahrelange Verwendung und Umwerbung von Streifen durch A die starke Assoziationskraft dieser mitgeschaffen hat. Sicherlich hat A zur Bedeutung von Streifen für Sportkleidung beigetragen. Dass sie diese Assoziation jedoch nicht ins Leben gerufen hat, zeigt der Umstand, dass Hersteller von Sporttextilien und -schuhen schon immer Streifenelemente verwendet haben. Auch könnte A unter keinen Umständen ein Ausschließlichkeitsrecht an jeglichen Streifen haben. Wo die Konkurrenten nicht den speziellen Ruf der Marke als Vorspann verwenden, ist eine Rufausbeutung zu verneinen. Die Unterscheidungskraft, welche der Marke nach jahrelanger Benutzung zukommt, wird aber stets durch den Tatbestand der Verwässerung geschützt.

Die Ausnutzung des Rufs müsste weiterhin auch in unlauter Weise erfolgt sein. Dies würde voraussetzen, dass H nur Streifen verwendete um von dem Ruf der Streifen des A zu profitieren. Den Angaben im Sachverhalt nach kann aber nicht angenommen werden, dass H den Ruf der Marke des A unlauter instrumentalisiert hat.

bb) Beeinträchtigung der Wertschätzung. Mangels Angaben kann hier von keiner negativen Beeinträchtigung der Wertschätzung (Rufschädigung) ausgegangen werden. Zwar bezeichnet A die Waren der H als „billig", dennoch liegt kein Grund zur Annahme der tatsächlichen Minderwertigkeit der Waren der H und der Übertragung eines solchen Images vor.[31]

cc) Beeinträchtigung der Unterscheidungskraft („Verwässerung"). Unterscheidungskraft ist die einer Marke innewohnende Eignung, vom Verkehr als Unterscheidungsmittel für die von der Marke erfassten Waren oder Dienstleistungen eines Unternehmens aufgefasst zu werden.[32] Die Unterscheidungskraft einer Marke be-

---

[31] Diese Art der Beeinträchtigung muss evidenter sein, wie im Fall „Mac Dog" wo dieser Name als Bezeichnung für Hundefutter eine negative Assoziation zum Essen der Fast-Food Kette Mc Donalds wecken könnte. BGHZ 138, 349, 358 – MAC Dog.
[32] *BGH*, Urt. v. 15. 7. 1999, Az. I ZB 16/97, GRUR 1999, 1089 – YES.

steht zunächst unabhängig von der Markenbenutzung. Eine Marke ist als solche unterscheidungskräftig oder nicht unterscheidungskräftig. Eine Marke erfüllt ihre Aufgabe als identifizierendes Unterscheidungszeichen aber erst mit ihrer Benutzung im Verkehr zur Identifikation von Unternehmensprodukten auf dem Markt.[33] Unabhängig von der Verkehrsdurchsetzung müssen daher auch bei der Feststellung der Unterscheidungskraft Umstände wie der Marktanteil, die Intensität der Benutzung, die geographische Verbreitung und die Dauer der Benutzung und der Werbeaufwand berücksichtigt werden.[34]

Stellt man neben der originären Unterscheidungskraft auf diese zusätzlichen Kriterien und auf die Verkehrsauffassung ab, so ist die Marke des A überaus geeignet die Waren des A am Markt zu identifizieren. Die Bekanntheit dieser Marke bietet einen Anreiz für andere Unternehmen sich dieser anzunähern. Da die Marke keine große Eigenart besitzt, ist sie bezüglich einer solchen Annäherung auch sensibel, da diese schon durch die Verwendung gebräuchlicher Motive geschehen kann.

Bei der Beeinträchtigung der Unterscheidungskraft wird die Bekanntheit einer anderen Marke durch Verwendung ihrer Anziehungskraft als Aufmerksamkeitswerbung verwertet. Die Attraktionskraft und der Werbewert der bekannten Marke werden unabhängig von besonderen Eigenschaften oder einer besonderen Qualität des Produktes kommerzialisiert.[35] Diese Kommerzialisierung und Verwertung kann negative Auswirkungen auf die ursprüngliche Marke haben. Die Unterscheidungskraft kann nämlich durch die Verwendung ähnlicher Marken in Mitleidenschaft gezogen und verwässert werden. Die Verwässerung setzt keine Rufübertragung voraus, da sie nicht gegen die Übertragung der Wertschätzung der Produkte gerichtet ist, sondern den Schutz des mit der Marke aufgebauten Besitzstandes bezweckt.

Die Streifen des A verkörpern sowohl die Qualität der Waren, als auch die Leistungsfähigkeit und den Goodwill des Unternehmens. Würden nun mehrere Unternehmen ihre Sporttextilien mit ähnlicher Kennzeichnung versehen, müsste A eine Schwächung der Kennzeichnungskraft der Marke erwarten. A müsste dann erneut und auf anderem Wege die Wertschätzung und Qualitätsvorstellungen der Waren vermitteln bzw. erhalten.[36] Allein die Tatsache, dass ein fast identisches Zeichen verwendet wird, schwächt die Unterscheidungskraft der Marke des A, so dass langfristig auf jeden Fall Verwässerung zu befürchten ist.[37]

e) Ohne rechtfertigenden Grund/in unlauterer Weise

Von der Unlauterkeit ist auszugehen, H macht keine übergeordneten Gründe für sein Verhalten geltend.

III. Ergebnis

A hat gemäß Art. 9 Abs. 1 lit. c GMV gegenüber H einen Anspruch darauf, es zu unterlassen, die angegriffene Zwei-Streifen-Kennzeichnung auf Sport- und Freizeittextilien im geschäftlichen Verkehr zu verwenden.

---

[33] *Fezer,* Markenrecht, § 8 Rn. 62.
[34] *EuGH,* Urt. v. 4. 5. 1999, Rs. C-108, 109/7, Slg. 1999 I-2779, GRUR 1999, 723 – Chiemsee.
[35] *Fezer,* Markenrecht, § 14 Rn. 804.
[36] Vgl. *EuGH,* Urt. v. 10. 4. 2008 C-102/07, GRUR 2008, 503, 504–505 – adidas/Marca Mode CV u. a.
[37] So: *OLG Hamburg,* Urt. v. 4. 6. 1998, Az. 3 U 151/97, GRUR 1999, 339, 342 – Yves Roche.

B. Anspruch auf Schadensersatz

Art. 9 GMV gewährt lediglich einen unmittelbaren Unterlassungsanspruch. Andere Ansprüche hingegen finden sich in der GMV nicht. Der Gemeinschaftsgesetzgeber verweist jedoch in Art. 97 Abs. 2 GMV auf weitergehendes mitgliedstaatliches Recht. Über Art. 97 Abs. 2 GMV i. V. m. § 125 b MarkenG stehen dem Inhaber einer Gemeinschaftsmarke daher auch ein Anspruch auf Schadensersatz (§ 14 Abs. 6 und 7 MarkenG), auf Vernichtung (§ 18 MarkenG) und auf Auskunftserteilung (§ 19 MarkenG) zu. A kann demnach auch bei Verletzung einer Gemeinschaftsmarke Schadensersatz gemäß § 14 Abs. 6 MarkenG verlangen. Es gelten die allgemeinen Voraussetzungen, insbesondere das Verschuldenserfordernis und die Rechtsfolge der dreifachen Schadensberechnung.[38]

Merke: Die Gemeinschaftsmarkenverordnung (GMV) gewährt zum Schutze einer Gemeinschaftsmarke im Grundsatz die gleichen Ansprüche wie das MarkenG, welches auf der im Wortlaut weitgehend mit der GMV übereinstimmenden EG-RL 89/104/EWG beruht.

Das Gemeinschaftsmarkenrecht kann nur durch Eintragung entstehen (Art. 6 GMV).

Art. 9 Abs. 1 GMV erlaubt es dem Inhaber einer Gemeinschaftsmarke, Dritten zu verbieten, die in lit (a) bis lit (c) genannten Zeichen im geschäftlichen Verkehr zu benutzen. Art. 9 Abs. 1 lit (a)–(c) GMV benennt in Übereinstimmung mit § 14 Abs. 2 MarkenG drei Kollisionstatbestände: Produkt- und Markenidentität (Doppelidentität), die Verwechslungsgefahr oder ein gedankliches Inverbindungbringen und die Beeinträchtigung oder Ausnutzung der Wertschätzung oder der Unterscheidungskraft in unlauterer Weise.

---

[38] Näher dazu Fall 14.

Fall 22. Marken- und Titelschutz gegen Domainnamen

Sachverhalt[*]

Die A GmbH verlegt die seit 1966 mit einer durchschnittlichen Auflage von 500 000 erscheinende Monatszeitschrift „Eltern". Die Zeitschrift berichtet unter anderem über Themen wie Schwangerschaft, Geburt und Erziehung. Außerdem werden Rat und Auskunft erteilt sowie Verbraucherthemen behandelt. Zielgruppe sind vor allem junge Frauen, die entweder bereits Kinder haben oder Kinder erwarten. Laut einer im Januar 2009 durchgeführten repräsentativen Umfrage beträgt der Bekanntheitsgrad des Kennzeichens „Eltern" bei der Gesamtbevölkerung ab 16 Jahren nahezu 70% und bei der Zielgruppe der Zeitschrift nahezu 90%.

Seit 1998 betreibt die A GmbH des Weiteren unter der Domain „Eltern.de" eine Internetseite, auf der sie redaktionell Themen behandelt, die im Wesentlichen dem Inhalt des Printobjekts entsprechen. Die A GmbH ist ferner Inhaberin einer eingetragenen deutschen Wortmarke „Eltern". Diese am 15. Januar 1980 angemeldete Marke ist im Markenregister für die Waren „periodische Druckerzeugnisse" und „Zeitschriften" eingetragen.

Die B GmbH ist im Bereich des E-Commerce tätig. Sie ließ sich am 18. März 2009 bei der für die Verwaltung von de-Domains zuständigen Registrierungsstelle DENIC („Deutsches Network Information Center") die Domain „eltern-online.de" registrieren. Seit dem 1. April 2009 schaltet die B GmbH unter dieser Domain folgenden Text:

> „Hier entsteht das Internetportal ELTERN-online.de.
> ELTERN-online.de wird Informationen und Inhalte zu diesem Begriff erhalten.
> Daneben ermöglichen wir allen mit dem Begriff ELTERN-online im Zusammenhang stehenden Branchen, Firmen und Personen gegen ein geringes Entgelt Eintragungen in dafür vorgesehenen Rubriken. Wenn Sie also gewerbliche oder private Informationen zu dem Begriff ELTERN-online beisteuern können oder einen Rubrikeintrag erhalten möchten, so senden Sie uns eine E-Mail.
> Für www.ELTERN-online.de nehmen wir gemäß § 5 Abs. 3 MarkenG Titelschutz in Anspruch für einen redaktionellen Online-Verzeichnisdienst."

Das Wort „ELTERN" wird dabei jeweils in großen, graphisch hervorgehobenen Lettern wiedergegeben.

Darüber hinaus wurde am 30. März 2009 für die B GmbH die am 2. Januar 2009 angemeldete deutsche Wortmarke „ELTERNONLINE.DE" im Markenblatt veröffentlicht. Diese Marke beansprucht Schutz für die Dienstleistung „Betrieb eines Informations- und Branchendienstes im Internet für familienbezogene Themen".

Die A GmbH ist der Auffassung, die B GmbH verstoße durch die Registrierung und Benutzung der Domain „eltern-online.de" gegen ihre Titel- und Markenrechte an dem Zeichen „Eltern" und „Eltern.de". Der Verkehr gehe wegen der Ähnlichkeit beider Zeichen davon aus, dass die unter der Domain „eltern-online.de" geschalteten Inhalte von der A GmbH stammten, so dass eine Verwechslungsgefahr vorliege.

---

[*] Der Sachverhalt beruht auf *OLG Hamburg*, Urt. v. 31. 7. 2003, Az. 3 U 145/02, GRUR-RR 2004, 104 – ELTERN.

Die B GmbH ist der Ansicht, eine Verwechslungsgefahr sei nicht gegeben. Sie verwende das Zeichen „eltern-online.de" lediglich als Internet-Domainadresse, aber nicht kennzeichenmäßig. Darüber hinaus seien die Domain „eltern-online.de" und das Zeichen „Eltern" aufgrund des abweichenden Zeichenbestandteils „...-online.de" nicht ähnlich. Außerdem habe das Zeichen „Eltern" keine Unterscheidungskraft, weil es letztlich nur die Zielgruppe der A GmbH beschreibe. Dementsprechend verstehe der angesprochene Verkehr die Domain „eltern-online.de" auch allenfalls als inhaltliche Beschreibung des Internetangebots der B GmbH. Schließlich sei auch die erforderliche Waren-/Dienstleistungsähnlichkeit nicht gegeben. Die B GmbH verwende das streitgegenständliche Zeichen nicht für eine Zeitschrift oder ein sonstiges Druckereierzeugnis, sondern für einen Branchen- und Informationsdienst im Internet.

Nachdem die A GmbH von dem Internet-Angebot „eltern-online.de" erfährt, lässt sie zunächst die DENIC anwaltlich auffordern, die Domain unverzüglich zu löschen. Durch die Vergabe der Domain an die B GmbH habe die DENIC aktiv an der Verletzung des geschützten Zeichens „Eltern" mitgewirkt. Die DENIC weist jede Verantwortung zurück. Sie registriere und verwalte viele Millionen Domain-Namen. Eine Prüfung auf Kennzeichenverstöße sei ihr nicht zumutbar. Die A GmbH möge sich mit der B GmbH einigen oder ein rechtskräftiges Urteil gegen diese erwirken. Erst dann werde die DENIC tätig werden.

Parallel lässt die A GmbH die B GmbH anwaltlich abmahnen. Sie fordert von ihr Unterlassung der Benutzung der Internetdomain „eltern-online.de" für den Branchen- und Informationsdienst und macht darüber hinaus einen Anspruch auf Verzicht und Einwilligung in die Löschung der Marke „ELTERNONLINE.DE" geltend.

Sind die von der A GmbH geltend gemachten Ansprüche gegen die B GmbH sowie die DENIC berechtigt?

Lösung

A. Unterlassungsanspruch gegen die B GmbH

Als Grundlage für etwaige Unterlassungsansprüche der A GmbH gegen die B GmbH kommen zum einen die für sie eingetragene Marke „Eltern" und zum anderen ein Titelrecht an dem Zeichen „Eltern" und „Eltern.de" in Betracht.

I. Markenrecht (Verwechslungsschutz)

Der Unterlassungsanspruch könnte sich aus § 14 Abs. 5 i. V. m Abs. 2 Nr. 2 MarkenG ergeben.

1. Kennzeichenmäßige Benutzung

Dann müsste zunächst überhaupt eine kennzeichenmäßige Benutzung des Zeichens „eltern-online.de" durch die B GmbH vorliegen. Eine kennzeichenmäßige („markenmäßige") Benutzung ist Voraussetzung des § 14 MarkenG.[1] Sie liegt vor, wenn das betreffende Zeichen zur Unterscheidung der Ware/Dienstleistung eines

---
[1] Vgl. *Hacker*, in: Ströbele/Hacker, § 14 Rn. 47 ff. Näher dazu Fall 17.

Unternehmens von den Waren/Dienstleistungen anderer dient.[2] Hier benutzt die B GmbH das Zeichen „eltern-online.de" als Domainnamen. Fraglich ist, ob eine kennzeichenmäßige Benutzung dadurch ausgeschlossen wird. Zwar haben Domainnamen in erster Linie die technische Funktion einer Rechneradresse. Daneben kommt ihnen aber nach fast einhelliger Auffassung auch eine kennzeichnende Funktion in dem Sinne zu, dass die angebotenen Waren und/oder Dienstleistungen durch den Domainnamen in ihrer betrieblichen Herkunft gekennzeichnet werden.[3] So liegen die Dinge auch hier. Der Verkehr versteht den Domainnamen „eltern-online.de" als Kennzeichen für den Online-Branchen- und Informationsdienst, dessen Betrieb die B GmbH auf ihrer Webseite ankündigt. Ein Beleg dafür ist die Tatsache, dass die B GmbH diesen Branchendienst auch auf der Webseite selbst mit „eltern-online.de" bezeichnet (*„Hier entsteht das Internetportal ELTERN-online.de."*) – das Zeichen eltern-online.de erscheint also nicht nur im Adressfeld des Internetbrowsers des Nutzers, sondern darüber hinaus auch auf der Seite selbst. Zudem nimmt die B GmbH für das Zeichen ausdrücklich Titelschutz in Anspruch. Auch das spricht dagegen, das Zeichen „eltern-online.de" als bloße technische Rechneradresse anzusehen. Alles in allem ist eine kennzeichenmäßige Benutzung des Zeichens zu bejahen.[4]

2. Zeichenähnlichkeit

Weitere Voraussetzung für einen Unterlassungsanspruch aus § 14 Abs. 2 Nr. 2 MarkenG ist, dass die Marke der A GmbH „Eltern" mit dem Zeichen „eltern-online.de" ähnlich ist (der Fall einer Zeichenidentität liegt hier nicht vor). Eine Zeichenähnlichkeit kann sich grundsätzlich in klanglicher, bildlicher (auch schriftbildlicher) Hinsicht ergeben oder dem Sinngehalt nach inhaltlich bestehen.[5]

Für eine Zeichenähnlichkeit spricht hier, dass die Marke „Eltern" in dem Zeichen „eltern-online.de" vollständig enthalten ist. Die abweichenden Zeichenbestandteile „.de" und „-online" führen dabei nicht aus einer Zeichenähnlichkeit heraus. Bei dem Zeichenbestandteil „.de" handelt es sich um die sog. Top-Level-Domain („TLD") des Domainnamens „eltern-online.de". Nach ständiger Rechtsprechung sind jedenfalls länderspezifische TLD nicht geeignet, eine Zeichenähnlichkeit auszuschließen, da die Internetnutzer in ihnen lediglich die geographische Herkunft des Angebots erkennen,[6] ihnen also lediglich eine funktionale Bedeutung beimessen. Der Gesamteindruck eines Zeichens wird daher im Regelfall durch die sog. Second-Level-Domain (hier: eltern-online) bestimmt.[7]

Der abweichende Zeichenbestandteil „-online" schließt eine Zeichenähnlichkeit jedoch ebenfalls nicht aus. Denn der Begriff „online" ist rein beschreibend. Er steht für ein Angebot im Internet[8] und wird gerade für die Internetauftritte von Zeitungen und Zeitschriften üblicherweise verwendet (Beispiel: SPIEGEL Online). Das spricht dafür, dass der Verkehr diesem Zeichenbestandteil keine maßgebende Bedeu-

---

[2] *Lange*, Rn. 1822.
[3] *Hacker*, in: Ströbele/Hacker, § 14 Rn. 118 mit zahlreichen Nachw.; *Lange*, Rn. 1854; *OLG Hamburg*, Urt. v. 31. 7. 2003, Az. 3 U 145/02, GRUR-RR 2004, 104, 106.
[4] So auch im Ausgangsfall *OLG Hamburg*, Urt. v. 31. 7. 2003, Az. 3 U 145/02, GRUR-RR 2004, 104, 106 – ELTERN.
[5] *Lange*, Rn. 2004; *Marx*, Rn. 698 ff.
[6] *OLG Hamburg*, Urt. v. 31. 7. 2003, Az. 3 U 145/02, GRUR-RR 2004, 104, 107; *OLG Hamburg*, Urt. v. 14. 12. 2000, Az. 3 U 115/00, GRUR 2000, 838, 840-1001 – buecher.de.
[7] *BGH*, Urt. v. 22. 7. 2004, Az. I ZR 135/01, GRUR 2005, 262, 263 – soco.de.
[8] Vgl. *OLG Köln*, Urt. v. 27. 10. 2000, Az. 6 U 209/99, GRUR 2001, 525, 527 – Online.

tung beimessen wird. Generell gilt, dass beschreibende Angaben wegen ihrer allenfalls geringen originären Kennzeichnungskraft in der Regel kein prägender Einfluss auf den Gesamteindruck eines Zeichens zukommt.[9]

Alles in allem sind die Zeichen „Eltern" und „eltern-online.de" als hochgradig ähnlich zu beurteilen.

3. Waren-/Dienstleistungsähnlichkeit

Fraglich ist, ob neben der Zeichenähnlichkeit auch eine Ähnlichkeit der durch die Zeichen erfassten Waren oder Dienstleistungen besteht.[10] Generell sind beim Waren-/Dienstleistungsvergleich alle Umstände maßgeblich, die derart enge Beziehungen zwischen den Waren/Dienstleistungen ergeben, dass sich den Abnehmern der Schluss aufdrängt, dass sie vom selben Unternehmen oder aus wirtschaftlich miteinander verbundenen Unternehmen stammen. Wichtige Einzelkriterien sind dabei: Die Art und der Verwendungszweck der Waren/Dienstleistungen; die Produkteigenschaften; ein etwaiger Wettbewerb zwischen den Waren/Dienstleistungen (Substituierbarkeit); Überschneidungen der Abnehmerkreise; oder die Vertriebswege (z. B. die „Regalnähe" zweier Produkte im Einzelhandel).[11]

Hier genießt die für die A GmbH eingetragene Marke „Eltern" Schutz für „Zeitschriften" und „periodische Druckerzeugnisse". Die B GmbH benutzt das Zeichen „eltern-online.de" für einen Branchen- und Informationsdienst im Internet. Die Marke der A GmbH ist demnach für eine *Ware* eingetragen, während das von der B GmbH betriebene Internetangebot eine *Dienstleistung* darstellt. Der Feststellung einer Waren-/Dienstleistungsähnlichkeit steht dies allerdings nicht entgegen. Es ist grundsätzlich anerkannt, dass Waren und Dienstleistungen als ähnlich im Sinne von § 14 Abs. 2 Nr. 2 MarkenG beurteilt werden können.[12] Ähnlichkeit liegt dann vor, wenn der Verkehr der Fehlvorstellung unterliegen kann, der Hersteller oder Vertreiber der betreffenden Waren trete (auch) als Erbringer der Dienstleistungen auf.[13] Das ist in Bezug auf Zeitschriften und Internet-Informationsdienste, wie sie hier in Frage stehen, der Fall. Der Verkehr ist sich bewusst, dass Zeitschriftenverleger ihre Publikationen heutzutage häufig auch parallel im Internet anbieten, gerade um ein jüngeres, internet-affines Publikum anzusprechen. Dementsprechend liegt es nahe, dass der Verkehr zwischen beiden Angeboten (Zeitschrift/Internet-Informationsdienst) irrigerweise ein einheitliches Unternehmen im Sinne einer einheitlichen Produktverantwortung annehmen wird. Der Verkehr wird also davon ausgehen, dass es sich bei dem Angebot „eltern-online.de" um das ergänzende Internetangebot der Zeitschrift „Eltern" handelt. Dem steht hier nicht entgegen, dass die B GmbH auf ihrer Webseite keine elektronische Presse im engeren Sinne anbietet. Denn jedenfalls beabsichtigt sie, dort „Informationen und Inhalte" zu veröffentlichen, die mit dem Begriff „eltern-online.de" im Zusammenhang stehen. Derartige Informationen, fin-

---

[9] *Ingerl/Rohnke*, § 14 Rn. 677.
[10] Die Ähnlichkeit der Waren und Dienstleistungen wird gelegentlich als der „am besten objektivierbare Faktor" bei der Beurteilung einer Verwechslungsgefahr bezeichnet (siehe *Stoppel*, Vorwort, in: Richter/Stoppel, Die Ähnlichkeit von Waren und Dienstleistungen, 14. Aufl., 2008, S. VII). In der Praxis bereitet das Tatbestandsmerkmal gleichwohl nicht selten Schwierigkeiten. Die nicht immer einheitlichen Entscheidungen der Markenämter/Gerichte in diesem Bereich sind ein Beleg dafür.
[11] Vgl. *Ingerl/Rohnke*, § 14 Rn. 444.
[12] Vgl. *Lange*, Rn. 1983; *Ingerl/Rohnke*, § 14 Rn. 496 ff.
[13] BGH, Beschl. v. 11. 2. 1999, Az. I ZB 16/97, GRUR 1999, 586, 587 – White Lion; *Lange*, Rn. 1956.

den sich typischerweise auch in Zeitschriften. Eine Waren-/Dienstleistungsähnlichkeit ist folglich zu bejahen.[14]

4. Verwechslungsgefahr

§ 14 Abs. 2 Nr. 2 MarkenG verlangt, dass für das Publikum die Gefahr von Verwechslungen zwischen den sich gegenüberstehenden Zeichen besteht.

Es gibt mehrere Arten von Verwechslungsgefahr. Von *unmittelbarer* Verwechslungsgefahr spricht man, wenn das eine Zeichen ohne Weiteres für das andere gehalten wird, weil bestehende Unterschiede nicht hinreichend wahrgenommen werden. Eine *mittelbare* Verwechslungsgefahr liegt vor, wenn die beteiligten Verkehrskreise zwar die Unterschiede zwischen den Vergleichsmarken erkennen, aber dennoch irrigerweise annehmen, es handle sich um eine Variation der Marke des gleichen Herstellers; eine mittelbare Verwechslungsgefahr kommt insbesondere im Falle von Serienmarken in Betracht. Von einer *Verwechslungsgefahr im weiteren Sinne* spricht man schließlich in denjenigen Fällen, in denen der Verkehr die Vergleichsmarken zwar verschiedenen Inhabern zuordnen kann, jedoch unzutreffender Weise davon ausgeht, es bestünden besondere wirtschaftliche oder organisatorische Beziehungen zwischen den Markeninhabern. Eine solche Verwechslungsgefahr liegt nur unter besonderen Umständen vor, namentlich dann, wenn sich die ältere Marke zu einem im Verkehr bekannten Unternehmenskennzeichen entwickelt hat.[15]

Da hier kein Fall einer Serienmarke vorliegt und die ältere Marke der A GmbH auch kein Unternehmenskennzeichen darstellt, kommt hier in erster Linie eine unmittelbare Verwechslungsgefahr in Betracht. Bei der Beurteilung der Verwechslungsgefahr ist dabei von einer *Wechselwirkung* zwischen der Waren-/Dienstleistungsidentität oder -ähnlichkeit, der Zeichenidentität oder -ähnlichkeit und der Kennzeichnungskraft der älteren Marke auszugehen.[16] Eine geringere Waren-/Dienstleistungsähnlichkeit kann durch einen höheren Grad der Markenähnlichkeit oder der Kennzeichnungskraft ausgeglichen werden und umgekehrt.[17]

Hier stellt sich daher zunächst die Frage, welche Kennzeichnungskraft der Marke „Eltern" zugesprochen werden kann. Die Kennzeichnungskraft ist ein ungeschriebener Faktor der Verwechslungsgefahr. Sie bezeichnet die Eignung eines Zeichens, sich dem Publikum als Marke einzuprägen, d.h. in Erinnerung behalten und wiedererkannt zu werden.[18] Besonders originelle Zeichen haben einen von Haus aus weiteren Schutzbereich als Marken, die der Verkehr nicht in erster Linie als Kennzeichen versteht, etwa weil das Zeichen im Hinblick auf die betreffenden Waren/Dienstleistungen beschreibende Tendenzen hat. Die Marke „Eltern" hat jedenfalls für Zeitschriften und Druckerzeugnisse, die pädagogische Themen behandeln, beschreibende Anklänge, da sie deren Zielgruppe und Gegenstand benennt. Die originäre Kennzeichnungskraft der Marke ist somit als gering einzustufen.

Auf der anderen Seite ist anerkannt, dass die Kennzeichnungskraft eines Zeichens nachträglich durch seine intensive Benutzung gesteigert werden kann. Maßgeblich sind dabei folgende Faktoren: Der von der Marke gehaltene Marktanteil; die Intensität, geographische Verbreitung und Dauer der Markenverwendung; die aufgewan-

---

[14] So auch im Ausgangsfall *OLG Hamburg*, Urt. v. 31. 7. 2003, Az. 3 U 145/02, GRUR-RR 2004, 104, 106 – ELTERN.
[15] Zum Ganzen *Hacker*, in: Ströbele/Hacker, § 9 Rn. 28; *Marx*, Rn. 667 ff.
[16] Vgl. dazu das Schaubild in *Marx*, Rn. 677.
[17] Ständige Rechtsprechung, vgl. *Marx*, Rn. 676, und *Ingerl/Rohnke*, § 14 Rn. 233 mit Nachw.
[18] *Ingerl/Rohnke*, § 14 Rn. 320.

deten Werbemittel und die dadurch erreichte Bekanntheit in den beteiligten Verkehrskreisen.[19] Hier kann die A GmbH einen überaus hohen Bekanntheitsgrad der Marke „Eltern" von 70% (Gesamtbevölkerung) bzw. 90% (Zielgruppe) vorweisen. Das spricht dafür, dass die Kennzeichnungskraft der Marke „Eltern" für die von ihr umfassten Waren als gesteigert anzusehen ist.[20]

Berücksichtigt man die gesteigerte Kennzeichnungskraft der Marke sowie den hohen Ähnlichkeitsgrad der gegenüberstehenden Zeichen, ist hier nach § 14 Abs. 2 Nr. 2 MarkenG insgesamt von einer unmittelbaren Verwechslungsgefahr auszugehen.

5. Einwendungen

Die B GmbH macht geltend, dass das Klagezeichen „Eltern" keine Unterscheidungskraft habe. Es beschreibe letztlich nur die Zielgruppe der Zeitschrift. Dementsprechend verstehe der angesprochene Verkehr die Domain „eltern-online.de" auch allenfalls als Beschreibung des Internetangebots der B GmbH.

Rechtlich gesehen beruft sich die B GmbH damit auf zwei verschiedene Rechtfertigungstatbestände des MarkenG: Zum einen auf die Vorschrift in § 22 Abs. 1 Nr. 2 MarkenG (Löschungsreife der älteren Marke wegen mangelnder Unterscheidungskraft); und zum anderen auf § 23 Nr. 2 MarkenG (beschreibende Benutzung einer Marke).

a) § 22 Abs. 1 Nr. 2 MarkenG

Gemäß § 22 Abs. 1 Nr. 2 MarkenG kann der Inhaber einer älteren Marke die Benutzung einer jüngeren Marke nicht untersagen, wenn die ältere Marke zum relevanten Zeitpunkt (Veröffentlichung der Eintragung der jüngeren Marke, hier „ELTERNONLINE.DE") löschungsreif ist. Die B GmbH macht insoweit geltend, die Klagemarke „Eltern" sei rein beschreibend. Beschreibende Zeichen sind grundsätzlich von einer Eintragung als Marke ausgeschlossen (§ 8 Abs. 2 Nr. 2 MarkenG), weil an ihnen ein Freihaltebedürfnis besteht. Wird eine solche Marke dennoch, d.h. unter Verstoß gegen § 8 Abs. 2 Nr. 2 MarkenG eingetragen, ist sie gemäß § 50 Abs. 2 S. 1 MarkenG löschungsreif. Über die Verweisungen in §§ 22 Abs. 1 Nr. 2 i.V.m. 51 Abs. 4 Nr. 2 und 50 Abs. 1 MarkenG steht dem Inhaber einer jüngeren Marke in diesem Fall der Einwand der Löschungsreife zu mit dem Ergebnis, dass sich der Inhaber der älteren Marke gegen die Benutzung der jüngeren Marke nicht wehren kann.

Im Ergebnis steht der B GmbH der Einwand aus § 22 Abs. 1 Nr. 2 MarkenG jedoch nicht zu. Dabei kann dahingestellt bleiben, ob die Marke der A GmbH „Eltern" als beschreibend im Sinne des § 8 Abs. 2 Nr. 2 MarkenG anzusehen ist. Denn die Marke hat sich jedenfalls wegen ihrer Bekanntheit im Verkehr durchgesetzt (§ 8 Abs. 3 MarkenG), wodurch das absolute Schutzhindernis aus § 8 Abs. 2 Nr. 2 MarkenG überwunden ist. Von einer Verkehrsdurchsetzung in diesem Sinne wird allgemein bei einem Durchsetzungsgrad von nicht unter 50% ausgegangen.[21] Die Marke der A GmbH „Eltern" hat einen Bekanntheitsgrad, der weit über diese

---

[19] *BGH*, Urt. v. 28. 8. 2003, Az. I ZR 257/00, GRUR 2003, 1040, 1044 – Kinder; *Hacker*, in: Ströbele/Hacker, § 9 Rn. 191.
[20] So auch im Ausgangsfall das *OLG Hamburg*, Urt. v. 31. 7. 2003, Az. 3 U 145/02, GRUR-RR 2004, 104, 106 – ELTERN; vgl. im Übrigen *Hacker*, in: Ströbele/Hacker, § 23 Rn. 17 mit Nachw.
[21] *BGH*, Beschl. v. 1. 3. 2001, Az. I ZB 54/98, GRUR 2001, 1042, 1043 – REICH UND SCHOEN; *Lange*, Rn. 668.

Untergrenze hinausreicht, so dass von einer Verkehrsdurchsetzung auszugehen ist. Das bedeutet, dass die B GmbH einem gegen die Eintragung ihrer Marke „ELTERN-ONLINE.DE" gerichteten Löschungsantrag der A GmbH nicht entgegensetzen könnte, dass die ältere Marke „Eltern" zum relevanten Zeitpunkt der Veröffentlichung der jüngeren Marke im Widerspruch zu § 8 MarkenG eingetragen ist. Folglich kann sich die B GmbH auch nicht auf den Einwand aus § 22 Nr. 2 MarkenG berufen.

b) § 23 Nr. 2 MarkenG

Die Benutzung des Zeichens „eltern-online.de" durch die B GmbH wäre aber gerechtfertigt, wenn die Voraussetzungen des § 23 Nr. 2 MarkenG erfüllt sind. Danach kann der Inhaber einer Marke einem Dritten nicht untersagen, die Marke oder ein ähnliches Zeichen als Angabe über Merkmale oder Eigenschaften von Waren oder Dienstleistungen, d. h. als beschreibende Angabe zu benutzen, sofern die Benutzung nicht gegen die guten Sitten verstößt. Anders als im Falle des § 22 Abs. 1 Nr. 2 MarkenG setzt dieser Einwand nicht voraus, dass sich der Benutzer des Zeichens insoweit auf eine eigene Marke stützen kann. Voraussetzung ist lediglich, dass er die ältere Marke bzw. ein ähnliches Zeichen als beschreibende Angabe verwendet und sich die Benutzung nicht als Verstoß gegen die guten Sitten darstellt.

Hier lässt sich mit guten Gründen vertreten, dass das streitgegenständliche Zeichen „eltern-online.de" eine beschreibende Angabe im Sinne von § 23 Nr. 2 MarkenG darstellt.[22] Der in dem Zeichen enthaltene Begriff „Eltern" bezeichnet unmittelbar den Abnehmerkreis, an den sich das Angebot der B GmbH richtet, und beschreibt den Gegenstand des Angebots (elternbezogene Informationen). Berücksichtigt man, dass etwa der BGH den Wortbestandteil „Kinder" der bekannten Schokoladenmarke als glatt beschreibend beurteilt hat, weil er den möglichen Abnehmerkreis der Produkte bezeichne,[23] kann auch das Zeichen „eltern-online.de" als beschreibende Angabe angesehen werden.

Weitere Voraussetzung des § 23 Nr. 2 MarkenG ist allerdings, dass die Benutzung des Zeichens nicht gegen die guten Sitten verstößt. In der Auslegung durch den EuGH bedeutet dies, dass der Benutzer des Zeichens den berechtigten Interessen des Markeninhabers nicht in unlauterer Weise zuwiderhandeln darf.[24] Ob eine sittenwidrige Benutzung vorliegt, ist dabei unter Würdigung aller Umstände des Einzelfalles zu beurteilen. Im vorliegenden Fall ist in diesem Zusammenhang zweierlei zu berücksichtigen: Zum einen handelt es sich bei der Klagemarke „Eltern" um eine bekannte Marke. Und zum anderen gibt die B GmbH den mit dem Klagezeichen „Eltern" identischen Bestandteil des Zeichens „eltern-online.de" auf ihrer Webseite in graphisch hervorgehobener Form und in großen Lettern wieder („ELTERN-online.de"). Beide Umstände begründen die konkrete Gefahr, dass der Verkehr in

---

[22] Anders das *OLG Hamburg*, Urt. v. 31. 7. 2003, Az. 3 U 145/02, GRUR-RR 2004, 104, 107 – ELTERN im Ausgangsfall. Die Begründung des Gerichts, ein kennzeichenmäßiger Gebrauch im Hinblick auf das eigene Angebot sei niemals durch § 23 Nr. 2 MarkenG gerechtfertigt, steht allerdings wohl im Widerspruch zu der Rechtsprechung des EuGH. Dieser hat in dem Urt. v. 7. 1. 2004, Rs. C-100/02, Slg. 2004, I-691, GRUR 2004, 234, 235, Rn. 15 – Gerolsteiner/Putsch – auf Vorlage des BGH entschieden, dass eine Freistellung nach § 23 Nr. 2 MarkenG durch die Bejahung eines kennzeichenmäßigen Gebrauchs des angegriffenen Zeichens nicht ausgeschlossen wird; vgl. dazu *Hacker*, in: Ströbele/Hacker, § 23 Rn. 17.
[23] Vgl. *BGH*, Urt. v. 20. 9. 2007, Az. I ZR 6/05, GRUR 2007, 1071, 1072 – Kinder II.
[24] *EuGH*, Urt. v. 7. 1. 2004, Rs. C-100/02, Slg. 2004, I-691, GRUR 2004, 234, 235, Rn. 24 – Gerolsteiner/Putsch.

dem Zeichen „eltern-online.de" nicht lediglich eine beschreibende Angabe über den Inhalt des Internetangebots erkennt, sondern das Zeichen im Sinne eines Herkunftshinweises versteht.[25] Diese Gefahr wird zudem noch dadurch verstärkt, dass die B GmbH für das Zeichen ausdrücklich Titelschutz beansprucht. Vor diesem Hintergrund sprechen insgesamt die besseren Argumente dafür, die Benutzung des Zeichens „eltern-online.de" durch die B GmbH als sittenwidrig und somit nicht von § 23 Nr. 2 MarkenG gedeckt anzusehen.

6. Erstbegehungs-/Wiederholungsgefahr

Voraussetzung für den von der A GmbH geltend gemachten Unterlassungsanspruch ist schließlich eine Erstbegehungs- bzw. Wiederholungsgefahr. Von Erstbegehungsgefahr spricht man, wenn eine Kennzeichnungsverletzung noch nicht stattgefunden hat, aber ernstlich und unmittelbar zu besorgen ist.[26] Liegt eine Erstbegehungsgefahr vor, hat der Markeninhaber gegen den potentiellen Verletzer einen *vorbeugenden* Unterlassungsanspruch. Eine Wiederholungsgefahr ist hingegen dann gegeben, wenn eine Kennzeichenverletzung bereits stattgefunden hat und die Besorgnis besteht, dass zukünftig dieselbe oder eine im Kern gleichartige Verletzungshandlung begangen wird.[27] Für die Wiederholungsgefahr spricht dabei eine tatsächliche Vermutung, die der Rechtsverletzer regelmäßig nur dadurch ausräumen kann, dass er sich im Wege einer strafbewehrten Unterlassungserklärung verpflichtet, den Verstoß nicht zu wiederholen.[28]

Hier ist zu berücksichtigen, dass die B GmbH ihr Angebot unter eltern-online.de noch nicht freigeschaltet hat. Die Webseite enthält bislang lediglich die Ankündigung, dass unter der Domain ein Informations- und Branchendienst gestartet werden wird („*Hier entsteht das Internetportal eltern-online.de.*"). Bereits diese Ankündigung genügt freilich für eine Erstbegehungsgefahr. Denn sie begründet die ernstliche Besorgnis, dass es zu einer Rechtsverletzung – der Benutzung des Kennzeichens eltern-online.de im geschäftlichen Verkehr – kommen wird. Dementsprechend steht der A GmbH jedenfalls ein vorbeugender Unterlassungsanspruch gegen die B GmbH zu.

Darüber hinaus liegt jedoch schon in der gegenwärtig freigeschalteten Webseite eine Markenverletzung. Denn die B GmbH bietet bereits jetzt interessierten Nutzern an, Informationen und Rubrikeinträge, die für die Webseite in Betracht kommen, einzusenden. Sie hat also mit der Vermarktung ihres Angebots schon begonnen. Die darin liegende Verletzung der Marke „Eltern" begründet eine tatsächliche Vermutung für die Wiederholungsgefahr. Da die B GmbH auf die Abmahnung durch die A GmbH keine strafbewehrte Unterlassungserklärung abgegeben hat, sondern im Gegenteil der erklärten Auffassung ist, das Zeichen eltern-online.de weiter benutzen zu dürfen, hat sie die Wiederholungsgefahr nicht ausgeräumt.

7. Ergebnis

Der A GmbH steht ein Unterlassungsanspruch aus dem Markenrecht an dem Zeichen „Eltern" gem. § 14 Abs. 2 Nr. 2 MarkenG (Verwechslungsgefahr) zu.

---

[25] Vgl. *Fezer*, Markenrecht, § 23 Rn. 118; *Lange*, Rn. 2290; *Hacker*, in: Ströbele/Hacker, § 23 Rn. 28 u. 36.
[26] *BGH*, Beschl. v. 17. 3. 1994, Az. I ZR 304/91, GRUR 1994, 530, 532 – Beta.
[27] *Ingerl/Rohnke*, Vor §§ 14–19 Rn. 53; *Lange*, Rn. 3160.
[28] Vgl. *Hacker*, in: Ströbele/Hacker, § 14 Rn. 219 ff.

II. Markenrecht (Bekanntheitsschutz)

Der Unterlassungsanspruch der A GmbH könnte sich ferner aus § 14 Abs. 2 Nr. 3 MarkenG ergeben. Danach kann der Inhaber einer bekannten Marke die Benutzung eines mit der Marke identischen oder ähnlichen Zeichens für Waren/Dienstleistungen, die den Waren/Dienstleistungen der Klagemarke unähnlich sind, untersagen, wenn dadurch die Unterscheidungskraft oder Wertschätzung der Marke ohne rechtfertigenden Grund in unlauterer Weise ausgenutzt oder beeinträchtigt wird.

Entgegen ihrem Wortlaut ist die Vorschrift auch in denjenigen Fällen (analog) anwendbar, in denen – wie hier – eine Waren-/Dienstleistungsähnlichkeit vorliegt, d. h. die Waren bzw. Dienstleistungen gleichartig sind. Begründet wird dies damit, dass der Schutz, der nach dem Wortlaut der Norm im Falle unähnlicher Waren und Dienstleistungen besteht, erst recht bei ähnlichen Waren/Dienstleistungen gelten müsse. Nach Auffassung der Rechtsprechung ist der Markeninhaber in diesen Fällen noch schutzbedürftiger als in den von dem Wortlaut der Vorschrift umfassten Fällen.[29]

Bekanntheit meint, dass die ältere Marke einem bedeutenden Teil des Publikums, welches die Gattung der mit der Marke versehenen Waren nachfragt, bekannt ist, wobei keine bestimmten Prozentsätze des Bekanntheitsgrades zu fordern sind.[30] Wie bereits erwähnt, hat die A GmbH einen besonders hohen Bekanntheitsgrad der Marke „Eltern" von 70% in der Gesamtbevölkerung bzw. 90% bei der Zielgruppe. Damit ist die Marke „Eltern" einem bedeutenden Teil der angesprochenen Verkehrskreise bekannt.

§ 14 Abs. 2 Nr. 3 MarkenG enthält insgesamt vier Eingriffstatbestände:[31] 1. Ausnutzung der Wertschätzung einer bekannten Marke (sog. Rufausbeutung), 2. Beeinträchtigung der Wertschätzung (sog. Rufschädigung), 3. Ausnutzung der Unterscheidungskraft (sog. Aufmerksamkeitsausbeutung) und 4. Beeinträchtigung der Unterscheidungskraft (sog. Verwässerung). Im vorliegenden Fall lässt sich mit guten Gründen vertreten, dass sich die B GmbH durch die Benutzung des Zeichens „eltern-online.de" an die Marke der A GmbH angehängt hat, um deren Wertschätzung im Sinne einer Rufausbeutung auf ihr eigenes Angebot zu übertragen. Für eine Rufausbeutung spricht dabei insbesondere, dass die B GmbH durch die Hervorhebung des Zeichenbestandteils ELTERN auf ihrer Webseite eine schriftbildliche Annäherung an das Zeichen der A GmbH bewirkt, für die es keinen nachvollziehbaren sachlichen Grund gibt.[32] In Betracht kommen ferner eine Ausnutzung bzw. Beeinträchtigung der Unterscheidungskraft der Marke „Eltern". Zwar besitzt das Zeichen – wie oben erörtert – eine nur geringe originäre Kennzeichnungskraft, da es wenig originell ist und eine beschreibende Tendenz hat. Diese ursprüngliche Kennzeichnungsschwäche wird aber durch die überaus hohe Bekanntheit, die die Marke Eltern im Verkehr erlangt hat, kompensiert. Nicht in Betracht kommt damit letztlich nur der Eingriffstatbestand der *Rufschädigung*. Er würde voraussetzen, dass die B GmbH das streitgegenständliche Zeichen für Produkte einsetzt, die qualitativ minderwertig sind bzw. nicht zu den unter der Originalmarke vertriebenen Waren passen,[33] wofür vorliegend jedoch keine Anhaltspunkte bestehen.

Der Eingriff in den Schutzbereich der Marke „Eltern" erfolgt schließlich auch in unlauterer Weise und ohne rechtfertigenden Grund. Dafür spricht abermals, dass

---
[29] BGH, Urt. v. 30. 10. 2003, Az. I ZR 236/97, GRUR 2004, 235, 238 – Davidoff II.
[30] Vgl. *Lange*, Rn. 2236.
[31] Vgl. *Ingerl/Rohnke*, § 14 Rn. 836 ff.
[32] Vgl. dazu *Ingerl/Rohnke*, § 14 Rn. 852.
[33] Vgl. *Ingerl/Rohnke*, § 14 Rn. 856.

die B GmbH durch die graphische Hervorhebung des Wortes „ELTERN" eine besondere Nähe zu der Klagemarke der A GmbH schafft, für die es keinen sachlichen Grund gibt. Im Ergebnis steht der A GmbH demnach auch ein Unterlassungsanspruch aus § 14 Abs. 2 Nr. 3 MarkenG (Bekanntheitsschutz) zu.

III. Titelrecht (Verwechslungsschutz)

Der A GmbH könnte ein Unterlassungsanspruch aus dem Titelrecht an dem Zeichen „Eltern" sowie an dem Zeichen „Eltern.de" gem. §§ 5 Abs. 1, Abs. 3, 15 Abs. 2 und 4 MarkenG zustehen.

1. Werktitel

Das Zeichen „Eltern" müsste ein Werktitel im Sinne des § 5 Abs. 1, Abs. 3 MarkenG sein. Gemäß § 5 Abs. 3 sind Werktitel die Namen oder besonderen Bezeichnungen von Druckschriften, Filmwerken, Tonwerken, Bühnenwerken oder sonstigen vergleichbaren Werken. Vorliegend kommt als das dem Titel „Eltern" zugrunde liegende Werk eine Druckschrift in Betracht; das Zeichen „Eltern" ist der Titel einer seit 1966 periodisch erscheinenden Zeitschrift. Demnach ist das Zeichen „Eltern" ein Titel im Sinne von § 5 Abs. 1, Abs. 3 MarkenG.

Darüber hinaus betreibt die A GmbH unter dem Domainnamen „Eltern.de" eine Internetseite, auf der sie redaktionell Themen behandelt, die im Wesentlichen dem Inhalt des Printobjektes entsprechen. Ob ein Internetdomainname ein Titel im Sinne des § 5 Abs. 1, Abs. 3 MarkenG sein kann und die dem Domainnamen zugrunde liegende Internethomepage unter ein „sonstiges vergleichbares Werk" im Sinne des § 5 Abs. 3 MarkenG subsumiert werden kann, ist umstritten. Die Titelschutzfähigkeit des auf einer Internetseite dargebrachten Inhalts kann anhand der herkömmlichen Kriterien unproblematisch ermittelt werden. Da es bei den dem Titelschutz zugrundeliegenden geistigen Werken nicht auf die Art der körperlichen Manifestierung ankommt, müssen die Titel einer Zeitung oder Zeitschrift, die online angeboten werden, nach den gleichen Kriterien dem Titelschutz im Sinne des § 5 Abs. 3 MarkenG zugänglich sein, wie die jeweilige gedruckte Version. Ansonsten können online vermittelte Angebote – wenn sie die sonstigen Schutzvoraussetzungen erfüllen – zumindest als „sonstiges vergleichbares Werk" eingeordnet werden.[34] Von dem Inhalt der Webseite zu unterscheiden ist die wesentlich schwierigere Frage, ob die Internetadresse oder der Domainname, beispielsweise „SPIEGEL-ONLINE.de", für die dieser Adresse zugrundeliegende Homepage schutzfähig im Sinne § 5 Abs. 1, Abs. 3 MarkenG ist.[35] Die Rechtsprechung hat die Titelfunktion von Domainnamen grundsätzlich bejaht. Eine schutzfähige Bezeichnung im Sinne des Werktitelschutzes liege vor, wenn diese mit der darunter abrufbaren geistigen Leistung hinreichend verbunden sei.[36] Die erforderliche Zusammengehörigkeit zwischen Domainname und zugrundeliegendem Werk sei gegeben, wenn der Internetnutzer die unter der

---

[34] Vgl. *OLG Dresden*, Urt. v. 29. 9. 1998, Az. 14 U 433/98, NJWE-WettbR 1999, 130, 131 – dresden-online.de.

[35] Von dem Domainnamen zu unterscheiden ist indes der auf der Internetseite selbst angeführte Titel eines online abrufbaren Werkes (beispielsweise „Spiegel Online"). Für den Titel „Spiegel Online" ist unproblematisch Titelschutz zu bejahen.

[36] *OLG Dresden*, Urt. v. 29. 9. 1998, Az. 14 U 433/98, NJWE-WettbR 1999, 130 ff. – dresden-online.de; *OLG München*, Urt. v. 11. 1. 2001, Az. 6 U 5719/99, GRUR 2001, 522, 524 – Kueche-online; *OLG München*, Urt. v. 20. 10. 2005, Az. 29 U 2129/05, GRUR 2006, 686 – Österreich.de/österreich.de.

Webseite abrufbaren Informationen nur über die Eingabe bzw. das Anklicken der entsprechenden Stichworte oder Befehle erreichen und auf diese Weise Informationen abrufen könne. Höchstrichterliche Rechtsprechung gibt es zur Frage der Titelschutzfähigkeit von Domainnamen im Sinne des § 5 Abs. 3 MarkenG bislang nicht. Die herrschende Ansicht im Schrifttum bejaht ebenfalls Titelschutz von Domainnamen.[37] Demnach stellt sowohl der Zeitschriftentitel „Eltern" als auch der Domainname „Eltern.de" einen Titel im Sinne des § 5 Abs. 1, Abs. 3 MarkenG dar.

Das Recht an einem unterscheidungskräftigen Werktitel entsteht mit tatsächlicher Ingebrauchnahme im geschäftlichen Verkehr. Bei Druckwerken ist dies regelmäßig das Erscheinen des Druckwerks.[38] Schwieriger ist die schutzbegründende Benutzungshandlung im Rahmen der Nutzung des Internets. Hilfestellung leistet die im Lauterkeitsrecht (UWG) geltende Definition der geschäftlichen Handlung.[39] Gemäß § 2 Abs. 1 Nr. 1 UWG ist eine geschäftliche Handlung jedes Verhalten einer Person zugunsten des eigenen oder eines fremden Unternehmens, das mit der Förderung des Absatzes oder des Bezugs von Waren oder Dienstleistungen objektiv zusammenhängt. Da der Titel im Inland benutzt werden muss, um Schutz zu entfalten, genügt nicht allein die Abrufbarkeit des Titel von Deutschland aus. Vielmehr bedarf es der Bestimmung des Titels, dass er von Deutschland aus abgerufen werden soll. Daher muss sich das Angebot des Internetanbieters auch auf den deutschen Markt beziehen und sich an die Nutzer in Deutschland wenden.[40] Bedient sich der Anbieter der deutschen Sprache, ist von dieser Bestimmung auszugehen. Ausreichend dürfte ebenfalls sein, wenn das Angebot in einer im europäischen Kulturraum verbreiteten Weltsprache verfasst ist und einen Inhalt hat, der übernationale Interessen anspricht.[41]

Vor diesem Hintergrund genießt der Zeitschriftentitel „Eltern" Titelschutz seit 1966. Die A GmbH betreibt seit 1998 eine Internetseite unter der Domain „Eltern.de". Diese Internetseite ist in deutscher Sprache verfasst und dazu bestimmt, dass der Domainname von Deutschland aus abgerufen werden soll. Aus diesem Grund besteht Titelschutz an dem Domainnamen „Eltern.de" seit 1998.

2. Titelmäßige Benutzung

Die B GmbH verwendet den Domainnamen „eltern-online.de". Es müsste sich um eine titelmäßige Benutzung des Titels „eltern-online.de" handeln. Eine titelmäßige Verwendung eines Zeichens liegt dann vor, wenn ein Zeichen in einer Weise benutzt wird, dass ein nicht unerheblicher Teil des angesprochenen Verkehrs darin die Bezeichnung eines Werks zur Unterscheidung von anderen Werken sieht.[42] Wie oben unter Ziffer I. 1. a) bereits ausgeführt, dient der Domainname nicht nur als Adresse, die im Internet aufgesucht werden kann. In einer leichteren Merkbarkeit erschöpft sich die Funktion des Domainnamens gerade nicht. Vielmehr nutzt die B GmbH den Domainnamen ersichtlich gerade dazu, auf ihr Internetportal „eltern-online.de" hinzuweisen, wo sie einen redaktionellen Branchen- und Informationsdienst betreibt und hierfür sogar ausdrücklich Titelschutz gem. § 5 Abs. 3 MarkenG in Anspruch nimmt. Aus diesem Grund ist eine titelmäßige Benutzung des Zeichens „eltern-online.de" durch die B GmbH gegeben.

---

[37] *Heinrich*, MarkenR 2003, 89, 90, 94 f.; *Fezer*, WRP 2000, 669, 673; *Deutsch/Ellerbrock*, Rn. 364.
[38] *BGH*, Urt. v. 22. 6. 1989, Az. I ZR 39/87, GRUR 1989, 760 – Titelschutzanzeige.
[39] Vgl. *Fezer*, UWG, § 2 Rn. 15 f.
[40] *Omsels*, GRUR 1997, 328, 333.
[41] Vgl. dazu *Omsels*, GRUR 1997, 328, 334.
[42] *BGH*, Urt. v. 29. 4. 1999, Az. IZR 152/96, GRUR 2000, 70, 72 – SZENE.

3. Zeichenähnlichkeit

Voraussetzung für einen Unterlassungsanspruch nach § 15 Abs. 2, Abs. 4 MarkenG ist, dass der Titel „eltern" bzw. „Eltern.de" mit dem von der B GmbH verwendeten Zeichen „eltern-online.de" ähnlich ist. Bei der Beurteilung der Zeichen- bzw. Titelähnlichkeit ist – wie allgemein im Kennzeichenrecht – von dem Gesamteindruck auszugehen, den die Kennzeichnungen vermitteln.[43] Dabei kann auf die Ausführungen unter Ziffer I. 1. b) verwiesen werden. Die Zeichen „eltern" bzw. „Eltern.de" sind demnach mit dem Zeichen „eltern-online.de" als hochgradig ähnlich zu beurteilen.

4. Werknähe

An die Stelle der markenrechtlichen Waren-/Dienstleistungsähnlichkeit tritt im Titelrecht der Gesichtspunkt der Identität oder Ähnlichkeit der Werkkategorie (Werknähe).[44] Der Begriff der Werkkategorie ist dabei zunächst in einem mehr äußerlichen Sinne zu verstehen, da unterschiedliche Werkinhalte dem Publikum meist unbekannt sind, wenn es den konkurrierenden Titeln begegnet. Darüber hinaus sind bei der Beurteilung der Werknähe die Marktverhältnisse, vor allem der Charakter und das Erscheinungsbild (Aufmachung, Erscheinungsweise, Vertriebsform) der Werke zu berücksichtigen.[45] Betreffen die zum Vergleich stehenden Titel unterschiedliche Werkkategorien, so scheidet eine Werksverwechslung naturgemäß aus und es kommt nur eine Verwechslungsgefahr im weiteren Sinne in Betracht, die eine auf Bekanntheit beruhende Herkunftsfunktion des älteren Titels voraussetzt. Verwechslungsgefahr im weiteren Sinne ist in diesen Fällen zu bejahen, wenn zwischen den Werken sachliche Berührungspunkte bestehen, die auf das Vorliegen organisatorischer oder sonstiger geschäftlicher Zusammenhänge schließen lassen.[46] Insofern sind die Prüfungspunkte Werknähe und Verwechslungsgefahr im Rahmen der titelschutzrechtlichen Prüfung nicht klar zu trennen (siehe zur Verwechslungsgefahr sogleich unter e)). Der Titel „Eltern.de" und der Titel „eltern-online.de" bezeichnen beide eine Webseite. Die Tatsache, dass die Konzepte und Inhalte möglicherweise abweichend sind, ist unerheblich. Im Übrigen hat auch die B GmbH die Absicht, Inhalte anzubieten, die als Zielgruppe insbesondere junge Eltern ansprechen soll. Eine Werknähe ist im Hinblick auf diese Titel daher gegeben. Der Titel „Eltern" bezeichnet ein periodisches Druckwerk. Insofern ist zum Titel „eltern-online.de" keine Werknähe gegeben. Andererseits wird der Verkehr insbesondere aufgrund der besonderen Bekanntheit des Titels und der Marke „Eltern" davon ausgehen, dass zwischen der Internetplattform und dem periodischen Druckwerk ein organisatorischer oder sonstiger geschäftlicher Zusammenhang besteht und die Inhalte, die in dem periodischen Druckwerk erscheinen, den Nutzern auf der Internetseite in ähnlicher Form zur Verfügung stehen. Die Werknähe ist zwischen diesen beiden Titeln abzulehnen; dies führt jedoch im Ergebnis dennoch nicht dazu, dass die A GmbH aus ihrem Titelrecht an dem Zeichen „Eltern" keine Abwehransprüche gegenüber dem Zeichen „eltern-online.de" herleiten kann (dazu sogleich mehr unter e)).

---

[43] Vgl. *BGH*, Urt. v. 6. 6. 2002, Az. I ZR 108/00, GRUR 2002, 1083, 1084 – 1, 2, 3 im Sauseschritt.
[44] Vgl. *BGH*, Urt. v. 21. 6. 2001, Az. I ZR 27/99, GRUR 2002, 176 – Auto Magazin.
[45] Vgl. *BGH*, Urt. v. 13. 10. 2004, Az. I ZR 181/02, GRUR 2005, 264, 266 – Das Telefon-Sparbuch.
[46] Vgl. *BGH*, Urt. v. 25. 2. 1977, Az. I ZR 165/75, GRUR 1977, 543, 546 – Der 7. Sinn.

5. Verwechslungsgefahr

Für den Schutz von Werktiteln gegen Verwechslungsgefahr gelten im Grundsatz die selben Regeln wie für Marken. Wie auch sonst gilt, dass sämtliche für die Beurteilung der Verwechslungsgefahr relevanten Faktoren (insbesondere die Identität oder Ähnlichkeit der Titel, die Werknähe und die Kennzeichnungskraft des älteren Titels) zueinander in einem Wechselwirkungsverhältnis stehen.[47] Wie bereits unter Ziffer I. 1. d) ausgeführt, ist die originäre Kennzeichnungskraft des Titels „Eltern" als gering einzustufen. Da der Zusatz „.de" (Top-Level-Domain, TLD) nicht den Gesamteindruck eines Zeichens bestimmt, besitzt auch der Titel „Eltern.de" nur geringe originäre Kennzeichnungskraft.

Allerdings ist auch hier zu berücksichtigen, dass die A GmbH einen überaus hohen Bekanntheitsgrad des Titels „Eltern" von 70% (Gesamtbevölkerung) bzw. 90% (Zielgruppe) vorweisen kann. Dies spricht – wie im Rahmen der markenrechtlichen Beurteilung – dafür, dass jedenfalls die Kennzeichnungskraft des Titels „Eltern" als gesteigert anzusehen ist.

Da es sich bei den Titeln „Eltern.de" und „eltern-online.de" um Domainnamen handelt, kommt hier eine Verwechslungsgefahr im engeren Sinne in Betracht. Die Verwechslungsgefahr im engeren Sinne zeichnet sich dadurch aus, dass ein Werk für ein anderes gehalten wird, weil beide Werke identische oder ähnliche Werktitel haben.[48] Wie oben bereits erläutert, sind Zusätze wie „.de" oder „-online" nicht geeignet, den Gesamteindruck eines Zeichens so sehr zu dominieren, dass eine Zeichenähnlichkeit aufgrund dieser Zusätze abgelehnt werden kann. Aus diesem Grund ist eine unmittelbare Verwechslungsgefahr zwischen den Domainnamen „Eltern.de" und „eltern-online.de" gegeben.

Zwischen dem periodischen Druckwerktitel „Eltern" und dem Domainnamen „eltern-online.de" könnte eine Verwechslungsgefahr im weiteren Sinne vorliegen. Die Verwechslungsgefahr im weiteren Sinne hat verschiedene Erscheinungsformen. Alle Arten haben gemein, dass der Verkehr die dem Kennzeichen zugrundeliegenden Werke nicht miteinander verwechselt, aber trotz erkannter Verschiedenheit der Werke eine gemeinsame Herkunft annimmt. Der Verkehr unterliegt bei Branchenverschiedenheit der Werke (Fehl-)Vorstellungen durch Annahme wirtschaftlicher oder organisatorischer Verbindungen, zu denen auch ein Lizenzzusammenhang zu rechnen ist.[49] Für den Fall der Verwechslungsgefahr im weiteren Sinne wird verlangt, dass der Titel eine herkunftshinweisende Funktion ausübt, da der Verkehr nur so eine gemeinsame Herkunft vermuten kann. In der Rechtsprechung ist allerdings anerkannt, dass der Verkehr unter bestimmten Voraussetzungen die Vorstellungen einer betrieblichen Herkunft mit einem Werktitel verbindet. Diese Funktion kommt beispielsweise regelmäßig bei periodisch erscheinenden Zeitschriftentiteln oder sonstigen Serientiteln vor.[50] Bei Zeitschriftentiteln erscheint die Herkunft des periodischen Druckwerks aus einem bestimmten konkret vorgestellten Verlagsunternehmen für den Verkehr naheliegend. Erst der Titel lässt die inhaltlich jeweils un-

---

[47] Vgl. *BGH*, Urt. v. 13. 10. 2004, Az. I ZR 181/02, GRUR 2005, 264, 265 – Das Telefon-Sparbuch; *Hacker*, in: Ströbele/Hacker, § 15 Rn. 79.
[48] Vgl. *BGH*, Urt. v. 16. 7. 1998, Az. I ZR 6/96, GRUR 1999, 235, 237 – Wheels Magazine.
[49] Vgl. *BGH*, Urt. v. 12. 11. 1998, Az. I ZR 84/96, GRUR 1999, 581, 582 – Max.
[50] Vgl. *BGH*, Urt. v. 22. 10. 1969, Az. I ZR 47/68, GRUR 1970, 141 – Europharma; *BGH*, Beschl. v. 10. 5. 1974, Az. I ZB 2/73, GRUR 1974, 661, 662 – St. Pauli-Nachrichten; *BGH*, Beschl. v. 22. 10. 1987, Az. I ZB 8/86, GRUR 1988, 377, 378 – Apropos Film; *BGH*, Urt. v. 19. 11. 1992, Az. I ZR 254/90, GRUR 1993, 692, 693 – Guldenburg; *BGH*, Urt. v. 29. 4. 1999, Az. I ZR 152/96, GRUR 2000, 70, 72 f. – SZENE.

terschiedlich erscheinenden Einzelausgabenobjekte zu etwas Einheitlichem werden. Diese Einheitlichkeit kann nur durch ein unternehmerisches Subjekt gewährleistet sein, so dass der Verkehr einen Zeitschriftentitel mit einem Verlagsunternehmen in Zusammenhang bringt. Bei einem Periodikum besteht deshalb ein naheliegender Anlass, beim Titel das die Einheitlichkeit gewährleistende Unternehmen gleichsam „mitzudenken".[51] Diese Umstände liegen hier vor, da mit dem Werktitel „Eltern" eine monatlich und damit periodisch erscheinende Publikumszeitschrift bezeichnet wird. Der Titel „Eltern" übt demnach eine herkunftshinweisende Funktion aus. Aus diesem Grund sind der Zeitschriftentitel „Eltern" und der Domainname „eltern-online.de" verwechselbar.[52]

Der Domainname der B GmbH „eltern-online.de" ist sowohl mit dem Zeitschriftentitel „Eltern" sowie dem Domainnamen „Eltern.de" der A GmbH verwechslungsfähig im Sinne von § 15 Abs. 2 MarkenG.

6. Einwendungen

Im Hinblick auf die von B GmbH geltend gemachten Einwendungen wird auf die Ausführungen unter I. 1. e) verwiesen.

7. Erstbegehungs-/Wiederholungsgefahr

Im Hinblick auf die Erstbegehungs-/Wiederholungsgefahr wird ebenfalls auf die Ausführungen unter I. 1. f) verwiesen.

8. Ergebnis

Der A GmbH steht ein Unterlassungsanspruch aus dem Titelrecht an dem Zeichen „Eltern" sowie an dem Zeichen „Eltern.de" gem. §§ 5 Abs. 1, Abs. 3, 15 Abs. 4 MarkenG zu.

IV. Titelrecht (Bekanntheitsschutz)

Der Unterlassungsanspruch der A GmbH könnte sich ferner aus § 15 Abs. 3 MarkenG ergeben. § 15 Abs. 3 MarkenG etabliert einen Bekanntheitsschutz, der unabhängig von dem Vorliegen von Verwechslungsgefahr betroffen sein kann.

Der Bekanntheitsschutz hat im Titelrecht bisher keine große praktische Bedeutung erlangt. Der hauptsächliche Grund hierfür ist in der ausdehnenden Interpretation zu sehen, die die Verwechslungsgefahr im weiteren Sinne beim Titelschutz erfährt. Soweit danach schon die irrtümliche Annahme vertraglicher oder sonstiger organisatorischer Beziehungen ausreichen kann, um eine Verwechslungsgefahr im weiteren Sinne zu begründen, kann sich der Titelrechtinhaber bereits auf den Unterlassungsanspruch nach § 15 Abs. 2, Abs. 4 MarkenG berufen.

Im Übrigen können die Ausführungen zum markenrechtlichen Bekanntheitsschutz auch auf den werktitelrechtlichen Bekanntheitsschutz angewendet werden. Insoweit wird daher auf die Ausführungen unter Ziffer I. 2. verwiesen. Im Ergebnis steht der A GmbH daher auch ein Anspruch aus § 15 Abs. 3 MarkenG zu.

---

[51] Vgl. *OLG Hamburg*, Urt. v. 31. 7. 2003, Az. 3 U 145/02, GRUR-RR 2004, 104, 105 – ELTERN; *OLG Hamburg*, Urt. v. 6. 5. 1999, Az. 3 U 244/98, NJWE-WettbR 1999, 281 – netlife.

[52] So auch im Ausgangsfall *OLG Hamburg*, Urt. v. 31. 7. 2003, Az. 3 U 145/02, GRUR-RR 2004, 104, 105 – ELTERN.

B. Löschungsanspruch

Die A GmbH hat gegen die B GmbH Anspruch auf Verzicht und Einwilligung in die Löschung der Marke „ELTERN-ONLINE.DE". Dieser Anspruch ergibt sich aus den §§ 51 Abs. 1 i.V. m. 9 Abs. 1 Nr. 2 MarkenG. Danach wird die Eintragung einer Marke auf Klage wegen Nichtigkeit gelöscht, wenn ihr eine prioritätsältere Marke entgegensteht, die mit der jüngeren Marke verwechslungsfähig ist. Wie oben erörtert, sind die Zeichen „Eltern" und „eltern-online.de" ähnlich. Beide Marken schützen ähnliche Waren bzw. Dienstleistungen. Unter Berücksichtigung der gesteigerten Kennzeichnungskraft des Zeichens „Eltern" ist eine Verwechslungsgefahr zu bejahen, so dass die Voraussetzungen für eine Löschung der Marke „ELTERN-ONLINE.DE" erfüllt sind. Als Inhaberin der älteren Marke „Eltern" ist die A GmbH auch gemäß § 55 Abs. 2 Nr. 2 MarkenG aktivlegitimiert.

C. Anspruch auf Löschung der Domain gegen DENIC[53]

Fraglich ist, ob die A GmbH gegen die DENIC einen Anspruch auf Löschung der Domain „eltern-online.de" hat. Dafür könnte sprechen, dass diese Domainnamen vermittelt und damit aktiv eine notwendige Voraussetzung zur Benutzung einer Internet-Domainadresse und einer damit verbundenen möglichen Verletzung der Rechte anderer schafft. Allerdings hat die DENIC die Domain „eltern-online.de" nicht selbst genutzt, sondern – ähnlich wie das Patent- und Markenamt im Falle von Marken – lediglich registriert. Die DENIC kommt mithin als unmittelbare Verletzerin der Rechte der A GmbH nicht in Betracht.[54] Sie könnte allenfalls als Störerin nach § 1004 BGB analog von der A GmbH in Anspruch genommen werden.[55]

Eine Haftung als Störer setzt die Verletzung zumutbarer Prüfungspflichten voraus.[56] Die DENIC ist demnach nur dann Störerin, wenn sie entweder in der Phase der Registrierung des Domainnamens „eltern-online.de" oder nach dem erfolgten Hinweis durch die B GmbH eine zumutbare Prüfungspflicht hinsichtlich einer Verletzung der Rechte der A GmbH traf und sie diese Prüfungspflicht verletzt hat.

I. Prüfungspflichten der DENIC in der Phase der Registrierung

Die DENIC übernimmt mit der Registrierung der .de-Domain eine wichtige Aufgabe im Interesse der Allgemeinheit.[57] Die Registrierung von Domains hat angesichts der Masse der Registrierungsgesuche schnell und effektiv zu erfolgen. Die DENIC vergibt Domainnamen deshalb in einem automatischen Verfahren auf Grundlage des Prioritätsprinzips, ohne dabei zu prüfen, ob an der angemeldeten Be-

---

[53] Der Fall ist (mit Abweichungen) der Entscheidung *OLG Hamburg*, Urt. v. 31. 7. 2003, Az. 3 U 145/02, GRUR-RR 2004, 104 – ELTERN nachgebildet.
[54] *BGH*, Urt. v. 17. 5. 2001, Az. I ZR 251/99, ZUM 2001, 869, 871 – ambiente.de; *Bettinger/Freytag*, CR 1999, 28, 32; *Hoeren*, in: Hoeren/Sieber, Teil 18.2 Rn. 129.
[55] *Hoeren*, in: Hoeren/Sieber, Teil 18.2 Rn. 130.
[56] *BGH*, Urt. v. 17. 5. 2001, Az. I ZR 251/99, ZUM 2001, 869, 871 – ambiente.de; *BGH*, Urt. v. 10. 10. 1996, Az. I ZR 129/94, GRUR 1997, 313, 315 f. – Architektenwettbewerb.
[57] *BGH*, Urt. v. 17. 5. 2001, Az. I ZR 251/99, ZUM 2001, 869, 872 f. – ambiente.de; *OLG Hamburg*, Beschl. v. 1. 7. 2004, Az. 3 U 5/04, ZUM 2005, 392, 393; *Bettinger/Freytag*, CR 1999, 28, 35; *Welzel*, Anmerkung zu *OLG Frankfurt a. M.*, Urt. v. 14. 9. 1999, Az. 11 U Kart 59/98 (MMR 2000, 36) – ambiente.de, MMR 2000, 39.

zeichnung Rechte Dritter bestehen – wer eine Domainadresse zuerst beantragt, bekommt sie im Regelfall zugesprochen („First come – first served"). Würde man der DENIC dabei eine umfassende Prüfungspflicht auferlegen, könnte sie ihre Aufgabe nicht mehr mit gleicher Effektivität erfüllen. Denn die Recherche der genauen Umstände des Einzelfalls sowie die rechtliche Bewertung wäre überaus arbeits- und zeitintensiv.[58] Eine Prüfungspflicht der DENIC würde daher dem Interesse der Allgemeinheit an einer schnellen und effektiven Internet-Domain-Registrierung entgegenstehen und erscheint somit nicht zumutbar. Damit bestehen seitens der DENIC in der Phase der ursprünglichen Registrierung von Domainnamen keine besonderen Prüfungspflichten.[59]

II. Prüfungspflichten nach Hinweis durch die A GmbH

Eine Prüfungspflicht der DENIC könnte jedoch dann entstehen, wenn sie – wie hier – von einem Dritten auf eine angebliche Verletzung seiner Rechte hingewiesen wird. Auch in dieser zweiten Phase treffen die DENIC nach der Rechtsprechung jedoch nur eingeschränkte Prüfungspflichten. Sie ist nur dann gehalten, eine Registrierung zu löschen, wenn die Rechtsverletzung offenkundig und für sie ohne Weiteres feststellbar ist.[60] Weiterreichende Prüfungspflichten würden sie überfordern und ihre Arbeit über Gebühr erschweren. Dahinter steht zum einen die Erwägung, dass die Prüfung der rechtlichen Zulässigkeit einer Domain-Adresse grundsätzlich zunächst in den Verantwortungsbereich des Anmelders (hier: der B GmbH) fällt. Zum anderen könnte die DENIC ihre Aufgabe nicht mehr in der gewohnt effizienten Weise erfüllen, wenn sie in jedem Fall, in dem ein Dritter Kennzeichenrechte geltend macht, in eine rechtliche Prüfung eintreten müsste. Denn selbst dann, wenn ihr der Verstoß im Einzelnen dargelegt wird, würde ihre personelle und sachliche Ausstattung nicht ausreichen, um die Vielzahl zu erwartender Konfliktfälle sachgerecht zu bearbeiten.[61] Im Ergebnis ist die DENIC somit nur dann als Störerin zur Löschung einer Domain-Registrierung verpflichtet, wenn ihr ein rechtskräftiger gerichtlicher Titel gegen den Domain-Inhaber vorliegt oder die Rechtsverletzung derart eindeutig ist, dass sie sich ihr aufdrängen muss.[62]

Einen rechtskräftigen gerichtlichen Titel kann die A GmbH nicht vorweisen. Die Verletzung der Rechte der A GmbH ist hier auch nicht eindeutig. Zwar ist die Marke „Eltern" einem großen Publikum bekannt. Der angegriffene Domainname „eltern-online.de" und das Zeichen der A GmbH „Eltern" sind aber nicht vollkommen identisch. Darüber hinaus deutet die Verwendung eines allgemein bekannten und vielseitig verwendeten Begriffes wie „Eltern" als Domainname nicht ohne

---

[58] *BGH*, Urt. v. 17. 5. 2001, Az. I ZR 251/99, ZUM 2001, 869, 872 f. – ambiente.de; *OLG Hamburg*, Beschl. v. 1. 7. 2004, Az. 3 U 5/04, ZUM 2005, 392, 393; *OLG Frankfurt a. M.*, Urt. v. 13. 2. 2003, Az. 6 U 132/01, MMR 2003, 333, 335 – viagratip.de; *Nordemann*, NJW 1997, 1891, 1897.

[59] *BGH*, Urt. v. 17. 5. 2001, Az. I ZR 251/99, ZUM 2001, 869, 872 f. – ambiente.de; *OLG Frankfurt a. M.*, Urt. v. 13. 2. 2003, Az. 6 U 132/01, MMR 2003, 333, 334 – viagratip.de; *Bettinger/Freytag*, CR 1999, 28, 36; *Freytag*, CR 2001, 853, 853; *Lange*, Rn. 1855, 3147; *Marx*, Rn. 1075; *Welzel*, MMR 2000, 39, 39 f.; kritisch: *Ubber*, K&R 2001, 593.

[60] *BGH*, Urt. v. 17. 5. 2001, Az. I ZR 251/99, ZUM 2001, 869, 872 – ambiente.de; *OLG Frankfurt a. M.*, Urt. v. 13. 2. 2003, Az. 6 U 132/01, MMR 2003, 333, 334 – viagratip.de; *LG Kiel*, Urt. v. 15. 3. 2001, Az. 15 O 194/00, MMR 2002, 64 – nordsee.de; *Abel*, CR 1999, 788, 789; *Bettinger/Freytag*, CR 1999, 28, 36; *Welzel*, MMR 2000, 39, 39 f.

[61] *BGH*, Urt. v. 17. 5. 2001, Az. I ZR 251/99, ZUM 2001, 869, 872 – ambiente.de.

[62] *BGH*, Urt. v. 17. 5. 2001, Az. I ZR 251/99, ZUM 2001, 869, 872 – ambiente.de; *OLG Naumburg*, Beschl. v. 15. 1. 2001, Az. 7 W 23/00, MMR 2002, 57, 59 – anwalts-auskunft.de.

Weiteres auf eine Rechtsverletzung hin, sondern bedarf einer näheren Prüfung.[63] Im Ergebnis kann nicht angenommen werden, dass eine Verletzung der Rechte der A GmbH derart offensichtlich ist, dass die DENIC nach Inkenntnissetzung durch die A GmbH eine Löschungspflicht traf. Die von der A GmbH geltend gemachten Ansprüche gegenüber der DENIC sind somit unbegründet.

> **Merke:** Voraussetzung für einen markenrechtlichen Unterlassungsanspruch ist, dass die Marke kennzeichenmäßig (markenmäßig) benutzt wird. Eine kennzeichenmäßige Benutzung liegt vor, wenn das betreffende Zeichen zur Unterscheidung der Ware/Dienstleistung eines Unternehmens von den Waren/Dienstleistungen anderer dient. Die Benutzung einer Marke als Domainname stellt in aller Regel eine kennzeichenmäßige Benutzung dar.
> Auch wenn einer der Verletzungstatbestände des § 14 Abs. 2 MarkenG erfüllt ist, kann der Verwender der Marke verschiedene Einwendungen geltend machen. Ist die ältere Marke löschungsreif, etwa weil sie trotz Bestehens absoluter Schutzhindernisse eingetragen wurde, steht dem Verwender der Marke der Einwand aus § 22 Abs. 1 Nr. 2 MarkenG zu. Benutzt der Verwender die Marke lediglich als beschreibende Angabe, kann er sich auf § 23 Nr. 2 MarkenG berufen, sofern die Benutzung nicht gegen die guten Sitten verstößt.
> Voraussetzung für einen titelrechtlichen Unterlassungsanspruch ist, dass ein Werktitel im Sinne des § 5 Abs. 1, Abs. 3 MarkenG vorliegt. Werktitel im Sinne des § 5 Abs. 3 MarkenG sind Namen oder besondere Bezeichnungen von Druckschriften, Filmwerken, Tonwerken, Bühnenwerken oder sonstigen vergleichbaren Werken. Auch eine Internet-Webseite kann ein sonstiges vergleichbares Werk sein. Der Domainname kann einen Werktitel im Sinne des § 5 Abs. 1, Abs. 3 MarkenG darstellen. Die erforderliche Zusammengehörigkeit zwischen Domainname und zugrunde liegendem Werk ist gegeben, wenn der Internetnutzer die unter der Webseite abrufbaren Informationen nur über die Eingabe bzw. das Anklicken der entsprechenden Stichworte oder Befehle erreichen und auf diese Weise Informationen abrufen kann. Darüber hinaus muss der Titel titelmäßig benutzt werden. Eine titelmäßige Benutzung liegt vor, wenn ein Zeichen in einer Weise benutzt wird, dass ein nicht unerheblicher Teil des angesprochenen Verkehrs darin die Bezeichnung eines Werks zur Unterscheidung von anderen Werken sieht.
> An die Stelle der markenrechtlichen Waren-/Dienstleistungsähnlichkeit tritt im Titelrecht der Gesichtspunkt der Identität oder Ähnlichkeit der Werkkategorie (Werknähe).
> Für den Schutz von Werktiteln gegen Verwechslungsgefahr gelten im Grundsatz die selben Regeln wie für Marken. Für den Fall der Verwechslungsgefahr wird verlangt, dass der Titel Herkunftshinweise enthält, da der Verkehr nur so eine gemeinsame Herkunft vermuten kann.
> Die DENIC treffen keine besonderen Prüfungspflichten hinsichtlich der Verletzung der Rechte Dritter durch die Nutzung eines Domainnamens. Als Störerin kommt sie aber dann in Betracht, wenn eine Rechtsverletzung sich vom Inhalt her eindeutig aufdrängt, oder wenn ein Hinweis in Form eines rechtskräftigen gerichtlichen Titels vorliegt.

---

[63] Vgl. *LG Kiel*, Urt. v. 15. 3. 2001, Az. 15 O 194/00, MMR 2002, 64 – nordsee.de.

Fall 23. Geographische Herkunftsangaben („Warsteiner")

Sachverhalt*

A betreibt mit Sitz in Warstein unter der Firma „Warsteiner Braumeister" eine Brauerei. Diese befindet sich seit 1753 im Familienbesitz. A ist Inhaber eines Markenrechts an der Marke „Warsteiner" für „Bier nach Pilsener Brauart", die aufgrund einer nachgewiesenen Verkehrsdurchsetzung am 24. 10. 1990 eingetragen worden ist. Unter diesem Zeichen vertreibt er diverse Biersorten. Im Herbst 1990 erwarb A unter Beibehaltung des angestammten Firmensitzes die 40 km von Warstein entfernt gelegene Paderborner Brauerei. In dieser braute A Bier der Sorten „Light" und „Fresh" und vertreibt sie als „Warsteiner Premium Light" und „Warsteiner Premium Fresh". Auf der Rückseite der Flasche verwendet A Etiketten, die den 7 mm hohen Schriftzug „Paderborner Brauerei" enthalten. Seit kurzem wirbt A für sein Bier in den Medien mit dem Slogan „Warsteiner – der Champagner unter den Bieren".

V ist ein in die Liste qualifizierter Einrichtungen nach § 4 des UKlG eingetragener Verein mit dem satzungsmäßigen Zweck, unlauteren Wettbewerb zu bekämpfen. Er hält die Werbung für unlauter und beanstandet den Firmennamen und auch die Gestaltung der Etiketten als irreführend, soweit das in Paderborn gebraute Bier die geographische Herkunftsangabe „Warsteiner" verwendet. Gleiches gelte für die von A verwendeten Bierkästen, welche einheitlich lediglich den Schriftzug „Warsteiner" enthalten. A hingegen ist der Ansicht, der Ort Warstein sei dem Verkehr unbekannt, weshalb er in „Warsteiner" keinen Hinweis auf eine geographische Herkunft sehe. Außerdem hänge die Wertschätzung des Bieres nicht von den örtlichen Gegebenheiten ab. Auch andere Biere mit Hinweisen auf deutsche Städte stammten nicht ausschließlich aus dem so bezeichneten Ort.

Aus einer von A in Auftrag gegebenen repräsentativen Verkehrsbefragung ergibt sich, dass 8% der befragten Verbraucher, die Bier trinken, sei es auch nur gelegentlich oder selten, den Ort Warstein kennen und gleichzeitig auf Nachfrage diesem Ort für das Bierprodukt auch Bedeutung beimessen. Insgesamt kennen 81% der Befragten häufigen Bierkonsumenten den Ort Warstein und 50% verbinden auch die Bezeichnung „Warsteiner" mit ihm.

Wie ist die Rechtslage? Bilaterale zwischenstaatliche Abkommen sind nicht zu prüfen.

---

* Dieser Fall beruht im Wesentlichen auf *BGH*, Beschl. v. 2. 7. 1998, Az. I ZR 54/96, GRUR 1999, 251 – Warsteiner I; *BGH*, Urt. v. 2. 7. 1998, Az. I ZR 55/96, GRUR 1999, 252 – Warsteiner II; *BGH*, Urt. v. 19. 9. 2001, Az. I ZR 54/96, GRUR 2002, 160 – Warsteiner III; siehe dazu auch *EuGH*, Urt. v. 7. 11. 2000, Rs. C-312/98, Slg. 2000, I-9187 – Warsteiner; *BGH*, Urt. v. 18. 4. 2002, Az. I ZR 72/99, GRUR 2002, 1074 – Original Oettinger; siehe hinsichtlich der Ansprüche gegen die Firmenbezeichnung *BGH*, Urt. v. 10. 8. 2000, Az. I ZR 126/98, GRUR 2001, 73 – Stich den Buben; zur Abwehr der „Champagner"-Werbung *BGH*, Urt. v. 4. 6. 1987, Az. I ZR 109/85, GRUR 1988, 453 – Ein Champagner unter den Mineralwässern.

Lösung

A. Ansprüche V gegen A gegen die Gestaltung der Etiketten

Unterlassungsansprüche des V gegen A gegen die konkrete Gestaltung der Etiketten bei den Bieren „Light" und „Fresh" mit „Warsteiner Premium Light" und „Warsteiner Premium Fresh" könnten sich sowohl aus dem MarkenG als auch dem UWG ergeben.

I. Anspruch gemäß § 128 Abs. 1 S. 1 MarkenG, § 8 Abs. 3 UWG i. V. m. § 127 Abs. 1 MarkenG

V könnte gegen A einen auf § 128 Abs. 1 S. 1 MarkenG, § 8 Abs. 3 UWG i. V. m. § 127 Abs. 1 MarkenG gestützten Unterlassungsanspruch haben.

1. Aktivlegitimation

Als in die Liste qualifizierter Einrichtungen nach § 4 des UKlG eingetragener Verein folgt die Aktivlegitimation des V aus § 128 Abs. 1 S. 1 MarkenG i. V. m. § 8 Abs. 3 Nr. 3 UWG.

2. Schutzfähige geographische Herkunftsangabe gemäß § 126 MarkenG

a) Voraussetzungen des § 126 Abs. 1 MarkenG

Bei den von A verwendeten Bezeichnungen müsste es sich um geographische Herkunftsangaben gemäß § 126 Abs. 1 MarkenG handeln, also um Namen von Orten, Gegenden, Gebieten oder Ländern[1] oder sonstige Angaben oder Zeichen,[2] die im geschäftlichen Verkehr zur Kennzeichnung der geographischen Herkunft von Waren oder Dienstleistungen benutzt werden. Die Bezeichnung Warsteiner ist an den Namen des Ortes Warstein angelehnt, indem sie in adjektivischer Form auf den Namen dieses Ortes zur Kennzeichnung der geographischen Herkunft der Ware „Bier" hinweist. Es handelt sich folglich um eine unmittelbare geographische Herkunftsangabe im Sinne des § 126 Abs. 1 MarkenG.[3] Diese wurde auch von A benutzt.

Ob dem Verkehr die Bezeichnung als ein Ort mit dem Namen Warstein bekannt ist, kann für § 126 Abs. 1 MarkenG dahinstehen. Der Schutz der geographischen Angabe als Kennzeichnung nach § 127 Abs. 1 MarkenG erfordert lediglich, dass der angegebene Ort nicht aufgrund seiner Eigenart oder wegen der Besonderheit der Ware als Produktionsstätte erkennbar ausscheidet.[4] Denn selbst wenn den beteiligten Verkehrskreisen die geographische Herkunftsangabe weitgehend unbekannt ist, besteht ein Schutzbedürfnis interessierter Verkehrskreise gegen die Gefahr der Disqualifizierung gemäß § 126 Abs. 2 MarkenG, wenn diese für das fragliche Warengebiet als Angaben über den Ort der Herstellung ernsthaft in Betracht kommen.[5]

Ohne Bedeutung ist zunächst auch, ob der Verkehr mit dem Ort Warstein regionale Besonderheiten verbindet, die für die Qualität der Ware oder die Art ihrer Pro-

---
[1] Unmittelbare Herkunftsangaben.
[2] Mittelbare Herkunftsangaben.
[3] *BGH*, Urt. v. 2. 7. 1998, Az. I ZR 55/96, GRUR 1999, 252, 254 – Warsteiner II.
[4] *BGH*, Urt. v. 15. 3. 1957, Az. I ZR 72/55, GRUR 1957, 430, 431 – Havana.
[5] Vgl. *BGH*, Beschl. v. 14. 1. 1963, Az. Ib ZB 29/62, GRUR 1963, 469, 470 – Nola.

duktion bedeutsam sein können. Dahingehender Feststellungen bedarf es nur für den erweiterten Schutz qualifizierter geografischer Angaben im Sinne des § 127 Abs. 2 MarkenG.

Dem Schutz als geografische Herkunftsangabe könnte der Schutz der Bezeichnung „Warsteiner" als einer kraft Verkehrsdurchsetzung eingetragenen Marke und deren Verwendung auf den Etiketten der Bierflaschen entgegenstehen. Allerdings dient das Markenrecht dem Individualschutz, die Regeln für geografische Herkunftsangaben hingegen dem Interesse der Allgemeinheit. Der bereits im Interesse der Allgemeinheit gewährte Schutz (einfacher) geografischer Herkunftsangaben, der jedem zusteht, der seine Betriebsstätte in der bezeichneten Region unterhält, wird daher nicht dadurch aufgehoben, dass ein Betrieb für diese Bezeichnung einen zusätzlichen Markenschutz genießt. Die Rechtsstellung regionaler Wettbewerber kann hierdurch lediglich dahingehend eingeschränkt werden, dass eine Verwendung der Herkunftsangabe als Unternehmenshinweis dem Schutz des Markeninhabers weichen muss.[6]

Die Voraussetzungen des § 126 Abs. 1 MarkenG sind erfüllt.

b) Kein Ausschluss gemäß § 126 Abs. 2 MarkenG

Die Qualität als geografische Herkunftsangabe darf nicht nach § 126 Abs. 2 MarkenG ausgeschlossen sein. Dies könnte der Fall sein, wenn der Verkehr die Bezeichnung „Warsteiner" wegen ihrer Bekanntheit als Biermarke unabhängig von der Produktionsstätte lediglich als Synonym für Bier aus dem Hause der A verstehen würde. Es ist zwar nicht von vornherein auszuschließen, dass eine geografische Herkunftsbezeichnung, welche über Verkehrsdurchsetzung markenrechtlichen Schutz erlangt hat, ihre ursprüngliche Bedeutung verlieren kann, lediglich auf die Produktion in einer bestimmten Region oder an einem bestimmten Ort hinzuweisen. Doch bedarf es hierzu der Feststellung, dass nur noch unbeachtliche Teile des Verkehrs von einer geografischen Herkunftsbedeutung ausgehen.[7] Dem Sachverhalt hingegen ist zu entnehmen, dass nahezu 81 % der häufigen Bierkonsumenten den Ort Warstein kennen.[8] Folglich kann nicht davon ausgegangen werden, dass die Bezeichnung „Warsteiner" ihre ursprüngliche Bedeutung als adjektivische Ortsangabe verloren hat.

3. Verletzungstatbestand des § 127 Abs. 1 MarkenG

a) Benutzung für Waren im geschäftlichen Verkehr

A hat die Bezeichnung Warsteiner zur Identifizierung der von ihm im Rahmen seiner Erwerbstätigkeit angebotenen Biere verwendet und damit für Waren im geschäftlichen Verkehr genutzt.

b) Benutzung für herkunftsfremde Produkte

Die mit der geografischen Herkunftsangabe gekennzeichneten Produkte müssten weiterhin eine andere als die angegeben Herkunft haben. Die beiden Biersorten „Warsteiner Premium Light" und „Warsteiner Premium Fresh" werden im 40 km

---

[6] § 23 Nr. 2 MarkenG; Art. 6 Abs. 1 lit. b MarkenrechtsRL.
[7] Vgl. *BGH*, Urt. v. 30. 1. 1963, Az. Ib ZR 183/61, GRUR 1963, 482, 485 – Hollywood Duftschaumbad; *BGH*, Urt. v. 19. 5. 1965, Az. Ib ZR 36/63, GRUR 1965, 681, 682 – de Paris.
[8] Hier kommt es auf die abstrakte Eigenschaft der Bezeichnung „Warsteiner" als geografische Herkunftsangabe an, nicht darauf, wie viele Konsumenten diese als solche auffassen.

von Warstein entfernten Paderborn gebraut. Bei dieser Entfernung kann der Brauort auch nicht mehr dem Einzugsgebiet der Stadt Warstein zugerechnet werden. Die beiden Biersorten sind demnach herkunftsfremd.

c) Irreführungsgefahr

Ob eine Irreführung vorliegt, ist am Maßstab der Verkehrsauffassung zu beurteilen. Von der Gefahr einer Irreführung ist auszugehen, wenn die angegriffene Bezeichnung bei einem nicht unwesentlichen Teil der Verkehrskreise eine unrichtige Vorstellung über die geografische Herkunft der Produkte hervorruft.[9] Eine Irreführung liegt zumindest dann vor, wenn ein hinreichender Teil der relevanten Verkehrskreise (10-15%)[10] über die geografische Herkunft getäuscht werden.[11] Maßstab ist der durchschnittlich informierte und verständige Verbraucher, der das fragliche Werbeverhalten mit einer der Situation angemessenen Aufmerksamkeit verfolgt.

Im vorliegenden Fall hat A nicht auf den Vorderetiketten, sondern nur auf den Rücketiketten die Paderborner Brauerei als Herkunftsort genannt. Dem durchschnittlich informierten und verständigen Verbraucher, der an zusätzlichen Informationen über ein bestimmtes Bier interessiert ist, fällt der Hinweis daher zwar nicht sofort ins Auge, er weiß aber, dass er nähere Angaben auch auf den Rücketiketten findet. Macht er von dieser Informationsmöglichkeit Gebrauch, kann ihm der Hinweis auf die Braustätte in Paderborn nicht verborgen bleiben. Auf der anderen Seite erscheint fraglich, ob der Durchschnittsverbraucher in Ansehung des Vorderetiketts noch nach weiteren Informationen über den Herkunftsort suchen wird, etwa aufgrund verbleibender Zweifel. Nur dann hätte er einen Grund, mit diesem Ziel die Rücketiketten zu begutachten. Bei der Verwendung einer unmittelbaren Herkunftsangabe, die direkt auf einen Ort hinweist, kann davon jedoch nicht ohne Weiteres ausgegangen werden. Auch wenn der moderne Verbraucher einen hohen Aufmerksamkeitsgrad hat, kann die Irreführungsgefahr daher zwar als nur gering bezeichnet, jedoch nicht gänzlich ausgeschlossen werden. Grundsätzlich reicht aber aufgrund des besonderen Interesses der Allgemeinheit an dem Schutz geografischer Herkunftsangaben auch ein geringer Grad an Irreführung aus, um einer solchen Verwendung eine grundsätzliche Missbilligung zukommen zu lassen.

d) Interessenabwägung

Trotz Irreführungsgefahr kann der Unterlassungsanspruch des § 128 Abs. 1 i.V.m. § 127 Abs. 1 MarkenG ausscheiden, wenn er unter Berücksichtigung der Umstände des Einzelfalles unverhältnismäßig ist.[12] Der Vorbehalt der Verhältnismäßigkeit fordert eine Abwägung des Interesses der Verbraucher und der Mitbewerber daran, dass keine Irreführung über die Herkunft des Bieres erfolgt, mit dem Interesse der A an der Nutzung der Marke „Warsteiner". Ausgangspunkt dieser Abwägung ist, dass im Allgemeinen kein schutzwürdiges Interesse Dritter besteht, eine unrichtige geografische Herkunftsangabe zu verwenden.[13] Es müssen also zusätzliche, ein besonderes Interesse des A begründende Umstände hinzutreten.

---
[9] *BGH*, Urt. v. 2. 7. 1998, Az. I ZR 55/96, GRUR 1999, 252, 255 – Warsteiner II.
[10] *Ingerl/Rohnke*, § 127 Rn. 3.
[11] Die Anforderungen entsprechen denen des § 5 UWG.
[12] *BGH*, Urt. v. 2. 7. 1998, Az. I ZR 55/96, GRUR 1999, 252, 255 – Warsteiner II.
[13] *BGH*, Urt. v. 6. 6. 1980, Az. I ZR 97/98, GRUR 1981, 71, 72 – Lübecker Marzipan.

Zugunsten des A ist zu berücksichtigen, dass er sich mit der Marke „Warsteiner" ein wertvolles Kennzeichen, welches auch Unternehmenskennzeichen ist, aufgebaut hat. Für ein expandierendes Unternehmen erweist es sich gerade als wirtschaftlich vernünftig, die Kennzeichnungskraft des bekannten Unternehmenskennzeichens auch bei der Fortentwicklung des eigenen Unternehmens einzusetzen. Dazu gehört es auch, weitere Produktionsstätten an anderen Orten aufzubauen oder zu erwerben, um zu expandieren. Zudem besteht ein berechtigtes Interesse daran, die Unternehmensstrategie unter Beibehaltung des wichtigsten immateriellen Gutes, der Marke „Warsteiner", fortzusetzen, zumal A den Unternehmenssitz in Warstein beibehalten hat, wo auch die unternehmerischen Entscheidungen hinsichtlich der Paderborner Produktionsstätte getroffen werden.

Allerdings können individuelle Interessen gegenüber dem Kennzeichnungsverbot des § 127 Abs. 1 i.V. mit § 128 Abs. 1 MarkenG nur dann durchgreifen, wenn der Verwender alles Zumutbare getan hat, eine dem Allgemeininteresse widersprechende Irreführungsgefahr zu vermeiden. Stets zuzumuten sind ihm dabei entlokalisierende Zusätze. Dabei sind an entlokalisierende Zusätze gemäß § 127 Abs. 4 MarkenG strenge Anforderungen zu stellen,[14] da geografischen Herkunftsangaben ein möglichst wirksamer Schutz gegen unrichtige Verwendung gewährt werden soll und kein schutzwürdiges Interesse besteht, unrichtige Angaben über die Herkunft zu verwenden.

Fraglich ist daher, ob der von A auf dem rückseitigen Etikett verwendete Hinweis auf die Produktionsstätte in Paderborn so deutlich ist, dass verbleibende Fehlvorstellungen des Verkehrs daneben nicht ins Gewicht fallen. Die Bedeutung der Fehlvorstellungen bemisst sich – anders als die Ermittlung der Irreführungsgefahr[15] – auch nach der Relevanz der Fehlvorstellungen für die Kaufentscheidung des Verbrauchers,[16] die mit den Anforderungen an den entlokalisierenden Zusatz in Wechselwirkung steht. Bei erheblicher Relevanz sind auch hohe Anforderungen an die Klarheit und Deutlichkeit aufklärender Hinweise zu stellen und umgekehrt.

Im vorliegenden Fall ist die Herkunft der betroffenen Biere nur für 8% der Befragten Verbraucher von Bedeutung. Darüber hinaus ist die Irreführungsgefahr als gering einzustufen. Dass ein 7 mm hoher Schriftzug auf der Rückseite der Flasche dem Aufklärungsinteresse nicht gerecht wird, ist nicht ersichtlich, zudem ein Anbringen auf der Vorderseite auch das schutzwürdige Interesse an der Marke beeinträchtigen kann. In anbetracht dieser Umstände erscheint das Interesse der Allgemeinheit weniger gewichtig als das Interesse der A an der umfassenden Nutzung ihrer bekannten Marke. Aus Gründen der Verhältnismäßigkeit hat V daher keinen Unterlassungsanspruch gegen A hinsichtlich der Bezeichnung der Biere „Light" und „Fresh" mit „Warsteiner Premium Light" und „Warsteiner Premium Fresh".

---

[14] *BGH*, Urt. v. 29. 4. 1982, Az. I ZR 111/80, GRUR 1982, 564, 565 – Elsässer Nudeln.

[15] Dies gilt nur für die Irreführungsgefahr im Rahmen des § 127 Abs. 1 MarkenG. Die Irreführungsgefahr des § 5 UWG verlangt auch eine hinreichende Marktrelevanz (näher dazu unten).

[16] Dieses Erfordernis erscheint jedenfalls in Hinblick auf die mit § 127 MarkenG ebenfalls beeinträchtigte Warenverkehrsfreiheit (Art. 28 EG) notwendig, da deren Einschränkung nicht mehr angemessen im Sinne des Art. 30 EG erscheint, wenn sie nur zum Schutz vor einer Irreführung ohne jegliche Marktrelevanz dient (sehr deutlich Generalanwalt *Jacobs*, Schlussanträge v. 25. 5. 2000, Rs. C-312/98, Slg. 2000, I-9187, Rn. 63). Die dogmatische Verortung des Relevanzkriteriums ist hingegen irrelevant. Es ist daher nicht ausgeschlossen, es bereits bei der Irreführungsgefahr zu prüfen (offen gelassen von *BGH*, Urt. v. 19. 9. 2001, Az. I ZR 54/96, GRUR 2002, 160, 162 – Warsteiner III; *BGH*, Urt. v. 18. 4. 2002, Az. I ZR 72/99, GRUR 2002, 1074, 1076 – Original Oettinger).

II. Anspruch gemäß §§ 5 Abs. 1 Nr. 1 i.V.m. 8 Abs. 3 Nr. 3 UWG

1. Anwendbarkeit neben § 127 MarkenG

Fraglich ist die Anwendbarkeit eines lauterkeitsrechtlichen Unterlassungsanspruch neben der Regelung der §§ 126 ff. MarkenG. Diese könnten als sondergesetzliche Ausgestaltung des wettbewerbsrechtlich begründeten Schutzes der geographischen Herkunftsangabe im Bereich des gewerblichen Rechtsschutzes[17] und damit grundsätzlich als leges speciales gegenüber den Regelungen der §§ 3, 5 UWG anzusehen sein. Die Abgrenzung kann aber dann offenbleiben, wenn der auf § 5 UWG gestützte Unterlassungsanspruch bereits aus anderen Gründen scheitert.

2. Anwendungsvoraussetzungen

Die Bezeichnung der Produkte dient der Absatzförderung und ist damit eine geschäftliche Handlung gemäß § 2 Abs. 1 Nr. 1 UWG.

3. Irreführungsgefahr

Nach den zu § 127 Abs. 1 MarkenG getroffenen Feststellungen ist die Etikettierung auch bei Zugrundelegung eines modernen Verbraucherleitbildes geeignet, den Verbraucher irrezuführen.

Anders als bei § 127 Abs. 1 MarkenG greift das Irreführungsverbot nach § 5 UWG aber erst ein, wenn eine Angabe geeignet ist, bei einem erheblichen Teil der angesprochenen Verkehrskreise irrige Vorstellungen über das Angebot hervorzurufen und die zu treffende Marktentschließung in wettbewerblich relevanter Weise zu beeinflussen.[18] Das Irreführungsverbot schützt die Wahrheit in der Werbung nämlich nur soweit die Verletzung des Wahrheitsgebots die Funktionen des Wettbewerbs berührt.[19] Was ein erheblicher Teil der angesprochenen Verkehrskreise ist, muss anhand der Umstände des Einzelfalles, insbesondere anhand der betroffenen Eigenschaft, über die irregeführt wird, aber auch anhand der Interessen des Werbenden beurteilt werden. Bei geographischen Herkunftsangaben ist regelmäßig bereits eine geringe Relevanzquote ausreichend.[20] Im vorliegenden Fall liegt die maßgebliche Quote nach der repräsentativen Umfrage bei nur 8 %. Demnach misst nur ein kleiner Teil der angesprochenen Verkehrskreise diesem Merkmal überhaupt Bedeutung zu. Berücksichtigt man darüber hinaus die nur geringe Irreführungsgefahr und die besonderen Interessen der A an der Nutzung dieser Bezeichnung, sprechen die besseren Gründe für die Ablehnung einer wettbewerblich relevanten Irreführungsgefahr.

Da somit bereits mangels Irreführungsgefahr kein Unterlassungsanspruch gemäß § 5 Abs. 1 Nr. 1 i.V.m. 8 Abs. 3 Nr. 3 UWG besteht, kann das Verhältnis zu § 127 MarkenG dahinstehen.

---

[17] So *BGH*, Urt. v. 2. 7. 1998, Az. I ZR 55/96, GRUR 1999, 252, 254 – Warsteiner II.
[18] *BGH*, Urt. v. 6. 6. 1980, Az. I ZR 97/98, GRUR 1981, 71, 73 – Lübecker Marzipan; *BGH*, Urt. v. 10. 11. 1994, Az. I ZR 201/92, GRUR 1995, 125, 126 – Editorial.
[19] *BGH*, Urt. v. 29. 5. 1991, Az. I ZR 204/89, GRUR 1991, 852, 855 – Aquavit; *Bornkamm*, in: Hefermehl/Köhler/Bornkamm, § 5 UWG RdNr. 2.169. Dies ergibt sich auch aus einer richtlinienkonformen Gesetzesauslegung: Art. 2 lit. b RL 2006/114/EG: „[…] die infolge der ihr innewohnenden Täuschung ihr wirtschaftliches Verhalten beeinflussen kann […]"; Art. 6 Abs. 1 RL 2005/29/EG „[…] und ihn in jedem Fall tatsächlich oder voraussichtlich zu einer geschäftlichen Entscheidung veranlasst, die er ansonsten nicht getroffen hätte […]."
[20] Vgl. *BGH*, Urt. v. 6. 6. 1980, Az. I ZR 97/98, GRUR 1981, 71, 73 f. – Lübecker Marzipan.

B. Unterlassungsansprüche des V gegen die Verwendung der Bierkästen

V könnte gegen A einen auf § 127 Abs. 1 i.V.m. § 128 Abs. 1 MarkenG gestützten Unterlassungsanspruch gegen die Verwendung der mit „Warsteiner" gekennzeichneten Bierkästen für die in Paderborn gebrauten und abgefüllten Biere haben. Allein fraglich ist das Vorliegen einer Irreführungsgefahr gemäß § 127 Abs. 1 MarkenG.

Die Bierkästen dienen vornehmlich dem Transport und der Lagerung von Flaschenbier. Dies ist dem durchschnittlich informierten und verständigen Verbraucher bekannt. Er wird sich daher unabhängig von der Biersorte nicht von dem Aufdruck auf den Bierkästen leiten lassen. Er wird nicht erwarten, auf dem Bierkasten Hinweise auf die Braustätte vorzufinden, sondern wird sich vielmehr anhand des Flaschenetiketts über den Brau- und Abfüllort informieren, soweit er an diesen Angaben interessiert ist.[21]

Gleiches gilt für einen etwaigen auf § 5 UWG gestützten Unterlassungsanspruch.

Mangels Irreführungsgefahr hat V daher keine Ansprüche gegen die Nutzung der Bierkästen mit dem Aufdruck „Warsteiner" für die in Paderborn gebrauten Biere.

C. Unterlassungsansprüche des V gegen die Firmenbezeichnung „Warsteiner Braumeister"

V könnte gegen A sowohl aus dem MarkenG als auch dem UWG Unterlassungsansprüche haben.

I. MarkenG

V ist aktivlegitimiert. Die Bezeichnung Warsteiner ist zudem eine geschützte geographische Herkunftsangabe gemäß § 126 MarkenG. Fraglich ist, ob A das Zeichen in der Firmenbezeichnung in einer für § 127 Abs. 1 MarkenG relevanten Weise nutzt. § 128 Abs. 1 i.V.m. § 127 Abs. 1 MarkenG ist zur Unterlassung verpflichtet, wer geographische Herkunftsangaben im geschäftlichen Verkehr für Waren oder Dienstleistungen benutzt, die nicht aus dem Ort stammen, der durch die geographische Herkunftsangabe bezeichnet wird, wenn bei der Benutzung für Waren anderer Herkunft eine Gefahr der Irreführung über die geographische Herkunft besteht. Soweit A die Bezeichnung in seiner Firma führt, benutzt er sie jedoch nicht für Waren oder Dienstleistungen.[22] Da der hier zu prüfende Unterlassungsanspruch sich nur auf die Benutzung des Firmenbestandteils schlechthin bezieht, wird dieser Fall von § 127 Abs. 1 MarkenG nicht erfasst.[23]

II. Anspruch gemäß § 5 UWG

1. Anwendbarkeit

Zwar hat der wettbewerbsrechtlich begründete Schutz der geographischen Herkunftsangabe im Bereich des gewerblichen Rechtsschutzes durch die Bestimmungen

---

[21] *BGH*, Urt. v. 18. 4. 2002, Az. I ZR 72/99, GRUR 2002, 1074, 1077 – Original Oettinger.
[22] *BGH*, Urt. v. 10. 8. 2000, Az. I ZR 126/98, GRUR 2001, 73, 76 – Stich den Buben.
[23] Gleiches gilt für § 127 Abs. 2 und 3 MarkenG.

der §§ 126 ff. MarkenG eine sondergesetzliche Ausgestaltung erfahren.[24] Doch selbst wenn man die genannten Vorschriften als leges speciales gegenüber den Regelungen der §§ 3, 5 UWG ansehen würde, können, wie sich § 2 MarkenG entnehmen lässt, die Vorschriften der §§ 3, 5 UWG jedenfalls ergänzend für Sachverhalte herangezogen werden, die nicht unter die §§ 126 ff. MarkenG fallen.[25] Da im vorliegenden Fall der Anwendungsbereich des § 127 MarkenG mangels Produktbezeichnung nicht betroffen ist, bestehen gegen eine ergänzende Heranziehung von §§ 3, 5 UWG bereits aus diesem Grunde keine Bedenken.[26]

2. Anwendungsvoraussetzung

Die Bezeichnung der Firma hat einen Marktbezug, da sie ihrer Art nach auf die Marktteilnehmer einwirken und damit das Marktgeschehen beeinflussen kann. Sie dient neben der Produktbezeichnung auch der Information des Verbrauchers über die einheitliche Herkunft von Produkten und steht somit jedenfalls in einem objektiven Zusammenhang mit der Absatzförderung. Es handelt sich folglich um eine geschäftliche Handlung gemäß § 2 Abs. 1 Nr. 1 UWG.

3. Verletzungstatbestand

a) § 3 Abs. 1 i.V.m. § 5 Abs. 1 S. 2 Nr. 1 UWG

In Betracht kommt eine unlautere Irreführung gemäß § 5 Abs. 1 S. 2 Nr. 1 UWG hinsichtlich der geographischen Herkunft von Waren. Dabei ist aber zu berücksichtigen, dass die Firmenbezeichnung allenfalls mittelbar der Produktkennzeichnung dient. Es kommt zudem im Wirtschaftsleben nicht selten vor, dass ein Unternehmen in seiner Firma nur auf einen Teil seines Sortiments hinweist, der, sei es historisch, sei es der Abkürzung wegen oder aus sonstigen Gründen, in den Mittelpunkt gerückt wird.[27] Aus der Sicht eines modernen Verbrauchers ist vor diesem Hintergrund davon auszugehen, dass dieser allenfalls glaubt, ein nicht nur unbeträchtlicher Teil der Waren der A stamme aus Warstein. Da dies auch der Wahrheit entspricht, fehlt es bereits an einer Irreführung.

b) § 3 Abs. 1 i.V.m. § 4 Nr. 10 UWG

In Betracht kommt grundsätzlich auch ein Verstoß im Sinne des § 4 Nr. 10 UWG durch gezielte Behinderung. Die Benutzung einer geographischen Herkunftsangabe als Firmenbestandteil begründet die Gefahr einer Monopolisierung der Bezeichnung. Es kann daher wettbewerbswidrig sein, die Werbe- und Kennzeichnungskraft einer geographischen Herkunftsangabe dadurch zu beeinträchtigen, dass sie in anderer Weise (hier als Unternehmenskennzeichen) benutzt und dadurch ihre Funktion als Hinweis auf die Herkunft aus einem bestimmten geographischen Gebiet gefährdet wird. In derartigen Fällen kann vor allem der Werbewert der Herkunftsangabe infolge Verkehrsverwirrung empfindlich geschwächt und die Gefahr der Umwandlung in eine betriebliche Herkunftsangabe begründet werden. Es liegt aber im Interesse der Wettbewerber, eine dadurch drohende Verwässerung zu verhindern.

---

[24] So *BGH*, Urt. v. 2. 7. 1998, Az. I ZR 55/96, GRUR 1999, 252, 254 – Warsteiner II.
[25] *BGH*, Urt. v. 10. 8. 2000, Az. I ZR 126/98, GRUR 2001, 73, 76 – Stich den Buben.
[26] *BGH*, Urt. v. 10. 8. 2000, Az. I ZR 126/98, GRUR 2001, 73, 76 – Stich den Buben.
[27] Vgl. *BGH*, Urt. v. 15. 10. 1976, Az. I ZR 23/75, GRUR 1977, 159, 161 – Ostfriesische Tee Gesellschaft; *BGH*, Urt. v. 2. 2. 1984, Az. I ZR 219/81, GRUR 1984, 465, 466 f. – Natursaft.

Im vorliegenden Fall ist aber bereits zweifelhaft, ob die firmenmäßige Nutzung der geographischen Angabe unlauter ist. Die damit einhergehende Gefahr ihrer Monopolisierung ist nämlich vergleichbar mit deren Eintragung als Marke.[28] Als Marke konnte die Bezeichnung aber wegen Verkehrsdurchsetzung eingetragen werden. Es spricht viel dafür, im Rahmen der hier zu prüfenden Unlauterkeit den gleichen Maßstab anzulegen und das besondere Interesse der A zu berücksichtigen.

Die Handlung müsste sich zudem gegen einen Mitbewerber i. S. d. § 2 Abs. 1 Nr. 3 UWG richten. Es muss daher zwischen dem Verletzer und dem Verletzten ein konkretes Wettbewerbsverhältnis bestehen. Daran fehlt es hier jedoch, da kein schutzwürdiges Interesse eines konkreten Wettbewerbers an der Bezeichnung Warsteiner ersichtlich ist, welches die Bezeichnung zu beeinträchtigen geeignet ist. Dies hätte nur ein Mitbewerber, der das allen berechtigten Unternehmen als eine Art „kollektiven Goodwill" gemeinsam zustehende Recht[29] tatsächlich für einzelne Produkte verwendet.[30]

V hat hinsichtlich der Firmenbezeichnung keine Unterlassungsansprüche gegen A.

D. Unterlassungsansprüche des V gegen die Werbung „Der Champagner unter den Bieren"

V könnte gegen A sowohl aus dem MarkenG als auch dem UWG Unterlassungsansprüche haben.

I. MarkenG

1. Anwendbarkeit

Die Regelungen der EG VO Nr. 510/2006 zum Schutz von geographischen Angaben und Ursprungsbezeichnungen für Agrarerzeugnisse und Lebensmittel stehen der Anwendung von § 127 MarkenG schon deshalb nicht entgegen, weil diese nach Art. 1 Abs. 1 Unterabs. 2 auf den Schutz von Ursprungsbezeichnungen und geographischen Angaben von Weinbauerzeugnissen und alkoholischen Getränken keine Anwendung findet.[31]

Das bilaterale Abkommen zwischen Deutschland und Frankreich zum Schutze bestimmter geographischer Herkunftsangaben, zu denen die „Champagne" ausdrücklich zählt, gewährt zwar auch eigene zivilrechtliche Ansprüche,[32] sperrt aber Ansprüche aus dem MarkenG nicht.[33]

---

[28] *BGH*, Urt. v. 10. 8. 2000, Az. I ZR 126/98, GRUR 2001, 73, 77 – Stich den Buben.
[29] Der Einzelne erlangt Schutz nur mittelbar auf Grund einer Reflexwirkung des objektiven Rechts in dem Sinne, dass jedes Unternehmen, das Produkte aus Warstein herstellt oder vertreibt, in gleichem Maße zur Benutzung der geographischen Herkunftsangabe berechtigt ist.
[30] *BGH*, Urt. v. 10. 8. 2000, Az. I ZR 126/98, GRUR 2001, 73, 77 – Stich den Buben.
[31] *BGH*, Urt. v. 17. 1. 2002, Az. I ZR 290/99, GRUR 2002, 426 f. – Champagner bekommen, Sekt bezahlen; *OLG München*, Urt. v. 6. 11. 2003, Az. 29 U 4011/03, GRUR-RR, 2004, 17 – ChamPearl.
[32] *BGH*, Urt. v. 25. 6. 1969, Az. I ZR 15/67, GRUR 1969, 611, 612 – Champagner-Weizenbier; vgl. speziell zur Möglichkeit eines Anspruchs wegen unlauterer Rufausnutzung für artfremde Produkte *BGH*, Urt. v. 19. 5. 2005, Az. I ZR 262/02, GRUR 2005, 957 – Champagner Bratbirne und (im Ergebnis ablehnend) *OLG München*, Urt. v. 20. 9. 2001, Az. 29 U 5906/00, GRUR-RR 2002, 17, 19 – champagner.de.
[33] Vgl. *BGH*, Urt. v. 17. 1. 2002, Az. I ZR 290/99, GRUR 2002, 426 – Champagner bekommen, Sekt bezahlen.

2. Aktivlegitimation

V ist gemäß § 128 Abs. 1 S. 1 MarkenG i.V.m. § 8 Abs. 3 Nr. 3 UWG aktivlegitimiert.

3. Schutzfähige geographische Herkunftsangabe gemäß § 126 MarkenG

Die Bezeichnung Champagner verweist unmittelbar auf die Region Champagne in Frankreich, die insbesondere wegen der dort unter dieser Bezeichnung hergestellten Schaumweine auch dem deutschen Verbraucher bekannt ist. Demnach handelt es sich um eine benutzte unmittelbare Herkunftsangabe auf eine geographische Region gemäß § 126 Abs. 1 MarkenG.

4. Verletzungstatbestand des § 127 Abs. 3 MarkenG

Eine Verletzung gemäß § 127 Abs. 1 oder 2 MarkenG scheidet aus, da A die Bezeichnung Champagner nicht zur Kennzeichnung der Herkunft seiner Biere verwendet und keine Umstände dafür ersichtlich sind, dass der aufmerksame und verständige Verbraucher der Werbung solche Hinweise entnehmen könnte.

In Betracht kommt aber ein Verstoß gegen § 127 Abs. 3 MarkenG in Form der Rufausbeutung. Die Bezeichnung wurde in der Werbung kommerziell und damit im geschäftlichen Verkehr verwendet.

Die Herkunftsbezeichnung Champagner müsste einen ausbeutungsfähigen besonderen Ruf haben. Aufgrund seiner Eigenschaften und seines Preises ist Champagner ein Statussymbol und Sinnbild von exklusivem Luxus und Extravaganz.[34] Zwar ist dieser Ruf nicht auf objektive Produktmerkmale gerichtet. Da § 127 Abs. 3 MarkenG aber kein Unterfall von § 127 Abs. 2 MarkenG ist, genügt es in diesem Zusammenhang auch, dass – wie hier – eine unbestimmte Vorstellung besteht, Produkte aus diesem Gebiet seien „besonders gut".[35]

Der Tatbestand der Rufausbeutung verlangt weiter, dass eine Übertragung des Rufes der geographische Herkunftsangabe auf die Produkte des nicht berechtigten Benutzers überhaupt denkbar ist.[36] Damit kommt es auf die Eigenart der Kennzeichnung und das Verhältnis der Waren oder Dienstleistungen zueinander an.[37] Je berühmter und „sprichwörtlicher" eine geographische Herkunftsangabe ist, desto eher kommt eine Rufübertragung auch auf weit entfernt liegende Produktgruppen in Frage.[38] Dazu ist im vorliegenden Fall zunächst festzustellen, dass Champagner eine sehr bekannte Bezeichnung ist. Ihr Ruf ist zudem als Qualitäts- und Exklusivitätsbezeichnung sehr allgemein gehalten, so dass eine Rufübertragung grundsätzlich auch auf weiter entfernte Produkte denkbar ist. Im vorliegenden Fall ist die Produktnähe sogar relativ groß, da es sich jeweils um alkoholische Getränke handelt.

---

[34] *OLG München*, Urt. v. 6. 11. 2003, Az. 29 U 4011/03, GRUR-RR, 2004, 17, 18 – ChamPearl; *OLG Frankfurt a. M.*, Urt. v. 7. 8. 2003, Az. 6 U 86/01, GRUR-RR 2003, 306 – Champ.

[35] *OLG München*, Urt. v. 22. 3. 2001, Az. 29 U 3755/00, GRUR-RR 2002, 64, 66 – Habana; *Ingerl/Rohnke*, § 127 Rn. 13.

[36] Ein bloßer Aufmerksamkeitseffekt reicht nicht (*OLG München*, Urt. v. 22. 3. 2001, Az. 29 U 3755/00, GRUR-RR 2002, 64, 67 – Habana).

[37] I.E. ablehnend z.B. *OLG Frankfurt a. M.*, Urt. v. 7. 8. 2003, Az. 6 U 86/01, GRUR-RR 2003, 306 – Champ, soweit es die Bezeichnung „Champ" für Bier betraf, bejahend hingegen für Schaumweine. Siehe auch *BGH*, Urt. v. 25. 6. 1969, Az. I ZR 26/68, GRUR 1969, 615, 616 – Champi-Krone, zur entsprechenden Prüfung des bilateralen Abkommens mit Frankreich (siehe Fn. 32).

[38] *BGH*, Urt. v. 17. 1. 2002, Az. I ZR 290/99, GRUR 2002, 426, 427 – Champagner bekommen, Sekt bezahlen: Ausnutzung der Exklusivität in der Werbung für Computer; zu der Wechselwirkung vgl. auch *BGH*, Urt. v. 29. 11. 1984, Az. I ZR 158/82, GRUR 1985, 550, 552 – DIMPLE.

A muss diesen Ruf auch tatsächlich unlauter durch Imagetransfer ausbeuten. Dies ist der Fall, wenn der fremde Ruf allein als Vorspann eigener Absatzbemühungen ausgenutzt wird.[39] Da im vorliegenden Fall nichts dafür ersichtlich ist, dass A die Beziehung zur Bezeichnung „Champagner" aus anderen Gründen hergestellt hat, als um von diesem guten Ruf zu profitieren, ist eine Rufausbeutung durch Imagetransfer zu bejahen. Ein rechtfertigender Grund ist nicht ersichtlich.[40]

V hat gegen A gemäß §§ 127 Abs. 3, 128 Abs. 1 S. 1 MarkenG i.V.m. § 8 Abs. 3 Nr. 3 UWG einen Anspruch auf Unterlassung der Werbung mit dem Slogan „Warsteiner – der Champagner unter den Bieren".

II. UWG

Ansprüche gemäß § 8 Abs. 1 UWG, gestützt auf § 3 Abs. 1 i.V.m. § 4 Nr. 7 UWG scheiden von vornherein aus, da eine Herabsetzung oder Verunglimpfung der Bezeichnung Champagner offensichtlich gerade nicht gewollt ist. Ein auf § 4 Nr. 9 UWG gestützter Unlauterkeitsvorwurf scheidet deswegen aus, weil es sich gerade nicht um eine Produktnachahmung handelt. In Betracht kommt daher allenfalls ein Anspruch wegen Verstoßes gegen §§ 3 Abs. 1, 6 Abs. 1 u. 2 Nr. 4 UWG, soweit es sich bei der Werbung der A um vergleichende Werbung handelt sowie ein auf § 4 Nr. 10 UWG gestützter Anspruch wegen Wettbewerberbehinderung[41] bzw. ein auf § 3 Abs. 1 UWG gestützter Anspruch wegen Rufausbeutung. Fraglich ist aber, ob neben dem Anspruch aus § 127 Abs. 3 MarkenG noch ein Anspruch aus dem UWG in Betracht kommt. Dies kann allerdings offen bleiben, wenn der Anspruch bereits aus anderen Gründen scheitert.

1. § 6 Abs. 1 UWG

Die Werbung könnte zunächst eine unlautere vergleichende Werbung gemäß § 6 UWG sein.

In der Werbung[42] müsste A zunächst einen Mitbewerber erkennbar gemacht haben. Der Mitbewerberbegriff ist in § 2 Abs. 1 Nr. 3 UWG definiert als Unternehmer, der mit einem oder mehreren Unternehmern als Anbieter oder Nachfrager von Waren oder Dienstleistungen in einem konkreten Wettbewerbsverhältnis steht. Ein konkretes Wettbewerbsverhältnis ist dann gegeben, wenn zwei Unternehmen gleichartige Produkte innerhalb desselben Endverbraucherkreises abzusetzen versuchen mit der Folge, dass das beanstandete Wettbewerbsverhalten den jeweils anderen beeinträchtigen, d.h. im Absatz behindern oder stören kann.[43]

Als Mitbewerber kommen zunächst die Hersteller von Champagner in Betracht. Fraglich ist jedoch das Bestehen eines konkreten Wettbewerbsverhältnisses gemäß § 2 Abs. 1 Nr. 3 UWG, das zunächst anhand der Substituierbarkeit der angebotenen Produkte zu beurteilen ist.[44] Dazu ist festzustellen, dass sowohl A als auch die Her-

---

[39] *BGH*, Urt. v. 9. 12. 1982, Az. I ZR 133/80, GRUR 1983, 247, 248 – Rolls-Royce; *BGH*, Urt. v. 5. 12. 1996, Az. I ZR 157/94, GRUR 1997, 311, 313 – Yellow Phone.
[40] Vgl. dazu *BGH*, Urt. v. 25. 6. 1969, Az. I ZR 15/67, GRUR 1969, 611, 614 – Champagner-Weizenbier, wonach die Nutzung über 30 Jahre von etwa 13 Brauereien für ein obergäriges hefefreies Weizenbier, das ähnlich wie Schaumwein schäumt, kein ausreichendes Interesse an der Bezeichnung „Champagner-Weizenbier" begründe.
[41] Vgl. *Köhler*, in: Hefermehl/Köhler/Bornkamm, § 4 Rn. 10.80.
[42] Gemäß der Definition des Art. 2 lit. a der RL 2006/114/EG (näher dazu Fall 10).
[43] *BGH*, Urt. v. 13. 7. 2006, Az. I ZR 241/03, GRUR 2006, 1042, 1043 – Kontaktanzeigen; *BGH*, Urt. v. 5. 10. 2000, Az. I ZR 210/98, GRUR 2001, 258 – Immobilienpreisangaben.
[44] Näher dazu Fall 10.

steller von Champagner alkoholische Getränke vertreiben. Sie könnten sich daher angesichts einer gewissen Substituierbarkeit mit ihren Produkten an den gleichen Kundenkreis wenden. Allerdings ist diese allenfalls als sehr gering einzustufen. Doch auch bei Annahme einer Branchenverschiedenheit genügt es, wenn die Unternehmen nur durch die beanstandeten Handlungen in Wettbewerb getreten sind. Werden die Kunden gezielt mit einer Substitutionsmöglichkeit umworben, dann treten die Unternehmen insoweit konkret in den Wettbewerb um die umworbenen Kunden ein.[45] Je schwächer der Hinweis auf die Substituierbarkeit ausgeprägt ist, umso größer muss die Branchennähe sein.[46] Es genügt danach auch, dass sich der Verletzer durch seine Verletzungshandlung im konkreten Fall in irgendeiner Weise in Wettbewerb zu dem Betroffenen stellt, was auch dadurch geschehen kann, dass der Verletzer sich durch eine ausdrückliche oder bildliche Gleichstellungsbehauptung an Ruf und Ansehen der fremden Ware anhängt und dieses für den Absatz seiner ungleichartigen und nicht konkurrierenden Waren auszunutzen sucht. In diesen Fällen begründen die Verletzungshandlungen ein Wettbewerbsverhältnis hinsichtlich der wirtschaftlichen Ausnutzung des Ansehens und des Rufs der in Bezug genommenen Ware, das dann den zu stellenden Anforderungen genügen kann, wenn eine wirtschaftlich sinnvolle Verwertung dieses Rufes auch seitens seines Inhabers möglich ist.[47]

Es wurde bereits im Rahmen der Prüfung des § 127 Abs. 3 MarkenG festgestellt, dass eine Rufausnutzung sinnvoll und möglich erscheint und gerade durch die angegriffene Werbung hervorgehoben wurde. Die Werbung der A begründet daher das erforderliche konkrete Wettbewerbsverhältnis.

Weiterhin müsste A diese Wettbewerber auch erkennbar gemacht haben. In der Werbung wurden aber nicht unmittelbar einzelne Wettbewerber genannt, sondern nur eine bestimmte Warengattung erwähnt. Eine solche Werbeaussage kann dann unter die vergleichende Werbung fallen, wenn aus ihr ein oder mehrere Mitbewerber oder die von ihm oder ihnen angebotenen Waren oder Dienstleistungen als die erkennbar werden, auf die die Werbeaussage – auch nur mittelbar – konkret Bezug nimmt.[48] Dies erscheint hier allerdings fraglich, da ein aufmerksamer, verständiger sowie angemessen informierter Durchschnittsverbaucher in Anbetracht der Struktur des Marktes auf einzelne Unternehmen schließen können muss, wofür der Sachverhalt keine eindeutigen Hinweise gibt. Dies kann jedoch dann dahinstehen, wenn das Vorliegen vergleichender Werbung bereits aus anderen Gründen abzulehnen ist.

Vergleichende Werbung erfordert über den ausdrücklichen Wortlaut des § 6 Abs. 1 UWG hinaus auch das Vorliegen eines Vergleichs.[49] Dem Verbraucher müssen Kaufalternativen aufgezeigt werden. Daran fehlt es aber bei einer bloßen Bezugnahme auf die Waren eines Mitbewerbers, auch wenn sie mit dem Ziel einer Anlehnung an den guten Ruf erfolgt. Es handelt sich dann nicht um vergleichende

---

[45] *BGH*, Urt. v. 12. 1. 1972, Az. I ZR 60/70, GRUR 1972, 553 – Statt Blumen ONKO-Kaffee.
[46] So *OLG München*, Urt. v. 24. 1. 1985, Az. 6 U 3345/83, GRUR 1985, 564, 565 – Champagner unter den Mineralwässern; insoweit bestätigt durch *BGH*, Urt. v. 4. 6. 1987, Az. I ZR 109/85, GRUR 1988, 453, 454 – Ein Champagner unter den Mineralwässern.
[47] *BGH*, Urt. v. 29. 11. 1984, Az. I ZR 158/82, GRUR 1985, 550, 552 – DIMPLE; so auch *EuGH*, Urt. v. 19. 4. 2007, Rs. C-381/05, Slg. 2007, I-3115, Rn. 40 f. – De Landtsheer/CIVC; einschränkend *Blankenburg*, WRP 2008, 186, 191; gegen ein derartiges Wettbewerbsverhältnis zwischen Bier- und Champagneranbietern im Falle der Rufausnutzung auch *Sack*, WRP 2008, 1141, 1143.
[48] *EuGH*, Urt. v. 19. 4. 2007, Rs. C-381/05, Slg. 2007, I-3115, RdNr. 18–23 – De Landtsheer/CIVC; vgl. auch *BGH*, Urt. v. 12. 1. 1972, Az. I ZR 60/70, GRUR 1972, 553, 554 – Statt Blumen ONKO-Kaffee.
[49] Ausführlich dazu Fall 10.

Werbung, weil keine Kaufalternativen gegenübergestellt werden.[50] Da die Werbung sich im vorliegenden Fall mit dem Hinweis auf den Ruf von Champagner begnügt, handelt es sich bereits nicht um vergleichende Werbung.[51]

2. § 4 Nr. 10 UWG

Eine Rufausnutzung kann auch unter dem Aspekt des Behinderungswettbewerbs gemäß § 4 Nr. 10 UWG unlauter sein.[52] Erforderlich ist aber, dass eine gezielte Behinderung einzelner Unternehmen erfolgt, zu denen durch die Werbung ein konkretes Wettbewerbsverhältnis hergestellt wurde.[53] Gezielt ist eine Behinderung dann, wenn bei objektiver Würdigung aller Umstände die Maßnahme in erster Linie nicht auf die Förderung der eigenen wettbewerblichen Entfaltung, sondern auf die Beeinträchtigung der wettbewerblichen Entfaltung des Mitbewerbers gerichtet ist.[54] Dies kann dann angenommen werden, wenn neben einer Rufausbeutung jedenfalls auch eine Rufbeschädigung oder eine Verwässerung des Kennzeichens zu befürchten ist,[55] wofür der Sachverhalt jedoch ebenso wie für den nötigen Individualbezug[56] keine Anhaltspunkte gibt.

3. § 3 Abs. 1 UWG

Denkbar ist weiterhin eine unlautere Rufausbeutung gemäß § 3 Abs. 1 UWG als Generalauffangtatbestand.[57] Erforderlich ist, dass der angesprochene Verbraucher Güte- oder Wertvorstellungen, die er mit der Bezeichnung Champagner verbindet, auf das Angebot der A überträgt (Imagetransfer). Dies setzt eine erkennbare Bezugnahme auf denjenigen, dessen Ruf ausgebeutet werden soll, oder auf dessen Produkt voraus.[58] Hierfür ist ein konkretes Wettbewerbsverhältnis zu dem Ruftträger erforderlich. Ein solches ist zu den Herstellern von Champagner, wie bereits dargelegt wurde, durch die Werbung begründet worden. Die Maßstäbe für eine unlautere Rufausnutzung im Sinne des § 3 Abs. 1 UWG sind die gleichen wie im Rahmen des § 127 Abs. 3 MarkenG, da es sich bei Letzterem um einen speziellen Unlauterkeitstatbestand handelt,[59] der, wie z.B. auch § 4 UWG, als spezialgesetzliche Ausformung des § 3 Abs. 1 UWG angesehen werden kann. Eine unlautere Rufausnutzung ist daher zu bejahen.

---

[50] BGH, Urt. v. 15. 7. 2004, Az. I ZR 37/01, GRUR 2005, 163, 165 – Aluminiumräder; Köhler, in: Hefermehl/Köhler/Bornkamm, § 6 Rn. 22.
[51] Wer das Merkmal nicht für erforderlich hält muss sich im Folgenden mit der Rufausbeutung gemäß § 6 Abs. 2 Nr. 4, dem Problem unterschiedlicher Waren (Nr. 1), der Frage nach objektiven Vergleichskriterien (Nr. 2) und der nicht in § 6 UWG umgesetzten sogenannten Champagner-Klausel des Art. 4 lit. e RL 2006/114/EG auseinandersetzen (vgl. zum letzten Punkt Sack, WRP 2001, 327, 347 f.).
[52] OLG Düsseldorf, Urt. v. 23. 1. 2007, Az. I-20 U 79/06, WRP 2007, 440, 442 f. – Beta Layout; OLG Frankfurt, Beschl. v. 26. 2. 2008, Az. 6 W 17/08, WRP 2008, 830, 832 – Google-AdWords; Ingerl, WRP 2004, 809, 816.
[53] Einschränkend Köhler, in: Hefermehl/Köhler/Bornkamm, § 4 Rn. 10.79.
[54] Köhler, in: Hefermehl/Köhler/Bornkamm, § 4 Rn. 10.7.
[55] Insoweit offen gelassen bei BGH, Urt. v. 22. 1. 2009, Az. I ZR 30/07, WRP 2009, 435, 438 – Beta Layout, da es bereits an der Irreführungsgefahr fehlte.
[56] Vgl. BGH, Urt. v. 12. 1. 1972, Az. I ZR 60/70, GRUR 1972, 553, 554 – Statt Blumen ONKO-Kaffee.
[57] So auch Boesche, § 10 Rn. 434.
[58] BGH, Urt. v. 9. 12. 1982, Az. I ZR 133/80, GRUR 1983, 247 – Rolls-Royce; vgl. auch BGH, Urt. v. 12. 1. 1972, Az. I ZR 60/70, GRUR 1972, 553, 554 – Statt Blumen ONKO-Kaffee.
[59] BGH, Urt. v. 17. 1. 2002, Az. I ZR 290/99, GRUR 2002, 426, 427 – Champagner bekommen, Sekt bezahlen („ihrem Wesen nach wettbewerbsrechtliche Vorschrift").

Demnach ist die parallele Anwendbarkeit der Anspruchsnormen aus dem UWG neben dem nach § 127 Abs. 3 MarkenG für den gleichen Sachverhalt entscheidend und kann nicht mehr offen gelassen werden. Gegen einen abschließenden Charakter des Markengesetzes bei geographischen Herkunftsangaben spricht, dass es sich insbesondere bei § 127 MarkG um eine Vorschrift ohne europarechtlichen Hintergrund handelt. Dagegen bilden die Art. 3 lit. a der RL 2006/114/EG und Art. 6 Abs. 1 lit. b RL 2005/29/EG die Grundlage für § 5 UWG und sehen jeweils einen lauterkeitsrechtlichen Schutz vor irreführenden geographischen Herkunftsangaben vor. Eine absolute Ausschließlichkeit der Regelung des § 127 MarkenG ist daher abzulehnen, zumal § 127 MarkenG nicht mit dem EG-rechtlichen Sonderschutz geographischer Herkunftsangaben und Ursprungsbezeichnungen übereinstimmt.[60] Allerdings gilt dies nur für die im Anwendungsbereich der Richtlinien liegenden besonderen Unlauterkeitstatbestände. Kommt wie hier lediglich ein Anspruch aus § 3 Abs. 1 UWG in Betracht, der kein im Verhältnis zum MarkenG zusätzliches Unlauterkeitsmoment enthält, ist § 127 Abs. 3 MarkenG als abschließende Spezialregelung zu betrachten.

Demnach hat V keine Unterlassungsansprüche gegen die Werbung des A aus dem UWG.

Merke: Bei dem Schutz von geographischen Bezeichnungen handelt es sich um einen seiner Natur nach lauterkeitsrechtlichen Schutz, der die Geltendmachung daher auch nicht von der Inhaberschaft eines Schutzrechtes abhängig macht. Da geographische Herkunftsangaben somit kein „geistiges" Eigentum begründen, ergibt sich der Individualschutz lediglich als Reflex.

Schutzobjekte sind alle unmittelbaren oder mittelbaren geographischen Herkunftsangaben (§ 126 Abs. 1 MarkenG), die keine Gattungsbezeichnung sind (§ 126 Abs. 2 MarkenG).

Die Reichweite des Kennzeichenschutzes geographischer Herkunftsangaben gemäß § 127 MarkenG hängt davon ab, welche Aussage diese nach der Verkehrsauffassung treffen. Bei einer nur einfachen Herkunftsangabe besteht nur ein Schutz gegen Irreführungsgefahr (§ 127 Abs. 1 MarkenG). Qualifizierte Herkunftsangaben, aufgrund derer der Verkehr zu Recht besondere Eigenschaften oder eine besondere Qualität mit den gekennzeichneten Produkten verbindet, dürfen selbst für Produkte nicht genutzt werden, die zwar aus der Region stammen, aber diese Eigenschaften oder diese Qualität nicht aufweisen (§ 127 Abs. 2 MarkenG). § 127 Abs. 3 MarkenG beinhaltet einen dem § 13 Abs. 2 Nr. 3 MarkenG ähnlichen Schutz bekannter Bezeichnungen.

---

[60] Vgl. *EuGH*, Urt. v. 7. 11. 2000, Rs. C-312/98, Slg. 2000, I-9187 – Warsteiner.

Fall 24. Widerspruchs- und Löschungsverfahren

Sachverhalt[*]

A ist Hersteller von Milchprodukten. Unter anderem hat er einen neuen Camembert kreiert, der – den aktuellen Trends folgend – einen leichten Basilikum-Geschmack hat. Der Camembert wird zusätzlich nicht nur in der Gestalt eines runden Käses, sondern in Gestalt von 8 in Tortenform nebeneinanderliegenden Basilikumblättern vertrieben. Dazu hat A eine eigene Käseform entwickeln lassen, die es ermöglicht, dass der Käse so hergestellt werden kann, dass er die Form von 8 Basilikumblättern einnimmt. Seinen Käse hat er „Basimage" getauft, eine Kombination aus „Basilikum" und „fromage".

Auch B ist Hersteller von Milchprodukten. Er vertreibt ebenfalls Camembert. Sein Käse wird ebenfalls in einer Tortenform vertrieben. Die Form ist ein Kreis mit 8 Halbkreisen, wie vier aneinander gelegte Herzen. Der von B vertrieben Käse nennt sich „Bonmage", eine Kombination aus „bon" und „fromage".

B ist seit 5 Jahren Inhaber einer dreidimensionalen nationalen Marke für die von ihm verwendete Käseform. Er ist seit gleicher Zeit Inhaber der Gemeinschafts-Wortmarke „Bonmage". Als B im Rahmen der Überwachung seiner Marke am 5. 1. 2009 erfährt, daß A am 12. 12. 2008 als Inhaber einer nationalen Wortmarke „Basimage" veröffentlicht wurde und eine dreidimensionale nationale Marke für seine Basilikumkäseform angemeldet hat, legt er umgehend über seinen Rechtsanwalt Widerspruch gehen die Wortmarke des A ein. Der Widerspruch wird zugleich begründet. Der Widerspruch geht am 15. 1. 2009 beim Deutschen Patent- und Markenamt (DPMA) ein.

A will sich das nicht gefallen lassen und B ärgern. Er hält solche Käseformen, wie B sie verwendet, für allgemein üblich und technisch leicht umsetzbar. Sie dienen der besseren Käseportionierung, die vor allem für den Handel und Restaurationen erforderlich ist. Es sei eine technische Möglichkeit, Käseportionen vorzugeben, ohne hierzu Aufkleber zu verwenden. Seine Form hingegen – so A – hebe sich durch die besondere Gestaltung ab, sei äußerst originell und der Marke des B überlegen. Er beantragt die Löschung der dreidimensionalen Marke des B beim DPMA.

1. Hat der Widerspruch des B gegen die Wortmarke des A Aussicht auf Erfolg?
2. Sollte B der Löschung seiner dreidimensionalen Marke widersprechen?

---
[*] Dem Sachverhalt liegt die Entscheidung des *BGH*, Beschl. v. 3. 4. 2008, Az. I ZB 46/05, GRUR 2008, 1000 ff. – Käse in Blütenform II zugrunde.

Lösung

A. Widerspruchsverfahren, §§ 42 Abs. 1, Abs. 2 Nr. 1, 9 Abs. 1 Nr. 2 , 125 b Nr. 1 MarkenG

I. Statthaftigkeit des Widerspruchs

Ein Widerspruch ist nur gegen nationale Marken oder in Verbindung mit §§ 107, 199 MarkenG gegen IR-Marken möglich.[1] B wendet sich mit seinem Widerspruch gegen die nationale Wortmarke „Basimage". Der Widerspruch ist statthaft.

II. Eignung und Zeitrang der Widerspruchsmarke/Widerspruchsbefugnis

B wendet sich gegen die Eintragung der Wortmarke des A aus einer Gemeinschaftswortmarke. Der Widerspruch kann nur aus Marken geführt werden, die eingetragen oder angemeldet, § 42 Abs. 2 Nr. 1 MarkenG, oder notorisch bekannt sind, § 42 Abs. 2 Nr. 2 MarkenG. Die Marke des B ist eine eingetragene Gemeinschaftsmarke. Wegen § 125 b Nr. 1 MarkenG ist auch eine Gemeinschaftsmarke als Widerspruchsmarke geeignet.

Neben der Eignung der Widerspruchsmarke muss diese gegenüber der angegriffenen Marke einen älteren Zeitrang aufweisen, § 42 Abs. 1, Abs. 2 Nr. 1 MarkenG. Der Zeitrang der Marke bestimmt sich nach § 6 MarkenG. B ist seit 5 Jahren Inhaber der Widerspruchsmarke, sie weist deshalb einen älteren Zeitrang auf, als die am 12. 12. 2008 eingetragene angegriffene Marke.

B ist als Inhaber der Widerspruchsmarke auch zum Widerspruch befugt.

III. Widerspruchsgrund

B müsste einen oder mehrere Gründe im Sinne des § 42 Abs. 2 Nr. 1 MarkenG geltend machen können, soll der Widerspruch erfolgreich sein. Ein Widerspruch kann nur auf relative Schutzhindernisse im Sinne des § 9 Abs. 1 Nr. 1 und 2 MarkenG gestützt werden. Absolute Schutzhindernisse kommen als Widerspruchsgründe nicht in Betracht.[2]

1. Verwechslungsgefahr

a) Identität

Auf die Verwechslungsgefahr kommt es nur an, wenn die angegriffene Marke nicht mit der Widerspruchsmarke identisch ist, §§ 42 Abs. 2 Nr. 1, 9 Abs. 1 Nr. 1 MarkenG. § 9 Abs. 1 Nr. 1 MarkenG fordert eine Doppelidentität von Zeichen und Produkt.[3]

Produktidentität meint Übereinstimmung hinsichtlich der Art der Waren oder Dienstleistungen.[4] Es handelt sich hier in beiden Fällen um Käse, insbesondere Camembert. An der Produktidentität ist insoweit nicht zu zweifeln.

---
[1] *Ingerl/Rohnke*, § 42 Rn. 4.
[2] *BPatG*, Beschl. v. 13. 5. 1997, Az. 27 W (pat) 205/95, GRUR 1998, 148, 150 – SAINT MORIS/St. Moritz.
[3] Siehe zur identischen Regelung in § 14 MarkenG *Fezer*, Markenrecht, § 14 Rn. 183.
[4] *Ingerl/Rohnke*, § 14 Rn. 222.

Fraglich ist, ob auch die Zeichen identisch sind. Es handelt sich sowohl bei „Bonmage" und „Basimage" um Wortmarken, die jedoch in schriftbildlicher und klanglicher Hinsicht nicht vollständig übereinstimmen.[5] Daher kann eine Zeichenidentität nicht angenommen werden.

Der Widerspruch kann nicht auf §§ 42 Abs. 2 Nr. 1, 9 Abs. 1 Nr. 1 MarkenG gestützt werden.

b) Ähnlichkeit

Der Widerspruch könnte darauf gestützt werden, dass die Widerspruchsmarke und die angegriffene Marke ähnlich sind und eine Verwechslungsgefahr zwischen den Marken besteht, §§ 42 Abs. 2 Nr. 1, 9 Abs. 1 Nr. 2 MarkenG.

Da die Identität der Produkte bereits festgestellt wurde, stellt sich an dieser Stelle nur noch die Frage, ob die Zeichen ähnlich sind. Das ist anhand des Gesamteindrucks der konkreten Zeichen einzelfallbezogen zu ermitteln. Klang-, Bild- und Sinnwirkung der Marken stehen dabei gleichberechtigt nebeneinander.[6]

Die Zeichen „Bonmage" und „Basimage" zeichnet aus, daß sie mit demselben Buchstaben beginnen und mit derselben Silbe („mage") enden. Beide Zeichen beginnen mit einem Großbuchstaben. „Bonmage" ist ein zweisilbiges Wort, „Basimage" ein dreisilbiges Wort. Den Wortanfängen wird in der Regel mehr Beachtung geschenkt als den Wortenden, wenngleich auch diese zu einer Ähnlichkeit beitragen können.[7] Das Schriftbild der Wortzeichen wird durch das große „B" zum Beginn der Worte, und das „g" zum Ende der Worte geprägt. Allein vom Schriftbild her sind sich die Wortmarken ähnlich.

Auch klanglich besteht eine Ähnlichkeit, trotz der unterschiedlichen Silbenanzahl und der klanglich unterschiedlichen Wortanfänge. Die letzte Silbe beider Zeichen wird identisch gesprochen, auch der erste Buchstabe wird gleich gesprochen. Unterschiede ergeben sich durch die Vokale in der ersten Silbe, da „o" und „a" auch in der klanglichen Wahrnehmung unterschiedlich sind. Die letzte Silbe „mage" prägt jedoch den Klang beider Zeichen, so daß auch insoweit eine Ähnlichkeit angenommen werden kann.

Auch der Sinngehalt der Zeichen unterstützt die Ähnlichkeit. Beide Zeichen bezeichnen einen Käse, was der Endung „-mage" ohne weiteres entnommen werden kann. „Bonmage" ist nichts anderes als ein Kunstwort für „guter Käse". „Basi" in „Basimage" sagt hingegen nichts aus, insbesondere stellt es nicht zwingend einen Hinweis auf Basilikum dar. In Verbindung mit dem Produkt selbst wird jedoch deutlich, daß auch „Basimage" nichts anderes als ein Kunstwort zur Produktbeschreibung darstellt. Da jedoch beide Zeichen einen Käse beschreiben und auf einen solchen verweisen, können auch die Wortanfänge „Bon-" und „Basi-" eine Ähnlichkeit der Zeichen nicht ausschließen. Die Marken „Bonmage" und „Basimage" sind ähnliche Zeichen im Sinne des §§ 42 Abs. 2 Nr. 2, § 9 Abs. 1 Nr. 2 MarkenG.[8]

---

[5] *BGH*, Urt. v. 21. 2. 2002, Az. I ZR 230/99, GRUR 2002, 898, 899 – defacto.

[6] *Fezer*, Markenrecht, § 14 Rn. 461; *Ingerl/Rohnke*, § 14 Rn. 539, a.A. *Albrecht*, GRUR 1996, 246, 250.

[7] *BGH*, Beschl. v. 8. 5. 2002, Az. I ZB 4/00, GRUR 2002, 1067, 1069 – DKV/OKV; Urt. v. 18. 6. 1998, Az. I ZR 15/96, GRUR 1998, 942, 943 – ALKA-SELTZER; Urt. v. 16. 11. 2000, Az. I ZR 34/98, GRUR 2001, 507, 508 – EVIAN/REVIAN.

[8] Man kann an dieser Stelle auch zu dem Ergebnis gelangen, daß eine Ähnlichkeit nicht besteht. Dann ist die Prüfung an dieser Stelle beendet. Für eine Bekanntheit im Sinne des § 14 Abs. 2 Nr. 3 MarkenG gibt es hier keine Anhaltspunkte.

c) Verwechslungsgefahr

Die Hauptfaktoren der Verwechslungsgefahr sind Zeichennähe, Produktnähe und Kennzeichnungskraft der älteren Marke. Diese drei Faktoren stehen in einer Wechselbeziehung.[9]

Wie bereits dargetan sind die Zeichen ähnlich, die Produkte identisch. Das spricht für eine hohe Verwechslungsgefahr, zumal die Zeichen nicht sehr weit entfernt voneinander sind. Zu berücksichtigen ist aber auch die Kennzeichnungskraft der Widerspruchsmarke. Da die Marke eingetragen ist, ist auch davon auszugehen, dass diese eine Kennzeichnungskraft besitzt, die geeignet ist, ein Produkt von einem anderen zu unterscheiden.[10] Fraglich ist, ob es sich um eine geringe, mittlere oder starke Kennzeichnungskraft handelt. „Bonmage" ist ein Kunstwort. Es besteht aus dem üblichen Wort „bon" für „gut", das auch von deutschsprachigen Personen verstanden wird. Es besteht ferner aus der Silbe „-mage" statt „fromage". „-mage" entstammt nicht dem üblichen Sprachgebrauch. Auch wenn der Sinn des Zeichens „Bonmage" rein beschreibend ist, so ist doch das Wort selbst kein allgemeiner sprachlicher Ausdruck zur Beschreibung von Käse. Wenn bereits die eigentümliche Kombination zwei beschreibender Worte, wie Baby und dry für Babywindeln, eine ungewöhnliche Kombination darstellen kann, die geeignet ist, Produkte voneinander zu unterscheiden,[11] so muss das erst recht gelten, wenn das Kunstwort aus einem beschreibenden Wort und einem Teil eines beschreibenden Wortes besteht. „Bonmage" ist als normal kennzeichnungskräftig anzusehen. Wegen der Nähe der Zeichen und der Produktidentität ist bei normaler Kennzeichnungskraft eine Verwechslungsgefahr anzunehmen. Die Verwendung der Bezeichnung „Basimage" durch A begründet die Gefahr, dass die angesprochenen Verkehrskreise „Bonmage" und „Basimage" verwechseln und „Basimage" für ein Produkt aus dem Hause „Bonmage" halten. Es handelt sich um eine unmittelbare Verwechslungsgefahr im weiteren Sinne.

IV. Widerspruchsfrist und -form

Der Widerspruch ist schriftlich beim Deutschen Patent- und Markenamt einzulegen, §§ 64, 26 Abs. 1 MarkenV.

Die Frist für den Widerspruch beträgt 3 Monate seit der Veröffentlichung der Eintragung im Markenblatt, §§ 42 Abs. 1, 41 MarkenG. Die Drei-Monatsfrist ist hier gewahrt.

Der Widerspruch des B gegen die Eintragung der Marke „Basimage" des A hätte Erfolg.

B. Löschungsverfahren, §§ 54, 50 MarkenG

B sollte einer Löschung seiner dreidimensionalen Marke nicht widersprechen, § 54 Abs. 2 Satz 2 MarkenG, wenn ein Löschungsantrag des A Aussicht auf Erfolg hätte.

---

[9] *EuGH*, Urt. v. 11. 11. 1997, Rs. C-251/95, Slg. 1997, I-6214, Rn. 18 – Springende Raubkatze; std. Rspr. des BGH, siehe nur *BGH*, Urt. v. 24. 1. 2002, Az. I ZR 156/99, GRUR 2002, 544, 545 – Bank24; *BGH*, Urt. v. 3. 5. 2001, Az. I ZR 18/99, GRUR 2002, 65, 67 – Ichthyol, jew. m. w. N.; dazu Ingerl/ Rohnke, § 14 Rn. 272 f.
[10] *BGH*, Beschl. v. 29. 5. 2008, Az. I ZB 55/05, GRUR 2008, 909, 910 – Pantogast.
[11] *EuGH*, Urt. v. 20. 9. 2001, Rs. C-383/99 P, Slg. 2001, I-6251, Rn. 43 – Baby dry.

I. Löschungsverfahren nach §§ 54, 50 Abs. 1 und 2 MarkenG

A könnte die dreidimensionale Marke des B nach Maßgabe der §§ 54, 50 Abs. 1, 2, 8 Abs. 2 Nr. 2 MarkenG löschen lassen.

II. Löschungsbefugnis

Den Antrag auf Löschung einer Marke nach § 50 Abs. 1 und 2 MarkenG kann von jedermann gestellt werden, § 54 Abs. 1 MarkenG, also auch von A.

III. Löschungsgrund

Der Antrag auf Löschung hätte Aussicht auf Erfolg, wenn das dreidimensionale Zeichen des B entgegen den §§ 3, 8 MarkenG eingetragen wurde und die Schutzhindernisse auch noch zum Zeitpunkt der Entscheidung über den Antrag bestehen, § 50 Abs. 1 MarkenG.

1. Abstrakte Markenfähigkeit

Eine Marke im Sinne des § 4 MarkenG kann nur entstehen, wenn ihr eine abstrakte Markenfähigkeit zukommt, sie also geeignet ist, unabhängig von den Waren und Dienstleistungen, für die sie eingetragen werden soll, in einem beliebigen Fall Waren oder Dienstleistungen eines Unternehmens von dem eines anderen Unternehmens zu unterscheiden, § 3 Abs. 1 MarkenG.[12] Die geringen Anforderungen, die die abstrakte Unterscheidungskraft stellt, führen dazu, daß ein Fehlen abstrakter Unterscheidungskraft kaum denkbar ist.[13] Auch die Form, die B für sich als Zeichen beansprucht, ist abstrakt zur Unterscheidung geeignet. Es fehlt der Form nicht an der abstrakten Unterscheidungseignung.

2. Ausgeschlossene Form

§ 3 Abs. 2 MarkenG sieht eine eigene Regelung für dreidimensionale Zeichen vor. Durch diese Regelung soll verhindert werden, dass technische Eigenschaften oder Formen für eine einzelne Person dauerhaft monopolisiert werden können.[14] Das stünde den übrigen Regelungen im Patent- und Gebrauchsmusterrecht entgegen, die nur eine befristete Monopolisierung vorsehen. Wegen dieses Zwecks des § 3 Abs. 2 MarkenG ist die systematische Stellung dieser Regelung umstritten;[15] es handelt sich nicht um eine Sonderform abstrakter Markenfähigkeit, sondern eher um eine besondere Form des Freihaltebedürfnisses. Allerdings kann das Hindernis des § 3 Abs. 2 MarkenG nicht durch Verkehrsdurchsetzung, § 8 Abs. 3 MarkenG, überwunden werden.

§ 3 Abs. 2 MarkenG setzt für die Entstehung dreidimensionaler Marken voraus, daß die Form und also das Zeichen gedanklich vom Produkt getrennt werden kann. Das ist dann nicht der Fall, wenn die Warenform technisch bedingt ist. Entschei-

---

[12] *Ingerl/Rohnke*, § 3 Rn. 9; *Götting*, § 47 Rn. 32; *BGH*, Beschl. v. 20. 11. 2003, Az. I ZB 15/98, GRUR 2004, 502, 503 – Gabelstapler II.
[13] *Ingerl/Rohnke*, § 3 Rn. 9.
[14] *Götting*, § 47 Rn. 39.
[15] *Ingerl/Rohnke*, § 3 Rn. 39; *Götting*, § 47 Rn. 39.

dend ist dabei nicht, ob auch andere Gestaltungen der Ware zur gleichen Wirkung führen, sondern ob die wesentlichen Merkmale technisch bedingt sind.[16] Hier kann – mangels weiterer technischer Ausführungen im Sachverhalt – nicht davon ausgegangen werden, dass die Käseform des B allein technisch bedingt, also beispielsweise eine Folge des Reifeprozesses ist.

Die Form lässt sich gedanklich von dem Käse trennen, sie geht über die Grundform des Käses hinaus; eine Eintragung entgegen § 3 Abs. 2 MarkenG ist nicht ersichtlich.

3. Freihaltebedürfnis

Fraglich ist, ob bei Eintragung der dreidimensionalen Marke des B das Freihaltebedürfnis, § 8 Abs. 2 Nr. 2 MarkenG missachtet wurde. Mit dem Freihaltebedürfnis wird die Notwendigkeit umschrieben, beschreibende Angaben, die dazu dienen, Waren oder Dienstleistungen allgemein zu kennzeichnen, nicht durch eine Person monopolisieren zu lassen und der Verwendung durch die Allgemeinheit zu erhalten.[17] § 3 Abs. 2 MarkenG und § 8 Abs. 2 Nr. 2 MarkenG stehen selbständig nebeneinander.[18]

A meint, dass die für B geschützte Form für Käseprodukte der Allgemeinheit zugänglich sein muss. Die von B beanspruchte Käseform bietet sich für Portionierungen an, weil Einzelhandel und Gastronomie solche einfachen Hilfen benötigen. Portionierungshilfen werden in unterschiedlicher Weise realisiert. Einkerbungen sind eine Variante, andere Hersteller nutzen Ecken, Aufkleber o. ä., Formen zur besseren Portionierung sind allgemein üblich und auch noch vorhanden, wenn der Käse ausgepackt und Aufkleber bereits entfernt wurden. Deshalb muss es dem allgemeinen Verkehr möglich sein, solche Hilfen für das von ihm verwendete Produkt frei zu nutzen.[19] Dabei ist zu berücksichtigen, dass eine Monopolisierung einer Form zur besseren Portionierung die Monopolisierung der anderen Gestaltungsmöglichkeiten nach sich ziehen kann, was in Widerspruch zum Freihaltebedürfnis stünde.[20] Der dreidimensionalen Marke des B steht deshalb das Freihaltebedürfnis des § 8 Abs. 2 Nr. 2 MarkenG entgegen.

IV. Zeitpunkt des Schutzhindernisses

Das Freihaltebedürfnis besteht auch noch zum Zeitpunkt der Antragstellung, § 50 Abs. 2 BGB, dem Sachverhalt lassen sich Anhaltspunkte für eine anderweitige Beurteilung nicht entnehmen.

V. Frist

Die Löschung kann nur innerhalb von 10 Jahren seit Eintragung der Marke beantragt werden, § 50 Abs. 2 S. 2 MarkenG. Da B erst seit fünf Jahren Inhaber der Marke ist, ist auch dieses Erfordernis erfüllt.

---

[16] *EuG*, Urt. v. 12. 11. 2008, Rs. T-270/06, Rn. 54, GRUR-RR 2009, 52, 54 – LEGO-Stein.
[17] *Fezer*, Markenrecht, § 8 Rn. 298.
[18] *Götting*, § 47 Rn. 35; *BGH*, Beschl. v. 20. 11. 2003, Az. I ZB 18/98; GRUR 2004, 506 – Stabtaschenlampen II.
[19] *BGH*, Beschl. v. 3. 4. 2008, Az. I ZB 46/05, GRUR 2008, 1000, 1001 – Käse in Blütenform II.
[20] *BGH*, Beschl. v. 3. 4. 2008, Az. I ZB 46/05, GRUR 2008, 1000, 1001 – Käse in Blütenform II.

VI. Löschungsumfang

Ein Zeichen wird nur in dem Umfang gelöscht, indem die absoluten Schutzhindernisse auch bestehen, § 50 Abs. 4 MarkenG. Hier lässt der Sachverhalt nicht erkennen, ob und wenn ja, für welche weiteren Waren und Dienstleistungen die dreidimensionale Marke des B eingetragen ist. Daher können an dieser Stelle zum Löschungsumfang keine Aussagen getroffen werden, mit Ausnahme der, dass eine Löschung jedenfalls für Käseprodukte in Betracht kommt.

VII. Ergebnis

B sollte der Löschung der Marke nicht widersprechen, da ein anderenfalls geführtes Löschungsverfahren keine Aussicht auf Erfolg hätte.

Merke: Das Widerspruchsverfahren nach § 42 MarkenG ist Teil des Markeneintragungsverfahrens. Zum Widerspruch befugt ist allein der Inhaber der Widerspruchsmarke. Der Widerspruch kann nur auf die relativen Schutzhindernisse des § 9 Abs. 1 Nr. 1 und Nr. 2 MarkenG gestützt werden.

Ist eine Marke trotz absoluter Schutzhindernisse gemäß §§ 3, 7, 8 MarkenG eingetragen worden, kann nach §§ 54, 50 MarkenG jedermann die Löschung durch das DPMA beantragen.

Anhang: Erläuterte Aufbauskizzen

1. Teil. UWG

A. Unterlassungs- und Schadensersatzansprüche

I. Materiellrechtliche Beurteilung der Unzulässigkeit der Maßnahme

1. „Geschäftliche Handlung" (§ 2 Abs. 1 Nr. 1 UWG)

Handlungen, die anderen als wirtschaftlichen Zielen dienen (siehe dazu Fall 4), fallen nicht unter den Begriff „geschäftlichen Handlung" bzw. den der „Geschäftspraktiken" (vgl. Art. 2 lit. der (EG-)Richtlinie über unlautere Geschäftspraktiken).

2. Unlauterkeitsprüfung (§§ 3–6 UWG):

Vor der Generalklausel des § 3 Abs. 1 UWG bzw. der des § 3 Abs. 2 UWG (näher zu Letzterer Fall 11) sind die die Unlauterkeit konkretisierenden Beispielstatbestände zu prüfen und zwar unter Beachtung der EG-rechtlichen Vorgaben (richtlinienkonforme Auslegung!). Die Reihenfolge der Unlauterkeitsprüfung erfolgt nach den Schwerpunkten des zu beurteilenden Sachverhalts.

a) Unlautere Handlungen, die vorrangig Verbraucherinteressen berühren
   aa) „Schwarze Liste" mit Per-Se-Verboten (§ 3 Abs. 3 UWG i. V. m. Anhang)
   bb) Unlautere Ausnutzung von Schwächen (§ 4 Nr. 2 UWG)
   cc) Getarnte Werbung (§ 4 Nr. 3 UWG)
   dd) Unlautere Verkaufsförderungsmaßnahmen (§ 4 Nr. 4 UWG)
   ee) Informationsmängel bei Gewinnspielen (§ 4 Nr. 5 UWG)
   ff) Absatzsteigerung durch Ausnutzung aleatorischer Reize (§ 4 Nr. 6 UWG)
   gg) Verstoß gegen die fachliche Sorgfalt (§ 3 Abs. 2 UWG)
   hh) Vorenthalten von Informationen (§ 5 a Abs. 2–4 UWG)

b) Unlautere Handlungen, die vorrangig Mitbewerberinteressen berühren
   aa) Wettbewerber schädigende Handlungen (§ 4 Nr. 7–9 UWG) – in Abgrenzung zu §§ 14, 15 MarkenG
   bb) Gezielte Behinderung (§ 4 Nr. 10 UWG)

c) Unlautere Handlungen, die gegen die durch § 1 UWG geschützten Interessen *aller* Marktteilnehmer verstoßen
   aa) Rechtsbruch (§ 4 Nr. 11 UWG)
   bb) Unzulässige vergleichende Werbung (§ 6 UWG)
   cc) Irreführende Handlungen (§§ 5, 5 a Abs. 1 UWG)
   dd) Handlungen unter Verletzung der Entscheidungsfreiheit anderer Marktteilnehmer (§ 4 Nr. 1 UWG)
   ee) Generalklausel

Unlautere geschäftliche Handlungen, die zu einer spürbaren Beeinträchtigung der Interessen anderer Marktteilnehmer führen (§ 3 Abs. 1 UWG)*

3. Unzumutbare Belästigung (§ 7 UWG)

Hinweis: Da das Lauterkeitsrecht Sonderdeliktsrecht ist, finden auf lauterkeitsrechtliche Ansprüche ergänzend die Normen des allgemeinen Deliktsrechts wie etwa die §§ 827–829, 830, 831, 840 BGB Anwendung, soweit das UWG keine Sonderregelung bereithält. Ausgeschlossen ist die Anwendung des durch § 823 Abs. 1 BGB geschützten Rechts am eingerichteten und ausgeübten Gewerbebetrieb unter dem Aspekt der Gesetzeskonkurrenz (Subsidiarität).

II. Besondere Voraussetzungen bei Unterlassungsansprüchen

1. Aktivlegitimation (§ 8 Abs. 3 UWG)

2. Passivlegitimation (§ 8 Abs. 1 u. 2 UWG)

3. Wiederholungsgefahr/Erstbegehungsgefahr

strafbewehrte Unterlassungserklärung

4. Keine missbräuchliche Geltendmachung des Anspruchs (§ 8 Abs. 4 UWG)

III. Besondere Voraussetzungen bei Schadensersatzansprüchen

1. Aktiv-/Passivlegitimation (§ 9 UWG)

Nach § 9 UWG stehen den **Mitbewerbern** Schadensersatzansprüche bei Verletzung durch eine nach §§ 3, 7 UWG unzulässige Maßnahme zu. Angesichts der Schutzfunktion des UWG zugunsten der Verbraucher, die durch die der Neufassung des UWG zugrunde liegende EG-Richtlinie zum Schutz der Verbraucher vor unlauteren Geschäftspraktiken noch verstärkt wurde, ist es – genauso wie bei Art. 81 und 82 EG – geboten, im Interesse der praktischen Wirksamkeit des Verbraucherschutzes auch den **Konsumenten** bei Verstoß gegen verbraucherschützende Normen, bei Normen mit umfassender Schutzrichtung i. S. v. § 1 UWG und bei unzumutbarer Belästigung Ansprüche gegen den Verkehr einzuräumen. Als Instrument dafür bietet sich § 823 Abs. 2 BGB an, da sich am Schutzgesetzcharakter dieser Normen auch zugunsten der Verbraucher kaum zweifeln lässt (a. A. die bislang herrschende Lehre und Praxis, die § 9 UWG als abschließende Schadensersatznorm interpretiert und dabei systematische und teleologische Argumente außer Betracht lässt). § 434 Abs. 1 Satz 3 BGB allein beseitigt nicht alle Schutzlücken.

2. Verschulden

Vorsatz oder Fahrlässigkeit gemäß §§ 276, 278 BGB.
Es gilt das Presseprivileg in § 9 S. 2 UWG, als Pendant zur Begrenzung der Unterlassungshaftung durch eingeschränkte Prüfungspflichten.

---

* **Merke:** Bei den enumerativ aufgeführten konkreten Beispieltatbeständen unlauterer Werbung ist die spürbare Interessenbeeinträchtigung tatbestandsimmanent und bedarf daher keiner besonderen Prüfung (a.A. die h. L., die indes keine empirische Prüfung der Spürbarkeit vornimmt, sondern sich mit einer floskelhaften Feststellung ohne eigenständigen Inhalt begnügt).

3. Haftungsausfüllende Kausalität

4. Schadensumfang

IV. Allgemeine Anspruchsbegrenzungen

1. Verjährung (§ 11 UWG)

2. Verwirkung

3. Unclean hands

Näher dazu Fall 13.

B. Ergänzende Ansprüche

1. Auskunftsanspruch

Anders als im MarkenG ist dieser Anspruch nicht explizit geregelt, sondern ergibt sich aus § 242 BGB.

2. Beseitigungsanspruch

Dieser folgt aus dem Unterlassungsanspruch und kann im Einzelfall auch auf Klarstellung/Berichtigung gerichtet sein.

3. Erstattung von Abmahnkosten (§ 12 S. 2 UWG)

Näher dazu Fall 7.

4. Gewinnabschöpfungsanspruch

Näher dazu Fälle 6 und 8.

2. Teil. Markenrecht

A. Ansprüche gemäß § 14 MarkenG wegen Verletzung einer Marke

I. Aktivlegitimation

Aktivlegitimiert ist der Inhaber eines (prioritätsälteren) Markenrechtes, welches gemäß § 4 MarkenG auf drei Wegen entstehen kann.

1. Eingetragene Marke (§ 4 Nr. 1 MarkenG)

Die vom DPMA geprüften Eintragungsvoraussetzungen (insb. § 37 Abs. 1 i.V.m. §§ 3, 7, 8 MarkenG) werden im Zivilverfahren nicht mehr hinterfragt. Beanstandungen können nur im Verfahren vor dem DPMA geltend gemacht werden (§ 54 MarkenG).

a) Inhaberschaft

Entscheidend ist die materielle Rechtslage, nicht hingegen die Eintragung. Allerdings wird die Inhaberschaft zugunsten des Eingetragenen gemäß § 28 MarkenG (widerleglich) vermutet.

b) Priorität

Die Priorität gemäß § 6 MarkenG ist nur dann zu prüfen, wenn sich der Anspruchsinhaber gegen ein Zeichen wendet, dass ebenfalls geschützt ist, egal ob als Marke, geschäftliche Bezeichnung oder als sonstiges Recht gemäß § 13 Abs. 2 MarkenG.

2. Markenrecht kraft Verkehrsgeltung (§ 4 Nr. 2 MarkenG)

Die Entstehung des Markenschutzes durch Benutzung (Benutzungsmarke) ersetzt die Registereintragung.

a) §§ 3, 8 MarkenG

Die Tatbestandsvoraussetzungen des § 3 MarkenG sind zu prüfen, da der Markenschutz nach § 4 Nr. 2 MarkenG keine Billigung des DPMA verlangt. Ob zugunsten der Einheitlichkeit des Markenschutzes auch die Voraussetzungen des § 8 MarkenG zu prüfen sind ist streitig. Entscheidet man sich dagegen, sind die für § 8 MarkenG maßgeblichen Wertungen bei der Bestimmung der Verkehrsgeltung zu berücksichtigen.

b) Benutzungsaufnahme

Es muss eine Benutzung im geschäftlichen Verkehr für bestimmte Produkte erfolgen, auf die der Markenschutz maximal erstreckt sein kann.

c) Grad und geographisches Gebiet der Verkehrsgeltung

Verkehrsgeltung ist anzunehmen, wenn ein nicht unerheblicher Teil des Verkehrs die Bezeichnung als produktidentifizierendes Zeichen erkennt. Je geringer die Unterscheidungskraft des Zeichens ist, umso höhere Anforderungen sind zu stellen. Sind die Voraussetzungen des § 8 Abs. 2 Nr. 1–3 MarkenG nicht erfüllt, bedarf es einer

Verkehrsgeltung, die der Verkehrsdurchsetzung nach § 8 Abs. 3 MarkenG entspricht (ab 50%). Während bei Farbmarken aufgrund des Freihaltebedürfnisses also mehr als 50% Bekanntheit zu fordern sein können, können bei offensichtlich eintragungsfähigen Marken auch 20% ausreichend sein. Die Übergänge sind fließend.

d) Kein Verlust der Verkehrsgeltung

Die Verkehrsgeltung kann z. B. mangels Benutzung oder aufgrund Verwässerung durch existierende ähnliche Marken hinsichtlich bestimmter geographischer Gebiete verlorengehen.

e) Inhaberschaft

Die Inhaberschaft richtet sich nach der Zuordnung durch die Verkehrsauffassung.

f) Priorität

Für die Priorität ist gemäß § 6 Abs. 3 MarkenG der Zeitpunkt des Erwerbs der Verkehrsgeltung entscheidend.

3. Markenrecht wegen notorischer Bekanntheit nach Art. 6bis PVÜ (§ 4 Nr. 3 MarkenG)

Erforderlich ist das Vorliegen einer Marke, also eines markenmäßig genutzten Zeichens. Diese muss notorische Bekanntheit im Inland haben, aber nicht zwingend im Inland benutzt worden sein. Die ältere Marke muss im gesamten Hoheitsgebiet oder in einem wesentlichen Teil desselben notorisch bekannt sein. Der Begriff der Notorietät setzt allgemeine Kenntnis der Marke innerhalb der beteiligten Verkehrskreise voraus. Es ist ein Bekanntheitsgrad von weit über 50% (regelmäßig nicht unter 60%) zu fordern.

II. Verletzungshandlung

1. Handeln im geschäftlichen Verkehr

Die Benutzung muss im Zusammenhang mit einer auf einen wirtschaftlichen Vorteil gerichteten kommerziellen Tätigkeit und nicht im privaten Bereich erfolgen.

2. Markenmäßige Benutzung eines Zeichens

Anders als bei den Löschungstatbeständen der §§ 9 ff. MarkenG erfasst § 14 MarkenG nicht nur Kollisionen einer Marke mit ihrerseits geschützten Kennzeichenrechten Dritter, sondern auch die Verletzung durch die Verwendung ungeschützter Zeichen. Anspruchsauslösend ist nur die konkrete angegriffene Zeichennutzung für bestimmte Produkte. Da der Schutz der Markenrechte nicht weiter gehen soll, als es zum Erhalt ihrer Funktionsfähigkeit erforderlich ist, ist grundsätzlich eine funktionsgemäße (marken-/zeichenmäßige) Benutzung eines Kennzeichens zu fordern. Die Rechte aus der Marke sind daher auf diejenigen Fälle beschränkt, in denen die Benutzung des Zeichens durch einen Dritten die Funktion der Marke und insbesondere deren Hauptfunktion, d.h. die Gewährleistung der Herkunft der Ware gegenüber dem Verbraucher, beeinträchtigt oder immerhin beeinträchtigen könnte. Eine markenmäßige Benutzung setzt danach voraus, dass die Bezeichnung im Rahmen des Produkt- oder Leistungsabsatzes jedenfalls auch der Unterscheidung der Waren oder Dienstleistungen eines Unternehmens von denen anderer dient. Neuerdings umstritten ist, ob die markenmäßige Benutzung auch im Rahmen des § 14

Abs. 2 Nr. 3 MarkenG zu prüfen ist, wogegen dessen Charakter als reiner Unlauterkeitstatbestand spricht.

3. Ohne Zustimmung

Mit Zustimmung handelt z. B. der Lizenznehmer im Rahmen der ihm durch Lizenzvertrag eingeräumten Befugnisse (vgl. § 30 Abs. 2 MarkenG).

4. Kollisionstatbestand

§ 14 Abs. 2 MarkenG kennt drei Gruppen von Kollisionstatbeständen, die jeweils für sich eine Rechtsverletzung begründen können. Möglich sind die Kombinationen 1+3 und 2+3. Prüfungsmaßstab für die Frage, ob eine Kollision vorliegt, ist auf Seiten des Verletzers die Art und Weise der Zeichennutzung für das spezifische Produkt im konkreten Fall und auf Seiten des Anspruchsstellers die Registereintragung. Im Falle der Erstbegehungsgefahr (s. u. V.1.) ist auf die zu erwartende Nutzung des Verletzers abzustellen.

a) Identitätsschutz (§ 14 Abs. 2 Nr. 1 MarkenG)

Voraussetzung ist die Doppelidentität in Zeichen und Produkt. Auf eine Verwechslungsgefahr kommt es dann nicht mehr an.

b) Verwechslungsschutz (§ 14 Abs. 2 Nr. 2 MarkenG)

Die Verwechslungsgefahr, einschließlich der Gefahr des gedanklichen Inverbindungbringens (aus dem Wortlaut ergibt sich, dass der Begriff der Gefahr der gedanklichen Verbindung keine Alternative zum Begriff der Verwechslungsgefahr darstellt, sondern dessen Umfang genauer bestimmt), lässt sich in **drei Kategorien** unterteilen:

Von **unmittelbarer Verwechslungsgefahr** spricht man, wenn das eine Zeichen ohne Weiteres für das andere gehalten wird, weil bestehende Unterschiede nicht hinreichend wahrgenommen werden.

Eine **mittelbare Verwechslungsgefahr** liegt vor, wenn die beteiligten Verkehrskreise zwar die Unterschiede zwischen den Vergleichszeichen erkennen, aber dennoch irrigerweise annehmen, es handle sich um eine Variation der Marke des gleichen Herstellers. Unterform davon ist die Verwechslungsgefahr unter dem Aspekt des **Serienzeichens**, die im Falle fehlender unmittelbarer Verwechslungsgefahr dann eingreift, wenn die Zeichen in einem Bestandteil übereinstimmen, den der Verkehr als Stamm mehrerer Zeichen eines Unternehmens sieht und deshalb die nachfolgenden Bezeichnungen, die einen wesensgleichen Stamm aufweisen, demselben Inhaber zuordnet.

Von einer **Verwechslungsgefahr im weiteren Sinne** ist auszugehen, wenn der Verkehr zwar die Bezeichnungen selbst und die durch sie gekennzeichneten Unternehmen auseinanderhalten kann, aus den sich gegenüberstehenden Zeichen aber auf organisatorische oder wirtschaftliche Zusammenhänge schließt.

Die Verwechslungsgefahr ermittelt sich unter Berücksichtigung der nachfolgenden teilweise ungeschriebenen (Kennzeichnungskraft) Merkmale, die miteinander in Wechselwirkung stehen, so dass ein geringerer Grad der Ähnlichkeit der Waren oder Dienstleistungen durch einen höheren Grad der Ähnlichkeit der Zeichen oder durch eine erhöhte Kennzeichnungskraft der älteren Marke ausgeglichen werden kann und umgekehrt. Bei dieser umfassenden Beurteilung der Verwechslungsgefahr ist auf den durch die Zeichen hervorgerufenen Gesamteindruck abzustellen, wobei insbesondere ihre unterscheidungskräftigen und dominierenden Elemente zu berücksichtigen sind.

aa) Kennzeichnungskraft der Anspruchsmarke

Unter Kennzeichnungskraft, welche bezogen auf die jeweils in Rede stehenden Waren und Dienstleistungen ermittelt werden muss und die in schwache, normale und hohe eingeteilt wird, versteht man die Eignung eines Zeichens, sich dem Publikum aufgrund seiner Eigenart und seines u. U. durch Benutzung erlangten Bekanntheitsgrades als Marke einzuprägen, d. h. in Erinnerung behalten und wiedererkannt zu werden. Die originäre Kennzeichnungskraft eines Zeichens kann durch Benutzung, nämlich indem sie bekannt wird, steigen.

bb) Zeichenähnlichkeit

Hinsichtlich der Zeichenähnlichkeit ist im Bild, im Klang oder in der Bedeutung auf den Gesamteindruck abzustellen, den die Zeichen hervorrufen, wobei insbesondere die sie unterscheidenden und dominierenden Elemente zu berücksichtigen sind.

cc) Produktähnlichkeit

Bei der Beurteilung der Ähnlichkeit der Waren oder Dienstleistungen sind alle erheblichen Faktoren zu berücksichtigen, die das Verhältnis zwischen den Waren und Dienstleistungen kennzeichnen. Hierzu gehören insbesondere die Art der Waren und Dienstleistungen, ihr Verwendungszweck, ihre Nutzung sowie die Eigenart als miteinander konkurrierende oder einander ergänzende Waren oder Dienstleistungen. In die Beurteilung einzubeziehen ist, ob die Waren oder Dienstleistungen regelmäßig von denselben Unternehmen oder unter ihrer Kontrolle hergestellt oder erbracht werden oder ob sie beim Vertrieb Berührungspunkte aufweisen. Von einer Unähnlichkeit der Waren oder Dienstleistungen kann nur ausgegangen werden, wenn trotz (unterstellter) Identität der Marken die Annahme einer Verwechslungsgefahr wegen des Abstands der Waren und Dienstleistungen von vornherein ausgeschlossen ist. Dabei gibt es eine absolute Waren- und Dienstleistungsunähnlichkeit, die auch bei Identität der Zeichen nicht durch eine erhöhte Kennzeichnungskraft der prioritätsälteren Marke ausgeglichen werden kann.

c) Bekanntheitsschutz (§ 14 Abs. 2 Nr. 3 MarkenG)

Der Bekanntheitsschutz ist seiner Natur nach ein lauterkeitsrechtlicher Schutz, der vier Verletzungsformen kennt.

aa) Bekanntheit der Marke im Inland

Die ältere Marke muss einem bedeutenden Teil des von den durch diese Marke erfassten Waren oder Dienstleistungen angesprochenen Publikums bekannt sein, um die Voraussetzung der Bekanntheit zu erfüllen. Bei der Prüfung dieser Voraussetzung sind alle relevanten Umstände des Falles zu berücksichtigen, insbesondere der Marktanteil der Marke, die Intensität, die geographische Ausdehnung und die Dauer ihrer Benutzung sowie der Umfang der Investitionen, die das Unternehmen zu ihrer Förderung getätigt hat. Die Bekanntheit muss in einem wesentlichen Teil des Gebiets vorliegen.

bb) Unähnlichkeit der Produkte

Entgegen dem Wortlaut folgt aus einem Erst-Recht-Schluss, dass § 14 Abs. 2 Nr. 3 MarkenG auch in Bezug auf Waren oder Dienstleistungen gilt, die mit denen, für die die Marke eingetragen ist, identisch oder ihnen ähnlich sind.

cc) Gedankliche Verknüpfung

Erforderlich ist für alle Beeinträchtigungen, dass sie Folge eines bestimmten Grades der Ähnlichkeit zwischen der älteren und der jüngeren Marke sind, ohne dass eine Verwechslungsgefahr bestehen muss, aufgrund dessen die beteiligten Verkehrskreise einen Zusammenhang zwischen diesen Marken sehen, d.h. die beiden gedanklich miteinander verknüpfen, so dass die jüngere Marke dem normal informierten und angemessen aufmerksamen und verständigen Durchschnittsverbraucher die bekannte ältere Marke in Erinnerung ruft. Eine solche gedankliche Verknüpfung ist unter Berücksichtigung aller relevanten Umstände des konkreten Falles umfassend zu beurteilen, insbesondere Zeichen- und Produktähnlichkeit, Bekanntheit und Unterscheidungskraft der älteren Marke sowie das Bestehen einer Verwechslungsgefahr für das Publikum.

dd) Rufausnutzung

Die Rufausbeutung (Imagetransfer) verlangt das Bestehen eines Rufes und dessen Übertragbarkeit auf das konkrete Produkt, für welches der Verletzer das Zeichen nutzt.

ee) Rufbeeinträchtigung

Die Rufbeeinträchtigung ist dann zu bejahen, wenn die Waren, für die die angemeldete Marke benutzt wird, auf die Öffentlichkeit in einer solchen Weise wirken, dass die Anziehungskraft der älteren Marke geschmälert wird (Beeinträchtigung des Werbewertes).

ff) Ausnutzung der Unterscheidungskraft

Diese Alternative hat kaum einen eigenen Anwendungsbereich, da sie regelmäßig mit einer Rufausnutzung einhergeht.

gg) Beeinträchtigung der Unterscheidungskraft (Verwässerung)

Eine Beeinträchtigung der Unterscheidungskraft der älteren Marke liegt vor, wenn die Eignung dieser Marke, die Waren oder Dienstleistungen, für die sie eingetragen ist und benutzt wird, als vom Inhaber dieser Marke stammend zu identifizieren, geschwächt wird, weil die Benutzung der jüngeren Marke zur Auflösung der Identität der älteren Marke und ihrer Bekanntheit beim Publikum führt. Dies ist insbesondere der Fall, wenn die ältere Marke, die eine unmittelbare gedankliche Verbindung mit den von ihr erfassten Waren und Dienstleistungen hervorrief, dies nicht mehr zu bewirken vermag.

hh) Ohne rechtfertigenden Grund in unlauterer Weise

Als **rechtfertigende Gründe** sind insbesondere die Meinungsäußerungs- oder Pressefreiheit (Art. 5 Abs. 1 GG) oder ein Handeln zur Wahrnehmung sonstiger berechtigter Interessen. **Unlauterkeit**, welche in Hinblick auf den Vorteil des Anspruchsgegners und unabhängig von etwaigen Nachteilen des Markeninhabers bestimmt wird, ist außer in Fällen mit Schädigungsabsicht auch dann zu bejahen, wenn eine berühmte Marke eindeutig „parasitär" von Trittbrettfahrern ausgebeutet wird oder lediglich versucht wird, finanziellen Vorteil aus ihrem guten Ruf zu ziehen.

III. Schutzschranken

1. Verjährung (§ 20 MarkenG)

2. Verwirkung von Ansprüchen (§ 21 MarkenG, § 242 BGB)

3. **Bestandskraft der Eintragung einer Marke mit jüngerem Zeitrang (§ 22 MarkenG)**

4. **Benutzung von Namen und beschreibenden Angaben, Ersatzteilgeschäft (§ 23 MarkenG)**

Str. ist, ob das Recht der Gleichnamigen (näher dazu Fall 20) hier oder bereits im Tatbestand des § 14 MarkenG verankert ist.

5. **Erschöpfung (§ 24 MarkenG)**

Mangels Inverkehrbringen i. S. d. § 24 Abs. 1 MarkenG ist das Markenrecht nicht erschöpft, wenn ein Lizenznehmer in einem der in § 30 Abs. 2 MarkenG explizit aufgezählten Fälle gegen den Lizenzvertrag verstößt.

Zu den berechtigten Interessen i. S. d. § 24 Abs. 2 MarkenG gehört insbesondere das Interesse an der Qualitätssicherung durch die Marke. Das Umverpacken der mit der Marke gekennzeichneten Waren ist daher nur unter engen Voraussetzungen ohne Aufhebung der Erschöpfungswirkung möglich (näher dazu Fall 19).

6. **Mangelnde Benutzung (§§ 25, 26 MarkenG)**

§ 25 MarkenG regelt das Einrederecht im Falle 5-jähriger Nichtbenutzung der Anspruchsmarke. § 26 MarkenG regelt die Formen der Benutzung, welche die Einrede ausschließen. Für alle ist die Ernsthaftigkeit der Nutzung Voraussetzung, mit der Scheinbenutzungen ausgeschlossen werden sollen. Indiz dafür ist, wenn die Benutzung das im Hinblick auf die betroffenen Produkte verkehrsübliche und wirtschaftlich Angebrachte ist.

IV. Passivlegitimation

Es gelten die schon zum UWG erläuterten Grundsätze.

1. **Verletzer**

2. **Störer**

3. **Betriebsinhaberhaftung (§ 14 Abs. 7 MarkenG)**

V. Wiederholungs-/Erstbegehungsgefahr bei Unterlassungsansprüchen

Die Erstbegehungsgefahr ist unabhängig von der konkreten subjektiven Verwendungsabsicht des Anspruchsgegners zu bestimmen. Im Falle der Anmeldung und Eintragung eines Zeichens als Marke ist im Regelfall zu vermuten, dass eine Benutzung für die eingetragenen Waren oder Dienstleistungen in naher Zukunft bevorsteht, wenn keine konkreten Umstände vorliegen, die gegen eine solche Benutzungsabsicht sprechen. Die Erstbehebungsgefahr entfällt regelmäßig durch einen „actus contrarius".

VI. Besondere Voraussetzungen von Schadensersatzansprüchen

1. Verschulden

2. Haftungsausfüllende Kausalität

3. Dreifache Schadensberechnung (§ 14 Abs. 6 S. 2 u. 3 MarkenG)

VII. Ergänzende Ansprüche des Verletzten

1. Vernichtung und Rückruf (§ 18 MarkenG)

2. Auskunft (§ 19 MarkenG)

3. Erstattung von Abmahnkosten

Die Erstattung von Abmahnkosten ist im MarkenG nicht ausdrücklich geregelt. Sie wird über die Grundsätze der Geschäftsführung ohne Auftrag gemäß §§ 683 S. 1, 677, 670 BGB (siehe dazu Fall 15) geltend gemacht, in deren Rahmen zur Begründung des Interesses des Abgemahnten inzident das Vorliegen eines Unterlassungsanspruches zu prüfen ist.

B. Verfahren in Markenangelegenheiten

Teil 3 des Markengesetzes regelt die Verfahren in Markenangelegenheiten. Von Bedeutung für die Fallprüfung sind insbesondere das im Abschnitt 1 geregelte Eintragungsverfahren und die in Abschnitt 3 geregelten patentamtlichen sowie gerichtlichen Löschungsverfahren.

I. Verwaltungsverfahren vor dem DPMA

1. Widerspruchsverfahren (§ 42 MarkenG)

Hat das DPMA die Marke eingetragen, kann ein Dritter hiergegen im Verwaltungsverfahren Widerspruch einlegen. Das Widerspruchsverfahren ist dem Eintragungsverfahren zuzuordnen. **Antragsbefugt** sind nur Inhaber einer prioritätsälteren Marke oder geschäftlichen Bezeichnung (§ 42 Abs. 1 MarkenG). Die **Antragsfrist** beträgt drei Monaten nach dem Tag der Veröffentlichung (§ 42 Abs. 1 MarkenG). Die **Widerspruchsgründe** sind enumerativ in § 42 Abs. 2 MarkenG aufgezählt, namentlich Identitäts-, Verwechslungs- und Bekanntheitsschutz gemäß § 9 Abs. 1 Nr. 1–3 bzw. § 10 MarkenG von eingetragenen (Nr. 1) oder gemäß § 10 MarkenG notorisch bekannten (Nr. 2) Marken, beim Agenten-/Vertreterexzess gemäß § 11 MarkenG sowie bei entgegenstehenden geschäftlichen Bezeichnungen oder durch Verkehrsgeltung erworbenen Markenrechten i.S.d. § 12 MarkenG. Der Anmelder kann sich gemäß § 43 Abs. 1 MarkenG lediglich mit der Einrede der Nichtbenutzung (§ 26 MarkenG) der eingetragenen Widerspruchsmarke zur Wehr setzen. Allerdings kann der Anmelder im Falle eines erfolgreichen Widerspruches gegen den Widersprechenden Eintragungsbewilligungsklage vor dem LG gemäß § 44 MarkenG erheben (siehe dazu unten B. II. 1.), in deren Rahmen zusätzliche Gründe geltend gemacht werden können. Diese ist aber nicht Teil des Widerspruchsverfahrens.

Innerhalb des Verwaltungsverfahrens stehen dem Unterlegenen gegen die Entscheidung des DPMA nur die Rechtsbehelfe der Beschwerde zum BPatG gemäß § 66 MarkenG bzw., wenn die Widerspruchsentscheidung von einem Beamten des gehobenen Dienstes oder vergleichbaren Angestellten erlassen worden ist, davor noch die Erinnerung nach § 64 MarkenG zu, die aber im Prüfungsumfang nicht über § 43 MarkenG hinausgehen.

2. Patentamtliches Löschungsverfahren wegen absoluter Schutzhindernisse gemäß §§ 54, 50 MarkenG

Die Löschung wegen absoluter Schutzhindernisse i. S. d. § 50 MarkenG i. V. m. §§ 3, 7 oder 8 MarkenG kann gemäß § 54 MarkenG **nur** im Verwaltungsverfahren vor dem DPMA geltend gemacht werden. Eine Prüfung auf absolute Schutzhindernisse erfolgte bereits im Eintragungsverfahren (§ 37 MarkenG). Bei Verfahren wegen Ansprüchen nach § 14 MarkenG prüfen die ordentlichen Gerichte diese Voraussetzungen nicht mehr, da sie an die Entscheidung des DPMA gebunden sind. **Unabhängig** vom Markenverfahren kann gegen den Markeninhaber (nicht gegen das DPMA) ein außermarkenrechtlicher Anspruch auf Einwilligung in die Löschung der Marke z. B. gemäß § 8 UWG oder § 826 BGB entstehen, der auf Gründe gestützt wird, die sich mit denen des § 8 MarkenG überschneiden.

a) Antragsbefugnis

Der Antrag kann gemäß § 54 Abs. 1 S. 2 MarkenG von jeder Person gestellt werden (Popularverfahren).

b) Löschungsgründe

Die Löschungsgründe werden nur im Falle des § 54 Abs. 2 S. 3 MarkenG vom DPMA geprüft.

aa) § 3 MarkenG

Geprüft wird gemäß § 3 Abs. 1 MarkenG die abstrakte Markenfähigkeit eines Zeichens, also dessen Fähigkeit, als Unterscheidungszeichen zur Identifikation von Unternehmensprodukten im Marktwettbewerb benutzt werden zu können. Voraussetzung sind Selbständigkeit und Einheitlichkeit, um den Schutzgegenstand Marke überhaupt erst beschreiben zu können sowie die abstrakte Unterscheidungseignung.

bb) § 8 MarkenG

Nicht graphisch darstellbar i. S. d. § 8 Abs. 1 MarkenG sind nach Auffassung des EuGH z. B. Geruchsmarken.

Der Eintragungsanspruch nach § 33 Abs. 2 MarkenG fordert grundsätzlich eine enge Auslegung der Hindernisse des § 8 Abs. 2 MarkenG.
- § 8 Abs. 2 Nr. 1 MarkenG regelt die konkrete Unterscheidungskraft eines Zeichens, also die einer Marke innewohnende (konkrete) Eignung, vom Verkehr als Unterscheidungsmittel für die von der Marke erfassten Waren oder Dienstleistungen eines Unternehmens gegenüber solchen anderer Unternehmen verstanden zu werden. Dabei ist grundsätzlich von einem großzügigen Maßstab auszugehen, d. h. jede auch noch so geringe Unterscheidungskraft reicht aus, um das Schutzhindernis zu überwinden. Es kann bei ausschließlich beschreibenden Angaben fehlen, ist hingegen bei Phantasiebezeichnungen oder sonstigen Bezeichnungen ohne jeden Produktbezug regelmäßig zu bejahen.

- § 8 Abs. 2 Nr. 2 MarkenG ist nicht wie die Nr. 1 aus der Sicht der Abnehmer auszulegen, sondern aus der Sicht der Mitbewerber. Ausreichend ist ein zukünftig vernünftigerweise zu erwartendes Freihaltebedürfnis. Es muss für genau die konkrete Marke für genau die eingetragenen Produkte bestehen. Ein Freihaltebedürfnis kann insbesondere bei Zahlenfolgen oder Farbkombinationen bestehen.
- Bösgläubigkeit i. S. d. § 8 Abs. 2 Nr. 10 liegt vor, wenn die Anmeldung rechtsmissbräuchlich oder sittenwidrig erfolgt ist. Der Erwerb kann rechtsmissbräuchlich sein, wenn die Marke zweckfremd als Mittel des Wettbewerbskampfes eingesetzt wird. Es kann im Wesentlichen unterschieden werden zwischen der Fallgruppe der Beeinträchtigung eines schutzwürdigen Besitzstands an einer nicht geschützten Bezeichnung, der Fallgruppe der sittenwidrigen Behinderung, der Gruppe fehlenden Benutzungswillens und der Gruppe der Markenerschleichung.

cc) Keine Verkehrsdurchsetzung

Im Falle von Verkehrsdurchsetzung gemäß § 8 Abs. 3 MarkenG finden die Schutzhindernisse des § 8 Abs. 2 Nr. 1–3 MarkenG keine Anwendung. Nach der Rechtsprechung des BGH ist für die Feststellung des Durchsetzungsgrads nicht von festen Prozentsätzen auszugehen. Jedoch kann, sofern nicht besondere Umstände eine abweichende Beurteilung rechtfertigen, die untere Grenze für die Annahme einer Verkehrsdurchsetzung nicht unterhalb von 50% angesetzt werden.

c) Keine Präklusion

Wenn der Löschungsantrag auf die absoluten Schutzversagungsgründe nach § 8 Abs. 2 Nr. 1, 2 oder 3 MarkenG gestützt ist (und nur dann), gilt gemäß § 50 Abs. 2 Satz 2 MarkenG für die Antragslöschung eine Präklusionsfrist von 10 Jahren seit dem Tag der Eintragung.

d) Löschungsumfang (§ 50 Abs. 4 MarkenG)

3. Patentamtlicher Löschungsantrag wegen Verfalls (§ 53 MarkenG)

Um in offensichtlichen Fällen die aufwendige Löschungsklage wegen Verfalls gemäß §§ 55, 49 MarkenG zu vermeiden, sieht § 43 MarkenG aus verfahrensökonomischen Gründen ein **fakultatives** patentamtliches (also im Verwaltungsverfahren stattfindendes) Löschungsverfahren vor. Antragsbefugt ist jedermann. Das DPMA prüft nur die ordnungsgemäße Antragstellung, nicht jedoch die sachliche Berechtigung des Löschungsantrags, mit dem das Vorliegen von Verfallsgründen gemäß § 49 MarkenG nur behauptet werden muss. Der Markeninhaber bzw. dessen Rechtsnachfolger wird informiert und er muss binnen zwei Monaten Widerspruch einlegen. Anderenfalls nimmt das DPMA die Löschung vor. Bei fristgerechtem Widerspruch verweist das DPMA den Antragsteller gemäß § 53 Abs. 4 MarkenG auf die Löschungsklage nach §§ 55, 49 MarkenG (siehe unten B. II. 3.).

4. Verzicht (§ 48 MarkenG)

Der Markeninhaber kann **freiwillig** auch selbst den Antrag auf Löschung gemäß § 48 MarkenG vor dem DPMA stellen. Der Antrag kann auf Löschung aller oder nur eines Teils der Waren oder Dienstleistungen gerichtet sein, für die die Marke ins Register eingetragen wurde. Mangels gesetzlicher Anordnung der Rückwirkung wirkt die Löschung nur ex nunc, anders als in den Fällen des § 52 MarkenG.

II. Verfahren vor der ordentlichen Gerichtsbarkeit

1. Eintragungsbewilligungsklage (§ 44 MarkenG)

Im Falle eines erfolgreichen Widerspruches durch einen Dritten kann der Markenanmelder gegen den Widersprechenden innerhalb von 6 Monaten Eintragungsbewilligungsklage gemäß § 44 MarkenG vor dem LG (§ 140 MarkenG) erheben, in deren Rahmen dann die dort genannten Gründe geltend gemacht werden, da ja die Einwendungen im Widerspruchsverfahren begrenzt sind (s.o. B.I.1.). Die Eintragungsbewilligungsklage ist zeitlich dem Eintragungsverfahren zuzuordnen, auch wenn sie kein Bestandteil dieses Verwaltungsverfahrens ist. Materiellrechtlich wird ein privatrechtlicher Anspruch auf Einwilligung in die Eintragung der gelöschten Marke gegen den Widersprechenden (nicht gegen das DPMA) geltend gemacht. Der Kläger kann dann im Erfolgsfalle unter Vorlage der Gerichtsentscheidung beim DPMA einen Antrag auf Wiedereintragung der Marke mit der ursprünglichen Priorität stellen.

2. Löschungsanspruch wegen Bestehens älterer Rechte gemäß §§ 51, 55 MarkenG

Die Löschungsklage wegen Bestehens älterer Rechte ist gegen den Inhaber der eingetragenen Marke gerichtet (nicht gegen das DPMA). Materiellrechtlich wird ein Anspruch auf Abgabe dessen Einwilligung in die Löschung (abzugeben gegenüber dem DPMA) geltend gemacht.

a) Aktivlegitimation (§ 55 Abs. 2 Nr. 2 und 3 MarkenG)

aa) Anspruchsrecht

Als Anspruchsrechte kommen neben eingetragenen und nichteingetragene Markenrechten auch geschäftliche Bezeichnungen, geographische Herkunftsangaben (Nr. 3) sowie alle in § 13 Abs. 2 MarkenG genannten sonstigen prioritätsälteren Rechte in Betracht.

bb) Priorität

Die Priorität richtet sich nach § 6 MarkenG.

cc) Inhaberschaft

Neben dem Rechteinhaber kann mit dessen Zustimmung auch ein Lizenznehmer Löschungsklage erheben. Bei Marken als Anspruchsrecht folgt dies aus dem Rechtsgedanken des § 30 Abs. 3 MarkenG, der in direkter Anwendung nur bei Verletzungsklagen gilt.

b) Kollisionstatbestand

aa) Eingetragene Marke

Das Löschungsverfahren kann nur hinsichtlich eingetragener Markenrechte betrieben werden.

bb) §§ 9–13 MarkenG

Die Prüfung nach § 9 MarkenG entspricht der nach § 14 Abs. 2 MarkenG, mit dem Unterschied, dass es nicht mehr auf die konkrete Benutzungshandlung ankommt, sondern abstrakt in Hinblick auf alle sich aus der Eintragung ergebenden denkbaren Nutzungsmöglichkeiten durch den Inhaber der prioritätsjüngeren Marke geprüft wird.

c) Kein Ausschluss

Gemäß § 55 Abs. 3 i. V. m. § 26 MarkenG kann die Einrede der Nichtbenutzung erhoben werden. § 51 Abs. 2 MarkenG begründet eine spezielle Verwirkungseinrede im Falle wissentlicher Duldung sowie vorheriger Zustimmung zur Eintragung durch den Inhaber des prioritätsälteren Rechtes. Der Anspruch ist gemäß § 51 Abs. 3 MarkenG auch ausgeschlossen, wenn der Anspruchsteller den besonderen Kollisionsschutz bekannter Rechte (§ 9 Abs. 1 Nr. 3, § 14 Abs. 2 Nr. 3, § 15 Abs. 3 MarkenG) geltend macht, der dazu notwendige Bekanntheitsgrad jedoch zum Zeitpunkt der Eintragung der angegriffenen Marke noch nicht erreicht war. Beachte auch § 51 Abs. 4 MarkenG, der im Streitfalle eine inzidente Prüfung des § 49 MarkenG (siehe unten B. II. 3.) bzw. der §§ 50 i. V. m. 3, 7, 8 MarkenG (dazu oben B. I. 2.) verlangt.

d) Passivlegitimation

Passivlegitimiert ist der Inhaber der eingetragenen Marke.

3. Löschungsklage aufgrund Verfalls gemäß §§ 55, 49 MarkenG

Die (Leistungs-)Klage ist gegen den als Inhaber der Marke Eingetragenen oder seinen Rechtsnachfolger (nicht gegen das DPMA) als **Passivlegitimierten** gerichtet, mit dem Ziel der Verurteilung zur **Einwilligung** in die Löschung. Zuständig sind daher die ordentlichen Gerichte. **Antragsbefugt** und auch materiellrechtlich **aktivlegitimiert** ist, da die Klage ist als **Popularklage** ausgestaltet ist, jede Person ohne Nachweis eines eigenen oder öffentlichen Interesses (§ 55 Abs. 2 Nr. 1 MarkenG). Ihr kann in Ausnahmefällen allenfalls ein Rechtsmissbrauch entgegengehalten werden. Ein vertraglicher Verzicht auf Geltendmachung der im überwiegend öffentlichen Interesse liegenden Verfallsgründe des § 49 Abs. 2 Nr. 1–3 MarkenG wird gemäß §§ 134, 138 BGB teilweise für nichtig gehalten (str., siehe dazu auch Fall 16). Die **Löschungsgründe** sind in § 49 Abs. 1 u. 2 MarkenG enumerativ aufgezählt, wobei insbesondere die Nichtbenutzung i. S. d. § 26 MarkenG Bedeutung erlangt (siehe dazu oben A. III. 6.). Im Erfolgsfalle muss der Kläger beim DPMA die Löschung im Register unter Vorlage des rechtskräftigen Urteils beantragen. Erst mit Vornahme der Löschung durch das DPMA geht das Markenrecht unter und die Wirkungen des § 52 MarkenG treten ein.

C. Ansprüche gemäß § 15 MarkenG wegen Verletzung geschäftlicher Bezeichnungen

I. Aktivlegitimation

1. Unternehmenskennzeichen (§ 5 Abs. 2 MarkenG)

a) Kennzeichnungsobjekt

Die Firma ist der Name des Kaufmanns, unter dem er im Handel auftritt. Der Namensbegriff entspricht dem des § 12 BGB. Sonstige Geschäftsbezeichnungen können unabhängig von der Firma für das Unternehmen als Ganzes oder einen bestimmten abgrenzbaren Geschäftsbetrieb geführt werden.

b) Unterscheidungskraft des Kennzeichens

Das Unternehmenskennzeichen muss ein Zeichen sein, dass grundsätzlich geeignet ist, ein Unternehmen von anderen Unternehmen zu unterscheiden (abstrakte Unterscheidungskraft). Erforderlich ist bei der Firma die Aussprechbarkeit. Fehlt es dem Kennzeichen an originärer Unterscheidungskraft, kann diese durch Verkehrsgeltung nachträglich erworben werden.

c) Benutzungsaufnahme
Der Schutz entsteht erst durch die tatsächliche Ingebrauchnahme im geschäftlichen Verkehr. Die Eintragung ins Handelsregister hat allenfalls indizielle Bedeutung. Fehlt die originäre Unterscheidungskraft, entsteht der (gegebenenfalls geographisch beschränkte) Schutz erst mit Eintritt der Verkehrsgeltung. Die Benutzung muss kennzeichenmäßig, nicht nur beschreibend und außerdem namensmäßig, nicht nur markenmäßig, erfolgen. Es muss also klar sein, dass der Geschäftsbetrieb oder das Unternehmen bezeichnet wird.

d) Befugte Benutzung bei Anspruchserhebung
Unterlassungsansprüche kann nur geltend machen, wer sich der Kennzeichnung befugterweise bedient. Damit darf die Kennzeichnung insbesondere nicht irreführend gemäß § 5 UWG sein.

e) Inhaberschaft
Die Inhabervoraussetzungen für die Entstehung des Firmenrechts ergeben sich aus §§ 1 ff. HGB. Für die sonstigen Unternehmenskennzeichen ist eine Eintragung in das Handelsregister nicht vorgesehen.

f) Geographische Begrenzung
Unternehmenskennzeichen sind grundsätzlich im ganzen Bundesgebiet geschützt, außer der Tätigkeitsbereich eines Unternehmens ist geographisch beschränkt.

g) Priorität (§ 6 MarkenG)

2. Werktitel (§ 5 Abs. 3 MarkenG)
Der Titelschutz ist unabhängig vom urheberrechtlichen Titelschutz zu verstehen, welcher vom Titel selbst eine Werkqualität verlangt.

a) Werk
Von welchen Werkarten der Titel einem Schutz zugänglich ist, wird in § 5 Abs. 3 MarkenG nicht abschließend („sonstigen vergleichbaren Werke") aufgezählt. Es gilt ein eigenständiger und nicht den Anforderungen an ein Werk i.S.d. § 2 UrhG unterliegender Werkbegriff.

b) Titelschutzfähige Zeichenform

c) Unterscheidungskraft
Der Titel muss geeignet sein, ein Werk von einem anderen zu unterscheiden, also ein Mindestmaß an Individualität haben, das dem Verkehr die Unterscheidung ermöglicht. Die originäre Unterscheidungskraft kann später eine Stärkung oder Schwächung erfahren.

d) Benutzungsaufnahme
Der Schutz des Werktitels entsteht frühestens mit Benutzungsaufnahme, wenn er also für ein bestehendes Werk im geschäftlichen Verkehr benutzt wird, insbesondere wenn Werkstücke unter dem Titel in den Verkehr gebracht werden. Für die Entstehung des Titelschutzes an einer Druckschrift ist die branchenübliche öffentliche An-

kündigung des Werkes unter seinem Titel (Titelschutzanzeige) der tatsächlichen Benutzungsaufnahme durch Erscheinen gleichzustellen, wenn das Werk in angemessener Frist unter dem Titel erscheint.

e) Titelberechtigung

Titelberechtigt ist der Hersteller des Werkes sowie jeder, der den Titel für das betreffende Werk rechtmäßig nutzt.

f) Geographische Begrenzung des Schutzbereichs

Es gelten die Ausführungen zu Unternehmenskennzeichen.

g) Priorität (§ 6 MarkenG)

II. Verletzungstatbestand

1. Handeln im geschäftlichen Verkehr

Siehe dazu die Ausführungen zu § 14 MarkenG. Im Rahmen des § 15 MarkenG dient das Merkmal der Abgrenzung zu den Ansprüchen aus § 12 u. § 823 Abs. 1 (i. V. m. § 1004) BGB. Parallele Anwendung findet hingegen der Anspruch aus § 37 HGB.

2. Kennzeichenmäßige Benutzungshandlung

Der Schutz des Unternehmenskennzeichens nach § 15 Abs. 2–5 MarkenG setzt ebenso wie der Markenschutz nach § 14 MarkenG eine kennzeichenmäßige Verwendung der kollidierenden Bezeichnung voraus. Unternehmenskennzeichen müssen daher gerade als Hinweis auf ein Unternehmen verwendet werden. Ein Zeichen wird titelmäßig verwendet, wenn ein nicht unerheblicher Teil des angesprochenen Verkehrs in ihm die Bezeichnung eines Werkes zur Unterscheidung von anderen Werken sieht.

3. Unbefugt

Das Tatbestandsmerkmal bringt parallel zu der Voraussetzung „ohne Zustimmung des Inhabers" in § 14 Abs. 2 MarkenG das Erfordernis der Widerrechtlichkeit zum Ausdruck.

4. Kollisionstatbestand

a) Verwechslungsschutz (§ 15 Abs. 2 MarkenG)

Es ist zu unterscheiden zwischen der unmittelbaren Verwechslungsgefahr im engeren Sinne, wonach ein Zeichen für das andere gehalten wird, der unmittelbaren Verwechslungsgefahr im weiteren Sinne (mittelbare Verwechslungsgefahr), wonach die Zeichen selbst auseinandergehalten, jedoch aufgrund der Übereinstimmungen dennoch angenommen werden könnte, sie bezeichneten dasselbe Unternehmen und der Verwechslungsgefahr im weiteren Sinne, wonach trotz Erkennens von Zeichenunterschieden die Gefahr der Annahme (zB lizenz-)vertraglicher, (konzern-)organisatorischer oder sonstiger wirtschaftlicher Zusammenhänge zwischen den bezeichneten Unternehmen besteht. Zu prüfen ist wie bei § 14 Abs. 2 Nr. 2 MarkenG die Kennzeichnungskraft, die Zeichenähnlichkeit sowie die Branchennähe bzw. Werkähnlichkeit, welche in Wechselwirkung stehen. Die Verletzung durch Verwendung eines identischen Unternehmenskennzeichens ist in § 15 MarkenG nicht wie bei § 14 Abs. 2 Nr. 1 MarkenG in einem eigenständigen Tatbestand geregelt, sondern wird vom Verwechslungstatbestand miterfasst. Speziell Titel sind anders als die Marke, welche in erster Linie auf die betriebliche Herkunft hinweist, eher inhaltsbezogen und dienen damit der Unterscheidung eines Werkes von einem anderen, nicht aber automatisch auch als Hinweis auf Hersteller oder Inhaber des Werkes. Die Verwechslungsgefahr ist vor diesem Hintergrund auszulegen. Nur wenn der Titel auch unternehmensbezogene Herkunftsvorstellungen auslöst, ist er daher neben der unmittelbaren auch gegen die anderen beiden Arten der Verwechslungsgefahr geschützt.

b) Bekanntheitsschutz (§ 15 Abs. 3 MarkenG)

Siehe hierzu die Ausführungen zu § 14 Abs. 2 Nr. 3 MarkenG.

Siehe zu den nachfolgenden Prüfungspunkten die Hinweise zu Ansprüchen aus § 14 MarkenG.

III. Schutzschranken (§§ 20–24 MarkenG)

IV. Passivlegitimation

V. Wiederholungs-/Erstbegehungsgefahr bei Unterlassungsansprüchen

VI. Besondere Voraussetzungen von Schadensersatzansprüchen

1. Verschulden
2. Haftungsausfüllende Kausalität
3. Dreifache Schadensberechnung (§ 14 Abs. 6 S. 2 u. 3 MarkenG)

VII. Besondere Voraussetzungen sonstiger Ansprüche

1. Vernichtung und Rückruf (§ 18 MarkenG)
2. Auskunft (§ 19 MarkenG)
3. Erstattungs von Abmahnkosten (GoA)

D. Nationaler Schutz geographischer Bezeichnungen (§§ 126–128 MarkenG)

I. Aktivlegitimation

Bei dem Schutz von geographischen Bezeichnungen handelt es sich um einen seiner Natur nach lauterkeitsrechtlichen Schutz, der die Geltendmachung daher auch nicht von der Inhaberschaft eines Schutzrechtes abhängig macht. Da geographische Herkunftsangaben somit kein „geistiges" Eigentum begründen, ergibt sich der Individualschutz lediglich als Reflex.

1. § 128 Abs. 1 MarkenG i. V. m. § 8 Abs. 3 UWG

Vgl. dazu die Ausführungen zum UWG.

2. Rechtmäßiger Nutzer der Bezeichnung

Neben den in § 8 Abs. 3 UWG aufgezählten Personen muss auch derjenige aktivlegitimiert sein, der – ohne Wettbewerber zu sein – die geographische Bezeichnung rechtmäßig gemäß § 127 MarkenG benutzt und daher ein schützenswertes Interesse an dem Erhalt des Kennzeichenschutzes hat.

II. Schutzfähige geographische Herkunftsangabe gemäß § 126 MarkenG

Es muss eine unmittelbare oder mittelbare geographische Herkunftsangabe vorliegen (§ 126 Abs. 1 MarkenG), die keine Gattungsbezeichnung sein darf (§ 126 Abs. 2 MarkenG). Die Bezeichnung kann z. B. durch unmittelbare Nennung eines Ortes/einer Region oder durch deren adjektivische Verwendung auf einen geographischen Ursprung hindeuten. Ob dem Verkehr der Ort bekannt ist, kann für § 126 Abs. 1 MarkenG dahinstehen, ebenso wie die Frage, ob er mit diesem Ort irgendwelche Gütevorstellungen verbindet.

III. Verletzungstatbestand

1. Nutzung im geschäftlichen Verkehr

Vgl. dazu die Ausführungen zu § 14 MarkenG.

2. Kollisionstatbestand

Die Reichweite des Kennzeichenschutzes geographischer Herkunftsangaben hängt davon ab, welche Aussage diese nach der Verkehrsauffassung treffen.

a) Schutz einfacher geographischer Herkunftsangaben (§ 127 Abs. 1 MarkenG)

aa) Herkunftsfremdes Produkt

bb) Herkunftshinweis

§ 127 Abs. 4 MarkenG stellt klar, dass nicht nur die Verwendung einer geographischen Herkunftsangabe selbst, sondern auch die ähnlicher Kennzeichen erfasst wird.

cc) Gefahr einer Irreführung

Ob eine Irreführungsgefahr vorliegt, ist am Maßstab der Verkehrsauffassung zu beurteilen. Von der Gefahr einer Irreführung ist auszugehen, wenn die angegriffene Bezeichnung bei einem nicht unwesentlichen Teil der Verkehrskreise eine unrichtige Vorstellung über die geographische Herkunft der Produkte hervorruft. Maßstab ist der durchschnittlich informierte und verständige Verbraucher, der das fragliche Werbeverhalten mit einer der Situation angemessenen Aufmerksamkeit verfolgt. Die Irreführung muss im Gegensatz zu § 5 UWG nicht für die Kaufentscheidung relevant sein (str.). Einer Ausuferung des Tatbestandes wird durch die nachfolgende Interessenabwägung begegnet.

dd) Interessenabwägung

Der Vorbehalt der Verhältnismäßigkeit fordert eine Abwägung des Interesses der Verbraucher und der Mitbewerber daran, dass keine Irreführung über die Herkunft eines Produktes erfolgt, mit dem (nur im Ausnahmefall bedeutsamen) Interesse des Verwenders an der Nutzung der Bezeichnung.

b) Schutz qualifizierter Herkunftsangaben (§ 127 Abs. 2 MarkenG)

aa) Objektiv nachprüfbare besondere Eigenschaften regionaler Produkte

Die Produkte müssen tatsächlich besondere Eigenschaften aufweisen. Fehlvorstellungen der Verbraucher werden nicht geschützt.

bb) Fehlen der Eigenschaft beim Produkt des Anspruchsgegners

Geringfügige Abweichungen sind bei verschiedenen Herstellern üblich. Es ist daher kein zu strenger Maßstab anzulegen.

c) Schutz von Herkunftsangaben mit besonderem Ruf (§ 127 Abs. 3 MarkenG)

Vgl. dazu die Ausführungen zu § 14 Abs. 2 Nr. 3 MarkenG.
Siehe zu den nachfolgenden Prüfungspunkten die Hinweise zu Ansprüchen aus § 14 MarkenG.

IV. Verjährung (§ 129 i. V. m. § 20 MarkenG)

IV. Passivlegitimation

1. Täter und Teilnehmer
2. Mitstörer
3. Haftung des Betriebsinhabers (§ 128 Abs. 3 i. V. m. § 14 Abs. 7 MarkenG)

V. Wiederholungs-/Erstbegehungsgefahr bei Unterlassungsansprüchen (§ 128 Abs. 1 MarkenG)

VI. Besondere Voraussetzungen von Schadensersatzansprüchen (§ 128 Abs. 2 MarkenG)

1. Verschulden
2. Haftungsausfüllende Kausalität
3. Dreifache Schadensberechnung (§ 14 Abs. 6 S. 2 u. 3 MarkenG)

VII. Besondere Voraussetzungen sonstiger Ansprüche

1. Vernichtung und Rückruf (§ 128 Abs. 1 S. 3 i. V. m. § 18 MarkenG)
2. Auskunft (§ 128 Abs. 1 S. 3 i. V. m. § 19 MarkenG)
3. Erstattung von Abmahnkosten (GoA)

Stichwortverzeichnis

Die Zahlen bezeichnen die Nummern der Fälle.

Abmahnkosten
- Erforderlichkeit 7
- Erstattung nach den Grundsätzen der GoA 15

Abmahnung
- Berechtigung 7
- Wirksamkeit 7

Abnehmerbegriff 8
Abstrakte Markenfähigkeit 24
Adwords 18
Ähnlichkeit
- von Waren/Dienstleistungen, s. *Produktähnlichkeit*
- von Zeichen, s. *Zeichenähnlichkeit*

Aktivlegitimation
- von Verbandsmitgliedern 6
- von Wettbewerbern 4, 9, 12
- von Wirtschaftsverbänden 2, 8

Allgemeine Geschäftsbedingungen (AGB) 6
Allgemeininteressen 1
AMG 8
Angebotstätigkeit, unzulässige 7
Anstifter, s. *Teilnehmer*
Arzneimittelrecht 8
Aufklärungspflichten 7
Auktionen 7
Ausbeutung
- einer geographischen Herkunftsangabe 23
- einer Marke 18, 21
- eines Unternehmenskennzeichens 18

BDSG 9
Begründetheit einer Klage 1
Behinderungswettbewerb 23
Bekannte Marken 21, 22
Bekannte Titel 22
Benutzung eines Zeichens
- Begriff 18
- im geschäftlichen Verkehr 18
- als Marke (markenmäßig) 10, 15, 17, 18
- als Titel (titelmäßig) 22
- als Unternehmenskennzeichen 17, 18, 20

BGB
- § 12 20
- § 133 20
- § 134 3, 16, 20
- § 138 5
- § 156 7
- § 157 20
- § 174 7
- § 312 b 6
- § 312 c 7
- §§ 677 ff. 14
- § 780 7
- § 812 14
- § 823 4, 5
- § 826 5
- § 1004 (analog) 4, 5

BORA 9
Boykottaufruf 4
BRAO 9

DENIC 22
Dienstleistungsähnlichkeit, s. *Produktähnlichkeit*
Domain
- Anspruch auf Löschung 20, 22
- Anspruch auf Übertragung 20
- Schutz 20, 22

Dreifache Schadensberechnung 14

Ebay 7
EG-Vertrag
- Art. 28, s. *Warenverkehrsfreiheit*
- Art. 30 2
- Art. 81 2, 15, 16
- Art. 82 2

Eingerichteter und ausgeübter Gewerbebetrieb 4
Ergänzender Leistungsschutz 14
Erschöpfung einer Marke 15
- Begriff 19
- Geltendmachung besonderer Interessen 19

Erstbegehungsgefahr 4, 17, 22
Europarechtskonforme Auslegung 2

Freihaltebedürfnis 24

Gehilfe, s. *Teilnehmer*
Gemeinschaftsmarke 21
Generalklausel (§ 3 UWG) 23
Geographische Herkunftsangaben 23
Geschäftliche Bezeichnung 17
Geschäftliche Handlung
- bei Freiberuflern 9
- bei politischen Meinungsäußerungen 4
- bei Presseunternehmen 1
- bei Werbung 6

Geschäftliche Unerfahrenheit 11
Gewinnspiele 12

Gleichnamigkeit 20
GoA 16
Grundgesetz (GG)
- Art. 1 1
- Art. 5 1, 4
- Art. 9 4
- Art. 12 4, 9
- Art. 14 4
Grundrechtskonforme Auslegung 1, 4
GWB
- § 1 3, 16
- § 2 3
- § 20 Abs. 4 3, 13
- § 33 3

Herkunftstäuschung 14
HWG 8

Imitationswerbung 10
Irreführung
- gemäß § 127 MarkenG 23
- gemäß § 5 UWG 2, 6, 9, 12, 23
- gemäß § 5 a UWG 7, 9, 12
- geschäftliche Relevanz 6

Kartellrecht, s. Wettbewerbsrecht
Keck-Rechtsprechung 2
Kennzeichnungskraft einer Marke 17, 22
Klagebefugnis 1
Kommerzielle Meinungsäußerung 1
Kopplungsverbot 12
Kosmetikrichtlinie 2

LFBG 2
Löschung einer Marke
- Löschungsanspruch (§ 55 MarkenG) 17, 22
- Löschungsgrund (§ 9 MarkenG) 17, 22, 24
- Umfang 24
- wegen absoluter Schutzhindernisse 24
Löschungsreife einer Marke 22, 24

Markenabgrenzungsvereinbarung 16
Markenfunktion 15, 18
Markenmäßige Benutzung, s. Benutzung
Markenverkauf 15
Marktmacht 13
Marktrelevanz 7
Marktstörung, allgemeine 13
Meinungsäußerung 1
Meinungsfreiheit 1
Menschenwürde, s. Schutz der Menschenwürde
Metatags 18
Minderjährige 11
Mitbewerberbegriff 10
Mittelbarer Täter, s. Täter

Nachahmung 14
Nachfragetätigkeit, unzulässige 7
Namensschutz (§ 12 BGB) 20
Nichtangriffsvereinbarung 16

Opt-In-Regelung 9

Passivlegitimation 1, 9
Per-Se-Verbote (§ 3 Abs. 3 i.V. m. Anhang) 6, 7, 11
Politische Meinungsäußerungen 4
Preisausschreiben 12
Preisgestaltung 13
Preiskontrolle 13
Presseunternehmen 1
Priorität 20
Produktähnlichkeit 17, 22
Produktidentität 19

Recht der Gleichnamigen, s. Gleichnamigkeit
Richtlinienkonforme Auslegung 10, 12
RL 2006/114/EG 10
Rufausnutzung 10, 14

Schadensersatzanspruch 6, 14, 21
Schutz der Menschenwürde 1
„Schwarze Liste" 6
Serienzeichen 17
Sittenwidrigkeit 5, 22
Spürbarkeit 6, 7, 9, 11
Störereigenschaft 1, 18
Subjektiver Tatbestand 7

Täter
- mittelbarer 1
- unmittelbarer 1
Tatsachenbehauptungen 9
Teilnehmer
- Anstifter 1
- Gehilfe 1
Titelschutz 22

Umverpacken von Arzneimitteln 19
Unbefugte Zeichenbenutzung
- einer Marke 16
- eines Unternehmenskennzeichens 20
Unclean-Hands-Einwand 13
Unmittelbarer Täter, s. Täter
Untereinstandspreisangebote 13
Unterlassungsanspruch 6, 7, 9, 13
Unternehmensbegriff
- im GWB 4
- im UWG 9
UrhG 14

Verbraucherleitbild 2
Verdrängungswettbewerb 13
Vergleichende Werbung, s. Werbung

Verhältnis Marken- und Wettbewerbsrecht 13, 15, 16
Verhältnis Markenrecht und EG-Vertrag 15
Verhältnis UWG und BGB 4, 5, 14
Verhältnis UWG und Markenrecht 10, 18, 23
Verhältnis UWG und Wettbewerbsrecht 2
Verhältnismäßigkeitsgrundsatz
– Grundrechte 1, 2
– beim Schutz geographischer Herkunftsangaben 23
Verletzergewinn 14
Vernichtungsanspruch (§ 18 Abs. 2 MarkenG) 19
Veröffentlichung einer Anzeige 1
Vertragsstrafe 7
Verwässerung
– einer Marke 18, 21
– eines Unternehmenskennzeichens 18
Verwechslungsgefahr
– i. S. d. § 15 MarkenG 17, 20, 22
– im weiteren Sinne des § 14 MarkenG 17, 18
– mittelbare i. S. d. § 14 MarkenG 17, 18
– unmittelbare i. S. d. § 14 MarkenG 16, 17, 18
Verwirkung 16

Vorbeugender Unterlassungsanspruch 17
Vorrechtserklärung 16
Vorsprung durch Rechtsbruch 7, 8

Warenähnlichkeit, s. *Produktähnlichkeit*
Warenverkehrsfreiheit (Art. 28 EG) 2, 15
Werbung
– durch Anwälte 9
– Begriff 1, 10
– irreführende 6
– gegenüber Kindern 11
– vergleichende 10, 23
– verunglimpfende 13
Werknähe 22
Werktitel 22
Wertreklame 8
Wettbewerbsbeschränkende Vereinbarung, s. *Wettbewerbsbeschränkung*
Wettbewerbsbeschränkung 2, 15, 16
Wettbewerbsrecht 2, 13, 15, 16
Widerrufsrecht 6, 7
Widerspruchsverfahren im Markenrecht 24
Wiederholungsgefahr 22

Zeichenähnlichkeit 16, 17, 22
Zulässigkeit einer lauterkeitsrechtlichen Klage 1